Nederland

1	**Noord-Holland en Flevoland**	117
2	**Zuid-Holland**	219
3	**Utrecht**	323
4	**Zeeland en de Delta**	351
5	**Noord-Brabant**	375
6	**Limburg**	407
7	**Gelderland**	443
8	**Overijssel**	481
9	**Friesland**	503
10	**Het noordoosten: Groningen en Drenthe**	543

DE REGIO'S VAN DEZE GIDS: ZIE DE KAART HIERNAAST

Lannoo

De toeristische sterren van

Een nauwkeurige selectie

Deze gids voert u mee naar alle sterrenplekken van Nederland. Naar steden, dorpen, kerken, kathedralen, musea, paleizen en kastelen die garant staan voor een ongeëvenaard bezoek, een unieke ervaring. Want als Michelin een bezienswaardigheid met sterren beloont, mag u die als reiziger gewoonweg niet missen! Al meer dan 90 jaar hanteren de Michelinauteurs negen criteria om die sterren toe te kennen. Negen vereisten om het neusje van de zalm te bepalen van alle toeristische trekpleisters van uw reisbestemming. Dit sterrensysteem vormt het fundament van de Groene Reisgidsen van Michelin.

Kwaliteitslabel

Net zoals voor de restaurants gebeurde, wilde Michelin een duidelijke waardering toekennen aan zijn selectie van toeristische bezienswaardigheden, aan de hand van één, twee of drie sterren. Deze sterren verschenen voor het eerst in 1934 in de reisgids over de Alpen. Ze zijn vooral een hulpmiddel, dat het voor reizigers mogelijk maakt om in één oogopslag de bijzondere bezienswaardigheden en de niet te missen plekken op te merken. Deze toeristische sterren staan voor:

★ 'een bezoek waard' als u in de buurt bent
★★ 'een omweg waard'
★★★ 'de reis waard'.

Betrouwbaar door kennis van de streek

Betrouwbaarheid en nauwkeurigheid zijn kernbegrippen die de Michelinauteurs en -redacteuren steevast ter harte nemen. Elk jaar opnieuw brengen ze honderden dagen ter plekke door, gevolgd door een periode van redactioneel werk, waarbij alle informatie grondig wordt bestudeerd en verwerkt. Op die manier garanderen ze een actuele en homogene selectie van bezienswaardigheden. Precies dit veldwerk en de kennis van de beschreven locatie zijn sinds jaar en dag de drijfveren van de Michelinauteurs.

Negen vaste criteria

Tegenwoordig gaan de auteurs van de Groene Reisgids op zoek naar ongewone plekken en naar belevenissen die uw reiservaring nog rijker maken. Dat doen ze met een portie gezond verstand en met de fundamentele beginselen van Michelin voor ogen. Steevast streven ze naar objectiviteit in de beoordeling en homogeniteit in de selectie. Deze eigenschappen zijn het handelsmerk van de Michelingidsen, een keurmerk dat niet beter kan schitteren dan via de sterren. Een ster is dan ook gebaseerd op negen onveranderlijke criteria, die de lezer de hoogste betrouwbaarheid garanderen. Deze criteria zijn:

de Groene Reisgids van Michelin

Een kwaliteitslabel voor de reiziger

- De eerste indruk, allereerst van de auteurs zelf, maar ook van de reizigers, blijft het allerbelangrijkste.
- De bekendheid van de plek wordt nauwkeurig onderzocht, om zo de eerste indruk een objectiever karakter te geven.
- Vervolgens maken de auteurs een inventaris op van de activiteiten, het aantal monumenten in een stad, het aantal kunstwerken in een museum enz. om de waarde van het bezoek te bepalen.
- Wanneer dit gebeurd is, bepalen de Michelinexperts de intrinsieke waarde van de plaatsen en bezienswaardigheden. Hierbij geven ze aan of het een historische, geografische of architecturale mijlpaal betreft, en vergelijken ze locaties met elkaar binnen eenzelfde regio of land.
- Ook wordt rekening gehouden met bepaalde labels/certificaten die getuigen van de inspanningen (door diegenen die er de leiding over hebben) om een bepaalde bezienswaardigheid te profileren, te beschermen, op te waarderen of in stand te houden.
- Schoonheid, evenwichtigheid, grandeur.
- Charme en gemoedelijkheid worden, net als het vorige criterium, nauwgezet onder de loep genomen volgens een uiterst gedetailleerd bestek.
- De kwaliteit van de ontvangst van het publiek (toegankelijkheid, inrichting, onderhoud).
- De kwaliteit van het bezoek zelf, het aanbod en de originaliteit van de randactiviteiten, van een eenvoudige rondleiding tot een indringende digitale ervaring.

De laatste twee criteria hebben tegenwoordig de meeste impact op de beleving van de bezoeker en maken veelal het verschil. Dikwijls zijn ze doorslaggevend in het toekennen van de sterren.

Na afloop van de bezichtigingen door de auteurs komt het redactie-comité samen om alle ontwikkelingen door te nemen en eventuele nieuwe sterren toe te kennen. De beslissingen worden gezamenlijk genomen. Zo gaat men te werk al sinds het prille begin van de Groene Reisgids Michelin, wat zorgt voor de nodige continuïteit binnen het systeem van deze toeristische sterrenbeoordeling.

De Groene Reisgids richt zich tot een breed publiek en is een trouwe reisgezel, zonder valse culturele ambitie, maar ook zonder gemak-zuchtige concessies. Dat zal algauw blijken wanneer u deze gids doorbladert. Wij hopen dat hij waardevolle inspiratie biedt voor uw ontdekkingstocht door Nederland.

Inhoud

Niet te missen 8

**Hoogtepunten
van Michelin** 12

Reisplanner 20

Met het gezin 26

DE REIS VOORBEREIDEN

Naar Nederland 30
Voor het vertrek 31
Nederland van A tot Z 34
Evenementen 43
Boeken en films 45

GAPS/Getty Images Plus

R. Harding/hemis.fr

MEER WETEN OVER NEDERLAND

Nederland vandaag 48
Geschiedenis 55
Het grondgebied 65
Natuur en landschap 73
Architectuur 76
Kunst en cultuur 94

STEDEN EN BEZIENSWAARDIGHEDEN

1 Noord-Holland en Flevoland
Amsterdam 120
Haarlem 166
Zaanse Schans 178
Alkmaar 183
Den Helder en de Afsluitdijk 191
Enkhuizen 196
Hoorn 200
Het Gooi 206
Flevoland 212
Noordoostpolder 216

2 Zuid-Holland
Rotterdam 220
Delft 251
Den Haag 260
Leiden 284
Keukenhof en de Bollenstreek 297
Gouda 305
Dordrecht 312
Gorinchem 320

3 Utrecht
Utrecht 324
Amersfoort 343

4 Zeeland en de Delta
De Delta 352
Zierikzee 354
Middelburg 362
Sluis 370

5 Noord-Brabant
's-Hertogenbosch 376
Breda 384
Bergen op Zoom 391
Tilburg 394
Eindhoven 398

6 Limburg
Maastricht 408
Valkenburg 426
Thorn 434
Venlo 438

7 Gelderland
Arnhem 444
Nationaal Park De Hoge Veluwe 452
Zutphen 459
Nationaal Museum
   Paleis Het Loo 464
Harderwijk 471
Nijmegen 474

8 Overijssel
Zwolle 482
Kampen 487
Giethoorn 490
Deventer 493
Enschede 497

9 Friesland
Leeuwarden 504
Franeker 518
Sneek 521
Waddeneilanden 528

10 Het noordoosten: Groningen en Drenthe
Groningen 544
Assen 556
Emmen en de hunebedden 559

Register XXX
Kaarten en plattegronden XXX

> 📍 **Raadpleeg voor iedere plaats ons adresboekje**

Niet te missen

★★★
Nationaal park De Hoge Veluwe

Heerlijk wandelen of fietsen in het grootste natuurreservaat van Nederland, gecombineerd met een bezoek aan het Kröller-Müller Museum, beroemd om zijn Van Goghverzameling. Natuur en cultuur gaan hand in hand in dit mooie park! **Zie blz. 452.**

toos/Getty Images Plus

★★
Waddeneilanden

Een paradijs voor zowel vogelliefhebbers als badgasten. Het naseizoen is de beste periode om optimaal te genieten van de ongereptheid van de met helmgras begroeide duinen, de kleurrijke dorpjes en de eindeloze stranden. **Zie blz. 528.**

F. Dimier/hemis.fr

★★★ De reis waard   ★★ Een omweg waard   ★ Een bezoek waard

★★★
Amsterdam

De Nederlandse hoofdstad zou op haar lauweren kunnen rusten met haar prachtige grachten, rijke musea en aristocratische huizen uit de Gouden Eeuw. De stad blijft echter vooruittrappen en zich vernieuwen, met een verbluffende vitaliteit.
Zie blz. 120.

★★
Giethoorn

Een watergebied of een dorp? Allebei! In een bootje verkent u de charmante waterweggetjes waarlangs prachtige met riet gedekte huizen staan.
Zie blz. 490.

danilovi/Getty Images Plus

/Getty Images Plus

★★
Delft

De geboortestad van de beroemde schilder Vermeer is echt een parel! De huizen met puntgevels, de fietsen, de grachten, in alles is Delft een op en top Hollandse stad.
Zie blz. 251.

Phillip Minnis/Getty Images Plus

Niet te missen

Stormvloedkering Oosterschelde

Nederlanders noemen het wel het 'achtste wereldwonder': dit waterbouwkundig hoogstandje van 3 kilometer lang beschermt het land tegen overstromingen vanuit de Noordzee. **Zie blz. 359.**

marcelmooij/Getty Images P

Maastricht

De hoofdstad van Limburg, in het uiterste zuiden van het land, is bekend vanwege het Europese verdrag, maar is ook een heerlijk levendige stad. De stad bruist, zeker tijdens het beroemde carnaval, en de gastronomische levenskunst staat er hoog in het vaandel. **Zie blz. 408.**

Sajith Sankar Janardana Panicker/Getty Images P

★★★ **De reis waard**   ★★ **Een omweg waard**   ★ **Een bezoek waard**

kamura/Getty Images Plus

querbeet/Getty Images Plus

Kinderdijk

De strijd tegen het water levert soms een prachtig landschap op, zoals bij Kinderdijk. Sinds twee eeuwen staan hier 19 poldermolens fier te draaien in het vlakke, groene polderland.
Zie blz. 242.

Den Haag

Chic en verfijnd, maar ook kosmopolitisch en modern. In deze koninklijke stad gaan zakenwijken, aristocratische lanen, rijke musea en fijne zandstranden moeiteloos samen.
Zie blz. 260.

JacobH/Getty Images Plus

Nationaal Museum Paleis Het Loo

Dit paleis, dat een paar eeuwen lang de zomerresidentie van de koninklijke familie was, is het mooiste kasteel van Nederland, omgeven door weelderige tuinen en een wildrijk bos.
Zie blz. 464.

Hoogtepunten van Michelin

Meisje met de parel van Johannes Vermeer (Mauritshuis, Den Haag).

DE MOOISTE REISHERINNERINGEN

TOP 5
Badplaatsen

1. Waddeneilanden (blz. 528)
2. Scheveningen (blz. 276)
3. Zandvoort (blz. 173)
4. Domburg (blz. 367)
5. Vlissingen (blz. 367)

De kust bij Vlissingen
photonaj/Getty Images Plus

❤ **Ervaar zelf de Amsterdamse levenskunst.** Geef uw ogen de kost tijdens een wandeling langs de historische grachten of door straatjes in andere buurten. Charmante terrasjes, drijvende miniatuurtuintjes, fantastisch interieurdesign, het is er allemaal! **Zie blz. 120.**

❤ **Rijd over de zee** via de Afsluitdijk, een indrukwekkend bouwwerk van 32 km lang dat stormvloeden van zee tegenhoudt. Als u koers zet naar de Noordoostpolder, een van de vele gebieden die in de loop der eeuwen zijn gewonnen op de zee, krijgt u een heel concreet beeld bij de benaming 'Lage Landen'. **Zie blz. 194.**

❤ **Vergaap u aan de 'reuzen van de zee',** tijdens een rondvaart door de haven van Rotterdam, een van de grootste ter wereld. Enorme vrachtschepen van over de hele wereld komen hier laden en lossen. De Hollanders blijven een volk van vissers, handelaren en zeevaarders! **Zie blz. 249.**

❤ **Laat u betoveren** door de Mona Lisa van het Noorden, het *Meisje met de parel*. Dit wereldberoemde schilderij van Vermeer hangt in het Mauritshuis in Den Haag, naast andere meesterwerken uit de Gouden Eeuw van bijvoorbeeld Rembrandt of Potter. **Zie blz. 261.**

De Afsluitdijk
Tofotografie/Getty Images Plus

Hoogtepunten van Michelin

Het Academiegebouw in Utrecht
Jaap2/Getty Images Plus

❤ **Overwin uw hoogtevrees** en beklim in Utrecht de 465 treden van de Domtoren, de toren van de voormalige Sint-Maartenskathedraal. Boven wacht u een adembenemend uitzicht over de stad en de omgeving. **Zie blz. 326.**

❤ **Dwaal door oneindige Hollandse landschappen** via kleine weggetjes die de Loosdrechtse Plassen doorkruisen. In dit idyllische gebied tussen Amsterdam en Utrecht ziet u met riet gedekte boerderijen, dorpjes met molens, kleine bruggetjes over kanalen en natuurlijk de koeien die symbool staan voor dit land van kaas! **Zie blz. 336.**

❤ **Stap aan boord voor een reis naar het einde van de wereld,** nou ja, van Nederland. Een ferry brengt u naar de Waddeneilanden ten noorden van het land. In de zomer trekken de dorpjes en de nog ongerepte stranden badgasten aan, in de rest van het jaar vogels en zeehonden. Kiest u zelf maar! **Zie blz. 528.**

De Loosdrechtse Plassen
Nisangha/Getty Images Plus

DE MOOISTE REISHERINNERINGEN

Strandhuisjes op Texel, een van de Waddeneilanden
digitalimagination/Getty Images Plus

TOP 5
Vestingstadjes

1. **Naarden** (blz. 208)
2. **Bourtange** (blz. 548)
3. **Willemstad** (blz. 388)
4. **Middelburg** (blz. 362)
5. **Heusden** (blz. 380)

De stervormige Vesting Bourtange
Frolova_Elena/Getty Images Plus

❤ **Proef de beste *maatjes* (jonge haring) ter wereld** op de zaterdagmarkt in de charmante stad Leiden. Het is altijd druk rond de kleurrijke kraampjes langs grachten die vol liggen met terrasboten waarop de Leidenaren genieten van een aperitief.
Zie blz. 295.

❤ **Waai lekker uit** op een van de witte fietsen die gratis ter beschikking staan bij de ingangen van het Nationaal Park De Hoge Veluwe. U fietst hier door bossen, over heidevelden en langs vennen.
Zie blz. 452.

❤ **Voel u jong in Groningen,** de hoofdstad van de gelijknamige provincie. Een levendige studentenstad waar meer dan de helft van de inwoners jonger is dan 35 jaar. Dat is goed te merken aan het nachtleven: de cafés rondom de Grote Markt sluiten niet vóór 03.00 uur!
Zie blz. 544.

Hoogtepunten van Michelin

De stroopwafel, een heerlijke verwennerij!
alpaksoy/Getty Images Plus

❤ **Trakteer uzelf op een warme stroopwafel** in Gouda, waar deze met karamelstroop gevulde wafel in de 18de eeuw voor het eerst zou zijn gemaakt. **Zie blz. 305.**

❤ **Breng hulde aan Rembrandt** wanneer u langs zijn geboortehuis komt, tijdens een wandeling langs de statige grachten van Leiden. **Zie blz. 284.**

❤ **Winkelen!** Amsterdam heeft een verbluffend aanbod aan winkels en boetieks. Denk ook aan de levendige wijkmarkten (Jordaan, De Pijp, Nieuwmarkt) en de enorme vrijmarkt op Koningsdag, 27 april. **Zie blz. 161.**

Maastricht, waar men geniet van het leven
Sjo/Getty Images Plus

DE MOOISTE REISHERINNERINGEN

TOP 5
Dorpen

1. Giethoorn (blz. 490)
2. Thorn (blz. 434)
3. Zaanse Schans (blz. 178)
4. Urk (blz. 216)
5. Harlingen (blz. 519)

Het pittoreske Giethoorn
nikitje/Getty Images Plus

❤ **Observeer zeehonden die het zich gemakkelijk maken** op de zandbanken in het Nationaal Park Oosterschelde in Zeeland, een paradijs voor ecotoerisme. **Zie blz. 360.**

❤ **Leer alles over klokken en carillons** in Asten, Noord-Brabant. In 2012 fabriceerde deze prestigieuze klokkengieterij een nieuwe klok voor de Notre Dame in Parijs, met de naam 'Marie'. **Zie blz. 403.**

❤ **Ontdek het zuiden van het Noorden,** in de Limburgse hoofdstad Maastricht. Zodra de eerste zonnestralen zich laten zien, stromen de terrassen vol en krijgt deze heerlijke stad in het uiterste zuiden van het land een haast mediterrane sfeer. **Zie blz. 408.**

❤ **Dompel u onder in een wereld vol creativiteit** in Eindhoven, ook wel de designhoofdstad van Nederland genoemd. Het voormalige Philipsterrein, vol industrieel-historisch erfgoed, is omgevormd tot een broedplaats voor ontwerpers, met werkplaatsen, winkels, restaurants en zelfs een hotel. **Zie blz. 405.**

Hollandse klompen, een tijdloos design
Rudisill/Getty Images Plus

Hoogtepunten van Michelin

Museumdorp Orvelte

❤ **Ga terug in de tijd**
in Orvelte, een levendig museumdorp in Drenthe, in het noorden van het land. Wanneer u slentert door dit autovrije dorp waant u zich echt in de tijd van weleer. Zelfs de bus – een grote boerenwagen – wordt voortgetrokken door trekpaarden!
Zie blz. 561.

❤ **Breng een eerbetoon**
aan de haring in Hanzestad Kampen, een stad in Overijssel die haar welvaart – en haar talloze beschermde monumenten – dankt aan de handel in deze bij Nederlanders zeer geliefde vis.
Zie blz. 487.

❤ **Beleef het kerstgevoel in de zomer** en smul van gloeiend hete poffertjes. Deze met poedersuiker bestrooide lekkernijen, die nooit ontbreken op de Nederlandse kerstmarkten, worden het hele jaar door geserveerd in Rotterdam. **Zie blz. 245.**

❤ **Bewonder het talent**
van de Nederlandse architecten om oude en nieuwe architectuur te laten samensmelten, zoals bij het Noordbrabants Museum in Den Bosch. Een glazen gang langs een beeldentuin verbindt dit museum met het naastgelegen Design Museum Den Bosch.
Zie blz. 378.

DE MOOISTE REISHERINNERINGEN

Detail van Kasteel de Haar
VLIET/Getty Images Plus

TOP 5
Kastelen

1. Nationaal Museum Paleis Het Loo (blz. 464)
2. Kasteel De Haar (blz. 338)
3. Kasteel Hoensbroek (blz. 429)
4. Kasteel Cannenburch (blz. 470)
5. Kasteel Het Nijenhuis (blz. 484)

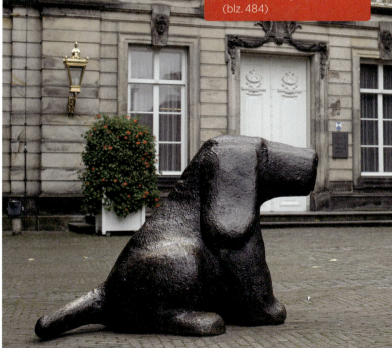
Het Noordbrabants Museum in Den Bosch bezit dit ongetitelde werk van Tom Claassen
G. Lenz/imageBROKER/age fotostock

Reisplanner

5 dagen
Rondom Amsterdam

Route: 170 km rondom Amsterdam, van grachten tot bloemenvelden

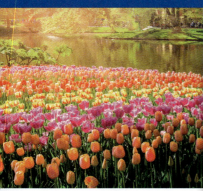

Amsterdam — Dag 1

Ontdek Amsterdam vanaf het water en maak een rondvaart door de grachten (**blz. 131**). Bezoek 's middags het Rijksmuseum (**blz. 137**) en breng de avond door in een authentiek bruin café (**blz. 160**). Overnacht in Amsterdam.

Tip: laat de auto staan en reis met het openbaar vervoer door Amsterdam.

Amsterdam — Dag 2

Maak 's morgens een fietstocht langs de historische grachten, vergeet daarbij zeker de Herengracht niet (**blz. 132**). Geniet van een welverdiende pauze in het Begijnhof (**blz. 129**) en breng vervolgens de middag door in de gezellige volksbuurt de Jordaan, (**blz. 140**). Overnacht opnieuw in Amsterdam.

Tip: wees voorzichtig op de fiets, de lokale fietsers rijden hard!

Haarlem — Dag 3

Slenter door de historische hoofdstad van Noord-Holland, door schilderachtige hofjes, over de Grote Markt en langs de Grote of Sint-Bavokerk (**blz. 166**). Bezoek vervolgens het Frans Hals Museum (**blz. 167**), waar u zijn beroemde groepsportretten kunt bewonderen. Overnacht in Amsterdam.

De Bollenstreek — Dag 4

Maak een tocht door de befaamde Hollandse bloembollenstreek. Rijd door duinen en kleurrijke bollenvelden en breng een bezoek aan de Keukenhof (**blz. 297**). Overnacht aan de kust, in Noordwijk aan Zee (**blz. 304**).

Tip: in april-mei bloeien de mooiste tulpenvelden en kunt u genieten van een prachtig kleurenmozaïek.

Aalsmeer-Amsterdam — Dag 5

Sta op bij het krieken van de dag en neem een kijkje bij de grootste bloemenveiling ter wereld in Aalsmeer (**blz. 150**). Keer 's middags terug naar Amsterdam voor een bezoek aan het Van Gogh Museum (**blz. 139**). Koop uw tickets voor dit museum vooraf online! Overnacht weer in Amsterdam.

EEN KEUZE UIT DE MOOISTE ROUTES

8 dagen
Nederland in schilderijen

Route: 375 km vanuit Amsterdam, in de sporen van de Gouden Eeuw

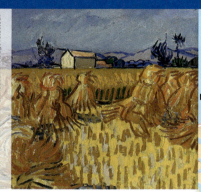

Amsterdam — Dag 1 & 2

Trek 2 dagen uit voor de must-sees: Van Gogh Museum (**blz. 139**), Rembrandthuis (**blz. 142**), Rijksmuseum (**blz. 137**) en Museum van Loon (**blz. 134**). Wandel tussendoor over de mooie grachten (**blz. 131**). Overnacht ter plaatse.

Tip: de I amsterdam City Card (blz. 154) geeft toegang tot de belangrijkste musea en het openbaar vervoer.

Haarlem — Dag 3

Breng een bezoek aan de charmante stad van Frans Hals, meester in de portretschilderkunst (**blz. 167**). De stad wordt wel 'Klein Amsterdam' genoemd en herbergt de oudste schildersacademie van Nederland (16de eeuw). Overnacht ter plaatse.

Den Haag — Dag 4

Bezoek het Mauritshuis (**blz. 261**) met zijn meesterwerken uit de Gouden Eeuw, waaronder *Meisje met de parel* van Vermeer, en maak een wandeling door de chique wijk Lange Voorhout (**blz. 267**). Overnacht ter plaatse.

Delft — Dag 5

Geniet van de prachtige grachtengordel in deze stad van Vermeer, meester van de lichteffecten. Bezoek vervolgens het Vermeer Centrum Delft, waar wordt ingegaan op zijn manier van werken. (**blz. 256**). Overnacht ter plaatse.

Rotterdam — Dag 6

Bezoek Museum Boijmans Van Beuningen en bewonder meesterwerken van Bosch, Rembrandt,

Delfts aardewerk
D. Collins/Prisma/age fotostock

Reisplanner

Rubens en anderen (**blz. 234**). Maak 's middags een rondvaart door de grootste haven van Europa (**blz. 249**). Overnacht ter plaatse.

Tip: op maandag zijn de Rotterdamse musea gesloten.

's-Hertogenbosch — Dag 7

Reis naar deze vriendelijke stad voor het Jheronimus Bosch Art Center (**blz. 377**) en het mooie Noordbrabants Museum (**blz. 378**). Overnacht ter plaatse.

Nationaal Park De Hoge Veluwe — Dag 8

Bezoek het Kröller-Müller Museum met de prachtige Van Goghcollectie (**blz. 454**) en geniet van de weelderige natuur in het nationaal park (**blz. 452**). Keer terug naar Amsterdam.

Tip: het park is goed bereikbaar met het openbaar vervoer.

De visitatie, van de Meester van het Leven van Maria (Museum Boijmans Van Beuningen, Rotterdam)
World Pictures/age fotostock

EEN KEUZE UIT DE MOOISTE ROUTES

12 dagen
De hoogtepunten van het land

Route: 675 km vanuit Amsterdam, langs de mooiste plekjes in Nederland

Amsterdam-Haarlem Dag 1-4

Laat u inspireren door de route 'Rondom Amsterdam' (**blz. 20**). Overnacht in Haarlem.

Den Haag Dag 5

Bezoek 's morgens het Mauritshuis (**blz. 261**) met zijn meesterwerken uit de Gouden Eeuw. Wandel 's middags door de chique straten vol patriciërswoningen in de wijk Lange Voorhout (**blz. 267**). Overnacht ter plaatse.

Scheveningen Dag 6

Ontspan op het strand van deze historische badplaats (**blz p. 276**) en wandel of fiets vervolgens door de prachtige duinen (**blz. 276**). Overnacht ter plaatse.

Delft Dag 7

Slenter door het mooie historische centrum rondom de Nieuwe Kerk (**blz. 252**) en bezoek een van de befaamde aardewerkateliers (**blz. 259**). Overnacht ter plaatse.

De Ridderzaal in Den Haag
thehague/Getty Images Plus

Het praalgraf van Willem van Oranje in de Nieuwe Kerk in Delft
GAPS/Getty Images Plus

Reisplanner

Gouda — Dag 8

Trotseer de grote menigte toeristen op de traditionele kaasmarkt (**blz. 311**) en bezoek de Sint-Janskerk met haar bijzondere glas-in-lood-ramen (**blz. 307**). Overnacht ter plaatse.

Maastricht — Dag 9

Struin door de charmante, levendige straatjes tussen de Sint-Servaasbasiliek (**blz. 409**) en de Onze Lieve Vrouwebasiliek (**blz. 414**). Breng een bezoek aan het Bonnefantenmuseum, met zijn rijke collectie middeleeuwse kunst (**blz. 416**). Overnacht ter plaatse.

Nationaal Park De Hoge Veluwe — Dag 10

Haal een frisse neus in het grootste natuurreservaat van Nederland (**blz. 452**), en bezoek het Kröller-Müller Museum (**blz. 454**) met de prachtige Van Goghcollectie.

Tip: het park heeft drie ingangen: in Otterlo, Hoenderloo en Schaarsbergen.

Nationaal Museum Paleis Het Loo/Utrecht — Dag 11

Trek een halve dag uit voor een bezoek aan dit barokke paleis, voorheen het zomerverblijf van de koninklijke familie (**blz. 464**), en wandel door de schitterende tuinen (**blz. 468**). Struin de rest van de dag door het centrum van Utrecht en reserveer voor het diner een tafel aan een van de grachten. Overnacht ter plaatse.

Tip: Museum Paleis het Loo en het Kröller-Müller Museum zijn bereikbaar met het openbaar vervoer.

Utrecht — Dag 12

Huur een fiets om langs de grachten te fietsen (**blz. 325**) en beklim de Domtoren (**blz. 327**), de hoogste kerktoren van het land. Rust uit op een van de talloze terrasje in deze gerenommeerde studentenstad. Rijd terug naar Amsterdam via de Loosdrechtse Plassen (**blz. 336**).

Tip: het toeristenbureau verhuurt fietsen.

Een van de Utrechtse grachten
olgacov/Fotosearch LBRF/age fotostock

EEN KEUZE UIT DE MOOISTE ROUTES

7 dagen
In het teken van water

Route: 765 km vanuit Amsterdam, langs kanalen, polders en molens

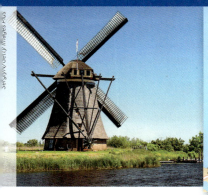

Amsterdam — Dag 1

Verken de Amsterdamse grachten, waaronder de Herengracht met het Museum Willet-Holthuysen (**blz. 133**). Bezoek 's middag Het Grachtenhuis (**blz. 132**) of het Amsterdam Museum (**blz. 130**) om meer te leren over de bijzondere geschiedenis van deze stad op palen! Overnacht ter plaatse.

Tip: laat de auto staan en reis met het openbaar vervoer door de stad.

Den Helder — Dag 2

Bezoek 's morgens het Marinemuseum (**blz. 191**) en daarna het Nationaal Reddingmuseum (**blz. 191**). Rijd 's middags naar Giethoorn (**blz. 490**) via de Afsluitdijk, de 32 km lange dijk die het IJsselmeer afsluit (**blz. 194**). Overnacht in Giethoorn.

Giethoorn — Dag 3

Verken dit waterrijke dorp, dat doorkruist wordt door sloten en kanalen, eerst vanaf een bootje en daarna te voet (**blz. 490**). Overnacht ter plaatse.

Lelystad — Dag 4

Breng eerst een bezoek aan de haven van Urk (**blz. 216**). Bezoek 's middags Lelystad met het museumcomplex Batavialand (**blz. 212**). Overnacht ter plaatse.

Rotterdam — Dag 5

Maak een rondvaart door de grootste haven van Europa (**blz. 249**) en bezoek daarna het Maritiem Museum (**blz. 232**). Overnacht ter plaatse.

Kinderdijk — Dag 6

Stap in Rotterdam in de Waterbus voor een bezoek aan de 19 molens van Kinderdijk (**blz. 242**), gebouwd voor de strijd tegen het water. Overnacht in Rotterdam.

Zierikzee — Dag 7

Bewonder dit karakteristieke stadje (**blz. 354**) en maak dan de rondrit 'Naar het zuiden van de Delta' (**blz. 357**) via de Stormvloedkering Oosterschelde (**blz. 359**). Keer terug naar Amsterdam.

Met het gezin

Fietsen langs de molens van Kinderdijk

> Let op dit symbool: het staat in deze gids bij bezienswaardigheden en activiteiten waar ook uw kinderen plezier aan hebben.

▶ Zeehonden spotten in de Waddenzee.
In dit natuurreservaat liggen circa vijftig eilandjes en zandbanken die een toevluchtsoord vormen voor talloze vogels en honderden zeehondenkolonies. U kunt de zeehonden zien bij laag tij, als ze het zich gemakkelijk maken op de zandbanken. De beste manier om ze te observeren is vanaf een klein bootje. **Zie blz. 528**.

Vergeet uw verrekijker niet!

▶ Het Maritiem Museum in Rotterdam.
Dit museum bevat een omvangrijke collectie schepen en scheepsmodellen en er zijn interactieve tentoonstellingen waar (vooral) kinderen spelenderwijs op avontuur gaan in de boeiende wereld van de scheepvaart. Bovendien is er de Offshore Experience, waarin u een kijkje kunt nemen in het leven aan boord van een olieplatform op volle zee, te midden van harde wind en soms metershoge golven. **Zie blz. 232**.

De Offshore Experience is geschikt voor kinderen vanaf 8 jaar.

▶ NEMO in Amsterdam.
Een geweldig wetenschapschapmuseum voor kinderen, in een gebouw dat zich als een gigantische scheepsboeg boven de stad verheft. Hier telt maar één ding: experimenteren! **Zie blz. 146**.

Vooral geschikt voor kinderen vanaf 6 jaar.

▶ Een fietstocht langs molens.
Langs het kanaal ten zuiden van Kinderdijk, vlak bij Rotterdam, staan 19 poldermolens op een rij, die het landschap de aanblik van een ansichtkaart geven: water, een oneindig polderlandschap en molens die fier draaien in de wind. In de Zaanse Schans, een langs de Zaan gelegen schilderachtig museumdorp vol molens – nog altijd in gebruik - kunt u heerlijk wandelen en even teruggaan in de tijd. **Zie blz. 242 en blz. 178**.

Probeer in de zomer de weekenddrukte te vermijden.

Zeehonden bij de Waddenzee
Minden/hemis.fr

DE LEUKSTE ACTIVITEITEN VOOR KINDEREN VAN 6 TOT 14 JAAR

▶ **Een duik in de onmogelijke wereld van Escher in Den Haag.** Water dat omhoog stroomt, trappen die oneindig omhoog en omlaag blijven gaan, vogels die vissen worden... Escher was een onbetwiste meester in optische illusie. Zijn werk, prachtig tentoongesteld in het museum, toont een fascinerende en wonderlijke droomwereld vol onmogelijke constructies en verdraaide perspectieven, die jong en oud versteld doet staan. In een interactieve tentoonstelling leert u kijken door de ogen van Escher en kunt u experimenteren met onwaarschijnlijke optische illusies, zoals de beroemde Penrose-driehoek, en proberen Eschers geheimen te doorgronden. **Zie blz. 267.**

▶ **Het Louwman Museum in Den Haag.** Autofans mogen dit museum niet missen! U vindt hier zeldzame exemplaren, de auto's van Churchill, Elvis Presley en The Godfather, raceauto's en zeer luxe modellen. Ook zijn er vliegtuigen, tweewielers, amfibievoertuigen en elektrische auto's. **Zie blz. 276.**

▶ **Een tochtje door het duingebied van Meijendel.** Dit duingebied is een mozaïek van verschillende minilandschappen met specifieke ecosystemen. Nergens anders in Nederland zijn zoveel nachtegalen; in de lente zingen ze dat het een lieve lust is. U kunt hier ook wilde konikpaarden tegenkomen en, in de schemering, herten. De kans hierop is het grootst in de lente en de herfst. **Zie blz. 278**.

☺ *U kunt het gebied te voet of op de fiets verkennen. Reken op ruim 2 uur en neem een windjack mee.*

▶ **Een reis door de ruimte in Space Expo in Noordwijk.** In dit museum van de European Space Agency kunnen kinderen vanaf 6 jaar virtueel op ruimtereis met astronaut André Kuipers en wetenschapsjournalist Sander Koenen. Er is onder andere een maquette van een maanlandingsraket op ware grootte te zien. Eenmaal weer buiten keert u terug op onze mooie aarde met een bezoek aan de schitterende Keukenhof. **Zie blz. 302 en blz. 297.**

▶ **Aapjes kijken in Berg en Bos.** In de bossen van de Apenheul, een dierenpark zonder tralies, lopen maar liefst 300 apen vrij rond. Ze zijn totaal niet bang voor de bezoekers en de doodshoofdaapjes springen soms zelfs op uw schouder! Let op, omdat sommige apen geraffineerde zakkenrollers zijn, is de speciale apentas die u bij de ingang krijgt onmisbaar! **Zie blz. 469.**

▶ **Nederland in zakformaat in Madurodam.** U ziet hier een soort samenvatting van Nederland, met de belangrijkste monumenten en karakteristieke trekpleisters en landschappen, uitgevoerd in schaalmodellen van 1:25. Alles is er te zien: molens en grachten, kleurrijke tulpenvelden, de kaasmarkt in Alkmaar, de Sint-Jan in Den Bosch, de Domtoren in Utrecht, het huis van Anne Frank in Amsterdam, het Muiderslot. Ertussendoor rijden treinen, auto's en bussen, en varen bootjes. 's Avonds is het een prachtig lichtjesspel. Madurodam werd in 1952 geopend en heeft een kind als burgemeester. **Zie blz. 275.**

De IJhal van station Amsterdam Centraal, een ontwerp van Wiel Arets Architects
RUBEN RAMOS/Getty Images Plus

DE REIS VOORBEREIDEN

Naar Nederland	**30**
Voor het vertrek	**31**
Nederland van A tot Z	**34**
Reistips	**42**
Evenementen	**43**
Leestips en films	**45**

Naar Nederland

😊 Maak een rondreis met de auto of zo mogelijk met de fiets *(blz. 36)*. Gaat u naar Amsterdam? Neem dan bij voorkeur de trein.

Met de auto

Hoofdverkeerswegen
Nederland heeft een groot wegennet en beschikt over uitstekende verbindingen met het internationale netwerk van autowegen. Amsterdam ligt op 210 km van Brussel.

Uw reis voorbereiden
Raadpleeg de **Michelinkaarten** 716 (België) en 715 (Nederland) en de regionale kaarten 531 (Noord-Nederland) en 532 (Zuid-Nederland).
Online: *www.viamichelin.nl* en *www.viamichelin.com*.
⊙ *Zie 'Auto', blz. 34.*

Met de bus

Vanuit **België** vertrekken bussen van **Flixbus** *(www.flixbus.nl* en *www.flixbus.be)* en **BlaBlaBus** *(www.blablacar.nl/bus)* naar Nederland.
Openbaar Vervoer Reisinformatie – ✆ 0900 92 92, of *9292.nl*, of download de 9292 app
Connexxion – *www.connexxion.nl*.

Met de trein

Vanaf het Gare du Nord in Parijs en twee keer per dag vanaf station Lille Europe in Rijsel rijden de **Thalys**-hogesnelheidstreinen via station Brussel-Zuid naar Rotterdam en Amsterdam CS. Reisduur Brussel-Zuid-Amsterdam: 1.54 uur. ⊙ *www.thalys.com*.
Vanaf station Brussel-Zuid rijden ook ieder uur **Intercitytreinen** (tussen 6.00 en 21.00 u, reisduur: 2.50 uur) naar Amsterdam via Brussel-Centraal, Mechelen, Antwerpen, Roosendaal (overstappen voor bestemmingen in Zeeland en Noord-Brabant), Dordrecht, Rotterdam (overstappen voor bestemmingen in het midden, oosten en noorden van Nederland), Den Haag (overstappen voor Leiden en Haarlem) en Schiphol. ⊙ *www.nsinternational.com* en *www.ns.nl*.

Voor het vertrek

Officiële naam: Koninkrijk der Nederlanden
Hoofdstad: Amsterdam
Oppervlakte: 41.526 km²
Bevolking: 17.720.000 inw. (2022)
Valuta: euro
Officiële taal: Nederlands

Klimaat

Laaghangende wolken zijn typerend voor een **gematigd zeeklimaat**, vochtig en fris. Meer in het binnenland neigt het klimaat enigszins naar het landklimaat. De temperatuur is niet zo hoog in de zomer (16,6 °C gemiddeld) en het is niet al te koud in de winter (2,2 °C gemiddeld), maar langs de kust kan het flink **waaien**. In de herfst en de lente mist en regent het regelmatig.
Internet: *www.knmi.nl*.

Het beste seizoen

De beste tijd voor uw reis zijn de maanden juni, juli, augustus en september, wanneer het vaak vrij warm weer is. In het **voorjaar** krijgen de bollenvelden tussen Haarlem en Leiden en rond Alkmaar schitterende kleuren (van half april tot eind mei). Wanneer de boomgaarden in bloei staan (half april-eind mei) is de Betuwe gehuld in zachtroze en wit.
In de **zomermaanden** gaan veel vakantiegangers naar de uitgestrekte Noordzeestranden, de Waddeneilanden en de toeristische streken zoals Drenthe en Zuid-Limburg. Het is dan moeilijk om onderdak te vinden. Reserveer daarom ruim van tevoren uw treintickets en accommodatie. Tijdens de **herfst** kleuren de bossen van bijvoorbeeld de Veluwe prachtig rood en goud. Sneeuw is in Nederland steeds meer een uitzondering en het vriest niet altijd lang genoeg om te kunnen schaatsen op bevroren kanalen, meren en vijvers.
De **winter** is ook bij uitstek de tijd om de grote steden te ontdekken: Amsterdam, Den Haag, Rotterdam, Utrecht, Leiden, Delft.

Nuttige adressen

Toeristenbureau

België – Nederlands Bureau voor Toerisme en Congressen - Louizalaan 89 - B-1050 Brussel 5 - www.holland.com. Via deze site kunt u ook brochures downloaden.
Zie ook 'Toeristenbureaus', blz. 41.

Ambassades

Nederlandse ambassade in België
Kortenberglaan 4-10, B-1040 Brussel; 02 679 17 11; bru@minbuza.nl
Zie ook de rubriek 'Ambassades en consulaten' in 'Nederland van A tot Z', blz. 34.

Internetsites

www.holland.com – De officiële site van het Nederlands Bureau voor Toerisme en Congressen. Zeer uitgebreide informatie.
www.museumkaart.nl – Overzicht van de Nederlandse musea.
cultureleagenda.nl – Website met de complete culturele agenda.
www.iamsterdam.com – Gids voor bewoners en bezoekers van Amsterdam.
www.amsterdamhotspots.nl – Alle adressen in Amsterdam die trendy zijn. Engelstalig.

Nederland op de fiets

In Nederland zijn talloze organisaties te vinden die fietsvakanties (individueel of in een groep) aanbieden. Enkele aanbieders:
Cycletours Holland –
📞 *(020) 52184 90 - cycletours.com.*
Fietsvakanties - *www.fietsvakanties.nl/nederland.*
SNP - *www.snp.nl/reizen/nederland/fietsen.*
Ecktiv - *ecktiv.nl/reistype/fietsvakanties/fietsvakanties-nederland.*

Formaliteiten

Belangrijke documenten

Identiteitspapieren
Een nationale identiteitskaart of geldige reispas volstaat voor reizigers met de Belgische nationaliteit en andere ingezetenen van de Europese Unie. Dat geldt ook voor kinderen. Wie minderjarig is, kan het beste een schriftelijke toestemming van de ouders of voogd meenemen. Dit bewijs moet door de gemeentediensten van de woonplaats worden gevalideerd. In België verblijvende reizigers die niet de Belgische nationaliteit hebben, kunnen het beste op voorhand contact opnemen met de ambassade van Nederland in België.

Rijbewijs
Autobestuurders dienen in het bezit te zijn van een Belgisch, Nederlands of internationaal rijbewijs. Het wordt aangeraden om behalve de autopapieren ook een internationaal verzekeringsbewijs bij u te hebben, de zogenoemde 'groene kaart'. Meer inlichtingen bij uw verzekeraar.

Huisdieren
Wie een huisdier meeneemt, moet in het bezit zijn van een paspoort van het dier met daarin een beschrijving ervan, naam en adres van de eigenaar en een geldig bewijs van inenting tegen hondsdolheid (ouder dan 3 weken).

Gezondheid

Ingezetenen van de EU en Zwitserland die in het bezit zijn van een (gratis) **Europese ziekteverzekeringskaart** (1 jaar geldig), krijgen in Nederland medisch noodzakelijke zorg binnen het openbare zorgstelsel, onder dezelfde voorwaarden en tegen dezelfde kosten als de mensen die in Nederland verzekerd zijn.
☞ *Zie ook 'Gezondheid', blz. 37.*

Telefoneren

Telefoneren naar Nederland vanuit het buitenland: toets **00 + 31** + het netnummer (zonder de eerste 0) en het abonneenummer.
☞ *Zie ook 'Telefoneren', blz. 40.*

Tijdverschil

GMT + 1. België en Nederland liggen in dezelfde tijdzone. De overgangen tussen winter- en zomertijd vinden op dezelfde dagen plaats.

Geld

De gulden heeft op 1 januari 2002 plaatsgemaakt voor de **euro**. De munten van 1 en 2 cent worden in Nederland niet gebruikt. Bedragen worden afgerond op € 0,05.
Kijk voor vertrek hoeveel u mag opnemen via uw bankpas of creditcard, zodat u niet onverhoeds met een tekort aan contant geld te maken krijgt.
☺ Nederlanders pinnen voornamelijk. Sommige restaurants en winkels accepteren geen bankpas of creditcards, vooral in kleine steden. Doe navraag en neem zo nodig contant geld mee.
☞ *Zie ook 'Banken', blz. 35.*

Overnachten

De adressen in de gids

U vindt onze selectie overnachtingsadressen in de 'Adresboekjes' aan het eind van de plaatsbeschrijvingen in het deel 'Steden en bezienswaardigheden'. De adressen zijn ingedeeld in **prijscategorieën** *(tabel hieronder)*. De opgegeven **prijzen** gelden voor een tweepersoonskamer in het hoogseizoen.

Reserveren

We raden u ten stelligste aan om accommodatie lang van tevoren te reserveren, zeker in het weekend en in de maanden juli en augustus in toeristische streken.

Sites voor reserveringen

www.weekendhotel.nl – Goede selectie van hotels, appartementen, woonboten, B&B's en gastenkamers in Nederland en België.
www.hostelworld.com – Internationale zoekmachine.
hotels.nl – Een selectie van meer dan 1800 hotels en aanbiedingen.
nl.hotels.com en **expedia.nl** – Internationale zoekmachines.
camping-nederland.startpagina.nl – Webpagina voor wie op zoek is naar een camping in Nederland.

Soorten overnachtingen

Bed & Breakfast

U bent te gast bij de bewoners die hun huis openstellen. Vaak is er sprake van een minimale verblijfsduur en creditcards worden zelden geaccepteerd. Voor meer informatie kunt u zich wenden tot **Bed & Breakfast Nederland**, ℘ (0497) 330 300, *www.bedandbreakfast.nl*. Op de site staan talloze B&B-adressen in het hele land.

Campings

Op de Michelinkaarten 715, 531 en 532 geeft het symbool △ een kampeerterrein aan. Nederland telt meer dan 2400 campings, onderverdeeld in vijf categorieën. In juli en augustus is het er zeer druk.

Wild kamperen is in Nederland verboden, maar grondeigenaren die daarvoor een vergunning hebben gekregen, mogen wel kampeerders ontvangen op hun terrein.
Op internet: kijk op *www.camping-nederland.startpagina.nl* of op *www.campercontact.com* als u met een camper reist. Wie liever luxe kampeert op een **glamping** zoekt op *glampings.nl*. Voor de adressen van campings op het terrein van een kasteel of een landgoed kunt u zich richten tot de **Vereniging Gastvrije Nederlandse Landgoederen en Kastelen LKC** – *nederlandselandgoederen.nl*.

Jeugdherbergen

Dit soort logies is niet uitsluitend voor leden, maar een lidmaatschapskaart geeft recht op korting. Er bestaat geen maximumleeftijd. Naast slaapzalen zijn er vaak twee-, drie- en vierpersoonskamers.
Stayokay – *www.stayokay.com*.

Logeren op het platteland

Hoeve-Logies Nederland – ℘ (0172) 58 63 40 - *www.dutch-farmholidays.com*.

Prijscategorieën		
	Overnachten	**Uit eten**
Goedkoop	tot € 90	tot € 25
Doorsneeprijzen	van € 90 tot € 150	van € 25 tot € 50
Wat meer luxe	van € 150 tot € 220	de € 50 tot € 75
Pure verwennerij	meer dan € 220	meer dan € 75

Nederland van A tot Z

Ambassades en consulaten

Belgische ambassade in Nederland – Johan van Oldenbarneveltlaan 11, 2582 NE Den Haag - ✆ (070) 312 34 56 - *netherlands.diplomatie.belgium.be/nl*.
Ereconsulaten in de steden Amsterdam, Breda, Groningen, Maastricht, Raalte, Rotterdam en Vlissingen: *netherlands.diplomatie.belgium.be/nl)*.
Nederlandse ambassade in België – Kortenberglaan 4-10 - 1040 Brussel - ✆ 02 679 17 11 - *www.nederlandenu.nl/uw-land-en-nederland/belgie*.

Auto

Het Nederlandse wegennet is fijnmazig en wordt erg goed onderhouden. Voorkom dat u in de spitsuren (7.30-8.30 en 16.30-18.00 u) de weg op moet.
Vermijd het vooral om rond te rijden in het centrum van de grote steden. De belangrijke straten hebben vaak eenrichtingsverkeer en er zijn veel voetgangersgebieden.

Verkeersregels
Snelheid – Op autosnelwegen geldt een maximumsnelheid van 100 km per uur tussen 6.00 en 19.00 u en van 120 of 130 km per uur tussen 19.00 en 6.00 u, 80 km per uur op overige wegen en 15, 30 of 50 km per uur binnen de bebouwde kom.
☺ Bedenk dat overal op de Nederlandse wegen automatische flitscamera's staan en dat hun tolerantiedrempel erg laag ligt.
Alcoholgehalte – De wetgeving voor chauffeurs is dezelfde als die in België, namelijk een maximaal toegelaten alcoholgehalte van 0,5 g/l en 0,2 g/l voor jonge chauffeurs.
Inhalen en voorrang verlenen – **Trams** hebben altijd voorrang. Pas op voor **fietsers**, die vaak rechts inhalen en voorrang hebben op afslaand autoverkeer. Het is ook mogelijk dat ze in bepaalde straten tegen de rijrichting in mogen rijden.
☛ *Zie ook 'Fietsen', blz. 36.*

Brandstof

Brandstoflabels zijn op Europees niveau gestandaardiseerd. Hieronder staan de gebruikelijke namen en tussen haakjes de nieuwe namen.
Super loodvrij 98 (E5) = *Super 98;*
Super loodvrij 95 (E5) = *Euro 95;*
SP95-E10 (E10) = *Super E10;*
Diesel (E7) = *Diesel;*
GPL = *LPG.*

Ongevallen

Bij ernstige ongevallen kunt u dag en nacht het alarmnummer **112** bellen.

Pech onderweg

In geval van schade of pech kunt u de *Wegenwacht* bellen: ✆ 0800 08 88 (dag en nacht gratis bereikbaar).
Automobilisten kunnen zich ook wenden tot de **ANWB Alarmcentrale**: ✆ 088 269 28 88 (het hele jaar door, dag en nacht bereikbaar). Leden van aangesloten automobielclubs krijgen op vertoon van hun lidmaatschapsbewijs gratis hulp. Buitenlandse bezoekers die geen lid zijn van de ANWB, moeten een bijdrage betalen en krijgen dan een lidmaatschapsbewijs dat twee maanden geldig is.
www.anwb.nl/alarmcentrale.

Snelwegen

Deze zijn gratis, Nederland kent geen tolwegen. De afslagen zijn genummerd; deze nummers worden vermeld op de Michelinkaarten.
Er zijn twee toltunnels, de Westerscheldetunnel bij Terneuzen en de Kiltunnel bij Dordrecht.

Parkeren

Om het autoverkeer te ontmoedigen, is parkeren in het centrum van grote steden erg duur: voor parkeerplaatsen moet betaald worden, alle dagen van de week, soms zelfs 24 uur per dag. Verwacht niet dat een oogje wordt dichtgeknepen voor buitenlandse nummerplaten: elke overtreding wordt beboet. Staat uw auto ernstig in de weg, dan wordt hij weggesleept. Parkeer daarom liever, als die er is, op een **P+R (of Transferium)** aan de rand van de stad en maak vervolgens gebruik van het openbaar vervoer.

😊 Houd er rekening mee dat sommige parkeerplaatsen bestemd zijn voor auto's van bijvoorbeeld van mensen met een beperking of van bewoners. De laatste worden aangeduid met een bord waarop staat: '**Vergunninghouder**'; soms staat ook het kenteken van de auto op dit bord vermeld.

Banken

De meeste banken zijn maandag tot en met vrijdag geopend van 9.00 tot 17.00 u, op maandag vaak alleen in de middag.
Is uw bankpas gestolen of kwijt? Meld dit dan zo snel mogelijk bij de bank die uw pas heeft uitgegeven.

😊 Zorg ervoor dat u altijd contant geld bij u hebt; creditcards of bankpassen worden soms geweigerd *(blz. 32)*.

Drugs

In tegenstelling tot wat veel mensen denken is het verkopen van softdrugs in Nederland strafbaar. Wel geldt er een gedoogbeleid, wat inhoudt dat coffeeshops, onder strenge voorwaarden, wiet en hasje verkopen: maximaal 5 gram per persoon per dag, en alleen aan meerderjarigen (18 jaar en ouder). Wie meer dan 5 gram in bezit heeft, kan strafrechtelijk worden vervolgd. Heeft u minder dan 5 gram hasj of wiet bij u, dan wordt meestal een oogje dichtgeknepen, maar het komt ook voor dat de politie het in beslag neemt.

ⓖ Kijk voor de maatregelen die op dit moment gelden op *www.holland.com*.
In een poging een einde te maken aan de drugshandel in het land, heeft de Nederlandse overheid sinds 2021 haar eigen cannabisplantages (de testfase daarvan is in 2017 van start gegaan). Tot die tijd werden de verkoop en consumptie van cannabis getolereerd, maar de teelt en levering aan de verkooppunten niet. De export van cannabis, zelfs in kleine hoeveelheden, is echter strafbaar en er worden veelvuldige controles uitgevoerd door de Nederlandse en buitenlandse autoriteiten in treinen en op snelwegen.

😊 Synthetische drugs vallen onder de 'harddrugs' en zijn dus gelijkgesteld met heroïne en cocaïne.

Elektriciteit

De tweepolige ronde stekkers werken op 230 V, net als in België.

Etiquette

De meeste Nederlanders spreken goed tot uitstekend Engels, maar het is altijd een goed idee om een paar beleefdheidszinnen in het Nederlands leren.
Als u wordt uitgenodigd door een Nederlander, kom dan op tijd. In Nederland bestaan de vijftien beleefdheidsminuten niet. Het wordt altijd op prijs gesteld als u bloemen meebrengt, ook door mannelijke gastheren. Maar u kunt ook een fles

wijn meenemen voor bij de avondmaaltijd. Houd er rekening mee dat veel Nederlanders vroeg eten, tussen 18.00 en 19.00 u. Het is heel gebruikelijk om te vragen hoe laat u wordt verwacht voor een maaltijd of andere afspraak.

😊 In sommige woningen trekt men zijn schoenen uit bij binnenkomst. Volg als de bewoner dat wil zijn of haar voorbeeld.

Feestdagen

1 januari – Nieuwjaarsdag.
Maart/april – Goede Vrijdag en eerste en tweede paasdag.
27 april – Koningsdag, de grootste nationale feestdag.
5 mei – Bevrijdingsdag.
Mei-juni – Hemelvaartsdag en eerste en tweede pinksterdag.
25-26 december – Eerste en tweede kerstdag.

Fietsen

Voor toeristen voegt het gebruik van de fiets vaak iets bijzonders toe aan hun verblijf in Nederland, maar voor Nederlanders is de fiets niet weg te denken uit het dagelijks leven.

Het moet gezegd: met zijn uitgestrekte vlakke gebieden biedt het land ideale omstandigheden voor wie wil fietsen – afgezien van de soms harde wind.

Er is 32.000 km aan fietspaden aangelegd dwars door Nederland, in de steden en op het platteland. Er zijn ongeveer 22 miljoen fietsen, waarvan een steeds groter deel bestaat uit elektrische fietsen.

😊 U kunt uw fiets meenemen in de trein voor een klein bedrag, maar niet tijdens de spitsuren.

Dat is bijvoorbeeld handig als u als uitstapje vanuit Amsterdam wilt gaan fietsen door de duinen van Zandvoort.

Ook pleziervaartuigen en veerboten hebben vaak ruimte voor het vervoer van fietsen.

Fietsverhuur

Fietsverhuurders vindt u bijna overal in het land. Verhuurder **Fiets & Service** is aanwezig in ongeveer honderd grote treinstations. Afhankelijk van waar u bent, betaalt u ongeveer € 10 per dag, en minder als u de fiets een week huurt. U moet zich kunnen legitimeren en een borg betalen, contant of met een pinpas. Verzekeringskosten zijn niet altijd inbegrepen, maar voor een paar euro meer betaalt u slechts een beperkt eigen risico bij diefstal of ernstige schade aan uw fiets.

In de grote steden kunnen huurfietsen voorzien zijn van handremmen of van terugtraprremmen. Sommige verhuurders bieden voor gezinnen met kleine kinderen een **bakfiets**, een bezorgfiets met drie wielen en een grote bak aan de voorkant. Dit praktische vervoermiddel is heel gangbaar in Nederland.

😊 Zorg dat u geld bij u hebt voor de borgsom (€ 50 of € 100).

Verkeersregels

Voorrang en andere regels –
U moet voorrang verlenen aan bussen, trams en taxi's, alsmede aan voertuigen die van rechts komen (tenzij anders aangegeven). Dat betekent dat u voorrang hebt op voertuigen die van links komen, maar wees toch maar op uw hoede. Het is verboden om in het donker rond te rijden zonder voor- en achterlicht, en u mag niet fietsen in voetgangersgebieden en op de trottoirs.

Verkeersborden – Er zijn afwijkende borden, waarvan het handig is om ze als automobilist of fietser te kennen:

– een rond blauw bord met een witte fiets: verplicht pad of rijstrook voor fietsers en bromfietsers. In principe ligt dit pad naast de rijstroken voor auto's.
– een rechthoekig bord met daarop 'Fietspad' of 'Rijwielpad': niet-

verplicht fietspad, verboden voor bromfietsers.
Fietsroutes – De ANWB (Algemene Nederlandse Wielrijdersbond) heeft door het hele land ongeveer 200 routes van 25 à 50 km uitgezet voor fietsers en bromfietsers, of uitsluitend voor fietsers.
De routes zijn aangegeven met een rechthoekig blauw bord met daarop een zeshoek en een fiets, óf door zeshoekige witte borden met rode tekst.
☺ Gedetailleerde ANWB-kaarten (1:100.000) zijn te koop bij de toeristenbureaus.

Wat goede raad
In de grote steden, en vooral in Amsterdam, hebben de Nederlanders de neiging om de verkeersregels aan hun laars te lappen: dat voorbeeld volgt u beter niet.
Pas goed op voor auto's, voetgangers (vooral toeristen die de fietspaden weleens willen verwarren met voetpaden), andere tweewielers en vooral trams. Pas ook goed op voor de tramrails, fietswielen komen er gemakkelijk in klem te zitten.
Kijk dubbel goed uit met een huurfiets met terugtraprem, de goede reflexen van het testritje zijn snel weer vergeten en een verkeerde trap op de pedalen eindigt al gauw in een valpartij. Kortom: wees steeds voorzichtig en vergeet niet om uw fietsbel te gebruiken om te waarschuwen dat u eraankomt.

Fietsen stallen
Als we afgaan op de 40.000 fietsdiefstallen per jaar in Amsterdam zijn fietsen op de zwarte markt erg in trek. Fietsen moeten dan ook altijd met twee fietssloten worden vastgemaakt: een aan het voorwiel en het frame en het tweede aan het achterwiel (de meeste Nederlandse fietsen zijn al uitgerust met een slot aan het achterwiel).
Probeer uw fiets niet achter te laten waar dat verboden is en stal uw fiets liefst in een fietsenrek. Er bestaan bewaakte fietsenstallingen, zoals de ondergrondse stalling voor het Centraal Station in Amsterdam, waar wel 11.000 fietsen gratis kunnen worden gestald. Op het Centraal Station van Utrecht zijn maar liefst 12.500 plaatsen beschikbaar!

Informatie
ecf.com – Europese fietsersfederatie.
Fietsroutes in Nederland – www.fietsnetwerk.nl/fietsroutes-nederland.
Vrienden op de Fiets – *www.vriendenopdefiets.nl.*
Speciaal voor wie met de fiets rondreist en onderweg een tussenstop wil maken, bespreekt deze vereniging zo'n 3500 betaalbare B&B-adresjes.
Om toegang te krijgen tot de adreslijsten moet u lid zijn van de vereniging.

Fooi

In restaurants is het bedieningsgeld reeds in de prijs inbegrepen, maar het is gebruikelijk om extra fooi te geven (5 à 10 procent). Dit geldt ook voor taxi's.

Gezondheid

Apotheken
De meeste apotheken zijn geopend van maandag tot en met vrijdag van 9.30 u tot 17.30 u.
De dichtstbijzijnde apotheken met avond- of weekenddienst staan vermeld op de deur.

Artsen en ziekenhuizen
In Nederland zijn veel goede ziekenhuizen. De artsen spreken allemaal goed Engels. Vergeet uw **Europese ziekteverzekeringskaart** niet *(blz. 32).*

Alarmnummers
Ambulance, politie, brandweer: ☏ *112.*

Internet

In heel Nederland is internetdekking. Meestal kunt u gratis verbinding maken met de netwerken in cafés en hotels door gewoon om het wachtwoord te vragen.

Media

De belangrijkste Nederlandse **kranten** zijn de conservatieve *De Telegraaf*, de centrumlinkse *De Volkskrant* en het meer liberale *NRC Handelsblad*.
Nederland heeft vele **televisiezenders**. De grootste daarvan zijn NPO 1, 2 en 3; RTL 4, 5, 7 en 8; SBS 6 en 9, Veronica, Net5 en Fox. Films worden uitgezonden in de originele versie met ondertiteling. Op de meeste plaatsen zijn de Vlaamse zenders Eén en Canvas te ontvangen.

Met het gezin

In het deel 'Steden en bezienswaardigheden' vindt u eenvoudig activiteiten die geschikt zijn voor kinderen via het het symbool 👥.
Zie ook de twee pagina's **'Met het gezin'** *(blz. 26-27)*.

Nederland is een aangename en praktische bestemming voor wie met het gezin reist.
Let er in de steden wel op dat uw kinderen goed uitkijken voor fietsers, want daarvan zijn er erg veel en ze verplaatsen zich vaak met grote snelheid.

Musea en monumenten

De kassa van de meeste musea gaat een halfuur of zelfs een uur voor de eigenlijke sluitingstijd dicht. De musea zijn over het algemeen op maandag gesloten. In een groot aantal musea moeten tassen worden afgegeven bij de garderobe. Het gebruik van flitslicht is meestal verboden.
Ook bepaalde kerken vragen toegangsgeld.
Museumkaart – *www.museumkaart.nl*. De 'Museumkaart' is een erg interessante formule voor cultuurliefhebbers: ze staat op naam, blijft een jaar geldig en geeft gratis toegang tot meer dan 450 musea in heel Nederland (volledige lijst in de brochure die met de kaart wordt meegegeven). Prijs: € 64,90 (tot

Fietsers door de duinen op weg naar zee
Shutterstock/Ellen Mol

18 jaar € 32,45), te koop bij de deelnemende musea en via de website.

Openbaar vervoer

Openbaar Vervoer Reisinformatie – ✆ 0900 92 92 (€ 0,90/min.) - 9292.nl.

Trein
Neem voor informatie over dienstregelingen, tarieven (dag- en weekkaarten, abonnementen enz.), het vervoer van fietsen en speciale tarieven contact op met Openbaar Vervoer Reisinformatie *(zie hierboven)* of raadpleeg de website *www.ns.nl* van de Nederlandse Spoorwegen.

OV-Taxi
Deze taxi's (ook wel 'zone-taxi' genoemd) halen passagiers op vanaf diverse treinstations en brengen ze naar hun plaats van bestemming of omgekeerd, voor een vast en betrekkelijk laag tarief: *www.ns.nl/deur-tot-deur/ov-taxi.html*.

Bus, tram, metro
Richt u voor dienstregelingen, trajecten en tarieven tot 0900 92 92 of raadpleeg de website www.9292.nl *(zie hierboven)*.

OV-chipkaart
Met behulp van het systeem van de zogeheten **OV-chipkaart** kunt u door het hele land reizen per trein, tram, bus en metro. Deze kaart in de vorm van een creditcard kan bij speciale automaten opgeladen worden.
De OV-chipkaart is 5 jaar geldig en te koop bij de loketten van de vervoersbedrijven (€ 7,50).
Meer informatie en online bestellen: *www.ov-chipkaart.nl*.

Openbare toiletten

Dikwijls zijn ze niet gratis (bijvoorbeeld op stations), en ook bij sommige horecaketens moet u betalen, ook als u daar iets hebt gebruikt.

Post

De postkantoren zijn op weekdagen geopend van 9.00 tot 18.00 u (de kleinste postagentschappen sluiten vaak tijdens de middag). In grote steden zijn ze vaak ook op zaterdagochtend geopend.
Postzegels zijn te koop bij de postagentschappen en bij tijdschriftenwinkels. Ga uit van € 1,40 voor een brief naar Europa met prioriteit.

Reizen met een beperking

In deze gids zijn bezienswaardigheden die toegankelijk zijn voor mensen met een beperking, voorzien van het symbool ♿.
Accessible Travel Netherlands – *accessibletravel.nl*. Toegankelijk Reizen Nederland is een gespecialiseerde touroperator voor mensen met een toegangsbeperking. Raadpleeg ook het het artikel 'Reizen met een beperking' op *www.holland.com* (onder de rubriek 'praktische informatie').

Restaurants

Adressen in deze gids
☉ U vindt onze selectie restaurants in de 'Adresboekjes' aan het einde van de plaatsbeschrijvingen in het gedeelte 'Steden en bezienswaardigheden'. Ze zijn gerangschikt naar prijscategorie *(tabel blz. 33)*.
☺ Veel restaurants zijn **alleen 's avonds geopend**, vaak vanaf 18.00 uur.

Gewoonten en gebruiken
Nederlanders beginnen de dag gewoonlijk met een stevig ontbijt. In hotels staat dan ook meestal een uitgebreid ontbijtbuffet voor de gasten klaar. Er is keuze uit diverse warme dranken, eieren, kaas, vleeswaren, rauwkost en meestal diverse soorten (getoast) brood. De hagelslag (in de gebruikelijke varianten melk of pure chocolade) is voor buitenlanders een bijzon-

dere belegsoort, die ze alleen uit Nederland kennen.

😊 In grote steden kunt u in veel cafés en restaurants een **ontbijt** bestellen, soms zelfs tot 15.00 of 16.00 u in het weekend. Dan heet het vaak een 'brunch', hoewel er ook Nederlanders zijn die het woord 'koffietafel' gebruiken voor deze uitgebreide ochtendmaaltijd. De prijzen voor een ontbijt variëren gewoonlijk van € 5 tot € 15.

De meeste Nederlanders beginnen al vroeg met hun **lunch**, vaak rond het middaguur, en nemen in veel gevallen genoegen met een boterham of broodje belegd met vleeswaren of kaas. Op deze manier lunchen is snel en voordelig. In de meeste cafés en restaurants betaalt u daarvoor € 5 tot € 10.

Traditioneel wordt er koffie of thee bij de lunch geserveerd, al kunt u natuurlijk ook iets anders gebruiken. Een bekend lunchgerecht is de uitsmijter: twee boterhammen met ham, rosbief of kaas met twee gebakken eieren en zoete augurk. Als afsluiter hebt u misschien nog trek in een fruittaartje, muffin of ander dessert? Dat staat u natuurlijk vrij. Nederlanders nemen meestal genoegen met een stuk fruit.

Het **diner** begint in Nederland relatief vroeg, rond 19.00 u, maar soms al om 18.00 u, Het diner is over het algemeen een stevige maaltijd. Restaurants bieden in de avond uitgebreidere – en duurdere – menu's dan tijdens de lunch. De wijn is vrij duur, vooral in gastronomische restaurants, waar de rekening al snel kan oplopen tot € 100 per persoon. Gewone cafés serveren over het algemeen geen avondmaaltijden, soms wel een kleine schotel om te delen. Daarnaast zijn er eetcafés die wel maaltijden serveren.

Roken

Er geldt een rookverbod voor openbare ruimtes, restaurants, cafés en hotels, behalve daar waar speciale rookzones zijn ingesteld.

Souvenirs

Iedereen weet het: Nederland is het land van de **kaas**. Het moeilijkste is om te kiezen tussen alle verschillende soorten: Goudse, Edammer, Maasdammer, Leidse, Friese kruidnagelkaas of Kernhemmer.

Enkele **aardewerkfabrieken** produceren nog steeds op traditionele wijze voorwerpen (schotels, vazen, tegels, bloempotten enz.) van Delfts blauw.

Een ander typisch en alom verkrijgbaar cadeau is het onontkoombare paar **klompen** van populierenhout. Ze zijn min of meer het symbool van Nederland en verkrijgbaar in alle kleuren, maten en vormen.

Als u rond Sinterklaas in Nederland bent, is dat een mooie gelegenheid om talloze specialiteiten te kopen en te eten, zoals **borstplaat**, fondant, **speculaas**, wafels met bruine suiker, **taaitaai**, beschuit met muisjes, zogenoemde **vrijers** (met anijs) en boter- of chocoladeletters.

Liefhebbers van alcoholhoudende specialiteiten kiezen dan weer eerder voor **jenever** en **vruchtenlikeur**. Proef ook eens de ambachtelijk gebrouwen bieren, zoals die van brouwerij 't IJ in Amsterdam.

Het hedendaagse Nederlandse **design** neemt een prominente plaats in in de wereld van het internationale design. De laatste jaren zijn er veel speciaalzaken op dit gebied geopend.

Telefoneren

Mobiel bellen

Sinds 1 juli 2022 hoeft u binnen de EU geen extra kosten te betalen voor roaming. Dit betekent dat u met uw bundel kunt bellen en internetten in een ander EU-land en dat u daarvoor geen extra kosten meer betaalt boven op uw abonnement.

NEDERLAND VAN A TOT Z

Telefoneren binnen Nederland

De **netnummers** of zonenummers die in deze gids tussen haakjes voor de telefoonnummers staan (020 voor Amsterdam, 070 voor Den Haag, 043 voor Maastricht, 010 voor Rotterdam of 030 voor Utrecht) hoeft u alleen in te voeren wanneer u van de ene zone naar de andere wilt bellen.
Gsm-nummers beginnen met 06, **gratis** nummers met 0800, **betaalnummers** met 0900, 0190 en 0180.
Nationale inlichtingen:
☎ 0900 80 08.
Internationale inlichtingen:
☎ 0900 84 18.
Collect Call: ☎ 0800 01 10.
☺ De nummers die met 0900 beginnen, kunnen alleen gebeld worden in Nederland.
ⓘ *Zie ook 'Telefoneren', blz. 32.*

Toeristenbureaus

Elke stad heeft zijn eigen toeristische organisatie, herkenbaar aan de aanduiding **VVV** *(Vereniging Voor Vreemdelingenverkeer)*. In het deel 'Steden en bezienswaardigheden' vindt u de gegevens van de toeristenbureaus in de rubriek 'Praktisch', aan het eind van de betreffende plaatsbeschrijving.
Internet: De gegevens van alle VVV's in Nederland vindt u ook op de website *www.vvv.nl*.

Wandeltochten

De in Nederland goed georganiseerde **wandelsport** beleeft elk jaar een hoogtepunt tijdens de Vierdaagse van Nijmegen *(blz. 478)* en de Friese Elfstedenwandeltocht *(blz. 511)*, met als beginpunt Leeuwarden.

De meeste bossen die aan de staat toebehoren, worden beheerd door **Staatsbosbeheer**, waarvan het wapen met de letters SBB makkelijk herkenbaar is. Ze zijn meestal voorzien van fietspaden, picknickplaatsen en wandelpaden. Er zijn **wandelroutes** uitgezet, met aan het beginpunt een bordje dat de kleur van de route aangeeft en de benodigde tijd.

Winkelen

De meeste winkels zijn geopend van 9.00 tot 18.00 u (op zaterdag tot 17.00 u). Sommige winkels zijn op maandagmorgen gesloten en de meeste op zondag.
In de grote en middelgrote steden blijven de winkels op donderdag of vrijdag tot 21.00 u geopend.
☺ Elke stad heeft haar eigen regels voor de openstelling van winkels op zondag. In het centrum van Amsterdam en Rotterdam zijn de winkels op zondag ook geopend van 13.00 tot 17.00 u.
Andere steden hebben het systeem van de **koopzondag**: twaalf zondagen per jaar waarop winkels open kunnen zijn.
De **supermarkten** zijn geopend van 8.00 tot 20.00 of (in de grote steden) 22.00 u. 's Zondags zijn in de grote steden de meeste supermarkten ook open tot 17.30 u.
ⓘ *Zie ook 'Souvenirs', hiervoor.*

Reistips

	KUNST EN GESCHIEDENIS
De Gouden Eeuw	In Amsterdam: het stadhuis dat een koninklijk paleis is geworden *(blz. 128)*, de deftige huizen langs de belangrijkste grachten *(blz. 131)*, het Amsterdam Museum *(blz. 130)* en het Rijksmuseum met zijn 400 meesterwerken *(blz. 137)*. In Haarlem: de Grote of St.-Bavokerk *(blz. 168)* en het Frans Hals Museum *(blz. 167)*. In Den Haag: het Mauritshuis *(blz. 261)*, het Binnenhof *(blz. 262)* en het Lange Voorhout *(blz. 267)*. Paleis Het Loo *(blz. 464)*.
In de voetsporen van de grote schilders	**Bosch:** in Den Bosch het Jheronimus Bosch Art Center *(blz. 377)*; in Rotterdam de collecties van het Museum Boijmans Van Beuningen *(blz. 234)*. **Vermeer:** in Amsterdam het Rijksmuseum *(blz. 137)*; in Den Haag het Mauritshuis (blz. 261); in Delft het Vermeer Centrum *(blz. 256)*. **Rembrandt:** in Amsterdam het Rijksmuseum *(blz. 137)* en het Rembrandthuis *(blz. 142)*; in Den Haag het Mauritshuis *(blz. 261)*. **Mondriaan:** in Amsterdam het Rijksmuseum *(blz. 137)* en het Stedelijk Museum *(blz. 139)*; in Eindhoven het Van Abbe Museum *(blz. 399)*; in Den Haag het Kunstmuseum *(blz. 271)*; in Rotterdam, het Museum Boijmans Van Beuningen *(blz. 234)*. **Van Gogh:** in Amsterdam het Van Goghmuseum *(blz. 139);* Nuenen *(blz. 402)*; het Kröller-Müller Museum *(blz. 454)*.
Lang de molens	De molens van Kinderdijk *(blz. 242)*, de Museummolen Schermerhorn *(blz. 188)* en de molens van de Zaanse Schans *(blz. 178)*. Zie ook de uitleg op blz. 70-72.
	LEVENSKUNST
Langs de kaas	De kazen van Gouda *(blz. 309)* en Edam *(blz. 153)*, en ook de Leidse en de Friese kazen; voorbeeld van een kaasboerderij in de Beemsterpolder *(blz. 188)*; in Alkmaar de Kaasmarkt en het Hollands Kaasmuseum *(blz. 185)*.
Design van vroeger en nu	De aardewerkfabrieken van Delft *(blz. 259)*; het Keramiekmuseum Princessehof in Leeuwarden *(blz. 508)*. Hedendaags: Droog Design in Amsterdam *(blz. 161)*; het Kunstmuseum in Den Haag *(blz. 271)*; de wijk Strijp-S in Eindhoven *(blz. 402)*.
	NATUUR EN RECREATIE
Naar het strand	In Noord-Holland: bij Callantsoog *(blz. 195)* en Bergen aan Zee *(blz. 187)*; bij Rotterdam: Hoek van Holland *(blz. 243)*; bij Den Haag: Scheveningen *(blz. 276)*; bij de Keukenhof: het strand van Noordwijk aan Zee *(blz. 302)*. Op de Waddeneilanden: Ameland, Schiermonnikoog en Terschelling *(blz. 529-535)*.
Wandeltochten	In Nijmegen, de Vierdaagse *(blz. 478);* de Elfstedentocht in Friesland *(blz. 511)*.
Landschappen	De bollenvelden van de Keukenhof *(blz. 297)*; het natuurpark de Hoge Veluwe *(blz. 452)*; de Waddeneilanden, met name Terschelling *(blz. 531)*; de veengebieden van het Nationaal Park Weerribben-Wieden *(blz. 490)*; het natte heidegebied van Nationaal Park Dwingelderveld *(blz. 557)*.

Evenementen

Nationale evenementen

3de weekend van april – Nationaal Museumweekend.
27 april – Koningsdag (*blz. 51*). De belangrijkste nationale feestdag.
Mei – Nationale fietsmaand, met tal van manifestaties waarbij het rijwiel centraal staat.
4 mei – Dodenherdenking. Oorspronkelijk een eerbetoon aan de Nederlandse militairen en verzetsstrijders die tijdens de Tweede Wereldoorlog zijn omgekomen.
5 mei – Bevrijdingsdag. Herdenking van het einde van de Duitse bezetting in 1945. Officiële ceremonies en twee minuten stilte om 20.00 u.
2de zaterdag van mei – Nationale Molendag: meer dan zeshonderd molens in het gehele land zijn open voor publiek: u herkent ze aan hun blauwe wimpel.
2de weekend van september – Open Monumentendag - *www.openmonumentendag.nl*.
Sinterklaas – Naast de gezellige kerstmarkten viert Nederland enthousiast de komst van de bisschop halverwege november (optochten). op de avond van 5 december deelt **Sinterklaas** cadeaus uit aan alle brave kinderen.

Bloemenagenda

Januari – **Nationale Tulpendag** in Amsterdam, Museumplein, de start van het (snij)tulpenseizoen. 3de zaterdag. *tulpentijd.nl*.
April-mei – **Tulpenfestival** Noordoostpolder. *tulpenfestival.nl*.
April – **Bloemencorso Bollenstreek** - het grootste lentefeest van Nederland. Met bloemen versierde praalwagens leggen een 42 kilometer lange tocht af tussen Noordwijk en Haarlem. *www.bloemencorso-bollenstreek.nl*.
Juni – **Aalsmeer Flower Festival** - Twee dagen lang concerten, tentoonstellingen, demonstraties. *www.aalsmeerflowerfestival.nl*.
Augustus – **Varend Corso Westland** – Drie dagen lang over het water door Westland, Schipluiden, Vlaardingen, Maassluis en Delft. *varendcorso.nl*.
September – **Corso van Zundert** - Laatste weekend van de maand. Al sinds 1936! Twee dagen lang, optocht door het dorp. Twee weken later is een er speciaal kindercorso. *www.corsozundert.nl*.
Corso van Eelde – 1ste weekend. Sinds 1957. Ontwerpen met voornamelijk dahlia's, maar ook andere natuurlijke materialen. *www.bloemencorsoeelde.nl*.

Andere evenementen

Januari-februari
Carnaval – Eind februari woedt er in de provincies Limburg en Noord-Brabant een groot straatfeest. Vooral het carnaval van het Limburgse Maastricht en Venlo is bekend, maar ook dat van Den Bosch in Noord-Brabant.
Rotterdam – Internationaal Filmfestival, een van de meest gerenommeerde filmfestivals van Europa. *www.iffr.com*.

Maart
Amsterdam – Stille Omgang (zondag die het dichtst bij 15 maart valt): herdenking Mirakel van Amsterdam. *www.stille-omgang.nl*.
Maastricht – TEFAF (The European Fine Art Fair): een van de grootste kunstbeurzen van Europa. *www.tefaf.com*.

April-juni
Amsterdam – KunstRAI (een week in april): Grote beurs voor hedendaagse kunst. *www.kunstrai.nl*.
Breda – Jazzfestival. *www.bredajazzfestival.nl*.

Juni
Amsterdam – Holland Festival: concerten, opera's, theater.
www.hollandfestival.nl.
Den Haag – Tong Tong Fair: Indo-Europese jaarmarkt, met veel theater en muziek.
tongtongfair.nl.
Leiden – Lakenfeesten. Peurbakkentocht (bootjes) op de grachten.
lakenfeesten.nl.

Juli
Amsterdam – Amsterdam Roots Festival: Wereldmuziekfestival in het Oosterpark.
www.amsterdamroots.nl.
Haarlem – Internationaal orgelfestival (alleen in even jaren).
www.organfestival.nl.
Nijmegen – Wandelvierdaagse: groots internationaal wandelevenement.
www.4daagse.nl.
Rotterdam – North Sea Jazz Festival (2de weekend juli).
www.northseajazz.com.
Zomercarnaval.
www.zomercarnaval.org.

Juli-augustus
Friese meren – *Skûtsjesilen* (zeilwedstrijden met oude vrachtzeilboten; twee weken lang).
www.skutsjesilen.nl.

Augustus
Amsterdam – 1ste weekend. Gay Pride: vier dagen lang groots defilé op de grachten.
pride.amsterdam.
3de week. Grachtenfestival: festival van klassieke muziek en jazz.
www.grachtenfestival.nl.
Maastricht – Eind augustus. Preuvenemint: bourgondisch eetfestijn.
preuvenemint.nl.
Sneek – Begin augustus. Zeilwedstrijden van de grote Sneekweek.
www.sneekweek.nl.
Scheveningen – Internationaal Vuurwerk Festival (vier avonden).
www.vuurwerkfestival scheveningen.com.
Utrecht – Eind augustus-begin september. Festival Oude Muziek.
oudemuziek.nl.

September
Den Haag – 3de dinsdag van sept. Prinsjesdag, optocht met de Gouden Koets.
Rotterdam – Begin sept. Wereldhavendagen.
wereldhavendagen.nl.
Utrecht – Eind sept. Nederlands Film Festival, het populairste filmfestival van het land.
www.filmfestival.nl.

Oktober
Eindhoven – Dutch Design Week:rs.
ddw.nl.
Den Haag – Holland Dance Festival: biënnale van de dans (even jaren).
www.hollanddancefestival.com.

November
Amsterdam, **Den Haag** en **Rotterdam** – Half nov. Intocht van Sinterklaas per boot.
Leiden – Eind okt.-nov. Leiden International Film Festival.
liff.nl.

Leestips en films

Algemeen
Logeren in Nederland, H. van Beek, N. van de Poll (Het Spectrum).
The Undutchables, C. White en L. Boucke. Grappig en praktisch boek over de Nederlanders (in het Engels, White Boucke Publishing).
Wonen en leven in Amsterdam, B. Forgeur en C. Sarramon (Terra).
The Dutch I presume? Martijn de Rooi (Engelstalig; Dutch Publishing).
Duizend dingen over Nederland, Charlotte Dematons (Lemniscaat).

Geschiedenis en kunst
Amsterdam ten tijde van Spinoza, H. Mechoulan (De Arbeiderspers).
Overvloed en onbehagen: de Nederlandse cultuur in de Gouden Eeuw, S. Schama (Contact).
De firma Rembrandt, S. Alpers (Bert Bakker).
Holland op z'n mooist. Op reis met de Haagse School, Charlotte Dematons (Leopold).

Filosofie
Triomf en tragiek van Erasmus van Rotterdam, S. Zweig (Stols).
De ethica, Spinoza (Cohen).
Inleiding over de methode, R. Descartes (Boom).
Spinoza, Misrahi (Atlas).

Literatuur
Het achterhuis, dagboek van Anne Frank, A. Frank (B. Bakker).
De avonden, Gerard Reve (De Bezige Bij)
Tirza, A. Grunberg (Nijgh & Van Ditmar).
Kees de Jongen, Theo Thijssen
Het woud der verwachting, H. Haasse (Querido).
Advocaat van de hanen, A.F.Th. van der Heijden (Querido).
Nooit meer slapen, W.F. Hermans (De Bezige Bij).
De Aanslag, H. Mulisch (De Bezige Bij).
Max Havelaar, Multatuli (Van Oorschot).
Dichtertje, De uitvreter, Titaantjes, Nescio (Nijgh & Van Ditmar).
Een lied van schijn en wezen, C. Nooteboom (De Arbeiderspers).
Hoffman's honger, L. de Winter (De Bezige Bij).
De passievrucht, Karel Glastra van Loon (Olympus).
De virtuoos, Margriet de Moor (De Bezige Bij).
Minoes, Annie M.G. Schmidt (Querido).
Holland, Rodaan Al Galidi (de Vrije Uitgevers)
☞ *Zie ook 'Literatuur' (blz. 111).*

Films
Amsterdam Global Village, J. van der Keuken (1996).
Alleman (The Human Dutch), Bert Haanstra (1963).
De vierde man, Paul Verhoeven (1995).
Van Gogh, M. Pialat (1991).
Karakter (Bordewijk), Mike van Diem (1997).
De Poolse bruid, Karim Traïdia (1998).
Rembrandt, C. Matton (1999).
Het meisje met de parel, P. Webber (2004).
Zwartboek, P. Verhoeven (2006).
Hoe Duur was de Suiker, J. van de Velde (2013).
Michiel de Ruyter, R. Reiné (2015).
De Nieuwe Wildernis (documentaire, 2013).
De Wilde Stad (documentaire, 2018).
Sprekend Nederland, J. Appel (documentaire, 2018).
Wad, overleven op de grens van water en land, R. Smit, (documentaire, 2018).

Het aquaduct tussen het Veluwemeer en het Wolderwijd bij Harderwijk
Sjo/Getty Images Plus

MEER WETEN OVER NEDERLAND

Nederland vandaag	**48**
Geschiedenis	**55**
Het grondgebied	**65**
Landschap en natuur	**73**
Architectuur	**76**
Kunst en cultuur	**94**

Nederland vandaag

Nederlanders staan bekend om hun open blik naar de wereld, maar hechten erg aan hun individuele vrijheid. Hun zucht naar risico's en ondernemerschap koppelen ze aan waarden als de monarchie en nationale solidariteit. Na de verschrikkingen van de Tweede Wereldoorlog heeft Nederland zich weer ontwikkeld tot een maatschappij gebaseerd op tolerantie. De 21ste eeuw laat zien hoe dit kleine, rijke, dichtbevolkte land zijn streven naar consensus handhaaft tegenover de maatschappelijke vraagstukken van nu en de uitdagingen van Europa.

Een open samenleving

In den beginne: de verzuiling

De structuren van het leven in Nederland werden tot in de jaren zestig van de vorige eeuw diepgaand beïnvloed door **Abraham Kuyper,** premier van 1901 tot 1905. Als calvinist was hij de ideoloog van de **verzuiling,** waarvan kort na 1900 de grondslagen werden gelegd: de verdeling van de Nederlandse samenleving in groeperingen rondom 'zuilen': protestant, katholiek, sociaaldemocratisch en liberaal of neutraal.

Zo ontstond een evenwicht tussen de godsdiensten en overheersende denkstromingen, en konden de burgers gezamenlijk meebouwen aan het nationale belang en tegelijk toch hun eigenheid behouden. Iedere zuil had zijn eigen politieke partijen, verenigingen, vakbonden, kranten en scholen.

De beroemde Nederlandse tolerantie vindt ook haar oorsprong in deze maatschappelijke structuur.

De wederopbouw

In 1940 viel het **Duitse leger** Nederland binnen en kwam het land in het geallieerde kamp terecht. De koningin en de regering, die naar Londen waren uitgeweken, keerden in 1945 terug. 75 procent van de joodse gemeenschap was vermoord en enkele tienduizenden Nederlanders hadden de hongerwinter van 1944-1945 niet overleefd. Ook was 30 procent van het nationale erfgoed vernield.

Na de oorlog trad een drang tot **politieke vernieuwing** aan het licht, gesymboliseerd door de Nederlandsche Volksbeweging (NVB). Van 1946 tot 1958 werden de regeringen geleid door een alliantie van katholieken (KVP) en socialisten (PvdA). In 1948 deed koningin Wilhelmina afstand van de troon ten gunste van haar dochter Juliana.

Een geest van tolerantie

Het jaar 1960 stond in het teken van een bouwvakkersstaking, en in 1963 werd de harmonie verstoord door onrust onder de boeren. Ondanks de toenemende welvaart en het ontstaan van de verzorgingsstaat ontwikkelde zich een protestcul-

Holland of Nederland?

In binnen- en buitenland wordt **Nederland** vaak **Holland** genoemd. Deze aanduiding verwijst in werkelijkheid naar een vroegere provincie, die tegenwoordig in tweeën is verdeeld – Noord- en Zuid-Holland. Holland overvleugelde vanaf het begin van de 17de eeuw de andere provincies van het land. De precieze term voor het land is 'Nederland' (officieel 'Koninkrijk der Nederlanden') en de correcte benaming voor de inwoners is 'Nederlanders'. De kwestie lag op zeker moment zo gevoelig dat de Nederlandse regering sinds 1 januari 2020 van autoriteiten en instellingen in het buitenland eist dat ze niet langer de aanduiding 'Holland' gebruiken wanneer 'Nederland' wordt bedoeld. Deze herbevestiging van de identiteit is ook bedoeld om de andere Nederlandse provincies te promoten onder buitenlandse toeristen. Nu gaan vooral Noord- en Zuid-Holland onder internationaal massatoerisme gebukt, en met name de hoofdstad Amsterdam.

tuur, die in Nederland een bijzonder sterke invloed heeft gehad. Ze leidde tot een proces van 'ontsluiting' van het Nederlandse leven en de oprichting van de protestbeweging **Provo** (van provoceren) in 1965. Dit breidde zich ook uit naar de godsdienst, met de invoering in 1966 van de *Nieuwe Catechismus*.

Vandaag de dag leiden Nederlanders een veelal geseculariseerd leven. Ze moeten integratieproblemen met geïmmigreerde gemeenschappen zien op te lossen en blijven over het algemeen geloven in verdraagzaamheid, vrijheid van meningsuiting en een geweldloze samenleving. De constante toename van de immigratie sinds 2005 en de nieuwe toestroom van asielzoekers hebben grote spanningen veroorzaakt. Maar hoewel de houding en opvattingen van een deel van het publiek jegens de rechtspraak en de moraliteit sterke conservatieve trekken hebben gekregen, hoopt een grote meerderheid van de Nederlanders toch vurig op een terugkeer van de multiculturele en democratische consensus. In 2021 telde het land meer dan 2,5 miljoen in het buitenland geboren ingezetenen, wat neerkomt op 14 procent van de bevolking. Om aan te tonen dat ze geïntegreerd zijn, moeten nieuwe **immigranten** sinds 2006 een test afleggen over de Nederlandse taal en cultuur, zodat ze in hun zoektocht naar werk geen achterstand oplopen. Op dit vlak vervult Nederland een **pioniersrol** in de Europese Unie. Dat geldt ook voor **ethische kwesties**. Zo was Nederland het eerste land dat homohuwelijken, abortus en euthanasie, dit laatste na een debat van dertig jaar, wettelijk toestond, en het gebruik van zogeheten softdrugs wordt gedoogd. In officiële coffeeshops mogen meerderjarigen maximaal 5 gram **softdrugs** – hasj, marihuana – kopen.

Bezoek voor meer informatie de website van het Ministerie van Buitenlandse Zaken, www.minbuza.nl.

Volgens peilingen voelt 88 procent van de Nederlanders zich gelukkig. Het stressniveau ligt lager dan in de rest van West-Europa en het land bezet wereldwijd de 10de plaats op de menselijke ontwikkelingsindex.

Politieke consensus

Nederland is een constitutionele, parlementaire monarchie. De scheiding van machten is in de grondwet vastgelegd. De koning heeft vooral een representatieve functie, zij het dat hij de kabinetsformateur aanwijst en de 28 leden van de Raad van State benoemt (het hoogste gerechtelijke beroepsorgaan dat oordeelt in administratieve geschillen tussen burgers en de staat).

Het parlement, ook wel Staten-Generaal genoemd, bestaat uit twee Kamers. De Eerste Kamer telt 75 vertegenwoordigers, die indirect worden gekozen (door de Provinciale Staten). De Tweede Kamer, die het regeringsbeleid controleert en samen met de regering en Eerste Kamer wetten maakt, telt 150 afgevaardigden die rechtstreeks verkozen worden. Door het proportionele stemrecht moeten regeringen steeds worden gevormd door coalitiepartijen, die moeten onderhandelen over het regeringsprogramma. De laatste jaren waren drie grote partijen aan de macht: het **CDA** (christendemocraten), de **PvdA** (sociaaldemocraten) en de **VVD** (liberalen). Die laatste is de partij van premier Mark Rutte, die sinds 2010 die functie bekleedt. Het had niet veel gescheeld of de politieke consensus was tijdens de verkiezingscampagne van 2017 geklapt, toen door de opkomst van extreemrechts in de persoon van het populistische parlementslid Geert Wilders, oprichter van de Partij voor de Vrijheid, de PVV het derde machtsblok van het land werd. Er waren vervolgens bijna zeven maanden van onderhandelingen nodig om een nieuwe coalitie te vormen.

Nederland is bestuurlijk een **gedecentraliseerde staat**: de twaalf provincies kennen een grote mate van zelfstandigheid.

De monarchie

Ook al beperkt de Grondwet zijn bevoegdheden, de koning speelt wel een rol bij het kiezen van de 'formateur' die tussen de partijen pendelt om een regeringscoalitie tot stand te brengen. Dit is een belangrijke rol in het Nederlandse politieke leven, dat gebaseerd is op het bereiken van consensus.

Eindelijk weer een koning

Willem-Alexander wordt op 30 april 2013 als koning van Nederland ingehuldigd. Hij is daarmee de eerste man op de troon sinds 1890, na de opeenvolgende regeerperiodes van één regentes en drie koninginnen. Zijn moeder, koningin Beatrix, had bij haar troonsbestijging al de wens te kennen gegeven dat ze de monarchie een moderner gezicht wilde geven. Haar beslissing om af te treden ten gunste van haar zoon, paste in die logica. De in 1967 geboren Willem-Alexander is de oudste zoon van prins Claus von Amsberg. Hij had twee broers, van wie de jongste, prins Friso, in 2013 overleed na een ski-ongeluk. Willem-Alexander had lang het imago van een prins die het feestvieren prefereerde boven het werk; hij kreeg zelfs de bijnaam 'prins Pils' tijdens zijn studie Geschiedenis. Het koninklijk huis is erin geslaagd om dat beeld te ver-

Uitzicht op het IJ in Amsterdam
Westend 61/hemis.fr

anderen in iets dat meer geschikt is voor een vorst. Hij heeft zich verdiept in de problemen van het waterbeheer, een essentieel onderwerp in Nederland. In 2002 leidde zijn huwelijk met Máxima Zorreguieta, dochter van een minister van de Argentijnse dictatuur, tot veel controverses. Niettemin heeft ze nadien de waardering van de Nederlanders weten te veroveren, en ze is nu een populaire koningin.

De erfenis van Beatrix

Na tien jaar op de troon zijn de koning en de koningin nog altijd populair. Het is misschien nog te vroeg om zijn bewind al op waarde te schatten, maar Willem-Alexander kan in elk geval steunen op de erfenis van zijn moeder. Koningin Beatrix heeft de banden tussen het koningshuis en het Nederlandse volk weten te versterken en het vertrouwen van haar onderdanen gewonnen.

De economie

Sinds de Tweede Wereldoorlog kende Nederland een sterke economische groei. De ontdekking van gasvelden in Groningen in 1959 is hier zeker niet vreemd aan. Dankzij deze groei (rond 3 procent sinds eind jaren 1990) kon Nederland zo goed als volledige werkgelegenheid bereiken (in 2022 was 3,6 procent van de beroepsbevolking werkloos).

Nederland heeft de productiefste **landbouw** (1,6 procent van het bbp) van Europa: dankzij de opbrengsten, die verkregen worden door het hoge vakmanschap en de zeer intensieve aanpak, levert het land 7% van de Europese landbouwproducten. Traditioneel wordt vooral aan **veeteelt** gedaan op de grasgroene weilanden. De meest intensieve **gewassen**, waarvan sommige in verwarmde kassen worden gekweekt,

Een nationale feestdag met wisselende datum

Nieuwe postzegels, nieuwe munten... Bij elke nieuwe troonsbestijging verandert in Nederland de datum en soms ook de naam van de nationale feestdag. Met de inhuldiging van Willem-Alexander veranderde 'Koninginnedag' in **Koningsdag** en wordt die dag voortaan op 27 april gevierd, de verjaardag van de koning. Die dag bruist het land van opwinding. Iedereen steekt zich in het oranje, de kleur van het koningshuis Oranje-Nassau. De koning viert de feestelijkheden persoonlijk mee. Hij brengt een bezoek aan een of twee steden en spreekt de inwoners toe. Alle Nederlanders vieren feest en in heel het land worden rommelmarkten georganiseerd, met de driekleur op de kraampjes.

> ### Rotterdam, zwaargewicht onder de havens
>
> Rotterdam, het economische hart van Nederland, vormt de belangrijkste importhaven waarlangs goederen Europa binnenkomen. De oliecrisis van 1973 leidde tot een diversificatie van de activiteiten (ertsen, containers, auto's, enz.). De groei van de haven werd mede mogelijk door de ligging aan de ingang van twee grote Europese rivieren, door de nabijheid van grote wegen en spoorwegen en door de aanwezigheid van de luchthavens bij Rotterdam (een paar kilometer ten noorden van de stad) en Amsterdam. Meer dan 80 procent van de goederen komt als overslag in de haven, 60 procent van deze producten is bestemd voor het buitenland. Door de aanleg van belangrijke terminalhavens vermenigvuldigde de opslag en de doorvoer van containers naar regionale, continentale en mondiale bestemmingen. Het rivier- en zeeverkeer, tot 65 km uit de kust, wordt begeleid en gecontroleerd door een radarsysteem en patrouillevaartuigen.

bevinden zich in het westen: groenten, fruit en bloemen.

Nederland, de draaischijf in de internationale bloemenhandel, is 's werelds belangrijkste im- en exporteur van bloemen en planten. Momenteel is 70 procent van de bloemenproductie in de wereld bestemd voor de verkoop. De bloemenveiling in Aalsmeer (*zie blz. 150*) ziet jaarlijks bijna 4 miljard rozen en 2 miljard tulpen langskomen. Maar dat hyperintensieve model begint af te zwakken en het aantal snijbloemproducenten neemt af. Velen van hen moeten diversificeren (potplanten, jonge planten, nieuwe exportmarkten) om voldoende productief te blijven op een markt die steeds competitiever wordt en zwaar onder de coronapandemie heeft geleden. Voor FloraHolland, de Nederlandse coöperatie van bloemenproducenten en de grootste bloemenveiling ter wereld, moest bij gebrek aan klanten bijna 80 procent van de productie worden vernietigd. Dat was sinds de oprichting van de veiling een eeuw geleden niet eerder voorgekomen.

Het land blijft sterk afhankelijk van de invoer van landbouwgrondstoffen, met name veevoer, koffie, thee, en cacao voor de voedingsindustrie. Ondanks het grootse zeevaartverleden heeft de **visvangst** dan weer ingeboet aan dynamiek. De bodem van de Noordzee is te zeer afgeschraapt door trawlers en het grootste deel van de vangst, waarvoor de Europese Unie quota heeft opgelegd, wordt aangevoerd via de havens van IJmuiden en Scheveningen. Tot deze bedrijfstak behoren ook de **schelpdier**- en **visteelt** in de binnenwateren.

Met Rotterdam als grootste haven van Europa (*zie kader hierboven*) zijn de **havenactiviteiten** van strategisch belang voor de Nederlandse economie. Belangrijke olieraffinaderijen (Shell, Esso, Kuwait Petroleum en Nerefco) hebben zich in het gebied tussen Rotterdam en de zee gevestigd, waar ze de krachtige chemische industrie bevoorraden.

De **industrie** (18 procent van het bbp in 2021) is afhankelijk van geïmporteerde grondstoffen en energie, waarover Nederland slechts in kleine mate beschikt, met uitzondering van aardgasvelden in Groningen (nieuwe, sterk betwiste boringen, worden overwogen als gevolg van de energiecrisis die door de Russische invasie van Oekraïne is ontstaan), oliebronnen in de Noordzee en zout in Twente, in het oosten, voor de zware chemie. De steenkoolmijnen in Zuid-Limburg zijn verlaten, en turf wordt nauwelijks meer gebruikt.

Nederland telt enkele **grote bedrijven** zoals Philips (elektronica), Akzo (chemie), Heineken (brouwe-

rijgroep), Shell en Unilever (chemie, voedingsmiddelen).
De beperkte binnenlandse afname, de vele industriële takken, de geografische ligging op het Europese transportkruispunt en de aanwezigheid van de haven van Rotterdam en de luchthaven van Schiphol hebben geleid tot een dynamische **export** (40 procent van de productie). Meer dan twee derde van de **buitenlandse handel** vindt plaats met Europese lidstaten (met als voornaamste klanten en leveranciers Duitsland, België, het Verenigd Koninkrijk, Frankrijk), terwijl het aandeel van de Verenigde Staten in het handelsverkeer 10 procent bedraagt.
In 2007 is de spoorlijn door de Betuwe, de zogeheten Betuwelijn (160 km), in gebruik genomen. De goederenspoorlijn verbindt de haven van Rotterdam met de Duitse grens. Deze nieuwe ontwikkelingsas voor Europees goederenverkeer beoogt een drastische afname van het aandeel van het goederentransport over de weg. Het gestelde doel: 400 treinen per week!
Meer dan de helft van de actieve bevolking werkt in de **tertiaire sector**, die 80,5 procent van het bbp vertegenwoordigt. De **Randstad** (een conglomeraat van grote en middelgrote steden met 8.400.000 inwoners tussen Amsterdam, Rotterdam, Haarlem, Den Haag, Dordrecht en Utrecht) speelt een doorslaggevende rol in de Nederlandse economie: in die regio wordt meer dan de helft van het bbp verdiend.
Nederland is een aantrekkelijke toeristische bestemming en ontving (vooral de twee provincies Noord- en Zuid-Holland) in 2019 (vóór de coronapandemie) 20 miljoen buitenlandse bezoekers. Een op de dertien werkenden is actief in de toeristische sector, die goed is voor 32 miljard euro. Maar de toeristenindustrie begint voor serieuze problemen te zorgen, vooral in Amsterdam, waar het aantal toeristen onevenredig groot is. De ergernis over de drukte in de binnenstad onder de Amsterdammers is zo groot dat er maatregelen zijn genomen: geen Airbnb-verhuur in bepaalde wijken, beperkte toegang tot coffeeshops, geen rondleidingen over de Wallen...

Gastronomie

De kazen

Jonge kaas is romig en wordt later, wanneer hij rijp is (oude kaas), droog en pittig. **Goudse kaas**, rond en plat, en **Edammer kaas**, bolvormig met een gele korst die voor de export een rode laag krijgt, zijn de twee kaassoorten die u op de markt van Alkmaar vindt *(blz. 185)*. In **Leidse kaas** zitten komijnzaadjes, waarvan de smaak een kaas oplevert die het prima doet als aperitief. **Friese**

Nederland in Europa

Sinds 1948 is Nederland lid van de douane-unie Benelux (**B**elgië-**N**ederland-**Lux**emburg), sinds april 1949 van de NAVO en sinds 1957 van de EEG (Europese Economische Gemeenschap). In februari 1992 ondertekenen de twaalf lidstaten van de Europese Gemeenschap het verdrag van Maastricht, dat het startschot gaf voor de **Europese Unie**. In juni 2005 verzette een meerderheid van de Nederlandse bevolking (61,7 procent) zich bij een referendum tegen de Europese grondwet. Korter geleden maakte extreemrechts het breken met Europa tot een van zijn favoriete verkiezingsthema's, maar uiteindelijk won de partij van Mark Rutte (VVD), die vooral een pragmatische houding tegenover de EU aannam. Zullen de coronacrisis, de oorlog in Oekraïne en de energiecrisis de Nederlanders meer of juist minder eurofoob maken?

kaas wordt op smaak gebracht met kruidnagel.

Belangrijke gerechten

Twee van de meest gewaardeerde lokale gerechten komen uit Limburg: **asperges** (Venlo), met mei-juni als seizoen, en **paddenstoelen** (champignons), die meestal gesauteerd gegeten worden.

Vlees, gevogelte en vis worden opgediend met groentes, salade en overgoten met jus. De groentes zijn gevarieerd: aardappels, bloemkool, snijbonen, wortels en erwten. Net als in Groot-Brittannië worden sommige vleessoorten vergezeld van appel- of rabarbermoes.

Vis is minder zeldzaam dan vroeger maar nog weinig gevarieerd: op het menu staan doorgaans gebakken **tong** en af en toe schol en tarbot. Als voorgerecht eet men **gerookte paling** en zure **haring** en bokking. De nieuwe haring, **maatjesharing** wordt rauw gegeten, in mei/juni – liefst in één stuk en beetgepakt bij de staart, met gehakte stukjes ui erop, soms ook met augurk

Sommige traditionele gerechten staan zelden op het menu van de restaurants: **boerenkool**, vaak geserveerd met worst; **hutspot**, een soort stoofpot met gehakt (of runderrib), aardappelen, wortels, knolraap en uien.

Veel zoete lekkernijen

Nederlanders zijn dol op ijs en gebak, dat rijkelijk voorzien wordt van slagroom.

In het hele land worden de zogenoemde **poffertjes** gebakken, en zandkoeken die '**spritsen**' worden genoemd. **Vlaaien** zijn verrukkelijke Limburgse vruchtentaarten (Weert, Venlo). Het Friese **suikerbrood** is een smakelijk zoet broodje. Tot de vele snoepwaren behoren **kletskoppen**: ronde, knapperige amandelkoekjes (Gouda, Leiden), **Haagse hopjes**: koffiekaramels, een Haagse specialiteit die tegenwoordig echter in Italië wordt gefabriceerd, en **Zeeuwse babbelaars**: harde karamels van zoute boter, gemaakt in de provincie Zeeland.

Dranken

Koffie wordt het meest gedronken, meestal met melk. Ook bier wordt bijzonder gewaardeerd (zowel van grote commerciële merken als van microbrouwerijen). Het meest gangbare aperitief is wijn, maar er zijn ook Nederlandse specialiteiten zoals **advocaat**, een smeuïge hartversterker op basis van alcohol en eieren, en **jenever**, die vaak in kleine glaasjes (borrels) vóór de maaltijd wordt gedronken. **Likeuren** zoals *kummel* (op basis van komijn), anisette, abrikozenlikeur en **curaçao**, (van de laraha – bittere sinaasappels) hebben een goede reputatie.

En wie in stijl een jenever wil bestellen, kan vragen om een *hassebassie*, een *neut*, een *pikketanissie* of een *schiedammertje*, allemaal even lekker.

De Indonesische keuken

In de meeste steden vindt u Indonesische restaurants, een herinnering aan de koloniale geschiedenis van Nederland. Het belangrijkste gerecht is de **rijsttafel**, een complete maaltijd op basis van een schaal rijst met (minimaal) een tiental gerechten: rund- en varkensvlees, kip, vis en schaaldieren, groenten, fruit (gebakken banaan, ananas) met pittige, smakelijke, soms zoete sauzen (zoals pindasaus) en geraspte kokosnoot. **Nasi goreng**, een ander typisch gerecht, bestaat uit gebakken rijst met verschillende ingrediënten en toebehoren.

Geschiedenis

De geschiedenis van Nederland, dat ingesloten ligt tussen de Schelde en de noordelijke kustgebieden van Groningen, is een eeuwenlange aaneenschakeling van veldslagen, godsdiensttwisten, overzeese avonturen en koloniale veroveringen. Maar ook van het afwerpen van het juk van de buitenlandse overheersing, met name dat van het katholieke Spanje, tot het moment dat de Republiek der Zeven Verenigde Nederlanden ontstond. In de 17de en 18de eeuw kende het nieuwe regime een ongekende bloeiperiode dankzij een republikeins model dat toestond dat de vrijheden van de gemeenten en provincies in stand bleven. Nederland is lid van de douane-unie Benelux sinds 1948, van de Navo sinds 1949, en het is een van de oprichters van de Europese Unie.

Chronologie

De eerste bewoners

- **250.000 v.C.** – Eerste sporen van menselijke bewoning.
- **5000-4500 v.C.** – Begin van het neolithicum in het zuiden: een volk van landbouwers vestigt zich blijvend in Limburg.
- **3000-2000 v.C.** – In Drenthe is sprake van een *hunebedcultuur* (blz. 559).
- **2000 v.C.** – Beetje bij beetje raken de alluviale vlakten in de delta bevolkt.
- **750-400 v.C.** – Bewijzen van de aanwezigheid van de Kelten. Eerste ijzertijd: de Hallstatt-cultuur.
- **500 v.C.** – De Friezen maken hun opwachting. Kolonisatie van de kustmoerassen.
- **450 v.C.** – Ten zuiden van de grote rivieren breekt de tweede ijzertijd aan.
- **300 v. C.** – De Germanen en de Kelten vestigen zich ten zuiden van de Rijn.

Romeinse tijd en vroege middeleeuwen

Romeinse overheersing

- **1ste eeuw v.C.** – De Romeinen bezetten het land tussen Rijn en Noordzee.
- **57-51 v.C.** – Julius **Caesar** verslaat ten zuiden van de Rijn de Keltische stammen van 'Belgisch Gallië'.
- **12 v.C.** – Eerste vermelding van de **Bataven** langs de grote rivieren.
- **12-9 v.C.** – Veldtocht van **Drusus**. Onderwerping van de streken tot aan Friesland.
- **69-70** – Opstand van de Bataven tegen de Romeinen.
- **3de eeuw** – De Franken verschijnen langs de Rijn. Ze vormen met de Saksen en Friezen de grootste bevolkingsgroep van het land. De Bataven gaan op in de nieuwe stammen.
- **Eind 3de eeuw** – De gebieden ten zuiden van de Rijn maken deel uit van de provincie Germania Secunda, met als hoofdstad Keulen.
- **4de eeuw** – Strijd tussen de Romeinen en de Salische Franken.

Kerstening

- **382** – St.-Servaas verplaatst zijn bisschopszetel van Tongeren naar Maastricht. Begin kerstening.
- **5de-6de eeuw** – De Franken veroveren Gallië, voor de Nederlanden breken donkere tijden aan.
- **Begin 6de eeuw** – Onder Clovis (465-511) strekt het Merovingische rijk zich uit van het noorden van Gallië tot aan de Rijn.
- **561** – Het Merovingische koninkrijk wordt verdeeld in Neustrië (ten westen van de Schelde) en Austrasië (ten oosten, het huidige Nederland).
- **Eind 7de eeuw** – **Willibrord** tracht Friesland te bekeren.
- **800** – **Karel de Grote** tot keizer gekroond. Zijn immense rijk omvat ook Nederland.
- **834** – Eerste invallen van de **Vikingen** in Dorestad en Utrecht.
- **843** – **Verdrag van Verdun**. Het Karolingische rijk wordt in drieën verdeeld. Het Middenrijk, dat zich uitstrekt van de Noordzee tot de Middellandse Zee, omvat het huidige Nederland. Na de afscheiding van het zuidelijke deel wordt dit middendeel **Lotharingen**.
- **879-882** – Grote inval van de Noormannen: de Vikingen plunderen vanuit Utrecht als hun basis de omgeving.
- **925** – Hendrik I de Vogelaar voegt Duitsland aan Lotharingen toe.
- **959** – Lotharingen wordt verdeeld in Opper-Lotharingen (ongeveer het Franse Lotharingen) en Neder-Lotharingen of Lotherrijk, dat ongeveer het huidige Nederland omvat.

Het ontstaan van graafschappen en hertogdommen

- **10de eeuw** – Onder bisschop Balderik (918-976) breidt het bisdom Utrecht zich uit.
- **Begin 11de eeuw** – Lambert, graaf van Leuven, sticht het hertogdom **Brabant**. Het strekt zich weldra uit aan weerszijden van de huidige Belgisch-Nederlandse grens.
- **1075** – Het graafschap Holland wordt gesticht: Dirk V neemt de titel graaf van Holland aan. Ontwikkeling van verscheidene graafschappen, wat leidt tot het ontstaan van de Nederlandse provinciën.
- **11de eeuw** – Ontstaan van het graafschap **Gelre**.
- **Eind 11de eeuw** – Uitbreiding van het graafschap **Holland** ten koste van het graafschap Vlaanderen en het bisdom Utrecht. Groningen en Drenthe (eerst onderdeel van het bisdom Utrecht) worden autonome gebieden.
- **Eind 13de eeuw** – **Floris V**, graaf van Holland, verovert West-Friesland. De macht van de graven van Holland bereikt een hoogtepunt.
- **14de eeuw** – De steden worden machtiger ten koste van de vorsten.
- **1323** – Holland verovert Zeeland.
- **1345** – Het heersende geslacht in Holland sterft uit en Holland gaat over naar de dynastie van Beieren. Begin van de twisten tussen de **Hoeken** (die worden gesteund door Margaretha van Beieren) en de **Kabeljauwen** (aanhangers van haar zoon Willem V).

Renaissance en Spaanse overheersing

Bourgondische heerschappij

- **Eind 14de eeuw** – Het hertogdom Bourgondië breidt zich uit naar het noorden: **Filips de Stoute** (1342-1404) verwerft dankzij zijn huwelijk Vlaanderen en Limburg en hij krijgt rechten op Brabant. Zijn zoon, **Jan zonder Vrees** (1371-1419) zet de huwelijkspolitiek van zijn vader voort: Henegouwen, Holland en Zeeland worden bij Bourgondië gevoegd.
- **1428** – Door de Vrede van Delft breidt **Filips de Goede** (1396-1467), zoon van Jan zonder Vrees, zijn rijk uit met een groot deel van Vlaanderen.

Willem van Oranje, Vader des Vaderlands

Deze sleutelfiguur in de Nederlandse geschiedenis, vaak beschouwd als de grondlegger van de Nederlandse staat, wordt in 1533 op kasteel Dillenburg in Duitsland geboren. Wanneer zijn neef René van Chalon in 1544 overlijdt, neemt Willem van Oranje diens devies, 'Je maintiendrai', en zijn titel **prins van Oranje** (Orange) over. Hij erft zijn talrijke bezittingen in Frankrijk en de Nederlanden. In 1559 neemt zijn leven een grote wending als Filips II hem benoemt tot **stadhouder** (gouverneur) van Holland, Zeeland en Utrecht. De bijnaam Willem de Zwijger krijgt hij door zijn behoedzame manier van spreken. Maar op militair terrein neemt hij in 1568 resoluut de leiding in de opstand tegen Filips II, die zich ten doel stelt de calvinisten te onderdrukken. Dit betekent het begin van de **Tachtigjarige Oorlog** oftewel **de Opstand**, die tot de onafhankelijkheid van de Noordelijke Nederlanden zou leiden. Te land en ter zee begint onder zijn leiding de strijd van de geuzen, een groep strijders van heel divers pluimage. De **inname van Den Briel** door de geuzen op 1 april 1572 is het begin van een meedogenloze strijd. De Staten van Holland komen in juli in Dordrecht bijeen. Ze steunen de opstandelingen en erkennen Willem van Oranje als stadhouder. Vanaf 1572 verblijft de prins geregeld in Delft. Door de ondertekening van de **Unie van Utrecht** in 1579 verenigen de provinciën zich in de strijd. Wanneer Willem in 1580 door Filips II vogelvrij wordt verklaard, zoekt hij steun bij de broer van de Franse koning, François d'Anjou, die echter kort daarna overlijdt. Op 10 juli 1584 wordt Willem van Oranje in het Prinsenhof in Delft vermoord, waar hij ook begraven wordt.

- **1473** – Onder **Karel de Stoute** (1433-1477), zoon van Filips, komt het hele land, behalve Friesland, in handen van de Bourgondiërs. De economie bloeit op en de bevolking groeit.

De Habsburgers

- **1477** – Karel de Stoute sneuvelt. Zijn dochter **Maria van Bourgondië** trouwt met Maximilaan van Habsburg, keizer van het Duitse Heilige Roomse Rijk. Zij sterft jong, in 1482, waardoor haar rijk overgaat op hun zoon, Filips de Schone (1478-1506). Maximiliaan wordt regent.
- **1494** – **Filips de Schone** heerst over de Nederlanden. Hij trouwt met Johanna van Castilië.
- **1506** – Karel van Habsburg (1500-1558), zoon van Filips de Schone, erft de Nederlanden en Spanje (1516). Hij wordt in 1519 keizer onder de naam **Karel V**. Hij breidt de Nederlanden uit: in 1523 lijft hij **Friesland** in; in 1527 komt hij in het bezit van Utrecht; in 1528 verovert hij Overijssel en in 1536 maakt hij zich meester van Groningen en Drenthe. Als keizer van 'een rijk waarin de zon nooit ondergaat' vestigt hij zijn hof in Brussel. Zijn zuster, Maria van Hongarije, wordt tot regentes van de Nederlanden benoemd.
- **1535** – Opstand van de wederdopers in Amsterdam. Religieuze twisten.
- **1543** – Karel van **Gelre** moet zijn hertogdom afstaan aan Karel V, die nu de zeventien 'provinciën' van de Nederlanden.

De Spaanse Nederlanden

- **1555** – Karel V doet afstand van de troon en deelt zijn rijk in tweeën. Zijn Oostenrijkse bezittingen gaan naar zijn broer Ferdinand I, de Nederlanden naar zijn zoon **Filips II** (1527-1598), koning van Spanje. Die stelt zich niet alleen ten doel de grenzen te verdedigen, maar wil ook het katholicisme herstellen en de hervormingsbewegingen onderdrukken.
- **1558** – Filips II stelt **Willem van Oranje** (1533-1584, *zie hierboven*)

De Unie van Utrecht: een scheiding

In januari 1579 kwamen de Staten van Holland, Zeeland, de Groningse ommelanden, Utrecht en de stadhouder van Gelderland samen om de Unie van Utrecht te ondertekenen. Het verdrag hield in dat geen van de partijen een afzonderlijk akkoord mocht sluiten met Filips II en dat in Holland en Zeeland alleen de protestantse godsdienst werd toegestaan; in de overige gewesten zou het katholieke geloof niet worden vervolgd. Nog hetzelfde jaar sloten Overijssel, Friesland en Drenthe zich aan, en ook een paar steden uit het zuiden, waaronder Antwerpen. De Unie van Utrecht volgde op de Unie van Atrecht (tegenwoordig Arras, Frankrijk) waarmee Alexander Farnese, hertog van Parma, het zuiden had gedwongen zich aan Spanje te onderwerpen. In Utrecht werd zo de basis gelegd voor de scheiding van de Zuidelijke en Noordelijke Nederlanden.

aan tot stadhouder van Holland, Zeeland en Utrecht.

- **1559** – Margaretha van Parma, een zus van Filips II, wordt regentes van de Spaanse Nederlanden. Het verzet tegen het katholieke Spanje door de edelen, die zich **geuzen** noemen, groeit. Filips II start de Inquisitie.
- **1566** – **Compromis van Breda**: opstandige provincies eisen de opheffing van de Inquisitie. Opstand van de calvinistische beeldenstormers.
- **1567** – Filips II reageert op de rebellie met het sturen van de hertog van Alva. Begin van gewelddadige onderdrukking.
- **1568** – Willem van Oranje neemt aan het hoofd van de opstandige steden de wapens op tegen Filips II. Begin van de **Tachtigjarige Oorlog**.
- **1576** – **Pacificatie van Gent**: Holland en Zeeland mogen de calvinistische leer aanhangen.
- **1578** – Amsterdam valt in handen van de calvinisten.
- **1579** – Onder dwang van Alexander Farnese (1545-1592), de sluwe gouverneur van de Spaanse kroon, onderwerpen de zuidelijke staten (het latere België) zich aan de Spaanse koning in de **Unie van Atrecht**. De noordelijke staten verenigen zich in de **Unie van Utrecht** (*zie hierboven*).

De gouden eeuw

De Verenigde Provinciën

- **1581** – Stichting van de **Republiek der Zeven Verenigde Nederlanden**, ook **De Verenigde Provinciën** genoemd, een federatie van zeven provincies met aan het hoofd Willem van Oranje.
- **1584** – Willem van Oranje wordt in Delft vermoord.
- **1585** – Maurits van Nassau volgt zijn vader Willem op als stadhouder van de provincies Holland en Zeeland. De inname van Antwerpen door de Spanjaarden leidt tot de **afsluiting van de Schelde**. De Antwerpse haven is daardoor afgesloten van de zee. De stad raakt in verval en Amsterdam maakt een spectaculaire groei door.
- **1590** – De Staten-Generaal bekrachtigen de soevereiniteit van de Verenigde Provinciën. Het land wordt bestuurd door Maurits van Nassau en **Johan van Oldenbarnevelt**, een van de grondleggers van de Verenigde Provinciën en verantwoordelijk voor vooruitgang op alle gebieden.

De verovering van verre zeeën

- **1596** – Cornelis de Houtman gaat aan land op Java.
- **1602** – Oprichting van de **Vereenigde Oostindische Compagnie** (*VOC, zie blz. 63*)

onder leiding van Johan van Oldenbarnevelt.
- **1609** – **Twaalfjarig Bestand** met Spanje.
- **1618** – **Synode van Dordrecht**: stichting van de Gereformeerde Kerk in Nederland.
In hetzelfde jaar wordt **Johan van Oldenbarnevelt** gevangengenomen door Maurits van Nassau, tegen wie hij in opstand kwam, en in 1619 wordt hij ter dood gebracht.
- **1619** – Stichting van Batavia in Nederlands-Indië.
- **1621** – Oprichting van de **West-Indische Compagnie** (WIC, *zie blz. 63*). Hervatting van de oorlog met Spanje.
- **1625** – De Hollandse nederzetting op Manhattan wordt Nieuw-Amsterdam gedoopt, wat later de stad New York zal worden.
- **1639** – De Verenigde Provinciën worden de belangrijkste Europese zeemacht.
- **1648** – **De verdragen van Westfalen** maken een eind aan de Dertigjarige en de Tachtigjarige Oorlog.

Bij de **Vrede van Münster** erkent Filips IV de onafhankelijkheid van de Verenigde Provinciën. De republiek behoudt al haar koloniale gebieden en krijgt de garantie dat de Schelde afgesloten zal blijven. Door deze overwinning kunnen de Verenigde Provinciën zich op internationaal niveau handhaven.
- **1650-1653** – Dood van stadhouder Willem II. Zijn erfgenaam zal enkele dagen na zijn dood worden geboren. De Amsterdamse elite schuift in 1653 de vertegenwoordiger van haar provincie naar voren: **Johan de Witt** (1625-1672), die zich inzet voor een republikeins bewind.
- **1651** – De Engelsen vaardigen de **Akte van Navigatie** uit, die de Hollandse handel fnuikt. Alle goederen die vanuit of naar Engeland worden vervoerd, moeten op Engelse schepen worden overgeladen.
- **1652-1654** – Eerste Engelse Oorlog, onder leiding van admiraal Tromp.
- **1654** – Bij de **Akte van Seclusie** worden de prinsen van Oranje uitgesloten van het stadhouderschap.

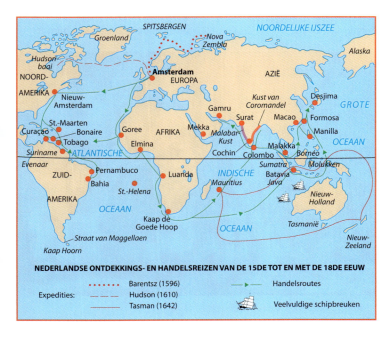

NEDERLANDSE ONTDEKKINGS- EN HANDELSREIZEN VAN DE 15DE TOT EN MET DE 18DE EEUW

- **1665-1667** – Tweede Engelse Oorlog, waarin admiraal De Ruyter zich onderscheidt. Bij de **Vrede van Breda** wordt Nieuw Amsterdam met de Engelsen geruild tegen Hollands Guyana (het huidige Suriname). De Engelsen herdopen de stad tot New York.
- **1667-1668** – **Devolutieoorlog** door Lodewijk XIV. **Triple Alliantie van Den Haag**.
- **1672** – Het Rampjaar. Franse troepen vallen Holland binnen. Moord op Johan de Witt tijdens een opstand van de Oranjegezinden. **Willem III** krijgt de titel van stadhouder van Holland en Zeeland.
- **1672-1674** – Derde Engelse Oorlog.
- **1672-1678** – Lodewijk XIV voert oorlog tegen de Verenigde Provinciën. **Vrede van Nijmegen**.
- **1685** – Na de herroeping van het Edict van Nantes vluchten veel Franse protestanten naar de Nederlanden.
- **1688** – Willem III, echtgenoot van Mary Stuart, wordt koning van Engeland. Hij was naar Engeland gehaald door een groep edelen en bisschoppen die zich verzetten tegen koning Jacobus II.
- **1701-1713** – Spaanse Successieoorlog: alliantie van verscheidene landen, waaronder de Verenigde Provinciën, tegen Lodewijk XIV. De **Vrede van Utrecht** bevestigt nogmaals de onafhankelijkheid van de Verenigde Provinciën.
- **1702** – Stadhouder Willem III sterft kinderloos. Het land kent een tweede stadhouderloos tijdperk. De titel Prins van Oranje gaat over op de stadhouder van Friesland, Johan Willem Friso.

18de en 19de eeuw: verval en vernieuwing

Erfelijk stadhouderschap

- **1720** – Begin van het commerciële en industriële verval van de Verenigde Provinciën.
- **1747** – **Willem IV**, zoon van Johan Willem Friso, wordt de eerste erfstadhouder van de Verenigde Provinciën. Het geslacht van Oranje staat weer aan het hoofd van de staat.
- **1751-1759** – **Willem V**, zoon van Willem IV, wordt stadhouder.
- **1751-1787** – Er ontstaat een conflict en uiteindelijk breekt een **burger-**

De kroning van Willem III en de Engelse Mary Stuart
Classic Vision/age fotostock

oorlog uit tussen de aanhangers van het huis van Oranje en de 'patriotten', liberale hervormers die democratie eisen.
- **1780-1784** – Vierde Engelse Oorlog.

Franse overheersing
- **1795** – Het Franse leger onder Pichegru valt het land binnen. De Fransen stichten er de **Bataafse Republiek** met een Franse grondwet.
- **1806** – Napoleon I sticht het **Koninkrijk Holland** met als hoofdstad Amsterdam en zijn broer **Lodewijk Napoleon** op de troon.
- **1810** – Lodewijk Napoleon treedt af. Napoleon lijft Nederland in bij het **Franse keizerrijk** tot in 1813.

Het Koninkrijk der Nederlanden
- **Dec. 1813** – Willem van Oranje, zoon van Willem V, wordt koning.
- **1814** – De noordelijke en de zuidelijke provinciën worden verenigd in een **eengemaakt koninkrijk** onder Willem van Oranje.
- **1815** – Slag bij Waterloo. Bij het **Verdrag van Wenen** wordt Willem van Oranje erkend als koning van de Nederlanden (incl. België) onder de naam Willem I. Bovendien wordt hij groothertog van Luxemburg.
- **1830-1831** – België komt in opstand en wordt onafhankelijk.
- **1839** – Met het **Verdrag van Londen** roept België zijn onafhankelijkheid uit en verwerft het bovendien twee derde van Luxemburg. De rest wordt in 1890 het onafhankelijke groothertogdom.
- **1840** – Willem I treedt af ten gunste van Willem II.
- **1848** – Nieuwe, liberalere **grondwet**. De macht van de koning wordt beperkt. Vrijheid van pers, vergadering en godsdienst.
- **1849** – Troonsbestijging Willem III.
- **1868** – De koning erkent het parlement.
- **1890-1948** – Regering van koningin **Wilhelmina**.

Moderne tijd
- **1914-1918** – Nederland blijft neutraal in de **Eerste Wereldoorlog**.
- **1917** – De evenredige vertegenwoordiging en het **universeel stemrecht** voor mannen wordt aangenomen (vrouwen krijgen in 1919 stemrecht).
- **1920** – Het aantal inwoners, dat na 1850 verdubbelde, bedraagt nu 6,5 miljoen.
- **1940** – Ondanks de Nederlandse neutraliteitsverklaring **valt Duitsland** op 10 mei **Nederland binnen**. Bombardement op Rotterdam. Op 14 mei geeft het Nederlandse leger zich over. De koningin en regering gaan in ballingschap naar Londen. Het land komt onder het gezag van Reichskommissar Arthur Seyss-Inquart.
- **1944** – Slag om Arnhem (Operatie Market Garden). Grote **spoorwegstaking** tegen de Duitse bezetting.
- **1945** – In mei is uiteindelijk het hele land bevrijd.
- **1948** – Koningin Wilhelmina treedt af ten gunste van haar dochter **Juliana**. In datzelfde jaar treedt de economische unie Benelux met België en Luxemburg in werking (opheffing van de douanegrenzen tussen de drie landen).
- **1949** – **Onafhankelijkheid van Indonesië** ondanks een interventie van het Nederlandse leger.
- **1953** – **Overstroming** in Zeeland. De eerste dijken worden aangelegd in het Deltagebied.
- **1957** – Nederland ondertekent als medeoprichter en lid van de EEG het **Verdrag van Rome**.
- **1965** – Begin van de protestbeweging Provo *(blz. 144)*.
- **1980** – Juliana treedt af en koningin **Beatrix** komt op de troon.
- **1982** – De doodstraf wordt afgeschaft.
- **1990** – Het Schengenakkoord.
- **1991** – Nederland is voorzitter van de top van Maastricht: ondertekening van het **Verdrag over de Europese Unie** (1992).

- **4 okt. 1992** – Een crash van een Boeing van de Israëlische luchtvaartmaatschappij El Al nabij Schiphol maakt 43 doden en talloze gewonden. De publieke opinie stelt zich vragen bij het optreden van de overheid in het officiële onderzoek.
- **1997** – Het **Verdrag van Amsterdam** hervormt de Europese Unie.
- **2001** – Legalisering van bordelen, euthanasie, homohuwelijken en mogelijkheid tot adoptie door homoseksuele paren.
- **2002** – Huwelijk van kroonprins Willem-Alexander. Moord op politiek leider **Pim Fortuyn** (6 mei). Overlijden van prins-gemaal Claus.
- **2 nov. 2004** – In Amsterdam wordt filmmaker Theo van Gogh vermoord door een moslimextremist.
- **2005** – Nederland stemt tegen de Europese grondwet.
- **2008** – Geconfronteerd met het tekort aan woningen, worden de eerste drijvende wooneenheden gebouwd in Leeuwarden.
- **2012** – De VVD van Mark Rutte wint de verkiezingen.
- **2013** – Willem-Alexander bestijgt de troon na het aftreden van koningin Beatrix.
- **2016** – De 'nee'-stem wint in het referendum over het associatieverdrag tussen de EU en Oekraïne.
- **2017** – Tweede Kamerverkiezingen staan in het teken van een sterke opkomst van rechts populisme. Na zeven maanden onderhandelen wordt een regeringscoalitie onder leiding van Mark Rutte gevormd.
- **2019** – De regering eist dat het land voortaan Nederland en niet langer Holland wordt genoemd.
- **2020-2022** – Pandemie. Het coronavirus maakt in Nederland meer dan 22.700 slachtoffers (sept. 2022). Naar aanleiding van de gezondheidsmaatregelen breken diverse rellen uit.
- **2021** – Parlementsverkiezingen: de VVD wint en Mark Rutte blijft premier. Moord op journalist Peter R. de Vries.
- **2022** – Om de energiecrisis het hoofd te bieden, schort Nederland de beperkingen voor de opwekking van energie uit steenkool tijdelijk op.

Koloniale expansie

1585 was een belangrijk jaar: Antwerpen viel, de geuzen sloten de Schelde af en Filips II kondigde een embargo af op de handel met Holland. Als reactie wendden de Hollandse kooplieden, die nu zelf expedities moesten uitrusten, zich tot de landen en markten overzee. Deze expansie betekende tevens het hoogtepunt van de scheepsbouw.

Oost-Indië

De weg naar het oosten

Bij pogingen om Indië via een noordelijke route te bereiken ontdekt **Willem Barentsz** (1555-1597) in 1594 Nova Zembla en in 1596 Spitsbergen. In datzelfde jaar landt **Cornelis de Houtman** (1565-1599) op Java. In 1598 verovert **Jacob van Neck** (1564-1638) het eiland Mauritius. In 1619, na de stichting van Batavia door **Jan Pietersz. Coen** (1587-1629) begint de kolonisatie van Java. In 1641 wordt Malakka op de Fransen veroverd. Het jaar daarop ontdekt **Abel Jansz. Tasman** (1603-1659), een ontdekkingsreiziger in dienst van de Vereenigde Oostindische Compagnie (VOC), de eilanden Tasmanië en Nieuw-Zeeland. Australië wordt Nieuw-Holland gedoopt. In 1652 sticht **Jan Anthonisz. van Riebeeck** (1619-1677) de Kaapkolonie (Zuid-Afrika). Ten slotte wordt vanaf 1658 Ceylon bezet, het tegenwoordige Sri Lanka.

De Vereenigde Oostindische Compagnie

De vele handelsondernemingen die naar het Oosten varen gaan in 1602 op in de **Vereenigde Oostindische Compagnie**. Vanuit Amsterdam en met militaire onafhankelijkheid voor haar factorijen verovert de VOC het monopolie voor scheepvaart en handel in de Oost. Als grootste 17de-eeuwse handelsonderneming draagt de VOC sterk bij tot de welvaart van de Nederlanden in de Gouden Eeuw. In 1619 wordt in **Batavia** in Nederlands-Indië (nu Jakarta) een centrale factorij gevestigd, de Raad van Indië, waar alles centraal wordt opgeslagen. De schepen van de VOC brengen kruiden en Chinees porselein naar Holland. Vanaf de 18de eeuw vervoert de VOC voornamelijk koffie, thee, zijde en katoen.
In 1799 wordt de VOC opgeheven.

West-Indië

De West-Indische Compagnie

De Hollandse handel richt zich ook op de Nieuwe Wereld: in 1609 gaat de Engelsman **Henry Hudson** als eerste op expeditie. In 1613 bezetten kooplieden de kust van Guyana. In 1616 ontdekt **Willem Cornelisz. Schouten** (1567-1625) Kaap Hoorn. De West-Indische Compagnie (WIC), opgericht in 1621, bestrijkt zowel Afrika als Amerika.
Johan Maurits van Nassau, van 1636 tot 1644 gouverneur van Brazilië, omringt zich met een groep geleerden en schilders die een zeer uitgebreide documentatie over het land bijeenbrengen, samengevat in *Historia Naturalis Brasiliae*.

Nieuw Amsterdam

In 1624 vestigt de WIC een factorij aan de noordoostelijke kust van Amerika. Ze koopt het eiland 'Man-a-hat-ta' van de indianen en sticht er Nieuw-Amsterdam. **Peter Stuyvesant** (1611-1672) wordt de gouverneur. In 1664 kan hij niet verhinderen dat de stad wordt veroverd door de Engelsen, die haar herdopen tot New York. In 1674 wordt de WIC opgeheven.

Het lot van de koloniën

Veel veroveringen in Azië en Amerika waren slechts van korte duur. Wel slaagden de Hollanders erin om zich blijvend in **Nederlands-Indië** te vestigen. Pas in 1949 werd deze kolonie onafhankelijk onder de naam **Republiek Indonesië**.
Het verlies van de koloniën zette zich voort met de onafhankelijkheid van Nieuw-Guinea (1962) en **Suriname** (1975).
De **Nederlandse Antillen** (Curaçao, Bonaire, Sint-Eustatius, Saba en Sint-Maarten) en **Aruba** maken nog wel deel uit van het Koninkrijk der Nederlanden.

Religie: excessen en verdraagzaamheid

Nederland is een groot deel van zijn geschiedenis uitermate verdraagzaam geweest op religieus gebied, wat leidde tot een grote verscheidenheid en tot de grondwet van 1848, waarin de vrijheid van godsdienst werd vastgelegd. Toch heeft het land ook duistere tijden gekend, zoals de Beeldenstorm in de 16de eeuw, die met recht 'de eeuw van de excessen' kan worden genoemd.

Een mystieke stroming

De werken van de Vlaamse schrijver en mysticus Jan van Ruusbroec (1293-1381) lagen in de 14de eeuw aan de basis van een geestelijke stroming, de **Moderne Devotie**, die zich dankzij de theoloog Geert

> ### Vrijheid van godsdienst
>
> Tot 2004 behoorden de **protestanten** ofwel bij de Nederlands Hervormde Kerk, die ontstond bij de synode van Dordrecht van 1618-1619, ofwel bij de Gereformeerde Kerken in Nederland, gesticht in 1892. Op 1 mei 2004 zijn, na een reeks van onderhandelingen, gestart in 1962, deze twee stromingen verenigd tot de Protestantse Kerk van Nederland. Zij maken 16 procent van de bevolking uit. De katholieken, vooral in het zuiden van het land, zijn goed voor 24 procent van de bevolking. De rest belijdt een andere godsdienst: de islam (5 procent), het hindoeïsme (0,6 procent). De meerderheid van de Nederlanders zegt echter niet gelovig te zijn (50 procent).

Groote (1340-1384) ontwikkelde bij de **Broeders des Gemenen Levens**.

De 16de eeuw: een woelige religieuze tijd

De leer van Luthers leer 1517 dateert en bij de Rijksdag van Worms in 1521 werd veroordeeld, verspreidt zich in Nederland snel en leidt tot een lange reeks afscheidingsbewegingen binnen de beweging van de **Reformatie**. Reeds in 1530 verschijnt de beweging van de **wederdopers**, die egalitaire gemeenschappen willen vormen. In Amsterdam worden ze fel bestreden: verjaagd en levend verbrand, aangezien ze niet alleen een religieus dissident geluid laten horen, maar ook het maatschappelijke leven op zijn kop willen zetten.

In 1536 sticht **Menno Simonsz.** (1496-ca. 1561) de sekte van de doopsgezinden (mennonieten). De wederdopers worden bijna een eeuw lang vervolgd.

Dan krijgt het **calvinisme** de overhand. Protestantse vluchtelingen uit België en Frankrijk stichten **Waalse kerken**. De geloofsovertuigingen van de calvinisten vinden hun weerslag in een streven naar onafhankelijkheid en worden het symbool van de strijd tegen het katholieke Spanje. De **Beeldenstorm** in 1566 is een uiting van die spanningen, die leiden tot de afscheiding van de noordelijke provinciën.

Na de strijd om de onafhankelijkheid neemt het calvinistische fanatisme toe. Holland en Zeeland, waar het calvinisme de officiële godsdienst is, verbieden in 1579 alle andere godsdiensten. De gelovigen zien zich genoodzaakt hun godsdienstoefeningen in **schuilkerken** te houden.

17de-20ste eeuw: tijd van rust en verdraagzaamheid

Uiteindelijk wint de tolerantie. Een derde van de bevolking blijft katholiek. De Dordtse Synode (1618-1619) schept samenhang in de protestantse kerk in de Nederlanden, een eenheid waarvan de **remonstranten** zijn uitgesloten. Eind 17de eeuw ontstaat de beweging van de **labadisten**. De jansenisten, die in Frankrijk vervolgd worden, zoeken hun toevlucht in Utrecht, waar ze meewerken aan de oprichting van de onafhankelijke oud-katholieke kerk. Na de herroeping van het Edict van Nantes door Lodewijk XIV vluchten veel Franse protestanten naar de Republiek. Ze krijgen gezelschap van heel wat joden, vervolgd in Spanje en Portugal. Het is in Europa eerder een uitzondering dat in Nederland de verschillende interpretaties van het christendom en jodendom relatief vreedzaam naast elkaar bestaan. Dit leidde begin 20ste eeuw tot de verzuiling *(blz. 48)*.

Het grondgebied

Ongeveer een kwart van Nederland ligt onder de zeespiegel: 25 procent van de oppervlakte van Nederland is dus het resultaat van een verbeten strijd tegen het water. Maar liefst een zesde van het land (7637 km^2) bestaat uit waterlopen en watervlakken: grote rivieren met deltamondingen, het IJsselmeer – een zoetwatermeer met een oppervlakte van 120.000 ha – en vennen, meertjes, kanalen en sloten glaceren het land, met name in Friesland, waarvan de vlag waterlelieblaren draagt. Bij hoge vloedstanden zou, zonder de bescherming van dijken en duinen, ruim de helft van Nederland onder water komen te staan.

Een klein, dichtbevolkt land

Een laag land

Zoals de naam al aangeeft, ligt Nederland laag. Het Nederlandse grondgebied, aan de monding van Rijn, Maas en Schelde, is 41.526 km^2 groot. De grootste afstand binnen Nederland, van het uiterste noorden tot het uiterste zuiden is 310 km. Het grondgebied bestaat uit eilanden en een grote aanslibbingsvlakte; het land ligt grotendeels op zeeniveau of zelfs onder zeeniveau, het zogenaamde **NAP** (Normaal Amsterdams Peil, zie afb. op de volgende pagina's). Het is een van de laagstgelegen gebieden ter wereld, althans het westelijk deel, met als laagste punt de Alexanderpolder bij Rotterdam: 6,50 m onder NAP. In het oosten daarentegen bereiken de heuvels van de Veluwe een hoogte van 100 m (106 m op de Zijpenberg bij Arnhem). Het hoogste punt van Nederland, het Drielandenpunt, op het snijpunt van Nederland, Duitsland en België, is 321 m hoog.

Demografie

Met 17.721.000 inwoners (2022) is Nederland een van de dichtstbevolkte landen ter wereld: 515 inwoners per km^2 (ter vergelijking: België 377 en Frankrijk 118). De verdeling van de bevolking is ongelijk (83,4 procent woont in de steden): de provincies Noord-Holland, Zuid-Holland en Utrecht herbergen het leeuwendeel van de bevolking. Hier liggen ook de vier grootste steden van het land: Amsterdam, Rotterdam, Den Haag en Utrecht. Verder liggen hier tal van steden van gemiddelde grootte, zoals de universiteitsstad Leiden. Deze agglomeraties en hun buitenwijken vormen de grenzen van de Randstad Holland, waar 8,4 miljoen Nederlanders wonen, ofwel bijna de helft van de Nederlandse bevolking.

Het Groene Hart van de Randstad

In het midden van de Randstad wordt 80 procent van de grond nog steeds gebruikt voor landbouw, natuur en recreatie. Dit 'Groene Hart' heeft echter wel aan kleur ingeboet door de bouw van wegen, kassen en de uitbreiding van de steden.

Sinds 1960 volgden verschillende **ontwikkelingsplannen** elkaar op in een poging om paal en perk te stellen aan de toenemende vlucht van de bevolking naar het Groene Hart, aan de grote stroom auto's en aan de vestiging van fabrieken en bedrijven in de groene zones. Er werden **slaapsteden** opgetrokken in nieuwe architectuur (zoals Zaanstad en Purmerend ten noorden van Amsterdam, Wateringse Veld bij Den Haag, Nesselande aan de rand van Rotterdam en Leidsche Rijn ten westen van Utrecht). Nederlanders hebben, net als Belgen, een baksteen in de maag en blijven bijgevolg nieuwe formules uitvinden: oude silo's op opslagplaatsen worden ingericht als **woonhuizen**, in verlaten havenzones worden nieuwe **woonwijken** gebouwd, zoals in het zuiden van Rotterdam, en er worden nieuwe steden op het water opgetrokken, zoals IJburg, een nieuwe wijk van Amsterdam op een groep van zeven kunstmatige eilanden in het IJmeer. Op termijn moeten hier 45.000 mensen wonen.

Het huidige beleid heeft tot doel om landschapsbehoud, veeteelt, land- en tuinbouw en recreatie in de openlucht op een coherente manier te organiseren, met name door de aanleg van verbindingsroutes tussen de natuurgebieden en de uitwerking van fietsnetwerken en waterwegen voor plezierboten. Op die manier wil men de kwaliteit versterken van het Groene Hart, dat historisch gezien samenvalt met de provincies die er vanaf de 17de eeuw de administratieve, artistieke en wetenschappelijke activiteiten van Nederland groepeerden.

Waterbeheer

In Nederland staat waterbeheer gelijk aan een strijd tegen zwellende rivieren, zeewater en stormen en een strijd voor scheepvaart en drinkwater. De vele stuwen in de Rijn en de diverse waterzuiveringsstations overal in het land getuigen hiervan. De laatste episode van de landaanwinning is de vorming van een geheel nieuwe provincie, **Flevoland**, door drooglegging.

De duinen

Bij de strijd tegen het water vertrouwden de mensen aanvankelijk op de duinen, die omstreeks de 5de eeuw v.C. zijn ontstaan ten

DWARSDOORSNEDE VAN NOORD-HOLLAND

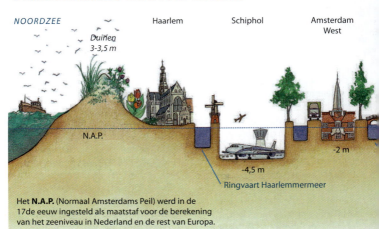

Het **N.A.P.** (Normaal Amsterdams Peil) werd in de 17de eeuw ingesteld als maatstaf voor de berekening van het zeeniveau in Nederland en de rest van Europa.

zuiden van Haarlem. De duinenrij die zich later, rond 1000 n.C., in het noorden ontwikkelde, van Den Helder tot aan de Eems, werd op verscheidene punten door stormen doorbroken en zo ontstonden de Waddeneilanden, terwijl de zee het laagveen overstroomde en de **Waddenzee** vormde.

De **Friezen** waren de eersten die de strijd met het zeewater aanbonden: om hun woningen te beschermen, bouwden ze deze op **terpen**, en rond 1200 legden ze de eerste dijken aan. Binnen deze **dijken** legden ze tussen Leeuwarden en Sneek enkele stukken grond droog. De beweging was in gang gezet – en die werd des te belangrijker toen het land in de 13de eeuw werd geteisterd door 35 grote overstromingen; tijdens de ernstigste hiervan, in 1287, ontstond de **Zuiderzee**, het huidige IJsselmeer. Vanaf de 14de eeuw werden met behulp van **windmolens** moerassen drooggelegd en meren leeggepompt. Door de rampzalige gevolgen van de St.-Elisabethsvloed in 1421, werd op de bedreigde plekken een beroep gedaan op watermolens om het water weg te pompen. Zo ontstonden in Noord-Holland kleine **polders** (bij Schagen in 1456, en bij Alkmaar in 1564). **Andries Vierlingh** (1507-1579) onderscheidde zich bij de aanleg van dijken in de kuststreek.

De polders

Een polder ('ingedijkt land' in het Vlaams) is een stuk kunstmatig verkregen land in een kustgebied, dat op de zee is veroverd en dat meestal onder de zeespiegel ligt. Nederland bestaat voor 15 procent uit ingedijkt land en sinds in 1612 het Beemstermeer werd drooggelegd en Beemsterpolder werd, zijn de Nederlanders kampioen op het gebied van droogmakerij en inpoldering. Om een polder te maken, moet eerst een dijk worden aangelegd rond het in te polderen gebied. Achter de dijk onstaat een ringvaart (de afgegraven grond wordt gebruikt voor de dijk). Het water uit het droog te leggen land wordt in de vaart gepompt (vroeger werden de pompen door windmolens aangedreven). Het terrein zelf wordt gedraineerd door een netwerk van kanaaltjes en waterbekkens. Om een meer droog te leggen werd een ingewikkelder type polder bedacht die doorkruist werd door smalle vaarten, die onderling verbonden werden

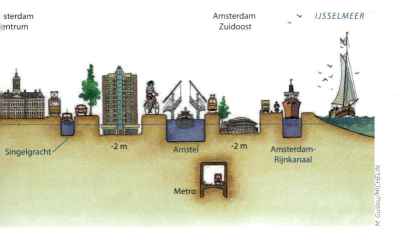

door hoofdvaarten. Soms was een rij van meerdere molens (molengang) nodig om al het water weg te pompen. De molens van Kinderdijk zijn daarvan een mooi voorbeeld (*zie blz. 242*).

17de eeuw: inpolderen op grote schaal

Jan Adriaensz. Leeghwater was, gezien zijn naam, blijkbaar voorbestemd om een rol te spelen in de droogmaking van het centrum van het land. Onder zijn leiding en met veertig molens werd de drooglegging van het **Beemstermeer**, ten noorden van Amsterdam, tot een goed einde gebracht (1612). Leeghwater plande ook de drooglegging van het Haarlemmermeer, die echter pas in de 19de eeuw werd gerealiseerd. Zijn succes moedigde de Nederlanders aan om in 1622 de **Purmer** en in 1626 de **Wormer** in te polderen. In 1631 begon de stad Alkmaar met behulp van vijftig molens volgens de plannen van Leeghwater aan de drooglegging van de **Schermer**.

In de 18de eeuw ontstonden de **waterschappen**, belast met het onderhoud en de aanleg van dijken, grachten en sluizen. Ze bestaan nog steeds, maar vallen sinds 1798 onder het **ministerie van Waterstaat**.

Kort voor 1800 begon men stoommachines te gebruiken om water op te pompen: die vervingen enkele in serie geschakelde molens en waren niet afhankelijk van de wind.

Rampen en maatregelen in de 19de en 20ste eeuw

De drooglegging van het **Haarlemmermeer** (1848-1852), met behulp van drie gigantische gemalen, waaronder de Cruquius, dat tegenwoordig een museum is – *blz. 172* – vormt het begin van het hedendaagse waterbeheer. De twee belangrijkste hoofdstukken in die geschiedenis zijn enerzijds de creatie van het IJsselmeer (en daarmee van een enorm zoetwaterreservoir) en anderzijds het Deltaplan. Grote overstromingen in 1916 leidden tot de werkzaamheden in de Zuiderzee, in het noorden van Nederland. De oude 'zee in het zuiden' (vanuit Deens perspectief) werd in 1932 afgesloten door de 7,5 m hoge en 32 kilometer lange **Afsluitdijk** tussen Noord-Holland en Friesland, waardoor een reusachtig meer ontstond, het **IJsselmeer** *(blz. 192-193)*. In dit meer werden achtereenvolgens enkele polders drooggelegd. Bovendien werden in de 19de en 20ste eeuw ook de Prins Alexanderpolder (1874) bij Rotterdam en de polder van het Lauwersmeer langs de Waddenzee tussen Friesland en Groningen (1969) drooggelegd.

De overstromingen in de nacht van 31 januari op 1 februari 1953 als gevolg van een zware aanlandige storm en springtij, eisten 1865 doden en verwoestten 260.000 ha grond. Als antwoord hierop trachtten ingenieurs de zogenaamde delta, Zuid-Holland en Zeeland, aan de monding van Rijn, Maas en Schelde, te beschermen. Dit leidde tot het **Deltaplan**, waarmee in 1954 werd begonnen en dat in 1998 werd voltooid. Er werden vier waterkeringen gebouwd om de trechtermondingen af te sluiten, met uitzondering van twee toegangswegen tot de havens van Rotterdam en Antwerpen. Het tegengehouden water wordt gezuiverd om te gebruiken als zoetwaterreservoir.

21ste eeuw: klimaatverandering

Aan het begin van de 21ste eeuw is de stijging van de zeespiegel als gevolg van de opwarming van de aarde een bron van grote zorg. Volgens een studie die eind 2017 werd gepubliceerd door onderzoekers van de Universiteit Utrecht zou de zeespiegel voor de Nederlandse kust tegen 2100 met 1 m tot 1,50 m gestegen kunnen zijn en tegen 2200 met 4 m. Opgeteld bij de verveelvuldiging van periodes van grote droogte en hevige regenval, noopt deze dreiging de overheid om het beleid inzake milieu- en waterbeheer te herzien. Toen in 2003, 2012 en 2021 rivierdijken braken met overstromingen op diverse plaatsen in Nederland als gevolg, moest het stelsel van waterbeschermende infrastructuur wel onder de loep genomen worden.

Met 60 procent van het grondgebied in overstroombare regio's – waarin de rijkste steden liggen en 70 procent van de economische activiteit plaatsvindt – is inzetten op kust- en rivierbescherming van het grootste belang. Er zijn diverse projecten in gang gezet om de meest bedreigde gebieden te beschermen, waaronder het programma 'Ruimte voor de rivier' langs de Rijn en de Maas. Er zijn waterreservoirs en grote overloopgebieden aangelegd voor het opvangen van hoogwaterstanden. Het IRMA Programma (Interregionale Rijn-Maas Activiteiten) is opgezet om landen in het stroomgebied (Duitsland, Frankrijk, Zwitserland, België, Luxemburg) te laten samenwerken, overstromingen tegen te gaan en wateroverlast te beperken.

In 2015 zette de Nederlandse regering een beslissende stap met de lancering van een nieuw **Deltaprogramma**, een omvangrijk plan dat op nationaal niveau alle waterbeschermende projecten definieert, centraliseert en coördineert. Het programma is bedoeld om tegen 2050 het hele Nederlandse grondgebied tegen overstromingsrisico's te beschermen (aan de kust en in de nabijheid van rivieren en meren), de aanwezigheid van voldoende zoetwater te garanderen middels grote reservoirs en zich zo goed mogelijk voor te bereiden op de effecten van de klimaatverandering op het land. Het Deltaprogramma bestrijkt een periode van zes jaar en wordt jaarlijks in het parlement (op Prinsjesdag) geëvalueerd om zonodig herzien of aangepast te kunnen worden.

Volgens experts is alleen verzwaring van de rivierdijken op dit moment noodzakelijk; de zeedijken zijn sterk genoeg. Storm Eleanor die op 3 januari 2018 het noorden van Europa teisterde, was daarvoor het bewijs. Voor de eerste keer in de Nederlandse geschiedenis moesten de vijf stormvloedkeringen van de Deltawerken tegelijk gesloten worden. Die dag functioneerde het systeem. Het ultieme bewijs dat het land goed beschermd is aan het kustfront! Maar voor hoe lang? Eén ding is zeker: de beste waterbouwkundigen zijn in Nederland te vinden en hun innovaties worden wereldwijd op de voet gevolgd. Een expertise die in de komende decennia van onschatbare waarde zal zijn.

De molens

In het tweede weekend van mei is het Nationale Molendag in Nederland. Meer dan duizend molens tekenen het landschap; vooral in Zuid-Holland (ca. 220) en Noord-Holland (ca. 130) zijn er veel te vinden. Begin 19de eeuw stonden de molens op het punt te verdwijnen (Nederland telde er toen meer dan 10.000!), maar tegenwoordig worden ze beschermd als nationale monumenten door verscheidene verenigingen, waarvan De Hollandsche Molen de actiefste is.

Op wind of op water

Watermolens waren de eerste molens die in het landschap verschenen, met name in de oostelijke en zuidelijke provincies. Windmolens, die in Holland hooggewaardeerd waren vanwege het winderige klimaat, zijn ofwel poldermolens om water weg te malen (vooral in het westen van het land) ofwel industriemolens (in het westen en het oosten). De meeste molens vermelden het bouwjaar op de romp of de kap. De wieken draaien tegen de wijzers van de klok in.

De poldermolen

Staakmolens

De eerste windmolens verschijnen rond het midden van de 13de eeuw. Ze leken sterk op de molens in Perzië en Arabië, waar ze gebruikt werden om graan te malen. Ze worden **standerdmolen** of **standaardmolen** genoemd omdat het molenhuis met wieken en al draait om een verticale spil, die is gemaakt van een boomstam. Voor het om die as **draaien van de molen** naar de wind dient een balk, die aan de achterzijde uit de molen steekt en verbonden is met een kruisrad. De trap naar het molenhuis draait bij deze beweging mee. Van dit molentype bestaan er nog slechts een paar.

Vanaf de 14de eeuw werd de standerdmolen gebruikt voor de eerste drooggingswerken. Later verving men de houten spil door een holle balk, waarin de as van de wieken draaide. Van de zo ontstane **wipmolen** stamt het oudste exemplaar uit 1513. Het molenhuis is kleiner, maar de onderbouw groter, zodat

HET GRONDGEBIED 71

Standerdmolen *Wipmolen*

Tjasker

Bovenkruier *Stellingmolen*

M.GUILLOU/MICHELIN

> ### Waar zijn de molens te zien?
>
> De meest indrukwekkende verzamelingen molens zijn te zien in Kinderdijk (19 molens, *blz. 242*), een dorp in Zuid-Holland, en op de Zaanse Schans (12 molens, *blz. 178*) in Noord-Holland bij Zaandam.
> De belangrijkste windmolenmusea zijn: de Museummolen in Schermerhorn *(blz. 188)* en het Stedelijk Molenmuseum De Valk te Leiden *(blz. 292)*. In het Openluchtmuseum in Arnhem zijn watermolens te bezichtigen *(blz. 447)*.

er ruimte was voor een scheprad dat het water hoger kon brengen. Meestal bevond dit rad zich buiten en fungeerde de onderbouw als woning, vooral in Zuid-Holland.

De wipmolen is makkelijker op de wind te zetten dan de standaardmolen, omdat de houten spil is vervangen door een koker waar de bovenbouw met de wieken omheen draait. Een kleinere variant van de wipmolen is de **spinnenkop** of **spinbol**, die aan een spin doet denken. Deze komt veel voor in Friesland.

Het Noord-Hollandse **weidemolentje** is nog kleiner. Een zeer zeldzaam type, de **tjasker**, een eenvoudige constructie waarbij de wieken rechtstreeks verbonden zijn aan het scheprad, komt nog voor in laaggelegen gebieden in Friesland en Overijssel.

Bovenkruiers zijn voorzien van een kap die los van de romp in de wind kan worden gedraaid. De kap is altijd van hout, vaak met een rieten dak en achthoekig, en een stenen sokkel.

De industriële molen

Het oudste van dit type molen is de **korenmolen**, waarvan de eerste in de 13de eeuw in Nederland verschenen. Vanaf de 16de eeuw werd de windmolen aangepast voor industrieel gebruik vanwege de industrialisatie en de koloniale expansie. Zo werd de **oliemolen** (1582 in Alkmaar) gebruikt om olie te persen en werd hout gezaagd in een **zaagmolen**, die als eerste in 1592 door Cornelis Corneliszoon werd gebouwd en in geperfectioneerde vorm uitgroeide tot de **paltrok** (met draaibare onderbouw). Vervolgens werden de **pelmolens** ontwikkeld om gerst te pellen, maar ook rijst (uit de koloniën). De eerste werd in 1639 gebouwd in Koog aan de Zaan.

Industriemolens kwamen hoofdzakelijk voor in de Noord-Hollandse **Zaanstreek** *(zie blz. 178)*. Eind 17de eeuw stonden er negenhonderd molens. De rond 1600 ontstane **papiermolen** nam een hoge vlucht vanaf 1673, toen Franse fabrikanten naar de Zaanstreek uitweken. Tot in de 19de eeuw waren er verder houtzaagmolens voor de scheepsbouw, molens om te schaven en snuiftabak te maken, hennepmolens om touw te maken, runmolens om eikenschors te malen voor de leerbereiding, kruidenmolens (met name voor mosterd) en volmolens om stoffen te vollen.

Hoge molens

Veel industriemolens stonden in de stad en ze moesten dus hoog genoeg zijn om voldoende wind te vangen. De wieken werden op de wind gezet vanaf een rond platform halverwege, 'stelling' of 'balie' genoemd, waaraan de **stellingmolen** zijn naam dankt. Als dit soort molen op een stadswal staat, heet hij **walmolen**. De woning van de molenaar bevindt zich gewoonlijk onder de stelling.

Landschap en natuur

Het eerste beeld dat naar voren komt als we denken aan het Nederlandse landschap, is dat van de kleurrijke bollenvelden in de lente. Maar het vlakke land heeft nog veel meer te bieden, van het meest gevarieerde duingebied van Europa tot zijn rijke vogelleven.

Bodemgesteldheid en landschap

Het vlakke land wordt slechts onderbroken door enkele heuvels en bossen in het oosten en in LImburg. De natuurlijke landschappen vertonen dus weinig variatie en zijn sterk bepaald door de mens, vooral in de polders, waar woongebieden worden afgewisseld met gebieden voor recreatie en landbouw. In het voorjaar vormen de bloemenvelden een kleurrijke noot in het landschap.

Uitgestrekte zandgronden

In drie regio's bestaat de bodem hoofdzakelijk uit **zand** (43 procent): de **Kempen** in het zuiden, een voortzetting van de Belgische Kempen, de **Veluwe** in het midden, en het **noordoosten**, waar Overijssel en Drenthe ook zandgebieden kennen. De nog niet ingerichte gebieden worden bedekt door heide, brem, gaspeldoorn of bossen. De heuvels van de Utrechtse Heuvelrug en de Veluwe zijn de erfenis uit het Kwartair toen de **morenen** van de Scandinavische gletsjers het noorden van Nederland bedekten. Hier en daar zijn nog enkele **moerassen** te vinden (Peel, Biesbosch) of meren, vooral in het zuiden van Friesland. Vanwege de weinig vruchtbare zandbodem zijn ze niet ingepolderd.

Het rijkste duingebied van Europa

Nederland bezit met zijn zandkust het rijkste en meest gevarieerde duingebied van Europa. Op sommige plekken is de kustzone 4 km breed. Vooral de Waddeneilanden vormen een belangrijke bescherming tegen de zee.
De **duinen** zijn van enorm groot belang: ze beschermen de lagergelegen gedeelten tegen de golven van de zee en worden dan ook voortdurend onderhouden door de overheid. Om ze te beschermen tegen beschadiging en erosie, zijn bepaalde duingebieden gesloten voor het publiek of slechts toegankelijk tegen betaling. Waar de duinen niet sterk genoeg zijn, werden dijken aangelegd. Voor de duinen of de dijken liggen de brede zandstranden van de badplaatsen.
De Nederlandse bodem bestaat voor 28 procent uit **zeeklei**. Dat bevindt zich voornamelijk in de Delta en in de bestaande of ingepolderde zeearmen, zoals de Lauwerszee en de Middelzee. **Rivierklei** (10 procent van de bodem) is er in het rivierengebied in het midden van het land en in het Maasdal ten zuiden van Venlo.
In het westen vormde zich veen-

grond boven op zeeklei. Dit veen werd vaak afgegraven en gedroogd, waardoor turf ontstond. De plassen die door de veenwinning ontstonden, zijn later deels weer drooggelegd. In het oosten ontstond veen in de **moerasgebieden**.

Limburg vormt een uitzondering in de geologie en het landschap van Nederland. De bodem is er kalkhoudend en heuvelachtig. In het uiterste zuiden vindt men enkele rotsen, de laatste uitlopers van het Ardennenmassief in België.

Fauna en flora

De kusten zijn van levensbelang voor honderden **vogelsoorten**, die hier komen nestelen. Jaarlijks overwinteren meer dan een half miljoen ganzen uit het hoge noorden in Friesland. Vijf uilensoorten broeden op Nederlands grondgebied. Kraanvogels overwinteren graag in het zuiden van het land. Veel vogels strijken in de **polders** neer. Op de **Waddeneilanden** kunnen meer dan 300 soorten worden gespot.

Wat de **zoogdieren** betreft: de zeehondenpopulatie werd in 1988 zwaar getroffen door een epidemie, maar u kunt ze nog zien uitrusten op de kust van de Waddeneilanden.

En dan de **flora**. In Limburg groeien anemonen naast diverse soorten mos. Het 'zinkviooltje' floreert in het Geuldal dankzij de zink die hier in de grond zit. Het (weinige) bos is niet erg oud, maar wordt sinds 2017 beschermd door de Natuurbeschermingswet. De bloeiende **heide** in augustus en september op de 1500 ha grote **Strabrechtse Heide** trekt veel insecten op zoek naar nectar: 75 soorten bijen, vlinders en libellen.

Naast de wilde bloemen kan men in Nederland niet voorbijgaan aan de **gekweekte bloemen**, die hele velden bedekken, in totaal meer dan 14.000 ha, voor het merendeel in de streek tussen Haarlem en Leiden. De **tulp**, in de 16de eeuw ingevoerd vanuit Turkije, heeft zich perfect aangepast aan de vochtige zandgronden langs de Noordzee.

Het milieu

De bescherming van de natuur is in Nederland een zaak van iedereen: duurzame ontwikkeling is een prioriteit geworden.

Beschermde gebieden

Nederland telt twintig **nationale parken**. De grootste liggen in Zeeland, Noord-Brabant en Drenthe. Elk heeft zijn eigen bijzondere fauna en flora. De parken hebben precieze doelstellingen: bescherming en ontwikkeling van de natuur en de landschappen, recreatie in de openlucht, onderwijs, educatie en onderzoek.

In 2006 werd het begrip **'nationaal landschap'** geïntroduceerd. Er werd een shortlist met een twintigtal landschappen opgesteld die nu de status van beschermd natuurgebied hebben.

Enige pragmatische oplossingen

In een land waar een kwart van het grondgebied onder de zeespiegel ligt, kan afval niet worden begraven: Amsterdam beschikt over een gigantische afvalverbrandingsinstallatie die 1 MWh elektriciteit per jaar opwekt en 320.000 huishoudens van stroom voorziet. Ook de uitstoot van vervuilende stoffen door de landbouw is gebonden aan strenge maatregelen. Voortaan krijgt iedere veehouderij mestquota opgelegd met een lage toegelaten drempel, en bedrijven die hun mest niet verwerken, moeten verdwijnen of inkrimpen. In dat geval krijgen ze wel hulp van de overheid dankzij een omschakelingsbeleid. Tegelijk wordt bestudeerd of het mogelijk is om de meststoffen te beperken door de dieren andere voeding te geven.

Poldervogels

Architectuur

Nederland nam in het verleden uit Frankrijk en Italië afkomstige stijlen over, maar ontwikkelde vanaf het eind van de 19de eeuw een eigen, originele bouwkunst, waarmee het land zich een plaats verwierf onder de toonaangevende landen. In de moderne tijd ontstond de rationalistische architectuur, waar de bouwkundige constructie zwaarder weegt dan de beginselen van decoratie. Tegelijk diende zich een oplossing aan voor het vraagstuk van de sociale huisvesting, in de vorm van de Amsterdamse School. Sinds het begin van de 21ste eeuw blijven Nederlandse architecten experiment op experiment stapelen en zetten ze hun zoektocht naar nieuwe architectonische uitingsvormen voort.

Romaans

De Rijn- en Maaslandse kunst

Deze bouwstijl, die zich in het Maasdal en met name in Maastricht heeft ontwikkeld, vertoont veel gelijkenis met die uit het Rijndal; vandaar de naam. De Maaslandse kunst ontleent elementen aan de **Karolingische bouwkunst**. De kerken hebben twee koren, een grote westbouw en een zogenaamde hofkapel op een bovenverdieping aan de westkant. Het houten plafond is vlak en wordt gedragen door vierkante pijlers.

Maastricht, dat al in de tijd van de Romeinen een belangrijke stad was, behoorde tot het bisdom Luik. Omstreeks het jaar 1000 werd begonnen met de bouw van de **St.-Servaasbasiliek**, met een monumentale westbouw, twee vierkante torens met Lombardische bogen, en een apsis. Ook de **O.-L.-Vrouwebasiliek** uit dezelfde tijd heeft een grote westbouw, die wordt geflankeerd door ronde torentjes. Deze westbouw is een van de kenmerken van de Maaslandse stijl. De stijl waarin de St.-Amelbergakerk in **Susteren** in de tweede helft van de 11de eeuw is opgetrokken, is nog erg sober.

In de 12de eeuw wordt de Maaslandse kunst minder streng en gaan versierende elementen een grotere rol spelen. Voor het eerst worden kapitelen, basreliëfs en deuren van beeldhouwwerk voorzien. In die tijd ondergaan de St.-Servaasbasiliek en de O.-L.-Vrouwebasiliek in Maastricht aanpassingen. Het koor van laatstgenoemde kerk is een van de mooiste staaltjes van romaanse stijl in Nederland.

De abdijkerk van Rolduc in **Kerkrade** getuigt met haar oorspronkelijke klaverbladvormige grondplan van een Rijnlandse invloed.

De 13de-eeuwse O.-L.-Vrouwe Munsterkerk in **Roermond** heeft, hoewel ze gerestaureerd is, de kenmerken van de Rijn- en Maaslandse stijl behouden.

Een bezoek aan de crypten van deze kerken is een must.

Andere centra

Utrecht, in de middeleeuwen een belangrijke bisschopsstad, is al vroeg een centrum van romaanse kerkelijke bouwkunst. Afgezien van de Pieterskerk uit 1048 is er echter weinig overgebleven van de mooie romaanse bouwwerken die bisschop Bernold liet bouwen.

Van de kerken in het bisdom Utrecht moet ook de Grote of St.-Lebuïnuskerk in **Deventer** worden genoemd. De overblijfselen van een dubbel transept en een westbouw vertonen verwantschap met de Maaslandse kerken.

De uit het begin van de 12de eeuw daterende St.-Plechelmusbasiliek in **Oldenzaal** heeft een schip met kruisgewelven, die steunen op stevige pilaren.

In de provincies **Friesland** en **Groningen** zijn de buitenmuren van de kerkjes versierd met een baksteenmotief, en binnen zijn nog overblijfselen van muurschilderingen te zien.

Gotisch

De gotische kunst doet in Nederland pas laat haar intrede (14de en vooral 15de eeuw). Uit die tijd dateren veel kerkelijke gebouwen en enkele stadhuizen, die getuigen van het steeds groter wordende belang van de wereldlijke bouwkunst.

Kerkelijke gebouwen

De grotendeels katholieke provincie **Noord-Brabant** beschikt over de meeste grote kerken en kathedralen. Ze zijn opgetrokken in **Brabantse gotiek**, een stijl die lijkt op de flamboyante gotiek van veel Belgische bouwwerken: aan de buitenkant opengewerkte puntgevels en spitsen met hoge vensters, talloze luchtbogen en een hoge westtoren; binnenin een sierlijke middenbeuk met een kruisribgewelf dat steunt op ronde zuilen met koolbladkapitelen, en een triforium.

De Grote Kerk van **Breda** is hiervan een mooi voorbeeld, net als de St.-Janskathedraal in **'s-Hertogenbosch** (14de eeuw), een van de grootste en mooiste van het land. In tegenstelling tot de andere kerkgebouwen steunen de gewelven hier niet op zuilen, maar op bundelpijlers zonder kapitelen.

De Brabantse gotiek heeft de bouwstijl van veel andere Nederlandse kerken beïnvloed. In Noord- en Zuid-Holland komen kerken met een stenen gewelf zelden voor. Ze hebben meestal een vlak houten plafond of een houten tongewelf. Mooie voorbeelden van gotische bouwwerken zijn de Pieterskerk en de Hooglandse Kerk in Leiden, de Grote Kerk in Alkmaar, de Nieuwe Kerk in Amsterdam, de St.-Janskerk in Gouda en de St.-Bavokerk in het Noord-Hollandse Haarlem.

De kathedraal van Utrecht heeft de storm van 1672 helaas slechts voor een deel overleefd, maar de sierlijke Domtoren is gelukkig bewaard gebleven. De contouren ervan zijn terug te vinden in veel andere kerktorens, zoals in Amersfoort. Interessant is ook de St.-Nicolaaskerk van Kampen.

De stadhuizen

Deze bouwwerken met hun klokkentoren getuigen van de toenemende macht van de steden. Nederland bezit twee opvallend mooie stadhuizen in flamboyant-gotische stijl. De natuurstenen voorgevel van het sierlijke stadhuis van **Gouda** is versierd met veel pinakels en spitsen. Het weelderig uitgevoerde stadhuis van **Middelburg**, de hoofdstad van Zeeland, is gebouwd door de Mechelse architectenfamilie Keldermans en geïnspireerd door het Brusselse stadhuis.

ABC van de architectuur

Kerkelijke architectuur

's-HERTOGENBOSCH – Plattegrond van de St.-Janskathedraal (1380-1580)

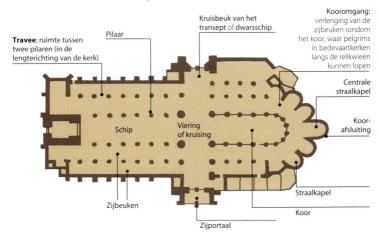

HAARLEM – Koor van de Grote of St.-Bavokerk (1390-1481)

De kooromgang en de lengte van het koor zijn tamelijk ongebruikelijk voor een gotische kerk in Nederland en doen Franse inspiratie vermoeden. Voor het gewelf heeft de architect cederhout gekozen.

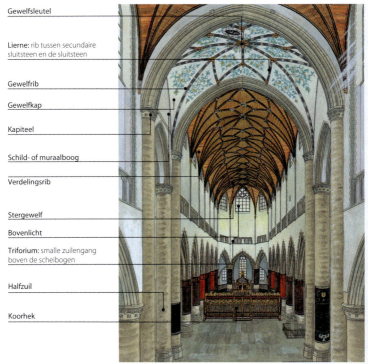

AMSTERDAM – Westerkerk (1619-1631)

De Westerkerk is de laatste en indrukwekkendste van de drie maniëristische kerken die door Hendrick de Keyser in opdracht van de stad Amsterdam werden ontworpen. De Zuiderkerk en de Noorderkerk zijn ouder.

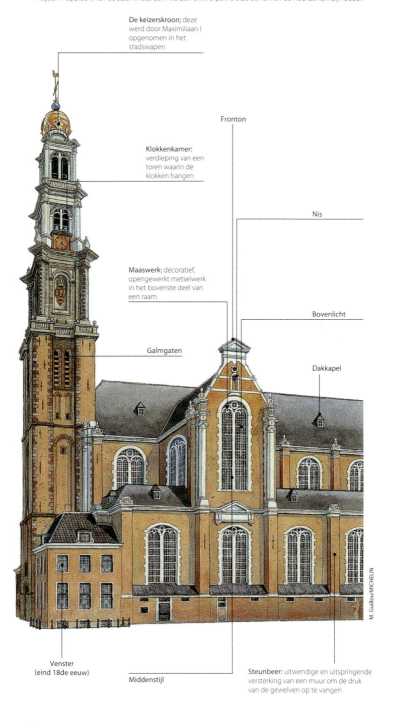

De keizerskroon; deze werd door Maximiliaan I opgenomen in het stadswapen

Klokkenkamer: verdieping van een toren waarin de klokken hangen

Maaswerk: decoratief, opengewerkt metselwerk in het bovenste deel van een raam

Galmgaten

Fronton

Nis

Bovenlicht

Dakkapel

Venster (eind 18de eeuw)

Middenstijl

Steunbeer: uitwendige en uitspringende versterking van een muur om de druk van de gewelven op te vangen

Burgerlijke bouwkunst

AMSTERDAM – Koopmanswoning uit de 18de eeuw

De statige panden langs de grachten van Amsterdam zijn gebouwd op heipalen. De huizen die in de 18de eeuw werden gebouwd bevatten een 'onderhuis' waar het personeel verbleef, een 'stoepverdieping' of 'bovenhuis', dat werd bewoond door de koopman en zijn gezin, en een zolder om de koopwaar op te slaan.

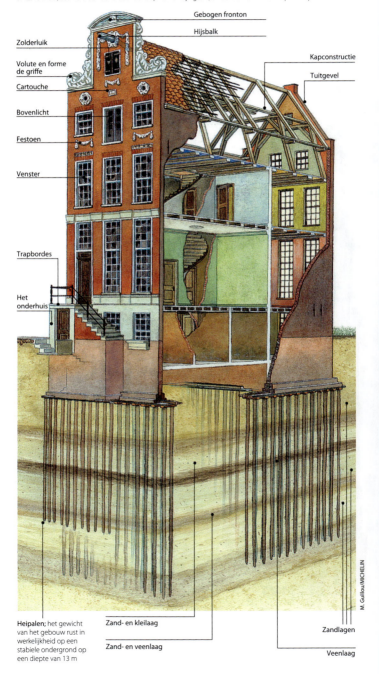

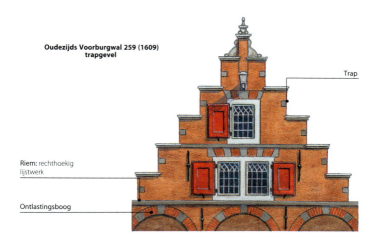

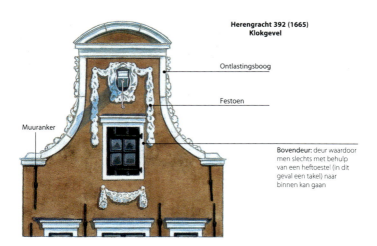

AMERSFOORT – Koppelpoort (circa 1400)

Deze vestingpoort is een overblijfsel van de tweede ringmuur van Amersfoort. Ze bestaat uit een stadspoort en een waterpoort.

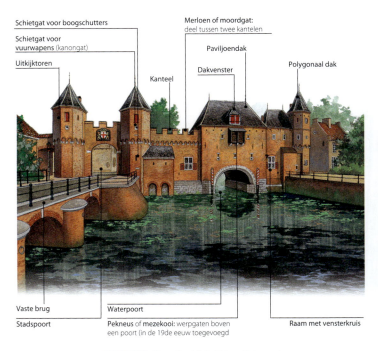

- Schietgat voor boogschutters
- Schietgat voor vuurwapens (kanongat)
- Uitkijktoren
- Kanteel
- Merloen of moordgat: deel tussen twee kantelen
- Paviljoendak
- Dakvenster
- Polygonaal dak
- Vaste brug
- Stadspoort
- Waterpoort
- Pekneus of mezekooi: werpgaten boven een poort (in de 19de eeuw toegevoegd
- Raam met vensterkruis

BOURTANGE – De vesting (einde 16de en 17de eeuw)

De vesting Bourtange, een ontwerp van Adriaan Antonisz. dateert uit het eind van de 16de eeuw; in de loop van de daaropvolgende eeuw bleken wijzigingen en toevoegingen noodzakelijk.

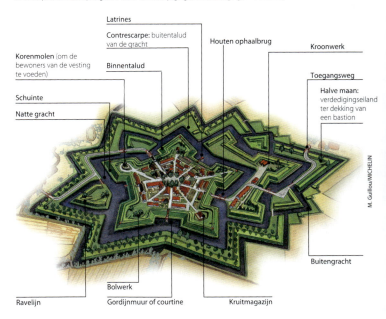

- Latrines
- Contrescarpe: buitentalud van de gracht
- Houten ophaalbrug
- Kroonwerk
- Korenmolen (om de bewoners van de vesting te voeden)
- Binnentalud
- Toegangsweg
- Halve maan: verdedigingseiland ter dekking van een bastion
- Schuinte
- Natte gracht
- Buitengracht
- Ravelijn
- Bolwerk
- Gordijnmuur of courtine
- Kruitmagazijn

HILVERSUM – Raadhuis (1927-1931)

Met het raadhuis van Hilversum verwierf de architect W.M. Dudok internationale faam. De verspringende bouwvolumes, gedomineerd door de ranke toren, vormen een evenwichtige compositie van horizontale en verticale lijnen.

Werkkamer van W.M. Dudok met een groot hoekraam

Toren

Galerij

Dakrand om de horizontale lijnen te benadrukken en een schaduwspel te verkrijgen

Hoge, smalle **vensters** met een klein dak die doen denken aan de galmgaten in een klokkentoren

Afdak

Glasstrook die de indruk wekt dat het dak zweeft

Langgerekte **raamstrook** met kleine roedeverdeling

Driehoekig **balkon** om de lijn van de muren te doorbreken

Balkon van de raadzaal

Pad naar de ingang; bij slecht weer biedt een overdekte gaanderij evenwijdig aan de weg beschutting

ROTTERDAM – Erasmusbrug (1996)

Deze 802 m lange brug, hangend aan één enkele pyloon, is een ontwerp van Ben van Berkel. Ze werd in 1996 in gebruik genomen en bestaat uit twee aanbruggen met een vaste tuibrug en een beweegbare stalen basculebrug.

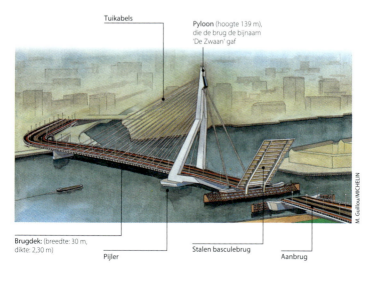

Tuikabels

Pyloon (hoogte 139 m), die de brug de bijnaam 'De Zwaan' gaf

Brugdek: (breedte: 30 m, dikte: 2,30 m)

Pijler

Stalen basculebrug

Aanbrug

16de-17de eeuw

Renaissance en maniërisme

De renaissance is pas laat in Nederland doorgedrongen. Met name de ornamentering werd opgenomen in de lokale traditie. Het maniërisme daarentegen, dat meer afstand hield van de klassieke traditie, kende wel een grote bloei.

Omstreeks het midden van de 16de eeuw doet de renaissance haar intrede in Nederland, met Italiaanse kunstenaars zoals schilder en architect **Tommaso Vincidor** (1493-1536), de ontwerper van het kasteel van Breda. Renaissance-elementen worden nagenoeg ongewijzigd overgenomen. De vernieuwing is zichtbaar in details: schelpvormige timpanen boven de ramen, dakvensters met pinakels, achthoekige torentjes met balustrades en klassieke bouwstijlen. **Hans Vredeman de Vries** (1527-ca. 1603) heeft door zijn theorieën, met name op het gebied van het perspectief, veel invloed uitgeoefend op de Nederlandse architecten.

De Vlaming **Lieven de Key** (1560-1627), stadsarchitect van Haarlem, bouwde daar de oude Vleeshal (1603) in maniëristische stijl, en in 1613 de toren van de Nieuwe Kerk. **Hendrick de Keyser** (1565-1621) is zowel beeldhouwer als architect en heeft vooral in Amsterdam verscheidene kerken (Zuiderkerk, Westerkerk) en woonhuizen (Huis Bartolotti) gebouwd. Het stadhuis in Delft, dat hij in 1618 herbouwde, vertoont een klassieke bouwstijl volgens een uit Italië ingevoerd principe, maar de markante verticale lijnen van de gevel, de rijke en veelvormige versiering en het steile dak zijn kenmerkend voor de noordelijke traditie.

De renaissancestijl heeft verder vooral navolging gevonden in **Friesland**, waar de voorliefde voor geometrische motieven in menig bouwwerk terug te vinden is. Stadhuizen (Franeker, Bolsward), gerechtshoven (Kanselarij in Leeuwarden) en stadspoorten (Waterpoort in Sneek) dragen de stempel van de nieuwe stijl.

De nieuwe stromingen gingen enigszins voorbij aan het oosten en het westen van het land, maar het Waaggebouw in Nijmegen is een mooi voorbeeld van renaissance.

De Gouden Eeuw

Vanaf midden 17de eeuw zijn symmetrie en proporties de sleutelwoorden. Vergeleken met andere landen draagt de barokstijl in Nederland een zeer sober karakter. Hij wordt dan ook aangeduid als 'classicistisch'.

Het carillon

Niet te tellen zijn de Nederlandse kerken en stadhuizen met een carillon (beiaard of klokkenspel). Het is vermoedelijk in de 15de eeuw ontstaan en wordt, net als het draaiorgel, in werking gesteld met behulp van een cylinder die door een uurwerk wordt geactiveerd. In de 17de eeuw hebben **François en Pierre Hemony**, de beroemde klokkengieters van Lotharingse afkomst, een zeer belangrijke rol gespeeld bij de ontwikkeling van het carillon in Nederland. Van de vele door hen vervaardigde carillons zijn de bekendste die van de O.-L.-Vrouwetoren in Amersfoort, de Martinitoren in Utrecht en de Utrechtse Domtoren. Na een lichte teruggang in de 18de en 19de eeuw is de carillonmuziek nu weer helemaal terug. Een klokkenmaker uit het Groningse Heiligerlee vond in 1941 een **elektromagnetisch systeem** uit ter vervanging van de cylinder. Sinds 1953 is in Amersfoort de **Nederlandse Beiaardschool** gevestigd. *Zie het Beiaardmuseum in Asten (blz. 403)*

ARCHITECTUUR

> ### De grote orgels
>
> Aanvankelijk moesten de calvinisten niets hebben van orgelmuziek. De meest strikte calvinistische theologen vonden de muziek veel te frivool. Pas halverwege de 17de eeuw werd het ook in de protestantse kerken toegelaten. In de 17de en 18de eeuw werden talloze orgels gebouwd. In de 18de eeuw werd het instrument vervolmaakt door de zonen van de beroemde Duitse orgelbouwer **Arp Schnitger** (1648-1719), die zich in Groningen hadden gevestigd en ook het grote orgel in Zwolle bouwden. Het indrukwekkende orgel van de St.-Bavokerk in Haarlem (18de eeuw) van **Christian Müller** behoort tot de beroemdste van Nederland.
> De meeste orgelkasten uit de baroktijd zijn weelderig versierd met beelden en beeldhouwwerk boven de pijpen.

Een van de beroemdste architecten is ongetwijfeld **Jacob van Campen** (1595-1657), de ontwerper van de Nieuwe Kerk in Haarlem en het koninklijk paleis van Amsterdam (1648). Het is rechthoekig van opzet en de strakke lijnen worden nauwelijks verzacht door het iets uitspringende deel van de voorgevel, de gebeeldhouwde frontons en het torentje. Het heeft de architectuur van het hele land beïnvloed.

Pieter Post (1608-1669), volgt deze stroming bij de bouw van het Huis ten Bosch in Den Haag, het Mauritshuis (naar ontwerp van Van Campen) en het stadhuis van Maastricht maar is minder streng. De plechtstatige bouwtrant waarvan hij gebruikmaakt voor het Mauritshuis, wordt getemperd door decoratieve guirlandes.

Jacob Roman (1640-1716) bouwde Paleis Het Loo in Apeldoorn (1685) in dezelfde stijl.

De grote grachtenhuizen in Amsterdam zijn kenmerkend voor een voorkeur voor het monumentale. Een van de mooiste voorbeelden is het Trippenhuis, gebouwd door **Justus Vingboons** (1620-1698) die veel samenwerkte met zijn broer Philips.

In het zuiden van het land werden diverse gebouwen in een rijkere barokstijl opgetrokken; de voormalige Jezuïetenkerk in Maastricht is daar een mooi voorbeeld van.

De Antwerpse beeldhouwer **Artus Quellijn de Oude** (1609-1668) ontwierp beelden in barokstijl om de frontons en het interieur van het Amsterdamse stadhuis te decoreren.

18de-19de eeuw

De tendens van de Gouden Eeuw wordt voortgezet door de Fransman **Daniel Marot** (1661-1752), die in Den Haag veel patriciërshuizen heeft gebouwd. De invloed van de Franse architectuur gaat overheersen en men spreekt dan ook wel van de **Lodewijkstijlen**. De rococo- of Lodewijk XV-stijl is vooral zichtbaar in het beeldhouwwerk aan de gevels, in het roosterwerk en de bovenlichten van de deuren en in de stucversieringen in het interieur.

Vervolgens zoeken de bouwmeesters inspiratie in het verleden. Aanvankelijk is dit het Grieks-Romeinse verleden (**neoclassicisme**), later de middeleeuwen en de renaissance (**neogotiek** en **neorenaissance** met Cornelis Outshoorn).

P.J.H. Cuypers (1827-1921) introduceert in veel bouwwerken een soort neogotiek en neorenaissance (Rijksmuseum, Centraal Station in Amsterdam) en voert gedurfde restauraties uit van middeleeuwse gebouwen (kasteel De Haar). Zijn **eclecticisme** vormt een originele synthese van soms volstrekt tegengestelde stijlen. De architectuur kan in de 19de eeuw gebruikmaken van nieuwe materialen zoals gietijzer en

staal, vruchten van de industriële revolutie.
Eind 19de, begin 20ste eeuw verschijnen de meer 'sobere' stijlen art nouveau en jugendstil. Het door **J.W. Bosboom** geconstrueerde winkelpand in Den Haag (1898) is daar een mooi voorbeeld van.

20ste en 21ste eeuw

De 20ste eeuw wordt gedomineerd door aandacht voor planning, in het kader van een stedenbouwkundig beleid dat nauw verbonden is met ontwikkelingen in de architectuur. Vanaf 1901 krijgt de overheid bij wet zeggenschap over de ruimtelijke ordening. In de 20ste eeuw moet de architectuur zich conformeren aan het moderne leven en de technische vooruitgang. Erg interessant in dit opzicht is Rotterdam, dat na de Tweede Wereldoorlog opnieuw werd opgebouwd en tegenwoordig een heel nieuwe skyline heeft.

Moderne architectuur

De bouw van de Amsterdamse beurs door **Hendrik Petrus Berlage** (1856-1934) betekent het begin van de moderne architectuur in Nederland. Het accent ligt voortaan op het **rationalisme** en de structuur van het gebouw, in plaats van op de decoratie. Deze rationele aanpak, waarbij de nadruk wordt gelegd op het gebruik van de ruimte voor een bepaalde functie, staat het gebruik voor van dragende bakstenen structuren.
K.P.C. de Bazel (1869-1923) past dezelfde formules toe, vermengd met buitenlandse invloeden (gebouw Nederlandsche Handel-Maatschappij in Amsterdam). In deze tijd verschijnen de eerste 'wolkenkrabbers'. De oudste daarvan is het Witte Huis in Rotterdam van **W. Molenbroek**.
De periode tussen de Eerste en de Tweede Wereldoorlog wordt gekenmerkt door samenwerking tussen sterk verschillende groepen. Eén thema overheerst, dat van de sociale woningbouw. De **Amsterdamse School** (1912-1930) kan worden gezien als de Nederlandse vorm van de art deco, maar is ook kenmerkend voor de expressionistische architectuur. De voorkeur gaat uit naar bakstenen muren, die een enorme plasticiteit verlenen, en naar horizontale lijnen. Metaal en gewapend beton worden wel toegepast, maar op een niet-zichtbare manier. Deze beweging wordt gedomineerd door **Michel De Klerk** (1884-1923), **Piet Kramer** (1881-1961) en **J.-M. van der Mey** (1878-1949). Tot hun belangrijkste werken behoren de woningen aan het Spaarndammerplantsoen, die rondom de P.L. Takstraat, en het Scheepvaarthuis (1912-1916) in Amsterdam. Deze theatrale stijl stelt zich tevens open voor oosterse invloeden. **Hijman Louis de Jong** tekent met het Theater Tuschinski in Amsterdam (1918-1921) voor een van de mooiste werken in de **art deco**. Deze zelfde stijl wordt gebruikt voor behangpapier, bekledingsstoffen, glas en keramiek. Net als bij de jugendstil ging het steeds om het creëren van een totaalkunstwerk. Piet Kramer ontwierp De Bijenkorf in Den Haag in 1926. De gevel met zijn gebogen muren is opgetrokken uit baksteen en natuursteen waarin gebeeldhouwde elementen zijn opgenomen. Het interieur is een synthese van rationalistische en decoratieve elementen.
Als aanhanger van de kubistische architectuur werd **Willem Marinus Dudok** (1884-1974), van het raadhuis van Hilversum, beïnvloed door de Amerikaan F.L. Wright. In dezelfde periode wordt door de schilders **Piet Mondriaan** (1872-1944, blz. 104) en **Theo van Doesburg** (1883-1931), en door de architect **J.J.P. Oud** (1890-1963) de groep **De Stijl** (1917-1931) opgericht, die een rationele benadering voorstaat. De laatstgenoemde,

ARCHITECTUUR

ontwerper van het bekende Café De Unie in Rotterdam, bouwt als stadsarchitect van Rotterdam de wijken Spangen, Tusschendijken, Oud-Mathenesse en Kiefhoek. **Cornelis van Eesteren** (1897-1988) gaat uit van dezelfde theorieën en heeft zich laten inspireren door de ideeën van Bauhaus. Hij wordt hoofd van de afdeling Stadsontwikkeling van Amsterdam en verwezenlijkt grootschalige stedenbouwkundige projecten. Meubelontwerper en architect **Gerrit Rietveld** (1888-1964), voegt zich in 1919 bij De Stijl. Tot zijn werken behoort het Rietveld-Schröderhuis in Utrecht. Andere architecten, zoals **Johannes Duiker** (1890-1935) en **Bernard Bijvoet**, (1889-1979) hebben nauwe banden met deze groep. Hun betonnen skeletconstructies vormen een geheel van boven en naast elkaar geplaatste kubusvormige ruimtes. Ze maken steeds meer gebruik van beton. Dit wordt het **Nieuwe Bouwen** of **functionalisme** genoemd. Er wordt gekozen voor een vrije en ordelijke indeling, waarbij de vorm ondergeschikt is aan de functie. Volgens deze principes ontwerpen **J.G. Wiebenga** en **L. van der Vlugt** in 1922 de technische hogeschool in Groningen. Het dragende bouwskelet is van beton, de gehele gevel bestaat uit glas. Een van de hoogtepunten is de Rotterdamse Van Nelle-fabriek van de architecten **Brinkman** en **Van der Vlugt**. In de jaren 1930 ontwerpen zij ook, behalve villa's zoals Sonneveld in Rotterdam, het Feyenoordstadion (Rotterdam, 1934-1936).
Naast deze scholen is er de **Delftse School** (1920-1955), met als vertegenwoordigers onder anderen **A.J. Kropholler** (1881-1973), **M.J. Grandpré Molière** (1883-1972) en **G. Friedhoff** (1892-1970). Zij behouden de plattelandsarchitectuur als referentiepunt en kiezen voor baksteen als nationaal product. Het oude gedeelte van het Van Abbemuseum (A.J. Kropholler, 1933-1936) in Eindhoven is een goede illustratie van deze uitgangspunten.
In de jaren 1950 manifesteren zich moderne vormen en principes. Een van de belangrijkste architectenbureaus is dat van **J.H. van den Broek** en **J.B. Bakema**, die van 1951 tot 1953 de Lijnbaan bouwen, het eerste voetgangerswinkelgebied.
Vanaf de jaren 1960 ontstaat er een monumentaal **modernisme**. De uitdrukking van de constructie en de technieken is te vinden in het complex Berenplaat (1959-1965) bij Rotterdam van **Wim Quist**, die tevens verscheidene musea heeft gebouwd, zoals Beelden aan Zee in Scheveningen. Tot deze zelfde generatie behoort **Aldo van Eyck** (Burgerweeshuis in Amsterdam), een aanhanger van het **structuralisme**, een beweging die zich afzet tegen het monumentale en de standaardisatie en zich, via het tijdschrift *Forum*, inzet voor de terugkeer van kleine architecturale eenheden. Een type gebouw dat enorm veel succes heeft, is het **multifunctionele centrum**. **F. van Klingeren** ontwerpt een 'glazen doos, een overdekt plein': De Meerpaal in Dronten (1967).
In de jaren 1970 maken de zuivere vormen van de jaren 1960 plaats voor een 'plastische' architectuur. Het is de periode van de niveauverschillen, de trappen en terrassen. Voorbeelden hiervan zijn de **kubuswoningen** (1978-1984) en Het Potlood in Rotterdam van **Piet Blom**, de nieuwe woonwijk in Nieuwegein (1976-1980) van **J. Verhoeven** en het Pentagoncomplex (1975-1983) in Amsterdam van **Theo Bosch**.

Hedendaagse architectuur

In de jaren 1980 verschijnt de '**hightech**'-stijl, die gebruikmaakt van fabrieksmaterialen die de esthetiek van de geïndustrialiseerde wereld illustreren.

Een van de belangrijkste hedendaagse architecten is **Rem Koolhaas**, de oprichter van het internationale architectenbureau Office for Metropolitan Architecture (OMA). Zijn faam beperkt zich niet tot het Nederlands Danstheater in Den Haag of het Museumpark in Rotterdam, maar strekt zich uit over de grenzen; zo heeft hij de Euralille in Lille ontworpen in 1994, een dienstencomplex van 70 ha. In 2000 ontving hij de Pritzkerprijs (het equivalent voor de Nobelprijs voor architecten) en onlangs begon hij aan omvangrijke werken in het Chinese Peking. In 2013 bedacht hij De Rotterdam, een gebouw dat bestaat uit drie 150 m hoge torens met kantoren, appartementen, hotels, winkels, restaurants en cafés.

Voor **J. Coenen** en **S. Soeters**, resp. stedenbouwkundige en ontwerper van het Circustheater in Zandvoort (1986-1991), waar gekleurde vormen op een ludieke wijze zijn toegepast, is het gebouw een onafhankelijk object, het resultaat van een nieuwe, gedurfde vormtaal.

T. Alberts en **M. van Huut** bouwden het hoofdkantoor van de ING (1979-1987) in Amsterdam-Zuidoost volgens een schijnbaar chaotisch schema, dat echter rekening houdt met de menselijke maat. Ze streven naar een nieuwe uitdrukking van de bouwkunst. Dit is de beweging **Organisch Bouwen**, die gebruikmaakt van traditionele materialen (hout en baksteen) en strijdt voor de terugkeer naar 'natuurlijke vormen'.

De jaren 1990 worden gedomineerd door het pluralisme. De invloed van Rem Koolhaas komt tot uitdrukking in de werken van het architectenbureau **Mecanoo** (bibliotheek van Almelo, 1991-1995). De scheidingswanden, de contrasterende materialen en de structuur van de gevels, die doen denken aan collages, worden ook toegepast door **H. Hertzberger**, de architect van het Chassétheater in Breda (1992-1995), en in enkele musea die zich lenen voor de meest gewaagde ontwikkelingen, zoals het Groninger Museum, een chaos van vormen en een voorbeeld van wat het **deconstructivisme** wordt genoemd, ontworpen door de **Mendini-Coop Himmelb(l)au** van 1988 tot 1994.

Het **supermodernisme**, de opvolger van het modernisme, kenmerkt zich door gebouwen die middelsvernieuwende technologie de zintuiglijke waarneming aanwakkeren. Zo ontwierpen **Meyer & Van Schooten**, het verbazingwekkende ING House (1998-2002) in Amsterdam in de vorm van een schoen.

Ben van Berkel, ontwerper van de Erasmusbrug (1996), een van de mooiste bruggen van Rotterdam, is een waardig vertegenwoordiger van de jonge generatie.

Tot de architecten die worden uitverkoren voor de verwezenlijking van grote projecten zoals De Resident in Den Haag, de Kop van Zuid in Rotterdam en het Centre Céramique in Maastricht, behoren naast Nederlandse architecten ook internationaal gerenommeerde bouwmeesters. Zo ontwierp de Italiaanse Aldo Rossi het Maastrichtse Bonnefantenmuseum (1990-1995) en Amerikaan Richard Meier het Haagse stadhuis. De Nederlander Mels Crouwel verwezenlijkte de uitbreiding van het Stedelijk Museum in Amsterdam en de Fransman Jean Nouvel het hoofdkantoor van het Europees Octrooibureau bij Den Haag. Op het **Oosterdok** in Amsterdam experimenteren architecten met vormen en lijnen in gebouwencomplexen waarin alle sociale lagen samen kunnen wonen en recreëren. Daarmee reageren ze op de uitwassen van het modernisme en sluiten ze aan bij de sociale ambitie van de Amsterdamse School.

Militaire bouwkunst

De landsverdediging leidde tot de bouw van versterkingen in tal van streken van Nederland. De eenvoudige middeleeuwse **burchtheuvels** werden later ware **vestingen**.
Toen de steden zich ontwikkelden, werden stadswallen noodzakelijk, maar tegen de **kanonnen**, die aan het begin van de 15de eeuw verschenen, boden wallen geen bescherming meer. De muren en **torens** werden lager, de gracht werd omringd door **grachtmuren** en achter de vestingmuur kwam een aarden wal waar de vijand geen bres in kon slaan. Het **Spanjaardsgat** in Breda is hiervan een voorbeeld. Daarna werden zogenaamde **rondelen** gebouwd, zoals de Vijf Koppen in Maastricht.
Begin van de 16de eeuw werd in Italië het bastion ontworpen, een stenen muuruitbouw met vijf hoeken. Tijdens de Tachtigjarige Oorlog werd door aanpassing van het Italiaanse voorbeeld een nieuw verdedigingssysteem gebouwd, het **Oud-Nederlandse Stelsel**. De Vlaamse wiskundige **Simon Stevin** (1548-1620) was degene die hiervoor de theoretische grondslag legde. Deze vestingen bestonden geheel uit aarde, zodat de vijandelijke kogels erin bleven steken. Ze lagen bijna altijd achter een natte gracht, waarin ter bescherming van de bastions kleine eilandjes of ravelijnen waren aangelegd. De belangrijkste Nederlandse vestingbouwer uit die tijd was **Adriaan Anthonisz.** (ca. 1543-1620)
In Naarden, de gaafste vesting van het land, werd de zogenaamde Franse methode toegepast, met grotere bastions en een dubbele ring verdedigingswerken.
Kolonel **Menno van Coehoorn** (1641-1704) ontwikkelde in 1685 het **Nieuw-Nederlandse Stelsel**. De vestingen die volgens dit stelsel werden opgetrokken (Hellevoetsluis, Bergen op Zoom), hadden grotere bastions op kortere afstand van elkaar. Het getenailleerde stelsel, stervormige vestingen gevormd door een aaneenschakeling van bastions zonder courtines, werd gebruikt in de **Linie van Doesburg**, die nu een ruïne is.
In de 19de eeuw moest de militaire architectuur zich aanpassen aan de grotere reikwijdte van de artillerie. De verdedigingswerken van de steden werden verder vooruitgeschoven, met forten in een kring rondom de vesting, zoals rond **Utrecht**, dat werd beschermd door de **Nieuwe Hollandse Waterlinie**, die van 1815 tot 1885 werd gebouwd tussen Muiden en de Biesbosch om het westen van het land te beschermen. De belangrijkste functie ervan was het onder water zetten van het land tot zo'n 40 cm, om zo de vijand tegen te houden. Op plaatsen die niet onder water konden worden gezet, werden forten gebouwd, zoals het fort Rijnauwen bij Bunnik.
Dat is ook het geval in de hoofdstad, met de **Stelling van Amsterdam** (1883-1914), sinds 1996 opgenomen op de werelderfgoedlijst van Unesco.
Na de Eerste Wereldoorlog werden linies aangelegd van betonnen kazematten. De bekendste zijn de **Grebbelinie** en die langs de Afsluitdijk. In de Tweede Wereldoorlog trokken de Duitsers een hele reeks indrukwekkende bunkers op langs de kust, de **Atlantikwall**. De laatste verdedigingswerken die in Nederland zijn aangelegd, behoorden tot de **Rijn-IJssellinie** (1951), een waterlinie in NAVO-verband.

Landelijk erfgoed

De oudste bewaard gebleven boerderijen dateren uit de 17de eeuw. De basismaterialen zijn hout, baksteen, en riet of stro voor het dak, maar dit materiaal werd vanwege de overvloedige regen vaak vervangen door dakpannen. Natuursteen komt minder vaak voor, omdat dit in Nederland nauwelijks voorhanden is. Men onderscheidt drie hoofdtypen van boerderijen, met elk regionale subtypen.

☞ *Bekijk voor een volledig overzicht het Openluchtmuseum in Arnhem (blz. 447).*

De Friese boerderijen

Deze boerderijen vindt u in het noorden van het land: in Friesland, Noord-Holland en Groningen.

De stolpboerderij

Het enorme piramidevormige dak van dit type, in Friesland bedekt met riet en in Noord-Holland met stro, herinnert aan een hooiberg. In een van de dakvlakken is het riet vervangen door dakpannen, die samen een sierpatroon vormen, de zogenoemde 'spiegel'. In de meer voorname boerderijen is de voorgevel soms verhoogd met een rijk versierde topgevel. Het grondvlak vormt een vierkant. Binnen liggen de stallen, de woonruimte en de schuur onder één dak, een keuze die afkomstig is van primitieve boerderijen.

De oudste bewaard gebleven stolpboerderij is 'De Barmhartige Samaritaan' in Westblokker (Friesland). Deze dateert van 1659.

De kop-hals-rompboerderij

Deze komt voor in het noorden van Friesland en ook wel in Groningen. Het woonhuis (kop) staat via een smaller gedeelte (hals) in verbinding met de romp, het grootste gebouw. Dit laatste bevat de koeienstal, de paardenstal en de schuur. Deze indeling is van opzij het duidelijkst zichtbaar.

De kop-rompboerderij

Ook deze vindt men in zowel Friesland als Groningen. Ze houden het midden tussen de twee voorgaande typen. Het woonhuis is net als bij de kop-hals-rompboerderij gedekt met pannen, maar met de stelpboerderij heeft dit type gemeen dat een aantal vertrekken met de schuur onder het grote rieten dak ligt. Soms wordt het woonhuis naar achteren toe sprongsgewijs breder en gaat het over in de schuur.

De Oldambster boerderij

Deze boerenhoeve is genoemd naar de streek waar zij is ontstaan, het Oldambt, in het oosten van de provincie Groningen. De zijmuren van het huis verspringen en gaan over in die van de schuur. In het hoge, brede woonhuis is veelal een deur met een omlijsting van stucwerk aangebracht, die het geheel een statig aanzien geeft. De zolderverdieping is voorzien van kleine ramen. Het woonhuis is met pannen gedekt, de schuur gewoonlijk met riet. Vanwege de rijke oogsten heeft de Groningse boerderij vaak twee of zelfs drie schuren.

De hallenhuizen

Dit is het wijdst verbreide type in de centrumprovincies (Drenthe, Overijssel, Gelderland, Utrecht en Zuid-Holland) en in het Gooi (Noord-Holland). Binnen rust de zoldering op twee rijen palen, die het geheel in drie beuken verdelen. Kenmerkend voor dit type is dat het woongedeelte zich in het midden bevindt, met daarboven een grote zolder.

De Twentse boerderij

Deze komt voor in Twente (provincie Overijssel) en het oosten van Gelderland. De muren, vroeger van pleisterspecie, zijn tegenwoordig van baksteen, vaak nog vakwerkmuren. Het dak is groot en bestaat uit twee vlakken met een houten topgevel.

ARCHITECTUUR

Friese stolpboerderij

Friese kop-rompboerderij

Drentse boerderij

Boerderij in T-vorm

Zuid-Limburgse vakwerkboerderij

Het 'los hoes'

Los hoes betekent 'open huis'. De binnenruimte was oorspronkelijk één groot geheel. Mensen en dieren deelden dezelfde ruimte; het hooi was opgetast op planken op halve hoogte. De woning van de ouders, de zogenoemde *endskamer*, is in sommige gevallen een afzonderlijk gebouwtje dat tegen de voorgevel is gebouwd. Dit type wordt, steeds zeldzamer, aangetroffen in Twente.

De Drentse boerderij

Dit type is langgerekt van vorm. Het enorm grote, laag afhangende strodak, dat uit vier vlakken bestaat, strekt zich uit over twee afzonderlijke delen, het woonhuis met de hoge ramen en de schuur annex stal. Aan de achterkant is het dak ingekort om voldoende hoogte te krijgen voor de schuurdeuren, waar de hooiwagen door naar binnen moest kunnen. Vanaf de 18de eeuw hebben boeren in Zuidwest-Drenthe en de kop van Overijssel de schuurdeuren in de achtergevel vervangen door enkele deuren in de zijgevel om het oppervlak van de schuur te vergroten.

Het T-huis

Bij dit type is het woonhuis dwars op de schuur gebouwd, waardoor de boerderij de vorm van een T heeft. Het dankt zijn ontstaan aan de welvaart van de boeren in de vruchtbare gebieden langs de grote rivieren. Ze breidden hun woonhuis uit met aan de ene kant een pronkkamer en aan de andere kant een royale opkamer; het geheel bevindt zich onder één langgerekt dak. Op de Veluwe (Gelderland) kregen de boerderijen een afzonderlijke hooischuur en een schaapsstal. In het Gooi werd het hooi vroeger opgetast achter de boerderij.

Het dwarshuis

In deze boerderijen, waarvan de lange gevel de voorgevel is, zijn de vertrekken naast elkaar geplaatst. Het woongedeelte staat haaks op de bedrijfsruimte. Ze zijn te vinden in Limburg en Noord-Brabant.

De Limburgse boerderij

De gebouwen van dit type staan in een rechthoek rondom een binnenplaats. Deze compacte vorm ontstond tegen het eind van de middeleeuwen, hoewel het type al bestond in de Gallo-Romeinse tijd. De boerderij beschikt, behalve over een woonhuis, over opslagplaatsen (graan, hooi) en paarden- en koeienstallen. In sommige gevallen werden de muren bedekt met een houten raamwerk dat afsteekt tegen het witte vulwerk.

Een grote poort geeft toegang tot de binnenplaats.

De Brabantse boerderij

Dit vrij kleine type staat met de lange gevel, met daarin de deuren, naar de straat. Ze wordt daarom ook wel 'langgevelboerderij' genoemd. Het lange dak is deels gedekt met pannen, deels met riet. Vaak is er een Vlaamse schuur aangebouwd, met houten wanden en een rieten dak, dat opengewerkt is aan de deur.

De Zeeuwse boerderijen

Deze bestaan uit afzonderlijke gebouwen, waarvan de houten schuur met zijn geteerde wanden en witomlijste deuren en ramen het meest in het oog springt.

Industrieel erfgoed

Pas aan het eind van de 19de eeuw vond in Nederland de **industriële revolutie** plaats. Deze kenmerkt zich door het ontstaan van fabrieken, het gebruik van stoomkracht en de toepassing van ijzer en staal in de bouwkunst. Later zou de architectuur profiteren van de ontwikkeling van het beton.

ARCHITECTUUR

> **Een Indische stof: sits**
>
> Vanaf het begin van de 17de eeuw voerde de Vereenigde Oostindische Compagnie enorme hoeveelheden '**indienne**' in. Deze stof, waarvan de Nederlandse benaming 'sits' ontleend is aan het Indische woord 'chintz', dat veelkleurig betekent, is een katoenen weefsel versierd met een met de hand aangebrachte kleurrijk motief. De stof was bijzonder in trek vanwege de soepelheid en lichtheid, maar evenzeer om de kleuren en dessins. Het weefsel wordt gebruikt als interieurstof (spreien, gordijnen, wandbekleding) en voor allerlei soorten kostuums. Vanaf het eind van de 17de eeuw wordt er in Twente volgens een mechanisch procedé bedrukte sits gemaakt.

Fabrieken en arbeiderswijken

Rond 1900 evenaart de industriële productie qua werkgelegenheid die van de landbouw. Van 1870 tot 1914 zijn het de metaalnijverheid, de chemische industrie, de productie van papier, textiel, drank, tabak en de bouwnijverheid die leiden tot de bouw van grote fabrieken.

Twente en Noord-Brabant ontwikkelen zich tot belangrijke centra voor de katoenindustrie. De textielfabriek Mommers (19de eeuw) in Tilburg, waarin tegenwoordig het **Nederlands Textielmuseum** is gevestigd, en de **spinnerij Jannink** in Enschede getuigen daarvan. De **Van Nellefabriek** in Rotterdam (1926-1930) is een mooi voorbeeld van het modernisme. Voor de huisvesting van werknemers werden hele **arbeiderswijken** uit de grond gestampt. Zo is er het **Agnetapark** in Delft, waarmee in 1883 werd begonnen in opdracht van J.C. van Marken, een fabrikant van gedistilleerde dranken, en waar in een Engels parklandschap zo'n zeventig woningen staan, en het **Philipsdorp** in Eindhoven.

Veel verschillende fabrieken

Op veel verschillende locaties in Nederland is industrieel erfgoed te vinden. Al krijgen de gebouwen een herbestemming, de herinnering aan de grote verscheidenheid aan fabrieken die er vroeger was, bijft behouden: kalkovens (flesvormige bouwsels van baksteen), cacaofabrieken (de voormalige Drostefabriek in Haarlem, 1911), zeep (vroegere zeepziederij De Adelaar in Wormerveer, 1908), koffie, thee, jenever (jeneverstokerij Nolet in Schiedam), tabak (tabaksfabriek De Olifant in Kampen en Willem II in 's-Hertogenbosch, in neogotische stijl) of de steenfabrieken (Plasserwaard bij Wageningen, 1897, of 'de Panoven' in Zevenaar uit 1925), met hun hoge schoorsteen en hun enorme dak. Bijzonder is de fabriek in Moorse stijl (1915) in Naarden, waar sigaretten werden vervaardigd. Enkele oude mijnen getuigen van de steenkoolexploitatie in Limburg, zoals de mijn in Kerkrade (Nullandschacht) en de Oranje-Nassaumijn in Heerlen.

Beurzen en veilingen

Ook deze leidden tot interessante architectonische prestaties, zoals de **Graanbeurs** in Groningen, een neoclassicistisch gebouw uit 1865, of de Botermarkt in Deventer, gebouwd in 1886-1889 met gietijzeren zuilen, en de op palen gebouwde groenteveiling in Broek op Langendijk.

Kunst en cultuur

Bosch, Spinoza, Erasmus, Vermeer, Rembrandt, Van Gogh, Mondriaan... De namen van de grote genieën van Nederland. Geen wonder dat er meer dan duizend musea in Nederland zijn: dat is vooral het gevolg van de grote artistieke en culturele vitaliteit, die haar hoogtepunt bereikte in de Gouden Eeuw. De hedendaagse periode, gebaseerd op dit rijke erfgoed, zoekt met des te meer dynamiek naar haar wortels.

Schilderkunst

Dat het genie van Bosch, Vermeer, Rembrandt, Van Gogh of Mondriaan kon ontluiken en zich ontwikkelen, is te danken aan de vruchtbare bodem van een eeuwenlange traditie van kwaliteit. Mondriaan kwam voort uit de traditie van de landschapsschildering, Rembrandt is ondenkbaar zonder het caravaggisme dat in de Utrechtse School tot ontwikkeling was gekomen. De overgang van de Nederlanden naar het protestantisme verleende deze schilderschool een eigen cachet en dreef haar in de richting van niet-religieuze thema's. Terwijl de katholieke gilden vrome werken bestelden met afbeeldingen van martelaren en heiligen, stonden de calvinistische corporaties aan de wieg van de groepsportretten waarmee Frans Hals zo beroemd is geworden.

De 15de eeuw: in de schaduw van de Vlaamse primitieven

De Vlaamse kunst bloeide in Brugge, waar **Jan van Eyck** (1390-1441) schitterde. Zijn stijl staat dicht bij het miniatuur en de techniek van zijn olieverfschilderijen had grote invloed op anderen.

Jeroen Bosch is de grootste Nederlandse schilder van de 15de eeuw *(blz. 100)*. Ook andere schilders staan echter dicht bij de Vlaamse primitieven. Het werk van **Geertgen tot St.-Jans** (1460-1490), uit Haarlem, is sterk verwant met de miniatuurkunst, en **Cornelis Engebrechtsz.** (1468-1533) schildert vooral levendige taferelen vol kleur (*Kruisafneming*, in de Lakenhal in Leiden). Deze traditie wordt in de 16de eeuw voortgezet in het werk van **Jan Mostaert** (1475-1553), ondanks enkele renaissancistische decoratieve toevoegingen en een versoepeling van de houding van zijn personages. Dat is eveneens het geval bij het werk van **Jacob Cornelisz. van Oostsanen** (1470-1533).

De aantrekkingskracht van Italië

Jan van Scorel (1495-1562) brengt na zijn terugkeer uit Rome in 1524 de renaissance naar Noord-Nederland. Hij is de eerste Nederlandse schilder die door de Italiaanse kunst wordt beïnvloed. Hij was conservator van de collectie in het Belvedère in Rome onder Adrianus VI, de enige Nederlandse paus ooit. Zijn werk omvat gevoelig geschilderde portretten, en door het maniërisme beïnvloede religieuze onderwerpen.

In deze periode zien we ook de opkomst van belangrijke kunstcentra in Nederland, waaronder de **Leidse School**. Voor Rembrandt speelde **Lucas van Leyden** (1494-1533) een sleutelrol. Hij was een uitzonderlijk goed graveur en wordt door zijn landschappen beschouwd als de voorloper van de 17de-eeuwse landschapsschilders. Zijn *Laatste Oordeel*, te zien in museum De Lakenhal, is een zeer voornaam werk dankzij de elegante, evenwichtige compositie, het gevoel voor diepte en het treffende coloriet.

Aan het eind van de 16de eeuw verschuift het zwaartepunt naar **Haarlem**, waar de eerste kunstacademie van Nederland wordt gesticht, onder anderen door **Karel van Mander** (1548-1606), wiens maniëristische schilderijen zijn belangstelling voor de oudheid verraden. In het Frans Hals Museum in Haarlem is deze minder bekende maniëristische stroming te ontdekken. In dezelfde tijd is de introductie van de kunst van **Caravaggio** in Utrecht een sleutelmoment in de ontwikkeling van de schilderkunst in de Nederlanden. De werken van **Vermeer** of **Rembrandt** zijn ondenkbaar zonder het voorbeeld van schilders zoals **Hendrick Ter Brugghen** (1588-1629) en **Gerard van Honthorst** (1592-1656), die ertoe bijdroegen dat zijn experimenten met enerzijds het volkse realisme en anderzijds de effecten van het clair-obscur bekendheid kregen.

De Gouden Eeuw betekende een weergaloos artistiek hoogtepunt in de Nederlanden. De tendens naar specialisatie die in de 16de eeuw was begonnen, zet zich nadrukkelijker voort. Men onderscheidt verschillende genres: het portret, het landschap (en zeegezichten), het stilleven en genreschilderingen. De voorliefde van de burgerij voor realistische schilderingen doet geen afbreuk aan de typisch noordelijke kunst. De meeste werken zijn beladen met symboliek met moraliserend of introspectief doel, wat bij de nieuwe protestantse middenklasse erg in de smaak valt.

Het individu en de gilden

De portretkunst, vroeger voorbehouden aan de adel, doet haar intrede in de huizen van de gegoede burgerij. De burgers van Haarlem die zich willen laten vereeuwigen, kunnen kiezen tussen **Johannes Verspronck** (ca. 1600-1662) die subtiele en verfijnde portretten schildert, en **Frans Hals** *(blz. 100)*, die de portretkunst van zijn tijd volledig vernieuwt.

Groepsportretten van schutterijen, gilden, chirurgijns, regenten van weeshuizen e.d. komen in zwang. **Bartholomeus van der Helst** (1613-1670) maakt in Amsterdam naast portretten van burgers en leden van het Huis van Oranje veel strenge en klassieke groepsportretten. De minder conformistische portretten van **Frans Hals** zijn zo levendig dat ze wel momentopnamen lijken. Een van zijn leerlingen, **Judith Leyster** (1609-1660), schilderde eveneens in caravaggiaanse stijl.

De leerlingen van Rembrandt

Rembrandt, de schilder van de menselijke natuur *(blz. 102)* had veel leerlingen. De beroemdste zijn: **Gerrit Dou** (1613-1675), schilder van genrestukken in clair-obscur en van het prachtige *Oude vrouw lezend in een lectionarium* (Rijksmuseum); **Ferdinand Bol** (1616-1680), qua schildertrant het meest verwant met de meester; **Nicolaes Maes** (1634-1693) die zijn vredige binnenhuistaferelen in warme kleuren op het doek zet; **Samuel van Hoogstraten** (1627-1678), die net als de twee vorige uit Dordrecht kwam; **Carel Fabritius** (1622-1654), een ware illusionist en de begaafdste van allen, getuige zijn *Puttertje* (Mauritshuis); en **Aert de Gelder** (1645-1727), van wie de bijbelse taferelen zwaar leunen op de techniek van de grote meester, met name de weelderige kleding en de enigszins theatrale compositie.

De landschapsschilders

Het landschap was in de 17de eeuw het wijdst verspreide genre. Aan **Hercules Seghers** (1590-1635), **Salomon van Ruysdael** (1600-1670) en **Jan van Goyen** (1596-1656) danken we de directe en eenvoudige landschappen die een grote bijdrage leverden aan de voorliefde voor het pittoreske. Met zijn wijde horizonten en stille rivieren badend in een sereen licht, toont het oeuvre van **Jacob van Ruysdael** of **Ruisdael** (1628-1682) weidse landschappen met een dramatische lichtval die de romantiek aankondigen. Zijn *Molen bij Wijk bij Duurstede* (Rijksmuseum) is kenmerkend voor de 17de-eeuwse schilderkunst in Holland.

Meindert Hobbema (1638-1709) schildert grote bomen met levendig-groen gebladerte waarin het licht speelt. **Paulus Potter** (1625-1654) is de dierenschilder van de Verenigde Provinciën.

De Dordrechtse **Albert Cuyp** (1620-1691) vormt een uitzondering, want zijn 'Hollandse' landschappen baden in een volkomen 'Italiaans' warm licht.

Hendrick Avercamp (1585-1634) schildert de pittoreske wereld van het ijs en de schaatsers, met een waar talent voor de miniatuurkunst; **Aert van der Neer** (1603-1677) schildert wintertaferelen en riviergezichten bij maanlicht.

Bij **Nicolaes Berchem** (1620-1683) ligt het accent op pastorale scènes met herders. **Philips Wouwerman** (1619-1668) schildert prachtige vergezichten met paarden en ruiters.

Genrestukken

Genrestukken zijn werken met taferelen uit het **dagelijkse leven** die geïnspireerd zijn op de heersende gewoonten, zoals liefdesbrieven of muzieklessen. Frans van Mieris (1635-1681), Gabriel Metsu (1629-1667) en Gerard ter Borch (1617-1681), schilder van zijdeachtige satijnstoffen, geven in dit genre de toon aan. Echter, de onbetwiste meester is natuurlijk **Vermeer** *(blz. 102)*, met zijn binnenhuistaferelen waarin de weergave van materialen, licht en ruimte subliem genoemd mag worden. Daarvoor maakte hij gebruik van lenzen of van de camera obscura, waarin zijn wetenschappelijke tijdgenoten uitblonken.

Nog een kunstenaar die naar Delft kwam is **Pieter de Hooch** (1629-1684), bij wie die voorkeur voor het intieme verrijkt wordt door uitstapjes naar andere genres. Gezellige boerentaferelen zijn de specialiteit van **Adriaen van Ostade** (1610-1684) en zijn leerling **Jan Steen** (1626-1679), in wiens vermakelijke taferelen een moraliserende bedoeling doorschemert.

Het stilleven

De traditie van het stilleven, dat van oorsprong Vlaams was, had in **Haarlem** veel vertegenwoordigers, zoals Pieter Claesz. (1597-1661),

Andere genres

Willem van de Velde de Oude (1611-1693) en vooral zijn zoon Willem van de Velde de Jonge (1633-1707), die tot hun dood aan het hof van Engeland hebben gewerkt, zijn opmerkelijke zeeschilders, evenals Ludolf Backhuisen (1631-1708), Jan van de Cappelle (1625-1679) en de Gentenaar Jan Porcellis (1584-1632). Pieter Saenredam (1597-1665) en Emmanuel de Witte (1615-ca. 1692) schilderen kale kerkinterieurs en taferelen waarin de structuur sterk bepaald wordt door de architectuur (Emmanuel de Witte, *Binnenplaats van de Beurs van Amsterdam*, Museum Boijmans Van Beuningen, Rotterdam).

De slaapkamer door Pieter de Hooch (omstreeks 1659)
Heritage Art/age fotostock

Willem C. Heda (1594-1680) en Floris C. van Dijck (1575-1651). Hun composities, minder overladen en minder kleurrijk dan die van de Vlamingen, zijn streng geometrisch, terwijl de symboliek van de ijdelheid een moraliserende rol speelt.

De werken van de volgende generatie, die van Abraham van Beyeren (ca. 1620-1690) en Jan Davidsz. de Heem (1606-ca. 1684), zijn kleurrijker en barokker. Willem Kalf (1619-1683) schildert koloniale waren. De faam van Ambrosius Bosschaert (1573-1621) berust op zijn **bloemenstillevens**. Het zijn geen echte boeketten, maar combinaties van studies van afzonderlijke bloemen die niet tegelijkertijd bloeien.

Verval en vernieuwing

In de 18de eeuw leidt de Nederlandse schilderkunst een kwijnend bestaan. Toch mag de Amsterdamse schilder **Cornelis Troost** (1696-1750) niet worden vergeten. Hij herinnert aan de Engelsman Hogarth en aan de Fransman Watteau in zijn genrestukken die baden in een wollige sfeer van pasteltinten. De tijdens zijn leven erg populaire **Jacob de Wit** (1695-1754) is bekend om zijn grisailles (de zogenoemde *witjes*) en rococoschilderingen op muren en plafonds van Amsterdamse herenhuizen. Aan het einde van de eeuw is **Wouter Joannes van Troostwijk** (1782-1810) de schilder van Amsterdam met stadsgezichten onder de Franse overheersing.

Van romantiek tot impressionisme

In de 19de eeuw wordt de romantische stroming vertegenwoordigd door **Wijnand Nuyen** (1813-1839): ruines, onweersluchten, kleine figuren tegen een spectaculaire natuur, dit alles schept een gekwelde sfeer. De 19de eeuw wordt gedomineerd door de **Haagse School** met Jozef Israëls, de gebroeders Maris, Hendrik Willem Mesdag en Anton Mauve. Onder invloed van de School van Barbizon schilderen ze in de openlucht en vernieuwen ze de landschapschilderkunst in Nederland. De natuur, stranden, duinen en het vissersleven leveren onuitputtelijk veel inspiratie aan de schilders, die niet op zoek zijn naar felle kleuren of virtuoze precizie. In hun schilderijen domineren grijs en bruin, wat een melancholieke expressie oplevert.

Eind 19de eeuw bereiken ook de experimenten van de **impressionnisten** Nederland. De vooral in Frankrijk verblijvende J.B. Jongkind is een voorvechter van de jonge stroming. George Hendrik Breitner ontwikkelt in Amsterdam een stijl die erdoor beïnvloed is. Hij schildert met grote penseelstreken 'moderne' stadsgezichten met de nadruk op regen of sneeuw en kiest voor gedurfde invalshoeken. Isaac Israëls schilderde strandtaferelen en veel portretten. Aan het eind van de 19de eeuw is de kunst van **Vincent Van Gogh** *(blz. 104)* de voorbode van de subjectiviteit van de 20ste eeuw.

Naar de 20ste eeuw

De op Java geboren **Jan Toorop** (1858-1928) is aanvankelijk impressionist. Na 1890 legt hij zich eerder toe op het **symbolisme**, een beweging waarin hij in Europa een belangrijke plaats inneemt, evenals Johan Thorn Prikker (1868-1932). Later voegt Toorop zich enige tijd bij de pointillisten en de divisionisten. De arabesken van de art nouveau inspireren hem tot talloze affiches.

Piet Mondriaan *(blz. 104)* is een van de belangrijkste vernieuwers van het interbellum. Hij is de drijvende kracht achter de beweging **De Stijl** en samen met Theo van Doesburg en Bart van der Leck draagt hij veel bij tot het ontstaan van het constructivisme.

Colorist **Jan Wiegers** wordt de leider van de expressionistische beweging **De Ploeg** (1918-1930). **Hendrik Werkman** wordt beschouwd als de belangrijkste vertegenwoordiger daarvan; hij bracht belangrijke vernieuwingen aan in houtsnede en typografie.

De fauvist **Kees van Dongen** verwierf in Parijs beroemdheid met zijn portretten met brede streken en zuivere, vaak complementaire kleuren.

Het zoeken naar een nieuw realisme, de zogenaamde **Nieuwe Zakelijkheid**, wordt vertegenwoordigd door **Charley Toorop**. Haar bijna karikaturale, krachtige portretten doen denken aan die van Dick Ket (1902-1940) en Wim Schumacher (1894-1986). De laatste is een aanhanger van het **magisch realisme** (1920-1930), dat streeft naar een precieze maar mysterieuze weergave van de dingen. Raoul Hynckes, Pyke Koch en Carel Willink gebruiken deze haast fotografische schilderkunst om een surrealistische wereld te scheppen. Ze hebben een voorkeur voor landschappen, stillevens en portretten.

Hun tijdgenoot **Maurits Cornelis Escher** (1898-1972), misschien wel de meest illustere van de Nederlandse etsers, legt zich toe op optische illusies.

CoBrA en de naoorlogse periode

Drie Nederlanders, **Karel Appel** (1921-2006), **Constant** (1920-2005) en **Corneille**, zijn medeoprichters van de beweging **CoBrA** (1948-1951), een afkorting van **Co**penhague, **Br**ussel en **A**msterdam. Hun werk wordt gekenmerkt door vrijheid en spontaniteit, een uitbarsting van vitaliteit en een gedeeltelijke terugkeer naar het figuratieve, vaak geïnspireerd door kindertekeningen. Ook dichter en schilder **Lucebert** (1924-1994), maakte deel uit van deze groep.
Zie blz. 149).

Bram van Velde geeft vanaf 1950 in een expressief-abstract oeuvre uitdrukking aan de kwetsbaarheid van de mens in een verpletterend, afbrokkelend universum. Hij streeft naar de weergave van de zuivere staat. In zijn kleurrijke werken heerst een subtiel evenwicht tussen spontaniteit en gekunsteldheid.

Kunst en betwisting

In 1960 ontstaat de **Nulgroep**, met als sleutelwoorden onpersoonlijkheid, afstandelijkheid en objectiviteit. De belangrijkste vertegenwoordiger is Jan Schoonhoven (1914-1994), vooral bekend om zijn monochrome reliëfs van papier-maché. Armando maakt monochrome reliëfs met spijkers en schroeven; Henk Peeters werkt met watten en katoen.

In die tijd is Woody van Amen een van de voorvechters van de **pop art** en het **nieuwe realisme** in Nederland. Zijn vondsten op rommelmarkten inspireren hem tot ludieke collages. Nog een adept van deze beweging, Reinier Lucassen, gebruikt voorwerpen die eigen zijn aan de consumptiemaatschappij, handelsmerken en moderne interieurs, met soms een surrealistische toets.

In de jaren 1970 gebruiken Jan Dibbets en Ger van Elk, in de sfeer van de **conceptuele kunst**, fotografie als uitdrukkingsmiddel. Dibbets verandert in zijn montages de werkelijkheid. **Rob van Koningsbruggen** past originele technieken toe in zijn vrijwel monochrome werken; hij strijkt of draait een of meer onbeschilderde doeken over op andere beschilderde doeken.

De huidige tijd

In de jaren 1980 dragen enkele kunstenaars bij tot een terugkeer naar een 'nieuwe figuratie'. **René Daniëls** is een van de meest inventieve vertegenwoordigers, naast **Rob Scholte** en **Marlene Dumas**, die elk op hun eigen wijze inspiratie zoeken in beeldmateriaal uit de massamedia. Dumas verkent in haar werken enkele thema's die haar dierbaar zijn: liefde, dood, erotiek en geweld.

De jaren 1990 zijn de tijd van de triomf van de video en de film. **Marijke van Warmerdam** maakt kleine 'amateur'-films over alledaagse onderwerpen. Net als op het gebied van de beeldhouwkunst en de architectuur, is het aan het begin van de 21ste eeuw de veelvoudigheid van stromingen die overheerst.

Beeldhouwkunst

De gotische kunst

Adriaan van Wesel, de meest vermaarde Nederlandse beeldhouwer aan het eind van de 15de eeuw, maakte beeldengroepen van fijn houtsnijwerk met een bijzonder gevoel voor compositie en grote expressiviteit (Rijksmuseum). Een andere belangwekkende beeldhouwer, de **Meester van Koudewater**, maakte in de jaren 1460-1470 polychrome heiligenbeelden. De **Brabantse altaarstukken** bestaan uit drieluiken in flamboyante stijl. Ze zijn te bewonderen in de St.-Janskathedraal in 's-Hertogenbosch en de O.-L.-Vrouwe Munsterkerk in Roermond. Deze bevatten een aantal indrukwekkende gebeeldhouwde figuren. **Koorbanken**, die veelal zijn versierd met satirische motieven, zijn onder meer te bewonderen in de Martinikerk in Bolsward en de Grote Kerk in Breda.

Renaissance en maniërisme

Er komen in deze periode steeds meer praalgraven in Italiaanse renaissancestijl, zoals de graftombe van Engelbert II van Nassau in Breda, ontworpen door Thomas Vincidor da Bologna.

Hendrick de Keyser zet aan het begin van de 17de eeuw deze stijl voort met de graftombe van Willem van Oranje in Delft. Hij ontwierp ook het bronzen beeld van Erasmus in Rotterdam en zeer realistische terracotta borstbeelden.

Adriaen de Vries (1556-1626) was een briljante leerling van Giambologna, de hofbeeldhouwer van de familie De' Medici. De Vries

De grote schilders

Jeroen Bosch (1450-1516): in verbeelding zijn tijd vooruit

Het leven van deze visionaire schilder, beroemd om zijn fantastische scènes bevolkt door vreemde wezens, blijft even mysterieus als zijn werk. Over zijn leven is niet veel meer bekend dan dat hij ingezetene was van Den Bosch. Hij is een dermate uniek genie dat hij in geen enkele school kan worden ingedeeld. Er kan hoogstens worden gesproken van een zekere Vlaamse invloed, die tot uiting komt in het perspectief van zijn landschappen, zijn belangstelling voor de natuur en zijn wat archaïsche figuren. Maar bij deze visionaire kunstenaar is de werkelijkheid in dienst gesteld van een wonderbaarlijke verbeeldingskracht. Voorwerpen en dieren nemen vreemde vormen aan; mensen en beesten bevolken fantastische taferelen van een droomwereld die veel weg heeft van een nachtmerrie, waarin de hel vaak moeilijk te onderscheiden is van het paradijs. Vermoedelijk wilde hij het kwaad stigmatiseren door op afschrikwekkende wijze de gevolgen van zonde uit te beelden. Behalve door de alchemie werd Bosch hevig geboeid door de moraal; daarvan getuigen de vele symbolen die in zijn werken terug te vinden zijn. De eerste werken van Bosch zijn vrij eenvoudig en sober, maar daarna worden zijn composities ingewikkelder en zijn onderwerpen vreemder, zoals in zijn meesterwerk *De tuin der lusten* (het schilderij bevindt zich in het Museo del Prado in Madrid).

☞ *Zie het Jheronimus Bosch Art Center in Den Bosch (blz. 377) en het Museum Boijmans Van Beuningen in Rotterdam (blz. 234).*

Frans Hals (1582-1666), de revolutie van het portret

Frans Hals wordt de portrettist van de burgers van Haarlem, in een periode waarin het portret en vooral het groepsportret (gilden, broederschappen) in de mode zijn (onder de 240 werken die aan Frans Hals worden toegeschreven, zijn niet minder dan 195 portretten). De schilder breekt met de tradities. Hij brengt ruimte en een zekere wanorde in de oorspronkelijk stijve en vlakke composities en geeft zijn personages een natuurlijke houding. De schilder, die niet aarzelt om zijn kloveniers te verrassen bij hun banket, noemt men graag 'ongegeneerd'. Hals vrolijkt zijn doeken op met felle tinten en de bonte kleurenmengeling van sjerpen en vaandels. Zijn snelle maar expressieve penseelstreek, voorbode van de moderne kunst, in het bijzonder van het impressionisme, maakt dat zijn modellen levendig en beweeglijk zijn en zijn portretten waarachtige 'momentopnamen'. Na 1640 verdwijnt de oprechte vrolijkheid uit zijn werk. In groepsportretten van regenten en regentessen keren het zwart en wit en de verticale lijnen terug. Ze hebben iets onheilspellends, alsof ze reeds de dood aankondigen die Frans Hals twee jaar later zou treffen.

☞ *Zie het Frans Hals Museum in Haarlem (blz. 167).*

Oude man met een gouden ketting door Rembrandt.
Heritage Art/age fotostock

Rembrandt (1606-1669), de onbetwiste meester

Rembrandt Harmensz. van Rijn werd in 1606 in Leiden geboren. In 1620 schrijft hij zich in aan de Leidse universiteit, maar betoverd door de schilderkunst wordt hij al snel leerling van Jacob van Swanenburg, en later (1623), in Amsterdam, van **Pieter Lastman** (1583-1633), een groot bewonderaar van Italië en Caravaggio. Hij schildert veel portretten en zelfportretten, maar toch heeft Rembrandt vanaf het begin grote belangstelling voor Bijbelse taferelen, die hij aanvankelijk met de nauwgezetheid van de **Leidse fijnschilders** uitwerkt *(blz. 95)*. Rembrandt maakte, in tegenstelling tot veel grote schilders van zijn tijd, nooit een studiereis naar Italië en ontwikkelde een geheel eigen stijl. Zijn clair-obscur is niet dat van Caravaggio: het vertoont nooit harde contrasten tussen licht en donker, maar een haast onmerkbare overgang van het halfdonker naar het warme licht dat zijn centrale figuren omgeeft. Vanaf 1628 legt Rembrandt zich toe op het maken van etsen en tekeningen. Eind 1631 vestigt hij zich in Amsterdam en daar schildert hij *De anatomische les van Dr. Tulp* (1632, Mauritshuis, Den Haag). Dit groepsportret vestigt de roem van de 26-jarige schilder en de opdrachten stromen binnen. In 1639 betrekt de schilder een huis in de jodenbuurt, het huidige Rembrandthuis. In 1642 schildert hij zijn grootste werk, *De Nachtwacht*, een groepsportret van de schutterij (Rijksmuseum, Amsterdam). In 1657 en 1658 groeien de schulden hem boven het hoofd en moet hij zijn huis en bezittingen verkopen. Zijn doek *Het eedverbond van de Batavieren onder Claudius Civilis*, dat hij in opdracht voor het stadhuis schilderde, wordt in 1661 geweigerd (Nationaal Museum, Stockholm). *De staalmeesters* (1662) is zijn laatste groepsportret, maar hij schildert nog prachtige werken zoals *Het joodse bruidje*, alvorens in vergetelheid te sterven.

☞ *Zie het Rijksmuseum en het Rembrandthuis in Amsterdam (blz. 137 en 142).*

Vermeer (1632-1675), de virtuoos van het licht

Delft en zijn bewoners vormden het wereldje van deze schilder. Geboren en gestorven in deze stad, haast onbekend, is hij een van de grote Nederlandse meesters. Vermeer schilderde vooral taferelen uit het dagelijkse leven en behoorde tot de kunstenaars die, zonder af te wijken van de in die tijd geliefde weergave van de realiteit, een geheel nieuwe vorm gaven aan de schilderkunst. In zijn werk verdwijnt de anekdote en zijn onderwerpen zouden banaal en alledaags zijn als de schilder niet zo begaafd was geweest op het gebied van compositie, geometrie en het gebruik van olieverf. Felle kleuren (citroengeel, hemelsblauw) weet hij prachtig te combineren en in het lichtspel is hij een ongeëvenaard meester. Dit lichteffect is opmerkelijk in zijn *Zicht op Delft*, gezien vanaf de Hooikade, met het stukje gele muur dat zo'n indruk maakte op Marcel Proust, en in zijn vrouwenportretten zoals *Het meisje met de parel* en *De kantwerkster*, dat volgens Paul Claudel met een zonnestraal geschilderd lijkt te zijn.

☞ *Zie het Mauritshuis in Den Haag (blz. 261) en het Rijksmuseum in Amsterdam (blz. 137).*

Brieflezend meisje bij het venster door Johannes Vermeer, 1657
DEA/E LESSING/age fotostock

Vincent van Gogh (1853-1890): het geweld van de contrasten

Als kind tekent de in Zundert geboren Vincent al graag, maar pas op 27-jarige leeftijd wordt hij zich van zijn roeping bewust. Hij wijdt zich eerst aan de tekenkunst voordat hij, een jaar later, in Den Haag met olieverf begint te schilderen. Aanvankelijk wordt hij geïnspireerd door de sombere Drentse landschappen met schuren met strodak. Daarna volgt de tijd waarin hij met zijn ouders in de pastorie in Nuenen woont. Een aantal portretten van boeren heeft gediend als studie voor *De aardappeleters* (1885). Na een verblijf in Antwerpen vestigt de schilder zich in februari 1886 in Parijs. Onder invloed van het impressionisme komt er meer licht in zijn palet (1887-1888). Voorbeelden hiervan zijn *Gezicht op Parijs vanuit Theo's appartement*, *Korenveld met leeuwerik*, *Weg langs de Seine te Asnières* en talrijke zelfportretten, waaronder het *Zelfportret als schilder*. Van Gogh maakt ook landschappen in de Provence die Japanse invloed verraden. Tijdens zijn verblijf in Arles (1888-1889) legt hij zich verbeten toe op het schilderen van kleurcontrasten: Provençaalse boomgaarden, *De zoeaaf*, *De brug van Langlois*, *De zonnebloemen*. De neergeslagen korenvelden, de grillige olijfbomen, de door de wind vervormde cipressen en de gedemptere kleuren verraden de psychische moeilijkheden die zullen leiden tot een verblijf in een inrichting in St.-Rémy-de-Provence (1889-1890). Daar schildert hij uit het hoofd zijn kamer in Arles. Na een rustige tijd in Auvers-sur-Oise bij Parijs maakt Van Gogh in 1890 de aangrijpende compositie *Korenveld met kraaien*. In datzelfde jaar, op 27 juli, verwondt hij zich in een opwelling van neerslachtigheid, wat twee dagen later het einde van zijn leven zal betekenen.
☛ *Zie het Van Goghmuseum in Amsterdam (blz. 139) en het Kröller-Müllermuseum (blz. 454).*

Mondriaan (1872-1944): geometrische abstractie

Pieter Cornelis Mondriaan, een van Nederlands beroemdste 20ste-eeuwse schilders, werd in Amersfoort geboren. Na allerlei experimenten en een verblijf in Parijs (1911-1914), waar hij het kubisme van Picasso, Braque en Léger ontdekt, keert Mondriaan terug naar Amersfoort. Tijdens de Eerste Wereldoorlog komt hij in contact met **Bart van der Leck**, **Theo van Doesburg** en **J. J. P. Oud** met wie hij **De Stijl** opricht *(blz. 86 en 98)*. Hij maakt ook zijn eerste abstracte schilderijen. In het tijdschrift van de groep beschrijft Mondriaan enthousiast zijn theorieën. Wars van alle subjectiviteit beperkt hij zich voortaan tot verticale en horizontale lijnen alsook tot de primaire kleuren – rood, blauw en geel – waaraan hij slechts neutrale kleuren – zwart, wit en grijs – toevoegt. Met volharding ontwikkelt Mondriaan zich verder in dit zogenaamde **neoplasticisme**. Na een tweede Parijse periode (1919-1938) vestigt hij zich in 1940 in New York, waar hij in 1944 overlijdt. Mondriaan wordt beschouwd als een van de grondleggers van de abstracte geometrische kunst. Zijn laatste, onafgewerkte schilderij, *Victory Boogie Woogie*, werd in 1998 voor 80 miljoen gulden aangekocht door de staat. Het is geschonken aan het Kunstmuseum Den Haag, dat de grootste Mondriaancollectie ter wereld bezit *(blz. 271)*.

Vincent van Gogh: zelfportret (1887)
S. Ravera/age fotostock

werkte in Praag in opdracht van Rudolf II en gaf een heel eigen interpretatie aan het maniërisme.
Ook **Willem van Tetrode** (ca. 1525-1580), bijgenaamd de Praxiteles van Delft, had succes in het buitenland met zijn bronzen beelden van mythologische helden.
In Friesland komt de renaissance tot uiting in het houtwerk van de **preekstoelen**, versierd met bewerkte panelen, zoals in de Martinikerk in Bolsward. Opmerkelijk zijn ook de koorbanken van de Grote Kerk in Dordrecht.
Een ereplaats wordt ingenomen door de glas-in-loodramen van de Sint-Janskerk in Gouda.

De moderne beeldhouwkunst

Hildo Krop is vanaf de eeuwwisseling de vertegenwoordiger van de **Amsterdamse School** op het gebied van de beeldhouwkunst. **Mari Andriessen**, de maker van *De Dokwerker* in Amsterdam, en **Charlotte van Pallandt**, die een standbeeld van koningin Wilhelmina in een Rotterdams park maakte, zijn vertegenwoordigers van het realisme, een beweging die in de jaren 1940 en 1950 dominant was.
In diezelfde periode ontwikkelde zich een stroming die sterk onder invloed stond van de Amerikaanse **abstracte beeldbouwkunst**. Een mooi voorbeeld hiervan is de sculptuur *Belichaamde eenheid* voor het Unilevergebouw in Rotterdam van Wessel Couzijn.
Van de hedendaagse beeldhouwers moet worden genoemd **Carel Visser**, een van de eerste Nederlanders die met metaal werkten. Visser was in de jaren 1960 een protagonist van de abstracte kunst, samen met die andere aanhanger van de minimal art, **Joost Baljeu**, maar werd in de jaren 1970 beïnvloed door de **arte povera**. Hij creëerde toen assemblages in allerlei genres. In de jaren 1960 ging **licht** een steeds nadrukkelijker rol spelen in de beeldhouwkunst. Jan van Munster maakte lichtsculpturen met behulp van neonbuizen. In de jaren 1970 liet de **conceptual art** zich gelden met kunstenaars als Marinus Boezem, Ger van Elk en Jan Dibbets. De objecten en installaties van Gerrit van Bakel zijn machines vol fantasie en poëzie.
Op het gebied van **land art** dienen twee vertegenwoordigers te worden genoemd: **Auke de Vries** en **Peter Struyken**, wier creaties stedelijke en openbare ruimtes sieren. In diezelfde geest veranderen de zogeheten Sense of Place-projecten (2018) de Friese Waddenkust beetje bij beetje in een gigantisch kunstwerk.
In de jaren 1980 en 1990 is er de opkomst en bloei van wat men het **postmodernisme** noemt. **Pieter Laurens Mol** toont foto's van verval en dood in zijn installaties, **Niek Kemps** onderzoekt de plaats van objecten in de ruimte en schept een elegant oeuvre waarin de vormen zich met elkaar vermengen, het duo **Fortuyn/O'Brien** ontwikkelt een 'domestic art', een mengeling van meubelkunst, architectuur, decor en design. **Henk Visch** maakt figuratieve en abstracte constructies vol dromen en fantasie. **Atelier van Lieshout** introduceert het design in het museum.

Decoratieve kunsten

Hoewel het wit-blauwe Delfts aardewerk tot ver over de landsgrenzen faam heeft verworven, is het slechts een van de aspecten van een veel grotere en gevarieerdere productie – vooral in de 17de eeuw, dankzij de economische welvaart – van meubels, klokken en edelsmeedkunst.

Een Delfts blauw tegeltableau
F. Monheim/Bildarchiv Monheim/age fotostock

Aardewerk en porselein

Van majolica tot Delfts blauw

Majolica werd begin 16de eeuw door Italianen in de Zuidelijke Nederlanden (Antwerpen) geïntroduceerd. Het had zoveel succes dat na 1560 de productie ervan op gang kwam in Haarlem, Amsterdam, Rotterdam en Delft. Al gauw verdrong de nieuwe techniek het traditionele gres uit het Rijnland.

De grote hoeveelheden **Chinees porselein** die begin 17de eeuw door de Vereenigde Oostindische Compagnie werden ingevoerd, leidden er echter toe dat talloze bedrijven failliet gingen. De productie van majolica werd gestaakt en de fabrikanten legden zich toe op de vervaardiging van tegels of hoogwaardige gebruiksvoorwerpen zoals mosterd- en apothekerspotten, die de Chinezen niet maakten.

De plateelbakkerijen uit **Delft** werden een begrip door de blauwe kleur, die te danken was aan kobaltsilicaat. Deze blauwe tinten werden verkregen door een fel vuur. De nieuwe techniek, de faience, maakte gebruik van een andere kleisoort die verfijndere producten mogelijk maakte. Bovendien werd het loodemail vervangen door een wit email op basis van tin, waardoor het faience op wit porselein leek.

De decoratie bestond uit Chinese en Nederlandse motieven. Ook Italiaans getinte decoraties waren bijzonder geliefd. Toen er rond 1650 in China een burgeroorlog uitbrak en de invoer van porselein vanuit Azië stagneerde, bereikte het Delftse aardewerk zijn hoogtepunt.

De Delftse pottenbakkerijen stortten zich in dit gat in de markt en gespecialiseerde pottenbakkerijen wierpen zich op grote schaal op de productie. In de jaren 1647-1685 ontstonden '**Chinees getinte**' versieringen. De polychrome groene, gele en mangaankleurige decoratie werd in de jaren 1685-1725 verrijkt met weelderige rode en goudkleurige tinten. Tussen 1690 en 1760 lieten de circa twintig aardewerkfabrieken zich inspireren door het Japanse imari-porselein. Dit is de **bloeitijd van Delft**. In de 18de eeuw ontstond een bijzondere productie, die zeer in trek was bij de rijke burgerij, die van vazen, de zogenoemde garnituren in blauw camaieu of polychrome versiering, die op kasten werden geplaatst. Een bijzondere vaas is de piramidevormige **tulipière**, met meervoudige hals.

Het Friese aardewerk

Vanaf de tweede helft van de 17de eeuw ontwikkelden **Makkum** en **Harlingen** zich tot centra van de productie van Fries aardewerk. Ze waren gespecialiseerd in de fabricage van tegels die herinneren aan Delfts aardewerk. Op Fries aardewerk wordt zelden of nooit een fabrieksmerk aangetroffen; alleen de naam van de opdrachtgever wordt vermeld. Vooral de **Lemmer-schotels** zijn karakteristiek. In Makkum is de **Tichelaar-fabriek**, die aan het eind van de 17de eeuw werd opgericht, nog steeds in bedrijf.

Nederlands porselein

Aan het begin van de 18de eeuw slaagt men er in het Duitse Meissen voor het eerst in om echt porselein te fabriceren, en al gauw komt in diverse West-Europese landen de productie op gang. De eerste Nederlandse porseleinfabriek werd in 1760 opgericht in **Weesp**. Maar de productie met zijn rococovormen en veelkleurige beschilderingen leverde al gauw financiële problemen op en in 1770 werd het bedrijf gesloten. De voorraad werd opgekocht door dominee De Mol, die de productie voortzette in **Loosdrecht**. Tussen 1774 en 1784 produceerde dit centrum prachtig beschilderd serviesen siergoed. Na de dood van De Mol werd de fabriek overgebracht naar **Ouder-Amstel**, waar tussen 1784 en 1809 eigen ontwerpen in Louis XVI-stijl werden uitgevoerd. In 1809 werd de fabriek verplaatst naar **Nieuwer-Amstel**, waar de porseleinproductie in empirestijl werd voortgezet tot de sluiting in 1814.

In Den Haag werd tussen 1776 en 1790 trouwens voornamelijk uit Ansbach en Doornik geïmporteerd porselein beschilderd en verkocht als **Haags porselein**.

Gedurende de tweede helft van de 19de eeuw werd keramiek geproduceerd in de fabriek van Petrus Regout in **Maastricht**. De witte serviezen, soms gedecoreerd, werden sterk beïnvloed door het Engelse aardewerk, met name dat van Wedgwood.

Belle époque

De wedergeboorte wordt vooral geïllustreerd door de plateelbakkerij **Rozenburg** in Den Haag, die zich toelegde op de vervaardiging van voorwerpen met gestileerde, vaak grillige motieven. Th.A.C. Colenbrander en Sam Schellink lieten zich inspireren door de plantenwereld en ontwierpen ingewikkelde, fantasierijke decoraties. Een ander groot succes in de Rozenburg-productie is te danken aan J.J. Kok. Deze creëerde het gesinterd aardewerk, wat de vervaardiging van het zogenaamde **eierschaalporselein** mogelijk maakte. Ook in Gouda werd tussen 1900 en 1930 aardewerk in bonte kleuren gefabriceerd, het zogenaamde **Gouds plateel**.

Modern aardewerk

Ondanks de sterk toenemende industrialisatie aan het begin van de 20ste eeuw is het ambachtelijk vervaardigen van aardewerk blijven bestaan. De massaproductie werd vervangen door creaties, en de ambachtslieden zijn nu kunstenaars. Enkele moderne Nederlandse keramisten zijn Chris Lanooy, Bert Nienhuis, W.C. Brouwer, Johan van Loon en Jan van der Vaart.

Aardewerktegels

Via Italië en Vlaanderen is ook de tegel, net als het majolica, in de 16de eeuw in Nederland terechtgekomen. Vanaf 1620 tot eind 18de eeuw produceerde Nederland grote tegeltableaus die bedoeld waren om de achterzijde van de **haard**, de **gang**, de **muren** en de **schoorsteenmantel** mee te bekleden. Vooral de tableaus met kleurige boeketten in een vaas zijn opmerkelijk.

Na 1750 was in de steden de belangstelling voor beschilderde tegels vrijwel verdwenen; de woonvertrekken werden nu behangen met dure stoffen. Op het platteland echter bleven de tegels een geliefde wandversiering. De afbeeldingen bestonden vooral uit ambachtslieden, fantastische zeewezens, spelende kinderen, soldaten en schepen. In de 18de eeuw kwamen daar Bijbelse en pastorale voorstellingen bij.

Na 1800 daalde de belangstelling voor de Hollandse tegel door het toenemend gebruik van papieren behang en machinaal vervaardigde tegels uit Engeland. Het tegeltableau kende een nieuwe bloeitijd aan het begin van de 20ste eeuw. Ze werden toen vooral vervaardigd voor commerciële doeleinden, in winkelinterieurs en als tableau voor gevelreclames.

Zie het Keramiekmuseum Princessehof in Leeuwarden (blz. 508) en het Nederlands Tegelmuseum in Otterlo (blz. 457)

Meubelkunst

De Gouden eeuw

Het mooiste Nederlandse meubelstuk dat eind van de 16de eeuw en in de Gouden Eeuw gemaakt werd, is de **linnenkast**. De *Hollandse kast* is voorzien van uiteenlopende versieringen: leeuwenkoppen, vrouwenbeelden, friezen met lofwerk, grotesken. De onderplint is breed, de forse kap heeft een fries met bladmotieven en er zijn vier deuren. De hoekstijlen worden gevormd door pilasters en later door halfzuilen: vandaar ook wel de naam *kolommenkast*.

Vanaf de tweede helft van de 17de eeuw worden er ook zeer mooie **kussenkasten** van meerdere houtsoorten gemaakt. Ze danken hun naam aan de uitspringende deurpanelen, die meestal zijn voorzien van opgelegd ebbenhout. De kasten zelf rusten op zware bolpoten.

Vanaf de 17de en vooral in de 18de eeuw zijn **mozaïekwerk** en met name inlegwerk met ebbenhout, metaal en ivoor bijzonder in zwang. Zowel in Nederland als in Vlaanderen komt dit tot uiting in inktstellen en **kabinetten** met talrijke laatjes voor het opbergen van kostbare voorwerpen

De 18de en 19de eeuw

De Louis XV-stijl die door de Franse immigranten (protestantse vluchtelingen, ook wel hugenoten genoemd) in Nederland werd geïntroduceerd, was in het midden van de 18de eeuw bijzonder in trek, maar in de navolging veroorloofde men zich de nodige vrijheid.

Het **18de-eeuwse kabinet** heeft twee deuren en laden in het onderste gedeelte, dat vanaf het midden van de eeuw gebombeerd is (het zogeheten *buikkabinet*). De kap heeft gebogen lijnen. Inlegwerk en mozaïekwerk blijven ook in deze periode geliefd.

Aan het eind van de 18de eeuw wordt het meubilair onder invloed van de Louis XVI-stijl soberder. Door de komst naar Nederland van koning Lodewijk Napoleon en zijn vrouw Hortense, die beiden bijzonder gesteld zijn op de Parijse mode, doet aan het begin van de 19de eeuw de empirestijl zijn intrede.

In de 18de eeuw worden in het noorden van het land **beschilderde meubels** gemaakt. Vooral de vissers uit de vroegere Zuiderzeehavens bewerken en beschilderen gedurende de maanden dat er niet gevist wordt, hout volgens methoden die ze op hun reizen naar de Baltische landen of in de Oriënt hebben leren kennen. Deze meubels vertonen veel houtsnijwerk en de beschildering is overdadig, in een stijl die aan naïeve volkskunst doet denken. In de havenstadjes aan de voormalige Zuiderzee (Hindeloopen, Enkhuizen), in de Zaanstreek en op de Waddeneilanden werden allerlei voorwerpen beschilderd: kasten, bedsteden, wiegen, stoelen, houten schooldozen.

Zie het Zuiderzeemuseum in Enkhuizen (blz. 196), Museum Hindeloopen (blz. 525) en het Nederlands Openluchtmuseum in Arnhem (blz. 447)

Edelsmeedkunst

Romaanse periode

Overal in het bisdom Luik (België) hebben de **Maaslandse edelsmeden** schitterende kunstwerken nagelaten. Zo bevindt zich in de St.-Servaaskerk in Maastricht het schrijn van de gelijknamige heilige, gemaakt van verguld koper en versierd met email en edelstenen. Rondom zijn Christus, St.-Servaas en de apostelen afgebeeld.

De Gouden Eeuw

Reeds in de 16de en vooral in de 17de eeuw was het bij gemeentebesturen en gilden, maar ook bij de gegoede burgerij, gebruikelijk om voor feestmaaltijden en bijeenkomsten prachtige, fijn gegraveerde en geciseleerde zilveren voorwerpen te laten maken. De meeste musea bezitten daarvan een verzameling, waaronder grote en kleine drinkbekers, schalen, waterkannen, **nautilusbekers** (een nautilusschelp op een zilveren voet), **molenbekers** (met een buisje om de wieken te doen draaien), gildeketens en andere ceremoniële versierselen.
Ook de kerken bezitten veel liturgisch edelsmeedwerk. Bijzonder mooi is het **Friese zilverwerk** met zijn karakteristieke ovale brandewijnkommen met handvatten. De beroemdste zilversmeden waren de **gebroeders Van Vianen**.

Design

In de loop van de 20ste eeuw krijgt het Nederlandse design internationale faam dankzij het onderzoeken van een nieuwe esthetiek. Het gehele huis wordt nu gezien als een stilistische eenheid, een zogenoemd *Gesamtkunstwerk*. De sleutelwoorden zijn eenvoud en functionaliteit. Architect **Hendrik Petrus Berlage** *(blz. 86)* ontwerpt sobere meubels voor de gebouwen die hij tekent. Ook de architecten van de **Amsterdamse School** doen dat, maar zij kiezen voor gebogen, minder strakke lijnen en versieringen met de natuur als inspiratiebron. Het interbellum staat in het teken van **De Stijl** (neoplasticisme). De Zigzag-stoel van **Rietveld**, in de vorm van de letter Z, is op-en-top design en de stoelen van stalen buizen van **Willem Hendrik Gispen** (1890-1981) zijn nog steeds modern. Na de Tweede Wereldoorlog promoten Nederlandse creaties – scheerapparaten van Philips, vrachtwagens van DAF, aanwijsborden op de luchthavens van Schiphol en New York – een zeker idee van eenvoud en functionaliteit op verschillende vlakken. De in 1947 opgerichtte Design Academy in Eindhoven is tegenwoordig een vruchtbare kweekvijver voor talent.

In 1985 sticht Dick Dankers in Amsterdam het designcentrum **The Frozen Fountain** en in 1994 richten Gijs Bakker en Renny Ramakers **Droog Design** op, dat design wil benaderen vanuit culturele en sociologische, individuele en humoristische invalshoek. Een van hun creaties, de Knopenstoel (1996) van Marcel Wanders, krijgt veel bijval.

Desiderius Erasmus (1469-1536)
Classic Vision/age fotostock

Literatuur

Het Nederlands is de officiële taal van ongeveer 26 miljoen mensen, in Nederland, in de overzeese gebiedsdelen (Antillen), in Suriname en in een deel van België (Vlaanderen). Boeken van Nederlandstalige schrijvers worden steeds vaker vertaald: het aantal vertalingen is in een periode van tien jaar bijna verdrievoudigd en Nederlandse auteurs zijn regelmatig met internationale prijzen bekroond.

Vanaf de 13de eeuw wordt het Nederlands, dat met het Fries en het Duits tot de groep Westgermaanse talen behoort, door schrijvers in Vlaanderen en Brabant gebruikt. Of de boekdrukkunst nu is uitgevonden door de Nederlander Laurens Jansz. Coster (1405-1484) of de Duitser Gutenberg, feit is dat het belang ervan in de Nederlanden enorm was. Vanaf de 15de eeuw is ze van grote invloed geweest op de letterkunde en speelde ze een belangrijke rol in de verspreiding van de taal. Utrecht, Deventer en Gouda ontwikkelden zich snel tot belangrijke centra.

Renaissance en Gouden Eeuw

Erasmus, de 'prins der humanisten'

De belangrijkste intellectueel van het Nederlandse humanisme in de 16de eeuw is zonder meer Geert Geertsz. (ca. 1469-1536), die zichzelf zijn leven lang 'Desiderius Erasmus' noemde. Hij is in 1469 in Rotterdam geboren en groeide op in Gouda, Utrecht en Deventer, een kindertijd die de basis vormde van een leven als onvermoeibaar reiziger. Hij woonde in Frankrijk, Leuven en vervolgens in Italië, waar hij de *Adagia* publiceerde, opmerkingen, citaten en spreuken uit de oudheid – en in Londen (1509). Daar schreef hij zijn beroemdste werk, *Lof der zotheid*, dat twee jaar later werd gepubliceerd. Toen Luther in 1517 zijn 95 stellingen openbaarde, wat het begin van de Reformatie betekende, woonde Erasmus in Leuven. Hij onthield zich van religieuze stellingnames, maar zijn neutraliteit bezorgde hem vele vijanden op het moment dat de theologische faculteit van Leuven de stellingen van Luther verwierp. Hij trok zich enkele maanden terug in Anderlecht en vertrok in 1521 naar Zwitserland. Daar publiceerde hij in 1526 een uitgebreide editie van zijn satirische dialogen, de *Colloquia*. De prins van de humanisten overleed in 1536 in Bazel. Erasmus was zijn tijd ver vooruit: zijn ideeën hebben zelfs vandaag nog hun actualiteit niet verloren. De universiteit van Rotterdam, gesticht in 1973, draagt zijn naam.

Spinoza, de vrijdenker

Baruch Spinoza (1632-1677) werd geboren in de Portugees-joodse gemeenschap in Amsterdam. Hij was wars van elk dogmatisme en werd verbannen, zoals hij ook elders door de calvinistische autoriteiten vervolgd werd vanwege zijn reputatie als vrijzinnig denker. Voor zijn studie van het geloof gebruikte hij de historische kritiek. Spinoza heeft zijn leven gewijd aan de filosofie; om in zijn levensonderhoud te voorzien, sleep hij lenzen. Na een solitair bestaan – hij weigerde zelfs een leerstoel aan de universiteit van Heidelberg – is hij op 21 februari 1677 in Den Haag overleden. Zoals hij zelf wilde, werd zijn werk pas na zijn dood en in het Latijn uitgegeven onder de titel *Opera Posthuma* (postume werken). Een van de delen hiervan, de *Ethica* (1677), wordt tot op de dag van vandaag beschouwd als zijn belangrijkste werk.

Andere sleutelfiguren

De jurist Hugo de Groot, of **Grotius** (1583-1645), publiceerde in 1610 een historische studie *Tractaet van de oudheyt van de Batavische nu Hollandsche Republiek*. Zijn invloed op de theorie van het recht en de staat was aanzienlijk.

Zowel **Erasmus** in de 16de eeuw als **Grotius** en **Spinoza** in de 17de eeuw schreven in het Latijn. Toch schitterde de Nederlandse taal vanaf het eind van de 16de en het begin van de 17de eeuw dankzij **Bredero**, die het volksleven bezong en van wie onder andere de klucht *De Spaanschen Brabander* (1617 of 1618) bewaard is gebleven.

Vaderland en kolonialisme

Rond 1800 is vaderlandsliefde het grote literaire thema, getuige de dichter **H. Tollens** en de aanhanger van de romantiek **W. Bilderdijk** (*Geschiedenis des Vaderlands*).

Eduard Douwes Dekker (1820-1887), met het pseudoniem **Multatuli** ('ik heb veel geleden'), schreef *Max Havelaar* (1860), een felle aanklacht tegen het kolonialisme in Nederlands-Indië. De romantitel is overgenomen door de internationale stichting Max Havelaar, die duurzame en verantwoorde handelsproducten propageert.

Louis Couperus (1863-1923), Hagenaar en man van de belle époque, schreef psychologische romans: *Eline Vere* en *Van oude menschen, de dingen die voorbijgaan*. In de jaren na 1880 zorgden **Tachtigers** als J. Perk, W. Kloos en H. Gorter met hun *l'art pour l'art* voor een omwenteling in de Nederlandse dichtkunst.

De moderne tijd

Historicus **Johan Huizinga** (1872-1945) schreef de studie *Herfsttij der Middeleeuwen* (1919). Ook avonturier **A. den Doolaard** (1901-1994), romancier **Simon Vestdijk** (1898-1971) en kroniekschrijver **Simon Carmiggelt** (1913-1987) zijn het vermelden waard. In de jaren twintig slaat **Nescio** (1882-1961), pseudoniem van J.H.F. Grönloh, een nieuwe toon aan in verhalen over zijn verzet tegen de bourgeoisie.

De tweede helft van de 20ste eeuw kenmerkt zich door grote overgangen. De diepe littekens van de Tweede Wereldoorlog en de dekolonisatie stelden de uitdaging aan

KUNST EN CULTUUR

de orde van de culturele assimilatie. Tegelijkertijd verstevigde de oprichting van de Benelux de verbinding tussen de Vlamingen en de Nederlanders en stelde wederzijdse waarden ter discussie. Ook oefende het existentialisme veel invloed uit, evenals de Amerikaanse roman en de internationale groep CoBrA. **Arnon Grunberg**, soms vergeleken met Philip Roth, wordt net als **W.F. Hermans** (1921-1995) achtervolgd door herinneringen aan de Tweede Wereldoorlog. De dekolonisatie is de inspiratiebron voor **Jeroen Brouwers**, en **Hella S. Haasse** (1918-2011) is de 'grande dame' van de historische roman. **Harry Mulisch** (1927-2010), progressief, geëngageerd en vol kritiek op de gevestigde orde in de jaren 1960, wordt beschouwd als een van de voornaamste moderne Nederlandse schrijvers. In zijn oeuvre verkent hij zijn voorkeursthema's: schuld, verantwoordelijkheid, het joodse vraagstuk en de Tweede Wereldoorlog. Zijn roman *De aanslag* (1982) is in 25 talen vertaald, net als *De ontdekking van de hemel*. De vaak provocerende **Gerard Reve** (1923-2006) schreef de roman *De avonden* (1947), die door R. van den Berg in 1989 werd verfilmd, terwijl **Frans Kellendonk** (1951-1990) in *Mystiek lichaam* (1986) met humor en flair de tekortkomingen van de hedendaagse maatschappij hekelt. De kosmopolitische schrijver, dichter en essayist **Cees Nooteboom** ontving voor zijn hele oeuvre de P.C. Hooft-prijs, een hoge literaire onderscheiding die afwisselend wordt toegekend voor proza, essayistiek en poëzie. Een andere belangrijke prijs is de Libris Literatuur Prijs. Deze werd onder meer ontvangen door **Thomas Rosenboom** en **Ilja Leonard Pfeijffer**. Diens meesterwerk *Grand hotel Europa* is een zeer kritische beschouwing op het massatoerisme en de manier waarop de Europese identiteit, of wat daarvan over is, wordt gepromoot.

Andere hedendaagse schrijvers zijn de magistrale oeuvrebouwer **A.F.Th van der Heijden** en de cineast en romanschrijver **Leon de Winter**, met zijn scherpe gevoel voor het tragikomische. **Margriet de Moor** volgt graag de met elkaar verweven lotsbestemmingen van haar personages *(Zee-binnen)*, net als **Anna Enquist**, psychoanalytica, dichteres en romanschrijfster, met haar romans over hoe de mens zijn wezen ontdekt, vaak kort na een ingrijpende gebeurtenis, zoals in een van haar laatste romans, *Want de avond* (2018).

Aan het begin van de 21ste eeuw zet de jongste generatie schrijvers, onder wie **Joost de Vries** (*De republiek*, 2013) en **Niña Weijers** (*De consequenties*, 2014), vraagtekens bij de ruimdenkendheid van een wereld die wordt beheerst door het streven naar roem, het verlangen gezien te worden en prestatiedruk.

In de moderne multiculturele samenleving groeit het aantal verhalen van schrijvers uit het buitenland. De Iraanse vluchteling **Kader Abdolah**, de Marokkaans-Nederlandse **Hafid Bouazza** en **Abdelkader Benali** verhalen in bloemrijk proza over hun leven in de diaspora en de ontmoeting van twee culturen, en snijden de vraag aan naar het gemeenschappelijke in de beide culturen.

De Zaanse Schans
aislan13/Getty Images Plus

STEDEN EN BEZIENSWAARDIGHEDEN

Het Kerkepad, een typisch Volendams straatje
TasfotoNL/Getty Images Plus

Noord-Holland en Flevoland

NOORD-HOLLAND - HOOFDSTAD: HAARLEM
FLEVOLAND – HOOFDSTAD: LELYSTAD

Amsterdam★★★	120
Haarlem★★	166
De Zaanse Schans★	178
Alkmaar★	183
Den Helder en de Afsluitdijk★★	191
Enkhuizen★	196
Hoorn★	200
Het Gooi★	206
Flevoland★	212
De Noordoostpolder	216

118 NOORD-HOLLAND EN FLEVOLAND

Amsterdam ★★★

Als u langs de pittoreske grachten dwaalt, valt u ongetwijfeld voor de pracht van de bruggen, de hoge, smalle huizen met hun uiteenlopende gevels en de monumentale panden uit de Gouden Eeuw. En als u niet terugschrikt voor de drukte, zult u genieten van de smalle straatjes in het centrum, de gezellige cafés en de schilderachtige pleinen. Maar Amsterdam is veel meer dan de ansichtkaart die aan de hele wereld wordt verkocht. Als u de moeite neemt om het IJ over te steken, ziet u een andere kant van de stad die net zo opwindend is: die van een dynamische, creatieve culturele hoofdstad die groener is dan ze op het eerste gezicht lijkt. Een stad die groeit en zich verjongt zonder ooit de vredige en verleidelijke manier van leven te verliezen waar ze bekend om staat.

Huizen langs het water, aan het begin van het Damrak
sborisov/Getty Images Plus

▶ Ligging

882.000 inw. (agglomeratie 1.400.000 inw.)

REGIOKAART BLZ. 118-119 AB3 EN PLATTEGRONDEN BLZ. 124-127.

Amsterdam is gebouwd aan de oevers van het IJ en de Amstel. Het oude centrum wordt begrensd door vier hoofdgrachten, die samen de zogeheten grachtengordel vormen.

😊 Aanraders

Een rondvaart door de grachten, het Rijksmuseum en het Van Gogh Museum, een drankje in een van de vele bruine cafés of een proeflokaal.

AMSTERDAM

> ⏱ **Planning**
>
> Hieronder doen we een voorstel voor een bezoek van drie dagen. Om het meeste uit uw verblijf te halen, boekt van tevoren uw kaartjes voor de musea, vooral voor het Anne Frank Huis.

> 👪 **Met het gezin**
>
> Fietsen over de grachten en door het Vondelpark, het Anne Frank Huis, het kindermuseum van het Joods Historisch Museum en het NEMO.
>
> ℹ **Praktisch blz. 154**
>
> 📍 **Adresboekje blz. 156**

Amsterdam in 3 dagen

Dag 1	Begin uw bezoek op de Dam *(blz. 128)*, met het Koninklijk Paleis, de Nieuwe Kerk en de Beurs van Berlage. Loop langs het Singel naar het charmante Begijnhof *(blz. 129)* en het Amsterdam Museum *(blz. 130)*.
	Ontbijt in een van de cafés rond het Spui *(blz. 129)*.
	Struin 's middags over de Wallen *(blz. 130)*, bezoek daarna het Rembrandthuis *(blz. 142)* en het bijzonder interessante Joods Historisch Museum *(blz. 142)*.
	Nadat u 's avonds gegeten hebt in een café aan de Nieuwmarkt of een restaurant in de Jordaan, kunt u een wandeling maken langs de grachten. Of maak een rondvaart.
Dag 2	Zigzag via de grachten in zuidelijke richting en bewonder de prachtige gevels van de huizen. Loop dan door naar het museumkwartier *(blz. 136)* en bekijk de mooiste kunst uit de 20ste-21ste eeuw in het Stedelijk Museum *(blz. 139)*. Gebruik de lunch in het museumcafé of een café daar in de buurt of, bij mooi weer, in het Vondelpark.
	Wijd de middag aan het Van Gogh Museum *(blz. 139)* of het Rijksmuseum *(blz. 137)* en bewonder daar de beroemde schilderijen van meesters uit de Gouden Eeuw.
	Sluit de dag af in de kosmopolitische wijk De Pijp *(blz. 141)* en doe u te goed aan een Indonesische, Surinaamse of Turkse maaltijd.
Dag 3	Maak 's ochtends een wandeling door het westelijk deel van de grachten en de Jordaan *(blz. 140)*. Een bezoek aan het Anne Frank Huis *(blz. 134 - reserveren)* is een must. Bekijk daarna de gevels aan de Brouwersgracht *(blz. 141)*.
	Lunch in de buurt van de Noordermarkt of op de gezellige Haarlemmerstraat en Haarlemmerdijk.
	Neem de pont naar de noordzijde van het IJ. Bezoek daar het Eye Filmmuseum *(blz. 148)* en de NDSM-werf, een voormalige scheepswerf die is omgetoverd tot een hippe wijk vol creatieve bedrijven *(blz. 149)*. Of huur een fiets voor een tochtje langs de nieuwe woonwijken in het Oostelijk Havengebied *(blz. 147)*, met het Java-eiland en het KNSM-eiland.
	Als u niet zo'n liefhebber bent van moderne architectuur kunt u ervoor kiezen een bezoek te brengen aan het Scheepvaartmuseum *(blz. 147)* of de rustige, historische Plantagebuurt *(blz. 144)*.
	Een pop-, jazz- of klassiek concert in een van de vermaarde zalen van de stad *(blz. 162)*.

'Amsteldam' wordt Amsterdam

Van vissersdorp tot handelsstad

Dit is het verhaal van een bescheiden dorp dat door handelsschepen de wereldzeeën op te sturen in een paar eeuwen tijd een van de rijkste steden ter wereld zou worden.
In de 12de eeuw is Amsterdam nog een rustig **haringvissersdorp** aan een dam bij de samenvloeiing van de Amstel en het IJ. Aan die dam, die bij hoog water overstromingen moet voorkomen, ontleent de stad haar naam 'Amstelredam'. Ze profiteert al snel van de ligging aan de toenmalige Zuiderzee en wordt een grote handelsstad.
Na de verovering door de graven van Holland, ten koste van het bisdom Utrecht, waar Amsterdam oorspronkelijk toe behoorde, krijgt de stad in of kort na 1300 stadsrechten. Amsterdam ontwikkelt zich snel, mede dankzij **handelsovereenkomsten** die de handel in hout, wol, granen en zeeproducten met landen langs de Rijn en de Baltische staten regelen.
Na toetreding tot de in 1548 door Karel V opgerichte Bourgondische Kreits, breidt Amsterdam de handelsactiviteiten uit, met als grote stimulans de bloeiende handel met Oost-Indië en de Nieuwe Wereld. Zijde en specerijen worden in Amsterdam gestapeld voor doorvoer naar onder meer Noord-Europa.

De aanloop naar de Gouden Eeuw

In 1585 vindt een voor de toekomst van Amsterdam doorslaggevende gebeurtenis plaats: Antwerpen, dat dan het financiële en culturele centrum van Europa is, valt in handen van de katholieken. Rijke kooplieden en vervolgde protestanten vluchten naar het noorden. Voor Amsterdam ligt de weg open om de grootste macht van de regio te worden. De stad kent een enorme toevloed van **nieuwe inwoners**, die worden aangetrokken door de dynamiek en de vrijheid van deze stad. Alle nieuwe stedelingen brengen kennis, vermogen en handelscontacten mee. De expansiedrift richt zich vervolgens op gebieden overzee, en kooplieden sturen hun schepen naar het Verre Oosten *(zie blz. 62)*. In 1602 wordt de **Vereenigde Oostindische Compagnie** (VOC) opgericht en in 1621 de **West-Indische Compagnie** (WIC); ze vestigen zich in Nieuw-Amsterdam, dat de Engelsen later New York zullen dopen. De in 1609 in Amsterdam opgerichte Wisselbank is een van de eerste kredietinstellingen van Europa. Tussen 1586 en 1612 worden de vier hoofdgrachten gegraven *(blz. 131)*, waarlangs al snel luxe herenhuizen voor welgestelde burgers verrijzen. De toename van de welvaart rond het IJ gaat gepaard met een omvangrijke **kennisuitwisseling** op het gebied van kunst en wetenschappen. Invloedrijke filosofen als Baruch Spinoza en René Descartes, bijvoorbeeld, proeven in Amsterdam de vrijheid die nergens anders bestaat. Rembrandt van Rijn wordt in Leiden geboren, maar vestigt zich in Amsterdam, waar hij in 1669 in de Westerkerk wordt begraven.

Door de Fransen bezet

In 1672 had Amsterdam de aanval van de troepen van Lodewijk XIV afgeslagen door de sluizen die de stad beschermden open te zetten, maar tegen het leger van de Franse generaal Pichegru is de stad in 1795 niet bestand. Als Napoleon zijn broer Lodewijk Napoleon in 1806 koning van Holland maakt, wordt Amsterdam **hoofdstad van het koninkrijk**. In 1810 wordt Nederland bij Frankrijk ingelijfd en wordt

Amsterdam door Napoleon tot derde stad van het Franse Rijk en hoofdstad van het departement Zuiderzee verklaard. Als de stad slachtoffer wordt van het continentaal stelsel, raakt de handel in verval. In 1813 breekt een opstand uit en op 2 december erkent het volk Willem I, prins van Oranje, als koning. Voor Amsterdam breekt een periode van economische stilstand aan.

De 'Tweede Gouden Eeuw'

Onder invloed van de **industrialisatie** breekt in Amsterdam pas in de tweede helft van de 19de eeuw weer een periode van economische bloei aan. In 1883 vindt de Wereldtentoonstelling in Amsterdam plaats, in 1889 wordt het Centraal Station geopend en de diamantindustrie bloeit weer op. De bouw van de nieuwe Beurs door Berlage in 1903 luidt het tijdperk van de moderne architectuur in. Kort voor de Eerste Wereldoorlog (1914-1918) worden veel nieuwe stadswijken gebouwd. Diverse architecten verenigen zich rond Michel de Klerk (1884-1923), vooral bekend van zijn volkswoningen, in de **Amsterdamse School**, die een eigen bouwstijl introduceert.

De schok van de Tweede Wereldoorlog

Amsterdam wordt hard getroffen door de Tweede Wereldoorlog: onder de vijf jaar durende Duitse bezetting worden vele tienduizenden Amsterdamse joden gedeporteerd (van wie slechts weinigen terugkeren). Na de Hongerwinter, die in Nederland meer dan 20.000 mensen het leven kost, wordt Amsterdam door de geallieerden bevrijd. Na de oorlog verkeert de stad in een economische en financiële crisis. Een derde van de industrie is vernietigd en veel woningen zijn onbewoonbaar.

Amsterdam nu

Amsterdam weet zich goed te herstellen van alle beproevingen en richt zich op medische technologie, grafische activiteiten en innovatie.

De haven van Rotterdam blijft weliswaar de belangrijkste van het land, maar de hoofdstad behoudt de historische economische sectoren, de aandelenbeurs en de banken. Een andere sector die in de lift zit, is het toerisme. In 2019 verwelkomt de stad 19 miljoen bezoekers. Met de jaren blijft de stad de grootste trekpleister voor de helft van alle buitenlanders die Nederland bezoeken. Velen worden aangetrokken door de reputatie van tolerantie, die ze helaas neigen te overschatten. Voor de Nederlandse autoriteiten is het geen kwestie van alles accepteren. Het motto is veeleer 'gedogen om beter te kunnen controleren', en de laatste jaren gelden er steeds strengere regels, met name ten aanzien van prostitutie en drugs. Wat dat laatste betreft wordt een actief preventiebeleid gevoerd op scholen en andere instellingen.

Als Amsterdam zijn aantrekkingskracht wil behouden, dienen verschillende problemen te worden opgelost, onder meer op het gebied van huisvesting. Ontmoedigd door hoge prijzen, een tekort aan grotere woningen en het grote aantal appartementen dat aan toeristen wordt verhuurd, verlaten jonge mensen en gezinnen met lagere inkomens de stad. De ontwikkeling van voormalige havengebieden tot woonwijken is slechts een gedeeltelijk antwoord op dit probleem. De tweede grote uitdaging is het behoud van groen in de dichtbevolkte stad. Er worden wel groenprojecten ondernomen, maar die staan nog in de kinderschoenen.

Ondanks dit alles zijn veel bewoners van mening dat de kwaliteit van leven in Amsterdam nog altijd beter is dan in andere grote steden, vooral vanwege de gezelligheid.

NOORD-HOLLAND EN FLEVOLAND

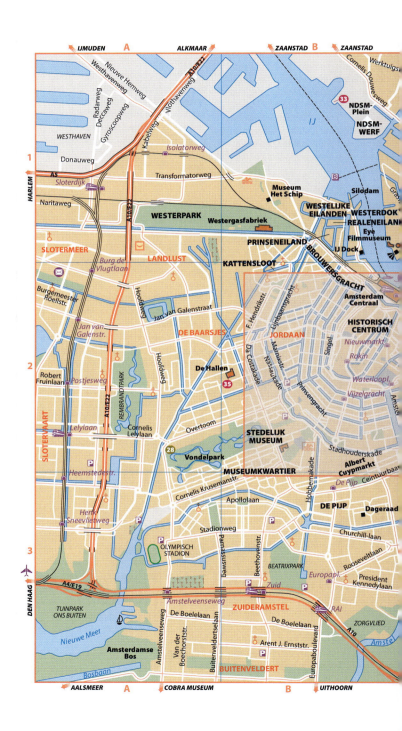

AMSTERDAM

AMSTERDAM
plattegrond I

UIT ETEN
- Rijsel 30
- Loetje aan 't IJ 33
- Foodhallen 35
- De Kas 39

OVERNACHTEN
- Conscious (The Tire Station) 28
- Bunk 29
- Lloyd Hotel 30

NOORD-HOLLAND EN FLEVOLAND

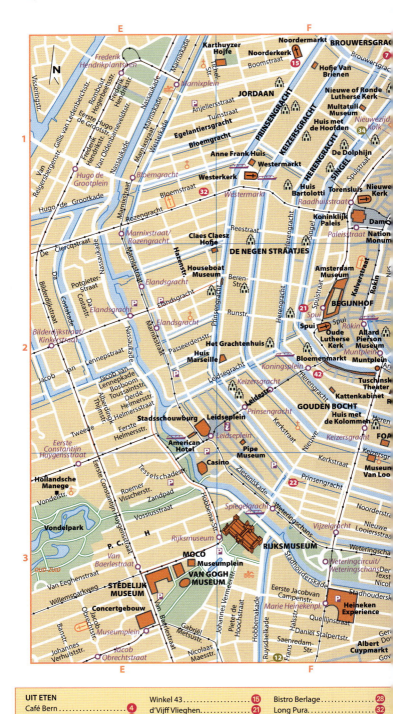

UIT ETEN					
Café Bern	4	Winkel 43	15	Bistro Berlage	28
De Belhamel	7	d'Vijff Vlieghen	21	Long Pura	32
Elkaar	9	Buffet van Odette	22	Café De Plantage	36
		Greetje	26	Het Hortuscafé	40

★★★ Het oude centrum PLATTEGROND II BLZ. 126-127

Het oude centrum valt samen met het Amsterdam van halverwege de 16de eeuw, toen de hoofdgrachten nog gegraven moesten worden. Hier kwamen de zeelui van boord, dolblij dat ze voet op vaste grond konden zetten. Nu zijn het de grote stromen toeristen die richting de Dam en omgeving trekken, het kloppend winkelhart van de stad. Wie het allemaal té commercieel vindt, kan aan de drukte ontsnappen. Ga een bruin café binnen *(zie blz. 160)*, of loop een van de stillere grachten op en hervind de magie van de Gouden Eeuw.

★★★ Nieuwe Zijde

De **Nieuwe Zijde** is het westelijk deel van het stadscentrum, dat ooit doorsneden werd door de Amstel maar tegenwoordig door de as Damrak-Rokin, die het Centraal Station met de Dam en het Muntplein verbindt. **Amsterdam Centraal** (G1) is een indrukwekkend neogotisch gebouw (1889) van Pierre Cuypers, de architect van het Rijksmuseum. Met zijn vele souvenirwinkels en bars is dit deel van de stad niet erg aantrekkelijk. Alleen de gevels van het **Damrak** (G1), ooit een deel van de oude haven, en de opmerkelijke **Beurs van Berlage**★ (G1) zijn de moeite waard. De beurs, een markant werk van architect Berlage (1903), herbergt nu een congrescentrum, een café en diverse recreatiemogelijkheden *(beursvanberlage.com)*.

★ Dam F1

Dit is van oudsher het centrale plein van de stad, de plek waar evenementen en manifestaties plaatsvinden. Het is er altijd een komen gaan van voetgangers, straatkunstenaars en fietstaxi's. Op de Dam staan verscheidene historische gebouwen en het **Nationaal Monument**.

★ Koninklijk Paleis F1

℘ (020) 522 61 61 - www.paleisamsterdam.nl - 10.00-17.00 u - vraag inl. over tijden - € 12,50 (tot 18 jaar gratis) - audiogids.

Omdat de koning in Den Haag woont, is zijn paleis in Amsterdam gereserveerd voor de ontvangst van hoge gasten. Het klassieke bouwwerk (1648) staat op 13.659 houten palen en is herkenbaar aan het beeld van Atlas die de hemelbol op zijn schouders torst, een metafoor voor de stad van de Gouden Eeuw. Binnen komt de bezoeker in een doolhof van rijkversierde zalen, met als indrukwekkendste de **Burgerzaal**★, waar in de marmeren vloer twee wereldkaarten zijn ingelegd. In het paleis worden ook tijdelijke tentoonstellingen georganiseerd.

★★ Nieuwe Kerk F1

Damrak - ℘ (020) 626 81 68 - www.nieuwekerk.nl - 10.00-18.00 u- toegangsprijs afh. van de tentoonstelling.

De Nieuwe Kerk is voor Nederlanders wat Westminster Abbey is voor Engelsen: hier worden de koningen ingehuldigd, van Willem I in 1815 tot Willem-Alexander in 2013.

In 1408, een eeuw na het begin van de bouw van de Oude Kerk *(zie blz. 130)*, gaf de bisschop van Utrecht vanwege de gestaag groeiende bevolking toestemming voor de bouw van deze kerk. Dit tweede godshuis, dat logischerwijs de naam 'Nieuwe Kerk' kreeg, werd gebouwd in flamboyant-gotische stijl met invloeden uit de vroege renaissance. Omdat er in 1645 brand uitbrak en het geld opging aan de bouw van het Koninklijk Paleis, werd de grandioze klokkentoren die Jacob van Campen voor ogen stond nooit gebouwd.

De kerk werd een aantal keren geplunderd en door brand verwoest. De Alteratie van 1578 betekende de omverwerping van de katholieke regering en de

> ### Fantasie in steen gebeiteld
> Totdat de Fransen in de 18de eeuw de huisnummers introduceerden, werden **gevelstenen** gebruikt om aan te geven wie waar woonde. Op zo'n steen in de gevel stond vaak een gebeitelde voorstelling van het beroep van de eigenaar, of het familiewapen. Amsterdam telt nog altijd ruim 600 gevelstenen, waarvan een groot deel in de Jordaan en een aantal in een muur in de Sint-Luciënsteeg ter hoogte van nr. 27 (een van de ingangen van het Amsterdam Museum). Het gebruik is weer in zwang geraakt en de moderne variant kent vaak zeer fantasierijke toepassingen, waaronder heel veel fabeldieren en ambachten. Kijk en geniet.

triomf van het protestantse geloof, met als gevolg dat het **interieur**★★ zich onderscheidt door zijn soberheid en het prachtige licht dat door 75 ramen valt. Wat opvalt, zijn het houten gewelf en de **kast**★★ van het grote orgel, rond 1650 gebouwd naar ontwerp van Jacob van Campen. Let op de imposante gebeitelde houten **preekstoel**★★ (1649-1664), de grootste van Europa, en de finesse van de decoratie. Het koor, gescheiden van het schip door een prachtig verguld koperen **koorhek**★★, een meesterwerk van Johannes Lutma, goudsmid en vriend van Rembrandt, herbergt het mausoleum van **Michiel de Ruyter**★ (1607-1676), een van de grootste admiraals van de Nederlanden. Als u de kerk uitloopt, vindt u om de hoek de gezellige **Eggertstraat** en de **Gravenstraat**, waar proeflokaal **De Drie Fleschjes** (*blz. 160*) is gevestigd.

Spui F2
Dit drukke en onregelmatig gevormde plein ligt midden tussen de bruine cafés, het Begijnhof, het Singel en de **Oude Lutherse Kerk** uit 1633, nu de aula van de Universiteit van Amsterdam. Het Spui is altijd een populair trefpunt voor studenten geweest. In de jaren 1960 organiseerde de protestbeweging **Provo** (*blz. 144*) er bijeenkomsten rond het standbeeld van **Het Lieverdje** (1960), een jongetje met een brutale glimlach. Op vrijdag is er op het plein een boekenmarkt en op zondag een kunstmarkt.

★★★ Begijnhof F2
Ingang aan het Spui en de Gedempte Begijnensloot - 9.00-17.00 u. Particulier eigendom. Respecteer de rust en de stilte.

In het Begijnhof, een besloten en van de drukte afgekeerde groene oase van rust in het hart van de stad, omzomen stijlvolle huizen met puntgevels een grasveld. Hier woonden vroeger de **begijnen**, katholieke ongetrouwde vrouwen of weduwen die een lekenorde vormden en hun dagen besteedden aan bidden, liefdadigheid en nuttige handwerken, geloofsdaden die vanaf de 16de eeuw veel discreter werden, omdat het katholicisme verboden was in het calvinistische Holland. De laatste begijn overleed in 1971.

Toen het Begijnhof in 1346 werd gebouwd, lag het aan de rand van de stad; later kwam het binnen de omwalling te liggen. In de 15de eeuw werd het complex door brand verwoest. De huizen met de bloementuintjes die nu het Begijnhof vormen, dateren voor het grootste deel uit de 17de en 18de eeuw. Op nr. 34 staat het oudste huis van Amsterdam, het Houten Huys, uit omstreeks 1425, met een houten **gevel**★. De begijnen kerkten in de Engelse Kerk (15de eeuw) totdat de protestanten het gebouw in 1607 in handen kregen. Om toch in alle rust voor bezinning en gebed bijeen te kunnen komen, richtten de begijnen in 1665 op nr. 29 een kleine schuilkapel in, de **Begijnhofkapel**, die nog altijd een religieuze functie heeft.

De **Schuttersgalerij**★ *(Kalverstraat 92 - vrije toegang)* is een overdekte galerij naar het Amsterdam Museum, waarin reusachtig grote schuttersstukken hangen: schilderijen van schutterijen, de burgermilities die de rust in de stad bewaarden.

★★ Amsterdam Museum F2

Ingangen: Kalverstraat 92/Sint-Luciënsteeg 27 - ℘ (020) 523 18 22 - www.amsterdammuseum.nl - 10.00-17.00 u - € 12 (tot 4 jaar gratis).

Dit museum, dat in het voormalige 16de- en 17de-eeuwse Burgerweeshuis is gevestigd, vertelt de geschiedenis van de stad vanaf de middeleeuwen tot nu. In de chronologische geordende zalen zijn kaarten, schilderijen, maquettes en interactieve animaties te vinden rond de vier basiswaarden van Amsterdam: ondernemersgeest, het vrije denken, burgerschap en creativiteit. Ook over het **Burgerweeshuis** zelf komt u veel te weten. Zo is er de eetzaal, de slaapzaal, het klaslokaal, de keuken en de stal; en niet te vergeten de ontroerende muur op de binnenplaats, met de vakken voor de eigendommen van de kinderen.

★ Bloemenmarkt F2

Singel - 9.00-17.30, zo 11.00-17.30 u.

De bloemenmarkt aan het Singel – de laatste drijvende markt van de stad – bestaat al sinds 1883. De markt is slachtoffer geworden van zijn eigen succes als toeristische trekpleister: de kramen staan nu ook vol klompen, bonzaiboompjes en houten tulpen, maar zijn nog steeds een bezoek waard. De kramen beginnen bij het kruispunt van de Amstel, op het **Muntplein**, waar de **Munttoren** (1840) met zijn carillon staat.

★★★ Oude Zijde - rosse buurt

De **Oude Zijde**, die in de 15de eeuw vanwege de parochiegrenzen van de Nieuwe Zijde werd gescheiden, ligt ten oosten van de lijn Damrak-Rokin en is algemener bekend als **de Wallen**, of ook wel de **rosse buurt**, vanwege de rode lampjes waaronder prostituees hun diensten aanbieden. De wijk is rijk aan een verrassende mix van historische monumenten, pittoreske grachten, seksshops, het rode neonlicht en kunstenaarsateliers.

★ Oude Kerk G1

Oudekerksplein 23 - ℘ (020) 625 82 84 - oudekerk.nl - 10.00-18.00, zo 13.00-17.30 u - € 12 (tot 12 jaar gratis).

De oudste kerk van Amsterdam (1306) in het hart van de rosse buurt op een pittoresk geplaveid pleintje, is wonderwel voor brand gespaard gebleven. Loop er binnen, u zult versteld staan.

Deze katholieke kerk, die een toevluchtsoord was voor de allerarmsten en zeelieden (de kerk is gewijd aan Sint Nicolaas, hun schutspatroon), kwam in 1578 in handen van de protestanten, en veel van de oorspronkelijke ornamentiek werd door beeldenstormers verwoest. Gelukkig zijn enkele opmerkelijke stukken bewaard gebleven, zoals **drie 15de-eeuwse schilderingen**★ op het prachtige houten **gewelf**★ in het middenschip, het **koorgestoelte**★ (1480-1578) met gebeeldhouwde volksscènes die Nederlandse spreekwoorden illustreren, en de Mariakapel met drie **gebrandschilderde ramen**★ uit 1555. Sinds 1642 werden in de kerk ook mensen begraven, onder anderen Saskia van Uylenburgh, de vrouw van Rembrandt *(plaat nr. 29)*, en andere bijzondere Amsterdammers.

In 2016 kreeg de kerk de status van museum, hoewel er ook nog diensten plaatsvinden. Sindsdien is er een collectie werken en voorwerpen te zien die 700 jaar geschiedenis van de kerk en de stad vertellen. Daarnaast vinden er evenementen plaats en zijn er tentoonstellingen van hedendaagse kunstenaars uit de hele wereld, die een brug slaan tussen heden en verleden. Ook zijn er regelmatig concerten die bezoekers in staat stellen te genieten van de bijzondere akoestiek en de registers van het vermaarde **orgel★** uit 1724.

★ **Ons' Lieve Heer op Solder** G1
Oudezijds Voorburgwal 38-40 - ✆ (020) 624 66 04 - www.opsolder.nl - ma-vr 10.00-17.00, za 10.00-18.00, zo 13.00-18.00 u - € 15,50 (5-17 jaar € 7) - audiogids. Eén keer per maand wordt er een katholieke mis opgedragen (zie de website).
'Ons' Lieve Heer op Solder', ook bekend als **Museum Amstelkring**, is een onalledaagse naam voor een oude schuilkerk die onder de hanenbalken van een herenhuis werd ingericht. Nadat de katholieken na de Unie van Utrecht door de Reformatie uit hun kerken waren verjaagd, organiseerden zij kerkdiensten thuis – een verboden praktijk die oogluikend werd toegestaan. In Amsterdam waren ongeveer twintig van zulke schuilkerken. Ons' Lieve Heer op Solder werd gebruikt van 1663 tot 1887, het jaar waarin de Sint-Nicolaaskerk gereedkwam. De bovenste etages en de eigenlijke **schuilkerk★** zijn bereikbaar via de 'Sael', een vertrek dat geheel in de 17de-eeuwse Hollandse stijl is ingericht. In de 19de eeuw werd de kerk oudroze geschilderd. Let op het ingenieuze inklapsysteem van de kansel. Een rondgang door het huis geeft een goed beeld van de inrichting van 17de-eeuwse grachtenpanden. Daarnaast is er een interessante verzameling liturgische voorwerpen te bewonderen.

★★★ Grachtengordel   PLATTEGROND II BLZ. 126-127

De monumentale hoofdgrachten (Singel, Herengracht, Keizersgracht, Prinsengracht), die vanaf 1586 werden gegraven, ontlenen hun betoverende charme aan de statige kaden, de smalle hoge huizen met hun puntgevels, de weelderige patriciërshuizen, oude pakhuizen en woonboten. In 2010 werd de grachtengordel op

In het licht van de rode lampen

Amsterdam was in de 14de eeuw al een bruisende zeemansstad en stond altijd vrij tolerant tegenover prostitutie, vooral op de Wallen, die dicht bij de haven liggen. Ondanks een poging van de calvinisten in 1578 om hoerenloperij te verbieden, waren er in de 19de eeuw 20.000 prostituees. Tijdens het liberale sociale beleid van de jaren 1970 werd toegestaan dat prostituees zich achter de roodverlichte ramen presenteerden en in 2000 werd de branche onder bepaalde voorwaarden gelegaliseerd (men moest ingeschreven staan bij de Kamer van Koophandel en een adres en bankrekening in Nederland hebben). Dit werd zowel gedaan om de sekswerkers, die achter de 330 ramen hun geld verdienden, te kunnen controleren en te beschermen, als om belasting te kunnen heffen.

Vanwege de toenemende overlast door het toerisme (19 miljoen bezoekers in 2019), treft de gemeente sinds enkele jaren maatregelen om de Wallen te ontzien. Sinds 2007 is in het kader van Project 1012 (de postcode van de Wallen) een groot aantal ramen vervangen door kunstenaarsateliers, galeries of restaurants. Sinds 2020 zijn groepsrondleidingen er verboden om, in de woorden van burgemeester Femke Halsema, de 'rechten en de waardigheid van de sekswerkers te beschermen'. Als eerste vrouwelijke burgemeester van de stad (aangetreden in 2018) wil zij de buurt geleidelijk omvormen tot een gemengd gebied voor 'plezier' en creatie. Let op: het is verboden foto's te maken van de ramen.

de Unesco-werelderfgoedlijst bijgeschreven. Door de rust en de vele winkeltjes en eetcafés (ideaal voor een lekkere lunch) is de grachtengordel door het zowel levendige als intieme karakter een gezellige wijk om uren te flaneren.

★★ Singel F1-G2

Het Singel, of 'de gordel', markeerde ooit de grens van de middeleeuwse stad. De gracht werd lang gebruikt voor goederenvervoer en handel, totdat hij in 1586 werd verbreed en de buurt een meer residentieel karakter kreeg. Wie er vanuit het noorden langs loopt, ziet de koperkleurige koepel van de **Nieuwe of Ronde Lutherse Kerk** (1671) op nr. 11, het huis op **nr. 7**, bekend als het smalste van Amsterdam, het huis **De Dolphijn**★ *(nr. 140-142*, ca. 1600) met dubbele gevel gebouwd voor Hendrik Spiegel, schrijver van de eerste Nederlandse grammatica, en de **Torensluis** (een voormalige sluis), met een standbeeld van Multatuli.

★★★ Herengracht F1-G2

De **Herengracht** is de voornaamste van de vier Amsterdamse hoofdgrachten. Hier lieten rijke koopmannen prachtige huizen bouwen. Met rijke versieringen, vooral op de geveltoppen, probeerden ze elkaar de loef af te steken.

★ Huis Bartolotti F1

Nr. 170. U moet even omhoog kijken om alle details van de gevels van deze vier prachtige huizen te bewonderen, waarvan er één *(nr. 168)* een **trapgevel**★ heeft, de eerste in Amsterdam (1638). De nummers 170-172 zijn mooie voorbeelden van de zogenaamde Hollandse renaissance: afwisselend baksteen en natuursteen en rijk gedecoreerd. Het huis werd omstreeks 1617 door Hendrick de Keyser gebouwd. Het heeft een vrij brede bakstenen gevel en een zeer rijk versierde geveltop met een overdaad aan beeldhouwwerk in wit natuursteen.

Het Grachtenhuis F2

Nr. 386 - 🚇 *1, 2 en 5, halte Koningsplein -* ✆ *(020) 42 11 656 - www.hetgrachtenhuis.nl - di-zo 10.00-17.00 u - € 15 (4-12 jaar € 7,50) - audiogids.*
Dit interactieve museum in een 17de-eeuws grachtenhuis is gewijd aan de stadsuitbreiding vanaf de 17de eeuw tot nu. De gevelfriezen, enorme maquettes en interactieve kaarten zijn geweldige hulpmiddelen om alles over het leven aan de grachtengordel te weten te komen.

★ Gouden Bocht F2

In de bocht van de Herengracht tussen de Leidsestraat en de Vijzelstraat staan grote statige herenhuizen die in de Gouden Eeuw de rijkste wijk van de stad vormden. De frontons, die breder zijn dan die van de traditionele grachtenhuizen, vertonen classicistische stijlkenmerken maar zijn nog altijd weelderig versierd. De puntge-

---

Huizen en pakhuizen

De meeste grachtenpanden achter de bomen langs de grachten in het centrum van Amsterdam zijn in de 17de en 18de eeuw door rijke koopmannen gebouwd. De kleur en de gebruikte steen en de vorm van de geveltoppen verschillen, maar meestal hebben ze een smalle gevel en een bordes. Uit de frontons steken hijsbalken omdat de trappenhuizen te smal zijn om meubelstukken en goederen omhoog en omlaag te sjouwen. In het noorden, bij de havens, staan vooral pakhuizen, herkenbaar aan de houten luiken. Vele daarvan zijn nu tot appartementencomplexen verbouwd.

Aan de Herengracht
sborisov/Getty Images Plus

vels werden vervangen door kroonlijsten met frontons. Een dubbele trap leidde naar de bel-etage, waar men gasten ontving en waar de vertrekken de hoogste plafonds hebben.
Omdat in de meeste van deze herenhuizen nu instellingen, banken of consulaten gevestigd zijn, zijn de panden niet voor publiek geopend en zijn alleen de gevels te bezichtigen. Let op de rijke versiering van het huis op **nr. 475★**, dat wordt toegeschreven aan de Franse architect Daniel Marot (1663-1752), en de Korinthische zuilen van het huis op **nr. 476★**. Wat een contrast met het kolossale pand van de voormalige NHM (Nederlandsche Handel-Maatschappij) op de hoek met de Vijzelstraat, dat in 1923 in baksteen en graniet werd gebouwd naar een ontwerp van architect Karel de Bazel. In het gebouw is nu het stadsarchief ondergebracht. Het interieur is schitterend en het gebouw is vrij toegankelijk.
Een van de weinige voor publiek opengestelde huizen in de Gouden Bocht is het **Kattenkabinet**, een klein kunstmuseum dat volledig is gewijd aan katten. *Herengracht 497 - ✆ (020) 626 90 40 - www.kattenkabinet.nl - di-zo 12.00-17.00 u - gesl. ma - € 10 (tot 12 jaar gratis).*

★ Museum Willet-Holthuysen G2

Nr. 605 - ✆ (020) 523 18 22 - www.willetholthuysen.nl - 10.00-17.00 u - € 12,50 (tot 18 jaar gratis).
Dit patriciërshuis (1690), vernoemd naar de laatste eigenaren, de verzamelaars Abraham Willet (1825-1888) en Louisa Holthuysen (1824-1895), heeft een prachtige reeks stijlkamers. Hier kunt u zich onderdompelen in het dagelijks leven van de rijke Amsterdamse kooplieden. Collecties keramiek, glas- en zilverwerk en schilderijen zijn te zien in de keuken, de **blauwe salon★**, waar de mannen kaart speelden onder een door Jacob de Wit beschilderd plafond, de rijk gedecoreerde balzaal, de eetkamer en de collectiekamer.
De **tuin★** werd opnieuw aangelegd naar het oorspronkelijke ontwerp van de Franse architect Daniel Marot.

★★ Keizersgracht F1-G3

De Keizersgracht is vernoemd naar keizer **Maximiliaan I**, die Amsterdam in 1489 toestemming gaf om de keizerskroon in het stadswapen op te nemen.

★ Huis met de Hoofden F1

Nr. 123. De voorgevel van dit mooie renaissancehuis uit 1622 is versierd met zes gebeeldhouwde hoofden van Romeinse mythologische goden.

★ Fotografiemuseum Amsterdam (FOAM) F2

Nr. 609 - ✆ (020) 551 65 00 - www.foam.org - 10.00-18.00, do-vr 10.00-21.00 u - € 12,50 (tot 12 jaar gratis).
Achter de sobere gevel van dit huis uit 1670, bevindt zich het Fotografiemuseum Amsterdam, dat schitterende hedendaagse tentoonstellingen organiseert met wisselende thema's (mode, natuur, architectuur) van zowel gevestigde kunstenaars als jong plaatselijk talent.

★ Museum Van Loon F3

Nr. 672 - ✆ (020) 624 52 55 - www.museumvanloon.nl - 10.00-17.00 u - € 12,50 (tot 6 jaar gratis).
Dit prachtige herenhuis werd in 1671 gebouwd door Adriaan Dortsman en is herhaaldelijk verbouwd. Het werd onder meer bewoond door de Nederlandse portretschilder **Ferdinand Bol**, een van de beroemdste leerlingen van Rembrandt. De godenbeelden op de voorgevel stellen Mars, Minerva, Vulcanus en Cérès voor. Ze symboliseren de handelsactiviteiten (wapentuig, ijzerwaren en granen) van de rijke handelaar Jeremias van Raey, die opdracht gaf voor de bouw van dit grachtenpand. De prachtige **trapleuning★** (met koperen lofwerk) in het met stucwerk versierde trappenhuis dateert uit de tweede helft van de 18de eeuw. Zijn naam dankt het museum aan de familie Van Loon, die het grachtenpand in 1884 in bezit kreeg. Tot het interieur behoren een rijke verzameling porselein en veel **schilderijen**, waaronder De vier leeftijden of het leven en de vijf zintuigen van Jan Miense Molenaer (omstreeks 1610-1668) in de Rode Rooksalon. Achter in de Franse **tuin★** staat een klein neoclassicistisch koetshuis, met de ingang aan de Kerkstraat.

★ Magere Brug G3

Deze 17de-eeuwse houten dubbele ophaalbrug over de Amstel, die in de zomer 's avonds feeëriek wordt verlicht, is een van de meest romantische plekken van Amsterdam. De naam van deze brug verwijst naar het feit dat de Magere Brug erg smal is. Door de 18de-eeuwse houten **Amstelsluizen** een eindje verderop stroomde twee tot vier keer per week vers water in de grachten. Oostelijk van de Magere Brug staat sinds 1887 het **Koninklijk Theater Carré** (zie 'Adresboekje' blz. 163).

★★ Prinsengracht F1-G3

De Prinsengracht is de langste van de vier grachten. 'Prins' verwijst naar **Willem van Oranje**, die de Spaanse overheersers (blz. 57) verdreef. Door de minder statige huizen en de nabijheid van de Jordaan (blz. 140) is de sfeer op deze gracht vooral gezellig en knus.

★★ Anne Frank Huis F1

Nr. 267 - ✆ (020) 556 71 05 - www.annefrank.org - 9.00-22.00 u - € 14 (10-17 jaar € 7) - audiogids. Let op: kaartverkoop uitsluitend online (80 procent van de kaarten gaat op de 1ste van de maand ervoor in de verkoop, de overige 20 procent op de dag zelf, ook via de website; het is verstandig meteen bij aankoop te reserve-

ren voor de gewenste dag). De trap is moeilijk toegankelijk voor mensen met een beperkte mobiliteit.

👥 Het gebouw is smal. Vanaf de straat is het achterhuis niet te zien. Daarom koos de vader van Anne Frank, een gevluchte Duitse Jood, het in de zomer van 1942 uit als onderduikadres voor zijn familie en vrienden. Hier werd het aangrijpende dagboek van zijn dochter gevonden, een unieke getuigenis van een zeldzame gevoeligheid. Rondlopend door het huis wordt de bezoeker uitgenodigd het te ontdekken in het licht van de geschiedenis. Documentaires, films, getuigenissen, portretten en foto's belichten het bezoek, dat uiteraard begint in het 'officiële' magazijn en vervolgens leidt naar de beroemde geheime doorgang naar het achterhuis. Ondergedoken leven. Op de tenen. Nooit hardop spreken. In het halfduister en zonder geluid te maken door de kale kamers lopen… Een beklemmende ervaring die u de tragiek van een dagelijks leven in afzondering laat voelen, omringd door het onbekende, het wachten en de angst.

★ **Westerkerk** F1
Nr. 281 - ☏ (020) 624 77 66 - www.westerkerk.nl - vraag inl.
Deze kerk in Hollandse renaissancestijl is het belangrijkste protestantse godshuis van de stad. De kerk werd tussen 1620 en 1631 door Pieter de Keyser gebouwd naar een ontwerp van zijn vader Hendrick. In de 85 m hoge **klokkentoren★★** met op de spits de kroon van Maximiliaan (een beloning van de keizer als dank voor betoonde steun) staat een carillon met klokken van François Hemony, dat elke dinsdag bespeeld wordt *(12.00-13.00 u)*. Het interieur van de kerk is zeer sober. Let op het houten tongewelf boven het middenschip en de beschilderde luiken van de prachtige orgelkast. Hier werd in 1669, een jaar na zijn zoon Titus, de schilder **Rembrandt** begraven. Waar precies is niet bekend.
De toren, met zijn elegante 16de-eeuwse spits, biedt een van de mooiste **uitzichten★★** op de omgeving. *Ingang op nr. 42 - westertorenamsterdam.nl (gesloten wegens renovatie in 2023 - vraag inl.).*

Anne Frank

Anne wordt in 1929 geboren in Frankfurt, als tweede dochter van Otto en Edith Frank. In december 1933 verhuist het gezin naar Amsterdam, samen met 25.000 andere Duitse joden die na de machtsovername van Hitler vluchten. Op haar 13de verjaardag, 12 juni 1942, krijgt Anne een dagboek van haar vader. Zodra in februari 1941 de eerste razzia's op joden plaatsvinden, verhuist Otto met zijn gezin naar Prinsengracht 263, naar het 'achterhuis' achter zijn bedrijf. Met hulp van vrienden lukt het hem zijn gezin, samen met de familie Van Pels en Fritz Pfeffer, lange tijd verborgen te houden. Vijfentwintig maanden lang noteert Anne haar dagelijks leven in haar dagboek. Op 4 augustus 1944 worden de acht onderduikers gearresteerd en gedeporteerd. Anne sterft in maart 1945 aan tyfus en uitputting in het kamp Bergen-Belsen, waar haar lichaam waarschijnlijk nog steeds in een massagraf ligt. Otto Frank, de enige overlevende, laat het door vrienden veiliggestelde dagboek van zijn dochter uitgeven.
Het verschijnt in meer dan vijftig landen en blijft lang de bekendste getuigenis van het lot van joden in de Tweede Wereldoorlog. Het boek is niet alleen een groot succes vanwege de spontane schrijfstijl van Anne, maar ook vanwege haar verrassend kritische analyses en groeiende introspectie. *Het dagboek van Anne Frank* werd in 2009 door Unesco op de Werelderfgoedlijst geplaatst.

Op nr. 6 van het aangrenzende plein, de **Westermarkt**★, heeft in 1634 de Franse filosoof **René Descartes** gewoond (zie de plaquette). Achter de kerk is in de bestrating het **Homomonument** aangebracht, een monument ter nagedachtenis aan alle homoseksuelen die door de nazi's werden vervolgd.

★ De Negen Straatjes F2

Reestraat, Hartenstraat, Gasthuis Molenstraat, Berenstraat, Wolvenstraat, Oude Spiegelstraat, Runstraat, Huidenstraat en Wijde Heisteeg - de9straatjes.nl.

Zuidelijk van de Westermarkt ligt een aantrekkelijk **winkelgebied** dat bestaat uit negen straatjes met dierennamen – een verwijzing naar de huidhandel die hier vroeger floreerde – die haaks op de vier grote grachten staan. Door de aanwezigheid van vele leuke winkeltjes en cafés is het hier aangenaam toeven, én lekker lunchen!

★ Reguliersgracht G3

Deze charmante gracht, die in 1664 ten zuiden van het **Rembrandtplein** en het Thorbeckeplein haaks op de grachtengordel werd gegraven, biedt een **vergezicht**★★ op de mooiste Amsterdamse grachten. Ter hoogte van de Kerkstraat zijn 's avonds alle zeven verlichte bruggen over de Reguliersgracht tegelijk te zien.

★Tuschinski Theater F2

Reguliersbreestraat 26-34 - ☏ (020) 428 10 60 - en.pathe.nl/tuschinskitheater - dag. te bezoeken met audiogids 9.30-11.30 u - € 10 (online reserveren).

In de overdadige **art-decozaal**★ van deze bioscoop traden ooit Marlene Dietrich en Édith Piaf op. Dit ongelooflijke filmtheater werd in 1921 opgericht door Abraham Tuschinski (die in 1942 in Auschwitz werd vermoord) en ontworpen door H.L. de Jong. De gevel met zijn torentjes en 'geschubde' ornamentiek loopt vooruit op het fraaie interieur. U kunt de prachtige foyer in lopen, met zijn overvloed aan kroonluchters en glas-in-loodramen, en een weelderig wollen tapijt, dat gemaakt is India. De **Reguliersdwarsstraat**, achter het theater, heeft veel cafés en clubs en is een bekende uitgaansstraat voor gay Amsterdam.

★★★ Het Museumkwartier
PLATTEGROND II BLZ. 126-127

In het **Museumkwartier** is het goed slenteren langs de (chique) winkels van de **Pieter Cornelisz Hoofstraat** en rond het nabijgelegen **Leidseplein**, het levendigste plein van de stad. Daar vindt u talloze restaurants, cafés, clubs en theaters.

In het weekend zoeken veel Amsterdammers ontspanning in het **Vondelpark**, een groot park in Engelse stijl (1864) met uitgestrekte grasvelden, een rozentuin en vijvers. In de omliggende straten staan prachtige gebouwen en huizen, zoals de **Hollandsche Manege** (1882) van A.L. van Gendt, versierd met stucwerk en smeedijzer. In de zomer worden in het park festivals gehouden en is er een openluchttheater.

De Hallen PLATTEGROND I BLZ. 124-125 B2

Bellamyplein 51 - Ⓤ 7, 17 - foodhallen.nl - zo-do 12.00-0.00, vr-za 12.00-1.00 u. Een paar straten verderop staat het prachtige gebouw van de voormalige tramremise (1902), die is omgebouwd tot een cultuur- en recreatiecentrum en een overdekte passage met winkels en bedrijven *(zie Foodhallen blz. 156).*

Rond het **Museumplein**, met zijn uitgestrekte gazon, zijn de drie belangrijkste kunstmusea van de stad te vinden.

★★★ Rijksmuseum F3

Museumstraat 1 - ☏ (020) 674 70 00 - www.rijksmuseum.nl - ♿ - 9.00-17.00 u - € 20 (tot 18 jaar gratis). We raden u aan online kaartjes te kopen.
☺ *Sluit uw museumbezoek af met een gebakje in het museumcafé, een wandeling door de tuin of een diner in het met een Michelinster bekroonde restaurant Rijks (rijksrestaurant.nl - € 55/120).*

Na een jarenlange verbouwing is het Rijksmuseum mooier dan ooit. U komt binnen via het Atrium met zijn prachtige glazen dak, midden in de Passage, en wordt dan in chronologische volgorde langs de werken geleid (schilderijen, beelden, toegepaste kunst). De collectie omvat onder meer **400 meesterwerken uit de Gouden Eeuw★★★** en het **Prentenkabinet★★** (ruim een miljoen tekeningen en gravures van de 15de eeuw tot nu in collectie).

Het museum werd in 1798 door de Fransen in Den Haag gesticht. In 1808 werd de collectie van dit Rijksmuseum naar Amsterdam overgebracht door Lodewijk Napoleon, de broer van Napoleon Bonaparte, die er de beroemde *Nachtwacht* aan toevoegde. De kunstcollectie werd eerst in het Koninklijk Paleis en daarna in het Trippenhuis ondergebracht, totdat in de periode 1875-1885 het huidige, door architect Pierre Cuypers (1827-1921) ontworpen, indrukwekkende museum werd gebouwd.

1100-1600 en bijzondere collecties

Begane grond. De christelijke kunst uit de middeleeuwen wordt vooral vertegenwoordigd door de **Madonna van Nederigheid** van Fra Angelico (1440) en de werken uit het atelier van Geertgen tot Sint-Jans. Let op de verrassende rozenkrans uit de vroeg-16de eeuw. In een andere zaal wordt de hiërarchische structuur van het gezag geïllustreerd aan de hand van prestigevoorwerpen als zilveren gildekettingen en bronzen beeldjes uit het praalgraf van Isabella van Bourbon. Een voorbeeld van renaissancekunst in de Nederlanden zijn de olieverfschilderijen op doek van J.C. van Oostsanen en J. van Scorel.

De andere zalen op de begane grond worden ingenomen door verschillende collecties: de belangrijke afdelingen met wapens, **scheepsmodellen★, beeldhouwkunst en decoratieve kunsten★★★** (talrijke voorwerpen uit de 15de-20ste eeuw, waaronder **Delfts aardewerk★** en oude muziekinstrumenten).

Een bijgebouw is gewijd aan **Aziatische kunst★** (500 voorwerpen uit het Indiase subcontinent, Cambodja, Indonesië, Japan en China).

1700-1800 en 1800-1900

Eerste verdieping. De eerste periode wordt gekenmerkt door de opkomst van de macht van de handelsburgerij (rococomeubilair), de ontwikkeling van de hofkunst (meubels, porseleinen dieren) en de Nederlandse koloniën (porseleinen pagode en de opmerkelijke **Vijf functionarissen van het Javaanse hof★**). De werken van de Nederlandse schilders uit de 18de en 19de eeuw volgen de ontwikkeling van de dan populaire stijlen, namelijk de romantiek (P.G. van Os), het historisme, landschappen van de Haagse School (J. Maris) en het impressionisme (George Breitner en Vincent van Gogh).

1600-1700

Tweede verdieping. Omdat hier de meeste meesterwerken hangen, met name in de Eregalerij (Rembrandt, Vermeer, Steen, Hals), wordt deze afdeling het drukst bezocht.

In de vroege 17de eeuw worden nieuwe genres ontwikkeld waaronder portretten, stillevens en landschappen. Een topstuk is het **Winterlandschap met ijsvermaak★**

(omstreeks 1609) van Hendrick Avercamp, met heel veel menselijke figuurtjes. Van de beroemde portretschilder **Frans Hals** hangt hier het bijzonder levendige portret van de **Vrolijke drinker★** (1630). Een ander meesterwerk is het **Portret van een meisje in blauw★** (1641) van Jan Cornelisz Verspronck (1597-1662), dat ondanks haar jonge leeftijd als een volwassen vrouw is aangekleed. Bewonder het strenge perspectief op het schilderij getiteld **Interieur van de St-Bavo in Haarlem★** (1637) van Pieter Saenredam, die bijna uitsluitend schilderijen van gebouwen maakte.

De schilderijen van **Rembrandt** (en zijn leerlingen) hebben een betoverende uitwerking op bezoekers, zowel de Bijbelse taferelen en portretten als de landschappen. Zijn leven lang schilderde de meester zelfportretten, waaronder **Zelfportret op jeugdige leeftijd★★** (1628) en **Zelfportret als apostel Paulus★★** (1661). **De Staalmeesters★★** (1662), die de kijker doordringend aankijken, geldt als een van de beste groepsportretten van de kunstenaar. Een ander topstuk van Rembrandt, **Het joodse bruidje★★★** (1667), ademt diepe gevoelens van tederheid en intimiteit.

Een van de grote **landschapsschilders** van de Gouden Eeuw is Jacob van Ruysdael. Een sprekend voorbeeld daarvan is zijn **Gezicht op Haarlem★★** (1670).

Vier van de dertig schilderijen die van **Johannes Vermeer** bewaard zijn gebleven, zijn in bezit van het Rijksmuseum. De 'schilder van het stilleven' wijdde zich zijn hele leven aan dit type interieurschilderijen. Zijn werken missen een verhaal, doordat de afgebeelde personen volledig opgaan in wat ze aan het doen zijn. De aandacht van de centrale figuur voor de handeling wordt uitgebeeld door de bijzondere behandeling van het licht, de zeer subtiele kleurverhoudingen en de grote aandacht voor details. **Het melkmeisje★★★** (1658) is zo waarheidsgetrouw geschilderd dat de kijker bijna hoort hoe zij de melk uitgiet. **De brieflezeres ★★★** (1663) zindert van emotie, terwijl de vrouw zelf niets van haar gevoelens laat blijken. **De liefdesbrief★★** (1670) toont een intiem tafereel dat doet denken aan de composities van Pieter de Hooch en waarvan de kijker getuige is doordat de deur op een kier staat.

Daarna volgt een selectie van werk van **Jan Steen** (1626-1679), de grote meester van het genrestuk, beroemd om zijn komische en ietwat liederlijke feest- en taveernetaferelen.

Tot slot **De Nachtwacht★★★** (1642), Rembrandts meesterwerk, een portret van een burgermilitie die zich aan het opstellen is. In de Tweede Wereldoorlog werd het schilderij naar de mergelgrotten bij Maastricht overgebracht.

Op deze verdieping zijn twee zalen die vooral kinderen zullen waarderen. De enorme maquette is van de *William Rex* (1698), het schip dat symbool staat voor de bloeiende handel van de 17de-eeuwse Nederlanden. In de andere zaal staan poppenhuizen (een tijdverdrijf van 17de-eeuwse dames) met piepkleine meubels en gebruiksvoorwerpen. Sommige poppenhuizen zijn evenveel waard als een echt huis.

20ste eeuw

Derde verdieping. De turbulente ontwikkelingen die in de 20ste eeuw in Nederland plaatshadden, worden geïllustreerd met meubels van Michel de Klerk (Amsterdamse School), de op Piet Mondriaan geïnspireerde jurken van Yves Saint-Laurent en schilderijen van CoBrA-kunstenaar Karel Appel.

★★★ Van Gogh Museum E3

Museumplein 6 - ☏ (020) 570 52 00 - www.vangoghmuseum.nl - ♿ - dag. 9.00-18.00 u - € 20 (tot 18 jaar gratis) - audiogids.
😊 *Het is raadzaam uw tickets online te kopen.*
De belangrijkste collectie werken van Vincent Van Gogh (1853-1890), grotendeels bestaande uit schilderijen die toebehoorden aan zijn broer Theo en diens nakomelingen, trekt dagelijks grote aantallen bezoekers. Naast zeven schetsboeken, 200 schilderijen (ongeveer een kwart van de totale productie van de kunstenaar), 580 tekeningen en 750 handgeschreven brieven, hangen er ongeveer 270 werken van kunstenaars die de schilder hebben beïnvloed of door zijn werk zijn geïnspireerd, onder wie Toulouse-Lautrec, Gauguin, Monet, Pissaro, Signac, Redon, Millet, Corot, om de bekendste te noemen. Het museum bestaat uit twee delen: een vleugel ontworpen door het Japanse bureau Kishō Kurokawa (2015), gebruikt voor belangrijke tijdelijke tentoonstellingen, en het oorspronkelijke museum, een lichte kubus ontworpen door Gerrit Rietveld (1973); de twee gebouwen zijn met elkaar verbonden door een van de kaartverkoopbalies. De collecties tekeningen en manuscripten worden in wisselende tentoonstellingen gepresenteerd, de permanente collectie is over vier niveaus verspreid. Bij binnenkomst staat de bezoeker oog in oog met de schilder in een zaal waar **twaalf zelfportretten**★★ worden gepresenteerd. Dit is een gelegenheid om meer te weten te komen over het leven van Van Gogh en om een van zijn paletten te bewonderen. De rest van de rondgang verloopt chronologisch: van de donkere schilderijen uit de begindagen tot de felle kleuren van de laatste jaren, van Nederland tot Auvers-sur-Oise, via Parijs, Arles en Saint-Rémy-de-Provence. Nadat hij in zijn geboortestreek de boeren had geschilderd (**De aardappeleters**★), vestigde Van Gogh zich in Montmartre, waar hij het impressionisme ontdekte. Uit deze periode kunt u het schitterende **Stilleven met aardperen en citroenen**★★ bewonderen. Geïnspireerd door het licht in Arles schilderde hij in 1888 **De zaaier**★★★, **Het gele huis**★★ en **Zonnebloemen**★★. Hij is ook gefascineerd door Japan en de prenten van Hokusai en Hiroshige, zoals blijkt uit **Bloeiende pruimenboomgaard**★. De psychische stoornissen, de angstaanvallen en de wanhoop waaraan de schilder leed, zijn bijna voelbaar in zijn laatste doeken (1889-1890): **Irissen**★★ en **Korenveld met kraaien**★★★.
Op de eerste verdieping is een interessante afdeling over de werkwijze van de schilder en de relatie van Van Gogh met zijn familie en vrienden.

★★★ Stedelijk Museum E3

Museumplein 10 - ☏ (020) 573 29 11 - www.stedelijk.nl - ♿ - dag. 10.00-18.00 u - € 20 (tot 18 jaar gratis).
Nee, u droomt niet. U kijkt inderdaad naar een gigantische, maagdelijk witte acryl 'badkuip', een gewaagd ontwerp van architect Mels Crouwel (2012). Deze vormt een uitbreiding van 10.000 m² van het historische neorenaissancegebouw (1895) dat is gewijd aan moderne en hedendaagse kunst. Het gedeelte **Stedelijk Base** presenteert een selectie van ongeveer 700 werken uit de uitzonderlijke vaste collectie (90.000 kunst- en designobjecten). Op de begane grond vindt u **Stedelijk Turns**: de collectie in actuele en thematische presentaties.

1880-1980

In de kelder. De meesterwerken uit deze periode zijn nu te bezichtigen tussen ogenschijnlijk willekeurig opgestelde schotten, in een ruimte van meer dan 1300 m². Deze originele, door **Rem Koolhaas** ontworpen installatie, nodigt bezoekers uit rond te dwalen en hun eigen pad te creëren tussen figuren, stromingen en kunstenaars die op elkaar reageren, elkaar beïnvloeden en met elkaar botsen. We vinden er De Stijl, het Bauhaus, de CoBrA-beweging (Corneille, Karel Appel), Malevitsj, Piet Mondriaan, Gerrit Rietveld (met zijn beroemde *Harrenstein-slaapkamer*, 1926), Kandinsky *(Deux entourages*, 1934), Picasso (*Femme assise au chapeau en forme de poisson*, 1942), evenals Niki de Saint Phalle, Yves Klein, Yayoi Kusama, Sheila Hicks, Barnett Newman, Charles en Ray Eames, en Roy Lichtenstein *(As I Opened Fire*, 1964) en Edward Kienholz *(The Beanery*, 1965).

1980-heden
Eerste verdieping. U komt binnen via een enorme installatie van Barbara Kruger en loopt vervolgens langs werken van onder anderen Anselm Kiefer, Maarten Baas, Nan Goldin, de Zuid-Afrikaanse kunstenares Marlene Dumas... Een opstelling die elk jaar wisselt. Op dezelfde verdieping is **Stedelijk Now** ondergebracht, de afdeling voor de grote tijdelijke tentoonstellingen waar het museum naam mee heeft gemaakt.

😊 Iets verderop staat het **MOdern COntemporany museum of MOCO**, met minder bekende werken van beroemde kunstenaars (Banksy, Lichtenstein, Basquiat, Emin, Haring, Hirst, KAWS, Koons, Kusama, OSGEMEOS, Rothko en Warhol). *Amsterdam Honthorststraat 20 - ☏(020) 370 19 97 - www.mocomuseum.com - ma-vr 8.30-21.00, za, zo 8.30-22.00 u - € 15,95 (10-17 jaar € 12,95).*

Andere buurten
PLATTEGROND II BLZ. 126-127

★★ Jordaan EF1

Het is moeilijk voor te stellen dat de Jordaan (vermoedelijk een verbastering van het Franse *jardin*, 'tuin'), tegenwoordig een van de meest gewilde buurten van de stad, in de 19de eeuw nog een verloederde arbeidersbuurt was. De wijk werd tijdens de Gouden Eeuw (17de eeuw) gebouwd ten westen van de grachten om de vele plattelandsmigranten te huisvesten die naar de stad trokken om te profiteren van de door de opening van het Noordzeekanaal aangewakkerde economische bloei. De woonomstandigheden in nieuwe arbeiderswijk, waar veel revolutionaire ideeën wortel schoten, waren lange tijd erbarmelijk en er brak menige volksopstand uit *(zie kader hieronder)*. De laatste dertig jaar is de Jordaan onderhevig aan gentrificatie en zijn er veel intellectuelen en kunstenaars komen wonen. Toeristen waarderen vooral de dorpse sfeer, de gezelligheid van de bruine cafés, de hofjes en de winkeltjes.

Het Palingoproer

Van alle opstanden die de Jordaan opschudden, was die van zondag 25 juli 1886, het zogenaamde 'Palingoproer', de bloedigste. Terwijl de bevolking enthousiast keek naar een van de weinige vormen van volksvermaak (vanuit een bootje moest men een paling zien te pakken die boven de tegenwoordig gedempte Lindengracht was gehangen), besloot de politie, ontstemd door eerdere sociale onrust, de joelende menigte uiteen te drijven. De woedende arbeiders keerden zich daarop tegen de politie en al snel verrezen overal in de wijk barricades. Het leger greep in. In totaal vielen er 26 doden. Maar deze tragedie zette de regering er wel toe aan nieuwe sociale wetten ten gunste van de arbeiders door te voeren.

De hofjes

Vanaf de 17de eeuw verschenen op initiatief van particulieren of gemeenschappen de eerste **hofjes** waar ouderen en armen gratis konden wonen. In veel gevallen ging het om een complex van kleine, eenvoudige huisjes rond een binnenplaats met een moestuin en een waterpomp. Meestal was er maar één toegang tot de straat; vaak was dat een overdekte doorgang of een gang, soms met een poort. Vroeger werd de poort elke dag op vaste tijden door een portier geopend en gesloten. Vanaf de straatkant zijn de hofjes vaak moeilijk te vinden, maar wie ze ontdekt kan er in alle rust van de bijzondere sfeer genieten. Bezoekers zijn welkom op weekdagen van 10.00 tot 17.00 uur, behalve op zondag. Houd u rekening met de privacy van de bewoners!
hofjesinamsterdam.nl.

★★ Brouwersgracht F1

Deze rustige gracht dankt zijn naam aan de vele brouwerijen die hier vroeger op de kaden waren gevestigd. De bewoners van de Jordaan dronken naar men zegt gemiddeld 250 liter bier per jaar per persoon; geen verrassing voor wie weet dat bier vroeger vaak goedkoper was dan water. Vanwege de schitterend gerestaureerde **pakhuizen** met de zware gekleurde luiken die weerspiegelen in het water tussen de bootjes en woonboten aan de kade, is de gracht een omweg meer dan waard. Op sommige pakhuizen prijkt trots het stadswapen van Amsterdam, andere zijn vernoemd naar verre steden (Danzig, Spitsbergen), een verwijzing naar de lange, zware zeereizen van plaatselijke zeevaarders. Extra bezienswaardig zijn de nrs. 118, 172 en 212, en geniet vooral ook van het schitterende uitzicht vanaf de Oranjebrug. Let op de hoek van de Brouwersgracht en de Prinsengracht op het prachtige huis met de twee trapgevels.

★ Egelantiersgracht EF1

Deze gracht met aan weerszijden prachtige 17de- en 18de-eeuwse panden ademt nog altijd dezelfde sfeer als vroeger. Felgekleurde bootjes zorgen voor een vrolijk accent in dit schilderachtige tafereeltje.

★ Bloemgracht EF1

Deze vredige gracht werd in tegenstelling tot veel omringende grachten niet gedempt. Op de kaden, waar vroeger verffabrieken waren gevestigd, staan nog altijd prachtige grachtenpanden met mooie **gevelstenen** *(zie het kader op blz. 129)*. Let op de gevelstenen van de drie huizen met trapgevels op de nrs. 87 tot 91 met respectievelijk een pachter, een boer en een zeeman. En op die van nr. 19 (een pelikaan), nr. 23 (een eenhoorn), nr. 34 (een forel) en nr. 77 (een zaaier).

De Pijp FG3 EN PLATTEGROND I BLZ. 124-125 B3

Ten zuiden van het stadscentrum, ten oosten van de grote musea, ontwikkelde de Pijp zich vanaf 1870 tot een arbeiderswijk. Zijn naam zou de wijk danken aan de pijpenla-achtige straatjes (gedempte sloten). Nu is het een populaire en levendige buurt waar kunstenaars, studenten en veel verschillende nationaliteiten onder wie Surinamers, Turken, Indonesiërs en Marokkanen naast elkaar wonen. Om de sfeer te proeven gaat niets boven een wandeling over de **Albert Cuypmarkt★** *(ma-za 9.00-17.00 u)*, uitgeroepen tot langste markt van Europa. Al sinds 1904 wordt er van alles verkocht.

Architectuurliefhebbers moeten zeker een bezoek brengen aan de **Dageraad**★ (PLATTEGROND I B3), een wooncomplex van de vakbond van socialistische diamantwerkers en een van de mooiste voorbeelden van de architectuur van de **Amsterdamse School**. *Burgemeester Tellegenstraat 128 - rondleiding do-zo om 13.30, 14.30 en 15.30 u - € 15.*

★ Jodenbuurt G2

Van de oude joodse wijk, die vroeger tussen het Waterlooplein en de Nieuwmarkt lag ingeklemd, is weinig over. Na de deportatie van de joodse bewoners werden in de Hongerwinter veel huizen ontdaan van alle hout, dat als brandstof werd gebruikt. Na de oorlog werd de wijk grotendeels gesloopt. Nu is het er druk met verkeer en de charme is verdwenen. Maar de paar resterende oude gebouwen volstaan om het verhaal van Rembrandt te vertellen, plus dat van het joodse verleden.

★★ Joods Historisch Museum

Nieuwe Amstelstraat 1 - ☎ (020) 531 03 10 - www.jck.nl - dag. 10.00-17.00 u - € 17 (13-17 jaar € 8,50) - audiogids.

Het Joods Historisch Museum is gehuisvest in een complex van vier Asjkenazische synagoges. De eerste, de **Grote Synagoge**★, werd in 1671 door D. Stalpaert gebouwd. Toen dat gebouw te klein werd, werd het uitgebreid met de Tweede (Obbene, 1685), de Derde (Dritt, 1700) en de **Nieuwe Synagoge** (1752), met Ionische zuilen en een koepel. In de Grote Synagoge bevinden zich een marmeren ark (1671) en een **mikva**★, het rituele joodse bad. De zalen van de Nieuwe Synagoge zijn gewijd aan de geschiedenis van de joden in Nederland van 1600 tot heden: het leven van de gemeenschap door de regimewisselingen heen, de handelsactiviteiten, het intellectuele leven, markante figuren als de filosoof **Spinoza** (1632-1677), en het drama van de Tweede Wereldoorlog, zodanig gepresenteerd dat de gezichten achter de al dan niet tragische gebeurtenissen gaan leven. In de Tweede Synagoge is een **kindermuseum** ingericht waarin de joodse religie wordt toegelicht aan de hand van een reconstructie van een joods huis.

★ Portugese Synagoge

Mr. Visserplein 3 - ☎ (020) 531 03 10 - www.jck.nl - vraag inl. over openingstijden.

Het massieve, rechthoekige, bakstenen heiligdom aan het Mr. Visserplein, ook wel **Esnoga of Snoge** genoemd, werd in 1675 door Elias Bouman gebouwd voor de congregaties van Portugese joden. Het interieur van de synagoge met de brede houten tongewelven, de hoge zuilen, de Heilige Ark van jacarandahout en de grote koperen kaarsenkronen is sinds de 17de eeuw niet veranderd; er is nog altijd geen elektriciteit en geen verwarming. Overeenkomstig de Spaans-Portugese joodse traditie ontbreekt de voorhang of *parochet*, het gordijn voor de ark met de Thorarollen. Esnoga bezit een van de belangrijkste joodse bibliotheken ter wereld, **Ets Haim** *(bezoek op afspraak)*.

De **Dokwerker**, een beeld van Mari Andriessen op het Jonas Daniël Meijerplein achter de synagoge, herinnert aan de Februaristaking op 25 en 26 februari 1941, een massaal protest tegen de deportatie van Amsterdamse joden. U komt meer te weten over deze gebeurtenis in het Verzetsmusem *(zie blz. 145).*

★★ Rembrandthuis

Jodenbreestraat 4 - ☎ (020) 520 04 00 - www.rembrandthuis.nl - 10.00-18.00 u - gesl. ma beh. half juli-half aug. - € 15 (6-17 jaar € 6). Let op, de rondgang vergt de beklimming van een wenteltrap.

Het Joods Historisch Museum is ondergebracht in vier voormalige synagogen.
R. Mattes/hemis.fr

Dankzij het geld dat hij had verdiend met *De Nachtwacht* en de opdrachten die daarop volgden, kon Rembrandt dit huis in 1639 voor 13.000 florijnen kopen. Hij woonde en werkte er tot 1658, het jaar waarin zijn schuldeisers het huis en de inboedel bij opbod verkochten. Geruïneerd eindigde de schilder zijn leven in de Jordaan. Aan de hand van de tijdens de veiling opgemaakte inventarislijst heeft men het interieur van het huis volledig kunnen reconstrueren. Zo is er de opnieuw ingerichte keuken, de hal, de voorkamer, zijn kamer, het atelier waar hij zijn leerlingen de techniek van het etsen en het clair-obscur bijbracht, de *Kunst Caemer* waar hij zijn inspiratie vond en waar zijn leerlingen werkten. In de nieuwe museumvleugel worden 290 op de Bijbel geïnspireerde **etsen** van uitzonderlijke kwaliteit per toerbeurt tentoongesteld.

Waterlooplein

De zuidzijde van dit grote plein, waar dagelijks de levendige **Waterloopleinmarkt** wordt gehouden (ma-za 9.30-17.30 u - tweedehands meubelen en kleding, exotische sieraden, fietsen enzovoort), grenst aan het imposante silhouet van een omstreden gebouw met twee functies, dat al snel de bijnaam **Stopera** kreeg, een complex uit 1987 van de Oostenrijkse architect Wilhelm Holzbauer en zijn Nederlandse collega Cees Dam, waarin het **stadhuis** en de **Nationale Opera en het Nationale Ballet** zijn gevestigd.

In de doorgang tussen de twee delen van het gebouwencomplex staat het bronzen **NAP**-peilmerk (Normaal Amsterdams Peil), waaraan alle hoogtemetingen in Nederland worden gerelateerd. Het bestaat uit drie glazen zuilen gevuld met water en een dwarsdoorsnede van Nederland (Amstel 1 - di t/m vr 9.00-18.00 u). Ten zuidwesten van het stadhuis staat een monument ter herdenking van het verzet van joodse burgers tijdens de Tweede Wereldoorlog. De neoklassieke **Mozes en Aäronkerk** (1837-1841) staat ten oosten van het plein, op de plaats van twee joodse huizen, vandaar de verrassende naam voor een katholiek heiligdom. Ten zuiden van het Stopera ligt de **Blauwbrug**, gebouwd voor de Internationale Koloniale Tentoonstelling van 1883. Ze overspant de Amstel en vormt een verbinding met

De Provo's

In maart 1965 werd de protestbeweging Provo opgericht rond persoonlijkheden als Roel van Duijn, een antifascistische en antistalinistische activist, anarchist Rudolf de Jong en kunstenaar Robert-Jasper Grootveld. De beweging, die zich snel uitbreidde naar andere steden van het land en naar België, kende geen echte structuur, maar gaf talrijke publicaties uit en organiseerde vele happenings en predikte het slechten van barrières en het verwerpen van gevestigde hiërarchieën ten gunste van een speelse samenleving. De thema's die aan bod kwamen waren de oorlog in Vietnam, de antikoloniale strijd, ecologie en seksuele vrijheid. Het was er de Provo's ook om te doen het dagelijks leven van de mensen te veranderen, bijvoorbeeld door het verschaffen van gratis witte fietsen. De beweging, die in mei 1967 werd opgeheven, had een blijvende invloed op de Nederlandse samenleving en vormde een inspiratiebron voor de Europese en Amerikaanse tegencultuur.

de grachtengordel. Ten zuidwesten van de Stopera, eveneens in de voormalige Jodenbuurt, aan de Weesperstraat, staat sinds 2021 het Nationaal Holocaust Namenmonument, met de namen van ruim 102.000 Nederlandse joodse slachtoffers en 220 Sinti en Roma die in de Tweede Wereldoorlog zijn omgebracht.

★ Hermitage Amsterdam

Amstel 51 - ☎ (020) 530 87 55 - hermitage.nl - 10.00-17.00 u - € 15 (tot 11 jaar gratis). Een museum dat naam heeft gemaakt door de belangrijke tijdelijke tentoonstellingen die er te zien zijn. De Hermitage, gevestigd in een 17de-eeuws gasthuis aan de Amstel, is een dependance van museum De Hermitage in Sint-Petersburg en toont stukken uit de collecties die sinds de regering van Peter de Grote (die in 1697 naar Nederland kwam om te leren over scheepsbouwtechnieken, *zie kader blz. 181*) zijn verzameld door Russische vorsten. In 2022 verbrak het museum de relatie met Rusland vanwege de Russische inval in Oekraïne. Sindsdien is de Hermitage voor het grootste deel gesloten.

★ Plantage H2

De Plantagebuurt, nu een woonwijk, werd aan het eind van de 19de eeuw aangelegd en dankt zijn naam aan de vele parken, de hortus en de dierentuin. Hier woonden lange tijd gegoede, veelal joodse Amsterdammers. De wijk bewaart herinneringen aan de donkere uren van de geschiedenis.

★ Artis

Plantage Kerklaan 38-40 - ☎ (020) 523 36 70 - www.artis.nl - 9.00-17.00 u (mrt-okt. 18.00 u); op za in juni-aug. geopend tot zonsondergang - € 25 (3-12 jaar € 21), combikaartje met Micropia € 30.

👪 Dit prachtig stadspark, in harmonie met de Plantagebuurt, opgericht in 1838, is een van de oudste dierentuinen van Europa. Ga niet weg zonder een hapje of drankje aan het **Artisplein**, bij de Plantage Middenlaan. Dit charmante plein grenst aan de volière met de lepelaars, de vijver met flamingo's en de prachtige 19e-eeuwse serre van café de Plantage.

Naast de dierentuin vindt u **Micropia** *(micropia.nl - 11.00-17.00 u - uitsluitend online reserv. - € 16, combikaartje met Artis € 30)*, een spannend en leuk museum dat u meeneemt in de wereld van microben, die van uzelf en die om u heen.

Artis Groote Museum
Artisplein, Plantage Middenlaan 41 - www.grootemuseum.nl - 10.00-18.00 u (do 20.00 u) - online ticket met tijdsslot € 17,50 (tot 12 jaar gratis).
Dit museum werd in 2022 geopend op het terrein van Artis en nodigt u uit om de verbinding met uzelf, uw lichaam en al het andere leven op de wereld (een boom, een dier, een microbe enzovoort) te onderzoeken. Aan de hand van multimediale en interactieve experimenten, zowel wetenschappelijk als kunstzinnig, worden stembanden, ingewanden enz. onder de loep genomen en wordt aangetoond dat alles met elkaar in verbinding staat. Een originele en leerrijke ervaring.

Hortus Botanicus
Plantage Middenlaan 2a - (020) 625 90 21 - www.dehortus.nl - 10.00-17.00 u - € 12 (5-14 jaar € 6,50).
Deze botanische tuin werd in de 17de eeuw op verzoek van Amsterdamse apothekers en artsen aangelegd. Verdeeld over de Buitentuin, de Palmenkas en de prachtige Drieklimatenkas groeien en bloeien er bijna **4000 plantensoorten**.

★ Verzetsmuseum
Plantage Kerklaan 61 - (020) 620 25 35 - www.verzetsmuseum.org - ma-vr 10.00-17.00, za, zo 11.00-17.00 u - € 14 (7-17 jaar € 7,50).
Dit historische museum is een van de interessantste van het land. Het dompelt bezoekers, jong en oud, onder in de donkere periode die de Nederlanders onder het juk van de nazi's doormaakten. De chronologische en interactieve rondgang voert door gereconstrueerde straten en huizen, met aandacht voor het dagelijks leven tijdens de bezetting. Het doel van het museum is ons de vraag te stellen wat wij in dergelijke omstandigheden hadden kunnen doen: ons aanpassen, meewerken of ons verzetten, vragen die worden gesteld en geanalyseerd aan de hand van een schat aan originele documenten die op intelligente wijze in hun context worden geplaatst. We komen onder meer te weten hoe de anti-joodse maatregelen, die hun dieptepunt bereikten met de beruchte razzia's van 1941, leidden tot een tweedaagse algemene staking. Het bezoek eindigt met tijdelijke tentoonstellingen, over het algemeen van hoge kwaliteit.

Hollandsche Schouwburg
Plantage Middenlaan 24 & 27 - (020) 531 03 10 - www.jck.nl - wegens renovatie gesl. tot begin 2024 - vraag inl.
De **Hollandse Schouwburg** op nr. 24 is een herdenkingsmonument met een kleine tentoonstelling ter herinnering aan het feit dat dit voormalige theater in 1942 en 1943 het verzamelpunt was vanwaaruit joden op transport naar de vernietigingskampen werden gezet. Ertegenover, op nr. 27, bevindt zich de voormalige Hervormde Kweekschool, waar tijdens de Tweede Wereldoorlog bijna 600 kinderen konden worden opgevangen en gered. In 2024 zal in dat laatste gebouw het **Nationaal Holocaust Museum** worden geopend, met vaste en tijdelijke tentoonstellingen en educatieve programma's over de geschiedenis van de jodenvervolging in Nederland.

★★ Tropenmuseum PLATTEGROND I BLZ. 124-125 C2
9, 10 of 14, halte Alexanderplein. Linnaeusstraat 2 - (088) 00 42 840 - www.tropenmuseum.nl - di-zo 10.00-17.00 u - € 16 (4-18 jaar € 8).
Café-restaurant met een leuk terras aan het Oosterpark.
Dit museum behoort tot de historische instellingen van de stad. Het was het eerste koloniale museum ter wereld, aanvankelijk gevestigd in Haarlem (1864) en daarna

verhuisd naar Amsterdam (1910). Lange tijd was het de parel aan de Nederlandse kroon en het grootste rariteitenkabinet van Amsterdam. Mensen kwamen er de cultuurschatten van de koloniën (Indonesië, Suriname en de Antillen) bewonderen. In de 21ste eeuw zijn de tijden veranderd. Het museum, dat nu samen met het Afrika Museum in Berg en Dal en het Rijksmuseum Volkenkunde in Leiden het Nationaal Museum van Wereldculturen vormt, plaatst de collectie nu in een hedendaags perspectief (aan de hand van waarden als openheid, tolerantie, respect voor het milieu) en het aantal tijdelijke tentoonstellingen is uitgebreid.

Uit zijn hoogtijdagen heeft het nog een zeer grote en bijzondere collectie (340.000 voorwerpen, waaronder 155.000 foto's), die in het immense (33.000 m^2) **neoklassieke gebouw**★★ (1926) worden uitgelicht en in een context geplaatst.

Via de schitterende lichthal bereikt u de verdiepingen waar de verschillende etnografische collecties tentoongesteld worden. Tot de meest uitzonderlijke behoren de ontroerende collectie **bisjpalen**★★★ van de Asmat, **korwarbeeldjes**★★★ en ceremoniële **kano's**★★ die in het toenmalige Nederlands Nieuw-Guinea werden verzameld, voordat de regio in 1963 door Nederland aan Indonesië werd overgedragen. Het etnografisch erfgoed van de Indonesische archipel wordt in al zijn grootste verscheidenheid bij toerbeurt gepresenteerd. Maar ook de andere continenten komen aan bod.

★ De dokken

In het verleden hadden de dokken een economische functie (aanlegplaats, opslagplaats, industrieterrein, goederenhaven), maar tegenwoordig zijn ze een plek om te wonen, werken en te ontspannen. Het op het IJ gewonnen en braakliggende gebied bood een gouden kans voor stadsuitbreiding. Dit is het spannende laboratorium van de hedendaagse stedenbouw dat u zult ontdekken als u op pad gaat langs de oost-, west- en noordoevers van het IJ. Buiten de gebaande paden.

★ Oosterdok, de oude dokken PLATTEGROND II BLZ. 126-127 GH1

Het grote Oosterdok, ooit deel van de haven, kent een lange geschiedenis. Hiervandaan vertrokken in de Gouden Eeuw de schepen van de Verenigde Oost-Indische Compagnie. Tegenwoordig is het een in de stad geïntegreerde culturele wijk in het verlengde van het historische centrum.

Oosterdokskade

Via deze noordkade kunt u het bassin verkennen en de **Openbare Bibliotheek Amsterdam** bekijken *(www.oba.nl - ma-vr 8.00-22.00, za, zo 10.00-20.00 u)*, de grootste bibliotheek van het land, vlak bij een drijvend Chinees restaurant. *Hiervandaan loopt een voetgangers- en fietsbrug naar Nemo.*

★ **NEMO** – *Oosterdok 2 - ☎(020) 531 32 33 - www.nemosciencemuseum.nl - di-zo 10.00-17.30 u - € 17,50 (tot 4 jaar gratis).* 👨‍👧 Het favoriete wetenschapsmuseum van kinderen. Het gebouw van **Renzo Piano** torent als een gigantische scheepsboeg boven de stad uit en biedt een prachtig **uitzicht**★★.

Bij de uitgang ligt een twintigtal schepen aangemeerd, die samen een leuk openluchtmuseum vormen *(www.museumhavenamsterdam.nl)*.

Prins Hendrikkade

Dit is een drukke verkeersader met als bezienswaardigheid het **Scheepvaarthuis**★, het eerste gebouw van de **Amsterdamse School** (1916), waarin nu een luxe hotel is gevestigd. Vanaf deze kade kunt u ook een blik werpen op de **Oudeschans**★ (1510) en de **Montelbaanstoren** (1512).

Iets verderop staat het opvallende uit glas en aluminium opgetrokken gebouw van **Arcam**, het Amsterdamse centrum voor architectuur (René van Zuuk, 2003). Het kijkt uit op het Scheepvaartmuseum.

★★ Scheepvaartmuseum

Kattenburgerplein 1 - ℘ (020) 523 22 22 - www.hetscheepvaartmuseum.nl - ♿ - 10.00-17.00 u - gratis audiogids (1 uur) - € 17,50 (4-17 jaar € 8,50).

Het Scheepvaartmuseum is gevestigd in het voormalige pakhuis van de admiraliteit (1656) en werd gebouwd op 18.000 palen. Het indrukwekkende gebouw heeft een centrale binnenplaats. De glazen overkapping werd ontworpen door de in Brussel gevestigde ingenieur Laurent Ney. Dit is het startpunt voor een ontdekkingstocht langs 500 jaar Nederlandse scheepvaarthistorie in al haar vormen (artistiek, historisch, technisch...). De rondleiding is slim opgezet in drie vleugels van het gebouw, met verschillende zalen voor de jongste bezoekers.

Amsterdam was in de 17de eeuw het cartografiecentrum van de wereld. De rijke collecties **atlassen**★★, **globes**★★ en **navigatie-instrumenten**★ wordt gepresenteerd in een fraaie opstelling die speelt met licht, kleur en geluid. Maar er is ook aandacht voor andere tijdperken: er zijn mooie zalen met **scheepsmodellen**★, **ornamenten**★, **zeeschilderijen**★★, en zelfs over de logistiek van de huidige havens. De rondgang eindigt buiten, bij de afgemeerde schepen aan de noordzijde: de *Christiaan Brunings* (1900), de **koningssloep**★ (1816) – in zijn speciale schiphuis (2015) – en de **driemaster Amsterdam**★★, een kopie van de *Batavia*, een 18deeeuws VOC-schip, waarvan de ruimen en het dek te bezichtigen zijn.

★ Oostelijk Havengebied PLATTEGROND I BLZ. 124-125 CD2

Ten oosten van het Oosterdok liggen de eilanden en schiereilanden van het voormalige oostelijk havengebied, die verbouwd zijn tot woonwijken. Hier hebben architecten hun stoutste dromen de vrije loop gelaten. Het resultaat is adembenemend. Het levendige en sociaal gemengde nieuwe uithangbord van Amsterdam, met zijn tuinen, terrassen en fietspaden, is een geweldige plek om langs moderne kunstmonumenten te fietsen.

Enkele niet te missen pareltjes: aan de **Oostelijke Handelskade** het **Lloyd Hotel**★ (1918), het **Muziekgebouw aan 't IJ** en het **Bimhuis**. Op het **Java-eiland**: vier **grachtjes**★ met huizen die verwijzen naar de 17de-eeuwse grachtenpanden. Op het **KNSM-eiland** het appartementencomplex **Barcelona**★ (Bruno Albert, 1993) en **Emerald Empire** (Jo Coenen, 1996). Op **Sporenburg** het megacomplex **The Whale** (Frits van Dongen, 1995-2000) en de **rode bruggen**★ tussen Sporenburg en de **Scheepstimmermanstraat** op **Borneo-eiland**.

Westerpark PLATTEGROND I BLZ. 124-125 B1

Ten westen van het station hebben de dokken een authentieke charme die herinnert aan het maritieme verleden van Amsterdam. Ze worden inmiddels ontwikkeld in harmonie met het Westerpark, een voormalig industrieterrein dat een grote trekpleister is.

★ Westelijke Eilanden

De drie kunstmatige eilanden ten noorden van de Haarlemmerbuurt werden vanaf de 17de eeuw aangeplempt om ruimte te creëren voor de havenactiviteiten en de pakhuizen van de VOC. Ze werden later door de spoorlijn van de stad gescheiden en veranderden langzamaan in woongebieden. Moderne woonblokken, werkplaatsen en gebouwen uit de Gouden Eeuw staan hier door elkaar heen, verbonden door prachtige bruggen. Op het **Prinseneiland** staat een schitterend complex gerenoveerde pakhuizen. Op het **Realeneiland** heerst vanwege de vele boten en bootjes en de 17de en 18de-eeuwse panden aan de voormalige zandmarkt een echte havensfeer. De oude graansilo's op de 19de-eeuwse **Silodam** in het IJ zijn tot appartementen verbouwd. In 2000 verrees een woonblok in de vorm van een veelkleurige zeecontainer. Dichter bij het station staan op het **IJdok** gebouwen met sterk uiteenlopende vormen, materialen en kleuren rond een spectaculair nieuw Paleis van Justitie (2013).

★ Museum Het Schip
[U] *3. Op de hoek van de Zandstraat en de Oostzandstraat - ℘ (020) 686 85 95 - www.hetschip.nl - di-zo 11.00-17.00 u - € 15 (5-12 jaar € 5).*
Dit indrukwekkende roodbakstenen architectuurcomplex langs het Spaarndammerplantsoen herbergde 102 sociale woningen, een vergaderzaal en een postkantoor. Het Schip (1921) is het meest spectaculaire werk van **Michel De Klerk** (1884-1923), een belangrijke figuur binnen de **Amsterdamse School**, die wilde breken met het onder Hendrik Berlage (1856-1934) heersende ideaal van constructivistische en functionalistische rationaliteit. De Klerk, een idealistische vrijmetselaar, begiftigde dit woonblok met een esthetische verbeelding die de arbeidersklasse zou verheffen door haar een woonomgeving te bieden waarop zij eindelijk trots kon zijn. Sociale woningen werden getransformeerd tot arbeiderspaleis. Inspiratiebronnen waren de grote artistieke stromingen van die tijd, in de eerste plaats de art nouveau, maar ook Bauhaus en het expressionisme.
De mooie ronde hoeken, de muren met golvende lijnen, met baksteen als basismateriaal, de vele details, sculpturen, ornamenten, abstracte motieven langs de daken en ramen, vaak met ogieven, ontleend aan de neogotische stijl, getuigen hiervan. Dit alles wordt gedomineerd door een 28 m hoge toren met een decoratieve en symbolische functie. In museum Het Schip is een uitstekende overzichtstentoonstelling te zien over deze school en de architecten van het eerste uur, die een grote invloed op de stad hebben gehad.

Westergasfabriek
Pazzanistraat - www.westergasfabriek.nl.
Aan de andere kant van het spoor mag u de voormalige gasfabriek (1883) niet missen, waarvan het hoofdgebouw (de Gashouder) en de bijgebouwen zijn omgebouwd tot een cultureel park (cafés, filmhuis, galerie, restaurants...).

De noordelijke IJ-oever: Noord en NDSM
PLATTEGROND I BLZ. 124-125 BC1

De noordelijke IJ-oever, een gebied met industrieterreinen en volkswijken, was voor veel Amsterdammers lange tijd een wereld die losstond van hun eigen stad. Inmiddels ontstaan ook hier nieuwe woonwijken, die volop in verbinding staan met de rest van de stad. In **Noord** vindt u bedrijven en horeca. Het **NDSM-terrein** heeft een wat minder conventioneel karakter. Hier hebben zich veel kunstenaars en creatieve ondernemers gevestigd.
Vanaf het Centraal Station gaat een gratis pont voor voetgangers en fietsers naar Noord (Buiksloterwegveer) en naar de NDSM.

Noord
Hier kunt u een frisse neus halen en de stad vanuit een ander perspectief bekijken.
★★ **Eye Filmmuseum** – *IJpromenade 1 - ℘ (020) 589 14 00 - www.eyefilm.nl - museum: 10.00-19.00 u; kassa bioscoop: 10.00-22.00, vr-za 10.00-23.00 u - € 11,50 (tot 11 jaar € 7,50).*

Als dit witte silhouet uw aandacht trekt, aarzel dan niet om naar binnen te gaan. Het gebouw van Delugan Meissl is prachtig. Neem de trap naar het café-restaurant, dat uitziet over het water, het filmmuseum en de bioscoopzalen waar auteursfilms worden vertoond.

De **A'DAM Toren** op het Overhoeksplein is een geslaagd voorbeeld van een gebouw dat een nieuwe bestemming heeft gekregen. In het voormalige hoofdkantoor van oliemaatschappij Shell zijn nu kantoren, een muziekschool, een hotel en cafés gevestigd. Het biedt ook een 360° panorama met een draaiend restaurant en een schommel op het dak. *Overhoeksplein 1 - www.adamtoren.nl - € 14,50 (kinderen € 8,50).*

Vlak ernaast vindt u **This is Holland**, een samenwerkingsproject met de Unesco, waar u Nederland in vogelvlucht kunt ontdekken via een reuzenscherm met special effects zoals wind, nevel en geur. *Overhoeksplein 2 - ℘ (020) 215 30 08 - www.thisisholland.com - dag. 10.00-19.00 u - voorstelling 60 min. - € 25 (tot 13 jaar € 21).*

Iets verder naar het noorden staat het in 2020 geopende **Nxt Museum**, dat zich volledig richt op mediakunst. Digitale kunstinstallaties die alle zintuigen aanspreken. *Asterweg 22 - nxtmuseum.com - 10.00-20.30, do-za 22.30 u - kaartverkoop uitsluitend online - € 20,50/24,75.*

☺ Wie op zoek is naar avontuur kan per fiets de jachthaven bij de Noordwal verkennen, het **Noorderpark** of de Ceuvel, een broedplaats voor duurzame, creatieve en sociale ondernemers, met een gezellig café-restaurant. *Korte Papaverweg 4 - ℘(020) 229 62 10 - deceuvel.nl.*

NDSM-Werf

Op dit **postindustriële terrein★**, dat tot 1984 werd ingenomen door de scheepswerven van de NDSM, vindt u een tot hotel omgebouwde hijskraan, een oude, met grafititi bewerkte Sovjetonderzeeër, futuristische gebouwen en immense loodsen en pakhuizen met werkplaatsen en ateliers. Aanvankelijk werd deze industriële rafelrand bevolkt door straatartiesten, maar door de jaren heen heeft hij zich ontwikkeld tot een terrein voor festivals, creatieve bedrijven, (studenten)woningen en natuurlijk horeca. Een vrijplaats waar mooie kunstwerken te zien zijn, zoals de gigantische muurschildering van Anne Frank.

Wandel, om helemaal in de sfeer van de wijk te komen, langs de dokken, ga iets eten of drinken bij het verrassende Pllek of bij Noorderlicht en loop dan naar het oosten van de wijk, om een heel ander – hedendaags – landschap te ontdekken, gewijd aan onderzoek en innovatie. Kijk voor meer informatie over het hele stadsproject op de website van de NDSM-stichting *(℘ (020) 493 10 70 - www.ndsm.nl - bezoek op afspraak).*

Wat is er nog meer te zien?

★ CoBrA Museum voor Moderne Kunst
BUITEN PLATTEGROND I BIJ A3

Sandbergplein 1 - Amstelveen (zuidelijk van Amsterdam) - met de auto via de S108, 🅄 *5,* Ⓜ *51, bus 170, 171 en 172 - ℘ (020) 547 50 50 - www.cobra-museum.nl - ♿ - dag. beh. ma 10.00-17.00 u - € 15 (6-18 jaar € 9,50).*

Architect Wim Quist ontwierp voor het CoBrA Museum een licht, open gebouw met geometrische vormen. De collectie omvat kunst van de **CoBrA** (**Co**penhagen, **Br**ussel, **A**msterdam)-beweging, een van de belangrijkste naoorlogse kunstbewegingen. CoBrA werd in 1948 opgericht in Paris door de Deen Asger Jorn (leerling van Fernand Léger), de Belgen Christian Dotremont en Joseph Noiret

NOORD-HOLLAND EN FLEVOLAND

> ### De grootste bloemenveiling van de wereld
>
> Op deze gigantische bloemenbeurs met zo'n 2000 medewerkers en een oppervlakte van meer dan 100 ha vinden dagelijks bijna 100.000 transacties plaats met een waarde van 50 miljoen euro. Onder de paraplu van de machtige coöperatie Royal FloraHolland worden in Aalsmeer ongeveer 12 miljard bloemen en planten van meer dan 30.000 soorten uit de hele wereld verhandeld. Voor de komst van Covid-19, waardoor in 2020 tot 80 procent van de producten niet verkocht werden, bedroeg de jaaromzet 4,6 miljard euro. Een niveau dat waarschijnlijk binnenkort weer bereikt wordt.

en de Nederlanders Appel, Constant en Corneille. Deze kunstenaarsgroep (die slechts drie jaar bestaan heeft) stond een nieuwe kunstvorm voor, vrij van traditionele kunstopvattingen en theoretische benaderingen, zowel figuratief als abstract. De beweging zette zich af tegen alle esthetische en maatschappelijke conventies met de bedoeling alleen spontane creatieve, anarchistische, bijna revolutionaire kunstuitingen te laten zegevieren. Deze bij uitstek instinctieve beweging liet zich inspireren door volkskunst, het primitivisme en de art brut. Een must voor bewonderaars van deze beweging, waarvan de grote Belgische kunstenaar Pierre Alechinsky (1927), die nog steeds actief is, de belangrijkste erfgenaam is.

In de omgeving
REGIOKAART BLZ. 118-119

★ Aalsmeer A3
▶ *23 km naar het zuidwesten. Verlaat Amsterdam over de S106, neem de A10 en de A4 richting Den Haag.*

★★ **FloraHolland Aalsmeer** – *Legmeerdijk 313 - ☏ 0887898989 - www.royalflora holland.com - ma 7.00-12.00, di, wo en vr 7.00-11.00, do 7.00-9.00 u - € 10 (kind € 7,50).* Aalsmeer is vooral bekend vanwege de **bloemenveiling**, de grootste van de wereld, waar de meeste Nederlandse bloemisten en, dankzij de nabijheid van Schiphol, ook veel buitenlandse bloemengroothandels bloemen inkopen. De dagelijkse verkoop vindt plaats in een van de grootste magazijnen ter wereld (bijna 1 miljoen m²). Het is getooid met een gestileerde rode tulp en biedt onderdak aan de Vereniging Bloemenveiling Aalsmeer, de **VBA**. Wie het bloemencentrum wil bezichtigen moet vroeg komen, liefst vóór 9.00 u. Maandag is de drukste dag, donderdag de rustigste. Binnen kunnen de bezoekers vanuit galerijen de veiling en de activiteiten op de werkvloer gadeslaan. De vier hallen waar de snijbloemen worden geveild, zijn opengesteld voor publiek. Iedere inkoper kan vanaf zijn plaats de veilingklokken zien, die aangesloten zijn op een computer. Aan de lopende band worden karretjes met grote partijen bloemen tot onder de klokken de zaal in gereden. Op het klokfront worden met cijfers het product, de producent, de kwaliteit, de grootte van de partij en de muntsoort aangegeven. Zodra de koper de prijs ziet die hij wil betalen, drukt hij op een knop en stopt hij de klok, die van 100 tot 0 terugloopt. Wie het eerst (en dus het hoogst) biedt, heeft de partij. Vervolgens verschijnt het nummer van de koper op de wijzerplaat, plus het aantal partijen dat hij koopt.

★ **FloriWorld** – *Sierteeltstraat 1 - ☏ 085 40 184 80 - floriworld.nl - di-zo 10.00-17.00 u (entree tot uiterlijk 16.00 u) - onlineticket € 23,50 (4-11 jaar € 12,50).*
Deze in 2020 geopende attractie op het terrein van de bloemenveiling biedt een unieke reis door de wereld van de bloemen. Met een interactieve armband reist u door veertien verschillende 'show-werelden', zowel echte als virtuele. Er

zijn workshops en rollenspellen (zoals veilingen) die elke bezoeker naar believen (geluid, licht, geuren) kan vormgeven en in zijn eigen tempo kan uitvoeren.

Rondrit
REGIOKAART BLZ. 118-119

Ten noorden van Amsterdam B2-3

▶ *Rondrit van 65 km, in groen aangegeven op de kaart. Verlaat Amsterdam via de Mauritskade, Zeeburgerdijk en Zuiderzeeweg. Sla na de tweede brug (Schellingwouderbrug) vlak bij de Oranjesluizen af naar Schellingwoude en rijd onder de weg door richting Durgerdam. De smalle en bochtige dijkweg langs de oude Zuiderzeekust na Durgerdam biedt mooie uitzichten.*

★ Marken

Toen in de 13de eeuw de Zuiderzee ontstond, werd Marken van het vasteland gescheiden. Tot in 1957 was het een **veeneiland** op 2,5 km van de kust, dat de landgrens markeerde, wat de naam al aangeeft. In de 13de eeuw legden monniken uit een Fries klooster dijken aan en pompten ze water weg om landbouw en veeteelt te kunnen bedrijven. Maar in de 14de en 15de eeuw overstroomde het land, ondanks de dijken. En dus bouwden de inwoners hun huizen op heuvels, de zogenaamde 'werven'. Oorspronkelijk waren er zevenentwintig van zulke werven. Nu zijn er nog twaalf over, waarvan er acht worden bewoond. Vervolgens begon het land onder invloed van het beukende water te verzakken en moesten de inwoners hun huizen met palen een fundament geven. Naast het altijd aanwezige overstromingsgevaar (vooral in 1916) hadden de inwoners van Marken in zeer strenge winters ook last van kruiend ijs. De **visserij** was lang de enige bron van inkomsten: walvisvangst in het noordpoolgebied en haringvangst in de Noordzee. In 1890 telde de vloot tweehonderd vissersschepen. De aanleg van de Afsluitdijk in 1932 betekende het einde van de visserij. Met de aanleg van de weg, in 1959, verdween ook de klederdracht, waarvan de regels al in de 16de eeuw waren vastgelegd, uit het straatbeeld.

Traditionele klederdracht

In **Marken** dragen de vrouwen op hoogtijdagen, vooral met Pinksteren, een gestreepte onderrok, een wijde rok en een zwart schort. Over het gestreepte hemd dat in de zomer wordt gedragen, komen een rijglijfje en een bedrukte plastron. De hoofdbedekking beperkt zich tot een mutsje van kant en bont katoen, waaronder op het voorhoofd soms een in vorm gebrachte haarlok uitsteekt. De mannen dragen een boezeroen, een pofbroek die tot onder de knie reikt, en zwarte kousen. Kinderen dragen bijna nooit meer klederdracht: zowel jongens als meisjes dragen rokken en mutsjes, maar de kleuren zijn verschillend.

In **Volendam** dragen de mannen een lange zwarte broek met zilveren knopen, een zwart jasje over een gestreept hemd en een ronde muts. De vrouwen gaan gekleed in een zwarte rok en een gestreepte schort of een gestreepte rok met een zwarte schort. Onder het zwarte jasje met korte mouwen dragen ze een jakje met een gebloemde kralap. Een halsketting van bloedkoralen met een gouden slotje maakt het geheel compleet. De zwarte puntige muts wordt op feestdagen verruild voor een hoge, kanten hul met opstaande uiteinden, nu wereldwijd hét symbool van Volendam.

Sinds de verbinding met het vasteland is hersteld, ligt Marken aan de Gouwzee, een soort binnenzee. In twee wijken van het dorp heerst nog altijd de sfeer van vroeger, namelijk in de **Havenbuurt**, bij de haven, en in de **Kerkbuurt**, rond de kerk, waarin diverse maquettes van oude schepen staan. De buurten zijn te bereiken over een van de twee bruggen; beide bruggen zijn naar een Nederlandse koningin genoemd. De huizen zijn bijna allemaal gebouwd van donkergroen geverfd hout, en hebben zijgevels die iets naar voren hellen.

Museum Marken – *Kerkbuurt 44-47 - ℘ (0299) 60 19 04 - www.markermuseum.nl - ♿ - eind maart-eind okt.: 10.00-17.00, zo 12.00-16.00 u - € 3 (tot 12 jaar € 1,50).* Dit museum is gehuisvest in vier huisjes waar vroeger paling en haring werden gerookt. Een ervan is een reconstructie van een vissershuis. De andere vertellen het verhaal van het dorp, de kleurrijke klederdracht en de traditionele ambachten, en vormen een eerbetoon aan de plaatselijke schilder **Jan Moenis** (1875-1953).

☺ Geniet vanaf de dijk en het fietspad langs de weg van Marken naar Monnickendam van het mooie uitzicht op het Markermeer.

Ga bij de splitsing richting Monnickendam.

Monnickendam

Het jachthaventje was vroeger een bekende palinghaven. En dus is net als in andere havenstadjes aan het IJsselmeer gerookte haring een van de specialiteiten van Monnickendam. De 16de-eeuwse, bakstenen **Speeltoren** domineert de omgeving. Het gelijknamige **museum** naast de toren is gewijd aan de geschiedenis van het Zuiderzeestadje in Waterland, en aan het beroemde carillon dat u er in werking kunt zien. *℘ (0299) 65 22 03 - www.despeeltoren.nl - di-zo 11.00-17.00 (en ma 13.00-17.00 u in juli-aug.); nov.-maart: za, zo 11.00-17.00 u - € 5 (4-11 jaar € 2,50).* Het **stadhuis** tegenover de toren is gevestigd in een 18de-eeuws patriciërshuis met slangvormige leuningen. Diverse huizen in deze straat (Noordeinde) en in de Kerkstraat hebben nog mooie gevels en gevelstenen. Op de nabijgelegen Middendam staat de **Waag** uit 1669. Aan de zuidkant van het plaatsje verrijst de gotische **Grote of Sint-Nicolaaskerk**. Deze hallenkerk bezit een mooi 16de-eeuws uit hout gesneden koorhek.

Neem de N247 en dan een weggetje naar rechts.

Volendam

Dit was een van de drukste havens van de voormalige Zuiderzee en is de thuisbasis van een belangrijke voetbalclub. In 1357 vestigden zich hier de eerste Volendammers, die leefden van de paling- en haringvisserij. Ze rookten de vis om die te conserveren en te kunnen verkopen. In de 19de eeuw trok het authentieke dorp kunstenaars aan, die er de terugkeer van de vissers of de kleurrijke traditionele klederdracht bij het uitgaan van de zondagsmis kwamen schilderen. Velen van hen, zoals Renoir in 1898 en later Picasso, zijn terug te vinden in het register van Hotel Spaander, waar ze logeerden. Door de grote toestroom van toeristen heeft het vissersdorp de laatste decennia veel van zijn oorspronkelijke charme verloren. Maar u kunt de drukte enigszins ontlopen in het Doolhof, waar nog een paar schilderachtige smalle steegjes kronkelen langs kleine bakstenen huisjes met een houten puntgevel.

Volendams Museum – *Zeestraat 41 - ℘ (0299) 36 92 58 - www.volendamsmuseum.nl - ♿ - half maart-eind okt.: 10.00-17.00 u - € 5 (13-17 jaar € 3).* Dit kleine museum heeft een grote charme omdat het nog niet is gemoderniseerd. Hier geen digitale animatie, maar een gereconstrueerde winkel, kostuums, visgerei. En het ongelooflijke **Sigarenbandjeshuisje★**, volledig beplakt met 11 miljoen sigarenbandjes in een

De haven van Volendam
JaySi/Getty Images Plus

mozaïek dat een molen, een wapenschild, een kaart enzovoort voorstelt. Het werk is in 1947 door een plaatselijke kunstenaar begonnen en vijftig jaar later voltooid.

★ Edam

Net als andere dorpen aan het IJsselmeer was Edam in de 16de eeuw een bedrijvige scheepswerf, waar schepen te water werden gelaten die daarvandaan naar Nederlands-Indië voeren. Door zware overstromingen werd de haven gesloten en slibde de doorgang dicht. Nadat de stad waagrecht en het recht op een **kaasmarkt** verkregen had, gingen de Edammers zich op de kaashandel toeleggen. In 1922 werd de industriële productie van Edammer kaas stilgelegd. Maar de kaasmarkt is in ere hersteld *(juli-aug.: wo 10.30-12.30 u)* en er zijn diverse toeristische attracties rond de kunst van het kaasmaken. Op de **Kaasmarkt** staat de **Kaaswaag**, waar voor iedereen zichtbaar de kaas werd gewogen. U kunt binnengaan bij **The Story of Edam Cheese** *(Spui 9 - ☎ 0299 783 230 - henriwillig.com - 9.00-17.00, za, zo 9.30-16.30 u - € 8)*, een klein museum van kaasmaker Henri Willig.

Edam wordt gedomineerd door een hoge 15de-eeuwse klokkentoren, de **Speeltoren**, het enige wat rest van een kerk die in de 19de eeuw werd verwoest. Langs de grachten staan nog enkele mooie 17de-eeuwse huizen. Het **Damplein** in het centrum is verhoogd, zodat het Voorhavenkanaal kon worden doorgetrokken om schepen doorgang te verlenen. Aan het plein staat het 18de-eeuwse **stadhuis** met klokkentoren, waarin tijdelijke exposities plaatsvinden van het ernaast gelegen museum. **Edams Museum** – *Damplein 8 - ☎ (0299) 37 26 44 - www.edamsmuseum.nl - di-zo 10.00-16.30 u - € 5 (13-17 jaar € 3) - audiogids.* Het gemeentemuseum van Edam is gevestigd in een van de oudste bakstenen huizen van de stad (1530). Dit huis was eigendom van een lakenkoopman en staat bekend om zijn zeldzame **drijvende kelder★★** (1737). Het authentieke woon-

> ### Edammer kaas
>
> Edammer kaas wordt gemaakt van licht afgeroomde melk, is goudgeel met een goudgele korst en lijkt op Goudse kaas, behalve wat de vorm betreft. Edammers zijn klein en rond en worden voor de export bedekt met rode paraffine.

huis, met twee slaapkamers en een antieke keuken, geeft een beeld van het leven van rijke kooplieden uit de 18de eeuw. Het museum behandelt ook de historie van Edam: scheepsbouw, keramische industrie, architectuur en religieuze geschiedenis. De **Grote Kerk** of **Sint-Nicolaaskerk** werd in de 15de eeuw gebouwd en in de 17de-eeuw herbouwd. Uit die tijd dateren het orgel en de glas-in-loodvensters. ℘ *(0299) 37 19 59 - www.grotekerkedam.nl - aug.-sept.: 13.30-17.00; okt. 13.30-16.00 u.*
Neem de N247 richting Amsterdam.

Broek in Waterland
Dit dorp met zijn fris geverfde huizen aan het **Havenrak** staat bekend om zijn properheid. Zelfs Napoleon zou zijn schoenen hebben uitgetrokken toen hij op 15 oktober 1811 in Broek een onderhoud met de burgemeester had. Sommige houten huizen, waaronder die uit de 17de eeuw, hebben een U-vorm. Andere hebben twee deuren, omdat de voordeur alleen bij huwelijken en begrafenissen werd gebruikt. Aan het Havenrak staat een theehuis uit 1656 in de vorm van een pagode waar Napoleon in 1811 ontvangen werd en dat daarom het **Napoleonhuisje** wordt genoemd. De **Broeker Kerk** bij het kanaal heeft een mooi met engelen beschilderd plafond uit 1700.
Rijd terug naar Amsterdam via de S116.

🛈 Praktisch

Inlichtingen

Toeristenbureau – *I amsterdam Store, De Ruijterkade 28b-d (centraal station noordgalerij)* - ℘ *(020) 702 60 00 - www.iamsterdam.com.*
Edam – *Stadhuis - Damplein 1 -* ℘ *(0299) 31 51 25 - www.vvvedamvolendam.nl.*
Marken – *Havenbuurt 19c -* ℘ *(0299) 602 184 - www.laagholland.com.*
Monnickendam – *Zuideinde 2 -* ℘ *(0299) 820 046 - www.laagholland.com.*
Volendam – *Zeestraat 37 -* ℘ *(0299) 36 37 47 - www.vvvedamvolendam.nl.*

Toeristenpas

I amsterdam City Card – *Te koop bij de toeristenbureaus, sommige hotels, bij de loketten van GVB of online (kortingen mogelijk) - www.iamsterdam.com/nl/i-am/i-amsterdam-city-card.* Met deze chipkaart, geldig *24 uur (€ 65), 48 uur (€ 90), 72 uur (€ 110), 96 uur (€ 125)* of *120 uur (€ 135),* hebt u gratis toegang tot 70 musea, waaronder het Van Gogh Museum, Rijksmuseum, Hermitage, kunt u gratis gebruikmaken van het openbaar vervoer, gratis een rondvaart door de grachten maken en een fiets huren, en krijgt u ook andere kortingen. Hij geeft ook toegang tot de belangrijkste bezienswaardigheden en musea in de regio (Haarlem, Volendam, Marken, enzovoort). Met de toeslag Amsterdam & Region Travel Ticket hebt u recht op onbeperkt openbaar vervoer (1 tot 3 dagen).

Aankomst en vertrek

Met het vliegtuig
De internationale luchthaven **Schiphol** ligt 18 km ten zuidwesten van Amsterdam.
Verbinding met het centrum

Trein - Verbinding luchthaven-Centraal Station *(ca. 15 min., overdag elke 15 min., tussen 1.00 en 6.00 u elk uur - € 4,70) - tijden en online verkoop: ns.nl.*
Amsterdam Airport Express - Bus 397 en Niteliner N97 richting het zuiden en het centrum van Amsterdam *(ca. 25 min. tot aan het Leidseplein, elke 30-45 min. tussen 6.00 en 1.00 u - € 6,50, retour € 11,75).*
Taxi - Ca. € 45/50 voor een rit naar het centrum. Reken op 25 tot 50 min. afh. van de verkeersdrukte.

Met de trein
Aankomst op Amsterdam Centraal Station (CS), waar voor treinreizigers veel voorzieningen zijn, waaronder een toeristenbureau, broodjeszaken, fietsverhuur en supermarkten.

Vervoer

Met de auto
Vanwege het drukke verkeer is het sterk af te raden om met de auto de binnenstad in te gaan.
Parkeren is moeilijk en duur *(betaald parkeren van 9.00 u tot 24.00 u, in het centrum zelfs tot 4.00 u; reken op € 7,50/uur in het centrum en op € 6/uur of € 4,50/uur in de overige wijken).* Parkeermeters zijn ingesteld op kentekenparkeren: voer het kenteken in, geef de parkeertijd aan en betaal met een pinpas of creditcard. Parkeerkaartjes zijn overbodig geworden; het kenteken is het betaalbewijs.
Aan de rand van de stad zijn **P+R-transferia** (Parkeren+Reizen), vanwaar automobilisten makkelijk op het openbaar vervoer richting centrum kunnen overstappen. Reken op € 8 voor 24 uurparkeren, incl. openbaar vervoer naar het centrum. *www.amsterdam.nl/parkeren.*
Amsterdam beschikt over een vloot van elektrische auto's in het kader van het autodeelproject **Share-Now** *(www.share-now.com).*

Openbaar vervoer
Het openbaar vervoer wordt verzorgd door **GVB**. Voor reisinformatie en reisplanner: 9292.nl *(☏ 0900 80 11 - www.gvb.nl).* Kaartverkoop online en, onder andere, bij het hoofdkantoor tegenover het Centraal Station. Wie niet in het bezit is van een **I amsterdam City Card** *(zie blz. 154),* kan bij de GVB een **OV-chipkaart** kopen voor één persoon met een geldigheid van 24 uur *(€ 8,50),* 48 uur *(€ 14,50),* 72 uur *(€ 20)* tot 7 dagen *(€ 37),* waarmee onbeperkt met tram, bus en metro kan worden gereisd. De kaart wordt automatisch geactiveerd bij het eerste gebruik. Let op: vergeet niet uit te checken bij het uitstappen (anders kost dat saldo). Er zijn nog vele andere mogelijkheden *(zie de website)* voor de stad en de omgeving. Vervoersbewijzen zijn ook te koop via de GVB travel app.

Met de boot
Tussen het Centraal Station en Amsterdam-Noord varen **veerponten** *(gratis, voor voetgangers en fietsers).* Met de **Hop On-Hop Off-boot** *(www.citysightseeingamsterdam.nl)* kunt u onbeperkt gebruikmaken van de rondvaartboten (twee routes) die door de grachten varen en de belangrijkste musea en bezienswaardigheden aandoen. Het ticket is 24 uur geldig *(€ 27,50).*
Veerboot tussen Volendam en Marken – *In Volendam: Haven 39 - ☏ (0299) 36 33 31; in Marken - markenexpress.nl - maart-okt.: 10.30-18.30 u, vertrek elke 30 tot 45 min.(tocht van ca. 25 min.) - € 9,50; retour € 15,50; u neemt uw fiets mee voor € 2.*

Met de fiets
Overal in de stad zijn fietsverhuurbedrijven gevestigd: *www.*

iamsterdam.com/plan-je-bezoek/ vervoer-in-amsterdam/op-de-fiets (reken op ca. € 10/dag voor een fiets met handremmen, € 8/dag voor een fiets met terugtrapremmen en € 15 tot € 20/dag voor een e-bike). Sommige verhuurders bieden fietsexcursies o.l.v. een gids aan. Controleer de fietsen voor vertrek, want het onderhoud laat soms te wensen over. De bekendste fietsverhuurders zijn:
Mac Bike – ☎ *(020) 620 09 85 - www.macbike.nl - 9.00-18.00 u.* Vier vestigingen in het centrum: De Ruijterkade 34 (in het Centraal Station, bij de ingang Ferry Noord), Oosterdoks kade 63A, Overtoom 45 en Waterlooplein 199.
Yellow Bike – *Nieuwezijds Kolk 29 -* ☎ *(020) 620 69 40 - www. yellowbike.nl - 9.30-18.00 u.*

Evenementen

😊 In Amsterdam zijn het hele jaar door talrijke festivals en evenementen. Kijk voor het volledige programma op *www.iamsterdam.com* (rubriek 'What's on') of Time Out *(www.timeout.com/amsterdam)*.
Carnaval – *In februari.*

Koningsdag – *27 april.* Nationale feestdag. De verjaardag van de koning is veruit het belangrijkste feest in de stad. Uit het hele land trekken duizenden mensen, feestelijk uitgedost in oranje (ter ere van de koninklijke familie Oranje-Nassau), naar Amsterdam voor een reusachtig feest met zang, dans, veel drank en duizenden bootjes op de grachten. Het is ook de ideale dag voor koopjes, want de hele stad verandert in een grote rommelmarkt. Kinderen kunnen onder meer met hun spulletjes terecht in het Vondelpark. *Zie ook blz. 51.*
Holland Festival – *In juni.* Het grootste culturele festival van het land (concerten, opera, ballet, enz.), in diverse theaters.
Openluchttheater Vondelpark – *Mei-aug.* Theater, dans en gratis concerten in het Vondelpark (van wo tot zo).
Gay Pride – *1ste weekend van aug.* Grote parade op de grachten.
Grachtenfestival – *In aug.* Festival van klassieke muziek in de grachtengordel.
Intocht van Sinterklaas – *Half nov.* Aankomst en feestelijke ontvangst van Sint-Nicolaas.

📍 Adresboekje

PLATTEGROND I EN II BLZ. 124-127

Uit eten

Amsterdam

😊 Amsterdam is altijd een kosmopolitische stad geweest, vandaar dat alle keukens er vertegenwoordigd zijn, maar de Indonesische verdient een speciale vermelding (zowel wat betreft de smaak als de prijs). En laten we ook de Nederlandse keuken niet vergeten. Veel cafés serveren tussendoortjes, eenvoudige, goedkope lunchgerechten en soms meer of minder uitgebreide maaltijden.

Goedkoop
22 Buffet van Odette – PLATTEGROND II F3 - *Prinsengracht 598 -* 🚊 *1, 2 en 5 -* ☎ *020 423 6034 - www.buffet -amsterdam.nl - 12.00-22.00 u - gesl. zo-di - gerecht € 21/22,50.* Broodjes, soepen en salades op basis van biologische producten, grotendeels afkomstig van boerderijen en rokerijen uit de omgeving, geserveerd in een gezellige en lichte eetruimte. 's Zomers terras.
35 Foodhallen – PLATTEGROND I B2 - *Bellamyplein 41 -* 🚊 *7, 17 - food hallen.nl - 12.00-22.00, vr-za 12.00-23.00 u.* Wat buiten het centrum maar erg lekker! In de grote hal van

AMSTERDAM

de voormalige tramremise maakt u een keuze, net als op de markt, en zoekt dan een tafeltje tussen de vele Amsterdammers, die er vooral in het weekend graag komen.

4 Café Bern – PLATTEGROND II G1 - *Nieuwmarkt 9 -* M *Nieuwmarkt - 📞 020 622 0034 - www.cafebern. com -* 🚭 *- 16.00-23.00 u - gerecht € 19,80/22.* In dit voormalige bruine café heerst de sfeer van een huishouden van Jan Steen. 'Bern' is hét adres voor wie ongedwongen wil genieten van kaas- of vleesfondue (bakken in knoflookboter). Reserveren.

50 Dignita Hoftuin – PLATTEGROND II G2 - *Nieuwe Herengracht 18a -* M *Waterlooplein - 📞 020 370 27 23 - eatwelldogood.nl/dignita-hoftuin - 9.00-17.00 u - € 6/19.* Een ietwat verscholen café, modern en met veel ramen om te kunnen genieten van de tuin van de Hermitage eromheen. 'Brunchen' kan de hele dag door (tosti's, pannenkoeken, broodjes, salades, gebak enz.), allemaal van hoge kwaliteit en heel kleurrijk. Grote keuze aan warme en koude dranken. Ook een zaak in Amsterdam-West: *Spaarndammerstraat 55.*

15 Winkel 43 – PLATTEGROND II F1 - *Noordermarkt 43 -* Tram *1, 2, 3, 5, 10 - 📞 020 623 0223 - winkel43.nl - 8.00-1.00, ma 7.00-1.00, vr 8.00-3.00, za 7.00-3.00, zo 9.00-1.00 u.* Samen met de zaterdagse biologische markt en de maandagse rommelmarkt vat dit kleine café de ziel van de Noordermarkt en de Jordaan samen. Ook voor de beste appeltaart kunt u hier terecht. Geen plaats meer? Probeer het dan bij de buren (Noordwest op nr. 42).

🌱 **40 Het Hortuscafé** – PLATTEGROND II H2 - *Plantage Middenlaan 2a - Hortus Botanicus -* Tram *9, 14 - 📞 020 625 90 21 - www.dehortus.nl - 10.00-17.00 u - gerecht onder de € 15.* De Orangerie, alleen toegankelijk voor bezoekers van de botanische tuin, verdient een speciale vermelding vanwege de groene omgeving, de lekkere broodjes, salades en gebakjes, bereid met producten van boerderijen uit de omgeving.

Doorsneeprijzen

28 Bistro Berlage – PLATTEGROND II G1 - *Beursplein 1 -* M *Centraal Station - 📞 020 530 4146 - bistroberlage.nl - di-wo 10.00-18.00, do-zo 10.00-22.00 u - gesl. ma - gerecht € 24,50/26.* Het grand café van de Beurs heeft plaatsgemaakt voor een elegante bistro waar u kunt lunchen, dineren of iets drinken. Terras op het gerenoveerde Beursplein.

32 Long Pura – PLATTEGROND II E1 - *Rozengracht 46-48 - 📞 020 623 89 50 - www.restaurant-longpura. com - 17.30-22.00, zo 17.00-23.00 u - gerecht € 24/28,50.* Een goede 'buurt-Indonesiër'. De chef is Balinees en zijn rijsttafels zijn befaamd.

42 Sampurna – PLATTEGROND II F2 - *Singel 498 - 📞 020 625 3264 - www.sampurna.com - 12.00-22.00 u - gerecht € 18,50/23,50.* Dit Indonesische restaurant, dat al meer dan 25 jaar aan de bloemenmarkt is gevestigd, serveert een bijzonder goedkope lunch en een zeer voordelig geprijsde rijsttafel.

36 Café De Plantage – PLATTEGROND II H2 - *Plantage Kerklaan 36 -* Tram *9, 14 - 📞 020 760 6800 - www.caferestaurantdeplantage.nl - 9.00-1.00, za, zo 10.00-1.00 u, gesl. ma - gerecht ca. € 25.* Dit adres naast Artis heeft ons hart gestolen. Aan de straatkant een prettig café, aan het Artisplein een mooi restaurant in een serre uit 1900.

33 Loetje aan 't IJ – PLATTEGROND I B1 - *Werfkade 14 - 📞 020 208 8000 - aantij.loetje.nl - 10.00-22.30 u - gerecht € 16/23.* Een van de gezelligste adressen van de keten van (biefstuk)restaurants, bij de steiger van de NDSM-pont en met een groot terras aan het IJ.

Filialen op het Stationsplein 10, Johannes Vermeerstraat 52 (Museumkwartier) en Ruyschstraat 15 (vlak bij het Oosterpark).

7 De Belhamel – PLATTEGROND II F1 - *Brouwersgracht 60 - ☏ 020 622 10 95 - www.belhamel.nl - do-za 12.00-16.30, 17.30-22.00 u - à la carte € 45/58.* Fraai art-nouveau-interieur voor een romantisch diner op een van de mooiste plekjes van Amsterdam, op de hoek van de Brouwersgracht en de Herengracht. In de zomer idyllisch terras op de kade. Frans-Italiaanse keuken.

30 Rijsel – PLATTEGROND I C3 - *Marcusstraat 52b -* Ⓜ *Wibautstraat - ☏ 020 463 21 42 - rijsel.com - ma-vr 18.00-22.00 u - hoofdgerecht € 28,50, menu € 49.* Gezeten in een voormalig klaslokaal geniet u van gebraden kip, zelfgemaakte worstjes en gebakken aardappelen. Een feest.

Wat meer luxe

41 Scheepskameel – PLATTEGROND II H1 - *Kattenburgerstraat 7 -* 🚌 *22, 42, halte Kattenburgerstraat - ☏ 020 337 96 80 - scheepskameel.nl - di-za vanaf 18.00 u - gesl. zo-ma - € 75.* Een levendige, ontspannen zaak met eenvoudig, eerlijk eten. Alles begint hier met ingrediënten van topkwaliteit, bereid zonder poespas en uitstekend gekruid. Op de wijnkaart staan uitsluitend Duitse wijnen, die perfect passen bij de gerechten.

9 Elkaar – PLATTEGROND II H3 - *Alexanderplein 6 -* 🚋 *9, 14 - ☏ 020 330 75 59 - www.etenbij elkaar.nl - 18.00-22.00 u - gesl. zo-ma - menu 5/7 gangen € 62/82.* Een restaurant om u tegen te zeggen in de buurt van het Tropenmuseum, waar uitstekende Frans-mediterrane gerecht worden geserveerd.

🌿 39 De Kas – PLATTEGROND I C3 - *Kamerlingh Onneslaan 3 - Park Frankendael -* 🚌 *59, 69,* 🚋 *9, halte Hogeweg - ☏ 020 462 4562 - restaurantdekas.nl - 12.00-13.45, 18.00-21.00 u - gesl. ma - lunchmenu 3/4 gangen € 41,50/51 - dinermenu 5/6 gangen € 63/71.* Een restaurant van naam in zuidoostelijk Amsterdam in een grote plantenkas waar groenten worden gekweekt. Eén dagelijks wisselend 3-gangenmenu met groenten uit de kas, of een iets minder duur lunchmenu van twee gangen.

21 d'Vijff Vlieghen – PLATTEGROND II F2 - *Spuistraat 294-302 - via Vlieghendesteeg 1 -* 🚋 *1, 2, 5 - ☏ 020 530 4060 - vijffvlieghen.nl - vanaf 18.00 u - gesl. ma-di - menu 3 gangen € 39/66,50.* De 'Vijf Vliegen' zijn vijf 17de-eeuwse huizen die zijn omgetoverd tot een doolhof van kleine, rustieke en charmante eetzaaltjes waar u kunt genieten van uitstekende Nederlandse gerechten met een moderne twist. Een fijne selectie van jenevers en likeuren.

26 Greetje – PLATTEGROND II H2 - *Peperstraat 23-25 -* 🚌 *22, 42,* Ⓜ *Nieuwmarkt - ☏ 020 779 74 50 - www.restaurantgreetje.nl - 17.00-1.00 u - gesl. ma-di - hoofdgerecht € 28/30 - menu € 62,50.* De chef van deze charmante zaak brengt een mooi eerbetoon aan Nederlandse producten (paling, drop...) door ze op inventieve wijze toe te passen. Reserveren aanbevolen.

Monnickendam

Goedkoop

Theetuin Overleek – *Overleek 6 - ☏ 0299 652 735 - theetuinover leek.nl - 10.00-17.00 u uitsluitend juni-sept. - lunchmenu € 16,50.* Voor een eenvoudige lunch of een uitgebreide high tea in de tuin van een prachtig huisje aan de gracht, met uitzicht op de schapen. De scones (zoet of hartig) zijn onvergetelijk. Reserveren is aanbevolen. Optioneel: boottochtjes (€ 10/pers. voor *2 uur* kajakken, of € 45 voor *2 uur* in een sloep voor maximaal vijf personen).

Volendam

Doorsneeprijzen

Smit-Bokkum – *Slobbeland 19 - ☏ 0299 363 373 - www.smitbokkum.nl - ♿ - 12.00-21.00 u - gesl. ma - gerecht € 12,50/32.* In deze familierokerij uit 1856 eet u de specialiteiten waar Volendam beroemd om is: gerookte vis met salade en toast, op het terras of in de houten eetzaal. Ook een winkel en minimuseum.

Een tussendoortje

Stubbe's Haring – PLATTEGROND II F1 - *Singel 8 - 10.00-18.00 u - gesl. zo-ma.* Een van de beste viskramen van de stad, op de brug tussen de Nieuwendijk en de Haarlemmerstraat. Verse haring en paling.

Small World – PLATTEGROND II F1 - *Binnen Oranjestraat 14 - Bus 18, 22 - ☏ 020 420 2774 - www.smallworldcatering.nl - 10.30-19.00, za 10.30-18.00, zo 12.00-18.00 u - gesl. ma.* Een van de beste sandwichbars van Amsterdam, bijna onzichtbaar in een zijstraatje van de Brouwersgracht. Origineel belegde broodjes met versproducten, maar ook quiches, versfruitcocktails en heerlijke zelfgemaakte taart. Om mee te nemen of ter plekke op te eten, binnen (piepklein!) of op het terras.

Tokoman – PLATTEGROND II F1 - *Haarlemmerstraat 68 - Bus 18, 21, halte Buiten Brouwersstraat - 12.00-20.00 u - € 5/14.* Streetfood made in Suriname. Heerlijke (pittige) broodjes.

Pancakes Amsterdam – PLATTEGROND II F2 - *Berenstraat 38 - Tram 10, 13, 14, 17 - ☏ 020 528 9797 - www.pancakes.amsterdam - 9.00-17.00 u.* Pannenkoeken in talrijke zoete en hartige varianten, en met verschillende sauzen. Andere zaken (8.00-20.00 u): Prinsengracht 277, Prins Hendrikkade 48 en Steiger 10 (achter het Centraal Station).

Lanskroon – PLATTEGROND II F2 - *Singel 385 - Tram 1, 2, 5 - ☏ 020 623 7743 - www.lanskroon.nl - 9.00-17.00, zo 10.00-17.00 u.* Van de heerlijke huisgemaakte taart en koek verdienen de vruchtentaarten, de stroopwafels (met honing) en de hopjeswafels (met karamel) een speciale vermelding. Theesalon.

De Bakkerswinkel – PLATTEGROND II G1 - *Warmoesstraat 69 - Tram 4, 5 - ☏ 020 489 8000 - www.debakkerswinkel.nl - ma en wo-vr 8.00-16.30, za, zo 8.30-16.30 u - gesl. di.* Een lange, diepe, trendy sandwichbar annex taartenwinkel waar het rond ontbijt-, lunch- en theetijd altijd heel druk is: geen wonder, want de huisgemaakte taarten en jams zijn om je vingers bij af te likken! Andere vestigingen zijn te vinden in Roelof Hartstraat 68 (Zuid) en Regulateurshuis 1 (Westerpark, bij de ingang met de ophaalbrug).

't Blauwe Theehuis – PLATTEGROND II E3 - *Vondelpark 5 - Tram 1, 2, 3, 5, 12 - ☏ 020 662 0254 - www.brouwerijhetij.nl/proeflokaal-het-blauwe-theehuis - dag. 10.00-22.00 u.* Dit paviljoen wordt wel vergeleken met een vliegende schotel die midden in het Vondelpark is neergestreken. Koffie, bier, broodjes en andere snacks, en op zo-middag een dj.

De Nieuwe KHL – PLATTEGROND I C2 - *Oostelijke Handelskade 44 - Tram 10, 26 - ☏ 020 779 1575 - www.denieuwekhl.nl - wo-zo vanaf 16.00 u.* Brouwerij, cultureel café en muziekpodium in de voormalige kantine van de rederij Koninklijke Hollandsche Lloyd, leuk voor een stop op uw ontdekkingstocht door dit deel van de stad, dat in trek is bij architectuurliefhebbers.

Iets drinken

☺ Cafés zijn er in Amsterdam in alle soorten en maten: grand cafés, kleine brouwerijen, lounges enz.

Hieronder een kleine selectie van klassiekers. Maar u komt zeker nog andere parels tegen.

Bruine cafés en proeflokalen

De meest authentieke **bruine cafés** zijn te vinden in het centrum en in de Jordaan. Ze zijn herkenbaar aan de kale, door de rook bruin verkleurde muren, het zand op de vloer en de in de loop der jaren gepatineerde lambrisering. Veel cafés en kroegen zijn klein, waardoor het er snel druk lijkt en het er al snel gezellig is, vooral aan het eind van de werkdag *(rond 18.00 u)*. Er wordt vooral bier gedronken. Een variant op het bruine café is het **proeflokaal**, een overblijfsel uit de 17de eeuw, waar vooral jenever en ter plaatse gedistilleerde likeuren worden geschonken (en verkocht).

Café 't Papeneiland –
PLATTEGROND II F1 - *Prinsengracht 2 -* U *1, 2, 5, 10 - ℘ 020 624 1989 - www.papeneiland.nl - ma-wo 10.00-1.00, do-vr 10.00-3.00, zo 12.00-1.00 u.* Door de ligging aan twee grachten, het ouderwetse interieur en de potkachel is dit een behoorlijk romantisch bruin café. Wordt vooral door senioren bezocht.

Café Hoppe – PLATTEGROND II F2 - *Spui 18-20 - ℘ 020 420 4420 - www.cafehoppe.com - 9.00-1.00 (vr-za 2.00 u).* Een bruin café vlak bij het Begijnhof en een stamkroeg van mensen uit de reclamewereld. Bij mooi weer en grote drukte ontstaat op het trottoir spontaan een 'staande receptie'.

De Drie Fleschjes –
PLATTEGROND II F1 - *Gravenstraat 18 -* Tram *1, 2, 4, 9, 14 - ℘ 020 624 8443 - dedriefleschjes.nl - 14.00-20.30, zo 15.00-19.00 u.* De Drie Fleschjes is een typisch proeflokaal. Er lijkt hier sinds 1650 helemaal niets veranderd te zijn! Weinig zitplaatsen, alles speelt zich af aan de bar, waar een keur aan jenevers en likeuren wordt geschonken.

Café 't Smalle – PLATTEGROND II F1 - *Egelantiersgracht 12 -* Tram *13, 17 - ℘ 020 623 9617 - www.t-smalle.nl - 10.00-1.00 u (vr-za 2.00 u).* Piepklein bruin café aan het water in de Jordaan, in een voormalige stokerij (1786). Leuk terrasje.

Café 't Mandje – PLATTEGROND II G1 - *Zeedijk 63 -* M *Centraal Station of Nieuwmarkt - ℘ 020 622 53 75 - www.cafetmandje.nl - 16.00-1.00, vr-za 15.00-3.00, zo 15.00-1.00 u - gesl. ma.* Dit bruine café (1927) was het eerste waar homo's en lesbiennes hun ware aard niet hoefden te verbergen.

Witte cafés en bars

De term 'wit café' bestaat eigenlijk niet, maar dient hier om deze cafés te onderscheiden van de 'bruine'. Naast de gezellige kleine adresjes zijn er de alternatieve gelegenheden in de buitenwijken. Cafés in industriële stijl zijn nog steeds in de mode. De cafés van de grote hotels zijn het stijlvolst. Voor een laatste drankje kunt u terecht op het Leidseplein of het Rembrandtplein.

Café Américain –
PLATTEGROND II E2 - *Leidseplein 28 -* Tram *1, 2, 5, 7, 10 - ℘ 020 556 3010 - www.cafeamericain.nl - 7.00-23.00 u.* Het weelderige art-decocafé van Hotel Americain is een monument. Niet voor de kleine beurs...

Brouwerij 't IJ – PLATTEGROND I C2 - *Funenkade 7 -* Bus *2,* Tram *10 - ℘ 020 261 9801 - www.brouwerijhetij.nl - 14.00-20.00, za 12.00-20.00 u.* Een proeflokaal van de ambachtelijke bierbrouwerij 't IJ in een voormalig badhuis aan de voet van molen De Gooyer. Grote selectie aan huisgemaakte, biologische en seizoensbieren. Rond borreltijd is het er druk.

De Jaren – PLATTEGROND II G2 - *Nieuwe Doelenstraat 20-22 -* Tram *4, 9, 16, 24 - ℘ 020 625 5771 - www.cafedejaren.nl - vanaf 10.00 u.*

Dit moderne café vlak bij het Muntplein is erg populair onder Amsterdamse jongeren. Terrassen met uitzicht op het water.

De Kroon – PLATTEGROND II G2 - *Rembrandtplein 17 - ☎ 020 625 20 11 - www.dekroon.nl - wo-do 17.00-1.00, vr-za 17.00-4.00 u.* Dit etablissement is zowel café, restaurant als lounge-bar: hoge plafonds, comfortabele, aantrekkelijke zithoekjes, originele inrichting in een mengelmoes van stijlen. Plasmaschermen, schitterend houten toog, stijlvol meubilair, insectenverzamelingen, enz.

Pllek – PLATTEGROND I B1 - *T.T. Neveritaweg 59 - www.pllek.nl - 9.30-0.00 u (vr-za 3.00 u).* Het hipste zeecontainercafé van het moment. Mensen komen hier voor een biertje of een hapje op een kleurrijke bank terwijl ze luisteren naar livemuziek. Ze blijven om te dansen, te kijken naar een film in de openlucht (in de zomer) en/of te loungen op het stadsstrand aan het IJ.

Oedipus – PLATTEGROND I C1 - *Gedempt Hamerkanaal 85 - ☎ 020 244 1673 - oedipus.com - do 16.00-0.00, vr 16.00-1.00, za 14.00-1.00, zo 14.00-23.00 u.* Op stap in Noord? Als u de lokale sfeer wilt proeven, kom dan op een zonnige dag naar deze kleurrijke minibrouwerij, gelegen tussen woonwijken en bedrijventerreinen. Een ander adres, iets centraler: *Javaplein 21.*

Coffeeshops

Amsterdam telt meer dan honderd coffeeshops. Er wordt koffie geserveerd, maar ze zijn toch vooral bekend als verkooppunt van softdrugs. Ga voor achtergrondinformatie naar het **Cannabis College** (*Oudezijds Achterburgwal 124 - cannabiscollege.com - 10.00-18.00 u).*

Winkelen

🙂 De meeste winkels zijn geopend op ma van 13.00-18.00 u en op di-za van 9.00-18.00 u; de winkels in de binnenstad zijn bovendien geopend op zo van 12.00-19.00 u. Veel winkels in de binnenstad sluiten op do om 21.00 u.

Mode en design

Voor kleine boetiekjes, ontwerpers en conceptstores kunt u terecht in de Jordaan, de **Negen Straatjes**, de Leidsestraat, de Utrechtsestraat, de Ferdinand Bolstraat. Het Museumkwartier is de place to be voor winkels in het hogere segment. Voor authentieke koopjes moet u niet in het centrum zijn, op enkele winkels na.

De Bijenkorf – PLATTEGROND II F1 - *Dam 1 - ☎ 020 808 9333 - www.debijenkorf.nl - ma 11.00-19.00, di-wo 10.00-19.00, do-za 10.00-21.00, zo 10.00-20.00 u.* Dit warenhuis is het Amsterdamse equivalent van de Galeries Lafayette in Parijs of Harrods in Londen. Ook enkele plaatselijke merken.

Magna Plaza – PLATTEGROND II F1 - *Nieuwezijds Voorburgwal 182 -* Tram *1, 2, 5, 14 - www.magnaplaza.nl - 10.00-19.00, do 10.00-21.00, zo 11.00-19.00 u.* Winkelpassage met een veertigtal luxewinkels in het voormalige hoofdpostkantoor.

Locals – PLATTEGROND II F2 - *Spuistraat 272 - ☎ 020 528 6500 - www.localsamsterdam.com - 11.30-18.00, ma 13.00-18.00, zo 12.00-18.00 u.* Dit is geen *tourist trap*, maar een winkel met Nederlandse designproducten die u elders niet vindt.

Droog Design – PLATTEGROND II G2 - *Staalstraat 7a-b -* Tram *4, 9, 14, 16 - ☎ 020 523 5059 - www.droog.com - 11.00-17.00 u - gesl. ma-di.* De winkel van de grote naam in Nederlands design, een voormalig kunstenaarscollectief dat zich inspant voor recycling (1994). Hun motto: 'Laat eenvoud niet saai zijn'. Hier is het grappig!

Specialiteiten

Als u van kaas houdt, ga dan naar de **Boerenmarkt** – PLATTEGROND II F1 - *Noordermarkt - za 9.00-16.00 u.*
Tulip Museum – PLATTEGROND II F1 - *Prinsengracht 116 -* 🚋 *13, 17 - ✆ 020 421 00 95 - www.amsterdam tulipmuseum.com - 10.00-18.00 u.* Een winkel die de emblematische bloem toepast op alle denkbare voorwerpen. Houdt u van echte bloemen, ga dan naar de Bloemenmarkt *(zie blz. 130).*
De Kaas Kamer – PLATTEGROND II F2 - *Runstraat 7 -* 🚋 *1, 2, 5 - ✆ 020 623 34 83 - www.kaaskamer.nl - 9.00-18.00, ma 12.00-18.00, za 9.00-17.00, zo 12.00-17.00 u.* Het is moeilijk kiezen uit het ongelooflijke aanbod van kazen. Advies en proeverijen zullen u helpen. Maar kaasliefhebbers moeten vooral naar de Boerenmarkt *(Noordermarkt, za 9.00-16.00 u).*

Voetbal en kinderen
Official Ajax Fan Shop – PLATTEGROND II F2 - *Kalverstraat 124 - ✆ 0900 2322529 - www.ajaxshop. nl - 10.00-19.00 u.* De officiële Ajax-winkel.
Het Muizenhuis – PLATTEGROND II F1 - *Eerste Tuindwarsstraat 1 -* 🚋 *3, 10 - www.hetmuizenhuis.nl - 10.00-17.00 u.* De ongelooflijke winkel van de makers van Sam en Julia, twee vilten muizen die leven in een universum van gerecycleerd karton. Betoverend.

Antiek en boeken
Antiek vindt u in het **Spiegelkwartier** (PLATTEGROND II F3) en in de antiekwinkels langs de grachten (Singel, Herengracht, Keizersgracht en Prinsengracht). Vlooienmarkten vindt u op het **Waterlooplein** (PLATTEGROND II G2 - *9.30-18.00 u - gesl. zo),* in de **Jordaan** *(Noordermarkt -* PLATTEGROND II F1 - *ma 9.00-13.00, za 9.00-16.00 u)* en bij het **NDSM-terrein** (PLATTEGROND I B1 - *www.ndsm.nl).*

Athenaeum Boekhandel – PLATTEGROND II F2 - *Spui 14-16 -* 🚋 *1, 2, 4, 5, 16, 24, 25 - ✆ 020 514 1460 - www.athenaeum.nl - ma-wo 10.00-18.00, do-za 10.00-19.00, zo 11.00-18.00 u.* De drukst bezochte en meest intellectuele boekhandel van de stad. Bibliofiele vrienden, mis ook de boekenmarkt niet *(Spui - vr 10.00-18.00 u).*

Diamantslijperijen
Een tiental slijperijen is geopend voor bezoek en verkoop. De meest bekende daarvan is **Gassan Diamonds** (PLATTEGROND II G2 - *Nieuwe Uilenburgerstraat 173-175 - ✆ 020 622 53 33 - 9.00-17.00 u).*

Uitgaan

😊 Reserveer uw plaatsen voor concerten, theater, festivals enzovoort op de websites van de locaties, bij het toeristenbureau of op lastminuteticketshop.nl.

Klassiekers
Concertgebouw – PLATTEGROND II E3 - *Concertgebouwplein 2 -* 🚋 *2, 5 - ✆ 020 573 0573 - www.concert gebouw.nl - ♿ - kaartverkoop ter plaatse (kassa geopend vanaf 17.00, za, zo vanaf 10.00 u) of telefonisch ✆ 0031 20 671 8345.* Dankzij de perfecte akoestiek en de uitzonderlijke kwaliteit van het Koninklijk Concertgebouworkest, dat hier zijn thuisbasis heeft, is dit een van de ware tempels van de klassieke muziek.
Muziekgebouw aan't IJ – PLATTEGROND II H1 - *Piet Heinkade 1 -* 🚋 *25, 26 - ✆ 020 788 20 00 - www.muziekgebouw.nl -* 🅿 ♿. Deze concertzaal valt op door zijn hedendaagse lijnen, uitstekende akoestiek en uitzonderlijke ligging aan het IJ. De programmering is vooral gericht op klassieke muziek, maar er zijn ook regelmatig uitvoeringen van eigentijdse en wereldmuziek. Geniet in de foyers van het schitterende uitzicht op het IJ.

Nationale Opera & Ballet – PLATTEGROND II G2 - *Amstel 3 -* M *Waterlooplein -* ✆ *020 625 54 55 - www.operaballet.nl. Het voormalige Muziektheater, nu Nationale Opera & Ballet. De bouw (1987) van deze 'Stopera' was lang omstreden, maar de zaal met 1700 plaatsen geldt nu als een must.*

Stadsschouwburg Amsterdam – *Leidseplein 26 -* PLATTEGROND II EF2 - ✆ *020 624 2311 - ita.nl -* ♿. *De oudste schouwburg van de stad (1894) met een zeer gevarieerd aanbod aan voorstellingen: van klassiek toneel en boulevardtheater tot opera en musicals. Ook de plek waar de spelers van Ajax zich laten toejuichen na een kampioenschap.*

Koninklijk Theater Carré – PLATTEGROND II G3 - *Amstel 115-125 -* Tram *7, 10 -* ✆ *020 524 9453 - carre.nl -* ♿. *Opera, musicals en cabaret in een prestigieus voormalige circusgebouw uit de 19de eeuw.*

Theater Tuschinski – PLATTEGROND II F2 - *Reguliersbreestraat 26-34 -* Tram *4 -* ✆ *088 515 20 50 - www.pathe.nl/tuschinski -* ♿. *Voor een bijzonder uitje in een bijzondere entourage: geniet van een film in een werkelijk schitterende bioscoop in art-decostijl.*

Multifunctionele podia

Melkweg – PLATTEGROND II E2 - *Lijnbaansgracht 234 a -* Tram *1, 2, 5, 7, 10 -* ✆ *020 531 8181 - www.melkweg.nl -* ♿ *- tijden en tarieven afh. van het programma. Zeer dynamisch multicultureel centrum in een voormalige melkfabriek. Een geliefd podium voor alternatieve muziek, film en dans.*

Paradiso – PLATTEGROND II F3 - *Weteringschans 6-8 -* Tram *1, 2, 5, 7, 10 -* ✆ *020 626 4521 - www.paradiso.nl - tijden en tarieven afh. van het programma. Paradiso is gevestigd in een voormalige neogotische kerk, die in 1968 een concertzaal werd. Paradiso is een mythische naam voor liefhebbers van rock, pop en techno. Er is een wisselend aanbod van concerten, van internationale sterren tot plaatselijk bekende dj's. Sinds enige jaren is er een 'filiaal' in Amsterdam-Noord, bij de Tolshuistuin: Paradiso Noord, IJ Promenade 2.*

Westergasfabriek – PLATTEGROND I B1 - *Haarlemmerweg 4 -* Tram *10 -* ✆ *020 586 07 10 - westergas.nl - 7 dagen per week, dag en nacht. Deze voormalige gasfabriek, omgebouwd tot cultureel centrum, is de nieuwe hotspot van het Amsterdamse nachtleven. Het huisvest een filmhuis, het Ketelhuis (Pazzanistraat 4 - www.ketelhuis.nl), het café met livemuziek Pacific Parc (Polonceaukade 23 - www.pacificparc.nl - ma-do 11.00-1.00, vr-za 11.00-4.00, zo 11.00-22.00 u) en de imposante industriële club Westerunie (Klönneplein 4-6 - www.westerunie.nl).*

Bimhuis – PLATTEGROND II H1 - *Piet Heinkade 3 -* Tram *25, 26 -* ✆ *020 788 2188 - www.bimhuis.nl. Een legendarische naam als het gaat om jazzconcerten. Restaurant en café (jazzsessions di 20.00-22.30 u).*

Maloe Melo – PLATTEGROND II E2 - *Lijnbaansgracht 163 -* Tram *7, 10, 14 -* ✆ *020 420 4592 - www.maloemelo.nl - 21.00-3.00 (vr-za 4.00 u). Klein, gerenommeerd bluescafé.*

Sport en ontspanning

Voetbal

Amsterdamsche Football Club Ajax NV – *Wie Amsterdam zegt, zegt Ajax! Deze legendarische club uit 1900 met het beroemde rood-witte shirt profileerde zich in de jaren 1970 met 'totaalvoetbal' (het hele team valt aan en verdedigt samen). Om de sfeer te proeven van de ArenA, het indrukwekkende stadion dat in 1996 door Rob Schuurman werd ontworpen (tickets, museum, enz.), zie: www.ajax.nl.*

Rondvaarten

Een aangename manier om de grachten van Amsterdam te ontdekken. De meeste rondvaartboten vertrekken in de buurt van het Centraal Station. Ze varen allemaal min of meer hetzelfde traject *(ca. 1 uur/ca. € 15/20)*, maar er zijn ook langere rondvaarten, inclusief maaltijd, bij avond enzovoort.

Canal Company – PLATTEGROND II G1 - *Prins Hendrikkade 33 - tegenover het Centraal Station - 📞 020 217 0500 - www.stromma.nl.*

Blue Boat Company PLATTEGROND II E3 - *Stadhouderskade 30 - 📞 020 679 13 70 - www.blueboat.nl.*

Lovers Canal Cruises – PLATTEGROND II G1 - *Prins Hendrikkade 25 - 📞 020 214 31 11 - www.lovers.nl.*

Veerponten

Voor voetgangers en fietsers. Gratis. Vertrek vanaf het Centraal Station aan de IJ-zijde. Het hele jaar door varen de GVB-**ponten** naar Amsterdam-Noord. En in het vaarseizoen biedt het **IJ-Buurtveer** een rondvaart door de haven en de dorpen ten noorden van Amsterdam. *(Pasen-eind okt. - sega-amsterdam.nl/ij-buurtveer-amsterdam-move)*.

Waterfietsen

Pedal Boat Amsterdam – 📞 020 217 05 00 - *www.stromma.nl - 10.30-18.00 u - € 25/uur.* Verhuur van waterfietsen voor vier personen vanaf het Leidseplein, Rijksmuseum en het Anne Frank Huis.

Overnachten

😊 Hotels zijn duur in Amsterdam. Behalve in hostels kost een tweepersoonskamer minstens € 120. De beste tarieven gelden doordeweeks, in het laagseizoen of als u ruim van tevoren boekt. Voor rust en stilte moet u het centrum mijden.

Goedkoop

⑪ **Cocomama** – PLATTEGROND II G3 - *Westeinde 18 - 📞 020 627 24 54 - cocomamahostel.com - bedden in een slaapzaal en kamers € 45/125 🛌.* Dit charmante en gunstig gelegen 'boutique-hostel' heeft een aangename sfeer en hanteert eerlijke prijzen. Leuke lounge, eigen bioscoopzaal en tuin. Minimumverblijf twee nachten.

😊 Overweeg ook de aangesloten hostels: **Ecomama** (*Valkenburgerstraat 124 - ecomamahotel.com*), kleurrijk, centraal gelegen en 'groen' en **ClinkNoord** (*Badhuiskade 3 - clinkhostels.com*), met een mooie minimalistische inrichting, niet ver van de pont en filmmuseum Eye in Noord.

Doorsneeprijzen

㉘ **Conscious (The Tire Station)** – PLATTEGROND I A2 - *Amstelveenseweg 5 - 📞 020 820 33 33 - conscioushotels.com -* 🅿 *€ 30 - 112 kamers vanaf € 125 -* 🛌 *€ 19 -* 🍴. Een comfortabel en ultramodern hotel gericht op de stadse toerist. Geslaagd minimalistisch design en een prettig café.

㉙ **Bunk** – PLATTEGROND I C1 - *Hagedoornplein 2 - 📞 088 696 98 69 - bunkhotels.com/amsterdam - 50 pods vanaf € 26/pers. en 106 kamers, veel mogelijkheden, zie de website -* 🛌 *€ 15 -* 🍴. Dit hotel in een voormalige kerk in Noord *(9 minuten met de metro vanaf Amsterdam Centraal)* is zowel origineel als functioneel. Er is keuze uit comfortabele kamers (van verschillende grootte) en slim bedachte *pods* (cabines) voor één of twee personen.

Wat meer luxe

㉛ **The Exchange** – PLATTEGROND II G1 - *Damrak 50 - 📞 020 523 00 80 - www.hoteltheexchange.com -* 🅿 *betaald - 61 kamers € 166/344 -* 🍴. Een door het Lloyd-team geopend hotel dat tussen de neonlichtuithangborden op het Damrak bijna onvindbaar is. Met door jonge designers ontworpen een- tot vijfsterrenkamers.

㉚ Lloyd Hotel – PLATTEGROND I C2 - *Oostelijke Handelskade 34 - Tram 26 - ☎ 020 561 36 36 - www.lloydhotel.com - 🅿 betaald - 117 kamers - werd gerenoveerd ten tijde van ons bezoek, vraag inl. - ✕*. Een hotel vlak bij de moderne stadsarchitectuur van het Oosterdok in een voormalig doorgangscentrum voor emigranten uit 1921, met kamers in zeer uiteenlopende prijsklassen (1-5 sterren). De kamers, elk met een eigen sfeer en stijl, zijn verdeeld over zes verdiepingen rond een imposante lichtschacht en een grand café-restaurant.

Pure verwennerij

㉞ The Craftsmen – PLATTEGROND II F1 - *Singel 83 - ☎ 020 210 1218 - hotelthecraftsmen.com - 14 kamers € 296/450* ☕. Een grachtenhuis (1652) met veel charme, kamers ingericht in oude stijl, uitkijkend op de gracht, met een combinatie van originele elementen, moderne materialen en hergebruikte ambachtelijke voorwerpen.

⑫ Sir Albert – PLATTEGROND II F3 - *Albert Cuypstraat 2 - Tram 16 - ☎ 020 710 7258 - www.sirhotels.com/albert - 🖃 - 🅿 betaald - 90 kamers € 225/424 - ✕*. Een chic hotel in een voormalige diamantfabriek in de Pijp, met een uitstekende service. 'Broer' Sir Adam biedt een onvergetelijke nacht in de A'DAM Toren *(www.sirhotels.com/adam)*.

Edam

Doorsneeprijzen

Auberge Damhotel Edam – *Keizersgracht 1 - ☎ 0299 371 766 - www.damhotel.nl - 11 kamers en 4 suites € 125/145* ☕ - ✕. Een hotel aan het plein voor het stadhuis met comfortabele kamers, allemaal verschillend ingericht. De chef bereidt verfijnde gerechten. Uitnodigend terras en gezellige bar.

De Fortuna – *Spuistraat 3 - ☎ 0299 371 671 - www.fortuna-edam.nl - ♿ - 23 kamers € 149* ☕ - ✕ *menu € 39/50*. Dit charmante hotel bestaat uit diverse karakteristieke 17de-eeuwse huizen en een schitterende, door water omgeven tuin. Kies bij mooi weer voor een heerlijk diner aan het water of een eenvoudige, verse lunch.

Volendam

Doorsneeprijzen

Hotel Spaander – *Haven 15-19 - ☎ 0299 363 595 - www.spaander.com - 🅿 ♿ - 78 kamers € 76/119 -* ☕ *€ 17,50 -* ✕ *€ 24/30*. In deze befaamde 19de eeuwse herberg herinnert de rijke collectie oude schilderijen aan het feit dat schilders op doorreis hier vroeger hun rekening in natura mochten voldoen. Kamers in diverse categorieën, onvervalst bruin café en een restaurant met Hollandse keuken.

Haarlem ★★

Haarlem was ooit de hoofdstad van het graafschap Holland. Het historische centrum met zijn fleurige straatjes aan het Spaarne is bijna volledig intact gebleven. De stad was lange tijd het middelpunt van de bloembollenteelt, die het omringende landschap in het voorjaar in een veelkleurige patchworkdeken verandert. Bewonder in het Frans Hals Museum de meesterwerken van de Haarlemse School, of flaneer door de stad, langs de vele winkels of door de schilderachtige hofjes. En geniet van de vele geneugten van een verblijf aan de kust.

Op de kades van het Spaarne
venemama/Getty Images Plus

Ligging

163.000 inwoners

REGIOKAART BLZ. 118-119 A3 EN PLATTEGROND BLZ. 169. 35 km ten westen van Amsterdam; elke *15 min.* een trein uit Amsterdam.

Aanraders

Het Frans Hals Museum, de hofjes van de oude gasthuizen, de orgelconcerten in de Grote of Sint-Bavokerk, een wandeling langs het Spaarne en in de naaste omgeving.

Praktisch blz. 175

Adresboekje blz. 176

Bezichtigen

PLATTEGROND BLZ. 169

Frans Hals Museum A2

Het topmuseum van Haarlem is sinds 1913 gevestigd in een voormalig **gasthuis**★ (1610) rond een binnentuin, midden in het oude centrum. Een eeuw later heeft de instelling een verjongingskuur ondergaan met een nieuw concept gerealiseerd op twee locaties: de HOF, op de oude locatie, en de HAL, ook in de oude binnenstad. Gekozen is voor een transversale benadering van kunst: door een flexibele museumopstelling en grote exposities wordt een dialoog tussen de tijdperken geforceerd en hangen werken uit de Gouden Eeuw naast moderne of abstracte schilderijen. Twee musea met dezelfde roeping, maar elk met zijn eigen specifieke kenmerken.

★★★ Frans Hals Museum/HOF

Groot Heiligland 62 - ✆ (023) 511 57 75 - www.franshalsmuseum.nl - di-zo 11.00-17.00 u - € 16 voor de twee musea Hal en Hof (tot 19 jaar gratis).

In de HOF vindt u het merendeel van de oude schilderijen, te beginnen bij de meesterwerken van **Frans Hals** (1581-1666). Hij werd geboren in Antwerpen, maar was en is een schilder uit Haarlem, de stad waar hij carrière maakte. De 240 doeken die aan hem worden toegeschreven, getuigen van een alerte, losse manier van werken in combinatie met een opmerkelijke beheersing van de portretschilderkunst, een genre waarin hij excelleerde (hij maakte er 195!). Door zijn door en door naturalistische schuttersstukken en groepsportretten werd hij de grondlegger van het Nederlandse realisme. Het opvallend kleurrijke en beweeglijke **Feestmaal van de officieren van de Sint-Jorisschutterij**★★★ (1616) is het eerste. Daarna volgen nog **Feestmaal van officieren van de Sint-Jorisschutterij**★★★ (1627) en **Vergadering van de officieren en onderofficieren van de Cluveniersschutterij**★★ (1633) in de buitenlucht. De vrolijkheid en de kleur van deze doeken contrasteren met de calvinistische strengheid van zijn regentenstukken, waaronder **Regenten van het Sint-Elisabeths Gasthuis**★ (1641), **Regentessen van het Oudemannenhuis** en **Regenten van het Oudemannenhuis**★★ (1664).

Na Hals duikt u in de 16de en 17de-eeuwse Hollandse schilderkunst van vooral de Haarlemse huiskamer, dankzij de werken van Cornelis van Haarlem, Jacob van Ruysdael en Pieter Claesz. Verder zijn er stillevens van Hans Gillisz Bollongier en Floris Claesz van Dijck te bewonderen. En niet te vergeten de humoristische schilderijen van Jan Miense Molenaer, Cornelis Dusart, Adriaen Brouwer, naast prachtige meubels en decoratieve kunst verspreid over diverse museumzalen.

★ Frans Hals Museum/HAL

Grote Markt 16 - voor openingstijden en tarieven, zie hieronder.

In dezelfde geest als de HOF toont de HAL kunst in al haar facetten, de historische chronologie voorbij. Hedendaagse kunstenaars hebben er de overhand. De HAL is verspreid over drie opvallende gebouwen aan de Grote Markt. De imposante **Verweyhal**, in 1879 gebouwd voor een herensociëteit, is vernoemd naar de Haarlemse schilder Kees Verwey (1900-1985). Het smalle **Vishuisje** (1600) was in de 18de eeuw de officiële woning van de rentmeester van de vismarkt. In de stijlvolle **Vleeshal**★ (1604) werd de vleesmarkt gehouden: daaraan herinneren de ossen- en schapenkoppen aan de gevel. In de kelders van de Vleeshal is het **Archeologisch Museum Haarlem** gevestigd. *Grote Markt 18 - ✆ (023) 542 08 88 - www.archeologischmuseumhaarlem.nl - wo-zo 13.00-17.00 u - vrije toegang.*

> ### De Haarlemse School
>
> Binnen deze kunststroming worden twee perioden onderscheiden. De **Eerste Haarlemse School** (15de eeuw en de eerste helft van de 16de eeuw) wordt gekenmerkt door de realistische religieuze voorstellingen van Jan van Scorel, Maarten van Heemskerck, Karel van Mander, Cornelis Cornelisz van Haarlem... Typerend voor de **Tweede Haarlemse School** (eerste helft van de 17de eeuw) zijn de zeer uiteenlopende genres: portretten (individuen, gilden, schutterijen, regenten, met Frans Hals als meesterschilder); landschapsschilderijen van Esaias van de Velde, Salomon, Jacob van Ruysdael, Van Goyen; genrestukken van Ter Borch, Van Ostade en Judith Leyster; dierenschilderijen van Wouwerman en Cuyp; stillevens van Floris van Dijck en Willem Claesz Heda; kerkinterieurs van Pieter Saenredam en Jacob Berckheyd.

Wandelen

Rond de Grote Markt PLATTEGROND HIERNAAST

★ Grote Markt A2

Het historische hart van de stad (heel druk op zaterdag, marktdag) is een groot autovrij plein met aan de oostkant de Sint-Bavo, aan de westkant het stadhuis en aan de zuidkant de schitterende Vleeshal. Op het plein staat het standbeeld van **Laurens Janszoon Coster** (1405-1484), die in Nederland als de uitvinder van de boekdrukkunst wordt beschouwd. Hij zou de boekdrukkunst in 1423 hebben uitgevonden, tien jaar eerder dan Gutenberg.

★ Stadhuis A2

Grote Markt 2. Het gotische bouwwerk (14de eeuw) met zijn slanke toren heeft door de eeuwen heen veel veranderingen ondergaan. Het vooruitspringende deel met zuilen aan de rechterkant heeft een sierlijke gevel met voluten en Vrouwe Justitia; links, boven het bordes, is een loggia in renaissancestijl aangebouwd. De **Gravenzaal** op de eerste verdieping heeft zijn oorspronkelijke uitstraling behouden met schilderijen van de graven van Holland, 17de-eeuwse glas-in-loodramen en een slaguurwerk.

★★ Grote of Sint-Bavokerk A2

Grote Markt 22 - ✆ (023) 553 20 40 - www.bavo.nl - ma-za 10.00-17.00 u - gesl. zo - € 3. Gratis orgelconcerten (eind mei -begin okt.), carillonconcerten (ma 12.00-13.00 en vr 12.00-13.30 u) en een internationaal orgelfestival in de tweede helft van juli (zie 'Evenementen' blz. 175) - programma op de website.

Deze grote, protestantse kerk – niet te verwarren met de (rooms-katholieke) Sint-Bavokathedraal *(Leidsevaart, blz. 172)* – werd eind 14de, begin 15de eeuw in de sobere stijl van de Brabantse gotiek gebouwd. Het gebouw is van ver herkenbaar aan de sierlijke, 80 m hoge, met lood beklede **toren op de kruising**★. Binnen wordt de sfeer bepaald door een schitterend cederhouten **stergewelf**★. Het **grote**

> ### Station Haarlem
>
> De eerste spoorlijn van Nederland werd in 1839 in gebruik genomen tussen Amsterdam en Haarlem. Even buiten Haarlem was een houten station gebouwd. In 1842 werd op de plaats van het huidige station een nieuw station gebouwd. Dat werd tussen 1905 en 1908 weer vervangen door een station in art-decostijl.

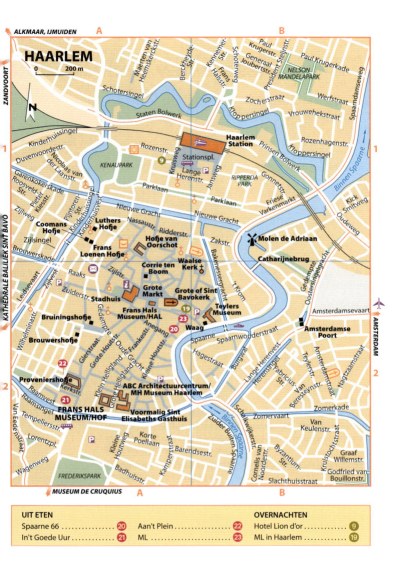

UIT ETEN				OVERNACHTEN	
Spaarne 66	20	Aan't Plein	22	Hotel Lion d'or	9
In 't Goede Uur	21	ML	23	ML in Haarlem	19

orgel★, lange tijd een van de beste kerkorgels ter wereld en versierd met beeldhouwwerk van Jan van Logteren, werd in 1738 ontworpen door Christian Müller. Händel en Mozart zouden speciaal naar Haarlem zijn gereisd om het te bespelen. Let tot slot ook op de vloer van de kerk, die volledig met grafstenen is belegd. Een lantaartje markeert het graf van schilder **Frans Hals**, achter een mooi **koorhek★** met maaswerk van messing. Het gebouwtje tegen de noordgevel van de kerk is de **Vishal** (1769), nu een onafhankelijk expositiecentrum voor hedendaagse kunst.

Waalse Kerk B2

De Waalse Kerk van Haarlem, de oudste kerk van de stad, was tot 1586 de kapel van het Begijnhof.

Waag B2
Damstraat 29. Het Waaggebouw werd in 1598 in maniëristische stijl gebouwd, naar verluidt door Lieven de Key. In de Waag is nu een café gevestigd. De weegschaal staat er nog steeds.

★ Teylers Museum B2
Spaarne 16 - ☎ (023) 516 09 60 - www.teylersmuseum.nl - ma-zo en schoolvak. 10.00-17.00 u - € 15 (6-17 jaar € 2,50).
Het Teylers Museum werd gesticht dankzij het legaat van **Pieter Teyler van der Hulst** (1702-1778), een rijke koopman in laken en zijde. Het werd in 1779 aan het Spaarne gebouwd en is het oudste museum van Nederland. Door de ouderwetse sfeer die in de zalen van dit neoclassicistische herenhuis heerst, heeft een rondgang door het museum iets statigs, net als de met houtsnijwerk versierde Ovale Zaal uit 1784. De collecties illustreren de vele interesses van Teyler: van bijzondere **fossielen★**, oude munten, wetenschappelijke instrumenten, maquettes en prenten tot romantische schilderijen en een schitterende **collectie tekeningen★★** (werken van Rembrandt, Dürer, Michelangelo, Hogarth, Le Lorrain...), waarvan het museum vanwege hun kwetsbaarheid facsimile-uitgaven tentoonstelt: zo kan iedereen ze toch bekijken. In de moderne aanbouw van het museum worden elk jaar tijdelijke tentoonstellingen georganiseerd.

★ Hofjes A1-2
☺ Voor de rust van de bewoners zijn de twintigtal gasthuizen (hofjes; *zie blz. 141*) in principe alleen toegankelijk van maandag tot vrijdag van 10.00 tot 17.00 u.
Al in de 15de eeuw telde de rijke stad Haarlem veel liefdadigheidsinstellingen. Ontdek ze tijdens een aangename wandeling door het westelijk deel van het stadscentrum, een vrolijke wijk met smalle, bloemrijke straatjes.
Vertrek vanaf de noordkant van de Grote Markt. Daar vindt u het **Hofje van Oorschot** *(Kruisstraat 44G - A1)*, uit 1769, met een monumentaal hek als ingang *(vergeet niet dat de hofjes in principe voor publiek gesloten zijn)*; het **Luthers Hofje**, gebouwd in 1615 *(Witte Herenstraat 16 - A1)*, naast de Lutherse kerk, waaraan het nog altijd gelieerd is; in dezelfde straat, op nr. 24 en 30, het **Frans Loenen Hofje** (1607), speciaal voor mannen van 50 jaar en ouder, en het door een gilde van kooplieden gestichte **Coomans Hofje** (1644); het **Bruiningshofje** *(Botermarkt 13 - A2)*, een klein bloemrijk hofje aan het eind van een doodlopende straat (1610); het **Brouwershofje** *(Tuchthuisstraat 8 - A2)*, in 1472 gesticht door een bierbrouwersgilde, met een charmante tuin; en het **Proveniershofje** (1592), met zijn robuuste poort *(Grote Houtstraat 140 - A2)*, gebouwd op de plaats van een katholiek klooster.

Corrie ten Boom Museum A2
Barteljorisstraat 19 - ☎ (023) 531 08 23 - www.corrietenboom.com - rondleiding elk uur te reserveren 5 dagen van tevoren - di-za 10.00-15.30 u - gratis.
In dit huis, een plek van herinnering om het verhaal van de Tweede Wereldoorlog te vertellen, zijn de schuilplaatsen bewaard gebleven waar de familie Ten Boom joden, verzetsmensen en studenten die weigerden voor de nazi's te werken, verstopte. In 1944 pakte de Gestapo zes leden van de familie op; de zes onderduikers vonden de Duitsers niet.

Aan de overkant van het Spaarne PLATTEGROND BLZ. 169

Molen de Adriaan B1
Papentorenvest 1a - ☎ (023) 545 02 59 - www.molenadriaan.nl - maart-okt.: 13.00-17.00, za, zo 10.30-17.00 u; nov.-feb.: ma en vr 13.00-16.30, za, zo 10.30-16.30 u - rondleiding van 30/45 min. - € 7,50 (5-12 jaar € 3,50).

Een van de oudste steden van Nederland

Haarlem is drie eeuwen eerder dan Amsterdam gesticht en werd, nadat de stad in de 12de eeuw was versterkt, de residentie van de graven van Holland. In de 13de eeuw namen de inwoners deel aan de vijfde kruistocht en de verovering van de versterkte Noord-Egyptische stad Damiate (1219). Ter herinnering hieraan heten de klokken van de Grote of Sint-Bavokerk nog altijd 'damiaatjes'. Tijdens de opstand tegen de Spanjaarden weerstond Haarlem in 1572-1573 een zeven maanden durend beleg door Frederik, de zoon van de hertog van Alva. In de winter liet Willem van Oranje de stad bevoorraden door de Watergeuzen, die schaatsend het Haarlemmermeer overstaken. Pas in 1577 schaarde Haarlem zich achter de Staten-Generaal, die Willem bij de Pacificatie van Gent in november 1576 tot stadhouder van de Republiek der Zeven Verenigde Nederlanden hadden benoemd.

In de 17de eeuw kwam Haarlem tot bloei door te profiteren van het verval van de Vlaamse lakenhandel: het 'Hollands linnen' werd in heel Europa afgezet.

Het dorp Nieuw Haarlem, een buitenpost aan de Noord-Amerikaanse oostkust, werd in 1658 door Nederlandse kolonisten en hun gouverneur Pieter Stuyvesant gesticht. In 1664 namen de Engelsen de Nederlandse kolonie in en doopten die New York. Wat rest is Harlem, de beroemde wijk ten noorden van Manhattan, bekend als centrum van de Afro-Amerikaanse cultuur.

Deze opmerkelijk hoge, zwart met witte stellingmolen aan het Spaarne is een exacte replica van de molen uit 1778 die in 1932 door brand werd verwoest. De stelling, 12 m boven de rivier, biedt een mooi **uitzicht** over de stad.
Ten noorden van de molen is aan het Spaarne een stadsstrand aangelegd *(reken op 10 min. lopen)*.

Catharijnebrug B2
Deze metalen sluisbrug dateert van 1902. De brug draait om zijn eigen as tot hij parallel ligt aan de middenas van de rivier, waardoor aan weerskanten van de brug een doorvaart voor schepen ontstaat.

Amsterdamse Poort B2
Door dit poortgebouw uit het eind van de 15de eeuw, met aan de stadskant twee torentjes, stroomde ook het Spaarne de stad binnen.

Wat is er nog meer te zien?
PLATTEGROND BLZ. 169

Voormalig Sint-Elisabeths Gasthuis A2
Groot Heiligland 47 (tegenover het Frans Hals Museum).
Bewonder dit mooie gebouwencomplex van trapgevelhuizen. Dit is het voormalige Sint-Elisabeth Gasthuis, waarvan de regenten (bestuurders) Frans Hals inspireerden. Het werd in 1581 gebouwd op de fundamenten van een klooster en was tot 1971 in bedrijf. Nu zijn hier twee kunstcentra gevestigd.
ABC Architectuurcentrum – *(023) 534 05 84 - www.architectuurhaarlem.nl - di-za 12.00-17.00, zo 13.00-17.00 u - tarief wisselt per tentoonstelling.* Dit **architectuurcentrum** toont het erfgoed van de stad middels tentoonstellingen die elk jaar een paar keer wisselen.

MH Museum Haarlem – ☏ *(023) 542 24 27 - www.museumhaarlem.nl - di-za 11.00-17.00, zo-ma 12.00-17.00 u - € 10,50 (13-18 jaar € 5,50, tot 12 jaar gratis).* Dit piepkleine **museum** organiseert tentoonstellingen van lokale kunstenaars en vertelt de geschiedenis van de stad aan de hand van een grappige korte film (in het Engels).

Sint-Bavokathedraal BUITEN PLATTEROND BIJ A2
Leidsevaart 146 (toegang Bisschop Bottemanneplein) - ☏ (023) 532 30 77 - www.denieuwebavo.nl - dag. 13.00-16.00 u - € 7,50 (5-12 jaar € 4, tot 4 jaar gratis).
Haarlem was alweer veertig jaar bisschopsstad toen de opdracht tot de bouw van de Sint-Bavokathedraal aan de zuidwestkant van het centrum werd gegeven. De kathedraal werd in neogotische stijl (1906) gebouwd door Joseph Cuypers, de zoon van P.J.H. (Pierre) Cuypers, architect van het Rijksmuseum in Amsterdam. In de crypte bevinden zich het **kathedraalmuseum** en een grote kerkschat, waaronder veel kerkzilver (15de tot 20ste eeuw). Interessant zijn ook de kerkelijke gewaden (begin 16de eeuw) en kazuifels uit de kapel van het paleis waar Lodewijk Napoleon, koning van Holland, in Amsterdam (1808-1810) verbleef.

In de omgeving
REGIOKAART BLZ. 118-119

★ Museum De Cruquius A3
▶ *7 km ten zuidoosten van Haarlem, via de Dreef, noordoostelijk van een brug, aan de N205, richting Vijfhuizen. Cruquiusdijk 27 - ☏ (023) 528 57 04 - www.haarlemmermeermuseum.nl - ♿ - maart-okt.: ma-vr 10.00-17.00, za, zo 11.00-17.00 u; nov.-april: ma-vr 13.00-17.00, za, zo 11.00-17.00 u - € 10 (5-12 jaar € 5).*
Dit museum aan de rand van het vroegere **Haarlemmermeer** *(zie kader blz. 174)* is gehuisvest in een van de drie gemalen waarmee het meer tussen 1849 en 1852 werd drooggelegd. Het gemaal is vernoemd naar Nicolaas de Kruik, alias **Nicolaas Cruquius** (1678-1754), landmeter en bedenker van de inpoldering (1750). Het museum linkt op een interessante manier de technische ontwikkelingen, de strijd tegen het water en de aanleg van de polders an elkaar. Een maquette geeft uitleg over het poldersysteem, en aan de hand van een bewegende maquette wordt zichtbaar welke delen van Nederland onder water zouden staan als er geen dijken en dammen waren. In de neogotische machinekamer staat nog altijd de oorspronkelijk **stoommachine★** met acht balansarmen en acht pompen. De unieke machine (in doorsnede de grootste ter wereld) werd in Cornwall gebouwd en in 1849 in gebruik genomen. Een parkje en het theehuis in het voormalige huis van de opzichter van het stoomgemaal maken het bezoek compleet

Wat is een polder?
Een polder ('ingedijkt laagland' in het Vlaams) is een door de mens drooggelegd stuk land dat meestal onder zeeniveau ligt. Nederland, waarvan 15 procent van het grondgebied uit polders bestaat, is kampioen op het gebied van drooglegging sinds in 1612 de eerste polder in het Beemstermeer droogviel. Nederland is nog altijd toonaangevend op het gebied van watermanagement en exporteert zijn knowhow naar bijvoorbeeld Dubai. Om een polder droog te leggen moet het betreffende stuk laagland eerst worden ingedijkt. Daarna wordt het binnendijkse land drooggemalen met behulp van pompen (die vroeger door molens werden aangedreven) terwijl het water via een netwerk van kanaaltjes naar waterbekkens wordt afgevoerd.

De witte strandhuisjes van Zandvoort
VanderWolf-Images/Getty Images Plus

😊 Voor wie meer wil weten over de Nederlandse droogmakerij is er het **Historisch Museum Haarlemmermeer.** *Bosweg 17 - april-okt.: ma-vr 10.00-17.00, za, zo 13.00-17.00 u; nov.-maart: wo en za, zo 13.00-17.00 u - € 5 (tot 18 jaar € 4).*

Spaarndam A3

▶ *8 km ten noordoosten via de Spaarndamseweg, die overgaat in de Vondelweg. Neem na een bocht rechts de Vergierdeweg.*

De huizen van dit schilderachtige dorp, van oudsher een populaire bestemming voor gerookte paling en een glas bier, rijgen zich aan weerszijden van een dijk aaneen. De dijk wordt ontbroken door diverse sluizen die het Spaarne met het IJ verbinden. Op een van de sluizen staat het standbeeld van **Hans Brinker** *(zie kader blz. 175).* Iets verderop ligt de jachthaven, waar een wandelroute langsloopt over de Oostkolk en de Westkolk, waar mooie huizen staan.

Rondrit

REGIOKAART BLZ. 118-119

De Noordzeekust A3

▶ *Rondrit van 53 km in rood aangegeven op de kaart. Geniet van het strand, een wandeltocht of bezoek een bezienswaardigheid.*

Bij de eerste zonnestralen trekken Haarlemmers massaal naar de Noordzeekust om te genieten van een flinke dosis frisse zeelucht in de duinen... Ga ook!
Verlaat Haarlem over de Herenweg (of de N208) en volg de N201 tot aan Zandvoort. Vanaf het begin van het dorp zijn overal goed aangegeven parkeerterreinen.

★ Zandvoort

Nederlands drukst bezochte badplaats ligt als een lang lint van villa's en hotels tussen het strand (extra mooi buiten het seizoen!) en de duinen, die zich lenen voor wandelen en fietsen. Het voormalige kuuroord mist het cachet van vroeger,

> ### Haarlemmermeer: van meer tot polder
>
> Het 18.000 ha grote meer dat door turfwinning bij Haarlem was ontstaan, vormde bij storm een bedreiging voor Amsterdam en Leiden. Al in 1641 had waterbouwkundige **Jan Adriaensz. Leeghwater** het met behulp van windmolens willen drooggleggen. Uiteindelijk werd in 1641 met de drooglegging begonnen. De windmolens werden geleidelijk aan door **stoomgemalen** vervangen. Er werden drie van zulke pompinstallaties gebouwd, waaronder de Cruquius. Toen de drooglegging op 1 juli 1852 was voltooid, was ongeveer 88 miljoen m^3 water weggepompt! De tegenwoordige Haarlemmermeerpolder, nu een grote gemeente, ligt gemiddeld 4 m onder de zeespiegel, en de in de polder aangelegde gigantische luchthaven Schiphol zelfs 4,5 m.

maar liefhebbers van moderne architectuur zullen het **casino** zeker waarderen, en anders wel het zeer verrassende **Circus Zandvoort** (Gasthuisplein 5) van de Nederlandse architect Sjoerd Soeters. In dit grappige 'gebouw met de vlaggen' (1991) zijn onder meer een bioscoop en een theater gevestigd.
Ten zuiden van Zandvoort liggen de **Waterleidingduinen**, een groot beschermd duingebied dat is ingericht voor de winning van drinkwater voor Amsterdam. Noordelijk van de badplaats ligt het beroemde **circuit van Zandvoort★** (4,252 km): het enige racecircuit ter wereld midden in een duingebied. De belangrijkste wedstrijden, waaronder de Formule 1 Grand Prix, worden in de zomer gereden. De Historic Grand Prix is in september (www.circuitzandvoort.nl).
Verlaat Zandvoort aan de noordkant en volg de boulevard Barnaart tot Bloemendaal aan Zee.

Bloemendaal aan Zee

Bloemendaal aan Zee is het familiestrand voor gezinnen uit Haarlem en omgeving. Bloemendaal zelf ligt tegen de duinen aan en is een chic forenzendorp met villa's die verspreid op de beboste heuvels liggen. In de zomermaanden vinden in het Openluchttheater (Hoge Duin en Daalseweg 2) voorstellingen plaats. Naast het theater ligt het hoogste duin van Nederland, **Het Kopje** (50 m). Iets verder naar het noorden liggen de ruïnes van het **Kasteel van Brederode**, dat in 1573 door de Spanjaarden werd verwoest.
Rijd via de N200 en de Zeeweg richting Overveen over een mooie weg langs het Nationaal Park Zuid-Kennemerland.

★ Nationaal Park Zuid-Kennemerland

Hoofdingang in Overveen (Zeeweg 12). Informatie bij het bezoekerscentrum. ℘ (023) 54 111 23 - www.np-zuidkennemerland.nl - 10.00-17.00 u - gesl. ma beh. juli-aug.
Dit 3800 ha grote natuurgebied dat de status van **nationaal park** heeft gekregen, leent zich zowel voor mooie wandelingen als voor lange fietstochten over de paden die langs de kust door de uitgestrekte duinenrij zijn aangelegd. Hier leven herten, vossen en konijnen. De bloemen- en plantenwereld is zeer gevarieerd en in de buurt van de kleine meren (Vogelmeer, Spartelmeer, Oosterplas) nestelen heel veel **vogels** (ongeveer 200 soorten).
Verlaat Overveen via de N200. Rijd door Bloemendaal over de Bloemendaalseweg. Rijd verder over de Brederodelaan en daarna de Brederoodseweg. Rijd dan door Santpoort-Zuid en vervolg uw weg over de Duin- en Kruidbergerweg. Rijd door Driehuis. U rijdt IJmuiden binnen over de Zeeweg.

IJmuiden

IJmuiden, een havenstad aan de monding van het Noordzeekanaal, is na de oorlog grotendeels herbouwd. Sindsdien leeft de stad van de industrie, visserij, personenscheepvaart naar de Scandinavische landen en Noord-Engeland, pleziervaart en strandtoerisme.

Tot 2018 werd de doorgang van grote zeeschepen van IJmuiden naar Amsterdam mogelijk gemaakt door drie **sluizen**★ (1876-1930). Omdat de schepen almaar groter werden, werd in 2019 een vierde sluis gebouwd (500 m lang, 70 m breed, 18 m diep).

Vanuit de haven kunt u het **Forteiland** zien liggen met daarop het halfondergrondse Fort van IJmuiden (1885), dat onderdeel was van de Stelling van Amsterdam *(zie kader blz. 210)*. Het fort aan de monding van het kanaal controleerde de toegang tot de Noordzee. Het eiland dat nu een avonturen- en sportactiviteitencentrum is, is in het zomerseizoen geopend voor publiek *(www.pbn.nl/locaties/forteiland)*.

IJmuiden zee- en Havenmuseum – *Havenkade 55 - ℘ (0255) 53 80 07 - www.zeehavenmuseum.nl - wo en za, zo 13.00-17.00 u - € 7 (tot 18 jaar € 3,50)*. In het buitenmuseum staat de loodscabine van een oud vissersschip; in het binnenmuseum staan reconstructies en maquettes, onder meer van de zeesluizen, die bezoekers in beweging kunnen zetten. De bovenste verdieping biedt een panoramisch uitzicht over de haven. In de buurt van het museum staan nog een paar vissershuisjes.

Rijd terug naar Haarlem via de N208.

Hans Brinker

Volgens de legende heeft Hans Brinker met zijn vinger een nacht lang een gat in de dijk dicht gehouden en zou zo de stad hebben behoed voor een overstroming. Dit legendarische verhaal is ontleend aan het kinderboek *Hans Brinker of de zilveren schaatsen* (1873) van de Amerikaanse schrijfster Mary Mapes Dodge.

❶ Praktisch

Inlichtingen

Toeristenbureau – *Grote Markt 2 (Stadhuis) - ℘ (023) 531 73 25 - www.visithaarlem.com*.
Toeristenbureau Zandvoort – *www.visitzandvoort.nl*.
Toeristenbureau IJmuiden – *In de zomer diverse infopunten verspreid over de stad - ijmuiden.nl*.

Evenementen

Bloemencorso – *bollenstreek.nl*. Elk jaar rijden eind april de praalwagens van Noordwijk naar Haarlem. De dag erna kunnen ze op de Grote Markt bezichtigd worden.
Internationaal Orgelfestival – *In juli, in de even jaren - www.organfestival.nl*.
Kunstlijn – *1ste za, zo van nov. - www.kunstlijnhaarlem.nl*. Kunstroute langs exposities, galeries en ateliers.

Adresboekje

PLATTEGROND BLZ. 169

Uit eten

Goedkoop

㉑ In 't Goede Uur – A2 - *Korte Houtstraat 1 - ☎ 023 531 1174 - www.hetgoedeuur.nl - 17.00-0.00 u - gesl. ma - hoofdgerecht € 14/22*. In dit etablissement eet u de lekkerste kaasfondue met Goudse kaas; een van de oudste restaurants van de stad op de hoek van een steegje.

Doorsneeprijzen

⑳ Spaarne 66 – A2 - *Spaarne 66 - ☎ 023 551 38 00 - www.spaarne66.nl - 10.00-23.45 u - hoofdgerecht € 12,50/24,50*. Een knus eetcafé voor een tussendoortje, een lichte lunch of een diner met uitzicht op het Spaarne. De lunchkaart is eenvoudig, 's avonds is de kaart uitgebreider. Speciale vermelding verdient de warme chocola, goddelijk!

㉒ Aan 't Plein – A2 - *Lange Annastraat 56 - ☎ 023 303 68 96 - restaurantaantplein.nl - di-do 15.00-22.00, vr-zo 12.00-22.00 u - hoofdgerecht € 9/16 (lunch), € 20/30 (diner)*. Een no-nonsense restaurant in een gezellig huis in de buurt van de hofjes met een gevarieerde, eerlijke keuken.

Wat meer luxe

㉓ ML – A2 - *Klokhuisplein 9 - ☎ 023 512 3910 - www.mlinhaarlem.nl*. Een van de mooiste terrassen op de Grote Markt. Een chic maar leuk adres met een hotel, bar *(16.00-1.00, vr-za 16.00-2.00 u)*, bistro *(10.00-22.30 u, dinermenu € 37,50)* en restaurant *(di-za vanaf 18.00 u, menu € 26/70)*, alles in een voormalige 18de-eeuwse drukkerij.

IJmuiden

Doorsneeprijzen

Kop van de Haven – BUITEN PLATTEGROND - *Sluisplein 80 - ☎ 0255 534 818 - www.kopvandehaven.nl - 10.00-20.00 u - hoofdgerecht € 11/19*. Een van de beste visrestaurants van de regio midden in de industriehaven! Meenemen of ter plaatse opeten.

Een tussendoortje

Hofje zonder Zorgen – A2 - *Grote Houtstraat 142a - ☎ 023 531 06 07 - hofjezonderzorgen.nl - di-vr 10.00-17.00, za-zo 10.00-18.00 u*. Dit 'meisje zonder zorgen' serveert in de stilte van een mooi hofje huisgemaakte salades, taarten en boterhammen, vaak op basis van biologische producten.

IJssalon Tante Saar – A2 - *Spaarne 42 - ☎ 023 576 50 84 - www.tante-saar.nl - dag. beh. zo 12.00-17.00 u*. IJsliefhebbers op bezoek in Haarlem kunnen niet om Tante Saar en haar ambachtelijke producten heen! Geniet op een bankje van heerlijk ijs met uitzicht op het Spaarne.

Meneer Paprika – A2 - *Koningstraat 19 - ☎ 023 202 32 68 - meneerpaprika.nl - 8.30-17.00, za, zo 10.00-18.00 u*. Een grote winkel vol speelgoed met in de hoek een klein café waar u terechtkunt voor koffie, salades, broodjes, soep. Alles even vers (frituren is hier uit den boze!). Leuke vintage meubelen (formicatafels en schoolstoelen).

Winkelen

Markt op de Grote Markt, elke zaterdag tot *17.00 u*.

😊 Haarlem telt ongelooflijk veel leuke winkeltjes. Een lijst met adressen is verkrijgbaar bij het toeristenbureau.

Uitgaan

Café De Vijfhoek – A2 - *Wolstraat 20 - ☎ 023 531 79 41 - www.cafedevijfhoek.nl - ma-do 16.00-1.00, vr 15.00-2.00, za 13.00-2.00, zo 14.00-1.00 u*. Een koffie, een biertje, een aperitief, buiten op het terras of binnen. Bewoners van de gezellige

HAARLEM

hofjesbuurt spreken hier aan het eind van de dag graag af.

In den Uiver– A2 - *Riviervismarkt 13 - achter de Sint-Bavo - ✆ 023 532 5399 - www.indenuiver.nl - di-do 16.00-1.00, vr-za 16.00-2.00, zo-ma 16.00-0.00 u.* De trapgevel zal u niet ontgaan zijn. Dit is een van de meest authentieke proeflokalen van Haarlem. Maak een keus uit het mooie assortiment bieren en whisky's en geniet ervan onder de keramische muurschildering in de ontspannen sfeer van een jazzconcert (doordeweeks).

Jopenkerk – A2 - *Gedempte Voldersgracht 2 - ✆ 023 533 4114 - www.jopenkerk.nl/haarlem - 10.00-23.30, za, zo 10.00-1.00 u.* Een grote brasserie in een voormalige kerk. Distilleerderij onder de glas-en-loodramen, Jopenbier op het terras en de hele dag snacks.

Sport en ontspanning

Rondvaarten – *Smidtje Canal Cruises* - B2 - *Spaarne 11a, tegenover het Teylers Museum - ✆ 023 535 7723 - smidtjecanalcruises.nl - maart-sept.: 11.00-16.00, vr-zo 11.00-16.30 u - afvaart elk uur ma-do, vr-zo elke 30 min. - € 16 (kind € 8).* Rondvaart van 50 min. door de grachten van Haarlem, inclusief het Spaarne.

Overnachten

Goedkoop

Stayokay Haarlem – BUITEN PLATTEGROND - *Jan Gijzenpad 3 - ✆ 023 537 3793 - www.stayokay.com/haarlem -* 🅿 ♿ 🛜 *- 31 kamers € 69/89* 🍴. 3 km van het Centraal Station met bus 2 en een kwartier van het centrum met de fiets. Jeugdherberg met slaapzalen voor 4 tot 8 pers. Leuk terras en een bar.

Doorsneeprijzen

Van der Valk Haarlem – BUITEN PLATTEGROND - *Toekanweg 2 - ✆ 023 536 75 00 - www.hotelhaarlem.nl -* 🅿 ♿ *- 315 kamers vanaf € 120 -* 🍴 *€ 16,50 -* ✖. Een groot ketenhotel, maar zeer comfortabel en modern, op *20 min.* lopen van het centrum. Ideaal voor toeristen die met de auto zijn: makkelijk bereikbaar en gratis parkeren. Fietsverhuur.

Wat meer luxe

9 Hotel Lion d'Or – A1 - *Kruisweg 34-36 - ✆ 023 532 17 50 - www.hotelliondor.nl -* ♿ *- 40 kamers € 159/194 -* 🍴 *€ 14,50.* Een onlangs gerenoveerd, knus, beetje stylish hotelletje op een steenworp afstand van het station. Aangenaam loungecafé.

19 ML in Haarlem – A2 - *Klokhuisplein 9 - ✆ 023 512 3910 - www.mlinhaarlem.nl -* ♿ *- 17 kamers € 190/200 -* 🍴 *€ 18,50 -* ✖ *hoofdgerecht € 26/70.* Een charmehotel in een voormalige drukkerij uit de 18de eeuw met romantische kamers en een paar suites, tevens een bar, een bistro en een gastronomisch restaurant met een groot terras.

Bloemendaal aan Zee

Wat meer luxe

Hotel Bleecker – BUITEN PLATTEGROND - *Bloemendaalseweg 90 - ✆ 023 527 17 87 - hotelbleecker.nl -* 🅿 *- 11 kamers € 153/170 -* 🍴 *€ 19,50 -* ✖. Een piepklein hotel vlak bij de duinen van het Nationaal Park Zuid-Kennemerland. Huiselijke ontvangst, eigentijds interieur en fietsverhuur: een ideale plek om uit te waaien.

Zaanse Schans ★

In de trotse Zaanstreek, in de 18de eeuw een van de belangrijkste industriecentra van de wereld en alom bekend vanwege zijn scheepswerven, stonden tot wel zeshonderd molens rond de binnenwateren en ontelbare vaarten in de naaste omgeving. Als onderdeel van de metropoolregio Amsterdam is de Zaanstreek sterk veranderd. Maar de oudste houten huizen zijn er nog: ze zijn ter bezichtiging samengebracht rond traditionele molens in ecomuseum Zaanse Schans.

De Zaanstreek: land van molens... en eenden
Tolga_TEZCAN/Getty Images Plus

Ligging

REGIOKAART BLZ. 118-119 B2 EN PLATTEGROND BLZ. 180. De Zaanstreek, aan weerszijden van de Zaan, ligt 20 km ten noordwesten van Amsterdam.

Met het gezin

Het museum van chocolade- en koekjesfabriek Verkade in het Zaans Museum; demonstraties in dorpshuizen in de Zaanse Schans (klompenmaker, wever...), een fietstocht langs de molens.

Praktisch blz. 181

Adresboekje blz. 182

Bezichtigen

REGIOKAART BLZ. 180

▶ *Ingang in Zaandam (Schansend 7). Het ecomuseum is het hele jaar geopend; de openingstijden wisselen per seizoen (raadpleeg de website www.dezaanseschans.nl) - de toegang is gratis; voor toegang tot de molens, musea en huizen moet u meestal wel betalen: de Zaanse Schans Card (€ 23,50, 4-17 jaar € 16) geeft toegang tot het Zaans Museum en een geselecteerd aantal bezienswaardigheden (met korting op de toegangsprijzen), vraag info - parkeren € 12/dag.*

De **Zaanse Schans**, een soort openluchtmuseum in de vorm van dorp, met molens in bedrijf, demonstraties van traditionele weefgetouwen en de verkoop van streekproducten, is een ideale plek om met de hele familie te ontdekken hoe de streek er in zijn hoogtijdagen tot in de 19de eeuw moet hebben uitgezien. De naam Zaanse Schans verwijst naar de schans die hier in de 16de eeuw werd gebouwd.

★ Het dorp

Op de plattegronden langs de paden (of op een app die u ter plekke kunt downloaden) kunt u zien welke bezienswaardigheden tijdens uw bezoek geopend zijn.

Het dorp werd in de jaren 1960-1970 stap voor stap als een lint langs de **Kalverringdijk** gebouwd. Sommige huizen liggen aan vertakkingen van de Zaan, aan paden zoals het **Zeilenmakerspad**. Zij vormen stille, geïsoleerde eilandjes.
Het dorp bestaat geheel uit **gebouwen★** uit de 17de en 18de eeuw uit de omliggende dorpen en steden. Sommige huizen worden bewoond, maar de meeste zijn in gebruik als museum, werkplaats, winkeltje of restaurantje.
Het dorp telt ook bedrijfsgebouwen en een reeks **windmolens★** in een rij langs de dijk.

★ Museumwinkel – *April-sept.: 10.30-16.30 u; okt.-maart: za, zo 12.00-16.00 u - gratis.* Dit leuke ouderwetse winkeltje is een reconstructie van de eerste winkel van **Albert Heijn**, die in 1887 in Oostzaan werd geopend. Er worden producten van vroeger verkocht zoals kandijsuiker, pepermunt en zoethout!

Klompenmakerij – *www.woodenshoes.nl - ♿ - 9.00-18.00 u (okt.-feb. 17.00 u).* In het oude pakhuis De Vrede uit 1721 demonstreren klompenmakers hun oude ambacht. Folkloristisch maar nog altijd boeiend om te zien.

Scheepswerf – In deze schuur uit het eind van de 18de eeuw worden houten boten gebouwd en gerepareerd.

Kaasboerderij Catharina Hoeve – *www.cheesefarms.com - 9.00-18.00 u ('s winters 17.00 u) - gratis.* Een traditionele kaasmakerij in een replica uit 1988 van een voor de Zaanstreek karakteristiek type boerderij.

★ Het Jagershuis – *Wo-za 10.00-17.00 u - gratis.* Dit koopmanshuis uit 1623 is het oudste pand van de Zaanse Schans. In het huis is een antiquair gevestigd.

★ Museum Zaanse Tijd – *www.mnuurwerk.nl - 10.00-17.00 u; 's winters 11.00-16.00 u - € 11 (4-17 jaar € 5,50).* Dit 17de-eeuwse wevershuis herbergt een verzameling in Nederland vervaardigde uurwerken uit de periode 1500-1850.

Wevershuis – *10.00-17.00 u.* Een piepklein huisje waar vroeger de molenzeilen werden geweven. Tentoonstellingen van weefgetouwen en leuke demonstraties.

★ De Bonte Hen – *www.zaanschemolen.nl - za, zo 10.00-17.00 u - € 5 (4-17 jaar € 2,50).* Een alleenstaande oliemolen aan het eind van de dijk. In 1693 gebouwd en door enthousiastelingen gerenoveerd. Misschien niet de mooiste, maar wel de authentiekste met zijn 2,5 ton zware molensteen om lijnzaad te vermalen.

De Kat – *www.verfmolendekat.com - april-sept.: 9.00-16.30 u - € 5 (4-17 jaar € 2,50).* In de 17de eeuw telde de Zaanstreek 55 **verfmolens**. Ze maalden grondstoffen voor de productie van verfstoffen uit tropisch hout. Een klassieker.

De Huisman – *Gratis*. Deze achtkantige bovenkruier (1786) wordt gebruikt om de beroemde traditionele Zaanse mosterd te maken. Binnen is een winkeltje met authentieke ambachtelijke producten gemaakt door echte molens.

De Gekroonde Poelenburg – Deze houtzaagmolen uit 1869 is een zogenaamde paltrokmolen *(zie blz. 72)*: hij is boven een grote werkplaats gebouwd die meedraait als de molen op de wind wordt gezet. De naam 'paltrok' is ontleend aan zijn vorm: het brede, bewegende onderstel van de molen doet denken aan de Pfalzrock, de wijde heuprok van vrouwen uit de Pfaltz die naar Nederland vluchtten.

★ Zaans Museum

☏ *(075) 681 00 00 - www.zaansmuseum.nl -* ♿ *- 10.00-17.00 u - € 12,50 (4-17 jaar € 6,50) - combiticket met diverse bezienswaardigheden buiten de Zaanse Schans, waaronder het Czaar Peterhuisje (zie kader hiernaast).*

Voor wie de huidige Zaanstreek en zijn industrieel erfgoed wil begrijpen, is het Zaans Museum een onmisbare aanvulling op het bezoek aan de Zaanse Schans. Vanuit het moderne gebouw aan de ingang van het museumdorp hebt u mooi **zicht★** op de rivier, de huizen en de molens.

Het museum werd in 1998 geopend om het erfgoed van de Zaanstreek te beheren en te behouden. De collectie telt 32.000 voorwerpen van de 17de eeuw tot nu. Ze worden getoond in drie verrassende, dynamische tentoonstellingen over de geschiedenis van de Zaan, rond thema's als **industriële hoogtijdagen** (de tijd van de molens, stoommachines, moderne fabrieken), literatuur, **meubels** en artistiek erfgoed. De Zaanse landschappen waren een bron van inspiratie voor de schilder **Claude Monet**, die Zaandam tijdens zijn verblijf in Nederland in 1871 bezocht. Daarvan zijn 25 schilderijen en negen schetsen het bewijs. Van de werken is een mooie interactieve presentatie gemaakt. Er hangt één schilderij aan de wand: **De Voorzaan en Westerhem★★**, dat in 2015 door het museum werd aangekocht.

ZAANSE SCHANS

> **Toen Peter de Grote in Zaandam werkte**
>
> De scheepswerven aan de Zaan waren zo beroemd dat de Russische tsaar Peter de Grote er in 1697 bij een scheepsbouwer stage kwam lopen. Met zijn verblijf drukte hij zijn stempel op de streek. Het piepkleine huisje van de smid waarin hij in **Zaandam** logeerde (zeven dagen!) is nu het museum **Czaar Peterhuisje** en een nationaal monument. In het verleden werd het uit nieuwsgierigheid bezocht door beroemdheden als Napoleon, keizerin Elisabeth ('Sissi') van Oostenrijk en de tsaren. Het is een van de oudste houten huizen van Nederland (1632). Om het te beschermen liet tsaar Nicolaas II er in 1895 een stenen museumhal omheen bouwen (*Krimp 23 in Zaandam - ℘ (075) 616 03 90 - voor openingstijden vraag info - € 5*).

Verkade Experience – Sinds 2009 wordt in het Zaans Museum de beroemdste chocoladefabrikant van het land geëerd. Met een machine uit het begin van de 20ste eeuw is een mooie reconstructie van de **productielijn** van de Verkade koekjes en chocolade gemaakt. Daarnaast is een grappige tentoonstelling te zien over de ontwikkeling van het bedrijf, het succes, de impact op de economie en de reclamecampagnes (de plaatjesalbums, advertenties) die aan de bekendheid van het merk hebben bijgedragen.

Wie meer wil weten over de molens, kan in het **Molenmuseum** terecht. *Kalverringdijk 30, Zaansche Schans - ℘ (075) 621 51 48 - www.zaanschemolen.nl.*

In de omgeving

REGIOKAART BLZ. 118-119

Zaandijk B3

▶ *5 km naar het noordwesten over de N515.*

In Zaandijk, dat op de andere oever van de Zaan tegenover de Zaanse Schans ligt, staat het **Honig Breethuis**, een 18de-eeuws bakstenen huis van een rijke koopman. Het interieur is versierd met houtsnijwerk, muurschilderingen en betegelde schouwen en bevat een fraaie collectie meubelen en porselein. De Zaankamer, met mooi uitzicht op de rivier, is in de 19de eeuw toegevoegd. *℘ (075) 621 76 26 - www.honigbreethuis.nl - vr-zo 13.00-16.00 u - € 7,50.*

Iets verder naar het zuiden staat korenmolen **De Bleeke Dood** (17de eeuw).

ⓘ Praktisch

Inlichtingen

Toeristenbureau – *Schansend 7 - Zaandam - ℘ (075) 681 00 00 - www.dezaanseschans.nl.*

Adresboekje

Uit eten

Zaanse Schans

Goedkoop

De Kraai – *Kraaienpad 1 - ☏ 075 615 6403 - dekraai.nl - nov.-feb.: 9.00-17.00 u; maart-okt.: 9.00-18.00 u - pannenkoeken € 10/12,50.*
Een oud-Hollandse klassieker die grote honger en kleine trek stilt: pannenkoeken belegd met hartig of zoet.

Wat meer luxe

De Hoop Op d'Swarte Walvis – *Kalverringdijk 15 - ☏ 075 616 5629 - www.dewalvis.nl - ♿ - do-zo 12.00-0.30, wo 18.00-0.30 u - gesl. ma-di - hoofdgerecht € 12/56.*
Gastronomisch restaurant, gevestigd in een voormalig weeshuis. Het heeft een zeer verzorgd interieur met geraffineerde, typisch Hollandse details. Klassieke gerechten, smaakvol aangepast aan de moderne keuken, uitstekende wijnkelder en stijlvolle bediening. Reserveer op mooie dagen als het even kan een tafel in het prachtige prieel aan de oever van de Zaan. De lunchkaart is eenvoudiger en minder duur.

Wijdewormer

Doorsneeprijzen

Café Brasserie Het Heerenhuis – *Zuiderweg 74b - ☏ 075 670 2897 - heerenhuis.nl - 11.00-23.00 u - hoofdgerecht € 16,50/36,50.*
Een goed restaurant met een moderne keuken op 2 min. van de Zaanse Schans, gevestigd in een eeuwenoud dijkhuis. In de zomer kunt u heerlijk buiten eten op het panoramische terras met teakhouten meubelen. Uitzicht op het polderlandschap van de Wijdewormer.

Winkelen

Zaanse Schans

Saense Lelie – *Zeilenmakerspad 7 - ☏ 075 635 4622 - www.saenselelie.nl - 8.30-18.00 u (8.30-17.00 u 's winters).* Voormalig pakhuis De Lelie, verplaatst vanuit Westzaan, met een atelier voor Delfts aardewerk, een chocolaterie en een stroopwafelmakerij.

Sport en ontspanning

Zaanse Schans Bike Rent – *Kalverringdijk 25 - ☏ 06 267 40840 - www.zaanseschansbikerent.nl - april-okt.: 9.00-18.00 u - gesl. nov.-maart.* Fietsverhuur en ideeën voor fietsroutes.

Overnachten

Zaandam

Doorsneeprijzen

Inntel Hotel – *Provincialeweg 102 - ☏ 075 631 1711 - www.inntelhotels amsterdamzaandam.nl - 🅿 € 15 - ♿ - 159 kamers € 95/130 - ☕ € 18,50 - ✗.* Een opeenstapeling van traditionele, in het mooiste groen geschilderde Zaanse huisjes! Binnen een ketenhotel met in een sympathieke stijl gerenoveerde kamers. Andere pluspunten: station en zwembad dichtbij.

Zaanse Schans

Doorsneeprijzen

Heerlijck Slaapen op de Zaanse Schans – *Kalverringdijk 17 - ☏ 06 45426677 - www.zaanse schansbedenbreakfast.nl - 🅿 ♿ - 4 kamers en 1 appart. € 129/139 ☕ - ✗.* Op zoek naar iets heel anders? Boek een bijzondere overnachting midden op de Zaanse Schans, waar het na sluitingstijd stil en verlaten is, in een van de drie authentieke, ouderwets ingerichte huisjes. Reserveer van tevoren, want dit logies is heel gewild!

Alkmaar ★

Alkmaar, een belangrijk en druk handelscentrum in Noord-Holland, is wereldwijd beroemd vanwege de kaasmarkt. Maar ook als het geen weer is om de kazen en de dragers te gaan bekijken, is er in deze mooie historische stad van alles te ontdekken. Het oude centrum is sinds de 17de eeuw nauwelijks veranderd en vele oude gevels hebben de tijd overleefd. Op de vroegere versterkingen zijn tuinen aangelegd.

De kaasmarkt op het Waagplein
C. Labonne/Michelin

⏵ Ligging

110.800 inwoners
REGIOKAART BLZ. 118-119 A2 EN PLATTEGROND BLZ. 184. 45 km ten noorden van Amsterdam.

☺ Aanraders

Het Waagplein waar 's zomers de kaasmarkt wordt gehouden; een wandeling langs de grachten.

👪 Met het gezin

Het Hollands Kaasmuseum en de kaasmarkt, het Museum Broekerveiling in Broek op Waterland; de Museummolen in de Schermer; het skelet van een potvis in het Zee Aquarium in Bergen aan Zee.

ℹ Praktisch blz. 189

📍 Adresboekje blz. 189

Wandelen

PLATTEGROND HIERONDER

▶ *Wandeling in groen aangegeven op de plattegrond. Vertrek vanaf het Waagplein.*
😊 In het historisch centrum van de stad liggen een paar mooie hofjes. Wilt u een kijkje nemen in deze oases van rust, waarin nu soms restaurants of hotels zijn gevestigd, vraag dan bij het toeristenbureau naar de adressenlijst.

Waag B2

De voormalige kapel van de Heilige Geest uit het eind van de 14de eeuw werd in 1582 tot openbaar waaggebouw verbouwd. Het koor aan de oostkant is vervangen door een renaissancegebouw dat sinds de 19de eeuw is versierd met een tableau van lavasteen uit de Franse regio Auvergne, gewijd aan handel en nijverheid. De toren dateert uit het eind van de 16de eeuw en is geïnspireerd op die van de Oude Kerk in Amsterdam. In de toren bevinden zich een **carillon** en de beroemde 'ruitertjes' die elk uur een steekspel opvoeren.

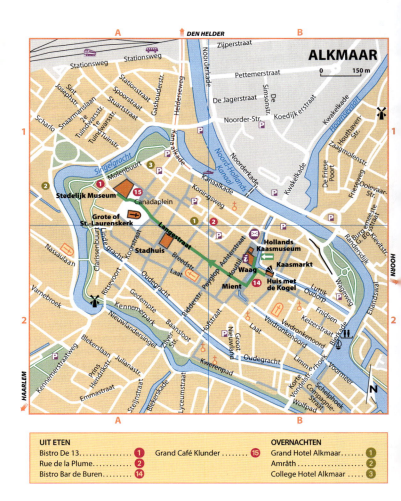

UIT ETEN		OVERNACHTEN	
Bistro De 13............... ❶	Grand Café Klunder........ ⓯	Grand Hotel Alkmaar........ ❶	
Rue de la Plume............ ❷		Amrâth..................... ❷	
Bistro Bar de Buren......... ⓮		College Hotel Alkmaar..... ❸	

Hollands Kaasmuseum B2
Waagplein 2 - ☏ (072) 515 55 16 - www.kaasmuseum.nl - 10.00-16.00, zo 13.00-16.00 u - € 6 (4-12 jaar € 2,50).
👪 Dit leuke familiemuseum op de eerste verdieping van de Waag vertelt in het kort het verhaal van de kaas- en boterproductie in vroeger tijden in Alkmaar. De rondgang door het museum begint met een documentaire, speciaal voor kinderen gemaakte interactieve animatiefilmpjes en een selectie van traditionele kaasmakerswerktuigen, waaronder twee versierde houten kaaspersen. Op de tweede verdieping, onder de houten dakbalken, is een expositie van kaasmakersgereedschap (19de-20ste eeuw) en geverniste uithangborden (1950), gevolgd door een aantal grappige kaasreclames uit de jaren 1950 tot 1970.

> **Kaaskoppen**
>
> Alkmaarders worden wel Kaaskoppen genoemd. Die bijnaam stamt uit de tijd van de Spaanse belegering. Toen er geen legerhelmen genoeg waren, besloten de mannen kaasvormen te gebruiken om hun hoofd te beschermen.

★★ Kaasmarkt B2
www.kaasmarkt.nl - april-sept.: vr 10.00-13.00 u.
☺ *Zorg dat u op tijd bent, dan staat u vooraan en kunt u goed zien wat er gebeurt.*
👪 Deze traditionele markt vindt al sinds 1622 plaats op het Waagplein, dat in de afgelopen twee eeuwen al acht keer is vergroot. 's Morgens vroeg leggen de 'zetters', gekleed in een zwarte broek en een blauw hemd, zo'n 700 tot 1000 Edammer of Goudse kazen in lange rechte rijen op het plein. Klokslag 10.00 uur wordt de bel geluid: de markt is geopend. De keurmeesters en de kopers beoordelen de smaak en de vastheid van de kazen, waarna ze onderhandelen over de prijs. Met een laatste handklap wordt de verkoop bezegeld. Onmiddellijk daarna komen de **kaasdragers** in actie, in het wit geklede mannen met een strohoed op. Ze zijn vanouds lid van het kaasdragersgilde, dat vier 'vemen' telt, die elk een eigen kleur hebben (groen, blauw, rood en geel) en bestaan uit zes dragers en een 'tasman'. De kaasvader, herkenbaar aan zijn oranje hoed en stok, geeft leiding aan de vier vemen. De dragers noemen hem 'paps'. Elke verkochte partij kazen wordt afgevoerd op een 'berrie' in de kleur van het veem. In looppas brengen de dragers de lading (met een gewicht van ongeveer 100 kg) naar de Waag, waar de tasman kantoor houdt. Tot slot worden de kazen in de vrachtwagen geladen.
Steek de gracht over en loop verder over het Fnidsen.

Huis met de Kogel B2
Dit huis, op de hoek met de Appelsteeg, heeft aan de kant van de gracht een houten gevel met in de geveltop een Spaanse kanonskogel uit 1573, ter herinnering aan een kanonbeschieting die de Alkmaarse bevolking op wonderbaarlijke wijze heeft overleefd. De naburige brug biedt **uitzicht** op het Waaggebouw.
Loop terug langs de gracht en sla linksaf naar de Mient.

Mient B2
Op het plein en langs de gracht rijgen zich 17de- en 18de-eeuwse gevels aaneen, waaronder een paar heel mooie: het huis Leeuwenburg met twee zandstenen leeuwen en tussen hen in het wapenschild van de stad; het Kroonhuis met op de gevel een keizerskroon en de wapenschilden van Alkmaar en Hoorn; het Zijdewormhuis met een sobere puntgevel en bakstenen pilaren die met bloemen van zandsteen zijn versierd. Aan de zuidkant ligt de Vismarkt met stenen galerijen, overdekte visbanken en standbeelden op het dak.
Loop terug naar de Mient en ga de Langestraat in.

Langestraat AB1-2
De Langestraat is voetgangersgebied en de belangrijkste winkelstraat van Alkmaar.

Stadhuis A2
Naast de gotische gevel met bordes staat een mooie achthoekige toren met een bandmotief in witte kalksteen, met daarnaast een 17de-eeuwse gevel. Het gebouw werd in 1912 en 1914 gerestaureerd. De twee beelden bij de ingang stellen de Waarheid en de Gerechtigheid voor. Het Stadhuis is niet toegankelijk voor publiek. Iets verderop staat het **Moriaanshoofd** uit 1748: de houten beeldengroep uit het eind van de 18de eeuw op de attiek van deze patriciërswoning, waarin ooit een stadsherberg zat, verbeeldt een tafereel uit het Laatste Oordeel.

Grote of Sint-Laurenskerk A1
Koorstraat 2 - ℘ (072) 514 07 07 - grotekerk-alkmaar.nl - juni-half sept.: di-zo 11.00-17.00 u. Deze prachtige kerk, die werd gebouwd door leden van de beroemde Mechelse architectenfamilie Keldermans, heeft drie beuken, een transept en een koooromgang uit het eind van de 15de en het begin van de 16de eeuw. Aan de houten gewelven binnen in de kerk hangen mooie kroonluchters uit de 17de eeuw. Let op het schilderij boven het koor, *Het laatste oordeel* van Cornelis Buys, gemaakt door de kunstenaar die ook de zogenaamde Meester van Alkmaar (15de-16de eeuw) zou zijn. De luiken van de kast van het **orgel★**, dat in 1645 door Jacob van Campen werd gebouwd, zijn versierd met een voorstelling van de overwinning van koning Saul. Het **kleine orgel★** links van de koooromgang dateert uit 1511 en is een van de oudste muziekinstrumenten van Nederland.
De vloer van de kerk telt meer dan 1700 grafstenen. In de kerk staat ook de graftombe ter nagedachtenis aan graaf Floris V, die in 1269 werd vermoord.
In de kerk vinden concerten en exposities plaats.

Stedelijk Museum A1
Canadaplein 1 - ℘ (072) 548 97 89 - www.stedelijkmuseumalkmaar.nl - dag. beh. ma 11.00-17.00 u - € 13,50 (tot 18 jaar gratis). Het Stedelijk Museum is gevestigd in een modern gebouw en biedt een overzicht van de geschiedenis van Alkmaar: de Gouden Eeuw, het **beleg van 1573**, plaatselijke beroemdheden en **moderne kunst** in Noord-Holland (1900-1955, expressionisme, Bergense School). Naast de opvallend rijke verzameling 16de en 17de eeuwse toegepaste kunst (meubels, goud- en zilversmeedkunst, tinwerk) is er veel aandacht voor de schilderkunst. Uit de Gouden Eeuw zijn schuttersstukken te zien van **C. van Everdingen** en schilderijen van onder meer J.C. van Oostsanen en M. van Heemskerck. De modernen worden vertegenwoordigd door E. Berg, G.W. van Blaaderen, C. Toorop, L. Gestel en D. Filarski.

In de omgeving
REGIOKAART BLZ. 118-119

Broek op Langedijk AB2
▶ *8 km naar het noorden over de N245.*
De **Broeker Veiling** was de grootste, over water bereikbare groenteveiling in Europa. Van 1847-1973 brachten de tuinders van het 'Rijk der Duizend Eilanden' (de bijnaam van deze waterrijke streek) hun groenten per boot naar de veiling, waardoor ze weinig tijd met in- en uitladen verloren. In het begin bleven de schuiten aan de kade liggen, maar sinds 1903 voeren ze rechtstreeks de veilinghal binnen!

ALKMAAR

Museum Broekerveiling – *Museumweg 2 - ℘ (0226) 31 38 07 - www.broekerveiling.nl - di-zo (en ma in juni-aug.) 10.00-17.00 u - € 17,75 (4-12 jaar € 9,50).* Deze schitterende **hal**, de oudste groenteveiling ter wereld, met houten waterreservoirs en pontons, is nu een museum over de geschiedenis van de land- en tuinbouw in Nederland. Leuke boottochten bij de entreeprijs inbegrepen.

Rondritten
REGIOKAART BLZ. 118-119

De duinen A2

▶ *Rondrit van 35 km, in paars aangegeven op de regiokaart. Verlaat Alkmaar in noordwestelijke richting over de Bergerweg.*

Bergen
Hier rijgen fraaie villa's zich aaneen aan met bomen omzoomde lanen. Bergen staat bekend als kunstenaarsdorp. Omstreeks 1915 werd de **Bergense School** opgericht, waarvan de kunstenaars zich lieten inspireren door de Franse schilders Cézanne en Le Fauconnier, die belangrijk bijdroegen aan de introductie van nieuwe stromingen in de Nederlandse schilderkunst.
Kranenburgh – *Hoflaan 26 - ℘ (072) 201 50 00 - www.museumkranenburgh.nl - di-zo 10.30-17.00 u - € 13,50 (tot 16 jaar gratis).* In dit cultuurcentrum in een 19de-eeuwse, met een moderne vleugel uitgebreide villa wordt werk getoond van de Bergense School (Leo Gestel, Piet en Matthieu Wiegman, Charley Toorop) en het KunstenaarsCentrumBergen (hedendaagse kunst).
Op de kruising met de weg naar Egmond begint het **Noord-Hollands Duinreservaat**, een natuurgebied van 5 300 ha tussen de duinen en de zee, waar heel veel soorten vogels leven.
Verlaat Bergen in westelijke richting over een weggetje naar Bergen aan Zee.

Bergen aan Zee
Deze aantrekkelijke badplaats ligt aan een kust met lange stranden en hoge duinen, die zich uitstrekken tot waar de dennenbossen beginnen.
In het **aquarium** zijn 360 soorten vissen en zeehonden uit de Waddenzee te zien. Bij de ingang staat een eyecatcher: het skelet (14 m) van de **potvis** die in 1997 op het eiland Ameland aanspoelde. *Van der Wijckplein 16 - ℘ (072) 581 29 28 - www.zeeaquarium.nl - ♿ - april-sept.: 10.00-18.00 u; okt.-maart: 11.00-17.00 u - € 15,95 (3-12 jaar € 10,95).*
Rijd terug en neem de N511 in zuidelijke richting. Houd na Egmond aan den Hoef rechts aan richting Egmond aan Zee.

Egmond aan Zee
Dit badplaatsje midden in de duinen heeft minder cachet dan vroeger, maar het strand met uitzicht op de witte windmolens van IJmuiden is nog altijd aangenaam. Het kleine **Museum Van Egmond** vertelt de geschiedenis van de drie dorpen (Egmond aan Zee, Egmond-Binnen, Egmond aan den Hoef), het vissersleven van vroeger en het strandjutten. Bezoek tot besluit van uw bezoek de replica van een traditionele vissersboot. *Zuiderstraat 7 - ℘ (072) 506 91 64 - www.museumvanegmond.nl - mei-okt.: dag. 14.00-17.00 u - € 4 (tot 12 jaar € 2).*
Neem de N512 naar het zuiden tot aan Castricum. Rijd vandaar naar de kust.

Castricum aan Zee
Badplaats met een mooie strandopgang door de duinen en bollenvelden.
Rijd over de N203 terug naar Alkmaar.

> ### De Beemster, een knap staaltje planologie
> Vanwege de hoge waterstanden en het gebrek aan landbouwgrond werd begin 17de eeuw besloten het **Beemstermeer** droog te leggen. Met financiële steun van Amsterdamse kooplieden en onder de bezielende leiding van waterbouwkundige **Jan Adriaensz. Leeghwater** (1575-1650) werd het omvangrijke project in 1612 voltooid, waarna boeren de 7200 ha vruchtbare landbouwgrond konden gaan bebouwen. Overeenkomstig de 17de-eeuwse renaissance-idealen van orde, samenhang en harmonie werd het gewonnen land in rechthoeken verdeeld, die op hun beurt verdeeld werden in kavels van 185 m bij 930 m, ideale afmetingen voor de landbouw. Op grond van deze ingenieuze, nu meer dan 400 jaar geleden doorgevoerde indeling is de **Beemsterpolder** in 1999 opgenomen op de Werelderfgoedlijst van Unesco.

De polders en Laag Holland AB2

◯ *Rondrit van 40 km in blauw aangegeven op de kaart.*
Laag Holland, een samenvoeging van onder andere de gemeenten Beemster, Graft-De Rijp en Schermer, heeft al zijn charme behouden. De aanblik is typisch Nederlands en doet aan een ansichtkaart denken: traditionele huizen omgeven door windmolens, vaarten en weiden met koeien.
☺ De website www.laagholland.com biedt een schat aan wandelideeën.
Verlaat Alkmaar naar het oosten via de Nieuwe Schermerweg. Neem op het verkeersplein Omval de N243 richting Schermerhorn.

Schermerhorn
De Schermer is het laatste grote inpolderingsgebied van Noord-Holland. Tot 1928 stonden in de polder 52 molens die nodig waren voor de bemaling. Ze bleven in werking totdat de installatie van een enorm pompstation de molens overbodig maakte. Vier eeuwen na het droogmalen van het Schermermeer staan er nog steeds elf molens, waarvan er een kan worden bezichtigd.
Museummolen – *Noordervaart 2 - ✆ (072) 502 15 19 - www.museummolen. nl - april-okt.: di-zo 9.00-16.30 u - € 5 (4-12 jaar € 3,50).* Interessant voor wie wil begrijpen hoe een watermolen werkt en hoe polders ontstaan.
Rijd verder over de N243. Sla op het verkeersplein rechtsaf de N509 op richting Noordbeemster.

Beemsterpolder
ⓘ *visitbeemster.nl - april-okt.: di-zo 10.00-16.00 u; nov.-mei: vr-zo 13.00-16.00 u.*
U bent in de Beemsterpolder *(zie kader hierboven)*, tussen de dorpen Noordbeemster en Westbeemster. Het landschap op 3,5 m onder de zeespiegel is tussen 1607 en 1612 met behulp van 43 molens drooggelegd. De regio, met zijn hoge dijken, gerestaureerde molens, stolpboerderijen en vaarten, had een grote aantrekkingskracht op Amsterdamse kooplieden, die hier de zomer doorbrachten om de hitte in de stad te ontvluchten. Vandaar de luxe landhuizen in deze nu beschermde streek.

Middenbeemster
Middenbeemster is een charmant dorpje. Breng er een bezoek aan het **Agrarisch Museum Westerhem**. In deze vierkante stolpboerderij is een reconstructie te zien van een van de vele melkerijen die vroeger de melk voor de productie van de Edammer kaas leverden. *Middenweg 185 - ✆ (0299) 68 43 88 - www.historisch*

genootschapbeemster.nl - mei-okt.: wo-vr 11.00-17.00, za, zo 14.00-17.00 u; nov.-april: zo 14.00-17.00 u.
Neem bij het verlaten van Middenbeemster de N244 richting West-Grafdijk.

★ Graft-De Rijp

In de vroege 17de eeuw was **De Rijp** een bloeiende vissershaven, de thuishaven van 75 haringvissersboten en 19 walvisvaarders. Na de drooglegging van het Beemster- en het Schermermeer was de doorgang naar de Zuiderzee afgesloten. De Rijp werd in 1970 samengevoegd met buurgemeente **Graft**. Het geheel is nu een aantrekkelijke gemeente.

Graft heeft nog altijd een mooi raadhuis met een trapgevel uit 1613. Het raadhuis van De Rijp werd in 1630 gebouwd door waterbouwkundige Jan Adriaensz. Leeghwater. Bekijk in De Rijp het grachtje, typische huizen met houten gevels en de gereformeerde **Grote Kerk**, met 23 glas-in-loodramen uit de 17de eeuw. *Grote Dam 6 - www.rijper-glazen.nl - mei-sept: di-zo 14.00-16.00 u.*

Keer terug naar Alkmaar via de N244 naar de Omval. Aan het begin is de weg aangenaam omzoomd met vaarten, polders en waterpartijen.

🛈 Praktisch

Inlichtingen

Toeristenbureau – *Waagplein 2 - ☏ (072) 511 42 84 - www.visitalkmaar.com.*

Toeristenbureau Middenbeemster – *Middenweg 185 - ☏ (0299) 62 18 26 - visitbeemster.nl.*

📍 Adresboekje

PLATTEGROND BLZ. 184

Uit eten

Doorsneeprijzen

15 Grand Café Klunder – A1 - *Canadaplein 2 - ☏ 072 548 98 98 - www.grandcafeklunder.nl - ♿ - 9.00-22.00, zo 11.00-22.00 u - hoofdgerecht € 16,50/27.* Groot café recht tegenover de kerk met een ruim terras, waar op ieder uur van de dag een hapje kan worden gegeten. Als onderdeel van het Alkmaarse theater De Vest is het er vooral 's avonds erg druk,

1 Bistro De 13 – A1 - *Zevenhuizen 11 - ☏ 072 520 00 79 - www.13balcken.nl - ma en wo-do 15.00-21.30, vr-zo 13.00-22.00 u - hoofdgerecht € 16/28.* Een gezellige bistro niet ver van het Stedelijk Museum, waar heerlijke, zeer verzorgde gerechten op basis van verse producten worden geserveerd. Grote keus uit heerlijke tapbieren.

14 Bistro Bar de Buren – B2 - *Mient 37 - ☏ 072 512 0308 - www.restaurant-deburen.nl - 11.00-22.00 u - hoofdgerecht € 20/25.* Een sympathiek restaurant in brasseriestijl in de voormalige vismarkt, met een terras op het plein, vlak bij de gracht. Klassieke kaart en flinke porties (spare ribs, burgers, vis...).

Wat meer luxe

2 Rue de la Plume – B1 - *Veerstraat 22 - ☏ 072 520 12 12 -*

&. - dag. beh. di-wo vanaf 18.00 u - € 43/73. Trakteer uzelf in dit door de Michelingids geselecteerde restaurant op het verrassingsmenu rond een hoofdingrediënt met soms verrassende bijgerechten.

Middenbeemster

Doorsneeprijzen
Brasa Bar en Kitchen – *Rijperweg 83 - 0299 681 440 - &. - 11.00- 23.00 u (vr-za 0.00 u) - gesl. ma-di - hoofdgerecht € 15/29.* Grillgerechten en brasseriekeuken in een trendy gerestaureerd oud huis. Terras met uitzicht op de tuin.

Bergen

Wat meer luxe
De Ware Jacob – *Jan Jacoblaan 3 - 072 589 4007 - restaurant-dewarejacob.nl - di-za 18.10-22.00 u - menu € 52,50.* Een restaurant dat vanwege de gerechten op basis van eersteklas ingrediënten een goede naam bij de plaatselijke bevolking heeft opgebouwd. Overdekt terras voor koele avonden.

Winkelen

 Molen 't Roode Hert – BUITEN PLATTEGROND BIJ B1 - *Frieseweg 102 - 072 515 54 33 - 9.30-16.00, ma 11.00-16.00, za 9.30-15.30 u - gesl. zo.* De biowinkel in deze nog altijd actieve korenmolen verkoopt brood, meel, zaden en gedroogd fruit.

Inde Soete Suyckerbol – B2 - *Voordam 4 - 072 582 3269 - indesoetesuyckerbol.nl - 9.30-17.30, ma 12.00-17.30, za 9.30-17.00, zo 12.00-17.00 u.* Een honderd jaar oude snoepwinkel. Tip: koop bij wijze van souvenir een aantal, door Nederlanders zeer gewaardeerde dropspecialiteiten.

Sport en ontspanning

 Boottochten – *Rondvaart Alkmaar - 06 53 714 608 - www.grachtenrondvaartalkmaar.nl - april-okt.: ma-za vanaf 11.00 u (en zo mei-sept. vanaf 12.00 u) - € 8 (tot 10 jaar € 6).* Voor een boottocht door de grachten van Alkmaar. Vertrek: De Mient.

Overnachten

Doorsneeprijzen
1 Grand Hotel Alkmaar – A1 - *Gedempte Nieuwesloot 36 - 072 576 0970 - www.grandhotelalkmaar.nl - &. - 42 kamers € 127/167 - € 15,50 - .* Stijlvol, comfortabel hotel in het centrum in een mooi historisch pand met een modern interieur. De kamers zijn ruim en licht, netjes en onberispelijk schoon. Bar en restaurant.

2 Amrâth – A1 - *Geestersingel 15 - 072 518 6186 - www.amrathhotelalkmaar.nl - &. - 90 kamers € 80/124 - € 16,75.* Een modern hotel aan de andere kant van de singel rond het oude stadscentrum met ruime en comfortabele kamers.

3 College Hotel Alkmaar – A1 - *3 Achter de Vest - 072 511 1150 - www.collegehotelalkmaar.nl - &. - 22 kamers € 158/203.* Een klein, rustig hotel op een steenworp afstand van het Stedelijk Museum in het bakstenen gebouw van een voormalige school (1927). De witgepleisterde kamers zijn sober ingericht, maar hebben hoge plafonds en zijn comfortabel en licht.

Egmond aan Zee

Doorsneeprijzen
Golfzang – *Bd 8 - 072 750 20 10 - golfzang.nl - € 12,50 - &. - 144 kamers € 190 - hoofdgerecht € 15,50/24,50.* Hotel in een bakstenen gebouw bij de dijk met mooie kamers met terrassen en balkons. Hartelijke ontvangst. Spa.

Den Helder en de Afsluitdijk ★★

Het uiterste noorden van Noord-Holland is al een beetje Friesland. Op de westpunt ligt de haven van Den Helder met uitzicht op de Waddenzee en de vertrekhaven van de boot naar Texel. Aan de oostkant opent Den Oever de weg naar de beroemde Afsluitdijk die de provincie met Friesland verbindt. De dijk is niet zomaar een weg: rijdend over dit meesterstuk van kunst en techniek ontdekt u bezienswaardigheden en schitterende landschappen.

Ligging

REGIOKAART BLZ. 118-119 AB1.

Praktisch blz. 195

Adresboekje blz. 195

Met het gezin

Bezoek een echte onderzeeër in het Marinemuseum; beleef de ruwe zee in het Nationaal Reddingmuseum; de activiteiten van het Wadden Center.

Bezichtigen

REGIOKAART BLZ. 118-119

Den Helder

Den Helder, een belangrijke Nederlandse marinehaven en vertrekpunt van de boot naar Texel, was oorspronkelijk een eenvoudig vissersdorp. Napoleon liet het stadje in 1811 versterken. Hij bezocht het in hoogsteigen persoon en gaf het de bijnaam 'Gibraltar van het Noorden'. Den Helder is vooral interessant vanwege de **musea**, de omgeving en voor wie de overvaart naar Texel wil maken.

Marinemuseum

Hoofdgracht 3 - ℘ (0223) 65 75 34 - www.marinemuseum.nl - dag. 10.00-17.00 u - gesl. ma in nov.-maart - € 12 (4-12 jaar € 7,50).

Het Marinemuseum vertelt de geschiedenis van de Nederlandse marine vanaf de 17de eeuw aan de hand van scheepsmodellen, instrumenten, foto's, uniformen, emblemen en schilderijen. Films geven een impressie van de huidige Koninklijke Marine. Ook bezienswaardig zijn de onderzeeër *Tonijn* en een mijnenjager uit de Tweede Wereldoorlog. Vergeet niet om een kijkje te nemen op de *Schorpioen*, een 19de-eeuws ramschip.

Nationaal Reddingmuseum Dorus Rijkers

Willemsoord 60 G - ℘ (0223) 61 83 20 - www.reddingmuseum.nl - di-zo 10.00-17.00 u - € 9,50 (4-17 jaar € 6,75).

Dit museum vertelt de geschiedenis van het reddingswezen op zee aan de hand van boten, reddingsmateriaal, foto's en maquettes. De reconstructie van de scheepsbrug en de vele doe-het-zelf-activiteiten zijn vooral voor kinderen leuk.

IJsselmeer

Toen de Zuiderzee door de **Afsluitdijk** in 1932 definitief van de Waddenzee werd gescheiden, ontstond het IJsselmeer, een groot zoetwatermeer dat geen getijden kent en voor watersporters een paradijs is. Later werden in het IJsselmeer vier polders drooggelegd. Langs de oevers liggen vriendelijke stadjes en pittoreske havens.

De voormalige Zuiderzee

De rivier de IJssel mondde vroeger uit in een aantal meertjes, die langzamerhand uitgroeiden tot een groot meer dat de Romeinen het **Flevomeer** noemden. In de middeleeuwen heette het **Aelmere** of Almari. Tijdens een stormvloed in 1287 werd een deel van de noordkust weggeslagen, waardoor de uitmonding van het meer breder werd. De laaggelegen gebieden eromheen liepen onder water. Het grote binnenmeer stond uiteindelijk rechtstreeks in verbinding met de Noordzee en werd een binnenzee, die de Denen de Zuiderzee noemden. Van de 13de tot de 16de eeuw ontstonden langs de kust havenstadjes zoals Stavoren, Kampen en Harderwijk. De stadjes waren aangesloten bij

de **Hanze**, het verbond van Noord-Europese steden dat het handelsmonopolie op de noordelijke zeeën bezat. Maar in de 17de en 18de eeuw werden steden als Amsterdam, Hoorn, Medemblik en Enkhuizen rijk van de handel met het Verre Oosten *(zie Zuiderzeemuseum, blz. 196)*.

Het ontstaan van het IJsselmeer

Het idee om de Zuiderzee met een dijk af te sluiten bestond al in 1667, toen **Henri Stevin** een boek publiceerde waarin hij de dijk voorstelde als oplossing tegen de eeuwigdurende strijd van de mens tegen het verwoestende water. In 1825 richtte een storm een ravage aan langs de Zuiderzee. In 1891 presenteerde ingenieur **Cornelis Lely** (1854-1929) een nieuw afsluitingsplan, dat pas in 1918 door het parlement werd goedgekeurd, nadat het gebied in 1916 opnieuw door zware overstromingen was getroffen. Lely's plan had drie doelen: de dijk zou de gebieden rond de Zuiderzee voor altijd tegen overstromingen beschermen, het zoetwaterreservoir dat achter de dijk zou ontstaan, zou voorkomen dat het land rond het meer zou verzilten, en tot slot zou door inpoldering van een deel van het meer 225.000 ha vruchtbare landbouwgrond gewonnen kunnen worden. De Zuiderzeewerken begonnen in 1919. In 1924 werd de kleine Amsteldiepdijk tussen het **eiland Wieringen** en het vasteland voltooid.

De aanleg van de Afsluitdijk

De aanleg van de **Afsluitdijk** begon in 1927 met het opspuiten van het eilandje Breezand in de Zuiderzee, tussen het voormalige eiland Wieringen en de Friese kust. Nadat 700 miljoen m³ water was weggepompt, kwam de kleiachtige modderbodem van de polder in zicht. Met klei van de bodem van de Zuiderzee werd een buitendijk aangelegd die werd opgevuld met zand dat ter plaatse werd opgepompt. Hoe verder het werk vorderde, hoe krachtiger het water ging stromen. Het dichten van de laatste gaten ging dan ook met grote moeilijkheden gepaard. Op 28 mei 1932 werd het laatste gat gesloten en was de Zuiderzee definitief IJsselmeer geworden. De 30 km lange dijk is ter hoogte van de waterspiegel 90 m breed en steekt 7 m boven het water uit.

De Wieringermeerpolder

In 1945 bliezen de Duitsers de dijk van de Wieringermeerpolder op, waardoor die onderliep. Het water drong met grote kracht op twee plaatsen door de dijk en zoog twee 30 m diepe trechterputten in de bodem. Omdat die niet opgevuld konden worden, werd de dijk omgelegd. Zo ontstond de plek die nu **De Gaper** heet. Nadat de polder opnieuw was drooggelegd, ontstond een welvarend landbouwgebied *(zie ook Flevoland, blz. 212)*.

De nieuwe Afsluitdijk

In 2018 valt het besluit om de Afsluitdijk ingrijpend te renoveren. Het doel: de dijk en de verouderende sluizen versterken om de regio voor de komende eeuw tegen de stijging van de zeespiegel te beschermen. De werkzaamheden: nieuw asfalt op het wegdek, renovatie van de 25 spuisluizen (om het water uit het meer in zee te laten stromen) en van de twee schutsluizen (voor de scheepvaart). De sluizen reguleren het waterpeil van het IJsselmeer en het achterland. In Den Oever wordt een nieuwe sluis gebouwd. Op het eiland Kornwerderzand wordt de bestaande sluis versterkt, verbreed en een stormvloedkering aangelegd. Tot slot wordt de dam doorbroken, zodat trekvissen weer van het meer naar zee kunnen.

Fort Kijkduin

In Huisduinen, Admiraal Verhuellplein 1 - ℘ (0223) 61 23 66 - www.fortkijkduin.nl - 10.00-17.00 u (11.00-17.00 u 's winters) - € 10 (4-12 jaar € 8,50).
In dit gerestaureerde fort, ooit een van de zes forten van de waterlinie van Den Helder, komt het verleden tot leven. Bekijk in de kazematten, waar nu het Noordzee-aquarium is ingericht, vooral de glazen tunnel. Geniet bij mooi weer van het **uitzicht** op zandbank De Razende Bol, de Noordzee en het eiland Texel.

★★ De Afsluitdijk B1

Sinds 1932 wordt de Afsluitdijk als een kunstwerk ervaren. De renovatiewerkzaamheden die na 100 jaar noodzakelijk waren geworden, worden in het Afsluitdijk Wadden Center *(zie hierna)* toegelicht. De 30 km lange dijk biedt bezienswaardigheden en mooie uitzichtpunten.

Stevinsluizen

Het eerste sluizencomplex is vernoemd naar ingenieur Stevin. De Stevinsluizen verlenen doorgang aan de scheepvaart en omdat het uitwateringssluizen zijn, reguleren ze het waterpeil in het IJsselmeer.

Vlieter

Dit is het punt waar de Afsluitdijk werd gesloten. Verschillende monumenten herinneren daaraan. Aan de kant van de Waddenzee staan standbeelden van ingenieur Lely (Mari Andriessens, 1954) en van een steenzetter (Ineke van Dijk, 1985). Aan de kant van het IJsselmeer staat een door Willem Dudok ontworpen **toren** (25 m). Op de top hebt u mooi **uitzicht** over het water. Bij de ingang hangt een bas-reliëf (Hildo Krop) als eerbetoon aan de arbeiders, met de beroemde inscriptie: 'Een volk dat leeft bouwt aan zijn toekomst.'

Kornwerderzand

Dit dorp op het voor de aanleg van de dam opgespoten eiland is het enige dorp (één straat) op de dijk. In 1940 werden hier kazematten gebouwd. Wat een uitstekend idee bleek te zijn, aangezien het 225 Nederlanders lukte om 17.000 Duitsers tegen te houden. De succesvolle actie, die uniek was in Europa, wordt toegelicht in het **Kazemattenmuseum**, waar ook een bunker kan worden bezichtigd.
Afsluitdijk 5 - ℘ (0515) 57 94 53 - www.kazemattenmuseum.nl - wisselende openingstijden, vraag inl. - € 8 (4-12 jaar € 4).

★ Afsluitdijk Wadden Center

Afsluitdijk 1c - afsluitdijkwaddencenter.nl - 10.00-17.30 u - gratis.
👨‍👧 Voorbij de sluis staat aan de kant van het IJsselmeer het nieuwe bezoekerscentrum. Het opvallende gebouw uit 2018 werd ontworpen door een coöperatie van Friese architecten. De smalle, vijfhoekige **gevel★** is wit als schuim en doet denken aan de vorm van de basaltblokken van de dijk. Vanaf het dak hebt u **uitzicht★★** over het IJsselmeer. Binnen kijken de ramen in de muren uit op de dijk en het water. Op de eerste verdieping is een zeer geslaagde **expositie** met digitale animaties voor alle leeftijden over de geschiedenis van de Afsluitdijk, bedenker ingenieur Lely en het renovatieproject. Verder is er een zaal waarin het **natuurlijk milieu** van de Waddenzee is nagebootst. Een voorproefje van Friesland!
Vanaf Kornwerderzand is het nog 4 km over de Afsluitdijk naar de oostkust van het IJsselmeer en de provincie Friesland (zie blz. 503).

In de omgeving

Callantsoog A2

▶ *23 km ten zuiden van Den Helder. De weg naar Callantsoog loopt over een dijk met daarachter een groot aantal stranden.*

Het Zwanenwater is een 573 ha groot natuurgebied met duinvalleien en moerasland rond twee duinmeren waar duizenden vogels neerstrijken. De beste tijd om dit gebied te bezoeken is eind februari (dan komen de lepelaars aan uit West-Afrika) en in mei (broedtijd).

ⓘ Praktisch

Inlichtingen

Toeristenbureau – *Willemsoord 52 - ℘ (0223) 61 61 00 - denhelder.online.*
Afsluitdijk – *Afsluitdijk 1c, Kornwerderzand - deafsluitdijk.nl.*

Evenementen

Westfriese Markt – In Schagen *(22 km ten zuiden van Den Helder)* wordt in de zomer elke donderdag de Westfriese markt gehouden: een kleurrijk evenement met soms nog mensen in Westfriese klederdracht.
Marine Dagen – In juli, de landelijke Marinedagen in Den Helder.

♀ Adresboekje

Overnachten

Den Helder

Doorsneeprijzen

Grand Hotel Beatrix – *Badhuisstraat 2-10 - ℘ 0223 62 40 00 - www.grandhotelbeatrix.nl -* 🅿 ≋ ♿ *- 52 kamers € 139/159* ☕. Een uiterst comfortabel hotel op een leuke plek aan de (west)kust, op een steenworp afstand van Fort Kijkduin. Rustig, met zwembad, sauna en spa.

Callantsoog

Doorsneeprijzen

Strandhotel Landgoed de Horn – *Previnaireweg 4a (15 km ten zuiden van Den Helder) - ℘ 0224 581 242 - www.strandhoteldehorn.nl -* 🅿 *- gesl. half okt.-eind maart - 30 kamers € 95/110* ☕ *-* ✕. Klein, rustig hotel in een kustplaats, omgeven door hoge duinen. De kamers met terras (begane grond) of balkon (verdieping) zijn verdeeld over twee vleugels, omringd door groen in een tuin met een vijver.

Enkhuizen ★

Enkhuizen, ooit een welvarende haringvissershaven, speelde na de verzanding van de haven en de aanleg van de Afsluitdijk in 1932 een belangrijke rol in de bloembollenteelt. Toen West-Friesland in 1289 bij het graafschap Holland werd gevoegd, zetelde het Friese gezag in Enkhuizen. De stad kwam in 1572 als een van de eerste steden tegen de Spanjaarden in opstand en hecht nog altijd veel waarde aan de Nederlandse identiteit en het historisch erfgoed.

Ligging

18.620 inwoners
REGIOKAART BLZ. 118-119 B2 EN
PLATTEGROND HIERNAAST. Over een 30 km lange dijk loopt de N3 van Enkhuizen naar Lelystad (zie blz. 212).

Met het gezin

Het Zuiderzee Museum en een boottocht.

Praktisch blz. 199

Adresboekje blz. 199

Wandelen

PLATTEGROND HIERNAAST

★★ Zuiderzeemuseum B1-2

Wierdijk 18 - ☏ (0228) 35 11 11 - www.zuiderzeemuseum.nl - ♿ - buitenmuseum: 10.00-17.00 u alleen in april-okt. - binnenmuseum: 10.00-17.00 u - € 18 (4-12 jaar € 12) - gratis toegang met de I amsterdam City Card.

Het Zuiderzeemuseum bestaat uit een binnen- en een buitenmuseum. Begin tussen half april en oktober gerust met het buitenmuseum. Een veer vaart u erheen vanaf het parkeerterrein. U loopt in 10 min. van het ene naar het andere museum.

Buitenmuseum

Aanbevolen parkeerterrein (betaald) Sluisweg 1, veerboot heen en terug inbegrepen in het ticket (laatste terugvaart 17.30 u). Een tweede veerboot vaart tussen het toeristenbureau (Tussen Twee Havens), het museum en het parkeerterrein.

De aanleg van de Afsluitdijk (1932) om Nederland tegen overstromingen te beschermen leidde tot een inkrimping van de handel en de visserij in de regionale havens. In 1948 werd ter herinnering aan vroeger tijden het Zuiderzeemuseum opgericht. In 1983 werd het indrukwekkende **museumdorp** geopend, dat is gewijd aan het dagelijks leven van de bewoners vóór de aanleg van de dijk. De verschillende wijken van het dorp tellen meer dan 140 reconstructies van huizen, winkels en werkplaatsen uit zo'n dertig dorpen, waarin vrijwilligers de traditionele ambachten levend houden. Wandel op uw gemak door de straatjes en maak een reis terug in de tijd tussen de winkels – de kruidenierswinkel, de slagerij, de drogisterij **De Groote Gaper** (zie kader) – alsmede de kerk van Wieringen, de school, de polder van Stavoren, de haven van Marken… Een unieke ervaring zonder poeha.

> ### De 'gapers'
>
> In **De Groote Gaper**, een drogisterij in art-nouveaustijl, hangen houten hoofden met gapende monden en uitgestoken tongen. Deze 'gapers' werden vroeger gebruikt als uithangbord voor drogisterijen en apotheken.

Het museum is ideaal voor een familie-uitje. Er zijn bankjes, recreatieterreinen, restaurants en een klein **natuurgebied** met bezienswaardige bloemen, planten, vogels en een eendenkooi.

Binnenmuseum

Smaakt het buitenmuseum naar meer? Bezoek dan ook het binnenmuseum ,dat is ingericht in een mooi complex van 17de-eeuwse woningen en pakhuizen. Hier vindt u de kwetsbaarste en meest emblematische stukken uit de permanente tentoonstelling (17de-20ste eeuw), te beginnen met de dertien **houten schepen** (19de en vroege 20ste eeuw) in de **Schepenhal★★**. Bewonder vanaf de tribune de zeilschepen, vissersboten, *botters* (platbodem-vissersschepen), *tjotters* (Friese zeilscheepjes), *ijsvletten* (boten met glij-ijzers)... Allemaal schepen die niet meer op het water te zien zijn!

Op de bovenverdieping reist u van zaal naar zaal langs de kust van de Zuiderzee. In elke zaal ontdekt u een deel van Noord-Holland, Friesland en Overijssel tot Flevoland aan toe, met elk zijn eigen dorp, kunst, tradities en verhalen. De reconstructies van interieurs, de grote vitrines en de rijke museumcollectie (meubilair, schilderijen, maquettes, klederdrachten, foto's) vormen een compleet en goed gedocumenteerd overzicht van het leven van vroeger aan de kust, dat uitnodigt om het 'echte' leven in de havens van Ameland, Hindeloopen en Urk te gaan ontdekken.

★ De oude stad B2

◐ *Wandeling in groen aangegeven. Vertrek vanaf de entree van het Binnenmuseum.*
In het oude centrum van Enkhuizen wemelt het van de 17de-eeuwse **gevels**. De rijke versieringen getuigen van de welvaart van vroeger, een erfenis van de Oostzeehandel en de VOC.

UIT ETEN	OVERNACHTEN	Hotel Restaurant
De Mastenbar............ ❸	De Koepoort............... ❹	Die Port van Cleve..... ❺

Loop de Compagniesbrug over, neem de Zwaanstraat en sla daarna rechtsaf de Breedstraat in.

Stadhuis
Een gebouw uit 1686 met een statige uitstraling. Binnen zijn de vertrekken met plafondschilderingen, wandtapijten en muurschilderingen versierd.
Op de hoek met de Zwaanstraat bevindt zich de **voormalige gevangenis**, een klein gebouwtje met een pittoreske gevel uit 1612 dat nu als expositieruimte in gebruik is.
Loop verder over de Breedstraat, sla daarna linksaf de Westerstraat in.

Zuider- of Sint-Pancraskerk
Let op de mooie puntgevels, de uithangborden, de gevelstenen (een kookpot, een ossenkop). Naast de kerk staat een mooie gotische toren waarvan de houten opbouw in de 16de eeuw werd toegevoegd. De klokken van het **carillon** zijn gegoten door de gebroeders Hemony.
Neem ter hoogte van de apsis de kleine doorgang naar de Zuiderkerksteeg, steek de Nieuwstraat over en neem aan de overkant de Kalksteiger, tot de Breedstraat.

Breedstraat
Diverse huizen in deze straat hebben interessante gevelstenen. Op nr. 81 (Den Kuiser Maegt) prijkt een gevelsteen met het stadswapen. Op nr. 60 is op de gevelsteen een oud schip uitgebeiteld, en op nr. 59 een jong meisje met nogmaals het stadswapen.
Sla aan het eind van de Breedstraat rechtsaf naar het Zuiderspui.

Zuiderspui
In dit straatje is een aantal interessante gevels te zien. Aan de gevel van nr. 1 ziet u vijf wapenschilden: van links naar rechts die van Hoorn, het huis van Oranje, West-Friesland, Enkhuizen en Medemblik.
Het doorgangetje leidt naar de Drommedaris.

★ Drommedaris
Dit indrukwekkende bouwwerk (1540) maakte vroeger deel uit van de stadswallen en diende, net als in Hoorn, om de ingang van de haven in het oog te houden. Het gebouw, waarin nu een café-restaurant is gevestigd, bestaat uit een bijna volledig ronde toren en een aangrenzend poortgebouw. Het carillon is gemaakt door de gebroeders Hemony en is een van de beste van Nederland.
De kade ten zuiden van de toren biedt prachtig **uitzicht★** in oostelijke richting: van de haven, het Zuiderspui, tot de achterkant van de huizen met houten erkers die over weelderige bloementuinen uitkijken. Ten zuiden daarvan ligt de jachthaven Buitenhaven.
Steek opnieuw het loopbruggetje over en sla linksaf de Dijk op, die langs de Oude Haven loopt. Loop de kade af tot Venedie, sla die in en loop verder over de Melkmarkt, tot de kruising met de Westerstraat.

Westerstraat AB2
De hoofdstraat van Enkhuizen is rijk aan een aantal prachtige gevels. Op de geveltop van het huis uit 1617 op nr. 158, aan de noordzijde, prijkt het stadswapen: een jong meisje dat een wapenschild draagt met drie haringen erop.

Wester- of Sint-Gomaruskerk A2
Deze hallenkerk werd in 1519 voltooid. Het houten klokkenhuis naast de kerk werd in de 16de eeuw op een stenen voet gebouwd en in de 19de eeuw in neoclassicistische stijl opnieuw omtimmerd. De drie beuken zijn overkapt met een houten gewelf. Het fraaie houten **koorhek★** heeft zes rijkbewerkte panelen uit de 16de eeuw.

De preekstoel, eveneens 16de-eeuws, is een kopie van die uit de Grote Kerk in Den Haag. De orgelkast dateert van 1547.

Tegenover de kerk staat de oude **West-Friese Munt** met een rijkversierde gevel uit 1617. Verderop, op nr. 109, is de gevel van het voormalige **Weeshuis** in de oorspronkelijke, sobere uitvoering teruggebracht

Praktisch

Inlichtingen

Toeristenbureau – *Tussen Twee Havens 1 - ℘ (0228) 313164 - www.visitenkhuizen.nl.*

Adresboekje

PLATTEGROND BLZ. 197

Uit eten

Goedkoop

③ De Mastenbar – B2 - *Compagnieshaven 3 - ℘ 0228 313 691 - demastenbar.nl - 12.00-23.00 u - gesl. di - hoofdgerecht € 15,50/26,50.* Dit restaurant dicht bij de haven is een eerbetoon aan het IJsselmeer: de inrichting, de gerechten op basis van spartelverse vis en, vooral, het ideale uitzicht vanaf het terras aan het water waarover ontelbaar veel schepen de haven verlaten.

Sport en ontspanning

Boottochten – *Inl. bij het toeristenbureau - begin juli-begin sept.* Vanuit Enkhuizen kunt u een boottocht over het IJsselmeer maken *(zie blz. 192)* naar Urk.

Overnachten

Doorsneeprijzen

④ De Koepoort – A2 - *Westerstraat 294 - ℘ 0228 31 49 66 - www.hoteldekoepoort.nl - 🅿 ♿ - 25 kamers € 114/145 ☕.* Een klein, gezellig familiehotel naast de oude, gelijknamige stadspoort. Voor rustige overnachtingen in mooi ingerichte kamers.

⑤ Hotel Die Port van Cleve – B2 - *Dijk 74-76 - ℘ 0228 312 510 - www.deportvancleve.nl - ♿ - 24 kamers € 104/130 ☕ - ✕.* Een onlangs gerenoveerd hotel in een voormalig 17de-eeuws woonhuis met uitzicht op de Drommedaris. Aangename kamers aan de kant van de haven. Bij het hotel horen een bar en een zitkamer.

＃ Hoorn ★

In Hoorn treft u geen kaap en geen schiereiland, maar de charme van een in de weekenden druk stadje met een rijke geschiedenis. Maak een wandeling door het oude centrum en bewonder de gevels die vertellen over de welvaart in de 17de eeuw: het tijdperk van de VOC, invloedrijke families en beroemde zeevaarders. En die tijd is niet voorbij! In Hoorn is de zeewind nog altijd voelbaar op schilderijen in musea, op terrassen in de haven en op de kaden waar schepen uitnodigen tot verre reizen.

▶ Ligging	❶ Praktisch blz. 204
74.300 inwoners	❷ Adresboekje blz. 204

REGIOKAART BLZ. 118-119 B2 EN PLATTEGROND HIERNAAST. Hoorn is vanuit Amsterdam bereikbaar via de A7-E22.

Wandelen

PLATTEGROND HIERNAAST

Het mooiste deel van de stad en de belangrijkste bezienswaardigheden vindt u in het **historische centrum★** en de haven. De afstanden zijn kort. U kunt ze gemakkelijk lopend bezoeken.

★ **Rode Steen** A1

Dit is het centrale plein van de stad met in het midden het standbeeld (19de eeuw) van de bekendste inwoner van Hoorn: Jan Pieterszoon Coen *(zie kader blz. 202)*. De rode steen aan de voet van het beeld verwijst naar een donker verleden. Tot in 1797 vloeide er bloed op het stadsplein. Hier, voor het stadhuis, werden de terdoodveroordeelden onthoofd. Alle besluiten op het gebied van recht, bestuur en handel werden destijds hier genomen.

Op de **Waag** (1609), het gebouw met de rode luiken, prijkt het stadswapen: een eenhoorn met een wapenschild met daarop een hoorn des overvloeds. In het elegante **Statenlogement★** (1632) aan de overkant van het plein vergaderde de Raad van Westfriesland en het Noorderkwartier. De hoge **gevel★** is versierd met kleurrijke schilden en kroonlijsten met leeuwen met de schilden van de zeven steden die in de raad vertegenwoordigd waren. Nu huist hier het Westfries Museum.

★ **Westfries Museum** A1

Roode Steen 1 - ✆ (0229) 28 00 22 - www.wfm.nl - 11.00-17.00 u - gesl. ma nov.-maart - € 10 (tot 18 jaar gratis).

Ga niet af op de bescheiden entree van het Westfries Museum: achter de voordeur ligt een museum verdeeld over twee gebouwen, elk van twee verdiepingen, met een originele notenhouten trap naar de bovenverdieping. Bewonder de bijzondere zalen, waaronder de indrukwekkende **Schutterijzaal** met balken versierd met zeven schilden. Hier hangen een paar topstukken uit de collectie, voornamelijk uit de Gouden Eeuw, waaronder vier schuttersstukken van **Jan Albertz Rotius** (1650), bijgenaamd de 'Rembrandt van Hoorn'. Verder kan het Westfries Museum bogen op een collectie van 30.000 stukken uit de 16de-19de eeuw (kunstvoorwerpen, meubilair), waaronder kunstschatten uit de 17de eeuw die in 2005 helaas gestolen werden. Er zijn uiteindelijk vijf doeken teruggevonden. Ze worden opnieuw tentoongesteld in het kader van een schitterende, nog altijd sterk door de Gouden Eeuw gekleurde collectie bestaande uit **zeegezichten★**, maquettes, wapens, **portretten★**, een **rariteitenkabinet★** en zeldzame **knipselkunstwerken★** gemaakt door echtgenotes van notabelen die zich tot meesteressen in de papierknipselkunst ontpopten.

Nieuwstraat A1

In de winkelstraat staat het **voormalig Stadhuis** (1613) met een dubbele trapgevel. Op de gevel van **nr. 17** prijken Poseidon met met zijn drietand, zijn echtgenote Amphitrite en twee dolfijnen, symbolen voor de vrijhandel en de oorlogsvloot. Ter hoogte van het Kerkplein, ziet u op nr. 39 een stijlvol gebouw in renaissancestijl uit 1563 genaamd **De Boterhal**. De beelden op de gevel brengen in herinnering dat het voormalige Sint Jans Gasthuis in 1841 een overdekte botermarkt werd (1922-1954). De **Boterhal** is nu een cultureel centrum.

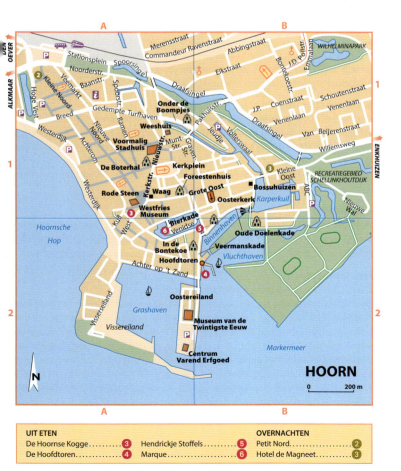

UIT ETEN		OVERNACHTEN	
De Hoornse Kogge .... ❸	Hendrickje Stoffels .... ❺	Petit Nord .... ❷	
De Hoofdtoren .... ❹	Marque .... ❻	Hotel de Magneet .... ❸	

Van Hoorn tot Kaap Hoorn (en door naar Jakarta)

Hoorn, dat omstreeks 1300 rondom een natuurlijke haven ontstond, was al snel de hoofdplaats van West-Friesland en dankte zijn welvaart aan de overzeese handel en visserij. Zijn glorietijd beleefde Hoorn in de 17de eeuw als bestuurs- en handelscentrum van Holland ten noorden van Amsterdam. In Hoorn zetelde bovendien een van de zes kamers van de VOC. In diezelfde tijd slaagde **Willem Cornelisz. Schouten** (1580-1625) erin als eerste zeevaarder de zuidelijkste punt van Zuid-Amerika te ronden. Het laatste eilandje van Vuurland noemde hij naar zijn geboorteplaats, vandaar Kaap Hoorn. **Jan Pietersz. Coen** (1587-1629), ook afkomstig uit Hoorn, was van 1617 tot 1623 en van 1627 tot 1629 gouverneur-generaal van Nederlands-Oost-Indië. Hij stichtte Batavia en geldt als de grondlegger van de Nederlandse koloniale macht in Nederlands-Indië (Indonesië). De neergang van Holland in de 18de eeuw werd in Hoorn pijnlijk gevoeld. De stad heeft twee eeuwen nodig gehad om van deze klap te herstellen.

Grote Oost AB1

In de 17de en 18de eeuw was de Grote Oost, samen met de Grote Noord, de meest vooraanstaande straat van de stad. De notabelen (koopmannen, schepenen, raadsheren) gingen er wonen in deftige, bij voorkeur **overhellende** huizen of achter indrukwekkende gevels versierd met grote, in rococostijl gebeeldhouwde balustrades.

★ Foreestenhuis A1

Hier hebben invloedrijke families gewoond, zoals de **Van Foreest**-dynastie, waarvan de mannen van 1650 tot 1800 topfuncties bekleedden. De illustere Nanning van Fooreest (1682-1745), oud-burgemeester van Hoorn, bouwde er in 1724 een herenhuis dat zijn status eer aandeed. Bekijk op **nr. 43** de sierlijke Lodewijk-XIV-gevel van blauwe steen. Het balkon wordt ondersteund door atlanten en is versierd met beelden van Minerva, Mars, Amor en Fides.

Oosterkerk B1

Deze eerst katholieke en daarna gereformeerde vissers- en schipperskerk werd in 1453 gebouwd en heeft een renaissancegevel uit 1616 met een charmant houten klokkentorentje. Sinds 1982 vinden in de kerk culturele evenementen plaats.

Bossuhuizen B1

Grote Oost 132, Slapershaven 1, Slapershaven 2.
De drie aangrenzende huizen dateren uit de 17de eeuw. Bewonder het **fries met reliëf★** dat zich over hun gevels uitstrekt. Als een stripverhaal vertelt het een beroemde episode uit de Tachtigjarige Oorlog die de stad naar men zegt geen windeieren legde. In 1573 vond op de Zuiderzee namelijk een zeeslag plaats, waarbij de West-Friese vloot onder aanvoering van Cornelis Dircksz. (burgemeester van Monnickendam) de Spaanse vloot van admiraal Bossu versloeg. Die laatste werd met veel vertoon door tweehonderd man aangehouden en in het **Weeshuis** in Hoorn *(Korte Achterstraat nr. 4*, 1620) gevangengezet. Het Westfries Museum *(zie blz. 200)* bewaart zijn fraai **verzilverde drinkbeker★** (1573) en zijn portret.
Niet ver van het Weeshuis, aan het eind van de monumentale kade **Onder de Boompjes**, staan twee voormalige VOC-pakhuizen, waarvan er een is versierd met een gevelsteen met daarop twee schepen (1606). Om te voorkomen dat de kostbare handelswaar (specerijen, kruidnagels, muskaatnoten, peper) werd gestolen,

werden de pakhuizen meestal ver van de haven gebouwd. Nu is in dit pakhuis het documentatiecentrum van Oud Hoorn gevestigd *(www.oudhoorn.nl)*.

★ Binnenhaven B1-2
De pittoreske binnenhaven ziet er nog net zo uit als vroeger. Bekijk als bewijs in het museum het **Gezicht op Hoorn★** (1622), een werk van Hendrik Cornelisz. Vroom (1566-1640). Op de **Oude Doelenkade** rijgen de voormalige pakhuizen en de mooie natuurstenen gevels zich aaneen (nr. 21 en 17-19). Bij mooi weer manoeuvreren grote zeiljachten hier onder het oog van nieuwsgierige kijkers de haven in.

★ Veermanskade B2
De fraai gerestaureerde huizen aan deze kade zijn veelal oude koopmanswoningen. Sommige hebben de voor Hoorn karakteristieke gevel met bewerkte, houten stijlen behouden. Andere hebben mooie gevelstenen en een trap- of klokgevel. Bekijk op nr. 15 het geboortehuis van **Willem IJsbrantsz Bontekoe** (1587-1657), zeevaarder in dienst van de VOC: zijn *Journael* (1646) – een episch verhaal over zijn zeereizen in het Verre Oosten – is een Nederlandse literaire klassieker. Het werk was een inspiratiebron voor de jeugdroman van Johan Fabricius, *De scheepsjongens van Bontekoe* (1924), waarvan de hoofdpersonen vereeuwigd zijn in een bronzen standbeeld (1968, Jan van Druten) onder aan de Hoofdtoren.

Hoofdtoren B2
De Hoofdtoren werd in 1532 gebouwd ter bewaking van de hoofdingang van de haven; het houten klokkentorentje is in 1651 toegevoegd. Het beeldhouwwerk aan de achterkant van de toren (1968) stelt een eenhoorn voor, het symbool van de stad.

Oostereiland AB2
www.oostereiland.nl.
Het Oostereiland is een kunstmatig eiland in de haven van Hoorn, dat oorspronkelijk vrij achteraf lag. In 1665 werden er pakhuizen op gebouwd die de stad in de loop van de eeuwen als admiraliteit, scheepswerf, kazerne en gasthuis ging gebruiken. En als een gigantische stenen gevangenis rond een vierkante binnenplaats. De bajes werd in de jaren 1990 gesloten en is nu een cultureel complex met een bioscoop, een brasserie, een hotel en een museum.

Museum van de Twintigste Eeuw – *Krententuin 24 (Oostereiland)* - ☏ *(0229) 21 40 01* - *www.museumhoorn.nl* - *10.00-17.00, za, zo 12.00-17.00 u* - *€ 10 (4-16 jaar € 5).* Een museum dat niet gaat over de Gouden Eeuw, maar over de revoluties die in de 20ste eeuw plaatsvonden. Op de eerste verdieping laten reconstructies zien hoe een Nederlandse huiskamer, winkelstraat, klaslokaal enzovoort tussen 1900 en 1980 veranderd zijn. In een themazaal zijn indrukwekkende collecties poppen, spellen, fietsen en andere voorwerpen te zien. Het museum biedt een originele kijk op ontwikkelingen in de technologie, de mode, meubilair en de gemiddelde welvaartsstijging van Nederlandse gezinnen gedurende de vorige eeuw.

Centrum Varend Erfgoed – *Schuijteskade 22* - ☏ *(0625) 19 56 96* - *www.varenderfgoedhoorn.nl* - *vraag inl.* - *vaartochten van mei tot okt. op afspraak.* Aan het eind van de toegangsweg naar het Oostereiland is een interessant **openluchtmuseum** met allerlei vaartuigen. Het museum is opgericht door een vereniging die zich sinds 2013 inzet voor het behoud en beheer en de restauratie van oude Hoornse schepen. In het bezoekerscentrum is een kleine tentoonstelling over scheepvaart op de Zuiderzee ingericht. Verder worden rondleidingen georganiseerd op de **Halve Maen**, een replica van een 17de-eeuws VOC-schip *(www.halvemaenhoorn.nl)*.

In de omgeving
REGIOKAART BLZ. 118-119

Medemblik B2
▶ *17 km noordoostelijk van Hoorn over de A7 (afslag 11) en de N239.*
Het rustige Medemblik behoort tot de steden die het meest onder de afsluiting van de Zuiderzee hebben geleden. Als belangrijke jachthaven en locatie voor zeilwedstrijden heeft het stadje mooie huizen en een zeker cachet weten te behouden. Bekijk het kleine centrum en de twee grootste havens.
De **Oosterhaven★**, in het oosten, kijkt uit op het IJsselmeer en **Kasteel Radboud**, dat omstreeks 1288 werd gebouwd door graaf Floris V van Holland *(☏ (0227)54 19 60 - kasteelradboud.nl - di-zo 10.00-17.00 u)*. Sommige van de oude gevels rond de haven zijn met stenen beeldhouwwerk versierd (nr. 22, 43 en 44).
Ook in de **Westerhaven**, in het westen, zijn een paar mooie gevels te zien (nr. 9 tot 14 en 16 tot 20).
In het stadscentrum is de **Nieuwstraat** de bezienswaardigste straat. Bekijk de gevelsteen van het **Bakkerijmuseum** (op nr. 8). Aan het eind van de straat staat de **Waag**, met op de trapgevel een gevelsteen met weegschalen. Iets verderop staat het voormalige **stadhuis** (1939), een ontwerp van Alexander Kropholler, met een klein historisch museum over de stad. Vanwege zijn plaats op de dijk hebt u er prachtig uitzicht op het IJsselmeer. Er is eveneens een halte van de **Museumstoomtram**.
Houdt u van stoommachines, breng dan ook zeker een bezoek aan het **Nederlands Stoommachinemuseum** en bekijk er een interessante collectie stoommachines inclusief demonstraties *(in het hoogseizoen)*. Het gemaal Vier Noorder Koggen (1869), waarin dit museum is ondergebracht, was nog tot 1976 in bedrijf om de polders rond Medemblik droog te houden. *Oosterdijk 4 - ☏ (0227) 54 47 32 - www.stoommachinemuseum.nl - maart-nov.: 10.00-17.00 u - gesl. ma - € 9 (5-12 jaar € 6).*

🛈 Praktisch

Inlichtingen

Toeristenbureau Hoorn –
*Kleine Noord 57 -
www.ikhouvanhoorn.nl.*

Toeristenbureau Medemblik –
*Pekelharinghaven 50 -
☏ (06) 12 33 58 41 -
www.visitmedemblik.nl.*

📍 Adresboekje
PLATTEGROND BLZ. 201

Uit eten

 De plaatselijke specialiteit van Hoorn is gerookte haring. Geniet op zaterdag, marktdag, van een vislunch uit het vuistje.

Doorsneeprijzen

④ **De Hoofdtoren** – B2 - *Hoofd 2 -
☏ 0229 215 487 - www.hoofdtoren.nl - di-zo 12.00-0.00 u - hoofdgerecht € 18,50/28,50.* U hoeft echt

niet bang te zijn dat het restaurant in de historische toren een toeristenval is. De gerechten zijn net zo sympathiek als de inrichting en de sfeer. Het diner is royaal en vers (vis van de grill, tournedos, spareribs), de lunchgerechten zijn eenvoudiger (pannenkoeken, sandwich, salade).

⑤ Hendrickje Stoffels – B2 – *Oude Doelenkade 3 - ☎ 0229 210 417 - hendrickje-stoffels.nl - 17.30-22.00, zo 13.00-22.00 u - gesl. wo-do - hoofdgerecht € 22,75/28,75.*
Leuk restaurantje met de uitstraling van een brasserie, dicht bij de Hoofdtoren en tegenover de haven waar de zeiljachten voor anker gaan. Moderne keuken.

③ De Hoornse Kogge – A1 – *West 27 - ☎ 0229 210 574 - www.dehoornsekogge.nl - ⚥ - 17.00-22.30, zo 15.00-22.30 u - gesl. ma-wo - menu € 39,50.*
Deze rustieke bistro is gehuisvest op de bovenverdieping van een voormalig pakhuis aan een kade in het oude centrum. Traditionele streekgerechten. Klein terras aan de achterzijde.

Wat meer luxe

⑥ Marque – A2 – *Bierkade 2 - ☎ 0229 508 323 - www.marquerestaurant.nl - wo-zo 12.00-16.00, 18.00-22.00 u - menu € 40/50 (lunch), € 70/90 (diner).*
De open keukens en de ruime bar (waar u ook kunt eten) zijn de blikvangers als u dit voormalige kaaspakhuis (1618) binnenkomt. Mediterrane smaken en gerechten met flair op uw bord! Een restaurant dat zeer terecht door de Michelingids is geselecteerd.

Sport en ontspanning

Stoomtram – *Museumstoomtram - ☎ (0229) 25 52 55 - www.stoomtram.nl - € 24,75 (4-12 jaar € 18,50).* Van half maart tot december, tussen Hoorn en Medemblik. Het ritje met de stoomtram kunt u combineren met een boottocht van Medemblik naar Enkhuizen *(inl. bij het toeristenbureau).*

Overnachten

Doorsneeprijzen

② Petit Nord – A1 – *Kleine Noord 53 - ☎ 0229 212 750 - hotelpetitnord.nl - 🅿 € 8,25 - ⚥ - 30 kamers € 90/110 - ☕ € 15 - 🍴.*
Een hotel in zakformaat, gevestigd in twee panden in de buurt van het station en het IJsselmeer. Voor rustige overnachtingen in kamers waarop niets aan te merken valt. Twee restaurants: Japans en Chinees, naar keuze.

③ Hotel de Magneet – B1 – *Kleine Oost 5 - ☎ 0229 215 021 - www.hoteldemagneet.nl - 🅿 - 18 kamers € 102/112 ☕ - 🍴.*
Een sympathiek familiehotel in een rustig straatje. De kamers zijn sober ingericht, maar niettemin comfortabel en het personeel is zeer attent. Tevens een appartement.

Medemblik

Doorsneeprijzen

Het Wapen van Medemblik – *Oosterhaven 1 - ☎ (0227) 54 38 44 - www.hetwapenvanmedemblik.nl - 🅿 - 26 kamers € 141/151 ☕ - 🍴.*
Een van de beste hotels van Medemblik, op een rustige plek aan de havenkade, met een klein terras en gerenoveerde kamers. Lunchgerechten (salades, omelet) tegen een redelijke prijs. 's Avonds staat er vis op het menu.

Het Gooi ★

Het Gooi, een vredige regio onder de rook van Amsterdam, was in de Gouden Eeuw een rijke buitenwijk van de machtige koopmansstad. Rijke handelaren brachten er in prachtige landhuizen de zomer door. Sindsdien rijgen de kastelen, koninklijke residenties, luxe herenhuizen en uitgestrekte parken zich aaneen, en nog steeds hebben ze grote aantrekkingskracht op kunstenaars, intellectuelen en schrijvers. Het is een waar genot om bij mooi weer door dit groene paradijs te dwalen en de leuke plaatsjes en charmante historische forten te ontdekken.

Ligging
REGIOKAART BLZ. 118-119 B3 EN KAART HIERNAAST. Hilversum, startpunt van de rondrit, ligt 35 km ten zuidwesten van Amsterdam over de A1 en 20 km van ten noorden van Utrecht over de A27.

Aanraders
Het stadhuis van Hilversum, het Singer Museum en Naarden.

Planning
Reken op één dag.

Met het gezin
Het Muiderslot.

Praktisch blz. 210

Adresboekje blz. 210

Rondrit
DETAILKAART HIERNAAST

▶ *Rondrit van 62 km in bordeauxrood aangegeven op de kaart, vanuit Hilversum.*

Hilversum
In deze rustige, welvarende stad midden in het Gooi staan aan schaduwrijke lanen her en der stijlvolle kubistische gebouwen.

Hilversum is een stad met twee karakteristieke kanten. Zo is Hilversum dé **mediastad** van Nederland. In het Mediapark zijn alle Nederlandse publieke radio- en televisiezenders gevestigd. Wie Nederlands spreekt, moet zeker eens gaan kijken in het Nederlands Instituut voor Beeld en Geluid, dat de geschiedenis van de Nederlandse radio en televisie vertelt. Daarnaast is Hilversum de stad van architect **W.M. Dudok**, die er, met J. Duiker, de stad met de meeste functionalistische architectuur van Nederland van maakte *(zie blz. 86)*.

★ **Raadhuis** – *Dudokpark 1 (toegang via het Dudok Architectuur Centrum) - ℘ (035) 629 23 72 - www.dudokarchitectuurcentrum.nl - rondleiding (1.30 uur) om 13.30 u: do-zo 12.00-16.00 u - rondleiding: € 11,50; Dudok Architectuur Centrum: € 4.* Het Hilversumse raadhuis werd tussen 1927 en 1931 gebouwd en geldt als het meesterwerk van architect **W.M. Dudok** (1884-1974), de belangrijkste representant van de kubistische architectuur in Nederland. Of u nu wel of niet bekend bent met architectuur, de rondleiding is perfect om het functionalisme te doorgronden. Dan begrijpt u ook hoe avant-gardistisch dit **gebouw**★★ was. En hoe de combinatie van op en naast elkaar geplaatste vierkanten van verschillende grootte tot een zeer vernuftig spel van horizontale en verticale lijnen leidt. En waarom het **interieur**★ zowel esthetisch als absoluut rationeel (structuur, organisatie, meubilair, verlichting) is. Geniet tot besluit van het mooie **uitzicht**★ vanaf de klokkentoren.

In het **Dudok Architectuur Centrum** in het souterrain staan het leven en werk van Dudok en zijn vakgenoten centraal (archieven, maquettes, documentaires...).
Museum Hilversum – *Kerkbrink 6 - ℘ (035) 533 96 01 - www.museumhilversum.nl - ♿ - 11.00-17.00 u - € 8,50 (tot 12 jaar gratis).* In het voormalige stadhuis (1881) in het centrum van Hilversum vinden tijdelijke tentoonstellingen plaats.
Verlaat Hilversum over de Soestdijkerstraatweg, volg de N415 en neem de N221.

Soestdijk

Ten noorden van Hilversum ligt **Paleis Soestdijk**, tot 2004 een van de vier officiële paleizen van de koninklijke familie. Het voormalige jachtslot was het zomerverblijf van de Nederlandse vorsten. Momenteel worden plannen ontwikkeld voor een nieuwe bestemming ervan.
Keer om en rijd naar de kruising met de Soestdijkerstraatweg richting Baarn.

Baarn

De sfeervolle gemeente Baarn ligt midden tussen uitgestrekte loof- en naaldbossen. U kunt er **Kasteel Groeneveld** (ca. 1710) bezoeken, dat wordt omringd door een parktuin in Engelse landschapsstijl. In het kasteel is een kleine xylotheek (verzameling van houtmonsters) te zien, afkomstig van de universiteit van Leiden (1790). Ter plaatse worden tijdelijke tentoonstellingen en culturele evenementen georganiseerd (concerten, festivals...). *℘ (035) 542 04 46 - www.kasteelgroeneveld.nl - kasteel: di-zo 11.00-17.00 u; park: van zonsop- tot zonsondergang - € 6,50 (4-11 jaar € 4,50).*
Neem de A1 (afslag 9).

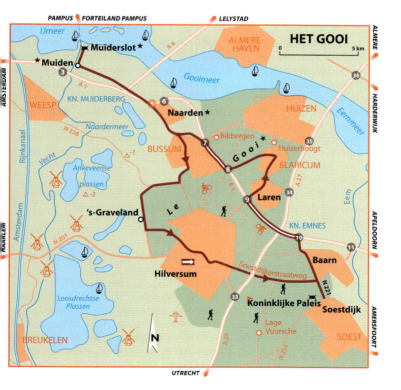

Naarden-Vesting vanuit de lucht: een ster op het water
JaySi/Getty Images Plus

Laren

De kleine, pittoreske gemeente Laren staat symbool voor de rijkdom van de Gooistreek. Er zijn dan ook diverse luxe winkels. Laren staat bekend als kunstenaarsdorp: hier ontstond aan het eind van de 19de eeuw onder leiding van Albert Neuhuys en Anton Mauve de **Larense Schildersschool**. Veel schilders van de Larense School behoorden ook tot de Haagse School.

★ **Singer Museum** –*Oude Drift 1 - ☏ (035) 539 39 39 - www.singerlaren.nl - ♿ - dag. beh. ma 10.00-17.30 u - € 17 (13-18 jaar € 7,50)*. Midden in het dorp, rond de villa van de Amerikaanse schilder **William Henri Singer** (1868-1943), werd in 1956 door zijn weduwe een museum gesticht. Nu snellen kunstliefhebbers uit het hele land toe om de meestentijds uitmuntende tijdelijke tentoonstellingen, de schilderijen van de kunstenaar en de beurtelings getoonde schilderijen uit de eigen collectie te zien. De eigen collectie bestrijkt de periode 1880-1950 en is zeer rijk: werken van Franse kunstenaars uit de 19de en 20ste eeuw (Rodin, Corot, Boudin, Le Sidaner), van schilders uit de Amsterdamse School en de Haagse School (Maris, Bosboom, Isaac Israëls), van kunstenaars uit Laren en Bergen en van modernisten (Van Dongen, Van der Leck). Bij het museum horen een theater, een beeldentuin en een daktuin.

Verlaat Laren in noordelijke richting.
Rijd door Blaricum, een charmant woondorp. Iets verder ligt **Huizen**, een bedrijvig stadje met een grote jachthaven en een strand om lekker te liggen.
Rijd over Bikbergen en Bussum naar Naarden.

★ Naarden

Rondleiding over de weergang (75 min.) elke 3de za v.d. maand (vraag inl. bij het toeristenbureau).
Naarden was vroeger de hoofdstad van het Gooi. Naarden lag aan de Zuiderzee, maar werd in de 12de eeuw door het water verzwolgen. Na de herbouw in de 14de eeuw meer landinwaarts, werd het een belangrijke vestingstad, die in 1572 door de Spanjaarden en in 1673 door de Fransen werd veroverd. Het hart van het mooie stadje ligt nog altijd binnen de 17de-eeuwse **versterkingen★**, die een twaalfpuntige ster vormen met zes bastions, die door een dubbele ring van wallen en grachten worden omgeven. U kunt overigens nog steeds over de weergang lopen.

★ **Nederlands Vestingmuseum** – *Westwalstraat 6 - ℘ (035) 694 54 59 - www. vestingmuseum.nl - ♿ - di-zo 10.30-17.00 u - € 10,50 (4-12 jaar € 5,75).* Dit museum is gevestigd in de vijf kazematten van een bastion (Turfpoort) en illustreert de bewogen geschiedenis van de stad met kanonnen, wapens, uniformen, prenten en een audiovisuele presentatie. Hoogtepunt is de 61 m lange luistergang, bedoeld om de vijand 's nachts af te luisteren. En niet te vergeten het zondagse kanonschot!

Het Spaanse Huis heeft een gevelsteen uit 1615, die herinnert aan de slachting die de Spanjaarden in 1572 onder de bevolking aanrichtten. In dit voormalige waaggebouw is een charmant klein museum ondergebracht gewijd aan historische weeg- en meetinstrumenten (Weegschaalmuseum). *Turfpoortstraat 27 - www. weegschaalmuseum.nl - ℘ (035) 544 71 53 - april-sept.: wo-zo 11.00-17.00 u; okt.-maart: za-zo 11.00-17.00 u - € 7,50 (6-12 jaar € 4).*

Het **stadhuis**★ is een mooi renaissancegebouw met trapgevels uit 1601. Naast 17de-eeuwse schilderijen vindt u er een maquette die een goed beeld geeft van de eveneens 17de-eeuwse vestingwerken. *℘ (035) 695 78 11 - april-nov.: za, zo 10.00-17.00 u - vrije toegang.*

De gotische **Grote Kerk** is gewijd aan de H. Vitus. Binnen is het houten tongewelf versierd met 16de-eeuwse **schilderingen**★. Belangrijke concertlocatie en de wieg van het oudste barokensemble van Nederland (1921). De 45 m hoge toren *(235 treden - te bezoeken van mei tot sept. op wo, za en zo)* biedt mooi **uitzicht**★ op de vestingwerken en bij helder kunt u Amersfoort, Amsterdam en Hilversum zien liggen.

Comenius Museum – *Kloosterstraat 33 - ℘ (035) 694 30 45 - www.comenius museum.nl - di-zo 12.00-17.00 u - € 6,50 (tot 12 jaar gratis).* Het Comenius Museum is in zijn geheel gewijd aan het leven en werk van de Tsjechische humanist Comenius (1592-1670), die in Moravië werd geboren. Hij werd vervolgd en vluchtte naar Amsterdam. Comenius was een van de eerste voorstanders van algemeen onderwijs. Zijn **mausoleum** is te bezichtigen in de voormalige Waalse kerk.

Verlaat Naarden in noordwestelijke richting en neem de weg langs de Naardertrekvaart.

★ Muiden

Een stadje met een drukbezochte jachthaven, alom bekend vanwege de vesting met slotgracht aan het IJmeer.

In het hoogseizoen is parkeren een probleem. Zet uw auto op het parkeerterrein aan de Maxisweg of de Mariahoeveweg (op 15 min. lopen van de Herengracht).

★ **Muiderslot** – *Herengracht 1 - ℘ (0294) 25 62 62 - www.muiderslot.nl - ♿ - april-okt.: 10.00-17.00; nov.-maart: di-zo 10.00-17.00 u - vrije toegang beh. tot de 17de eeuwse vleugel (30 min.) - € 16,50 (4-11 jaar € 10).* 👥 Het slot werd rond 1204 gebouwd om de monding van de Vecht te verdedigen door de Hollandse graaf Floris V, die in 1296 werd vermoord. Vanaf 1621 werd het kasteel een ontmoetingsplaats voor intellectuelen en letterkundigen die zich verzamelden in de **Muiderkring**, een groep rond de slotvoogd van het Muiderslot, de historicus en dichter **P.C. Hooft** (1581-1647). In het kasteel worden meubels, schilderijen, wapens en harnassen getoond, leuk voor alle leeftijden. In de historische tuinen vinden theatervoorstellingen en roofvogeldemonstraties plaats *(programma en toegangsbewijzen via de website).*

Vanuit de haven van Muiden vertrekt de boot naar het eiland **Pampus**: daar staat een fort dat deel uitmaakte van de Stelling van Amsterdam *(zie hieronder).*

Forteiland Pampus – *Bereikbaar per veerboot (25 min.), vertrek vanaf Herengracht 33 - 5 afvaarten (dag. beh. ma) van april tot nov. van 10.30 u tot 14.30 u - ticket incl. de boot en de rondleiding € 18 (4-11 jaar € 14) - verkoop op de boot of via www.pampus.nl.* Fort Pampus werd in 1895 gebouwd op een kunstmatig aangelegd eiland aan de monding van het IJ om de hoofdstad tegen de vijand te bescher-

> ## Overstromingen als verdedigingsstrategie
>
> De **Stelling van Amsterdam** werd tussen 1880 en 1914 aangelegd om de stad tegen de vijand te beschermen en de vorsten, het leger en de regering een veilig heenkomen te bieden. Deze 135 km lange gordel van versterkingen op 20 km van de hoofdstad telde 42 forten, vier artilleriebatterijen, dijken en sluizen met behulp waarvan in geval van een aanval de landerijen rond de linie onder water gezet konden worden. Door de opkomst van de luchtvaart raakte het verdedigingswerk achterhaald en in 1996 werd het door de Unesco tot werelderfgoed verklaard. De linie heeft haar stempel op het landschap gedrukt. Sommige forten hebben een andere bestemming gekregen, andere zijn ter bezichtiging geopend voor publiek.
> *www.stelling-amsterdam.nl (zie ook blz. 89).*

men. In 1933, na de afsluiting van de Zuiderzee, werd het fort gesloten en onlangs is het gerestaureerd. Het halfondergrondse vestingwerk is indrukwekkend groot en in zeer goede staat bewaard gebleven. In de ondergrondse kamers vinden kleine tentoonstellingen plaats en wordt een film over de Stelling van Amsterdam getoond. Het dak van het bouwwerk en de rondwandeling over het eiland *(10 min.)* bieden weids **uitzicht** over de regio.

Bij de steiger van Pampus is een strandje met restaurant.
Neem vanuit Muiden de snelweg A1 tot Bussum en sla rechtsaf naar 's-Graveland.

's-Graveland
De vele landhuizen liggen in de naaste omgeving van het dorp. Kasteel **Trompenburg** (16de eeuw), het mooiste, is niet geopend voor publiek. 's-Graveland is een ideale uitvalsbasis voor uitstapjes en wandelingen.
Rijd over de Vreelandseweg terug naar Hilversum.

Praktisch

Inlichtingen

Toeristenbureau Hilversum – *Oosterspoorplein 1 - (035) 544 69 71 - www.vvvgooivecht.nl en www.livehilversum.com.*

Adresboekje

Uit eten

Laren

Goedkoop
George L.A. – *Naarderstraat 46 - 035 737 0020 - www.georgela.nl - 11.00-1.00 u - hoofdgerecht € 20,50/38,50.* Een uitstekend restaurant met een rieten dak tegenover het Singer Museum, met een modern interieur en een boomrijk terras in de tuin. Heerlijke sandwiches en een keuken in brasseriestijl (vis, vlees van de grill, enzovoort).

HET GOOI

Hilversum

Doorsneeprijzen

Spandershoeve – *Bussumergrintweg 46 - ☏ 035 621 1130 - www.spandershoeve.nl - ♿ - 12.00-22.00 u - gesl. ma - menu € 32,50/42,50.* De Spandershoeve, een gastronomische tempel, behoort al ruim twintig jaar tot de beste Indonesische restaurants van de provincie. Met een uitnodigend terras, een sobere Javaanse inrichting, hartelijke ontvangst en onberispelijke bediening.

Muiden

Doorsneeprijzen

Graaf Floris V – *Herengracht 72 - ☏ 0294 261 296 - www.graaf-floris-v.nl - 10.00-22.00 u - hoofdgerecht € 18,50/35.* Dit traditionele *eethuys* met een houten eetzaal en een terras aan de haven is heel geschikt voor een korte break na een zeiltocht op het meer of een bezoek aan het Muiderslot.

Weesp

Doorsneeprijzen

Paviljoen Uit & Meer – *Uitermeer 5 - ☏ 0294 416 973 - www.paviljoenuitenmeer.nl - 11.00-20.00 u - gesl. ma - hoofdgerecht € 18/26.* Deze pretentieloze uitspanning met terras aan het water ligt op het terrein van een voormalig fort. Leuke kaart met verse streekproducten, ideaal voor een lichte lunch, een aperitief en, waarom niet, een dinertje.

Naarden

Wat meer luxe

Restaurants Arsenaal – *Kooltjesbuurt 1 - ☏ 035 694 9148 - www.arsenaalrestaurants.nl - ♿ - brasserie: di-za 11.00-22.00, zo 12.00-22.00 u - gesl. ma - hoofdgerecht € 17,50/24; restaurant: di-vr 12.00-22.00, za 17.00-22.00 u - gesl. zo-ma - hoofdgerecht € 22/55, menu € 47.* Twee goede restaurants in het voormalige, 17de-eeuwse Arsenaal: een voor het snelle werk (uitsmijter, sandwich, salades) en een voor de chic. Centrum voor lifestyle, design & art.

Een tussendoortje

Blaricum

IJssalon De Hoop – *Huizerweg 10 - ☏ 035 538 3490 - www.ijssalondehoop.nl - 12.00-22.00, za, zo. 11.00-22.00 u.* Hier werkt de 4de generatie ijsmakers, de beste van de regio. Laat u niet weerhouden door de wachtrij en neem de tijd om uit 30 smaken de lekkerste te kiezen!

Winkelen

Naarden

☺ Voor liefhebbers van kunst en design is een bezoek aan Naarden-Vesting een absolute must. In de Marktstraat en de Cattenhagestraat wemelt het van de leuke winkeltjes.

Sport en ontspanning

De landweggetjes en bospaden in het Gooi lenen zich goed om eropuit te trekken; voor routes en tips kunt u bij de toeristenbureaus terecht. Kijk voor fietstochten op de website *www.7tuineninhetgooi.nl*.

Boottochten – Rondvaart door de vesting van Naarden *(www.vestingvaart.nl - april-okt.).*

Overnachten

Hilversum

Doorsneeprijzen

Hotel Ravel – *Emmastraat 35 - ☏ 035 621 0685 - www.ravel.nl - 20 kamers € 80/130.* In deze prachtige art-decovilla zijn mooie gastenkamers ingericht. 's Zomers wordt het ontbijt buiten geserveerd op een terras met uitzicht op een meertje met waterlelies.

Flevoland ★

Deze jongste Nederlandse provincie werd in 1986 officieel ingesteld. Flevoland is ontstaan door de drooglegging van delen van de Zuiderzee en is de enige provincie die in zijn geheel onder de zeespiegel ligt.

▶ Ligging

REGIOKAART BLZ. 118-119 BCD2-3.
Flevoland wordt door zeven verkeersbruggen met het vasteland verbonden. Vanuit Amsterdam bereikbaar via de A6.

Met het gezin

De werf van Batavialand en het Aviodrome in Lelystad, de achtbanen in pretpark Walibi Holland.

ⓘ Praktisch blz. 215

◉ Adresboekje blz. 215

Bezichtigen

REGIOKAART BLZ. 118-119

Lelystad C2

Lelystad, de hoofdstad van de provincie Flevoland, is vernoemd naar **Cornelis Lely** (1854-1929), de waterbouwkundig ingenieur die het initiatief tot de drooglegging nam. Over de 31 km lange Markerwaarddijk loopt een weg van Lelystad naar Enkhuizen. Het 300 m brede Oostvaardersdiep vormt een waterweg tussen Amsterdam en het noorden van het land. De Houtribsluizen, een groot sluizencomplex, vormen de scheiding tussen het Markermeer en het IJsselmeer.

Batavialand C2

Oostvaardersdijk 01-13 - ☏ (0320) 22 59 00 - www.batavialand.nl - ♿ - 10.00-17.00, zo 11.00-17.00 u - gesl. ma - € 16 (4-12 jaar € 8,50); combikaartje met het Aviodrome: € 23,25 (4-12 jaar € 17).

Het voormalige Poldermuseum en de beroemde Batavia Werf zijn samengevoegd tot een museumcomplex voor de hele familie.

Museum – Het museum vlak bij de Houtribsluizen heeft de vorm van een verrekijker die op een dwarsdoorsnede van een dijk staat. In het gebouw is een vaste tentoonstelling over de Zuiderzeewerken ingericht. Historisch beeldmateriaal, geluidsopnamen, maquettes en interactieve software vertellen de geschiedenis van de strijd tegen het water en het leven met het water. Een groot deel van de tentoonstelling is gewijd aan de aanleg van de dijken, de drooglegging van de nieuwe polders en aan de eerste polderbewoners.

★ **Batavia Werf** – De reconstructie van de *Batavia*★, een schip van de Verenigde Oostindische Compagnie (VOC), werd in 1985 gestart als een leer- en werkervaringsproject voor jongeren. Het schip is ondertussen te water gelaten en de werf is in een ambachtscentrum voor historische scheepsbouw veranderd. De *Batavia* werd in 1628 in opdracht van de VOC in Amsterdam gebouwd. Meteen al tijdens de eerste reis naar de Oost leed het met kanonnen bewapende koopvaardijschip schipbreuk op de riffen aan de westkust van Australië. Slechts een klein deel van de 341 opvarenden overleefde deze 'ongelukkige reis'. Het wrak van de *Batavia* is aan land gebracht en te zien in het Western Australian Maritime Museum in Fremantle. Naast de replica van de *Batavia* toont het Nationaal Scheepshistorisch Centrum

FLEVOLAND

> **Kunstmatige eilanden**
>
> De **Marker Wadden** vormen een groep onbewoonde eilandjes die kunstmatig in het Markermeer zijn aangelegd, speciaal voor de flora en fauna. Het eerste eilandje dateert van 2016, heeft een oppervlakte van 250 ha en is alleen per boot bereikbaar. U vindt er een informatiecentrum, een strand, wandelpaden en drie vogelkijkhutten. Door mensen gemaakt in dienst van de natuur!
> ℹ️ *www.natuurmonumenten.nl en de Blue Water App.*

een Flevo-aak en een kopie van *De Zeven Provinciën*, waarvan de bouw in 1995 begon. Deze beroemde oorlogsbodem uit 1665, een van de grootste ooit gebouwd, was het vlaggenschip van Michiel de Ruyter (1607-1676), de zeeheld die zich onderscheidde door zijn rol in de zeeoorlogen van de Hollanders tegen de Engelsen om de hegemonie over de wereldzeeën. Daarnaast nam hij deel aan expedities naar Groenland, Brazilië en de Antillen.
Naast de scheepswerf bevindt zich het **Nederlands Instituut voor Scheeps-en onderwater Archeologie** (NISA). In het **onderzoeks**- of expertisecentrum, een gebouw in de vorm van een omgekeerde scheepsromp, worden van de zeebodem gelichte wrakstukken onderzocht en geconserveerd. Tussen het expertisecentrum en de Batavia Werf zijn in diverse gebouwen werkplaatsen ingericht waar oude ambachten met betrekking tot de scheepvaart levend worden gehouden (smederij, touwslagerij, beeldsnijderij). Verder ligt er het wrak van een 17de-eeuws schip.

Luchthaven Lelystad C3
👥 Op de luchthaven van Lelystad is het **Aviodrome** gevestigd, het nationaal luchthaventhemapark dat de geschiedenis van de Nederlandse luchtvaart vertelt aan de hand van vliegtuigen die buiten staan opgesteld. *Pelikaanweg 50 - ☎ (0320) 28 98 42 - www.aviodrome.nl - dag. 10.00-17.00 u - € 18 (3-11 jaar € 16), combikaartje met de Bataviawerf € 25,50 (3-11 jaar € 18,50).*

In de omgeving
REGIOKAART BLZ. 118-119

Almere B3
De bouw van de stad en de jachthaven startte in 1975 met Almere-Haven in het zuiden van Flevoland, aan het Gooimeer. Sindsdien is Almere snel gegroeid. De stad staat vooral bekend om zijn originele architectuur; elke wijk heeft zijn eigen karakter, mede door de inbreng van diverse beroemde architecten (Cees Dam, Rem Koolhaas, Christian de Portzamparc). Voorbeelden zijn De Citadel in het centrum, of De Fantasie, een wijk met experimentele huizen. Loop tijdens uw wandeling door de stad een eindje over de tientallen tegels die sinds 1974 (en tot 2043) jaarlijks worden gelegd om een belangrijke Almeerder te begroeten *(www.walkoffamealmere.nl)*. Bekijk ook De Pier, een lange houten steiger die rechtuit, de bocht om en golvend het Weerwater in steekt.

Dronten C2
Deze gemeente in het hart van Oostelijk Flevoland strekt zich uit rond een kerk met een open klokkentoren en cultureel centrum **De Meerpaal**. De grote glazen hal uit 1967 naar een ontwerp van Frank van Klingeren is een gesloten 'agora', een voortzetting van het marktplein *(agora* in het Grieks) buiten. In het gebouw is ook een theater ondergebracht. *De Rede 80 - ☎ (0321) 38 87 77 - www.meerpaal.nl.*

Drie grote polders

In 1927 werd begonnen met de aanleg van de **Afsluitdijk** *(zie blz. 194)* en de eerste polder in het IJsselmeer: de Wieringermeerpolder. Tussen 1937 en 1942 werd de tweede polder in het IJsselmeer drooggelegd: de **Noordoostpolder** *(zie blz. 216)*, met een oppervlakte van 48.000 ha. Daarna volgde de drooglegging van de twee **Flevopolders**: tussen 1950 en 1957 die van een 54.000 ha grote polder in het noordoosten, Oostelijk Flevoland, en van 1959 tot 1968 een 43.000 ha grote polder in het zuidwesten, Zuidelijk Flevoland. In totaal werd zo bijna 220.000 ha drooggelegd, ingericht en bebouwd. Het plan om het Markermeer in te polderen tot de Markerwaard, de vijfde IJsselmeerpolder, is nooit uitgevoerd. Alleen het noordelijk deel van de ringdijk werd aangelegd. Over deze Markerwaarddijk loopt nu de N302, de weg die Enkhuizen met Lelystad verbindt.

Oostelijk Flevoland

Oostelijk Flevoland is dus de derde polder die in het kader van de Zuiderzeewerken werd aangelegd, na de Wieringermeerpolder en de Noordoostpolder.
De 54.000 ha grote polder is tussen 1950 en 1957 ingedijkt en drooggelegd. Het grootste deel van de polder is bestemd voor landbouw (75 procent van het polderoppervlak is in gebruik voor koolzaad-en bloembollenteelt), 10 procent is bedekt met grasland en bos, 8 procent is met huizen bebouwd en de rest bestaat uit kanalen, wegen en dijken. Voordat de grond gebruikt kon worden, werd riet geplant. In dit vlakke, met jonge bomen beplante land liggen op grote afstand van elkaar boerderijen met enorme landbouwschuren verscholen achter windhagen van populieren. Hoe hoger de bomen, hoe ouder de boerderijen. Op de weiden tussen de afwateringskanaaltjes grazen schapen, koeien en pony's. Andere vaste bewoners van dit weidelandschap zijn kieviten, goudfazanten en watervogels waaronder de meerkoet, de bekende roetzwarte vogel met een witte snavel en een witte vlek op zijn zwarte kop.
Vanaf 1960 verrezen steden en dorpen waaronder Lelystad, Dronten, Swifterbant en Biddinghuizen. De huizen zijn gebouwd op palen die in de diepere stabiele zandlagen zijn geslagen. De meeste wegen door de polder zijn lang en recht; sommige lopen over de buitendijk. De meren die tussen de polder en de oude IJsselmeerkust zijn ontstaan, bijvoorbeeld het **Veluwemeer**, dienen als boezemwater en zijn populaire recreatiegebieden geworden.

Zuidelijk Flevoland

Tussen Zuidelijk en Oostelijk Flevoland ligt de Knardijk, een veiligheidsdijk waaromheen tussen 1959 en 1967 een buitendijk werd aangelegd. Deze weg is grotendeels alleen voor fietsers toegankelijk. Zuidelijk Flevoland was in 1968 grotendeels drooggelegd. De helft van deze 43.000 ha grote polder is in gebruik als landbouwgrond, 25 procent wordt bewoond, 18 procent is bedekt met grasland en bos, en de rest bestaat uit kanalen, dijken en wegen. Natuurreservaat **Oostvaardersplassen** in het noorden, langs de Oostvaardersdijk, is een toevluchtsoord voor veel vogels, waaronder een paar zeer zeldzame soorten. Bezoek de polders bij voorkeur in mei-juni, wanneer het gele koolzaad bloeit: dan zijn ze op hun mooist!

FLEVOLAND

🛈 Praktisch

Inlichtingen

www.visitflevoland.nl.
Toeristenbureau Lelystad – *Bataviaplein 60 en Stadhuisplein 2 (in het stadhuis) - ☏ (0320) 292 900 - visitlelystad.nl.*

Toeristenbureau Almere –*De Diagonaal 199 - ☏ 036 548 50 41 - visitalmere.com.*

📍 Adresboekje

Uit eten

Almere

Doorsneeprijzen

Brasserie Bakboord – *Veerkade 10 - ☏ 036 540 4040 - www.brasseriebakboord.nl -* 🅿 ♿ *- 12.00-23.00 u - gesl. zo-ma - hoofdgerecht € 24,50/29,50.* Café-restaurant-theesalon met uitzicht op de jachthaven van Almere-Haven. Eigentijdse keuken, menu of drie gangen naar keuze en talloze wijnen per fles of per glas. 's Zomers is het terras aan het water geopend, met vrij uitzicht op de boten en bootjes die tussen Almere-Haven en het Gooimeer heen en weer varen.

Bierfabriek Almere – *Koetsierbaan 2 - ☏ 036 78 20 500 - bierfabriek.com/almere -* 🅿 ♿ *- 17.00-0.00 u - hoofdgerecht € 16/23.* In een merkwaardig (maar in Almere heel gewoon) gebouw wordt bier gebrouwen, getapt en met hamburgers en gegrilde kip geserveerd.

Sport en ontspanning

Walibi Holland – *Spijkweg 30 - Biddinghuizent 0321 329 999 - www.walibi.nl -* ♿ *-wisselende openingtijden: vraag inl. - € 38 (3-5 jaar € 19).* Walibi Holland, een amusementspark aan het Veluwemeer in de gemeente **Biddinghuizen**, biedt talloze spectaculaire attracties: verschillende achtbanen, een waterbaan, een G-Force-draaimolen en de superspannende Space Shot, een 60 m hoge vrijevaltoren. In Walibi Play Land worden kinderen door tekenfilmfiguren ontvangen. In Walibi Holland bevindt zich ook een vakantiepark met bungalows.

Overnachten

Almere

Doorsneeprijzen

Finn – *Koopmanstraat 3 - ☏ 036 53 95 940 - finnalmere.nl -* ♿ *- 28 kamers vanaf € 80 - 🛏 € 15 - 🍴.* Knus hotel, centraal gelegen, met aantrekkelijk design.

Biddinghuizen

Doorsneeprijzen

Dorhout Mees – *Strandgaperweg 30 - ☏ 0321 331 138 - www.dorhoutmees.nl -* 🅿 ♿ *- 43 kamers € 76/137 🛏 - 🍴 hoofdgerecht € 23/36.* Dit hotel op het platteland is alleen al vanwege de ligging zeer geschikt voor buitenactiviteiten. Comfortabele kamers, golfbaan, schietsporten en ijsbaan. Een ruim, rustiek ingericht restaurant met een schouw.

Noordoostpolder

De meer dan 48.000 ha grote Noordoostpolder, de tweede polder die in het kader van de Zuiderzeewerken werd drooggelegd, wordt beschermd door een 55 km lange ringdijk. Door de verkaveling zijn bijna geometrische akkers en weilanden ontstaan waarop koeien en schapen grazen. In de Noordoostpolder werd elke vierkante meter bestemd voor de landbouw: van 1942 tot 1962 werd de bodem gesaneerd en bemest en werden er 1650 boerderijen gebouwd.

> **Ligging**
> REGIOKAART BLZ. 118-119 CD1-2.

> **Adresboekje hiernaast**

Bezichtigen
REGIOKAART BLZ. 118-119 C2

Raadpleeg voor toeristische informatie: *www.vvvnoordoostpolder.nl*.

Emmeloord
De grootste gemeente van de Noordoostpolder is aangelegd volgens de destijds nieuwste stedenbouwkundige opvattingen. De **poldertoren** in het centrum met bovenin een carillon met 48 klokken, dateert uit 1957 en voorziet de hele polder van drinkwater. Op de top reikt het **uitzicht** tot aan de kust van Friesland, Urk en de Máximacentrale, de elektrische centrale van Flevoland-Oost.

Schokland
Tussen Ens en Nagele. www.schokland.nl.
Op dit voormalige, langgerekte Zuiderzee-eiland lagen drie dorpen die in 1859 moesten worden ontruimd: door hun lage ligging was het moeilijk om ze te beschermen tegen de zee. De oude kerk (1834) in het centrum en de moderne gebouwen eromheen vormen nu een museum.
Museum Schokland – *Middelbuurt 3 - (0527) 76 06 30 - www.museumschokland.nl - - juli-aug.: dag. 11.00-17.00; rest v.h. jaar: di-zo 11.00-17.00 u - € 8 (6-11 jaar € 5).*
Het museum gaat in op het middeleeuwse verleden van de streek aan de hand van archeologische vondsten. Verder komen ook het leven van de bewoners in de prehistorie en de geologische ontwikkeling ter plaatse aan bod.
Achter de pastorie is een deel van de houten zeewering bewaard gebleven die het eiland tegen de zee beschermde. Op twee gedenkstenen in de muren van de kerk en de pastorie, kan de hoogste waterstand worden afgelezen die bij verschillende overstromingen werd bereikt.

★ Urk
Urk was ooit een eiland, maar sinds de aanleg van de Noordoostpolder is het verbonden met het vasteland. Niettemin vormen de Urkers nog altijd een zeer hechte, gesloten gemeenschap. Zo zijn het eilandkarakter en veel van de plaatselijke tradities, in het bijzonder de streng-calvinistische opvattingen en de strikte eerbiediging van de zondagsrust, bewaard gebleven. Oudere inwoners hullen zich nog altijd in klederdracht. Leefde het eiland ooit uitsluitend van de palingvisserij, nu wordt ook op tong en schar gevist. De visafslag in Urk is nu een van de grootste visafslagen en visveilingen op het Europese vasteland. De **haven**, met aan de kaden

Schokland en Unesco

Eind 1995 besloot Unesco het voormalige eiland Schokland als eerste Nederlandse monument de status van werelderfgoed te geven. Schokland werd gekozen als internationaal symbool voor de eeuwenoude strijd van de mens tegen het water.

Was Schokland vroeger een eiland in de Zuiderzee, sinds de drooglegging van de Noordoostpolder ligt het op het vasteland. In de prehistorie lag het in droog gebied, totdat er in de Romeinse tijd een klein meer ontstond, het Flevomeer, dat geleidelijk groter werd en uitgroeide tot de Zuiderzee. Deze verzwolg in de loop der eeuwen de rijkdommen van Schokland, totdat in 1941 de inpoldering begon en **archeologische opgravingen** werden gestart. Er werden vooral resten van oude woningen op palen en terpen gevonden, naast tientallen scheepswrakken. Uit de periode van 4500 tot 1800 v.C. zijn aardewerk, vuurstenen gereedschap en ploegvoren aangetroffen; er werd zelfs een begraafplaats met twintig skeletten opgegraven. Maar het zijn de talloze prehistorische resten (fossielen, botten van mammoeten, prehistorische runderen en langharige neushoorns) en de vele geologische vondsten die Schokland en omgeving zo boeiend maken. De enorme zwerfkeien die hier met de grote gletsjers uit het noorden in de laatste ijstijd terecht zijn gekomen, zijn uiterst zeldzaam en in de hele wereld bekend.

de korte in felle kleuren geschilderde trawlers van de palingvissers, is nog altijd even pittoresk. Maar de vissers zijn niet de enige havengebruikers.
De kleine haven van Urk is ook populair onder watersportliefhebbers en toeristen, die er vaak met de boot vanuit Enkhuizen naartoe komen *(zie blz. 196)*.
Het terras van het hogergelegen **Kerkje aan de Zee** (1786) biedt **uitzicht** op het IJsselmeer. Op de borstwering zijn gedenkplaten aangebracht ter nagedachtenis aan de vele Urker vissers die sinds 1815 op zee zijn omgekomen. In de wirwar van steegjes in het historische centrum van het dorp zorgen de authentieke vissershuisjes nog altijd voor een schilderachtig tafereel.

Adresboekje

Uit eten/Overnachten

Emmeloord

Doorsneeprijzen

Emmeloord – Het Hooiveld 9 - 0527 61 23 45 - www.hotelemmeloord.nl - 110 kamers € 84/105 - € 15 - hoofdgerecht € 21,50/26,50. Een hotel in de Van der Valk-keten. Nogal bont ingerichte gemeenschappelijke ruimten, comfortabele kamers en een Engelse bar. Traditionele internationale keuken, niet verfijnd, maar de porties zijn royaal.

't Voorhuys – De Deel 20 - 0527 612 870 - www.voorhuys.nl - 24 kamers € 109/115. Een gezinshotel in het centrum naast een bioscoop en een theater. Goede prijs-kwaliteitverhouding voor de kamers. Nostalgisch interieur in het grote café-restaurant, dat er niet minder levendig om is.

ZUID-HOLLAND

2

Zuid-Holland

HOOFDSTAD: DEN HAAG

Rotterdam★★	220
Delft★★	251
Den Haag★★	260
Leiden★★	284
Keukenhof en de Bollenstreek★★	297
Gouda★	305
Dordrecht★	312
Gorinchem	320

Rotterdam ★★

Rotterdam heeft de grootste haven van Europa: met zijn enorme stapels containers en zijn wolkenkrabbers van glas en staal ligt de stad op 30 km van de Noordzee, op een bevoorrechte locatie aan het uiteinde van de industriegebieden aan de Rijn, de Maas en hun zijrivieren. De charme van Rotterdam, waarvan de binnenstad tijdens de Tweede Wereldoorlog door een bombardement werd verwoest, is niet meteen zichtbaar. Hier vindt u geen oud centrum met historische gevels langs de gracht. De op vier na grootste haven ter wereld is dynamisch, modern en heeft een ander soort aantrekkingskracht. Rotterdam vernieuwt zich voortdurend, gedreven door creativiteit, en is een laboratorium voor hedendaagse architectuur geworden. De kosmopolitische stad met parken en tuinen leeft dag en nacht en is beroemd om zijn nachtclubs, festivals, galeries en cafés.

De skyline van Rotterdam
Jon Arnold Images/hemis.fr

▶ Ligging

655.500 inwoners
REGIOKAART BLZ. 218 B2 EN
PLATTEGRONDEN BLZ. 224-225, 226.
Rotterdam ligt op beide oevers van de Maas.

☺ Aanraders

Het Museumpark, de oude havens, de Erasmusbrug.

⏲ Planning

Hiernaast vindt u een voorbeeld voor de invulling van een driedaags bezoek. Let op: de musea zijn in het algemeen gesloten op maandag.

Met het gezin
Een bezoek aan de Euromast, een boottocht op de Nieuwe Maas, het Maritiem Museum, het Natuurhistorisch Museum en Miniworld, de molens van Kinderdijk.

ℹ️ Praktisch blz. 244

📍 Adresboekjes blz. 245

Rotterdam in 3 dagen

Dag 1	Langs het Weena, de weg die vanaf het Centraal Station de zakenwijk doorkruist, en de Coolsingel *(blz. 228)*, die door het winkelgebied loopt, ziet u meteen al de mix van oude en vernieuwende architectuur die zo kenmerkend is voor Rotterdam.
	Loop via het spectaculaire poortvormige gebouw van de Markthal *(blz. 230)*, via de beroemde kubuswoningen naar de Oude Haven *(blz. 231)*, de oorspronkelijke haven van de stad. Pak een terrasje aan de haven voor de lunch.
	Bezoek 's middags het Maritiem Museum *(blz. 232)*, waarna u op de boot stapt voor een rondvaart van een uur door de haven *(blz. 249)*.
	Diner tot besluit in de hippe Witte de Withstraat *(blz. 230)* in een multiculturele en avant-gardesfeer.
Dag 2	Loop over de indrukwekkende Erasmusbrug *(blz. 233)* naar de Kop van Zuid *(blz. 233)*. Dit schiereiland is een soort openbaar toegankelijke architectonische proeftuin. Bezoek er het Nederlands Fotomuseum of ga wat drinken in Hotel New York, aan de kade waar eens de schepen naar Amerika vertrokken.
	Ga vervolgens naar de aangrenzende wijk Katendrecht *(blz. 234)* om te lunchen bij een van de nieuwe hippe horecazaken, of bij de 'SS Rotterdam' *(blz. 234)*, een voormalig passagiersschip voor de trans-Atlantische lijnvaart en nu een drijvend museum.
	's Middags laat u zich door de watertaxi afzetten bij de Parkhaven, vanwaar u doorloopt naar het Museumpark *(blz. 234)*. U kunt hier kiezen tussen een bezoek aan de Kunsthal, met geweldige tijdelijke tentoonstellingen, het prachtige en verrassende Depot Boijmans Van Beuningen, het Huis Sonneveld (modernistische architectuur) of Het Nieuwe Instituut (architectuur en design). Rondom ligt een mooi park.
	Om te dineren zijn er in het centrum diverse trendy restaurants, waar u kunt genieten van de kunsten van plaatselijke chef-koks.
Dag 3	Ga vroeg op pad voor een bezoek van een halve dag aan de molens van Kinderdijk *(blz. 242)*. De waterbus vertrekt onder de Erasmusbrug. Neem de fiets mee om via de autovrije weggetjes het welvarende landschap met vaarten en molens te verkennen.
	Geniet van een picknick aan de waterkant voordat de boot terugvaart naar Rotterdam.
	Maak een ontspannen wandeling door de leuke historische wijk Delfshaven *(blz. 239)* - vanuit het centrum per metro te bereiken. Het is een van de weinige plekken waar geen bommen zijn gevallen.
	Diner op 100 m hoogte in het panoramarestaurant van de Euromast *(blz. 246)*.

Een stad in beweging

Rotterdam was ooit een bescheiden dorp op een dam langs een riviertje, de Rotte. De stad stelde nog niet veel voor toen Erasmus *(zie blz. 111)* er werd geboren.

Groei

In 1572 hadden de geuzen net Brielle ingenomen en de vluchtende Spanjaarden smeekten de inwoners van Rotterdam om hen binnen te laten. Maar zodra ze binnen waren liet admiraal Bossu de stad door zijn troepen plunderen. Na dit verraad ging Rotterdam de opstand tegen de Spanjaarden steunen.
Tussen 1576 en 1602 aangelegde havens dienden onder meer als basis voor de geuzenvloot. Rotterdam haalde al gauw concurrent Dordrecht in en werd de één na grootste Hollandse stad. De bloei stokte door de Franse bezetting in 1794.

Grote havenwerken

Pas na de afscheiding van België in 1830 hernam Rotterdam de rol van overslaghaven voor het Rijngebied. Ondertussen werd de riviermonding (Brielse Maas) door de geringe diepte steeds minder geschikt voor de groeiende diepgang van de schepen. Men groef daarom in 1830 door het eiland Voorne een toegangskanaal, het Kanaal door Voorne. Maar ook dit kanaal bleek ontoereikend. In 1863 werden door de jonge waterbouwkundig ingenieur **Pieter Caland** ontworpen plannen voor een waterweg door het zandvlakten tussen Rotterdam en de zee goedgekeurd door minister Jan R. Thorbecke. Het besluit leidde ertoe dat tussen 1866 en 1872 een rivierarm werd gegraven die voor een snelle verbinding met zee zou zorgen: de **Nieuwe Waterweg**. De nieuwe verbinding was 18 km lang en bij laag water 11 m diep, vergelijkbaar met het Noordzeekanaal naar Amsterdam, maar dan zonder sluizen. Bij de monding werd de haven van **Hoek van Holland** aangelegd voor het passagiersvervoer. Hier werd in 1997 ook het laatste kunstwerk van het **Deltaplan** *(zie blz. 69)* voltooid: de enorme Maeslantkering, die bij storm en hoog water wordt ingezet. De aanleg van de grootste havenbekkens met spoorwegverbindingen op de linkeroever van de rivier (Binnenhaven, Entrepothaven, Spoorweghaven) vond rond 1870 plaats. Tussen 1876 en 1878 werden de Willemsbrug en de Koninginnebrug over de Maas geopend, evenals de spoorbrug van 1400 m over de rivier. Vervolgens werden de Rijnhaven (1887-1894), de Maashaven (1898-1909) en tussen 1907 en 1931 de Waalhaven aangelegd, die toen de grootste kunstmatige haven ter wereld was. Vervolgens werd de haven op de rechter Maasoever in westelijke richting uitgebreid (Merwehaven, 1923-1932). In 1886 had Rotterdam al **Delfshaven** ingelijfd, de toegang tot de rivier die sinds 1400 in bezit van de stad Delft was geweest.

Ononderbroken verstedelijking

Op 14 mei 1940 werd door een Duits bombardement bijna het gehele oude centrum verwoest. Alleen het stadhuis, het hoofdpostkantoor, de Beurs en het standbeeld van Erasmus bleven gespaard. Een geallieerd bombardement in 1943 verwoestte de laatste resten: in totaal werd 280 ha verwoest, 30.000 woningen en gebouwen werden in de as gelegd. Al in de oorlog begon de wederopbouw. Men nam een rationeel stedenbouwkundig plan aan met een ruimere opzet en een cultureel en commercieel centrum. Er werden verscheidene plaatsen uit de grond gestampt, zoals **Hoogvliet** in het zuiden en **Alexanderpolder** in het

oosten, in de Prins Alexanderpolder (1871), het laagst gelegen gebied van het land op 6,5 m onder zeeniveau. De wijk ten zuiden van de Maas kreeg een handelscentrum, het **Zuidplein**, een theater en een enorme sporthal, **Ahoy**. Voor de vrijetijdsbesteding van de inwoners van deze grote agglomeratie werden in de omgeving grote recreatiegebieden aangelegd, vooral op het schiereiland in de Maas nabij Brielle in het westen, en in het noordoosten langs de Rotte.
Tegenwoordig reizen dagelijks zo'n 110.000 personen via het Centraal Station naar hun werk in of juist buiten de stad. Vijf grote snelwegen ontsluiten het gebied met twaalf parkeerterreinen langs de stadsrand. Rotterdam is de dichtstbevolkte stad van de Randstad geworden. De stad moet manieren bedenken om de economische ontwikkeling op gang te houden. Hiertoe is een nieuw stedelijk plan opgesteld dat tot 2030 reikt; bij de uitvoering van sommige projecten zal Rotterdam samenwerken met buursteden.
In het gebied van de **stadshavens**, waarvan de activiteiten zich steeds verder stroomafwaarts verplaatsen, komen steeds meer terreinen vrij voor woningbouw, kantoren en andere voorzieningen. Ook worden nieuwe gebieden gecreëerd door inpoldering, met name tussen Delft en Rotterdam, waar in de polder Schieveen (460 ha) een **Science and Business Park** wordt aangelegd. Bestaande gebieden worden intensiever gebruikt door hoger te bouwen. Langs de Nieuwe Maas bevinden zich aan het **Waterfront** al nieuwe wijken: de Kop van Zuid en Lloydkade. In het centrum zal de stad op verschillende plaatsen herbouwd worden. Dat is het geval met de omgeving van de Sint-Laurenskerk en de winkelstraten Coolsingel en Lijnbaan: hier wordt elk stukje terrein gebruikt, waarbij traditionele huizen zonder overgang naast wolkenkrabbers staan.

Haven van de toekomst

Ook de haven had in de Tweede Wereldoorlog veel te lijden van verwoestende bombardementen. Bovendien werd de haven in 1944 door de Duitsers gesaboteerd: 7 km kades en 20 procent van de pakhuizen werden verwoest. In 1945 begon de wederopbouw van de haven. In de jaren 1950 en 1960 leidde de industriële ontwikkeling tot de aanleg van een nieuwe haven op het eiland Rozenburg, de **Botlek**, die voltooid werd met de aanleg van de **Europoort**.
De haven werd in de jaren zeventig opnieuw uitgebreid met de **Maasvlakte**, waar ten zuiden van de Nieuwe Waterweg zeekades werden aangelegd die geschikt waren voor mammoettankers. Maar de internationale concurrentie werd steeds zwaarder en de haven van Rotterdam moest verder uitbreiden.
In mei 2013 werd de haven van de toekomst **Maasvlakte 2** gedoopt. Deze keer gaat het bij de uitbreiding van de haveninstallaties niet alleen om het ophogen van poldergebieden, maar om het scheppen van 1000 ha nieuw land in diep water, dat wil zeggen dat het gebied 1,5 km de Noordzee in gebouwd wordt! Dit gebied is bestemd voor de chemische industrie en **supercontainerschepen**, die op het moment nog geen enkele Europese haven kunnen aandoen. Verstorend lawaai onder water, de luchtkwaliteit, de verplaatsing van vislarven in de Noordzee... alles is nagemeten, opdat de aanleg van de toekomstige haven geen schadelijke gevolgen zal hebben voor het milieu.

ZUID-HOLLAND

UIT ETEN
Stadsbrouwerij De Pelgrim .... ③   Fenix Food Factory .... ④

ROTTERDAM 225

Gastrobar Ster 5
Pannenkoekenboot 9
Euromast 11

ZUID-HOLLAND

UIT ETEN
Grand Café
 Restaurant Loos............①
Markthal...................②
Hotel Bazar................③
De Ballentent..............⑥
Huson.....................⑮
Dudok....................㊶
Poffertjessalon Seth.......㊷
Umami by Han.............㊿

OVERNACHTEN
Room Mate Bruno..........②
Bilderberg
 Parkhotel Rotterdam......⑤
King Kong Hostel..........⑦
Inntel Hotels
 Rotterdam Centre.........⑧
Stayokay Rotterdam........㉚

Wandelen

Het centrum PLATTEGROND II HIERNAAST

Het centrum van Rotterdam, modern met her en der hedendaagse bouwwerken, is makkelijk te voet of op de fiets te doorkruisen, van het Centraal Station tot de oevers van de Nieuwe Maas. Via de Westersingel bereikt u het Museumpark, de museumwijk met aangename parken, waar liefhebbers van rust en stilte hun hart kunnen ophalen.

Rotterdam Centraal en Stationsplein E1

Het oude gebouw van het **Centraal Station** (1957) heeft in 2014 plaatsgemaakt voor een 'superstation' met ruimte voor hogesnelheidstreinen van het Noord-Europese netwerk en andere vormen van openbaar vervoer, zoals de forenzentreinen van Randstad Rail, die reizigers ertoe moeten bewegen de auto te laten staan. De overkapping boven de sporen doet een beetje denken aan de kassen van de glastuinbouw. De wachtenden staan er droog, terwijl het licht volop naar binnen kan schijnen. Het lichte en open stationsgebouw heeft van bovenaf gezien wel wat weg van een origamikunstwerk. Het vele hout aan de binnenkant geeft het gebouw een warme en gastvrije uitstraling.

Aan de noordkant is de gevel van het station bescheiden, passend bij het wat dorpse karakter van de Provenierswijk. Aan de zuidkant is het spectaculaire front bewust monumentaal vormgegeven, om bezoekers als het ware voor te bereiden op datgene wat hun in de binnenstad te wachten staat. De imposante en fotogenieke spits overhellende gevel, bekleed met gebobbeld plaatwerk van roestvrij staal, wijst in de richting van de haven. In 2023 plaatste de Stichting Droom en Daad op het plein voor het station *Moments Contained*, een vier meter hoog bronzen beeld van een vrouw van kleur, ontworpen door Thomas J. Price.

Bekijk op het Stationsplein het **Groothandelsgebouw** (1953), van architect H. Maaskant: een symbool van de wederopbouw van het centrum van Rotterdam dat tijdens de Tweede Wereldoorlog is weggevaagd door bombardementen *(zie kader hieronder)*. Destijds was het een vernieuwend ontwerp en een voorloper van de vele wolkenkrabbers van tegenwoordig. De toekomst van het gebouw is echter onzeker.

Blijf even staan op de hoek van het Weena.

Weena E1

Sinds de wederopbouw na de Tweede Wereldoorlog ziet Rotterdam zichzelf als een soort archeologische proeftuin in de openlucht. Sommige gebouwen aan

---

Een verschrikkelijke vuurzee

Net zoals Londen, Dresden of Le Havre heeft ook Rotterdam in de Tweede Wereldoorlog zwaar geleden. In mei 1940 schond Duitsland de Nederlandse neutraliteit door het land binnen te vallen. Na drie dagen van verzet gaf Hermann Göring, de opperbevelhebber van de Lufwaffe, bevel tot het bombarderen van Rotterdam. Op 14 mei werd bijna het hele historische centrum door een bommenregen vernietigd. De schade was enorm: meer dan 800 dodelijke slachtoffers, 80.000 mensen dakloos, 30.000 huizen verwoest. Hierop capituleerde Nederland en kwam het land in handen van de nazi's tot aan de bevrijding.

Zie 'Museum Rotterdam 40-45 Nu' (blz. 238).

deze laan zijn hiervan een lichtend voorbeeld. Opvallend is het hoofdkantoor van Unilever (1988) op nr. 455. Deze multinational heeft een Rotterdams tintje, omdat Unielever in 1930 is ontstaan uit een fusie tussen een Rotterdamse margarinefabrikant (Unie) en een Britse zeepproducent (Lever).

Kruisplein E1
Op de hoek van het Kruisplein en het Weena verrijst de **Millenniumtoren**★ (2000), in deze 131 m hoge glazen toren, die doet denken aan het Empire State Building, zijn een luxehotel en kantoren gevestigd. Daarnaast staat **De Doelen**★ (1966), een groot concert- en congresgebouw uit 1966, de thuishaven van het Rotterdams Philharmonisch Orkest.
Aan het begin van de Westersingel staat een indrukwekkend **monument** voor het verzet in Rotterdam (H. van Lith, 1965).
Loop om de Doelen heen naar het Schouwburgplein.

Schouwburgplein E1
Na het bombardement van mei 1940 was van de volksbuurt die hier ooit was niets meer over. De plek werd na 1946 ingericht als voetgangersplein. In 1997 werd het plein volledig heringericht en bedekt met metalen platen die opklonken als er overheen werd gelopen. Deze zijn in 2012 vervangen door hout. Aan de westkant van het plein ligt de **Pathébioscoop**, een door K. van Velsen ontworpen gebouw waarvan de gevels zijn bedekt met plastic golfplaten.
De door W. Quist ontworpen **schouwburg** werd in 1988 geopend. *Three columns* (1989), een mobile van George Rickey, siert de pilaren bij de ingang. U kunt ook even op adem komen in het naburige **Floor** *(zie 'Adresboekje' blz. 247).*
Ga via de Aert van Nesstraat naar de Lijnbaan.

Lijnbaan E1-2
Deze vrij doorsnee winkelstraat was indertijd een baanbrekend stedenbouwkundig ontwerp: de eerste autovrije winkelstraat waar het publiek bovendien - zeer modern - door luifels tegen de regen werd beschermd. Dit iconische wederopbouwontwerp, bedacht door het Rotterdamse architectenbureau Van den Broek en Bakema, werd zo'n beetje overal in Europa gekopieerd en prijkt nu op de monumentenlijst. Helaas zijn er tegenwoordig vooral internationale ketens gevestigd, waardoor luxe winkels uit de omringende straten zijn weggetrokken.
Ga via de Korte Lijnbaan naar het Stadhuisplein en verder naar de Coolsingel.

Coolsingel E1-2
Aan het begin van de 20ste eeuw werd de toenmalige singel gedempt. Vanaf de jaren 1950 maakten de ruïnes als gevolg van de bombardementen in de Tweede Wereldoorlog plaats voor nieuwe gebouwen. En opnieuw wacht de Coolsingel een transformatie, deze keer een vergroening van de straat met meer planten en minder auto's. Op dit moment staat hier en daar eerlijk gezegd het drukke verkeer een plezierig verblijf wel eens in de weg.
Het **stadhuis**, op nr. 40, werd gebouwd in de periode 1914-1920 en is een van de weinige gebouwen die de bombardementen hebben overleefd. Het is sinds 2000 een rijksmonument. In de klokkentoren bevindt zich een **carillon** dat met zijn 63 klokken tot de grootste in zijn soort in Europa behoort. U kunt een blik werpen in het **art-decovoorportaal**★ en in de centrale hal; naast de koepel en de zijvleugels wijzen ook de glas-in-loodramen op het belang van de haven en het handelscentrum van Rotterdam, en ze illustreren daarmee de wapenspreuk van de stad: *Navigare necesse est* (Varen is noodzakelijk).

Archetypisch Rotterdams

De in 1944 in Rotterdam geboren **Rem Koolhaas** is een van de belangrijke architectuurtheoretici van de huidige tijd. Zijn bureau OMA (Office for Metropolitan Architecture) heeft naast hoofdkantoren in Rotterdam en Londen ook vestigingen in New York, Peking, Hongkong en Doha (Qatar). De met veel prijzen bekroonde Koolhaas wordt zowel geliefd als gehaat om zijn gedurfde gebouwen en provocerende standpunten. Ook opdrachtgevers zijn soms beducht voor de man, zoals het stadsbestuur van Parijs, dat Koolhaas' ontwerp voor Les Halles in Parijs afwees. Zijn gebouwen stellen inderdaad de stedelijke ruimte op een radicale manier ter discussie, zoals te zien is bij 'De Rotterdam' *(zie blz. 233)*, een van de grootste gebouwen ter wereld en een perfect voorbeeld van het concept 'bigness'. Koolhaas staat voor een gedurfde stedenbouw in plaats van de alomtegenwoordige standaardesthetiek van 'inwisselbare steden': 'Laten we ophouden met het mummificeren van steden, monumenten of zelfs gebieden. Geef in plaats daarvan ruimte aan creativiteit en de laat de fantasie de vrije loop.' Volgens Koolhaas bevindt architectuur als kunstvorm zich altijd in een tweespalt tussen enerzijds een lange traditierijke geschiedenis en anderzijds de technologische vooruitgang.

Tegenover het stadhuis staat het **Monument voor alle gevallenen 1940-1945**, van Mari Andriessen (1957).
Sla linksaf de Stadhuisstraat in en ga vervolgens rechts het Rodezand in.

Rodezand F1
Bekijk het **Timmerhuis** op nr. 26, van waaruit de gemeentelijke technische dienst de wederopbouw in de jaren 1950 begeleidde. Architect **Rem Koolhaas** *(zie kader hierboven)* ontwierp de transparante glazen aanbouw. Tussen 2019 en 2020 was hier het interessante **Museum Rotterdam** gevestigd met een tentoonstelling over de geschiedenis van de stad. *(Op het moment van schrijven van deze gids liep er een discussie over een eventuele heropening of een verplaatsing van de collectie naar een nieuwe locatie. Actuele informatie is te verkrijgen bij het toeristenbureau.)*

Beursplein F2
Aan dit verkeersvrije plein tussen de Coolsingel en de Hoogstraat staat een van de weinige gebouwen die gespaard zijn gebleven bij het bombardement: de **Beurs** uit 1936-1940, naar een ontwerp van J.F. Staal. Het gebouwencomplex, een samenraapsel van de diverse bouwstijlen die er in de Rotterdamse binnenstad te vinden zijn, omvat ook het **World Trade Center**, een toren in de vorm van een afgeplatte ellips van 23 verdiepingen, herkenbaar aan de groene glazen gevel (1986). Vergeet niet een blik te werpen op warenhuis **De Bijenkorf** uit 1957 aan de overkant, een icoon van de moderne stad, ontworpen door Marcel Breuer, een van de architecten van het Bauhaus. De lichte gevel met honingraatmotief vormt een mooie achtergrond voor het enorme stalen beeld tegenover de entree. Deze sculptuur van de Russisch-Amerikaanse kunstenaar Naum Gabo (1957) verbeeldt de wederopbouw van de stad.

Grote of Sint-Laurenskerk F1
Grotekerkplein 15 - ℘ (010) 413 14 94 - www.laurenskerkrotterdam.nl - maart-okt.: di-za 10.00-17.00; nov.-feb.: di-za 11.00-17.00 u - € 3, incl. audiogids.
Deze laatgotische kerk met afgeknotte toren op de as van het middenschip werd in 1646 voltooid. In mei 1940 werd de kerk verwoest en nadien weer herbouwd. De

nieuwe bronzen toegangsdeuren uit 1968 zijn vervaardigd door Giacomo Manzù. Het **interieur**★ is in de vorm van een groot schip, waarvan de strengheid wordt verzacht door een gewelf in warme kleurtinten, koperen luchters, kerkorgels in rood met goud (1973) en het 18de-eeuwse, vergulde koorhek. In de onopvallende dwarsbeuken bevinden zich de grafmonumenten van 17de-eeuwse admiraals en een sierlijke 16de-eeuwse orgelkast met orgel. De bronzen doopvont (1959) is gemaakt door Han Petri. Vanaf de **toren** *(300 treden)* hebt u op 65 m hoogte rondom uitzicht *(rondleiding door de toren: april-okt. wo en za - € 7,50)*.
Keer terug naar het Beursplein en sla rechts de Korte Hoogstraat in.

★ Schielandshuis F2
Het Schielandhuis, met een rijk versierde gevel en harmonieuze verhoudingen, is tussen 1662 en 1665 gebouwd voor het Hoogheemraadschap Schieland. De strijd tegen het water was altijd al belangrijk in het ruimtelijke ordeningsbeleid van Rotterdam. Tegenwoordig bevindt het toeristenbureau zich in een deel van het gebouw.
Steek de Coolsingel over. Ga links de Karel Doormanstraat in, steek de Westblaak over, ga de Hartmanstraat in en sla daarna rechtsaf naar de Witte de Withstraat.

Witte de Withstraat E2
Deze straat, dicht bij het Museumpark, wordt vaak gezien als het bruisende hart van de stad met zijn vele cafés, restaurants en kunstgaleries. De vele gebouwen die de bombardementen overleefd hebben, geven deze wijk een historische sfeer die nergens anders in de stad te vinden is. Slenter ook door de zijstraatjes vol hippe winkeltjes. Op nr. 50 vindt u **Witte de With**, een centrum voor hedendaagse kunst waar regelmatig tentoonstellingen zijn. ✆ *(010) 411 01 44 - www.kunstinstituutmelly.nl - wo-zo 11.00-18.00 u - € 6.*
Vanaf hier kunt u de wandeling eventueel verlengen door een omweg te maken door het Museumpark (zie blz. 234). Of ga anders verder.

Westersingel E2
Aan weerszijden van de singel staan 19de-eeuwse huizen en op de groenstrook langs het water bevinden zich hier en daar hedendaagse beelden. Bij **nr. 8**, op de hoek met Museum Boijmans Van Beuningen, staat **Sylvette** (1970), een vergrote reproductie van een beeldje van Picasso door Carl Nesjar, terwijl **L'homme qui marche** van Auguste Rodin voor altijd over het pad lijkt te schrijden.
Aan de andere kant van de Westersingel, op Mauritsweg 34, bevindt zich het herbouwde **café De Unie**, dat in 1925 ontworpen werd door architect J.J.P. Oud. Het bevond zich voor de oorlog aan de Coolsingel en is met zijn opvallende verticalen en primaire kleuren een icoon van kunstbeweging De Stijl *(zie blz. 86)*.

★ De Waterstad PLATTEGROND II BLZ. 226 F2
Een bezoek aan deze wijk geeft u een indruk van de omvang van het havengebied van de stad. U kunt doorlopen naar de nieuwe wijken op de andere oever van de Nieuwe Maas, die u kunt bereiken via de Erasmusbrug.

Overblaak en ★Markthal
Architect H. Reijnders bedekte metro- en treinstation **Blaak** uit 1993 met een groot dak van buizen. Het ligt tussen de marktstraat **Binnenrotte** *(zie 'Adresboekje' blz. 248)*, de aan de pijpleidingen herkenbare bibliotheek en de woontoren, die door zijn vorm **Het Potlood** wordt genoemd en hoog boven de andere gebouwen uittorent.

Twee gezichten van Nederland: een historische schuit voor de kubuswoningen van architect Piet Blom
franswillemblok/Getty Images Plus

Het is onmogelijk het markante boogvormige silhouet van de nabijgelegen **Markthal**★ (2014) over het hoofd te zien. Het indrukwekkende glazen gewelf van 39 m hoog is versierd met reusachtige kleurrijke afbeeldingen van bloemen, groente en fruit. In dit architectonische icoon van de stad (ontworpen door architectenbureau MVRDV) zitten woningen, kantoren, winkels en restaurants rondom een enorme **overdekte markthal**, met zo'n zestig kraampjes die dagelijks veel bezoekers trekken. Het is een perfecte plek om even snel iets te eten, boodschappen te doen of culinaire souvenirtjes te kopen. *10.00-20.00 (21.00 vr), zo 12.00-18.00 u.*
☺ Bekijk de Markthal in het donker, wanneer het verlichte fleurige decor van het gewelf volledig tot zijn recht komt.

★★ Kubuswoningen
Modelwoning: Overblaak 70 (toegang via de Slepersvest, vanwaar een wenteltrapje naar de eerste verdieping van het huis leidt. Aanbellen) - ℘ (010) 414 22 85 - www.kubuswoning.nl - 11.00-17.00 u - € 3 (tot 12 jaar € 1,50).
In 1978-1984 bouwde architect **Piet Blom** deze opmerkelijke huizen, die samen een brug vormen. De schuine muren dwingen tot een aangepaste inrichting. De gevels van de huizen zijn ook te zien vanuit de Oude Haven. Ook al heeft de modelwoning wat achterstallig onderhoud, de **Kijk-Kubus** is beslist een bezoekje waard. Maar u kunt ook in een kubuswoning overnachten, want in een aantal kubussen is een jeugdherberg gevestigd *(zie 'Adresboekje' blz. 249).*
Loop verder naar de Oude Haven.

★ Oude Haven
De oude haven van Rotterdam, aangelegd in 1325, is nu omringd door terrasjes en cafés. In de haven en het aangrenzende binnenwater, het Haringvliet, liggen oude schepen van het Maritiem Museum afgemeerd *(hieronder)*. **Het Witte Huis**,

hier het enige gebouw van voor de oorlog, werd gebouwd in 1897-1898. Met zijn elf verdiepingen was het de eerste 'wolkenkrabber' in Nederland.

Mariniersmuseum M1
Wijnhaven 7-13 - ℘ (010) 412 96 00 - www.mariniersmuseum.nl - ♿ - dag. beh. ma 9.30-17.00 u - € 11 (4-12 jaar € 8).
Dit gebouw naast het Witte Huis is gewijd aan de geschiedenis van het Korps Mariniers en de talloze missies die mariniers vanaf 1665 in extreme omstandigheden in oerwoud, woestijn en poolgebied hebben uitgevoerd. Tegenover het museum ligt de ondiepwatermijnenveger **De Houtepen** (1961) afgemeerd.

★★ Willemsbrug PLATTEGROND I BLZ. 224-225 C3
De door C. Veerling ontworpen **Willemsbrug**, herkenbaar aan de rode pijlers, werd in 1981 in gebruik genomen. De vierbaansweg eroverheen vormt een belangrijke verbinding tussen de noord- en de zuidoever.
Keer terug en ga verder naar de Wijnhaven, waar u nog meer oude schepen kunt bekijken. Ga vervolgens naar rechts, naar het Plein 1940.

★ Leuvehaven
Het grijze gebouw van het Maritiem Museum *(hieronder)* grenst aan de noordkant aan de Leuvehaven, de eerste zeehaven van Rotterdam. Tegenover het museum, aan Plein 1940, staat een beeld van Ossip Zadkine, *De verwoeste stad* (1953). De ontredderde figuur met een gat in de romp, het uitgerukte hart, staat symbool voor het leed dat de stad is aangedaan.

★★ Maritiem Museum
Leuvehaven 1 - ℘ (010) 413 26 80 - www.maritiemmuseum.nl - ♿ - di-za 10.00-17.00, zo 11.00-17.00 u - € 16 (4-15 jaar € 12).
In dit museum uit 1874 wordt de avontuurlijke geschiedenis van 600 jaar zeevaart verteld. Uit alles blijkt hoe zeevarend Nederlanders zijn. De omvangrijke collectie omvat onder andere ook de schepen die aangemeerd liggen aan een aangrenzende kade en afkomstig zijn van het voormalige Havenmuseum.
Interieur – Naast tijdelijke tentoonstellingen kunt u hier een belangrijke verzameling scheepsmodellen zien, met in het bijzonder schepen van de **Holland Amerika Lijn** (HAL), de beroemde, in 1873 gestichte stoombootmaatschappij die nu een grote internationale cruisemaatschappij is geworden. Na de oorlog richtte de HAL zich op toeristische cruises en kwam in 1989 in Amerikaanse handen. In het voormalige hoofdkantoor huist nu Hotel New York. In het museum bevinden zich ook de schatten uit de collectie van de **Koninklijke Nedlloyd** (een fusie van verschillende rederijen), waarvan de schepen op bestemmingen in Europa, Afrika, Noord- en Zuid-Amerika en het Verre Oosten voeren. De eerste en tweede verdieping zijn ingericht met een interactieve tentoonstelling waar (vooral) kinderen van alles kunnen ontdekken over het leven met het water in Nederland, over luxe cruiseschepen en zelfs over ons voedsel, dat zonder transport over zee heel anders samengesteld zou zijn!
Verlaat het museum om de schepen langs de kade te bekijken. (Met het toegangsbewijs zijn ook de interieurs van de schepen te bezichtigen.)
Haven – De historische schepen in de Leuvehaven zijn dermate goed onderhouden dat ze zo van wal lijken te kunnen steken. Behalve schepen vindt u er een graanzuiger, havenkranen en restauratieateliers, en komt u meer te weten over het vroegere havenbedrijf. Stap aan boord van een meer dan honderd jaar oude sleepboot, van een Friese tjalk, van een binnenvaartschip of van een typisch Rotterdams uti-

litair havenschip uit de jaren 1950 dat ingezet werd als patrouilleboot, ijsbreker en brandweerschip. Beklim ten slotte de vuurtoren om het uitzicht te bewonderen.
Sla linksaf en neem de Nieuwe Leuvenbrug met mooi zicht op de Erasmusbrug.

★★ Erasmusbrug F3

Het elegante witte silhouet van deze brug over de Nieuwe Maas is een van de paradepaardjes van Rotterdam. De in 1996 geopende brug, ontworpen door Ben van Berkel, wordt door de Rotterdammers 'de Zwaan' genoemd, omdat de brugpijler wat wegheeft van de hals van een vogel. De brug is 802 m lang en heeft twee traveeën met daaraan in het midden een vast metalen deel en een stalen ophaalbrug met een overspanning van 63 m. De brug kan 's nachts open om grotere schepen door te laten. De geknikte burgpijler met zijn uitwaaierende tuien, die een brugdeel over de rivier ondersteunen, is het symbool van de stad geworden.

Leuvehoofd F2

Het Leuvehoofd is de vertrekplaats voor rondvaarten door de haven en naar Dordrecht en Kinderdijk *(zie blz. 242)*. Hier staat ook het 50 m hoge **Nationaal Monument voor de Koopvaardij**.
Ga terug naar station Blaak of loop verder aan de overkant van de Erasmusbrug.

★ Kop van Zuid en Katendrecht

PLATTEGROND II BLZ. 226 EN PLATTEGROND I BLZ. 224-225

Deze twee schiereilanden aan de zuidkant van Rotterdam vormden ooit een havengebied waar schepen aanmeerden om tropische waren, graan of erts te lossen. Met name de **Wilhelminapier** (PLATTEGROND II F3) is bij veel mensen nog bekend als de vertrekplaats voor schepen naar Amerika. Hiervandaan scheepten tussen 1891 en 1925 ongeveer een miljoen Duitse, Poolse, Russische en Roemeense emigranten in op de schepen van de Holland Amerika Lijn (HAL). Na de Tweede Wereldoorlog vertrokken nog eens 100.000 emigranten vanaf deze kade naar New York. Het gebied was in de jaren 1970 verwaarloosd, maar bloeide weer op na de opening van de Erasmusbrug in 1996.

★ Kop van Zuid PLATTEGROND I CD2-3

Dit gebied staat symbool voor de opleving van de stad in de jaren 2000, een gevolg van een ambitieus stadsvernieuwingsproject. Wie van hoogbouw houdt, kan hier zijn hart ophalen. Er staan veel kantoor- en woontorens, vaak van de hand van beroemde architecten. Als u de Wilhelminakade oploopt, komt u achtereenvolgens langs het **Luxor Theater** (Peter Wilson, 2001), de **Toren op Zuid** (Renzo Piano, 2000; nu de KPN-toren) en **De Rotterdam** (2013), een soort verticale stad van acht korte, op elkaar gestapelde torens, ontworpen door Rem Koolhaas. U passeert de gerenoveerde passagiersterminal, de **Cruise Terminal Rotterdam** (1946-1949), waarna u aankomt bij het gebouw **Las Palmas** (voormalig hoofdkantoor van de HAL). In dit gebouw uit 1953 is na een renovatie het **Nederlands Fotomuseum** gevestigd. In de enorme ruimte (2000 m^2) vinden gerenommeerde tijdelijke tentoonstellingen plaats met werken uit de indrukwekkende collectie van vier miljoen foto's, negatieven, stereofoto's, daguerreotypes en digitale foto's.
Wilhelminakade 332 - ☎ (010) 203 04 05 - www.nederlandsfotomuseum.nl - ♿ - dag. beh. ma 11.00-17.00 u - € 14 (tot 17 jaar gratis).

Loop door tot het uiteinde van het schiereiland naar het enorme terras van **Restaurant Hotel New York** *(zie 'Adresboekje', blz. 248)*. Hier hebt u een geweldig uitzicht van 180° op de Nieuwe Maas, de Maashaven en Katendrecht.
Steek de Maas over via Rijnhavenbrug (voetgangersbrug).

★ Katendrecht PLATTEGROND I BC3

Het schiereiland Katendrecht, het 'zusje' van de Kop van Zuid, zal in de smaak vallen bij liefhebbers van opkomende wijken. Nog steeds is het een arbeidersbuurt, maar de gentrificatie is er volop aan de gang. In rap tempo verrijzen er woontorens en verschijnen hippe hotspots zoals de **Fenix Food Factory**, een versmarkt en foodhal in een oude havenloods, waar verschillende ondernemers biologische producten verkopen. Ook een leuke plek om te brunchen of lunchen. *Veerlaan 19D - ℘ (06) 46 13 67 99 - www.fenixfoodfactory.nl.*
SS Rotterdam – *3e Katendrechtse Hoofd 25 - ℘ (010) 297 30 90 - www.ssrotterdam.nl - 10.00-17.00 u - € 13/16,50 afh. van het soort bezoek (4-12 jaar € 8/10) - incl. audiogids.* Aan de zuidwestoever van Katendrecht ontwaart u de enorme contouren van de SS Rotterdam, het voormalige vlaggenschip van de HAL, dat hier langs de kade ligt aangemeerd. Het maakte zijn eerste vaart in 1959. Tegenwoordig is het 'gepensioneerde' schip herontwikkeld tot een drijvend museum en hotel-restaurant. U kunt er een cruise meemaken zonder uw plaats te komen, inclusief een bezoekje aan de machinekamer, de kapiteinshut, de brug en het zwembad (met mooi weer geopend voor kinderen). U kunt er zelfs even van het zonnetje genieten in een van de ligstoelen. Net echt!

Tips

★★ Het Museumpark PLATTEGROND II BLZ. 226 E2-3

De wijk rond het Museumpark is het culturele centrum van Rotterdam. Het park is in de jaren 1980 ontworpen door de Franse landschapsarchitect Yves Brunier en architect Rem Koolhaas. Deze vredige omgeving bestaat uit drie zones met elk een geheel eigen karakter: een zone bestrooid met wit grind en schelpen beplant met appelboompjes, een zone met een geasfalteerd podium en een romantische zone met een waterpartij en slingerende paadjes. Rond het park bevinden zich diverse belangrijke musea.

★★ Museum Boijmans Van Beuningen

Museumpark 18-20 - ℘ (010) 441 94 00 - www.boijmans.nl. Vanwege een ingrijpende renovatie is per 2021 een deel van de collectie te bezichtigen in een tijdelijk gebouw, het geweldige Depot (zie verderop). Het museum zelf wordt gemoderniseerd en opnieuw ingericht. Heropening naar verwachting in 2029.
Aan de rand van het park ligt het in 1935 geopende museum voor schone kunsten. In de loop van de tijd zijn er verscheidene vleugels aan toegevoegd. De laatste uitbreiding (2003), een langwerpig gebouw van glas en beton, is ontworpen door de Belgische architecten Robbrecht en Daem. Naast een uitzonderlijke collectie oude kunst heeft het museum ook veel moderne en hedendaagse kunst, prenten en tekeningen, en een afdeling kunstnijverheid en design.
Oude kunst – De collectie primitieven is zeer bijzonder. *De drie Maria's aan het graf* is een meesterwerk van **Jan van Eyck**. In het museum hangt prachtig werk van **Jeroen Bosch**, *De bruiloft te Kana*, *De heilige Christophorus* en vooral *De verloren zoon de marskramer*. De *Verheerlijking van Maria* is een meesterwerk van **Geertgen tot Sint Jans**. De profeet Jesaja staat op het linkerpaneel van de beroemde triptiek van **Barthélémy d'Eyck**. De 16de eeuw is vertegenwoordigd met onder andere de beroemde *Toren van Babel* van **Pieter Bruegel de Oude**, het verfijnde *Portret van een jonge scholier* (1531) met rode baret van **Jan van Scorel** en werken van **Pieter Aertsen**.

Het Depot van Museum Boijmans Van Beuningen, ontworpen door Winy Maas (MVRDV)
S. Stache/dpa-Zentralbild/age fotostock

De 17de-eeuwse schilderkunst verdient extra aandacht. **Frans Hals** is vertegenwoordigd met twee portretten, Pieter Saenredam en Emanuel de Witte met kerkinterieurs, **Rembrandt** met een portret van zijn jonge zoon Titus, Hercules Seghers, Van Goyen, Hobbema, Avercamp en **Jacob van Ruysdael** met landschappen, **Van de Velde** met zeegezichten, en er zijn huiselijke taferelen van **Jan Steen** en Gerrit Dou. De collectie met werk van **Rubens** omvat naast schetsen een opmerkelijke serie over het leven van Achilles.
In de mooie verzameling Italiaanse schilderkunst uit de 15de tot de 18de eeuw bevindt zich werk van Fra Angelico, Titiaan, Tintoretto, Veronese, Canaletto en Tiepolo. Ga bij de 18de eeuw eens kijken naar Hubert Robert, Chardin, Watteau en de Venetiaanse schilder Francesco Guardi. De 19de-eeuwse schilderkunst is vertegenwoordigd door kunstenaars van de School van Barbizon met werk van Daubigny, Théodore Rousseau en Corot.

Prenten en tekeningen – Deze belangrijke collectie beslaat de periode van de 15de eeuw tot nu. In tijdelijke tentoonstellingen worden delen van de collectie getoond. Er is werk van Albrecht Dürer, Leonardo da Vinci, Rembrandt, Watteau, Cézanne en Picasso.

Moderne en hedendaagse kunst – Deze afdeling beslaat de periode vanaf 1850 tot heden. Het impressionnisme (Monet, Sisley, Pissarro, Renoir) maar ook Signac, Cézanne, Munch, Van Gogh, **Mondriaan** en Kandinsky zijn vertegenwoordigd. Er is ook surrealistisch werk van Salvador Dalí en René Magritte. Verder kunt u werk van **Kees van Dongen** bekijken, een schilder afkomstig uit Delfshaven *(zie blz. 239)*. Er is een wisseltentoonstelling met hedendaagse kunst, met beelden van Richard Serra, Oldenburg, Joseph Beuys, Bruce Nauman, Walter de Maria en Donald Judd en schilderijen van de Duitsers Kiefer en Penck en de Italianen Cucchi, Clemente en Chia. De hedendaagse Nederlandse kunst is vertegenwoordigd met werk van Jan Schoonhoven, Ger van Elk, Carel Visser, Rob van Koningsbruggen en René Daniëls. Van de nieuwste stromingen valt het werk van Milan Kunc en Salvo op, en beelden van Thomas Schütte, Bazile Bustamante en Niek Kamp.

Kunstnijverheid en design – Het museum heeft onder meer een grote collectie kunstvoorwerpen: oud glaswerk, zilverwerk, Perzische, Turkse, Spaanse, Nederlandse en Italiaanse majolica en aardewerk.

★★ Depot Boijmans Van Beuningen
Museumpark 24 - ☏ (010) 44 19 400 - www.boijmans.nl - ♿ - di-zo 11.00-18.00 u - € 20 (tot 18 jaar gratis) - de (uitstekende) app is gratis te downloaden.
In plaats van de 151.000 kunstwerken te verspreiden over meerdere plekken, heeft Museum Boijmans Van Beuningen ervoor gekozen tijdens de renovatie vlak bij het museum een nieuw gebouw neer te zetten om de collectie in onder te brengen. Het is inderdaad een 'depot', maar wel een dat volledig toegankelijk is voor publiek. Een geheel nieuw concept, dat in de volksmond 'De Pot' wordt genoemd. Daar komt nog bij dat het een architectonisch spectaculair gebouw is geworden, ontworpen door het Nederlandse architectenbureau MVRDV (2021). Het gebouw van bijna 40 m hoogte heeft de vorm van een gigantische vaas, en is bedekt met reflecterende platen die zowel in het donker als bij daglicht als spiegel fungeren. De skyline, het park, de voorbijgangers: alles wordt weerkaatst.
De ruimtes liggen rondom een bijzonder vormgegeven atrium met een trappenhuis dat zigzaggend langs de glazen wanden loopt waarachter de collectie zich bevindt. Vanaf het grote dakterras vol bomen en planten boven op het gebouw, heeft u een mooi uitzicht op Rotterdam.
Het is een depot, geen museum. En dat is precies wat dit bezoek bijzonder maakt: geen exposities, geen ingewikkeld museaal concept, maar een ontdekkingsreis langs de kunstgeschiedenis, dwalend door een doolhof van zeven verdiepingen. U kunt zelfstandig rondlopen, of een rondleiding volgen met een gids die u ook meeneemt 'achter de schermen' (conservatie- en restauratieateliers...) Fascinerend!

★ Het Nieuwe Instituut
Museumpark 25 - ☏ (010) 440 12 00 - www.hetnieuweinstituut.nl - ♿ - 10.00-17.00 u (do 21.00 u) - gesl. ma - € 14 (tot 18 jaar gratis), combikaartje met het Huis Sonneveld.
Het Nieuwe Instituut is ontstaan na een fusie van het Nederlands Architectuurinstituut, het Premsela Instituut voor Design en Mode en het Virtueel Platform, een kennisinstituut voor e-cultuur. Het resultaat is alleszins ultramodern. Elk jaar zijn er vier tijdelijke exposities, die vooral voor kenners interessant zijn. Het aantrekkelijke gebouw met glas en baksteen, ontworpen door **Jo Coenen**, is echter voor iedereen de moeite waard. De Nederlander Coenen werkte samen met andere architecten, onder wie de Tsjech Bořek Šípek, die het interieur ontwierp met de leuk gevonden hellingbanen tussen de verdiepingen.

★ Huis Sonneveld
Jongkindstraat 12 - ☏ (010) 440 12 00 - www.huissonneveld.nl - di-zo 10.00-17.00 u - € 14 (tot 18 jaar gratis), combikaartje met Het Nieuwe Instituut - audiogids.
Tegenover het Nieuwe Instituut ligt Huis Sonneveld, een schoolvoorbeeld van het Nederlandse functionalisme uit het interbellum. De opmerkelijk goed bewaard gebleven villa werd in 1933 gebouwd naar een ontwerp van het Rotterdamse architectenbureau **Brinkman & Van der Vlugt**, ook de ontwerpers van de Van Nellefabriek *(zie blz. 241)*. Van Nelledirecteur Albertus Sonneveld was de opdrachtgever. Hij en zijn gezin (vrouw en twee dochters) bewoonden het huis tot 1955. De geometrische vormen zijn kenmerkend voor het **Nieuwe Bouwen**, een architectuurbeweging in de jaren 1920-1940 gericht op soberheid. De woonkamer, de eetkamer en de werkkamer op de eerste verdieping vormen een grote aanpasbare ruimte dankzij een verplaatsbare muur en een gordijn. Vanaf het dakterras

hebt u uitzicht rondom. Een mooi voorbeeld van het totaalontwerp, waarbij het meubilair grotendeels door **Van der Vlugt** zelf ontworpen is en vervaardigd door de firma Gispen. De tuin is ontworpen als uitbreiding van het huis, voor wat ontspanning in de buitenlucht.

Chabot Museum M2
Museumpark 11 - ℘ (010) 436 37 13 - www.chabotmuseum.nl - di-za 11.00-17.00, zo 12.00-17.00 u - € 8 (tot 18 jaar gratis).
Het Chabot Museum is gevestigd in een **villa★** (1938) naar ontwerp van de architecten G. W. Baas en K. Stokla, in dezelfde functionele stijl als Huis Sonneveld. In de villa worden tijdelijke tentoonstellingen gewijd aan de tekeningen en schilderijen van de expressionistische schilder **Henk Chabot** (1894-1949) en andere kunstenaars van dezelfde stroming. De in Rotterdam geboren Chabot was ook een getalenteerd graficus en beeldhouwer.

Kunsthal
Museumpark-Westzeedijk 341 - ℘ (010) 440 03 01 - www.kunsthal.nl - ♿ - dag. beh. ma 10.00-17.00 u - € 16,50 (tot 17 jaar gratis).
Aan de voet van de Westzeedijk ligt de **Kunsthal**, een zeer actief kunstencentrum waar per jaar circa twintig tijdelijke tentoonstellingen worden gehouden op het gebied van kunst, architectuur, design, fotografie en niet-Europese culturen. Architect **Rem Koolhaas** heeft voor het gebouw (1988) vindingrijk gebruikgemaakt van het niveauverschil tussen het Museumpark en de Westzeedijk. In 2014 is de Kunsthal gerenoveerd.
Op het dak staat een kunstwerk van Henk Visch van een kamelendrijver met kameel, dat symbool staat voor de tijdelijkheid en veranderlijkheid van de tentoonstellingen. Vooral kinderen zijn weg van de bronzen konijnen op het grasveld van de Nederlandse beeldhouwer Tom Claassen.

Natuurhistorisch Museum
Museumpark-Westzeedijk 345 - ℘ (010) 436 42 22 - www.nmr.nl - ♿ - di-zo 11.00-17.00 u - € 8 (5-15 jaar € 4).
In de monumentale Villa Dijkzigt (1851) ziet u opgezette zoogdieren en vogels, evenals insecten en schaaldieren, skeletten en fossielen. In het naburige glazen paviljoen (1995) is het skelet van een 15 m lange potvis te zien. De vaste tentoonstelling **RegioNatuur** laat u op een aangename manier kennismaken met de flora en fauna in het Rijnmondgebied.

Wat is er nog meer te zien?

Ten zuiden van het Museumpark PLATTEGROND II BLZ. 226 E3

Scheepvaartkwartier
In deze 19de-eeuwse wijk die gespaard is gebleven voor het bombardement van 1940, zijn nog mooie gebouwen te zien van rederijen, vooral aan de Westerkade. Behalve de Euromast en de Erasmusbrug, twee Rotterdamse iconen, zijn in deze wijk ook twee haventjes: de **Veerhaven** en de **Parkhaven**, waar het een komen en gaan is van watertaxi's van en naar de Nieuwe Maas.
☺ Op het Westelijk Handelsterrein zijn oude pakhuizen herontwikkeld tot een overdekte passage met over twee verdiepingen winkels en restaurants.

★ Wereldmuseum
Willemskade 25 - ✆ (010) 270 71 72 - www.wereldmuseum.nl - ♿ - dag. beh. ma 10.00-17.00, za, zo 11.00-17.00 u - € 15 (4-18 jaar € 6).
Het Wereldmuseum is gevestigd in het mooie voormalige gebouw van de Koninklijke Nederlandse Yachtclub van Rotterdam. Het museum herbergt een rijke collectie voorwerpen afkomstig uit Afrika, Amerika, het Midden-Oosten, Indonesië, Oceanië en Azië. Het museum organiseert ook tentoonstellingen over minder bekende culturen.
Weer buitengekomen kunt u heerlijk flaneren over de kade met mooi zicht op de Nieuwe Maas en de Erasmusbrug.

Belasting & Douane Museum
Parklaan 14-16 - ✆ (088) 151 49 00 - www.bdmuseum.nl - ♿ - dag. beh. ma 11.00-17.00 u - € 7,50 (tot 18 jaar gratis).
Het museum geeft aan de hand van prenten, schilderijen en voorwerpen een indruk van belastingheffing in Nederland vanaf de middeleeuwen. Als u nog twijfelt aan de impopulariteit hiervan, dan is de enorme hoeveelheid smokkelwaar wel het beste bewijs.

Het Park
Dit park in Engelse stijl is een ware oase van rust in het centrum van de stad. U kunt hier het **Noorse Zeemanskerkje** *(Westzeedijk 300)* zien: het is volledig van hout, het altaar is versierd met Keltische motieven en de glas-in-loodramen verbeelden *De wonderbare visvangst*. U kunt van hier ook de oude spoorbrug **De Hef★** (1927) zien.

★ Euromast PLATTEGROND I BLZ. 224-225 B3
Parkhaven 20 - ✆ (010) 436 48 11 - www.euromast.nl - april-sept.: 9.30-22.00 u; okt.-maart: 10.00-22.00 u - € 15,50 (4-11 jaar € 12).
👥 Deze in 1960 gebouwde toren ligt bij de Parkhaven. In het weekend staan er vaak lange rijen voor de lift, die in 30 seconden het schotelvormige platform op 100 m hoogte bereikt. Hiervandaan heeft u een bijzonder **uitzicht★** op de stad en de haven. Sinds 1970 is de toren verhoogd tot 185 m door middel van een as waar een lift, de Euroscoop, omheen draait. Van hieruit heeft u een **vergezicht★★** tot 30 km in het rond, met name over de Europoort.
😊 Waaghalzen kunnen een ritje met de tokkelbaan reserveren (ruim van tevoren), om in 15 seconden met meer dan 100 km/u naar beneden te flitsen. U kunt ook naar beneden abseilen *(op afspraak - mei-okt., elke za, zo - € 59,50)*! Ook populair, en een stuk relaxter, is de brunch op zondag *(zie 'Adresboekje', blz. 246)*, maar reserveer ruim van tevoren.

Museum Rotterdam 40-45 NU PLATTEGROND I BLZ. 224-225 B2
Coolhaven 375 - ✆ (010) 217 67 73 - museumrotterdam.nl - Ⓜ Coolhaven - ♿ - dag. beh. ma 10.00-17.00, za, zo 11.00-17.00 u - € 9 (tot 17 jaar gratis).
Met spectaculaire beelden (en geluiden), verhalen van getuigen en voorwerpen ervaart u hoe het was om het bombardement op Rotterdam in mei 1940 mee te maken. Ook krijgt u een indruk van de gevolgen: het alledaagse leven overhoop, de moeilijkheden om te overleven, de wederopbouw...

ROTTERDAM

Jenever, het meest Nederlandse drankje

Jenever is naar verluidt de voorloper van gin. In de 17de eeuw ontwikkelde een Leidse arts een sterk (meer dan 40%) alcoholhoudend drankje, aanvankelijk als geneesmiddel en later verkocht als genotsmiddel. Het wordt gemaakt van diverse graansoorten (gerst, rogge, tarwe, haver...). In de laatste distillatiefase worden jeneverbessen toegevoegd voor de smaak, vandaar de naam. Ook al heeft jenever tegenwoordig onder de jeugd sterk aan populariteit ingeboet, het is nog steeds het bekendste en meest geliefde borreltje van de Nederlander. Het wordt in likeurglaasjes geserveerd.

★ Delfshaven PLATTEGROND I BLZ. 224-225 A2-3

Delfshaven of 4 en 8.
Gelegen midden in een volkswijk heeft het oude haventje van Delft zijn historische charme weten te behouden, in fel contrast met de moderniteit van Rotterdam. Hier scheepten in 1620 de **Pilgrim Fathers** in voor Engeland, vanwaar ze aan boord van de *Mayflower* doorvoeren naar de Nieuwe Wereld *(zie kader blz. 288)*. Na de aanleg van de haven in de 14de eeuw voor de stad Delft, woonden er vooral haringvissers en jeneverstokers. Pas in 1886 werd Delfshaven bij Rotterdam getrokken. Gespaard bij het bombardement in 1940, is dit nog een van de weinige plekken met historische architectuur. In het fotogenieke buurtje zitten veel restaurants en cafés.

★ Zakkendragershuisje

Dit huis uit 1653 ligt naast de sluis. Hier kwamen de zakkendragers samen als een schip geladen of gelost moest worden. In het huis is nu een ambachtelijke **ijzergieterij** gevestigd.

★ Voorhaven

Nabij de Piet Heynsbrug, op nr. 20, bevindt zich de 15de-eeuwse **Pelgrimvaderskerk**, voorzien van een carillontoren. Binnen is een model van de *Mayflower* te zien, het schip waarmee de calvinisten naar Noord-Virginia voeren. Op het cassetteplafond en de glas-in-loodramen staan taferelen uit het scheppingsverhaal afgebeeld.
Op de tegenoverliggende kade, op nr. 19, is op een voormalige distilleerderij (1867) nog de gevelsteen met een ooievaar te zien.

Molen De Distilleerketel

Aan het einde van de kade, uitkijkend over de haven, staat deze **molen** uit 1727, die nog steeds in bedrijf is als graanmolen.

Schiedam REGIOKAART BLZ. 218 B2

6 km ten westen van Delfshaven via S114.
Schiedam is de bakermat van de Hollandse distilleerkunst. Al meer dan 300 jaar wordt er in Schiedam **jenever** gestookt. Tegenwoordig telt Schiedam nog enkele distilleerderijen, maar op het hoogtepunt waren er bijna 400 in bedrijf. In de stad staan rondom enkele aardige grachten oude pakhuizen, branderijen en woonhuizen.
Nationaal Jenevermuseum Schiedam – *Lange Haven 74 - ☎(010) 246 96 76 - www.jenevermuseum.nl - di-zo 11.00-17.00 u - € 15 (combikaartje met Museummolen De Walvisch); diverse opties (waarvan een met proeverij), vraag inl.*

Het museum is gevestigd in een oude 18de-eeuwse distilleerderij. U komt er alles te weten over de geschiedenis van jenever in Schiedam en de invloed ervan op de glasindustrie en de grafische kunst (leuke collectie miniatuurflesjes, reclamefilms, etiketten en posters). U bezoekt ook de **historische distilleerderij**, De Gekroonde Brandersketel, waar u kunt zien hoe Old Schiedam wordt gemaakt, een moutwijn-jenever naar een recept uit 1700. Tot besluit (of aan het begin) maakt een rondgang door **Museummolen De Walvisch** (aan de andere kant van het water, onderdeel van het museum) het bezoek compleet.

Museummolen De Walvisch – Westvest 229 - www.jenevermuseum.nl - di-zo 11.00-17.00 u - € 15 (combikaartje met het Nationaal Jenevermuseum Schiedam). Tijdens de beklimming van deze graanmolen maakt u kennis met het molenaars-vak en de brandersmolens van Schiedam. Vanaf de omloop heeft u een mooi uitzicht op de stad en de andere molens.

Stedelijk Museum – Hoogstraat 112 - ℘ (010) 246 36 66 - www.stedelijkmuseum schiedam.nl - ♿ - di-zo 11.00-17.00 u - € 12,50 (13-17 jaar € 5). Dit museum, gevestigd in een mooi pand, richt zich op kunst van na 1945: systematische kunst, popart, nieuwe figuratie. Veel van de collectie stamt uit de periode 1948-1960, dankzij de aankoop van veel werken van de **CoBrA-groep** in de jaren 1950, toen deze kunst nog verguisd werd. Het museum bezit een van de oudste en belangrijkste collecties van deze stroming: bijna driehonderd schilderijen, gouaches en tekeningen.

De molens – Schiedam was vroeger omringd door 19 enorme **molens**, vooral graanmolens. Langs de Noordvest, de gracht rond de oude vestingwallen, staat nog een fraaie rij van vijf stellingmolens, die tot de hoogste van Europa behoren.

Rondom het centrum PLATTEGROND I BLZ. 224-225

Miniworld Rotterdam B1
Weena 745 - ℘ (010) 240 05 01 - www.miniworldrotterdam.com - ♿ - wisselende openingstijden, vraag inl. - € 13 (3-11 jaar € 9,25).

In één oogopslag ziet men hier heel Nederland in het klein: op twee enorme plateaus staan maquettes die alle landschappen en economische activiteiten van het land in beeld brengen, van polders tot dorpen, van treinstations tot vis-en handelshavens, alles tot in het kleinste detail nagebouwd. Treinen rijden van de ene plek naar de andere. In de tweede kelderverdieping ziet u vitrines met daarin een *modelpolder* (Capelle, Ruigendijk) en het kustgebied met zijn duinen en zijn scheepswerven.

★ Diergaarde Blijdorp AB1
Blijdorplaan 8 (4 km ten noordwesten van het station, ca. 50 min. lopen, of bus 33, halte Blijdorpplein) - ℘ (010) 443 14 95 - www.rotterdamzoo.nl - ♿ - 9.00-18.00 u - € 24,50 (3-12 jaar € 20).

Om de wachtrijen bij de kassa's te vermijden, doet u er goed aan om vooraf via internet entreekaarten te bestellen (bovendien zijn die iets goedkoper). En trek goede schoenen aan om blaren te vermijden: de zoo is immens groot!

Deze dierentuin in een bloemenrijk park is met 1,5 miljoen bezoekers per jaar een van de populairste attracties van Nederland. Er zijn zo'n 2000 dieren te bekijken. De grote publiekstrekker is het **Oceanium** met een spectaculaire, 26 m lange glazen tunnel. Dit is het rijk van zeeleeuwen, haaien, zeeschildpadden, pinguïns, kwallen en duizenden tropische vissen. In de Rivièrahal bevinden zich aquaria, een terrarium met reptielen en amfibieën, een tropische serre en volières. In het groene centrum van de **Taman Indah**, een tropisch woud met hitte en

Het tijdloze beeld van de molens van Kinderdijk
Janoka82/Getty Images Plus

neerslag, treft u olifanten, neushoorns en tapirs. De diergaarde heeft ook een **Gorilla-Eiland**, een grot met vleermuizen, een paviljoen met nachtdieren en een ruimte met ijsberen. Er zijn volop speeltuintjes voor de kinderen, waaronder een schitterend kasteel van hout.

Arboretum Trompenburg D2
Honingerdijk 86 (3 km ten oosten van de Coolsingel, ca. 40 min. lopen) - ☏ (010) 233 01 66 - www.trompenburg.nl - ♿ - april-okt.: 12.00-17.00, di-zo 10.00-17.00 u; nov.-maart: 12.00-16.00, di-zo 10.00-16.00 u - € 10,75 (5-12 jaar € 1,50).
Het oudste deel van deze botanische tuin (6 ha) stamt uit 1820 en is aangelegd in Engelse stijl. Verder zijn er onder meer een rosarium, een heidetuin, serres met cactussen en vetplanten, een boomkwekerij en een aangename theesalon.

★ Van Nelle Fabriek A1
Van Nelleweg 1 (4 km ten westen van het station, ca. 50 min. lopen, of bus 38, halte Van Nelle) - ☏(010) 433 22 31 - rondleiding (1 uur): vraag inl. over openingstijden - € 19,50.
Deze voormalige fabriek van koffie-, thee- en tabaksproducent Van Nelle is een icoon van de modernistische Nederlandse architectuur, ontworpen in 1931 door Leendert van der Vlugt en Johannes Brinkman. De binnenruimtes zijn vrij in te delen, al naargelang de productiefase. Hiervoor werden zogenaamde 'gordijnmuren' gebruikt waarmee ruimtes konden worden afgescheiden of opengemaakt; goede lichtinval zorgde voor optimale werkomstandigheden *(zie ook Huis Sonneveld, blz. 236).* Het gebouw werd in 2014 op de Werelderfgoedlijst van Unesco geplaatst. Een must voor de liefhebber.

In de omgeving

REGIOKAART BLZ. 218

★★ Kinderdijk B2

25 km oostelijk van Rotterdam via de A15 (afslag 22).

Bezoekerscentrum – *Wisboomgemaal (bij de ingang)* - ✆ *(0652) 08 34 86 - www.kinderdijk.com*. Informatiepunt, café en winkel. Er is een film te zien over de geschiedenis van de molens *(€ 18,50, kaartje ook geldig voor twee museummolens)*. Vanaf het grote parkeerterrein bij de ingang leiden fiets- en voetpaden naar de dijken waarop de molens staan.

Vanaf Rotterdam zijn de molens op een nog aardiger manier te bereiken met Waterbus 20 *(richting Dordrecht-Merwekade - € 14 incl. terugtocht, tot 12 jaar € 10,50)*. De waterbus vertrekt bij de Erasmusbrug en brengt u naar halte Ridderkerk De Schans, vanwaar u het veer naar Kinderdijk neemt *(35 min., gratis fietsvervoer, informatie via www.kinderdijk.com/travel-info/waterbus)*. Er zijn fietsen te huur bij de ingang, maar dat is beduidend duurder dan in Rotterdam.

Over een lengte van 2 km staan hier 19 molens fier te draaien langs de strakke vaarten te midden van het vlakke polderland. De 18de-eeuwse waterbouwkundige hoogstandjes zijn gebouwd om overstromingen tegen te gaan. De molens prijken tegenwoordig op de Werelderfgoedlijst van Unesco. Het zijn er veel, ze zijn groot en ze liggen op een prachtige plek, vandaar hun wereldfaam. De molens draaien (alleen voor toeristische doeleinden) dagelijks in de zomer behalve zondag. Let op: veel molens zijn nog steeds bewoond, dus respecteer de privacy van de bewoners.

Nederwaard – Een rij van acht kegelvormige bakstenen molens uit 1738 aan de Nederwaard. De molens hebben een draaibare kop en schepraderen onder de romp van de molen waarmee het water omhoog wordt gebracht. Een bezoek aan de **museummolen**, rechts, geeft een indruk van het molenaarsbestaan in de jaren 1950. *Nederwaard 5 -* ✆ *(078) 691 28 30 - www.kinderdijk.com - 9.30-17.30 u; nov.-dec.: 10.30-16.00 u - € 18,50 (combiticket met museummolen De Blokweer).*

> **Doorsteekje**
>
> Ga vanuit Kinderdijk links langs de Lek en neem de eerste weg rechts naar het veer *(6.00-0.00 u - € 2/auto)*, waarmee u oversteekt naar Slikkerveer; daarna kunt u verder rijden naar Rotterdam (16 km over rustige wegen).

Museummolen De Blokweer – Deze molen staat iets afzijdig van de 18 andere en diende voor de ontwatering van polder Blokweer. Tegenwoordig is er een museum gevestigd. *€ 18,50 (combiticket met museummolen Nederwaard).*

Overwaard – Aan de overkant van het kanaal staan de molens van de Overwaard (1740). Hun achtkantige romp is bedekt met riet, de kop daarboven kan in de wind worden gedraaid. Achter deze molens staan twee exemplaren uit 1761; de achterste is een standerdmolen.

Maassluis B2

▶ *12 km naar het westen over de A20.*

Het havenstadje Maassluis ligt aan de Scheur, tussen de Nieuwe Maas en de Nieuwe Waterweg. Om Rotterdam te beschermen tegen overstromingen, is tussen Maassluis en Hoek van Holland een **stormvloedkering**★ in de Nieuwe Waterweg aangelegd. Sinds mei 1997 kan de 360 m brede Nieuwe Waterweg volledig worden afgesloten met twee enorme witte, metalen deuren die de bijnaam 'de twee liggende Eiffeltorens' hebben gekregen. Het geheel werkt volledig automatisch en is uniek in de wereld.

> ### De watergeuzen
>
> Op 1 april 1572 landden de uit Engeland verbannen watergeuzen in **Brielle**. Dit was het startsein voor de opstand van Holland en Zeeland tegen de Spaanse overheersing. In juli executeerden de geuzen in Brielle negentien priesters, van wie er zestien in Gorinchem door hen gevangen waren genomen. Deze 'Martelaren van Gorkum' zijn later heilig verklaard. Elk jaar op 1 april wordt de inname van de stad door de geuzen herdacht met allerlei festiviteiten en het naspelen van de historische gebeurtenissen.

In het informatiecentrum **Keringhuis** is een vaste tentoonstelling gewijd aan deze stormvloedkering.

Hoek van Holland A2
26 km naar het westen over de A20.
Deze voorhaven van Rotterdam ligt aan de mond van de Nieuwe Waterweg. Van hier vertrekken veerboten naar Harwich (Verenigd Koninkrijk). De aanblik van het scheepvaartverkeer tussen Rotterdam en de Noordzee is indrukwekkend. Tegenover Hoek van Holland liggen de haven- en industrieterreinen van de **Europoort** en een windmolenpark.

Ten noorden van Hoek van Holland is in 1971 een **kunstmatig strand** aangelegd, met achter de duinen enorme parkeerterreinen. Het is hét strand voor de Rotterdammer!

Brielle A2
41 km naar het zuidwesten – verlaat Rotterdam via de Dorpsweg, de A15 of de N218.
Brielle, ook wel Den Briel genoemd, is een oud vestingstadje op het eiland Voorne. Het was ooit een levendige haven aan de Maasmonding. De oude vestingwerken zijn nu ingericht als wandelgebied en aan de kaden staan oude huizen en de gotische Sint-Catharijnekerk. Tegenwoordig is Brielle een toeristisch centrum met in de nabijheid recreatiegebied **Brielse Meer,** vanuit Rotterdam bereikbaar met een voet- en fietsveer.
Historisch Museum Den Briel – *Markt 1 - (0181) 47 54 75 - www.historischmuseum denbriel.nl - di-za 10.00-17.00, zo 13.00-17.00 u - € 7,50 (4-17 jaar € 2,50).* Het museum ligt achter het 18de-eeuwse stadhuis aan de **Wellerondom**, een schilderachtig plein met oude gevels, een fontein en een oud kanon. Het is gevestigd in de voormalige stadsgevangenis en waag (1623). Het museum is gewijd aan de bewogen geschiedenis van de stad en het eiland Voorne.
De 15de-eeuwse **Grote** of **Sint-Catharijnekerk** is nooit voltooid. De Brabants-gotische kerk heeft een stenen toegangstoren van 57 m hoog. Het in 1660 door François Hemony vervaardigde carrillon is vergroot en heeft nu 48 klokken.
De **molen 't Vliegend Hert** is in 1986 herbouwd op de plaats waar in de 17de eeuw een oude molen was afgebrand.

Oostvoorne A2
47,5 km naar het zuidwesten – verlaat Rotterdam via de Dorpsweg, de A15 of de N218.
Bij Oostvoorne, een badplaats bij een lange duinenrij, ligt een 311 ha groot natuurgebied, de **Duinen van Voorne**, met een dicht netwerk van wandelpaden. In Bezoekerscentrum ZHL *(zuidhollandslandschap.nl/routes/bezoekerscentra/ tenellaplas)* krijgt u informatie over de flora en fauna in het gebied.

Tussen Oostvoorne en Brielle loopt een fietspad. Het pad gaat in een boog langs het Oostvoornse Meer, door de duinen en langs het strand.

🛈 Praktisch

Inlichtingen

Toeristenbureau – F2 -
*VVV Rotterdam Info -
Coolsingel 114 (Schielandshuis) -
☏ (010) 790 01 85 - rotterdam.info.*
Rotterdam Info Centraal Station –
E1 - *Stationsplein 20 (In de stationshal, zuidzijde).*

Toeristenpas

Rotterdam Welcome Card –
€ 15,50/dag, € 21,00/2 dagen en
€ 25,50/3 dagen. Met deze chipkaart kunt u onbeperkt gebruikmaken van bus, metro en tram en krijgt u korting bij bepaalde musea, attracties, restaurants, winkels en concertzalen. Een kaart zonder ov-optie kost slechts € 7 voor de duur van uw verblijf.
ⓖ Te koop via de website van het toeristenbureau, of bij het toeristenbureau zelf.

Parkeren

Op straat parkeren in het centrum is lastig en duur (via oplaadbare chipkaarten). Parkeer bij voorkeur in een van de parkeergarages *(ca. € 28/dag)* of bij een **P+R** aan de rand van de stad, gratis als u gebruikmaakt van het ov om naar het centrum te reizen.

Vervoer

😊 De **Thalys** rijdt vanaf Rotterdam CS naar Brussel en Parijs *(zie blz. 30)*. Maar er vertrekken hier ook vele treinen naar steden in de buurt (Schiedam, Dordrecht, Den Haag, Gouda, Delft, Leiden) die u in één dag kunt bezichtigen. In 1 uur bent u in Amsterdam. Dienstregeling en reserveringen: **www.ns.nl**.

Openbaar vervoer

RET – *www.ret.nl.* Het openbaarvervoerbedrijf van Rotterdam, **RET**, beschikt over een groot netwerk van **bus- en tramlijnen** *(6.00-0.30 u)* die naar alle punten van belang rijden. **Tram 10** is in de zomermaanden een ringlijn.
De vijf **metrolijnen** kruisen elkaar in station Beurs (twee haltes van het Centraal Station). Ze zijn erg handig om snel naar verschillende stadswijken te komen en verder weg gelegen wijken, zoals Delfshaven of de Kop van Zuid.
Kaartverkoop – Losse vervoersbewijzen zijn duur *(€ 4 voor 2 uur met bus, metro en tram)*. Maak liever gebruik van een oplaadbare **OV-chipkaart** *(€ 7,50)*. Voor een kort verblijf kunt u het beste een tijdelijke **OV-chipkaart** kopen met een RET dagkaart *(€ 9,50)* of een RET Tourist Day Ticket *(€ 15,50 - onbeperkt reizen in heel Zuid-Holland)*. Bij de Rotterdam Welcome Card (ⓖ *linkerkolom*) is een OV-chipkaart inbegrepen. OV-chipkaarten zijn koop bij de loketten van de RET en bij automaten bij de metrohaltes.

Met de fiets

Door de talloze fietspaden is de fiets hier, zoals overal in Nederland, een geschikt vervoermiddel. Deelfietsen (gewone of elektrische) worden aangeboden door Donkey Republic, Mobike en Lime/Jump *(apps vooraf te downloaden)*. Beter is nog de **OV-fiets**, die u op diverse locaties (onder andere Rotterdam Centraal) kunt huren met uw OV-chipkaart *(€ 4,45/24 uur)*.

Over het water

Watertaxi – ☏ *(010) 403 03 03 - www.watertaxirotterdam.nl - 7.00-0.00, vr 7.00-1.00, za 9.00-1.00, zo 9.00-0.00 u - € 4,50/€ 10 p.p.* Watertaxi's doen veel plekken aan in de regio Rotterdam. Het meest gebruikt zijn de diensten tussen hotel New York, de Leuvehaven en de Veerhaven.
Waterbus/Blue Amigo – *www.waterbus.nl.* Verbindingen met Dordrecht en Kinderdijk vanaf

de Willemskade (vlak bij de Erasmusbrug).

Tips

Rotterdam UrbanGuides – ℘ (010) 433 22 31 - www.urban guides.nl. Deze organisatie richt zich op mensen met belangstelling voor architectuur en stedenbouw. Aangeboden wordt onder andere een bezoek aan de Van Nelle Fabriek.

De Rotterdam Tours – www.derotterdamweekendtours.nl. Veel themarondleidingen (architectuur, geschiedenis, haven, gebiedsontwikkeling enzovoort), individueel of voor groepen.

Evenementen

Rotterdam is een bruisende stad, die onderdak biedt aan vele manifestaties. Hierover kunt u meer informatie vinden op de website *uitagendarotterdam.nl*.

Internationaal Film Festival – *Jan.-feb. - www.iffr.com.* Het bekendste filmfestival van Nederland, een van de belangrijkste van Europa.

Straatparade Zomercarnaval – *Juni - www.zomercarnaval.org.* Carnavalsoptocht in Zuid-Amerikaanse sfeer.

Metropolis Festival – *Juli - www.metropolisfestival.nl.* Kennismaking met nieuwe bands.

North Sea Jazz Festival – *Juli - www.northseajazz.nl.* Uitstekend jazzfestival.

Wereldhavendagen (World Port Days) – *Sept. - wereldhavendagen.nl.* Feest in het teken van de haven van Rotterdam: rondvaarten, wateractiviteiten, concerten, kijkjes achter de schermen in het havengebied, enzovoort.

Jazz International Rotterdam – *Okt.-nov. - www.jazzinternational rotterdam.nl.* Reizend jazzfestival op diverse locaties in de stad.

Adresboekje

PLATTEGRONDEN BLZ. 224-225, 226

Uit eten

☺ Rotterdam telt talloze cafés en restaurants met vaak een internationaal aanbod; aan de West-Kruiskade is de invloed merkbaar van mensen afkomstig uit Azië in het algemeen en uit Indonesië in het bijzonder.

Goedkoop

42 Poffertjessalon Seth – PLATTEGROND II F1 - *Hoogstraat 147 - www.sethpoffertjes.nl - dag. beh. ma 10.30-17.30 u - minder dan € 10.* Een leuke kleine poffertjeskraam midden tussen de hoge gebouwen van de Hoogstraat. U eet er verse poffertjes die door de twee koks vakkundig op de gloeiend hete plaat worden gebakken.

3 Hotel Bazar – PLATTEGROND II E2 - *Witte de Withstraat 16 - ℘ 010 206 5151 - www.hotel bazar.nl - 8.00-22.30, vr-za 8.00-23.00, zo 9.00-22.30 u - hoofdgerecht € 12,50/16.* Dit café-restaurant, half soek, half hippe kantine, is een van de drukste in de Witte de Withstraat. Zorg dat u gereserveerd heeft als u van couscous, mezze en muntthee (huisspecialiteit) wilt genieten, anders moet u in de rij staan.

6 De Ballentent – PLATTEGROND II E3 - *Parkkade 1 - ℘ 010 436 0462 - www.deballentent.nl - ✉ ♿ - 9.00-23.00, za, zo 10.00-23.00 u - lunchmenu € 10,50 - hoofdgerecht € 11/17,50.* Vanaf het terras aan de Maas van dit traditionele eetcafé hebt u mooi uitzicht op de wolkenkrabbers. Maar dat is slechts tijdelijke afleiding: hier komen mensen vooral voor de gehaktballen die volgens de plaatselijke kranten de beste van de stad zijn!

⑨ Pannenkoekenboot – PLATTEGROND I B3 - *Parkhaven, tegenover de Euromast* - ☏ 010 436 72 95 - www.pannenkoekenboot.nl - ♿ - *dag. beh. ma 9.00-19.00, vr-za 9.00-21.00 u - € 21,50 (3-11 jaar € 16,50).* Houdt u van rondvaarten? Tijdens deze rondvaart kunt u eten zoveel u wilt. Formule van deze originele 'pancake cruise': drie uur varen over de Maas terwijl u geniet van de beroemde Hollandse pannenkoeken. Ook in Amsterdam en Nijmegen.

🌿 **④ Fenix Food Factory** – PLATTEGROND I C3 - *Veerlaan 19D* - ☏ 010 218 08 53 - www.fenixfoodfactory.nl - *11.00-22.00, za, zo 9.30-21.30 u - gesl. ma.* Deze voormalige scheepswerf langs het water is omgetoverd tot een overdekte biologische markt, een symbool voor de opleving van de wijk. U kunt er ook wat eten. Goede brunch in het weekend en een uitstekend restaurant: **Kwiezien** *(kwiezien.nl - € 39)*. Hippe, informele sfeer.

② Markthal – PLATTEGROND II F2 - *Jan Scharpstraat 298* - ☏ 030 234 6464 - www.markthal.nl - *10.00-20.00, vr 10.00-21.00, zo 12.00-18.00 u.* De grootste overdekte markt van Nederland is indrukwekkend vanwege zijn omvang, maar ook vanwege het ontwerp en het aanbod, met zo'n honderd kraampjes, bars en restaurants waar u voordelig kunt eten. U kunt er terecht voor stroopwafels, bonbons en andere specialiteiten. Een waar luilekkerland!

Doorsneeprijzen

① Grand Café Restaurant Loos – PLATTEGROND II E3 - *Westplein 51* - ☏ 010 411 7723 - www.loos-rotterdam.nl - *10.00-0.00, vr-za 10.00-1.00 u - hoofdgerecht € 21/33,50.* Zowel chic als relaxed, deze grote, drukbezochte brasserie. Onder de hoge plafonds met een vleugje art deco vindt u leestafels en vriendelijke en attente bediening in livrei.

㊶ Dudok – PLATTEGROND II F1 - *Meent 88* - ☏ 010 433 3102 - www.dudok.nl - *9.00-23.00 u - hoofdgerecht € 9,50/21,50.* Dudok is beroemd om zijn appeltaart. Dit café-restaurant is erg populair bij de Rotterdammers, die hier aan de leestafels kranten komen lezen. U kunt hier met clubsandwiches lunchen in een gezellige sfeer of à la carte dineren. Het gebouw - het voormalige hoofdkantoor (1952) van verzekeringsmaatschappij De Nederlanden, een ontwerp van modernist W.M. Dudok - is licht, elegant en heeft een warme en gemoedelijke sfeer.

Wat meer luxe

⑤ Gastrobar Ster – PLATTEGROND I D1 - *Jericholaan 82B* - ☏ 010 785 27 12 - gastrobarster.nl - ♿ - *lunch en diner, dag. beh. di-wo - menu € 39/72.* Gerund door een grafisch kunstenaar en een inventieve kok die bekende gerechten in een origineel jasje steekt.

⑪ Euromast – PLATTEGROND I B3 - *Parkhaven 20* - ☏ 010 436 4811 - www.euromast.nl - ♿ - *9.30-22.00 u - menu € 39,50/42,50 - reserv. aanbevolen.* Ga hier in de zomer dineren aan een tafeltje op het westen, om te genieten van de ondergaande zon boven het havengebied. Gezeten in gerieflijke banken, op gelijke hoogte met de voorbijvliegende helikopters, kunt u genieten van internationale gerechten. 's Zondags kunt u er brunchen.

㊿ Umami by Han – PLATTEGROND II F1 - *Binnenrotte 140* - ☏ 010 433 31 39 - www.umami-restaurant.com - *12.00-22.00, ma 17.00-22.00 u - menu € 32/36,50.* De inrichting is ultramodern en past heel goed bij het gebodene: moderne Aziatische keuken met Franse invloeden. Knapperig, zoetzuur, pittig: de gerechten zijn even verrassend als de rekening, die gezien het niveau vrij laag is.

15 Huson – PLATTEGROND II E3 - *Scheepstimmermanslaan 14 - ☎ 010 413 0371 - www.huson.nl - 12.00-21.30, za 17.30-21.30, zo 14.30-19.30 u - menu € 40/50.* Dit is een van die modieuze restaurants waar Rotterdam goed in is, met attente en vriendelijke bediening. Seizoensmenu's, maar het gehele jaar door is er de huisspecialiteit bouillabaisse.

Delfshaven

Doorsneeprijzen

☞ Zie **Stadsbrouwerij De Pelgrim** bij 'Iets drinken'.

Een tussendoortje

Bagels and Beans – PLATTEGROND II F1 - *Hoogstraat 129b - ☎ 010 213 20 90 - www.bagelsbeans.nl - 9.00-17.00, zo 10.00-17.00 u.* Bagels, verse vruchtensappen, koffie, thee en veel meer in het Laurenskwartier. Bij mooi weer zit het zonnige terras vol voor heerlijke brunches en hapjes tussendoor.

Café Restaurant Floor – PLATTEGROND II E2 - *Schouwburgplein 28 - ☎ 010 404 52 88 - www.cafefloor.nl - ♿ - 10.00-1.00, vr-za*

Warung Mini – PLATTEGROND II E2 - *Witte de Withstraat 47 - ☎ 010 404 7456 - www.warungmini.com - ♿ - 12.00-22.00, zo 14.00-22.00 u.* De vele pierewaaiers in deze wijk doen dit nachttentje aan voor Indonesische specialiteiten, die naar verluidt de beste van de stad zijn.

Urban Espressobar/UEB West – PLATTEGROND I B2 - *Nieuwe Binnenweg 263- ☎ 06 22 81 45 05 - urbanespressobar.nl - 8.30-18.00, zo 10.00-18.00 u.* Dit moderne en vriendelijke buurtcafé staat bekend om de goede espresso. Ook uitstekende hapjes (zoet of hartig) voor een brunch of lunch.

Giraffe Coffee Bar & Academy – PLATTEGROND I C2 -*Hoogstraat 46A - ☎ 010 307 03 44 - giraffecoffee.com - ♿ - di-zo 8.00-17.00 u.* U kunt in deze trendy ruimte genieten van de geweldige specialiteiten van de bekendste microkoffiebranderij van de havenstad.

Iets drinken

Café Rotterdam – PLATTEGROND II F3 - *Wilhelminakade 699 - ☎ 010 290 8442 - ♿ - 12.00-21.30 u - gesl. ma.* Men komt hier voor het uitzicht vanaf het terras op de Wilhelminapier, met de cruiseschepen, en voor de in de ruimte heersende melancholieke sfeer van vertrek voor altijd. Europese gerechten.

De Witte Aap – PLATTEGROND II E2 - *Witte de Withstraat 78 - ☎ 010 414 9565 - www.dewitteaap.nl - 16.00-3.00, do 16.00-4.00, vr-za 14.00-4.00, zo 14.00-3.00 u.* Lange houten toog, *beautiful people* en op zaterdagavond groepen die hier op de stoep uitstappen: kortom, een van de beste adressen om feest te vieren in de Witte de Withstraat.

Noordt PLATTEGROND I C1 - *Zaagmolenkade 46 - ☎ 010 223 05 66 - brouwerijnoordt.nl - do en zo 14.00-19.00, vr 14.00-21.00, za 14.00-20.00 u.* Brouwerij Noordt, gevestigd in een voormalige brandweerkazerne in het Oude Noorden, was vanaf het begin in 2015 meteen een succes. De reden: het lekkere bier, de ruw-betonnen inrichting en het leuke terras. U kunt er iets kleins eten.

Het Nieuwe Café – PLATTEGROND II E2 -*Museumpark 25 - ☎ 010 440 1200 - www.hetnieuweinstituut.nl - ♿ - dag. beh. ma 10.00-17.00 u.* Met het designdecor en de grote ramen met zicht op de moderne fonteinen van Het Nieuwe Instituut, gewijd aan architectuur, is dit voor velen een geliefde plek. Menig bekende designer en architect heeft hier wel eens een biologisch hapje gegeten.

Restaurant Wereldmuseum – PLATTEGROND II E3 - *Willemskade 22-25 - ☎ 010 270 71 85 - www.wereldmuseum.nl - ♿ - di-vr 10.00-17.00, za, zo 11.00-17.00 u.* Prettig gastronomisch restaurant op de begane grond van het gerenoveerde Wereldmuseum. Grote ramen met uitzicht over de Maas (reserveren).

Restaurant Hotel New York – PLATTEGROND II F3 -*Koninginnehoofd 1 - bereikbaar met de watertaxi - ☎ 010 439 0500 - www.hotelnewyork.nl ♿ - 9.00-22.30, vr-za 9.00-0.00 u.* Aan de ene kant het mooie hotel New York, aan de andere kant uitzicht op de Maas. En ertussenin een zonneterras waar u van een glas kunt genieten terwijl u mijmert over de emigranten die hier afscheid namen van Europa.

Delfshaven

Stadsbrouwerij De Pelgrim – PLATTEGROND I A2 - *Aelbrechtskolk 12 - ☎ 010 477 1189 - www.pelgrimbier.nl - ♿ - 12.00-0.00, zo 12.00-22.00 u - gesl. ma-di.* In deze kleine brouwerij in een eerbiedwaardig huis in de oude wijk Delfshaven staat het bier gegarandeerd koud. Ga als u trek hebt langs bij het belendende restaurant: er zijn niet veel traditioneel Hollandse restaurants in Rotterdam, maar dit restaurant kan ineens vol zitten.

Winkelen

☺ De winkels zijn maandag van 11.00 tot 18.00 u en dinsdag t/m zaterdag van 9.00 tot 18.00 u geopend, en vrijdagavond vaak tot 21.00 u. Op zondag zijn ze in het centrum geopend van 12.00 tot 18.00 u.

Winkels en kunstgaleries

De wijk tussen de Kruiskade en de Van Oldenbarneveltstraat (PLATTEGROND II E1) het Mekka van de **mode** geworden. De **Central Plaza** nabij het Centraal Station is een enorm winkelcentrum *(Plaza 29 -* PLATTEGROND II E1), en in de **Karel Doormanstraat** (PLATTEGROND II E1-2) vindt u modieuze en chique winkels. De **Meent** (de 'gevarieerde wijk') ligt rond het Beursplein (PLATTEGROND II F2) en heeft leuke design-, speelgoed- en cadeauwinkels. Ook interessant zijn de drie megastores van winkelcentrum **Alexandrium** (Beursplein), en de modieuzere **Witte de Withstraat** (PLATTEGROND II E2).

Markten

Binnenrotte – PLATTEGROND II F1 - *Achter de Sint-Laurenskerk - di en za 8.00-17.00 u.* Dit is een van de grootste markten van Nederland met 400 kramen (etenswaren, rommelmarkt) en de goedkoopste van de stad. Er heerst een kosmopolitische en volkse sfeer. Andere markten zijn onder meer de **Markt Visserijplein** (PLATTEGROND I A2 - *Grote Visserijstraat -* Ⓜ *Delfshaven - do en za 8.00-17.00 u),* waar allerlei exotische producten te koop zijn, en de **Markt Afrikaanderplein** (PLATTEGROND I C3 - *Pretorialaan 80, in het zuiden van Rotterdam - wo en za 9.00-17.30 u).*

🌱 **De Groene Passage** – PLATTEGROND II F1 - *Mariniersweg 9 - ☎ 010 233 1933 - www.degroenepassage.nl - wisselende openingstijden, vraag inl.* Een volledig biologisch, vegetarisch en fair trade winkelcentrum! In restaurant **Spirit**, dat dezelfde waarden aanhangt, kunt u heerlijk even bijkomen. *Mariniersweg 9 - www.spiritrestaurants.nl.*

Uitgaan

☺ Meer informatie over het grote dagelijkse aanbod aan culturele evenementen en festivals op: *rotterdam.info/events* en *www.uitagendarotterdam.nl.*

De schilderachtige Veerhaven, de Oude en Nieuwe Binnenweg, de Oude Haven, het Stadhuisplein, het Schouwburgplein of de multiculturele, meer *arty* Witte de Withstraat en niet te vergeten de Kop van Zuid zijn dé uitgaansplekken om 's avonds te drinken, te dansen of livemuziek te beluisteren.
Er zijn veel **clubs** in Rotterdam, dat bekendstaat om zijn nachtleven, zoals **Club Vibes** (PLATTEGROND II E2 - *Mauritsweg 50A - www.clubvibes.nl*) en **Maassilo**. Deze laatste is een van de meest spectaculaire clubs van Nederland, gevestigd in oude silo's op de Maasoever (PLATTEGROND I C3 - *Maashaven Zuidzijde 1-2 - www.maassilo.com*).
Biergarten – PLATTEGROND II E1 - *Schiestraat 18 - ℘ 010 233 05 56 - www.biergartenrotterdam.nl - di-vr 15.00-0.00, za, zo 12-1.00 u*. Een biercafé, zoals de naam al doet vermoeden, met bijna elke avond een live dj-programma. Met Biergarten en de cafés Annabel en BAR is de straat uitgegroeid tot een van de nieuwe uitgaansplekken in Rotterdam.

Theater
Last-minute tickets? Kijk op *www.uitagendarotterdam.nl*.
De Doelen – PLATTEGROND II E1 - *Schouwburgplein 50 - ℘ 010 217 17 17 - www.dedoelen.nl*. Concertzaal.
Rotterdamse Schouwburg – PLATTEGROND II E1 - *Schouwburgplein 25 - ℘ 010 411 8110 - www.theaterrotterdam.nl*. Theater in het centrum.
Nieuwe Luxor Theater – PLATTEGROND II F3 - *Posthumalaan 1 - ℘ 010 484 33 33 - www.luxortheater.nl*. Theater aan de andere kant van de brug.
Rotterdam Ahoy – BUITEN PLATTEGROND BIJ C3 - *Ahoyweg 10 - ℘ 010 293 33 00 - www.ahoy.nl*. De belangrijkste locatie van de stad voor shows en sportevenementen.

Sport en ontspanning

Boottochten
Spido – PLATTEGROND II F3 - *Willemsplein 85, naast de Erasmusbrug - ℘ 010 275 99 99 - www.spido.nl - ♿*. Er worden verschillende rondvaarten gemaakt: door de Rotterdamse haven (raffinaderijen, scheepswerven, roll-on/roll-off enz.) en langs de skyline van Rotterdam *(75 min. - € 16, kind € 9)*; het Botlekgebied *(2.30 u - € 26, kind € 15)*, met 's zomers op vrijdagavond een nachtrondvaart; dagexcursies naar Futureland of de Seven Rivers en de Delta *(7.00 u - € 58/60)*.

Rotterdam vanuit de lucht
Avontuur op de Euromast – PLATTEGROND I B3 - *Parkhaven 20 - ℘ 010 256 4811 - www.euromast.nl - € 15,50*. Abseilen en tokkelen. *(data: vraag inl.)*.

Overnachten
Er zijn volop moderne hotels in Rotterdam; romantische hotels in oude gebouwen zijn echter zeldzaam, evenals gelegenheden die comfortabele kamers bieden voor minder dan € 100 voor twee personen. Een auto parkeren in een van de parkeergarages van de hotels kost u tussen € 15 en € 25.

Goedkoop
Stayokay Rotterdam – PLATTEGROND II F2 - *Overblaak 85-87 - ℘ 010 436 5763 - www.stayokay.nl - ♿ - 243 bedden € 33/40,50* ☕. Deze jeugdherberg is gevestigd in een van de beroemde kubuswoningen, nabij metrostation Blaak en de Oude Haven.
King Kong Hostel – PLATTEGROND II E2 - *Witte de Withstraat 74 - ℘ 010 818 87 78 - www.kingkonghostel.com - ♿ - bed op slaapzaal € 28/47 - ✗*. In het hart van de stad en dicht bij de musea ligt deze frisse jeugdherberg: slaapzalen (bedden of

hangmatten), tweepersoonskamers of gezinskamers. Het gebouw uit 1872 is gerenoveerd in een moderne stijl, met leuk ingerichte gemeenschappelijke ruimtes en een meer verfijnde look in de individuele kamers. Een goede deal.

Doorsneeprijzen

② Room Mate Bruno – PLATTEGROND II F3 - *Wilhelminakade 52* - ✆ *010 892 95 80* - *room-matehotels.com/nl/bruno* - ♿ - *217 kamers vanaf € 110* - ☕ *€ 20* - ✖. Dit hotel, gevestigd in een voormalig VOC-theepakhuis, past bij de sfeer van de Kop van Zuid. Leuk om er met een watertaxi naar toe te gaan. De gemeenschappelijke ruimtes en kamers zijn vrolijk en soms met verrassende kleuren ingericht (nautische accenten, sterrenbeelden als wegwijzers...).

⑤ Bilderberg Parkhotel Rotterdam – PLATTEGROND II E2 - *Westersingel 70* - ✆ *010 436 36 11* - *www.bilderberg.nl/rotterdam/parkhotel-rotterdam* - 🅿 *€ 22,50* - ♿ - *189 kamers € 178/211* ☕ *(sterke kortingen in het laagseizoen)* - ✖. Dit grote, deels gerenoveerde luxehotel ligt gunstig tussen het Museumpark en het stadscentrum, twee tramhaltes van het station. U kunt kiezen voor een kamer in de toren of een kamer aan het terras. Alle kamers zijn even comfortabel, maar de oude zijn iets betaalbaarder. Sommige kijken uit op Huis Sonneveld, waarvan de rijke eigenaar in de jaren 1930 zijn voorname gasten in het Bilderberg liet logeren.

⑧ Inntel Hotels Rotterdam Centre – PLATTEGROND II F2 - *Leuvehaven 80* - ✆ *085 888 59 39* - *www.inntelhotelsrotterdamcentre.nl* - 🏊 - *263 kamers € 203/327 (sterke kortingen in het laagseizoen)* - ✖. Vanuit de designkamers met uitzicht op de Erasmusbrug en de Nieuwe Maas kunt u de indruk hebben dat u zich in de kamer van de directeur van de haven bevindt. Panoramisch uitzicht vanuit de bar op de hoogste verdieping. Restaurant dat uitkijkt over het water.

Delft ★★

Het verfijnde Delft nodigt uit tot dromen. De oude grachten met schaduwrijke kades, de monumenten en de boeiende musea maken Delft tot een van de steden in Nederland die hun historische karakter het best hebben weten te bewaren. Dankzij het 'Delfts blauwe' aardewerk is de stad wereldberoemd. Ze heeft ook een speciale plek in het collectieve geheugen van Nederland: in de Nieuwe Kerk is het mausoleum van de Oranje-dynastie. Als intellectueel centrum van Nederland heeft Delft enkele grootheden voortgebracht: de schilder Johannes Vermeer, de jurist Hugo de Groot en natuuronderzoeker Antoni van Leeuwenhoek (1632-1723).

Een mozaïek van Delfts blauw aardewerk
Ceneri/Getty Images Plus

▶ Ligging

104.700 inwoners

REGIOKAART BLZ. 218 B1 EN PLATTEGROND BLZ. 253. De stad ligt halverwege Den Haag (12 km ten noordwesten) en Rotterdam (16 km ten zuidoosten). Treinen tussen Rotterdam en Den Haag *elke 10 min. - 15 min.* reistijd.

☺ Aanraders

De Nieuwe Kerk met het praalgraf van Willem de Zwijger en het uitzicht vanaf zijn toren; de huisjes aan de oude begijnhofjes; het Vermeercentrum.

ℹ Praktisch blz. 258

📍 Adresboekje blz. 258

Wandelen

★★ Het historische centrum PLATTEGROND HIERNAAST

▶ *Route in groen aangegeven op de plattegrond.*

Markt A2
Het brede plein tussen de Nieuwe Kerk en het Stadhuis bruist 's zomers van de activiteit maar kan 's winters winderig en regenachtig zijn. Midden op het plein staat een beeld van Hugo de Groot.

★ Nieuwe Kerk A2
Markt 80 - ☏ (015) 212 30 25 - www.oudeennieuwekerkdelft.nl - nov.-jan.: ma-vr 11.00-16.00, za 10.00-17.00 u; feb.-okt.: ma-za 10.00-17.00 u - € 6,50, kind € 2,50 (combiticket met de Oude Kerk, zie blz. 256). Toegang tot de toren (gesl. bij slecht weer): € 5,50 (kind € 3,50).

Zo genoemd in navolging van de 'Oude Kerk', uit de 13de eeuw, neemt deze gotische kerk (1381) een speciale plek in de Nederlandse geschiedenis in, omdat ze de laatste rustplaats vormt voor de leden van het huis van Oranje.

Het **praalgraf van Willem van Oranje★**, de Vader des Vaderlands, verrijst in het koor boven de koninklijke grafkelder. Dit renaissancemonument in marmer en zwarte steen werd tussen 1614 en 1621 vervaardigd door Hendrick de Keyser. In het midden van een zuilengalerij met allegorische beelden ligt de prins in staatsiekleding onder het toeziend oog van een bronzen Fama, godin van de roem. Aan zijn voeten ligt zijn trouwe hond, die hem ooit het leven redde. Aan het hoofd van dit marmeren liggende beeld staat een bronzen beeld van Willem in harnas.

Midden in het koor is de ingang tot de **grafkelder van Oranje-Nassau** te herkennen aan een zware steen met een wapen. Slechts enkele leden van deze familie zijn hier niet begraven: stadhouder Willem III rust in Westminster in Londen, Johan Willem Friso in Leeuwarden en Philips Willem, de oudste zoon van Willem van Oranje, in de Sint-Sulpitiuskerk in Diest, België.

In de kooromgang met grafstenen in de vloer ziet u het graf van koning Willem I van de hand van Guillaume Geefs (1847) en verderop dat van **Hugo de Groot** (1781) en van prins Willem George Frederik, vervaardigd door de Italiaanse beeldhouwer Antonio Canova (1757-1822).

Vanaf het op één na hoogste platform van de **toren** (109 m) ontvouwt zich een **weids uitzicht★** op de nieuwe stad buiten de vestinggracht. U kunt de Technische

---

Een welvarende stad

Delft werd in 1074 gesticht en kende zijn glorietijd in de 13de en 14de eeuw, dankzij de lakennijverheid en de brouwerijen. Aan het einde van de 14de eeuw legde de stad, om haar producten te kunnen exporteren, een vaarverbinding aan met de monding van de Maas; hier bouwde ze al snel de haven **Delfshaven**, die in 1886 deel van Rotterdam werd *(zie blz. 239)*. In de 15de eeuw kreeg de stad een stadsmuur. Bij de grote brand van 1536 werd Delft in de as gelegd, waardoor er nauwelijks nog gebouwen van voor de 16de eeuw te vinden zijn. De ontploffing van een kruitfabriek in 1654 maakte de verwoesting compleet. Tegenwoordig is Delft een kenniscentrum, door zijn wetenschappelijke instellingen, zijn Waterloopkundig Laboratorium en zijn Technische Universiteit. De moderne universiteitsgebouwen liggen verspreid in de nieuwbouwwijken in het zuidwesten van de stad.

Universiteit herkennen en de kernreactor bij het Reactor Instituut Delft, en aan de horizon Rotterdam en Den Haag.

Stadhuis A2

Het in 1618 in de as gelegde stadhuis werd in 1620 door Hendrick de Keyser herbouwd. Bij een restauratie in de jaren 1960 kreeg het gebouw zijn 17de-eeuwse uiterlijk terug, met loodglazen ruiten in vensters met verticale stijlen en luiken. De met schelpen versierde gevel aan de pleinkant heeft aan de achterkant nog een restant van een 15de-eeuwse donjon, de enige resten van het oorspronkelijke stadhuis.

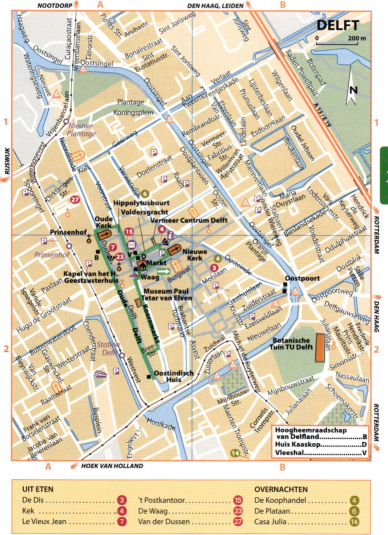

UIT ETEN				OVERNACHTEN	
De Dis	3	't Postkantoor	15	De Koophandel	4
Kek	4	De Waag	23	De Plataan	6
Le Vieux Jean	7	Van der Dussen	27	Casa Julia	14

De hofjes van Delft

Van de hofjes in Delft zijn er vier over, en die zijn een omweg waard: het **Hofje van Gratie** *(Van der Mastenstraat 26-38)*, een hofje voor ongehuwde vrouwen uit 1575; het **Hofje van Pauw** uit 1707 *(Paardenmarkt 54-62)*; het **Klaeuwshofje** voor ongehuwde vrouwen en katholieke weduwen *(Oranje Plantage 58-77)*; en het in 1607 gestichte **Hofje van Almonde**, met huisjes uit 1855 *(Bagijnhof 10-22)*.

Waag A2

In de Waag (1770) is nu een café gevestigd. In de buurt ligt de **Vleeshal** (A2 M) met aan de gevel twee ossenkoppen (1650). Aan de overkant staat een fraai 16de-eeuws huis, **De Kaerskorf** (A2 D), met een trapgevel.
Steek de gracht over, sla rechtsaf en vervolgens direct linksaf.

Koornmarkt A2

Op nr. 81 staat het mooie renaissancehuis **De Handboog** met medaillons. Op nr. 67 staat het 18de-eeuwse patriciërshuis waar de schilder **Paul Tetar van Elven** (1823-1896) woonde; het is nu een **museum** met meubels, schilderijen van Van Elven en tijdgenoten en aardewerken voorwerpen ℘ *(015) 212 42 06 - www.tetar.nl - di-zo 13.00-17.00 u - € 9,50 (tot 18 jaar gratis).*
Ga via de Breestraat naar de Oude Delft.

★ Oude Delft A2

Het donkere grachtwater in de schaduw van lindebomen, de boogbruggen en de elegante gevels vormen een schijnbaar nooit veranderend Hollands decor. Het mooie **Oost-Indisch Huis**, op nr. 39, is gerestaureerd. Aan de gevel is het wapenschild van de VOC *(zie blz. 62)* te zien. De windwijzer is in de vorm van een schip. Vervolgens valt uw blik op de toren van de Oude Kerk. De wat scheefgezakte toren van donkere baksteen wordt omgeven door vier hoektorentjes. Aan de overkant van de gracht staat een fraaie gotische kapel van de zusters van de Heilige Geest.
Loop langs de linkerkant van de gracht tot aan de Nieuwstraat (derde brug rechts).
Vanaf de brug van de Nieuwstraat hebt u mooi **uitzicht★** op de gracht.
Vervolg uw weg langs de Oude Delft.
Het onderkomen van het **Hoogheemraadschap van Delfland**, op nr. 167, is een oude patriciërswoning (rond 1520). Het heeft een weelderige stenen gevel in Brabants-gotische stijl, versierd met gebeeldhouwde timpanen. Boven het portaal ziet u een veelkleurig wapenschild. Het Wapen van Savoyen, op nr. 169, heeft een fraaie gevel; het biedt onderdak aan het gemeentearchief.
Volg de gracht.

★ Prinsenhof A1-2

Sint-Agathaplein 1 - ℘ (015) 260 23 58 - www.prinsenhof-delft.nl - di-zo 11.00-17.00 u - € 13,50 (4-12 jaar € 4).
Het stenen beeldhouwwerk boven een van de oudste poorten van de stad herinnert aan het feit dat de Prinsenhof in de 17de eeuw tot lakenhal werd verbouwd. In dit complex bevond zich oorspronkelijk een **vrouwenklooster**, het Sint-Agathaklooster. In 1572 werd het de woning van **Willem van Oranje**, die hier op 10 juli 1584 door Balthasar Gerards werd vermoord. In de moordhal getuigen twee kogelgaten onder de trap naar de eerste verdieping nog van deze gebeurtenis. In de Prinsenhof bevindt zich een **museum** met vele memorabilia van de Tachtigjarige Oorlog (1568-1648) en collecties over het huis van Oranje-Nassau. In de

Delfts aardewerk

Vanwege de fijne kwaliteit doet Delfts aardewerk denken aan porselein. Hollandse ambachtslieden waren in staat zich technieken en vormgeving uit verre streken eigen te maken, met lokale middelen nieuwe pronkstukken te vervaardigen... en een nieuwe rage te ontketenen.

Majolica uit Italië

Eind 16de eeuw raakte Keuls aardewerk in de Nederlanden uit de mode, ten gunste van majolica, een techniek oorspronkelijk afkomstig uit Perzië en later in de renaissance in Italië opnieuw in zwang gekomen. Om de Noord-Europese klanten te bedienen, vestigden Italiaanse handwerkers, zoals Guido Andries, zich eerst in Antwerpen, waar ze geglazuurd keramiek vervaardigden met stralende kleuren. Na de val van Antwerpen (1576) vluchtten de pottenbakkers naar de noordelijke provincies. Rond 1600 nam de productie van aardewerk een vlucht, dankzij de onafhankelijkheid van de Nederlanden en de economische welvaart. In de belangrijkste centra, Haarlem en Amsterdam, werden zowel aardewerken tegels als serviesgoed en siervoorwerpen geproduceerd.

'Delfts blauw'

In de 17de eeuw ging de ontwikkeling van de Verenigde Oost-Indische Compagnie gepaard met de komst van het eerste oosterse porselein, dat van een fijnere kwaliteit was dan alles wat eerder in Europa was geproduceerd. Kaolien, een onmisbare grondstof voor de productie van porselein, was in Europa nauwelijks verkrijgbaar. De Delftse ambachtslieden ontdekten echter al snel het potentieel van hun eigen witte kleimassa, waarvan het recept geleidelijk werd verfijnd om het lichter en delicater te maken. Met deze porseleinaarde, die bestaat uit een mengsel van vier soorten klei uit Belgisch Henegouwen, het Rijnland en de omgeving van Delft, en die niet rood wordt bij het bakken, konden steeds wittere en fijnere stukken worden gemaakt.

Na het bakken werd het aardewerk bedekt met een dunne laag glazuur en vervolgens met een penseel beschilderd. De tekening werd soms geaccentueerd met een dunne zwarte lijn, de trek. Delfts aardewerk dankt zijn bijzonder glanzende uiterlijk aan het aanbrengen van een doorschijnende laag, de kwaart (loodglazuur), die na het bakken zo glanzend is als glas.

Een veelzijdig product

Aanvankelijk was Delfts aardewerk vooral bekend om de ton-sur-ton-techniek met blauwe tinten op een witte achtergrond, geïnspireerd op Mingporselein. Delfts 'blauw' wordt hier nog steeds mee geassocieerd. Aan het eind van de 17de eeuw werd het aanbod uitgebreid, kwamen er ook polychrome ontwerpen, en was er geen tekening of vorm uit China of Japan die de Delftse kunstenaars niet nabootsten, tegemoetkomend aan de smaak van de Europese clientèle, die gefascineerd was door de Oriënt. Aan het begin van de 18de eeuw bevond Delfts aardewerk zich op zijn hoogtepunt. De geglazuurde tegels zijn zowel in Versailles als in Sint-Petersburg te vinden. Het verval trad daarna echter snel in als gevolg van concurrentie uit Engeland en de productie in Europa van echt porselein, aanvankelijk uitsluitend in Duitsland. Tegenwoordig is Royal Delft nog de enige producent die sinds de 17de eeuw in bedrijf is.

Schilderijenzaal op de eerste verdieping is het plafond versierd met engelenfiguren en er hangen veel portretten. In het museum zijn ook stillevens, schuttersstukken en mooie tapijten te zien. De laatgotische gebouwen (15de en 16de eeuw) liggen rond twee binnenplaatsen. Na de Reformatie werd de kapel van het oude klooster toegewezen aan de Waalse Kerk, die hier diensten ging houden voor Franstalige protestanten die vanuit het zuiden naar de Republiek waren gevlucht.

Oude Kerk A1-2
Bezoekersinformatie en tarieven, zie onder Nieuwe Kerk, blz. 252 (combiticket).
Deze 13de-eeuwse kerk wordt weerspiegeld in het water van de Oude Delft. Sinds de 16de eeuw heeft de kerk drie koren en verhoogde zijbeuken. De uit het middenschip stekende scheve toren staat op de grondvesten van een oude wachttoren. Hierin hangt de op één na grootste klok van Nederland (gewicht 9 ton). Grafstenen bedekken de vloer. De van mooi houtsnijwerk voorziene renaissancepreekstoel lijkt op die in de Grote Kerk in Den Haag *(zie blz. 268)*. De raampartijen (1972) zijn vervaardigd door **Joep Nicolas**.
In de kerk liggen beroemde personen begraven. In het hoofdkoor ligt een beeld in wapenrusting op het graf van admiraal Piet Hein. Het is van de hand van Pieter de Keyser, een zoon van Hendrick. In de kapel bij het noordkoor staat het barokke grafmonument van admiraal Tromp, van de hand van Rombout Verhulst. Op het bas-reliëf is de Zeeslag bij Ter Heijde te zien, waarbij de admiraal in 1653 sneuvelde. Ten noorden van de toren, nabij het glas-in-loodraam met Willem van Oranje (nr. 25), bevindt zich het grafmonument van Antoni van Leeuwenhoek.
Ga door de Oude Kerkstraat naar de Hippolytusbuurt.

Hippolytusbuurt A1
Deze lommerrijke gracht is een van de oudste van Delft. Op de hoek van de Hippolytusbuurt en de **Cameretten** wordt de **vismarkt** gehouden. Daarnaast staat de **oude vleeshal**.
Wandel via Cameretten naar de Voldersgracht.

Voldersgracht A2
Dit is een schilderachtige gracht, met aan de zuidkant enige huizen met kraagstenen. Vanaf de tweede brug heeft u mooi uitzicht op de Nieuwe Kerk.

Vermeer Centrum Delft A2
Voldersgracht 21 - ☏ (015) 213 85 88 - www.vermeerdelft.nl - ♿ - 10.00-17.00 u € 10 (12-17 jaar € 6) - incl. audiogids.
Wat te doen als geboortestad van een wereldberoemde en geliefde schilder, Johannes Vermeer, zonder ook maar één schilderij van hem te bezitten (vanwege de kostbaarheid van het werk)? Delft besloot een centrum te openen waar

De grondlegger van het internationaal recht

Hugo de Groot of **Grotius** (1583-1645) werd in Delft geboren en was een van de grootste geesten van zijn tijd. Hij was theoloog, filosoof, politicus, diplomaat en dichter. Maar hij is vooral bekend om zijn juridische werk, in het bijzonder *De iure belli ac pacis* (Over het oorlogs- en vredesrecht) uit 1625. Dit werk was van invloed op het huidige volkenrecht; De Groot wordt gezien als 'de vader van de mensenrechten'. Na de synode van Dordrecht *(zie kader blz. 313)* werd De Groot, remonstrant en aanhanger van Oldenbarnevelt, gevangengezet in Slot Loevestein. Hij wist in een boekenkist te ontsnappen, vestigde zich in Parijs en werd in 1634 Zweeds ambassadeur in Frankrijk.

Vermeer in Delft

Er zijn geen geschreven documenten van zijn hand, geen zelfportretten, geen leermeesters bekend. Kortom, we weten maar heel weinig van Johannes Vermeer (1632-1675), geboren in Delft, waar hij zijn hele leven woonde. Vermeer spreekt tot de verbeelding vanwege de geheimzinnigheid rondom zijn persoon. Als vernieuwer genoot hij tijdens zijn leven enige bekendheid, voornamelijk beperkt tot zijn geboortestreek, waar machtige opdrachtgevers hem kennelijk steunden. Vermeer schilderde uitsluitend taferelen uit het dagelijks leven, poëtisch van karakter en soms wat mystiek. Zijn werk is heel herkenbaar aan de bijzondere lichteffecten en het zoeken naar perfectie in eenvoud. Tijdens de barok gaf men de voorkeur aan religieuze en historische taferelen, en was er weinig belangstelling voor Vermeers werk. In de 19de eeuw werd hij door kunstcritici 'herontdekt' als een van de meesters van de Gouden Eeuw. Er zijn slechts 37 doeken die met zekerheid aan Vermeer kunnen worden toegeschreven. Over vier andere wordt nog steeds gediscussieerd.

Vermeers werk centraal staat. Met aanraakschermen, installaties, video's en special effects krijgt de bezoeker inzicht in de artistieke omgeving waarbinnen Vermeer zijn talent ontplooide. En het werkt! De locatie - het historische gebouw van het Sint-Lucasgilde, het schildersgilde waar Vermeer lid van was - leent zich er uitstekend voor. Via reproducties op ware grootte van de 37 schilderijen die aan hem worden toegeschreven, krijgt de bezoeker een beter inzicht in de wereld van Vermeer. Ook wordt ingegaan op zijn techniek (hij projecteerde licht met een camera obscura), zijn beheersing van het perspectief, de pigmenten die hij gebruikte en de verborgen betekenissen van zijn schilderijen... Tijdelijke tentoonstellingen laten zien hoe groot de invloed van het werk van Vermeer op de hedendaagse wereld is.

Wat is er nog meer te zien?
PLATTEGROND BLZ. 253

★ **Oostpoort** B2
De oude Sint-Catharinapoort is de enige overgebleven poort van de oude stadsmuur. Het is een mooi bakstenen bouwwerk (15de-16de eeuw) met aan weerszijden een slank torentje. Vanaf de schilderachtige witte ophaalbrug hebt u een mooi uitzicht. Onder een bijgebouw naast de Oostpoort loopt een gracht.

Botanische Tuin TU Delft B2
Poortlandplein 6 - ℘ (015) 278 23 56 - www.botanischetuin.tudelft.nl - di-za 10.00-17.00 u - € 6 (5-14 jaar € 3).
Hier kweekt men sinds 1917 allerlei plantensoorten voor de Technische Universiteit Delft. Deze tuin is in de eerste plaats bedoeld voor wetenschapppelijk onderzoek en onderwijs. In de kassen staan tropische en subtropische planten. Buiten kunnen bezoekers twee kleine routes volgen door de bomen- en kruidentuin.

ⓘ Praktisch

Inlichtingen

Toeristenbureau – *Kerkstraat 3 - ℘ (015) 215 40 52 - www.delft.com.*

Parkeren

Vijf overdekte parkeergarages rondom het centrum (*parkerendelft.com - € 18/dag*).

📍 Adresboekje

PLATTEGROND BLZ. 253

Uit eten

Goedkoop

④ Kek – A2 - *Voldersgracht 27 - ℘ 015 750 32 53 - kekdelft.nl - dag. beh. di 8.30-17.00 u - € 6/10 - reserv. aanbevolen*. De lokale vestiging van een kleine Nederlandse keten van biologische bakkerijen die zich op 'goed en gezond' richt. Of het nu gaat om een snack of een lunch, zoet of hartig, de producten (broodjes, gebak, koffie, sappen, salades enzovoort) zijn kleurrijk en smaken uitstekend.

Doorsneeprijzen

㉓ De Waag – A2 - *Markt 11 - ℘ 015 213 0393 - www.de-waag.nl - 11.00-0.00, do 10.00-0.00, zo 11.00-18.00 u - gesl. wo - hoofdgerecht € 17/23 - reserv. aanbevolen*. De voormalige Waag huisvest nu een stadscafé in het souterrain en een stijlvol restaurant erboven. De appeltaart is hier verrukkelijk.

③ De Dis – B2 - *Beestenmarkt 36 - ℘ 015 213 17 82 - www.spijshuisdedis.com - ♿ - 17.00-22.00 u (17.30 u op za) - gesl. ma - hoofdgerecht € 21/26 - reserv. verplicht*. Vriendelijk Hollands restaurantje aan een pleintje in de buurt van de Markt. Behoudende keuken met regionale accenten; comfort en sfeer van een bistro. Aan de voorkant een terras dat 's zomers in de zon ligt.

⑮ 't Postkantoor – AB2 - *Hippolytusbuurt 14 - ℘ 015 750 32 43 - www.postkantoordelft.nl - 9.30-23.30, vr-za 9.30-0.00 u - hoofdgerecht € 17,50/23,50*. Het voormalige postkantoor (1890) in Delft is verbouwd tot café-restaurant waar nu lekker eten en heerlijk gebak worden geserveerd in een leuk ingerichte zaak met vintage meubels.

⑦ Le Vieux Jean – A2 - *Heilige Geestkerkhof 3 - ℘ 015 213 0433 - www.levieuxjean.nl - ♿ - 12.00-15.00, 18.00-21.30 u - gesl. wo-middag, do-middag en zo-ma - hoofdgerecht € 26/31,50 - menu € 40*. Dit Hollands ingerichte restaurantje serveert klassieke Franse gerechten.

Wat meer luxe

㉗ Van der Dussen – A1 - *Bagijnhof 118 - ℘ 015 214 7212 - www.restaurantvanderdussen.nl - 17.30-22.00 u - gesl. zo-ma - menu € 49,50*. Dit restaurant in een 13de-eeuws begijnhofje heeft allure. Smakelijke mediterrane gerechten.

Een tussendoortje

Stads-koffyhuis – A2 - *Oude Delft 133 - ℘ 015 212 4625 - www.stads-koffyhuis.nl - dag. beh. zo 9.00-17.00 u*. Gastvrij café op twee verdiepingen waar u kunt lunchen: broodjes of wat uitgebreider met snacks.

Visbanken – A2 - *Cameretten 2 - ℘ 015 364 0418 - www.visbanken.nl - 9.00-18.00, ma 10.00-18.00, za 9.00-17.00, zo 10.00-17.00 u*. Dit loket achter de markt fungeert als permanente viskraam. Bij slecht weer kunt u binnen zitten. De verse vis wordt gebakken waar u bij staat.

Ontspanning

Rondvaarten – ☏ (015) 212 63 85 - www.rondvaartdelft.nl - april-nov.: 11.00-17.00 u (afvaart elk uur) - € 10,50. Dagelijks rondvaarten (45 min.). Vertrek vanaf Koornmarkt 113.

Winkelen

Delfts aardewerk

Er zijn in de stad nog steeds enige traditionele aardewerkateliers, waarvan u er enkele kunt bezoeken.

Royal Delft De Porcelijne Fles – BUITEN PLATTEGROND BIJ B2 - Rotterdamseweg 196 - ☏ 015 760 0800 - www.royaldelft.com - ♿ - 10.00-17.00 u.

Koos Rozenburg – A2 - Markt 2 - ☏ 015 214 7828. Charmante antiekwinkel, gevestigd in een zeer mooi huis uit 1548. Binnen vindt u authentieke voorwerpen in originele staat. Mooie collectie oude tegeltjes.

Aardewerkatelier de Candelaer – Kerkstraat 13 - A2 - ☏ 015 213 18 48 - www.candelaer.nl - 9.30-17.30 u - gesl. zo. Hun aardewerk wordt uitsluitend in het eigen atelier verkocht.

Heinen Delfts Blauw – A2 - Markt 30 - ☏ 015 215 7080 - www.heinendelftsblauw.nl - twee andere filialen op Markt 45 en Markt 62 - 9.30-18.00, zo 10.00-18.00 u. Een van de beroemdste keramiek/porseleinwinkels in Nederland. Het is verre van een ambachtelijke zaak, maar door het echtheidscertficiaat bent u ervan verzekerd niet in een toeristenval te trappen.

Iets drinken

Café Het Klooster – A1 - Vlamingstraat 2 - ☏ 015 212 1013 - 16.00-1.00, za, zo 14.00-1.00 u. In dit gezellige bruine café, gevestigd in een voormalig klooster, kunt u kiezen uit wel driehonderd soorten bier!

Overnachten

Doorsneeprijzen

14 Casa Julia – B2 - Maerten Trompstraat 33 - ☏ 015 256 7612 - www.casajulia.nl - 🅿 ♿ - 24 kamers € 108/175 - ☕ € 14. Het hotel bestaat uit drie aan elkaar grenzende huizen bij een aardewerkfabriek. Terras aan de achterzijde.

4 De Koophandel – B2 - Beestenmarkt 30 - ☏ 015 214 2302 - www.hoteldekoophandel.nl - 25 kamers € 129/139 - ☕ € 10. Ruime en goed uitgeruste kamers die onberispelijk onderhouden zijn. De kamers aan de voorkant kijken uit op een plein met bomen, waar het in de zomer een wirwar van terrassen van bistro's en eetcafés is.

6 De Plataan – A1 - Doelenplein 10 - ☏ 015 212 6046 - www.hoteldeplataan.nl - 🅿 ♿ - 29 kamers € 110/165 ☕. Niet ver van de oude stad biedt men hier kamers met een botanisch geïnspireerde inrichting, maar ook Delftse, Afrikaanse, Oosterse en andere motieven.

Delfgauw

Goedkoop

Herberg De Uylenburg – Noordeindseweg 70 – via de A13-E19, afslag Delft, richting Pijnacker - ☏ 015 214 37 32 - www.uylenburg.nl - 🅿 ♿ - 13 kamers € 85/95 ☕ - 🍴. Deze opwekkende herberg ligt op enkele minuten rijden buiten Delft. Gasten kunnen genieten van recreatieplas De Grote Plas en natuurgebied het Bieslandse Bos. Zeer verschillende kamers en een eetcafé met een terras dat 's zomers een landelijke verademing is.

Den Haag ★★

Het jeugdige en kosmopolitische politieke hart van Nederland heeft vele gezichten. In het historische centrum rondom het Binnenhof vindt u mooie oude panden, chique winkels, musea en ook het werkpaleis van koning Willem-Alexander. Ten zuiden hiervan staan de moderne kantoortorens waarin de ministeries zijn gehuisvest. De internationale organisaties voor vrede, recht en veiligheid zijn te vinden aan de noordkant. Overdag wordt er hard gewerkt, maar 's avonds en in het weekend is het tijd voor ontspanning en komt de stad tot leven, als de inwoners al niet naar Scheveningen uitwijken, de badplaats van den Haag, om te genieten van de frisse zeebries en te flaneren langs belle-epoquevilla's.

Het Mauritshuis (het witte pand links) en het Buitenhof weerspiegeld in de Hofvijver
Sebastian Grote/Getty Images Plus

Ligging

553.500 inwoners
REGIOKAART BLZ. 218 B1 EN
PLATTEGRONDEN BLZ. 263 EN 272-273.

Aanraders

Het Binnenhof, een wandeling over het Lange Voorhout, het Mauritshuis en het Kunstmuseum; de kust, museum Beelden aan Zee; het Louwman automuseum.

Met het gezin

Panorama Mesdag, Escher in het Paleis, de Wonderkamers van het Kunstmuseum, Madurodam, het Louwman Museum, en het strand en Sea Life in Scheveningen.

Praktisch blz. 278

Adresboekje blz. 279

Bezichtigen

★★★ Mauritshuis PLATTEGROND II BLZ. 263 K1

Plein 29 - ☏ (070) 30 23 456 - www.mauritshuis.nl - ♿ - 10.00-18.00, ma 13.00-18.00 u - € 17,50 (tot 18 jaar gratis).

Het is een voorrecht om de meesterwerken van de Nederlandse schilderkunst te kunnen bewonderen in dit uitzonderlijke gebouw: het museum bestaat uit een opeenvolging van kleine zalen met zijden behang op de muren en kristallen kroonluchters aan de plafonds. De verfijnde inrichting van het museum geeft een beeld van het leven van een rijke 17de-eeuwse familie. Uit het geheel blijkt hoe belangrijk de Nederlandse Gouden Eeuw was voor de kunstgeschiedenis.

Het gebouw

Dit elegante classicistische huis is vernoemd naar graaf Johan Maurits van Nassau-Siegen, die het rond 1640 door Pieter Post liet bouwen. Het werd in 1822 verbouwd tot museum door koning Willem I, die de koninklijke collecties aan het land schonk. Het museum was toen voor iedereen toegankelijk, mits netjes gekleed en zonder kinderen! U komt binnen via de voorhof, waaronder een mooi licht atrium de verbinding vormt tussen het oude gedeelte en de uitbreiding van na de renovatie uit 2015, een art-decogebouw waarin tijdelijke exposities te zien zijn.

De collecties

De collectie, die begonnen is door de prinsen van Oranje in de 18de eeuw, bevat ongeveer achthonderd werken uit de Noord-Europese schilderkunst tussen 1400 en 1800, merendeels van Nederlandse schilders.

☺ Als u weinig tijd heeft, kunt u het beste op de tweede verdieping beginnen, waar de mooiste stukken uit de Gouden Eeuw hangen.

Tweede verdieping – Rembrandt heeft hier een prominente plaats, met onder andere **De anatomische les van dokter Nicolaas Tulp**★★ *(zie kader hieronder)*. Tussen het portret van de kunstenaar op 23-jarige leeftijd (1629) en het zelfportret uit 1669, een van zijn laatste werken, is goed te zien hoe zijn werk zich heeft ontwikkeld. U vindt er ook werken van de mysterieuze **Johannes Vermeer**: met zijn prachtige **Gezicht op Delft**★★★ (1661) en **Meisje met de parel**★★★ (1665), ook wel 'de Mona Lisa van het Noorden' genoemd.

Op dezelfde verdieping, en niet minder indrukwekkend, hangen meerdere werken van **Jan Steen** (Soo voer gesongen, soo na gepepen★★, Het oestereetstertje★★★), portretten van **Frans Hals** waaronder het verrukkelijke **Lachende jongen**★★, **Het puttertje**★★ van Carel Fabritius en het indrukwekkend realistische schilderij **De stier**★★ van Paulus Potter. U zult veel **stillevens** tegenkomen, een genre dat in de 17de eeuw in de Nederlanden opkwam, met in het bijzonder de **vanitas-stillevens** met voorwerpen die verwijzen naar pestepidemieën.

Rembrandt, anders bekeken

De anatomische les van dokter Nicolaas Tulp (1632), dat Rembrandt schilderde op 26-jarige leeftijd, betekende zijn doorbraak: in dit groepsportret vormen de chirurgijns niet alleen een goede, evenwichtige driehoek, maar ook een homogene groep mensen die met aandacht naar Tulp luistert. Dit doek was vernieuwend omdat tot dan toe, het werk van Frans Hals uitgezonderd, de figuren stijf en gelijkwaardig op een rijtje stonden afgebeeld.

Eerste verdieping – Hier staan de **buitenlandse en Vlaamse schilders** centraal. Bekijk vooral de mooie verzameling werken van Rubens met portretten als *Isabella Brant*, zijn eerste vrouw, *Michael Ophovius,* bisschop van 's-Hertogenbosch en *Oude vrouw en jongen met kaarsen* (1616). Dit laatste schilderij, dat het museum in 2010 verwierf, getuigt van de uitzonderlijke beheersing van het licht door de Vlaamse schilder. Een ander meesterwerk is het beroemde **Aardse paradijs en de zondeval van Adam en Eva**★★ (rond 1615), dat bijzonder is omdat het door Rubens en Jan Brueghel de Oude samen is geschilderd! Als u nog tijd en energie heeft, is er nog veel meer moois te bewonderen: een *Maria met kind* van Lucas Cranach, *De aanbidding der herders* van Jacob Jordaens, die regelmatig met Rubens samenwerkte, en het portret van valkenier *Robert Cheseman* door Hans Holbein de Jonge, portrettist aan het hof van de Engelse koning Hendrik VIII.

Wandelen

★ Het historisch centrum
PLATTEGROND II HIERNAAST EN PLATTEGROND I BLZ. 272-273

▶ *Route aangegeven in groen op de plattegrond.*

Hofvijver JK1
Prachtig **uitzicht**★ over het water waarlangs de graven van Holland zich vestigden. In het midden van de vijver ligt een eilandje met bomen waar vroeger tamme ooievaars nestelden. Tegenwoordig prijken de vogels op het stadswapen.

Buitenhof J1-2
Dit plein was ooit de buitenhof van het kasteel van de graven van Holland. Een versterkte toegangspoort, de Gevangenpoort, en een elegant 18de-eeuws huis, waarin de schilderijengalerij van prins Willem V is ondergebracht, zijn bewaard gebleven. De Gevangenpoort werd van de 15de tot de 19de eeuw gebruikt als gevangenis (executies werden toen op De Plaats gehouden). Cornelis de Witt heeft hier gevangen gezeten. **Museum de Gevangenpoort** – *Buitenhof 33 - ℘ (070) 346 08 61 - www.gevangenpoort.nl - di-vr 10.00-17.00, za, zo 12.00-17.00 u - € 15 (4-17 jaar € 7,50).* U kunt de cellen en de ondervragingsruimte met middeleeuwse martelwerktuigen bezoeken.
Galerij Prins Willem V – *Buitenhof 33 - ℘ (070) 30 23 456 - www.mauritshuis.nl - dag. beh. ma 12.00-17.00 u - € 5,50 (tot 18 jaar gratis).* Dit bijgebouw van het Mauritshuis is een bezoek waard vanwege de bijzondere manier waarop de schilderijen aan de muren hangen, namelijk op drie niveaus, zoals vroeger gebruikelijk was. De mooiste stukken zijn vanaf 1822 overgebracht naar het Mauritshuis.

★ Binnenhof JK1-2
℘ (070) 757 02 00 - www.prodemos.nl - rondleidingen in de Eerste en Tweede Kamer (als de agenda het toestaat), ma-za 10.00-17.00 u. Het Binnenhof wordt momenteel gerenoveerd. Deze renovatie wordt op zijn vroegst eind 2028 afgerond. Tot die tijd vinden de rondleidingen in de Eerste en Tweede Kamer plaats in de tijdelijke locaties aan respectievelijk de Bezuidenhoutseweg en de Kazernestraat.
☺ De geplaveide binnenplaats van het parlementscomplex is openbare ruimte en vrij toegankelijk. Het standbeeld van oprichter koning **Willem II** staat bij de ingang van het Binnenhof, de voormalige binnenplaats van het kasteel, waar de Nederlandse regering en het parlement zijn gevestigd. Via de Stadhouderspoort betreedt u het centrum van de Nederlandse macht. De **Ridderzaal**★ uit de

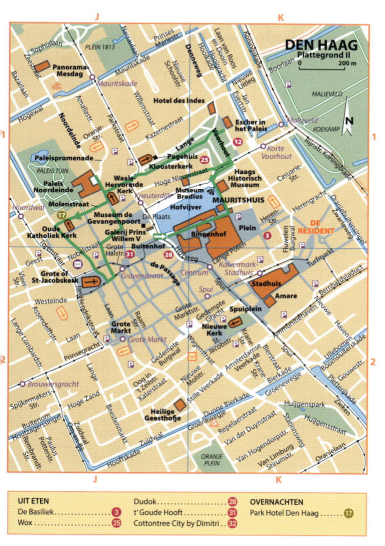

UIT ETEN		OVERNACHTEN
De Basiliek............... ③	Dudok.................. ㉘	Park Hotel Den Haag....... ⑰
Wox .... ㉕	t'Goude Hooft........... ㉛	
	Cottontree City by Dimitri.. ㉜	

13de eeuw (gerestaureerd in de 19de eeuw) is te herkennen aan de bewerkte puntgevel met aan weerszijden twee torentjes. Op **Prinsjesdag**, de derde dinsdag in september, spreekt de koning hier de Troonrede uit voor de Staten-Generaal waarmee het regeringsbeleid voor het komende jaar wordt gepresenteerd. Voor wie geïnteresseerd is in politieke geschiedenis, is er in de kelder van de Ridderzaal (nr. 8a) een kleine tentoonstelling te zien over het ontstaan en functioneren van de twee Kamers en de rol van het staatshoofd binnen het koninkrijk.

In de noordvleugel van het paleis (17de eeuw) bevinden zich nu het ministerie van Algemene Zaken (geleid door de premier) en de **Eerste Kamer**, waarvan de 75 leden voor vier jaar worden verkozen door de twaalf Provinciale Staten.

De **Trêveszaal** (17de eeuw), waar de ministerraad vergadert, is niet toegankelijk voor publiek. Wel is de Tweede Kamer te bezichtigen (zuidelijke en oostelijke

Een naam en een symbool

Het ontstaan van het dorp

Tot de 13de eeuw was Den Haag een jachtverblijf van graaf Floris IV van Holland in een woud dat zich uitstrekte tot Haarlem. Rond 1250 liet zijn zoon Willem II een kasteel bouwen op de plek van het huidige Binnenhof. Floris V voltooide het werk van zijn vader en voegde de Ridderzaal toe. Aan het einde van de 14de eeuw verruilde de graaf van Holland, Albert van Beieren, met in zijn spoor de adel, Haarlem voor Den Haag.

Die Haghe ontwikkelde zich snel maar bleef toch vooral een verblijfs- en rustplaats. De kleinschalige laken-nijverheid die hier in de 15de eeuw opkwam, maakte er ook geen handelsplaats van.

De andere steden in de stedenbond van de Nederlanden lieten Den Haag niet toe. Ondertussen hield Filips de Goede in Den Haag in 1432 en 1456 de bijeenkomsten van het Gulden Vlies. De afwezigheid van verdedigingswerken bezorgde de stad grote schade: in 1528 plunderde Maarten van Rossum, de beroemde aanvoerder van Gelderse huurlingen, de stad. In 1581 werd op de deuren van de Ridderzaal het Plakkaat van Verlatinghe bevestigd, waarin de Staten-Generaal van de Verenigde Provinciën de heerschappij van Filips II afzwoeren.

De ontwikkeling

De 17de eeuw was voor Den Haag een periode van vrede en voorspoed. Als zetel van de Staten-Generaal van de Verenigde Provinciën, later van de regering, werd het een belangrijk centrum van diplomatie.

Van midden 17de eeuw tot eind 18de eeuw verrezen rond het middeleeuwse Binnenhof grote renaissancistische en barokke herenhuizen. De **Fransen** vielen de stad in 1795 binnen. Elf jaar later verloor Den Haag de status van hoofdstad aan Amsterdam, waar Lodewijk Napoleon zijn regering had gevestigd. In 1814 keerden de regering en het hof terug naar Den Haag. Maar Amsterdam bleef de hoofdstad en daar besteeg de nieuwe koning in 1815 de troon.

In de 19de eeuw werd Den Haag de favoriete woonplaats van teruggekeerde kolonialen uit Nederlands-Indië. Het verlies van de koloniën aan het eind van de jaren veertig van de 20ste eeuw bracht nog meer oud-kolonialen naar de buitenwijken van Den Haag. De stad kreeg de bijnaam 'de weduwe van Indië'.

Centrum van het internationaal recht

Het is aan de Nederlandse diplomaat en specialist in internationaal recht **Tobias Michel Karel Asser** (1838-1913), winnaar van de Nobelprijs voor de Vrede, te danken dat in 1893 in Den Haag de eerste Conferentie voor Internationaal Privaat- en Publiek Recht werd gehouden. In 1899 vond in Paleis Huis ten Bosch de eerste Vredesconferentie plaats, op initiatief van tsaar Nicolaas II. Deze conferenties, en ook de tweede internationale Vredesconferentie van 1907, hadden grote invloed in de wereld, op de ontwikkeling van het humanitair recht, en leidden ertoe dat de administratieve hoofdstad van Nederland de status kreeg van internationale stad van vrede en recht. Sindsdien biedt Den Haag onderdak aan talrijke internationale instanties, waaronder tweehonderd ngo's en 28 intergouvernementele instellingen.

De **Conferentie voor het Internationaal Privaatrecht** (HccH) werkt aan harmonieuze regels voor het internationale privaatrecht (bijvoorbeeld voor het recht dat van

toepassing is op de bescherming van kinderen, productaansprakelijkheid, huwelijksrecht en successierecht).
Het **Permanent Hof van Arbitrage (PCA)**, in 1899 opgericht door de Internationale Vredesconferentie van Den Haag, bemiddelt en bevordert verzoening in geschillen tussen staten onderling en tussen staten en andere partijen. Zijn leden wijzen bovendien de kandidaten aan voor de Nobelprijs voor de Vrede.
Het **Internationaal Gerechtshof (ICJ)**, dat in 1946 werd opgericht als hoogste gerechtsorgaan van de Verenigde Naties (VN), regelt enerzijds juridische geschillen die het krijgt voorgelegd door staten (zijn beslissingen zijn bindend voor de staten in kwestie) en geeft anderzijds advies over juridische kwesties die de gespecialiseerde organen van de VN voorleggen. Dit hof is de opvolger van het Permanent Hof voor Internationaal Recht (PCIJ), dat in 1920 werd opgericht en in 1939 ophield te bestaan.
Het **Internationaal Strafhof (ICC)**, dat in 1998 via het Verdrag van Rome werd opgericht, berecht personen die beschuldigd worden van oorlogsmisdaden, genocide, ernstige schendingen van de internationale mensenrechten. Het treedt op als de bevoegde staat geen vervolgingen kan of wil instellen, ondanks dat het ernstige feiten betreft. Het ICC, sinds 2002 operationeel, is een permanent internationaal strafhof ter vervanging van de vele ad-hocrechtbanken die voorheen werden opgericht als daar aanleiding toe was.
Het **Internationaal Straftribunaal voor ex-Joegoslavië (ICTY)**, dat in 1993 in Den Haag werd opgericht door de Veiligheidsraad van de Verenigde Naties, berecht individuen die verdacht worden van misdaden tegen de menselijkheid tijdens de burgeroorlog in Joegoslavië tussen 1991 en 1995.
In hetzelfde gebouw zetelt sinds 1994 ook het **Internationaal Straftribunaal voor Rwanda (ICTR)**, na de conflicten tussen de etnische Hutu's en Tutsi's en de massamoorden in het land in de jaren 1990.
De in 1997 opgerichte **Organisatie voor het Verbod op Chemische Wapens (OPCW)** dient de belangen van haar 178 lidstaten en werkt samen met de VN.
De in 2004 opgerichte organisatie **Women's Initiatives for Gender Justice** verdedigt de juridische gelijkheid tussen de geslachten.
Dan zijn er in Den Haag nog **Europol**, de in 1992 opgerichte Europese politiedienst, die strijdt tegen drugssmokkel en iedere vorm van internationale georganiseerde misdaad, en Eurojust, het in 2000 opgerichte Europese gerechtelijke samenwerkingsorgaan.

vleugel). De **Tweede Kamer** telt 150 leden die elke vier jaar via algemene verkiezingen worden gekozen. Sinds 1992 zetelen de volksvertegenwoordigers in gebouwen van de Nederlandse architect Pi de Bruijn *(ingang Plein 2a)*.
In de centrale hal, overdekt met een glazen dak, staat een kunstwerk van Lex Wegchelaar waar marmeren elementen van een bas-reliëf (1938) van R.N. Roland Holst in zijn verwerkt.
Sinds 2021 wordt het Binnenhof gerenoveerd. De oplevering is op zijn vroegst december 2028.
Ga naar het noorden via de Grenadierspoort en loop langs het Mauritshuis.

Denneweg

Achter Hotel des Indes ligt links en rechts van de Denneweg, een van de oudste straten van Den Haag, een leuk buurtje met kleine straatjes en grachten. In de 18de-eeuwse panden zaten vroeger veel antiquairs, maar nu vindt u er ook prachtige designwinkels, restaurants en cafés (met terrasjes).

Plein K1

Het Plein wordt nu omzoomd door levendige terrassen. Het was vroeger achtereenvolgens de moestuin van het Binnenhof (16de eeuw), een siertuin, het eindstation van de stadstrams en vervolgens een parkeerterrein. Nu bevinden zich verschillende ministeries en cafés rond het plein, waaronder herensociëteit De Witte, waar vrouwen niet worden toegelaten. In het midden staat een **beeld van Willem van Oranje** (1848). Aan het eind van de werkdag is het Plein een populaire ontmoetingsplaats.
Verlaat het Plein via de Korte Vijverberg. U passeert het kabinet van de koning op nr. 3.

Haags Historisch Museum K1

Korte Vijverberg 7 - ☏ (070) 364 69 40 - www.haagshistorischmuseum.nl - di-vr 10.00-17.00, za, zo 12.00-17.00 u - € 15 (6-17 jaar € 5).
Het museum is gevestigd in het voormalige gildehuis van de Sint-Sebastiaansschutterij, de Sint-Sebastiaansdoelen uit 1636. Het beschrijft de geschiedenis van Den Haag vanaf het ontstaan tot heden, waarbij alle aspecten aan bod komen. De rondgang begint met een grote digitale kaart die de groei van de stad door de eeuwen heen laat zien, gevolgd door een uitgebreide collectie voorwerpen, miniaturen, portretten, schilderijen en landschappen van de 16de tot de 18de eeuw. Het geeft een goed beeld van de stad in het verleden.
👪 De allerjongsten zullen genieten van het poppenhuis van Lita de Ranitz.
Vervolg uw weg via de Lange Vijverberg. Langs deze laan staan 18de-eeuwse huizen. De gevel van nr. 8 is ontworpen door architect Daniel Marot.

★ Museum Bredius JK1

Lange Vijverberg 14 - ☏ (070) 362 07 29 - www.museumbredius.nl - dag. beh. ma 11.00-17.00 u - € 7 (tot 18 jaar gratis).
Dit museum in een mooi herenhuis uit 1757 huisvest een deel van de schilderijencollectie die Abraham Bredius (1855-1946), kunsthistoricus en oud-directeur van het Mauritshuis, naliet aan Den Haag. Tot de uitstekende reeks 17de-eeuwse schilderijen behoren de befaamde *Sater en de boer* van Jan Steen, een mooie *Christus en buste* van Rembrandt, *IJsvermaak buiten de stadswal* van Aert van der Neer, werken van Albert Cuyp, Adriaen van Ostade, Willem Pieterz. Buytewech en Meindert Hobbema, maar ook tekeningen van Rembrandt en Van Ruysdael.
☺ Bekijk de Hofvijver waarin u het Binnenhof weerspiegeld ziet en vervolgens het aardige beeldje van het Haagsch Jantje, de laatste graaf van Holland, Jan I, die in 1299 op 12-jarige leeftijd overleed.
Ga terug naar het Lange Voorhout.

Standbeeld van Willen van Oranje, bijgenaamd 'de Zwijger'
Stephen Barnes/Getty Images Plus

★ Lange Voorhout JK1

Met zijn L-vorm is de 15de-eeuwse Lange Voorhout een van de mooiste voorbeelden van stedenbouw van Europa. In 1536 gaf Karel V opdracht tot het planten van vier rijen lindebomen, wat de laan haar huidige uiterlijk gaf. Tijdens de Gouden Eeuw ontmoetten de gegoede burgers elkaar onder de linden. In de 18de eeuw maakten de huizen plaats voor prachtige patriciërswoningen, waar tegenwoordig ambassades of culturele instellingen, zijn gehuisvest zoals theater **Diligentia** en het Escher Museum, gelegen in het elegante paleis van koningin Emma (1858-1934). Tegenwoordig is het Lange Voorhout dé plek om te flaneren, te genieten van evenementen, tentoonstellingen en de antiekmarkt.

U vindt er het beroemde **Hotel des Indes**, gebouwd voor baron Van Brienen (1858), een stadspaleis van Daniel Marot uit 1734-1736 waar koning Willem I een tijdje woonde *(nr. 34)*, het **Pageshuis** (1618), een bijzonder overblijfsel uit de Gouden Eeuw *(nr. 6)*, en de **Kloosterkerk** (1397-1403), de voormalige kerk van een dominicanenklooster.

★ Escher in het Paleis K1

Lange Voorhout 74 - ✆ (070) 427 77 30 - www.escherinhetpaleis.nl - ♿ - dag. beh. ma 11.00-17.00 u - € 11 (13-17 jaar € 8). In deze mooi vormgegeven tentoonstelling wordt u ondergedompeld in het grafische werk van **Maurits Cornelius Escher** (1898-1972), die een droomwereld creëerde vol onmogelijke constructies en omgekeerde en verdraaide perspectieven. Een duizelingwekkende ervaring. Er zijn 150 litho's en houtsneden te zien, waaronder de beroemde **Metamorphosen** en verbazingwekkende xylografieën, waarvan er één 7 m lang is! Op de tweede verdieping kunnen bezoekers spelenderwijs experimenteren met de onwaarschijnlijke optische illusies van de kunstenaar en proberen zijn geheimen te doorgronden.

Ga naar de Kneuterdijk, waar de Raad van State is gevestigd, en neem de Heulstraat.

Noordeinde J1

De meest elegante Haagse straat loopt langs **Paleis Noordeinde**, ook wel **Het Oude Hof** genoemd. In dit gebouw uit de 16de en 17de eeuw woonden Louise de Coligny,

Archipelbuurt

Als u van mooie straatjes houdt, maak dan een rondje door de Archipelbuurt (PLATTEGROND I G2). Met de romantische hofjes en herenhuizen in rode baksteen lijkt het alsof u een 19de eeuwse gravure bent binnengestapt. Hier leeft de herinnering aan de Haagse schrijver Louis Couperus en de teruggekeerde 'Indische' families nog voort, wat ook weerklinkt in de straatnamen: Celebesstraat, Borneostraat, Atjehstraat.

de weduwe van Willem van Oranje, en verschillende telgen uit het geslacht van Oranje-Nassau. Het is nu het werkpaleis van koning Willem-Alexander, voor ontvangsten en de balkonscène op Prinsjesdag. Tegenover het paleis staat een ruiterstandbeeld van Willem van Oranje. Op het midden van het plein staat een aangrijpend beeld (1987) van koningin Wilhelmina, gemaakt door Charlotte van Pallandt, tegenover een steen met het opschrift 'Eenzaam maar niet alleen'.

😊 De **openbaar toegankelijke paleistuinen** zijn een groene haven midden in de stad. *(ingang aan de Prinsessewal, dag. van zonsopgang tot zonsondergang)*

Het schilderachtige **Hofkwartier** ligt tussen Paleis Noordeinde en de Grote of Sint-Jakobskerk. Oude pandjes en mooie winkels maken het tot een geliefd winkelgebied.

Waals-Hervormde Kerk J1
Noordeinde 25 - www.eglisereformeewallonnedelahaye.nl - diensten in het Frans - zo 10.30 u.
In de 16de eeuw stichtten uit de Zuidelijke Nederlanden gevluchte protestanten Franstalige kerkgemeentes in Nederland. Met de komst van de Franse hugenoten in de 17de eeuw groeide de Waalse Kerk flink. Dit kerkgebouw werd in 1807 in opdracht van Lodewijk Napoleon gebouwd voor de Franstalige protestantse gemeente van Den Haag. De Waalse kerken maken tegenwoordig deel uit van de Protestantse Kerk in Nederland.
Loop de Molenstraat in (tegenover de kerk), ga verder via de Oude Molenstraat en neem vervolgens de Juffrouw Idastraat.

Oude Katholiek Kerk J1
Tussen de Molenstraat en de Juffrouw Idastraat staat tussen de huizen een grote katholieke kerk. Deze aan Sint-Augustinus gewijde kerk was een schuilkerk in de tijd dat katholieke diensten slechts oogluikend werden toegestaan. Het barokinterieur is van de hand van architect Daniel Marot.
Volg de Juffrouw Idastraat. Neem links de Prinsestraat tot aan het Kerkplein.

Grote of Sint-Jacobskerk J2
www.grotekerkdenhaag.nl - niet te bezoeken - zie de website voor de agenda
De toren van deze kerk heeft een carillon met 51 klokken. De grote bakstenen hallenkerk uit 1450 heeft een houten dakkap en wordt tegenwoordig gebruikt voor culturele en commerciële evenementen. In het koor bevindt zich het graf van een admiraal en de wapens van de ridders van het Gulden Vlies, die in 1456 in deze kerk samenkwamen.
Ga terug naar de Groenmarkt.
Het **Oude Raadhuis** heeft een fraaie trapgevel (16de eeuw) en een 18de-eeuwse zijgevel. In de middeleeuwen werd op de Groenmarkt de groente- en fruitmarkt gehouden. Hiervandaan lopen enkele leuke winkelstraten.
Neem de Hoogstraat en loop het Noordeinde af, waar winkels, cafés, antiekwinkels en kunstgaleries zijn. Steek de gracht over en ga de Zeestraat in. U verlaat het Hofkwartier en loopt het Zeeheldenkwartier in.

★★ Panorama Mesdag J1
Zeestraat 65 - ✆ (070) 310 66 65 - www.panorama-mesdag.nl - di-zo 10.00-17.00 u - € 15 (4-11 jaar € 7).

👪 Op dit panoramische landschapsschilderij van 120 m omtrek en 14 m hoog in een rond gebouw op palen ziet u de kustplaats Scheveningen zoals die er in 1881 uitzag. Dit realistische en zeer gedetailleerde werk in de zuiverste traditie van de **Haagse School** is vervaardigd door **Hendrik Willem Mesdag** (1831-1915). U krijgt het te zien nadat u een donkere wenteltrap bent opgegaan. Mesdag heeft zelf de lucht, de zee en het strand met vissersboten geschilderd; zijn vrouw deed het dorp; Théophile de Bock de duinen; George Breitner waarschijnlijk de huizen en de cavalerie; en Bernard Blommers de vrouw in klederdracht met kind. De schilders hebben er ongeveer drie maanden over gedaan. In de andere zalen hangen schilderijen van de hand van Mesdag en zijn vrouw.
Aan het einde van de Zeestraat gaat u linksaf de Laan van Meerdervoort op.

★ De Mesdag Collectie PLATTEGROND I F3
Laan van Meerdervoort 7F - ✆ (070) 362 14 34 - www.demesdagcollectie.nl - vr-zo 10.00-17.00 u - € 9 (tot 18 jaar gratis).

In 1887 liet Hendrik Willem Mesdag naast zijn huis een gebouw neerzetten om zijn kunstcollecties in onder te brengen. In 1903 schonk Mesdag het geheel aan de staat. Nu is ook het huis van de schilder onderdeel van het museum. In het museum kunt u mooi de School van Barbizon, met Millet, Daubigny, Corot, Rousseau en Courbet, vergelijken met de Haagse School, met Bosboom, Mauve, de gebroeders Maris, Jozef Israëls en natuurlijk zeeschilder Mesdag zelf. De doeken van de twee scholen zijn in redelijk donkere, vaak grijzige kleuren geschilderd, met een voorkeur voor natuur en landschappen.
Sla linksaf de Anna Paulownastraat in. U passeert de Franse ambassade. Ga verder op het Carnegieplein.

Vredespaleis PLATTEGROND I F3
Carnegieplein 2 - ✆ (070) 302 42 42 - www.vredespaleis.nl - Visitors Centrum: wo-zo 12.00-17.00 u - gratis, audiotour, ook voor kinderen.

In het Vredespaleis is het **Internationaal Gerechtshof** gevestigd, maar ook het Permanent Hof van Arbitrage en de Haagse Academie voor Internationaal Recht, die over de grootste bibliotheek ter wereld op dit gebied beschikt. Het in neorenaissancestijl opgetrokken gebouw, dat op 28 augustus 1913 werd ingehuldigd, is een gevolg van een reeks pacifistische initiatieven, waaronder de eerste Vredesconferentie (1899) en de tweede (1907), waar tot de oprichting van het Hof van Arbitrage werd besloten. De Amerikaan Andrew Carnegie financierde de bouw en architect Louis Cordonnier kreeg de bouwopdracht. Elk land droeg bij aan de inrichting en decoratie van het paleis. Er kwam marmer uit Italië, hout uit het latere Indonesië, glazen en kristallen kroonluchters uit Bohemen, een Zwitserse torenklok, een porseleinen fontein uit Denemarken en een draagbare orthodox-Russische kapel. In de Japanse zaal vol weelderige tapijten vergadert het dagelijks

Het NDT, Nederlands Dans Theater

Het in 1959 opgerichte Nederlands Dans Theater *(www.ndt.nl)* bestaat uit twee dansgezelschappen met elk een eigen repertoire van hedendaagse experimentele dans. Het NDT staat bekend om de kwaliteit en creativiteit van zijn choreografieën en stond onder leiding van prestigieuze figuren, zoals de Tsjechische choreograaf Jiří Kylián (1975-2009). Het NDT is gevestigd in Den Haag, maar toert over de hele wereld.

bestuur rond een enorme tafel met stoelen die zijn voorzien van de wapens van de verschillende landen.

🙂 Het Vredespaleis is een werkplek en geen toeristische attractie. U kunt het niet vaak bezoeken, maar het Visitors Centre bij de ingang *(zie hiervoor)* biedt een goed alternatief. Er zijn een kleine tentoonstelling, foto's en een documentaire over het gebouw en zijn functie. Geschikt voor alle leeftijden.

Wat is er nog meer te zien?

De moderne binnenstad PLATTEGROND II BLZ. 263

In het gebied tussen het Spui en het Centraal Station is sinds de jaren 1980 een groot stedenbouwkundig plan uitgevoerd met medewerking van gerenommeerde architecten. Als u geïnteresseerd bent in hedendaagse architectuur, is de wijk met de vele kantoortorens een bezoek waard.

Stadhuis K2

In 1995 kreeg Den Haag een nieuw stadhuis: een groot, stralend wit gebouwencomplex ontworpen door de Amerikaanse architect **Richard Meyer**. Het hoofdgebouw van elf verdiepingen is verbonden met de gemeentebibliotheek, die de vorm van een trommel heeft. Het enorme atrium vormt een droge ontmoetingsplaats onder alle weersomstandigheden. Glazen liften leiden naar de verdiepingen en hangende galerijen verbinden de verschillende delen van het gebouw.

Spuiplein K2

Het plein uit de jaren 1980 heeft een heel andere aanblik gekregen door het educatieve en culturele architectuurproject Amare *(www.amare.nl)*, dat vier Haagse kunstinstellingen (Nederlands Dans Theater, Residentie Orkest, Koninklijk Conservatorium en Stichting Dans en Muziekcentrum) samenbrengt in een hypermodern complex, ontworpen door de Nederlandse architect **Jo Coenen**.
Het complex, met veel groen en een waterpartij, is verbonden met de **Nieuwe Kerk**, waar concerten worden gehouden. Vermoedelijk ligt Spinoza hier begraven, maar zeker is dat niet.

De Resident K1

Deze open ruimte is in 2002 ontworpen door architect **Bob Krier** en een internationale groep van architectenbureaus. Bij de ingang van deze ruimte staat een grijze achthoekige toren van zeventien verdiepingen, die de **Muzentoren** heet. Rechts gaan de tramrails dwars door de benedenverdieping van het Oriongebouw. Nog meer indrukwekkende torens bepalen de skyline van Den Haag. De beroemdste, de **Hoftoren** (2003), is met 142 m ook de hoogste. Het is het gebouw van het Ministerie van Onderwijs, Cultuur en Wetenschap, dat dankzij zijn bijnaam 'De vulpen' gemakkelijk te herkennen is aan de afgeschuinde, puntige top. Kijk ook naar de bouwwerken van Cesar Pelli (de **Zurichtoren**, met als bijnaam 'De citruspers') en van Michael Graves (**Castalia**, bekroond met twee bakstenen torens die aan donjons doen denken).

Den Haag Centraal PLATTEGROND I BLZ. 272-273 H3

Het station, dat in 2015 werd heropend, wordt overkapt door een spectaculair reusachtig glazen dak dat rust op een zeer fotogeniek vlechtwerk. Het voorplein kijkt uit op het **Malieveld**, een groen gebied van 5 ha waar regelmatig evenementen en demonstraties plaatsvinden. Als u het aan de kant van het Anna van Burenplein verlaat, komt u door een volledig herontwikkelde wijk met kantoortorens, een winkelcentrum, woningen en het Nationaal Archief. Via de Koninklijke Bibliotheek bereikt het **Kinderboekenmuseum** 👥. Stap binnen in gereconstrueerde decors uit bekende kinderboeken, zoals die van **Fiep Westendorp**, de beroemde Nederlandse illustratrice (1916-2004). Generaties Nederlanders uit de jaren 1960 en 1970 groeiden op met haar kleine helden Jip en Janneke en de poezen Pim en Pom. *Prins Willem-Alexanderhof 5 - ☏ (070) 333 96 66 - www.kinderboeken museum.nl - 9.00-17.00 u - € 10 (7-18 jaar € 8,50).*

Heilige Geesthofje J2
In de 19de eeuw telde Den Haag nog zevenhonderd gasthuizen. Er zijn nog enkele fraaie voormalige gasthuizen over, zoals het Heilige Geesthofje aan de Paviljoensgracht, een charmant hofje uit 1616 met lage huisjes met trapgeveltjes. Vlakbij vindt u het sterfhuis (en een standbeeld) van Spinoza *(nr. 74).*

Rondom het Statenkwartier, de internationale wijk
PLATTEGROND I BLZ. 272-273 F2

Vanuit de binnenstad te bereiken met de tram, lijn 16.
In Den Haag zijn veel internationale organisaties gevestigd (VN, Europol, gerechtshoven) en de stad heeft daarom een grote buitenlandse gemeenschap. De instellingen liggen vooral in de wijk tussen het Belgisch Park en het Statenkwartier, te midden van woonwijken, stukken bosgebied en musea.

★★ Kunstmuseum Den Haag (voormalig Gemeentemuseum)
Stadhouderslaan 41 - ☏ (070) 338 11 11 - www.kunstmuseum.nl - ♿ - dag. beh. ma 10.00-17.00 u - € 16 (tot 18 jaar gratis).
Dit gebouw is een juweeltje van 20ste-eeuwse museale architectuur. Het werd tussen 1931 en 1935 gebouwd naar een ontwerp van architect **H.P. Berlage**. De constructie is van gewapend beton bekleed met gele baksteen. Een overdekte galerij leidt naar de zalen waar inrichting en natuurlijk licht perfect samengaan. In 1962 werd een nieuwe vleugel aangebouwd als onderkomen voor de afdeling kunstnijverheid; in 1998 verrees een vleugel voor de modecollectie. Een in 1998 voltooide, ingrijpende restauratie heeft het laatste bouwwerk van Berlage in zijn oude glorie hersteld. De buitengewoon rijke en gevarieerde collectie van het Kunstmuseum is verdeeld over verschillende afdelingen: kunstnijverheid, moderne kunst (19de- en 20ste-eeuwse beeldhouw- en schilderkunst), mode, tekeningen en prenten. Het Kunstmuseum heeft een dependance, het GEM/Fotomuseum *(zie blz. 274).*
Kunstnijverheid – In deze afdeling kunt u Spaans en Italiaans keramiek bewonderen, glaswerk uit Venetië, blauw en veelkleurig keramiek uit Delft, en glaswerk uit Nederlandse ateliers (17de en 18de eeuw). Aan de collecties zilverwerk (15de-19de eeuw), porselein en keramiek (1776-1790; 1885-1914) uit Den Haag is te zien wat de stad op dit vlak te bieden had. In 17de- en 18de-eeuwse stijlkamers zijn andere voorwerpen te zien. Er is ook kunstnijverheid van rond 1900 te zien, in het bijzonder opmerkelijke Nederlandse art-nouveaustukken, en hedendaags design.
Moderne kunst – De 19de- en 20ste-eeuwse **Franse school** is vertegenwoordigd met werk van Courbet, Sisley, Monet en Signac. Hier hangen ook *Tuin te Arles* en *Papaverveld* van **Van Gogh**. Verder is er werk van Picasso, Braque, Léger en Marquet. Net als Van Gogh en Van Dongen bracht **Jongkind** een groot deel van zijn leven door in Frankrijk. Het werk van deze laatste, die wordt beschouwd als voorloper van het Franse impressionisme, is hier goed vertegenwoordigd. De bijzondere collectie **Duitse expressionisten** omvat werk van Kirchner, Schmidt-

ZUID-HOLLAND

UIT ETEN	
Café-Restaurant Gember	5
Simonis aan de Haven	24
Café Blossom	26

Rotluff, Von Jawlensky en Kandinsky. Evenzo verdient hier een portret door Egon Schiele van zijn echtgenote Edith de aandacht.

U vindt er ook **Nederlandse schilderkunst** van de 19de eeuw tot heden: romantici onder wie W. Nuyen, de Haagse School (gebroeders Maris, Jozef en Isaac Israëls, Weissenbruch, Anton Mauve), de Amsterdamse school (Breitner, Verster) en modernisten onder wie Jan Toorop.

Maar het Kunstmuseum geniet vooral bekendheid om zijn collectie schilderijen en tekeningen van **Piet Mondriaan**, waaronder *Molen in zonlicht* (1908), *Duin I* (1909), *Tableau I* (1921), *Compositions de lignes et de couleurs III* (1937) en zijn (onvoltooide) laatste werk *Victory Boogie-Woogie* uit 1943-1944. Het museum heeft ook belangrijke abstracte werken, vooral van kunstenaars van De Stijl.

Wat recentere kunstenaars: de Nederlanders Karel Appel (*Kind IV*), Corneille, Constant, Schoonhoven, Van der Heyden, alsook de beeldhouwer Carel Visser; en uit het buitenland Vasarely, Arp, Max Ernst, Giorgio Morandi, Henry Moore en Francis Bacon.

Mode – In de kelder volgt u aan de hand van mooie kleding en sieraden de geschiedenis van de mode in de Nederlanden en Europa vanaf de 16de eeuw.

Muziek – Deze afdeling omvat een collectie van 800 muziekinstrumenten uit alle delen van de wereld, met onder meer een verbluffende collectie Europese instrumenten, van de 16de eeuw tot de elektronische periode.

Prentenkabinet – In een wisseltentoonstelling wordt de belangrijke collectie tekeningen, prenten, affiches en foto's getoond.

Wonderkamers – Op de tussenverdieping bevinden zich rariteitenkabinetten die kunst ter discussie stellen. Ze zijn gericht op de jongste bezoekers en degenen die niet spontaan naar een museum gaan. In elke zaal bevindt zich een aantal rond een thema samengebrachte kunstwerken. Tijdens de interactieve rondgang leert de bezoeker een kunstwerk op waarde te schatten, ziet hij Picasso aan het werk, draagt hij een mandenjurk en legt hij een muziekstuk vast. Voor kinderen en nieuwsgierigen.

GEM/Fotomuseum

Stadhouderslaan 43 - GEM: ℘(070) 333 811 11 - www.km21.nl; Fotomusem: ℘ (070) 338 11 44 - www.fotomuseumdenhaag.nl - toegang GEM en Fotomuseum: di-zo 11.00-18.00 u - € 10 (tot 18 jaar gratis).

Deze filialen van het Kunstmuseum bevinden zich in hetzelfde gebouw, waarvan de glazen gevel in een vijver weerspiegeld wordt. Het **GEM** geeft een beeld van de ontwikkeling van de nationale en internationale hedendaagse kunst aan de hand van grote tijdelijke tentoonstellingen op allerlei gebieden: schilderkunst, beeldhouwkunst, films, fotografie, design, digitale kunst, tekenkunst enz. Het **Fotomuseum** organiseert zes grote tentoonstellingen per jaar, waarbij werk van zowel bekende als onbekende fotografen wordt getoond. Er zijn al tentoonstellingen geweest met werk van Gerard Fieret, Robert Capa, van Edward S. Curtis met foto's van Indianen, en de fascinerende tweelingen van Mary Ellen Mark. Voor de tentoonstellingen wordt ook geput uit de grote collecties van de Universiteit Leiden.

☺ Maak op de heenweg een wandeling door het Statenkwartier. Bent u op de fiets, neem dan de J. de Wittlaan langs het World Forum. Deze leidt naar de Scheveningse Bosjes, waar u doorheen loopt om bij Madurodam te komen *(7 min.)*.

★★ Madurodam

Vanuit het centrum met de tram, lijn 9. George Maduroplein 1 - ℘ (070) 416 24 00 - www.madurodam.nl - ♿ - variabele openingstijden per seizoen, vraag inl. - € 17/22 (tot 6 jaar gratis).

Duinlandschap in het Nationaal Park Meijendel
Sander Meertins/Getty Images Plus

Oorspronkelijk richtte Madurodam zich op kinderen, maar volwassenen komen net zo goed de op een schaal van 1:25 gebouwde maquettes bewonderen. Het is een soort samenvatting van Nederland aan de hand van gebouwen, monumenten en kenmerkende plaatsen: bloemenvelden, molens, boerderijen uit allerlei provincies, de Sint-Jan in Den Bosch, de Domtoren in Utrecht, het Anne Frank Huis in Amsterdam en het Muiderslot. Madurodam is inmiddels flink vernieuwd. Er staan nu ook moderne gebouwen, zoals het ING-kantoor (Amsterdam-Zuidoost), het kantoorgebouw 'De Maas' en de Erasmusbrug (Rotterdam), het voormalige ministerie van Volkshuisvesting, Ruimtelijke Ordening en Milieu (VROM) in Den Haag en het Groninger Museum. Er rijden treinen, auto's, bussen en er varen boten. 's Avonds kunt u de lichtjes bewonderen. In de naam van deze miniatuurstad uit 1952 wordt George Maduro herdacht, een Curaçaose reserveluitenant in de Tweede Wereldoorlog die verraden werd en in 1945 in Dachau stierf.

Als u behoefte heeft aan wat groen, bezoek dan het **Westbroekpark**, naast de chique wijk Belgisch Park. Dit park, omgeven door vijvers (kano's) heeft een bekend rosarium met 20.000 rozenstruiken. Elk jaar is er een rozententoonstelling.

Rond het Haagse Bos PLATTEGROND I BLZ. 272-273 H2

Den Haag is groener dan het lijkt met verrassende bosgebieden.

Haagse Bos

Dit bos verbindt het centrum van Den Haag met Wassenaar en was ooit het wildrijke, particuliere jachtterrein van de graven van Holland. In 1820 is van het bos een park gemaakt. De Leidsestraatweg loopt erdoorheen en hier ligt ook paleis **Huis ten Bosch**, waar in 1899 de eerste Vredesconferentie werd gehouden. Dit paleis werd in de 17de eeuw gebouwd door **Pieter Post** voor de weduwe van stadhouder Frederik Hendrik. Koningin Beatrix heeft hier van 1981 tot 2014 gewoond. De paleisvijver is zeer romantisch: tijdens het schaatsen op de vijver deed koning Willem-Alexander zijn huwelijksaanzoek aan de huidige koningin Máxima.

Een uitstapje naar een beschermd kustgebied

Aan beide kanten van de gemeente Den Haag ligt een kuststrook met prachtige duinen, uitgestrekte beschermde **natuurgebieden** en lange, rustige stranden. In elk jaargetijde is het hier heerlijk fietsen en wandelen! Ten oosten van de pier leidt het **Oostduinpark** naar **Meijendel**, omgeven door duinen, waterpartijen en rijk aan vogels. Ten westen van de haven loopt het **Westduinpark**, het voormalige jachtgebied van de Oranjes, door bossen, vlakten en hoge duinen door tot aan Kijkduin. Voor het onderhoud van de duinen worden Schotse runderen ingezet, die hier in het wild leven.

Clingendael
Clingendael 12a - hoofdingang Wassenaarseweg.
Dit landgoed ten noordoosten van het stadscentrum behoorde toe aan verschillende aristocratische families, die er fraaie tuinen aanlegden (onder andere Oudhollandse en Japanse). U kunt prachtig wandelen in het waterrijke park, waarin ook een boerderij en een theehuis liggen. In het landhuis is het Nederlands Instituut voor Internationale Betrekkingen gevestigd. *8 weken in de lente: 9.00-20.00 u; 2 weken in de herfst: 10.00-16.00 u - vraag inl.*

★★ Louwman Museum BUITEN PLATTEGROND I BIJ H2
Leidsestraatweg 57 (4 km vanaf de binnenstad, 40 min. lopen of neem bus 90, halte Waalsdorperlaan) - ℘ (070) 304 73 73 - www.louwmanmuseum.nl - ♿ - dag. beh. ma 10.00-17.00 u - € 17,50 (5-12 jaar € 7,50).

Het museum bezit een schat aan historische voertuigen (273), van de begintijd van de automobiel, met zeldzame exemplaren die als kostbare sieraden in een zwart 'juwelenkistje' worden getoond, tot modellen die bekend zijn uit de film (*James Bond*, *The Godfather*...) of vanwege hun beroemde eigenaren (Winston Churchill, Elvis Presley...). U ziet er raceauto's, amfibische en elektrische voertuigen en zeer luxe modellen (waaronder een bijzondere zwanenwagen van een maharadja). De zeer diverse collectie (er zijn zelfs fietsen en vliegtuigen) wordt getoond in een gigantisch bakstenen gebouw met erkers die daglicht binnenlaten en uitzicht bieden op het omringende platteland. Vergaap u ook aan de talloze accessoires (bontjassen, maskers en leren petten uit de begintijd van de auto), de archiefbeelden en video's over de meest opmerkelijke modellen, zoals de oudste Toyota ter wereld (1936), die in 2008 werd gevonden op de bodem van een kippenhok in Oekraïne! Zelfs het restaurant is ongewoon: een replica op ware grootte van een Nederlands dorpsplein met, uiteraard, oude auto's voor de huizen.

In de omgeving

★ Scheveningen PLATTEGROND I BLZ. 272-273 EF1
▶ *Bereikbaar met de tram, lijn 1, uitstappen bij een van de haltes tussen Keizerstraat en Kurhaus.*

De Pier
Hij is onmogelijk te missen in Scheveningen, deze lange wandelpier met op de kop vier gebouwen op palen. Er zijn enkele betaalde attracties (reuzenrad, bungeejumping, tokkelbaan), restaurants en u heeft er een weids uitzicht over de zee, het dorp, de duinen. De huidige constructie uit 1961 verving een eerdere pier uit 1901 die was aangelegd voor hotelgasten van het Kurhaus. Destijds zeer vooruitstrevend!

Het strand
Bij de eerste zonnestralen spoeden de inwoners van Den Haag zich naar het strand om te zwemmen, te kitesurfen of voor een bezoek aan de strandtenten *(april-okt.)*. Er is een lange traditie. Na de bouw van een badhuis in 1818 werd Scheveningen de eerste badplaats van het land. Het succes was zo groot, dat er aan het eind van de 19de eeuw meer geld verdiend werd met toerisme dan met de visserij! Bezoekers stroomden toe, er kwamen hotels, met als meest iconische voorbeeld het Kurhaus (1885), nog steeds prominent aan het strand gelegen. De rijken konden hier in luxe slapen en vonden er vertier.

😊 Rondom het Kurhaus liggen de meeste uitgaansplekken: het **Circustheater** (1904), bioscoop, casino, restaurants. Kinderen zullen plezier beleven aan **Sea Life Scheveningen** 👪, met 45 aquariums, een onderwatertunnel, een bassin met pinguïns enzovoort. U kunt ook kijken als de dieren gevoederd worden. *Strandweg 13 - 📞 (070) 354 21 00 - www.visitsealife.com - juli-aug. en nov.-maart: 10.00-18.00; april-juni en sept.-okt.: 10.00-19.00 u - € 18,50.*

★★ Museum Beelden aan Zee
Harteveltstraat 1 - 📞 (070) 358 58 57 - www.beeldenaanzee.nl - ♿ - dag. beh. ma 10.00-17.00 u - € 17,50 (tot 13 jaar gratis).
In 1826 liet koning Willem I in de duinen een paviljoen bouwen waar zijn echtgenote, koningin Wilhelmina, in de schone zeelucht kon uitrusten. Sinds 1994 ligt rond dit gebouw het museum Beelden aan Zee, naar een ontwerp van Wim Quist. De mooie beeldencollectie (5000 stuks) van het echtpaar Scholten-Miltenburg is op een mooie manier tentoongesteld in de Gipsotheek, de **zuidpatio** en op de terrassen waar monumentale bronzen beelden met de Noordzee en het strand als achtergrond staan. Zo kunt u hier werk bewonderen van Karel Appel, Fritz Koenig, Francisca Zijlstra, Shinkichi Tajiri, Waldemar Otto, Fernando Botero, Caspar Berger, César, Tom Claassen, Tony Cragg en Ossip Zadkine. U zult merken hoe divers hedendaagse beeldhouwkunst is, ook qua thematiek: voetballer Johan Cruijff heeft voortaan ook zijn eigen standbeeld.

👪 **Beelden in de openlucht** – Aan de kant van de boulevard kunt u de permanente beeldentuin van Tom Otterness bezoeken: de 32 beelden zijn geïnspireerd op bekende kindersprookjes en legendes, zoals 'Hans en Grietje' en het verhaal over Hansje Brinker, die zijn vinger in een gat in de dijk stak *(zie kader blz. 175)*.

Muzee Scheveningen
Neptunusstraat 90-92 - 📞 (070) 350 08 30 - www.muzeescheveningen.nl - wo-zo 11.00-17.00 u - € 8,50 (4-12 jaar € 4,25).
👪 In dit wat charmant ouderwetse museum leert u over de geschiedenis van de Scheveningse **vissers**, het **dorp** zelf en Scheveningen als badplaats. In de verschillende zalen worden levensverhalen verteld uit het eind van de 19de- en begin 20ste eeuw, die zich afspelen aan boord van een schip, in een huiskamer, een klaslokaal, een hotelkamer... Bekijk er de traditionele **kostuums**, sieraden, mooie schilderijen uit de 19de eeuw (Mesdag, Israël) en de **maquettes** en **foto's** van rond de eeuwwisseling waaruit blijkt hoe prachtig de badplaats vroeger was – maar ook hoe verstedelijkt de kust tegenwoordig is.

De Haven E2
Voorbij de vuurtoren in westelijke richting ligt de nog altijd levendige vissershaven. In de twee binnenhavens liggen coasters, pleziervaartuigen en vissersboten. Ten oosten van de haven ligt het stadsdeel **Oud Scheveningen** met een kerk,

een winkelstraat (Keizerstraat) en een paar steegjes met smalle, lage vissershuisjes. Op de Strandweg staat een standbeeld van een vrouw in klederdracht die over de zee uitkijkt, een monument ter nagedachtenis van de op zee omgekomen Scheveningse vissers.

Rond Wassenaar REGIOKAART BLZ. 218

Wassenaar B1

12 km ten noordoosten van Den Haag. Vertrek via de Benoordenhoutseweg.
Wassenaar, een randgemeente van Den Haag, is een van de mooiste plaatsen van de Randstad. Te midden van de bomen liggen weelderige villa's. De nabijgelegen duinen vormen een beschermd gebied, waardoor het strand vanuit Wassenaar alleen via de **Wassenaarse Slag** te bereiken is.

Vijf kilometer zuidelijker kunt u prachtig wandelen in het duingebied van **Meijendel** *(zie kader blz. 276)*. Hier vindt u een bezoekerscentrum, een restaurant in een oude boerderij en het monument op de **Waalsdorpervlakte**, een van de belangrijkste Nederlandse herdenkingsplaatsen. Op deze plek zijn tijdens de Tweede Wereldoorlog meer dan 250 mensen geëxecuteerd.

★ **Museum Voorlinden** – *Bereikbaar via de N440 - Buurtweg 90 - (070) 51 21 660 - www.voorlinden.nl - 11.00-17.00 u - € 19,50 (13-18 jaar € 8,50)*. Een privémuseum voor hedendaagse kunst (2016) gelegen midden in het groen, aan de rand van het duingebied Meijendel. Het gebouw, gemaakt van natuursteen en glas (inclusief het dak), vangt op een bijzondere manier het licht. De vaste collectie, verzameld door Joop van Caldenborgh, bevat monumentale beelden, variërend tussen enorm groot en humoristisch: een doolhof van stalen wanden *(Open Ended,* Richard Serra, 2007), een reusachtig ultrarealistisch beeld van een stel bejaarde strandgangers *(Couple Under an Umbrella,* 2013) door de getalenteerde Ron Mueck, muizenliftjes (2001, van de zeer provocerende Maurizio Cattelan), en het zeer bijzondere zwembad van Leandro Erlich. U vindt er ook werken van Serra en Morellet. Tijdens eersteklas tijdelijke tentoonstellingen krijgt u werk te zien van gerenommeerde kunstenaars zoals Anselme Kiefer (2020) en Antony Gormley (2022). U kunt heerlijk uitblazen in de landschapstuin (Piet Oudolf, 1944) of het restaurant in een oud landhuis (1912).

🛈 Praktisch

Inlichtingen

Toeristenbureau – *Koningin Julianaplein 10-50 (Station Den Haag Centraal) - denhaag.com.*
In Scheveningen – *Strandweg 156 (aan het begin van de Pier).*

Parkeren

Parkeren op straat is lastig en duur. Volg de borden **P.** voor de overdekte parkeergarages.

Vervoer

Openbaar vervoer – De belangrijkste bezienswaardigheden in het centrum liggen dicht bij elkaar en zijn te voet te bezoeken. Reizigers met de **bus** of de **tram** – verzorgd door de HTM, de Haagsche Tramweg Maatschappij *(htm.nl)* – kunnen een kaartje kopen bij de chauffeur, maar u kunt beter een **OV-chipkaart** *(zie blz. 39)* aanschaffen en daarop bij voorbeeld een dagkaart laden *24.00 u (€ 7,10).* Ook via de HTM-app.

😊 **Tram 1** zorgt voor verbinding tussen Den Haag-Centrum en Scheveningen.

Per fiets – Een van de handigste en aangenaamste vervoermiddelen. Deelfietsen zijn te huur bij diverse maatschappijen (HTM, Donkey Republic...) of:

Rent a Bike – *Noordeinde 39 - ☎ (070) 326 57 90 - www.fietsverhuurdenhaag.nl - 9.00-18.00, za 9.00-19.30 u - € 12,50/dag, borg € 60.*

Rijwielshop Centraal – *Lekstraat 21-25 - ☎ (070) 383 00 39 - www.rijwielshopcentraal.nl - ma-vr 8.00-18.00, za 10.00-17.00 u - € 10/dag.*

Haagsche Stadsfiets – *Keizerstraat 27-29, in Scheveningen - ☎ (070) 355 40 60 - www.haagschestadsfiets.nl - 10.00-18.00 u (nov.-maart: gesl. zo-ma) - vanaf € 10 - van fiets tot vierpersoons tandem.*

Evenementen

1 januari, Nieuwjaarsduik – *Naast de Pier.* Op het middaguur springen duizenden mensen in het water met zwemkleding en oranje wollen mutsen. Een media-evenement georganiseerd door een bekend rookworst- en soepmerk. De zwemmers krijgen aan het eind een warme kom soep!

Holland Dance Festival – *Eind jan.-half feb., even jaren - www.holland-dance.com.* Tweejaarlijks dansfestival met meer dan zestig dansgezelschappen.

Vlaggetjesdag – *Mei - vlaggetjesdag.com.* In Scheveningen, veiling van het eerste tonnetje Hollandse Nieuwe (Noordzeeharing), waarvan de opbrengst naar een goed doel gaat.

Vuurwerk Festival – *Aug. - vuurwerkfestivalscheveningen.nl.* In augustus, vanaf de Scheveningse Pier: een vier avonden durende wedstrijd professioneel vuurwerk afsteken.

Prinsjesdag – *3de di van sept.* De koning rijdt in de koets naar het Binnenhof om de Troonrede uit te spreken en het parlementaire jaar te openen. Balkonscène vanaf paleis Noordeinde door de koninklijke familie. Evenementen in de stad de week ervoor (repetities, concerten, enzovoort).

📍 Adresboekje

PLATTEGRONDEN BLZ. 263 EN 272-273

Uit eten

In Den Haag vindt u goede restaurants waar men met een buitenlandse touch wordt gekookt. 's Avonds is het vrij prijzig, maar tussen de middag zijn de mogelijkheden eenvoudiger en goedkoper. Het voordeligst is een snelle Hollandse lunch (soep, salade, uitsmijter).

In Scheveningen vindt u de beste plekken aan de Strandweg en rond het Kurhaus. Van april tot oktober zijn de strandtenten ideaal.

Goedkoop

❺ **Café-Restaurant Gember** – **PLATTEGROND I F2** - *Stadhouderslaan 41 - ☎ 070 358 6891 - www.restaurantgember.nl - ♿ - 10.00-18.00 u - hoofdgerecht onder de € 15.* In dit café bij het GEM/Fotomuseum heerst een culturele sfeer. Snacks, kroketten en salades aan de voet van het beeld van David Bade.

26 Café Blossom –
PLATTEGROND I F3 - *Anna Paulownastraat 70C - ☎ 070 211 1813 - www.cafeblossom.nl - 8.00-16.00, za 9.30-16.00 u - gesl. zo - hoofdgerecht onder de € 15*. Een fris cafeetje in de sfeervolle Anna Paulownastraat, vlak bij het Vredespaleis en Panorama Mesdag. Van ontbijt tot thee, een kleine kaart met verse gerechten, prima broodjes en eiergerechten.

Doorsneeprijzen

3 De Basiliek – PLATTEGROND II K1 - *Korte Houtstraat 4a - ☎ 070 360 6144 - www.debasiliek.nl - 12.00-22.00 u - gesl. zo - hoofdgerecht € 15/30*. Achter het Plein, een aantrekkelijke familiebistro met een afwisselende dagkaart. Klein terras.

27 Brasserie Berlage –
PLATTEGROND I F2 - *President Kennedylaan 1 - ☎ 070 338 7622 - www.brasserieberlage.nl - 11.00-22.00 u, di-wo 11.00-17.00 u - gesl. ma - hoofdgerecht € 10/20*. In de door Berlage ontworpen 'eetzaal' in de tuinen van het Kunstmuseum wordt in deze brasserie in Franse stijl gekookt (croque-monsieur, bœuf bourguignon, crème brûlée). Maar u kunt er ook Nederlandse broodjes krijgen!

28 Dudok – PLATTEGROND II J2 - *Hofweg 1a - ☎ 070 890 0100 - www.dudok.nl - 9.30-22.00, zo-ma 10.00-21.00 u - menu € 29,50*. Kamerleden komen graag in dit functionalistische, met veel glas ingerichte lokaal in de stijl van Dudok. Er is een leestafel en u eet er goede brasseriegerechten en lekker gebak!

29 Keraton Damai –
PLATTEGROND I F3 - *Groot Hertoginnelaan 57 - ☎ 070 363 93 71 - www.keratondamai.nl - 16.30-21.30, zo 12.30-21.30 u - gesl. ma - hoofdgerecht € 19/24 - reserv. aanbevolen*. Op tien minuten lopen van het Kunstmuseum, een van de beste kleine Indonesische restaurants in de stad. Javaanse specialiteiten.

30 ZOT Zee op Tafel –
PLATTEGROND I G2 - *Bankastraat 95 - ☎ 070 737 0862 - 10.00-21.00 u - gesl. zo - hoofdgerecht € 19,50/26,50 - reserv. aanbevolen*. De luxe visboer in de Archipelbuurt heeft een paar tafeltjes waar u de zeer verse waar ter plekke kunt eten. Halverwege tussen Madurodam en het centrum.

31 't Goude Hooft –
PLATTEGROND II J2 - *Dagelijkse Groenmarkt 13 - ☎ 070 744 8830 - www.tgoudehooft.nl - 9.00-22.00 u - hoofdgerecht € 19/35*. Een grote brasserie (15de eeuw) op de hoek van de Groenmarkt. U kunt de hele dag door terecht op het terras (ideaal om de voorbijgangers te bekijken) of in de stijlvolle zaal. Een drukke plek waar mensen komen om gezien te worden. Ook een hotel.

Wat meer luxe

32 Cottontree City by Dimitri –
PLATTEGROND II K1 - *Lange Voorhout 98 - ☎ 070 360 1170 - www.cottontree.nl - 12.00-22.00 u - gesl. wo en zo - menu € 43/54*. Rode banken en designstoelen, een gastronomische keuken met mooie gerechten, op een steenworp afstand van het Escherpaleis. Verfijnd en betaalbaar.

25 Wox – PLATTEGROND II K1 - *Lange Voorhout 51 - ☎ 070 365 3754 - www.wox.nl - 17.00-22.00 u - gesl. zo-ma - hoofdgerecht € 21/55*. De bereisde chef-kok heeft goed rondgekeken in de multiculturele wijk van Den Haag. Hij verenigt op mooie wijze de Europese en Japanse keukens. Ook goede wijnen.

Scheveningen

Doorsneeprijzen

24 Simonis aan de Haven –
PLATTEGROND I E2 - *Visafslagweg 20 - ☎ 070 350 0042 - www.simonisvis.nl - ♿ - 10.00-21.00, zo 10.00-*

20.00 u - hoofdgerecht € 19,50/30. De bekendste visboer van Den Haag heeft hier in de haven een restaurant. U vindt er een divers aanbod van warme en koude gerechten, kibbeling, zeebanket, geserveerd in royale porties.

Wat meer luxe

㉝ Catch by Simonis –
PLATTEGROND I E2 - *Dr. Lelykade 43 - ☏ 070 338 7609 - www.catch -bysimonis.nl - 12.00-22.00, vr-za 12.00-23.00 u - hoofdgerecht € 23/59.* Een uitstekend visrestaurant met een designinterieur met uitzicht op de jachthaven. Op het menu staat zeebanket en moderne gerechten bereid met verse ingrediënten van sardines tot zalmkaviaar. Op nr. 15 krijgt u bij een kleinere nevenvestiging dezelfde kwaliteit in een andere stijl: snacks met kaviaar, Aziatische gerechten. U zit in een goud-zwart atrium met een enorme bar waar een dj voor de muzikale omlijsting zorgt (*www.encore-bysimonis.nl*).

Een tussendoortje

Slagerij P.G. Dungelmann –
PLATTEGROND II J1 - *Hoogstraat 34 - ☏ 070 346 23 00 - www.slagerij dungelmann.nl - ♿ - 9.00-18.00, ma 11.30-18.00, za 9.00-17.00 u - gesl. zo.* Geen bar, geen café: het is een slagerij voor fijnproevers. Heerlijke warme kroketten.

Haringkraam Buitenhof –
PLATTEGROND II J1 - *Buitenhof 30 - ☏ 070 365 79 60 - 10.00-18.00 u.* Doe zoals de lokale bevolking en eet de vis (haring, gebakken vis, broodjes) staande bij dé viskraam van de stad aan de Hofvijver bij de ingang van het Binnenhof.

Poffertjes Malieveld –
PLATTEGROND II K1 - *Koekamplaan 6 - ☏ 070 363 9250 - 11.00-20.00 u (19.00 u nov.-feb.).* Sinds 1941 kunt u in het paviljoen even uitblazen en genieten van poffertjes, pannenkoeken, wafels, broodjes, ijs en enkele warme gerechten.

Lola Bikes & Coffee –
PLATTEGROND II J1 - *Noordeinde 91 - ☏ 06 29 08 77 93 - www.lolabikes andcoffee.nl - 9.00-18.00 u.* Het originele en sympathieke Lola combineert een passie voor fietsen en goede koffie (winkel en tuin). Ideaal voor een zoete of hartige snack.

Hotel des Indes – PLATTEGROND II K1 - *Lange Voorhout 54-56 - ☏ 070 361 23 45 - www.hoteldes indesthehague.com - 🅿 ♿ - Lounge des Indes: vanaf 13.00 u - High Tea € 36,50/41,50.* Ook al is de kamerprijs bepaald afschrikwekkend, is het toch moeilijk om niet te vallen voor de verfijnde charme van Hotel des Indes. Neem plaats in de lounge voor een kop thee of warme chocolademelk vergezeld van een zalig gebakje.

Wassenaar

Boerderij Meyendel –
Meijendelseweg 36 - ☏ 070 517 96 01 - www.meyendel.nl - 9.00-19.00 u (9.00-18.00 u 's winters). Perfect na een wandeling in het park om lekker warm in de gezellige oude boerderij heerlijke pannenkoeken te eten.

Iets drinken

Kompaan (Thuishaven) – BUITEN PLATTEGROND BIJ H3 - *Saturnusstraat 55 - ☏ 064 344 20 48 - kompaanbier.nl - wo-zo 14.00-1.00 u (wo en zo 22.00 u).* Belangrijke speler in de hippe microbrouwerijscene van Den Haag. In een pakhuis aan de binnenhaven kunt u genieten van een aantrekkelijke selectie bieren, vergezeld van een hamburger of fingerfood. Centraler maar zonder de industriële touch: **Kompaan Binnenhaven** (*Torenstraat 49 -* J2 *- dag. beh. di*).

Winkelen

Winkels

In het voetgangersgebied in het centrum (rond de Grote Markstraat

en de Grote Kerk) vindt u allerlei winkels, van de grote ketens tot de meest trendy boetiekjes. Wie graag beschut winkelt, kan terecht in de overdekte Passage (1885).
Passage (PLATTEGROND II J2 - *Hofweg 5-7, Buitenhof 4-5*). Ga voor boetieks en designwinkels naar het Hofkwartier (PLATTEGROND II J1-2), Noordeinde (PLATTEGROND II J1), Denneweg (PLATTEGROND II K1), Frankenstraat (PLATTEGROND I E2). Breng zeker een bezoek aan warenhuis **de Bijenkorf**, al was het alleen vanwege het modernistische gebouw (PLATTEGROND II J2 - *Wagenstraat 32 - 10.00-19.00, zo-ma 11.00-19.00 u*). In **Scheveningen**, vindt u in winkelcentrum Palace Promenade (PLATTEGROND I F1 - *Gevers Deynootweg 970 - 10.00-21.00 u*) vooral grote ketens.

Kunstgaleries en antiquairs
Den Haag staat bekend om zijn antiekwinkels en kunstgaleries rond het Noordeinde en de aangrenzende straten, de Papestraat, Molenstraat en Prinsestraat; ook aan de Denneweg, ten noorden van de Lange Voorhout.

Markten
Antiek- en boekenmarkt –
PLATTEGROND II JK1 - *Lange Voorhout - www.haagseantiekenboekenmarkt.nl - mei-half sept.: do en zo 9.00-18.00 u*. Overige maanden kleine boekenmarkt op het Spuiplein (K2).
Traditionele markten – BUITEN PLATTEGROND II BIJ J2 - *Herman Costerstraat - www.dehaagsemarkt.nl - ma, wo, vr en za 9.00-17.00 u*. Een immense markt met 540 kraampjes. Op woensdag boerenmarkt. *10.00-18.00 u.*

Uitgaan
😊 De agenda van voorstellingen en concerten vindt u op *denhaag.com*. Ga voor een drankje naar het centrum: Spuiplein (K2) en De Plaats (J1). De Grote Markt is een aardige plek voor een biertje. (J2).

Muziek
Paard – PLATTEGROND II J2 - *Prinsegracht 12 - ☎ 070 750 3434 - www.paard.nl - ♿*. Pop-, rock- en bluesconcerten, programma op de website.
World Forum – PLATTEGROND I F2 - *Churchillplein 10 - ☎ 070 306 63 66 - www.worldforum.nl - ♿*. Vooral congreshal, soms dans- of klassieke-muziekvoorstellingen.

Scheveningen
's Avonds is het druk rondom het **Kurhaus** (PLATTEGROND I F1) met terrassen, disco's, casino, musicals... In het seizoen vindt u vertier bij de strandtenten.
Holland Casino – *Kurhausweg 1 - ☎ 070 306 77 77 - www.hollandcasino.nl - ♿ - 12.00-3.00 u - toegang tegen betaling (minimumleeftijd 18 jaar)*. Naast kansspelen zijn er ook eens per maand voorstellingen.
Circustheater – *Circusplein 50 - ☎ 070 416 76 00 - www.stage-entertainment.nl*.
Amare– PLATTEGROND II K2 - *Spuiplein 150 - ☎ 070 880 03 00 - www.amare.nl*. Voorstellingen door het Nederlands Dans Theater *(www.ndt.nl)*, het Residentie Orkest *(www.residentieorkest.nl)* en de Stichting Dans- en Muziekcentrum.

Sport en ontspanning
👥 **Rondritten per tram** - *Tourist Tram - ☎ 0900 48 64 636 - www.touristtram.nl - half april-eind nov. (vraag inl. over tijden) - € 16 (4-12 jaar € 5) - te koop bij het toeristenbureau of de bestuurder*. Rondleiding (in acht talen) in een tram uit de jaren 1950, tussen het centrum en Scheveningen.
👥 **Rondvaarten** – PLATTEGROND II K2 - *Bierkade 18b - ☎ 070 445 18 69 - www.ooievaart.nl - april-okt. - vertrek vanaf de Bierkade - duur 1.30 uur - € 12,50 (kind

€ 8,50). Rondvaarten over de grachten.

Duinrell – Duinrell 1 - 12 km ten noordoosten van het centrum - ☏ 070 515 5255 - www.duinrell.nl - *wisselende openingstijden afh. van het seizoen: vraag inl.* Dit pretpark ligt in het bos te midden van de duinen. Naast een grote speelweide zijn er enorme waterglijbanen, vele waterattracties en het Tikibad, een groot complex met tropische zwembaden.

Scheveningen

De Pier – PLATTEGROND I F1 - www.pier.nl - Zin om het hogerop te zoeken? Ga naar de Pier:
Reuzenrad –www.skyviewdepier.nl - 11.00-20.00, vr-za 11.00-22.00, zo 11.00-21.00 u - € 9 (tot 12 jaar € 7).
Bungeejumpen (+ 18 jaar) – ☏ 070 221113 - www.bungy.nl.
Tokkelbaan (+ 18 jaar) – ☏ 070 221 1521 - www.zipholland.nl.

Overnachten

Doorsneeprijzen

20 Sebel – PLATTEGROND I F3 - Prins Hendrikplein 20 - ☏ 070 345 92 00 - www.hotelsebel.nl - 🅿 - *33 kamers € 127/144* - 🍽 € 12,50. Goed onderhouden familiehotel in drie oude panden. De rustigste kamers liggen vanzelfsprekend aan de achterzijde. Eenvoudig comfort, maar zeer geschikt.

19 Best Western Hotel Den Haag – PLATTEGROND I F3 - Groot Hertoginnelaan 42 - ☏ 070 346 55 00 - www.bestwesterndenhaag.nl - 🅿 - *50 kamers € 124/260* 🍽. In een oud herenhuis (1895) vlak bij het Kunstmuseum. Comfortabele, modern ingerichte kamers van verschillende grootte.

16 Stadsvilla Hotel Mozaic – PLATTEGROND I G2 - Laan Copes van Cattenburch 38-40 - ☏ 070 352 23 35 - www.mozaic.nl - 🅿 - *25 kamers € 117/169* 🍽. Deze mooie villa uit 1880 heeft tweepersoons- en familiekamers met designinrichting. Een hartelijke ontvangst en leuk alternatief voor de klassieke ketenhotels.

17 Park Hotel Den Haag – PLATTEGROND II J1 - Molenstraat 53 - ☏ 070 362 43 71 - www.parkhotel denhaag.nl - 🅿 € 27,50 - *120 kamers € 171/236*🍽. Een stijlvol eigentijds hotel in het hart van het Hofkwartier. Alle kamers zijn zeer comfortabel, van tweepersoonskamers tot suites. De rustigste kamers liggen aan de binnenplaats.

Scheveningen

Doorsneeprijzen

18 Boulevard Hotel – PLATTEGROND I E1 - Seinpostduin 1 - ☏ 070 354 00 67 - www.boulevardhotel.nl - õ € 19,50 - *30 kamers € 125/155* - 🍽 - ✖. Een klein hotel in een huis uit 1900 tegenover het strand, weg van het lawaai. De kamers (uitzicht op zee of op de stad) zijn eenvoudig en goed onderhouden. 's Winters, als de strandtenten weg zijn, wordt de ontbijtzaal ook als restaurant gebruikt.

Wat meer luxe

24 Grand Hotel Amrath Kurhaus – PLATTEGROND I F1 - Gevers Deynootplein 30 - ☏ 070 416 26 36 - www.amrathkurhaus.com - 🅿 🏊 ♿ - *270 kamers € 166/305* - 🍽 € 27,50 - ✖. Hét historische grand hotel in Scheveningen, sinds 1970 op de monumentenlijst. In de traditie van grote badhotels vindt u er zeer comfortabele kamers, van tweepersoonskamer tot koninklijke suite, meerdere salons, prachtige koepel, terras aan zee, zwembad, spa en beautysalon.

Leiden ★★

De grachten, de herenhuizen en de kerken van Leiden getuigen van een rijk en onstuimig verleden. Rembrandt werd in deze universiteitsstad geboren en schreef zich aan de academie in voordat hij koos voor een artistieke loopbaan. Hier bloeiden de eerste uit Turkije geïmporteerde tulpenbollen, die zich al gauw zouden verspreiden over het land en Europa. Leiden heeft verscheidene eersteklas musea en pittoreske oude hofjes.

Molen de Put en de Rembrandtbrug stamden uit de 17de eeuw, maar dit zijn 20ste-eeuwse replica's.
H. Lenain/hemis.fr

⊙ Ligging

125.200 inwoners
REGIOKAART BLZ. 218 B1 EN
PLATTEGROND BLZ. 286-287.

😊 Aanraders

Een wandeling door de oude stad, de markt op zaterdagmorgen, de vele musea, waaronder het Museum Volkenkunde.

👪 Met het gezin

De Hortus Botanicus, Molenmuseum De Valk, Naturalis, het leven van vroeger in Archeon.

ℹ Praktisch blz. 294

📍 Adresboekje blz. 294

LEIDEN 285

Wandelen

★★ De oude stad PLATTEGROND BLZ. 286-287

◯ *Wandeling in groen aangegeven op de plattegrond. Vertrek vanaf de Stationsweg.*
Nadat u heeft genoten van het uitzicht op Molen De Valk *(zie blz. 292)* en de Oude Singel bent overgestoken, ontvouwt zich een nieuw panorama op de **Beestenmarkt**, waar vroeger de veemarkt werd gehouden, en op de Lakenhal *(zie blz. 292)*, waar het beroemde Leidse laken werd gekeurd.
Rechts liggen aan de kades van het **Galgewater** oude schepen aangemeerd. Hier lag de gemeentelijke bouwwerf uit 1612, waar de houten huizen werden gemaakt voor de wijken die begin 17de eeuw werden aangelegd. Het huis met een opmerkelijke trapgevel, rechts van de werf, was de woning van de stadstimmerman, die ook zorg droeg voor de bouw van houten sluisdeuren.
Vanaf de **Rembrandtbrug**, een in 1983 aangelegde replica van de brug uit de 17de eeuw die door brand werd verwoest, is **Molen de Put** te bewonderen, die in 1987 is gebouwd naar het voorbeeld van de korenmolen uit 1619, die in 1640 afbrandde.
Ga aan het einde van de kade rechts de Morsstraat int.

Morspoort A2
Van de oorspronkelijke tien poorten in de stadsmuur zijn er nog slechts twee over, waaronder deze (1669) met haar prachtige koepel. De vroegere Galgenpoort kreeg de naam Morspoort omdat men hierdoor in de *morsch* kwam, het drassige land dat ten westen van de stad langs de Oude Rijn lag.
Loop een stukje terug en steek de Rembrandtbrug over; loop dan rechtdoor.

Weddesteeg A2
In het verlengde van de Rembrandtbrug ligt de Weddesteeg, waar ooit het huis stond waar Rembrandt van Rijn in 1606 werd geboren. Slechts een gevelsteen herinnert aan de plaats waar zijn geboortehuis stond.
Ga aan het einde van de steeg links het Noordeinde op en neem dan rechts de Oude Varkenmarkt.

Pieter Loridanshofje A2
Dit hofje (1656-1657) met zijn eenvoudige binnenplaats ligt aan de **Oude Varkenmarkt** 1. Let op de ronde gemetselde schoorsteen.

Doelenpoort A2
Aan het einde van de Oude Varkenmarkt staat deze poort uit 1645, met bovenop een ruiterbeeld van de H. Joris, schutspatroon van het schuttersgilde dat hier zijn oefenterrein *(de doelen)* had. Nu staan er universiteitsgebouwen op het terrein.
Sla linksaf en u komt op het Rapenburg.

★ Rapenburg B2-3
Het Rapenburg met zijn boogbruggen met drie bogen en zijn vele bomen is de fraaiste gracht van Leiden. Aan de westkant staan mooie 17de-eeuwse herenhuizen, zoals nr. 19.

★ Sieboldhuis (Japanmuseum) B2
Rapenburg 19 - ✆ (071) 512 55 39 - www.sieboldhuis.org - di-zo 10.00-17.00 u - € 8,50 (tot 12 jaar gratis).
Hier zijn prachtige Japanse kunstvoorwerpen (prenten, fossielen, geprepareerde dieren...) te zien. Ze zijn verzameld door de Beierse arts **Philipp Franz von Siebold**

286 ZUID-HOLLAND

UIT ETEN

In den Doofpot 9	De Klok 11	The Bishop 15
Waag 10	Vishandel Atlantic Leiden 12	Stadscafé Van der Werff 19

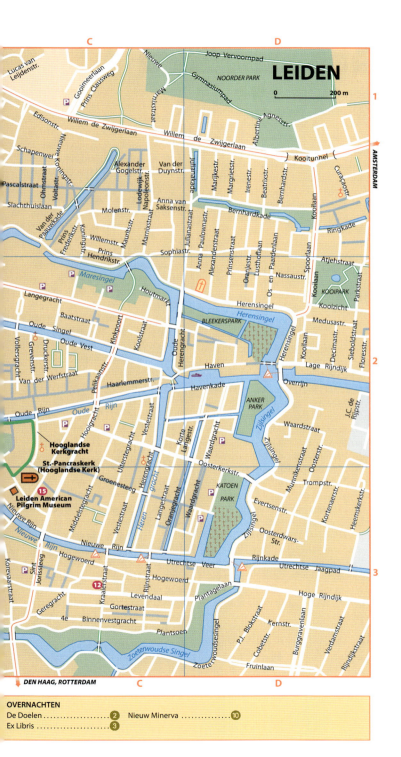

Geschiedenis in vogelvlucht

Een historische stad

In de middeleeuwen ontwikkelde de stad zich aan de voet van een versterking, de Burcht, die in de 9de eeuw was gebouwd op een *motte,* een kunstmatige heuvel. De stad heeft haar welvaart te danken aan haar ligging aan de Rijn. In de 12de eeuw werd echter de rivierarm die bij Rotterdam in zee uitmondt, de Lek, steeds belangrijker. Dit gedeelte van de rivier werd Oude Rijn genoemd en Leiden was vanaf dat moment niet meer dan een lokale markt. Vanaf de 14de eeuw brak een nieuwe periode van welvaart aan dankzij de lakenindustrie, die werd meegebracht door wevers uit Ieper (België) op de vlucht voor de pest.
In de 16de eeuw werd Leiden twee keer belegerd door de Spanjaarden. Het eerste beleg, van oktober 1573 tot maart 1574, liep spaak. Eind mei volgde het tweede, en dat was vreselijk. De bevolking, waarvan een derde door de pest en de honger was omgekomen, stond op tegen burgemeester Van der Werff, die de hongerenden zijn lichaam aanbood. In september 1574 kwamen de watergeuzen op het idee de dijken van Holland door te steken, zodat het land rond Leiden onder water kwam te staan. Tegelijkertijd vielen zij de Spanjaarden aan, die op 3 oktober het beleg opgaven. Die avond werd onder aan de stadsmuur een pot hutspot gevonden en werden witbrood en haring uitgedeeld onder de Leidenaren. Als beloning kreeg de stad van Willem de Zwijger in 1575 een universiteit.

De universiteit van Leiden

De Leidse universiteit was de eerste universiteit in de van de Spanjaarden bevrijde Nederlanden, en was lange tijd de concurrent van de katholieke universiteit van Leuven. Dankzij de tolerante sfeer en de grote namen die er kwamen doceren, verwierf zij een grote reputatie in heel Europa. Hier doceerden de Vlaamse humanist Justus Lipsius (1547-1606), de filoloog Daniël Heinsius (1580-1655), de theologen Gomarus, Arminius en Episcopius, de Franse filologen Claude Saumaise (1588-1653) en Joseph Scaliger (1540-1609), de filosoof, arts en botanicus **Herman Boerhaave** (1668-1738) en de klinisch medicus **Pieter van Musschenbroek** (1692-1761), in 1746 de uitvinder van de Leidse fles, de eerste elektrische condensator. In 1637 publiceerde **René Descartes** (1596-1650), die al sinds 1628 in Holland verbleef, anoniem in Leiden de *Discourse de la méthode,* die hij had geschreven in Utrecht, waar hij eerder woonde. Het feit dat Leiden in de 17de eeuw een belangrijk drukkerscentrum werd dankzij de beroemde familie **Elsevier**, waarvan stamvader Lodewijk uit Leuven (België) zich in in 1580 in Leiden had gevestigd, droeg bij aan de roem van de universiteit.

De protestantse vluchtelingenstroom

In de 16de en 17de eeuw kwamen er talloze Vlaamse, Franse en Engelse vluchtelingen naar Leiden. In 1609 arriveerde een honderdtal puriteinen onder leiding van dominee **John Robinson**. Toen hun economische situatie steeds moeilijker werd en omdat ze Holland te libertijns vonden, besloten ze naar de Nieuwe Wereld te gaan. Vanuit Delfshaven voeren ze naar Engeland, waar ze zich in Plymouth aansloten bij een grotere groep separatisten en scheep gingen op de *Mayflower.* De 102 emigranten, onder wie 41 **Pilgrim Fathers**, ontscheepten in december 1620 op de kust ten zuidoosten van Boston en stichtten daar een kolonie die later de Plymouth Colony zou gaan heten, de huidige stad Plymouth.

De trapgevel van het huis van de stadstimmerman aan het Galgewater
H. Lenain/hemis.fr

(1796-1866) in de jaren waarin hij verbleef in de enige Europese factorij in Japan, de Nederlandse handelspost, het eiland Deshima in de Baai van Nagasaki. Dit museum is het **'Japanse huis' in Nederland** geworden, waar tijdelijke tentoonstellingen, workshops en conferenties worden georganiseerd.

Academiegebouw AB3

Rapenburg 17.
Sinds de 16de eeuw is 'nr. 17' het hart van de universiteit, die in 1581 werd gevestigd in de kapel van een oud klooster, dat na een brand in 1616 in classicistische stijl werd herbouwd. In het gebouw zijn oude zalen bewaard gebleven, met name op de eerste verdieping, waar zich het 'zweetkamertje' bevindt, de ruimte waar de studenten zenuwachtig wachten op hun examen. In dit gebouw vinden ook de officiële academische ceremonies plaats. Het **Academisch Historisch Museum** is ondergebracht in de Gewelfkamer; het illustreert de geschiedenis van de universiteit sinds 1575.

Hortus Botanicus Leiden AB3

Rapenburg 73 - ℘ (071) 527 72 49 - www.hortusleiden.nl - april-okt.: 10.00-18.00; nov.-maart: dag. beh. ma 10.00-16.00 u - € 8 (4-12 jaar € 3,50).
De fraaie botanische tuin (de oudste van Nederland) is in 1594 door de universiteit aangelegd om planten uit de hele wereld te kunnen kweken en bestuderen, met name die uit Azië. Hier teelde de beroemdste botanicus van de 16de eeuw, Charles de l'Écluse (1526-1609), bekender onder zijn verlatijnste naam Carolus Clusius, de eerste Hollandse tulpen *(zie Keukenhof, blz. 297)*. De opnieuw aangelegde tuin van Clusius *(5e Binnenvestgracht 7)* geeft een indruk van de tuin in zijn tijd. In de oranjerie en de kassen staan tropische en subtropische planten, waaronder de 's nachts bloeiende reuzenwaterlelie *Victoria amazonica,* orchideeën, bananenbomen en agaves. In de tuin staan prachtige bomen. Een dertigtal ervan is eeuwen oud, zoals de goudenregen *(Laburnum anagyroides)*, die al in 1601 in de inventaris van de Hortus was opgenomen. Vanuit de wintertuin kunnen de bezoekers vanuit een galerij op de bomen en planten neerkijken.

Loop een stukje terug en steek de Nonnenbrug over, die naar de Houtstraat voert.

★★ Rijksmuseum van Oudheden B2
Rapenburg 28 - ℘ (071) 516 31 63 - www.rmo.nl - ♿ - 10.00-17.00 u - € 14.
Dit museum presenteert zijn kostbare collecties oudheden (Egypte, Nabije Oosten, Griekenland, Rome) en Nederlandse archeologische vondsten bijzonder goed. In de enorme hal, de vroegere binnenplaats van het bouwwerk, staat de **Tempel van Taffeh** gewijd aan Isis, godin van de vruchtbaarheid. De tempel komt uit Nubië en stamt uit de tijd van Augustus (27 v.C.-14 n.C.). De Egyptische staat heeft hem geschonken als dank voor de samenwerking bij de bouw van de Aswandam. De afdeling **Egypte★★** is bijzonder boeiend met vele beschilderde grafkisten, mummies, canopische vazen en grafmeubilair. De verzameling Nabije Oosten omvat voorwerpen die afkomstig zijn van opgravingen in Mesopotamië, Syrië, Turkije en Iran. Naast enige kleitabletten met spijkerschrift liggen er gebruiksvoorwerpen. De afdeling **archeologie van Nederland** geeft een brede indruk van de Nederlandse geschiedenis, van 250.000 jaar geleden tot de middeleeuwen. Hier kunt u onder meer een gouden fibula (mantelspeld) uit Dorestad bewonderen en de Vikingschat van Wieringen.

Gravensteen B2-3
Deze voormalige gevangenis, waarin nu de rechtenfaculteit gehuisvest is, heeft aan de kant van de Pieterskerk een mooie classicistische gevel.
Loop verder naar de hoek van de Lokhorststraat en de Schoolsteeg.

Latijnse School B2
Het gebouw van de in 1324 gestichte school heeft een renaissancegevel uit 1599. Door de ramen kunt u een heringericht, 17de-eeuws lokaal zien met in het midden een van de beroemdste leerlingen, gebogen in zijn schoolbank: Rembrandt.

Pieterskerk B3
Ingang: Kloksteeg 16 - ℘ (071) 512 43 19 - www.pieterskerk.com - dag. beh. ma 11.00-18.00 u - € 5.
Deze massieve gotische kerk van roze baksteen is de oudste van Leiden. De fundamenten gaan terug tot 1211, maar de huidige vorm met vijf schepen is 16de-eeuws. De kerk staat midden op het oude Pieterskerkhof; binnen zijn grafstenen te zien van de schilder Jan Steen, van de hoogleraar Boerhaave en ook van de puriteinse dominee John Robinson, die niet met de Pilgrim Fathers naar de Nieuwe Wereld was vertrokken omdat hij te ziek was. Nu is de Pieterskerk een populaire concertlocatie.
Neem na het verlaten van de kerk de Kloksteeg.

Jean Pesijnshofje B3
Dit hofje uit 1683, op de plek van het huis van John Robinson, was voor leden van de Waalse kerk. Het dankt zijn naam aan de stichter, Jean Pesijn, Frans koopman en hugenoot. In de muur is een gedenksteen voor Robinson.
Loop om het koor van de kerk heen, neem de Pieterskerkkoorsteeg en sla rechtsaf naar de Breestraat.

Langebrug B2-3
U steekt nu een straat over met de naam Langebrug. Het was oorspronkelijk een gracht, maar de huizen op de linkerkade hadden ieder een eigen brug, en al die bruggen samen leken op één lange brug. Op nr. 89 woonde en werkte Jan Steen.

Breestraat B2-3

In de belangrijkste winkelstraat van de stad is het erg druk. Ter hoogte van de Maarsmansteeg kunt u de **blauwe steen** zien: hier vonden in de middeleeuwen terechtstellingen plaats. Ook werd hier laken van slechte kwaliteit vernietigd. Nr. 84 heeft een fraaie gevel met beelden van Mercurius en Neptunus.

Stadhuis – Het stadhuis van rond 1600 werd in 1929 in de as gelegd. Het gebouw is in oorspronkelijke stijl herbouwd. Het heeft een monumentaal bordes, rijkversierde topgevels en een klokkentoren met carillon.

Loop rechts naast het stadhuis de brede Koornbrugsteeg uit.

Korenbrug B3

Deze brug over de Nieuwe Rijn uit 1642 is in 1825 overdekt in neoclassicistische stijl, als onderkomen voor de stalletjes van de graanhandelaren. Aan de waterkant bij de brug liggen erg populaire, drijvende caféterrassen.

Steek de brug over en loop rechtdoor de Burgsteeg in tot de hoek met de Nieuwstraat.

Burcht BC2

Links in de hoek ziet u de 17de-eeuwse toegangspoort van de **Burcht**, getooid met een leeuw die het wapen van de stad, twee sleutels, vasthoudt. In de 11de eeuw werd deze burcht op een kunstmatige heuvel gebouwd, waar de Oude en de Nieuwe Rijn samenkomen. Alleen de ringmuur met weergang langs de borstwering met kantelen is nog over. U heeft hier een mooi uitzicht over de stad.

Ga de Nieuwstraat in.

Sint-Pancraskerk of Hooglandse Kerk C3

Deze 15de-eeuwse kerk heeft aan de buitenkant van de kruisbeuk boeiende, uitbundige, met beeldhouwwerk versierde portalen. De naam Hooglandse Kerk verwijst naar het terrein (het 'Hooge Land') waarop de kerk staat en dat hoger ligt dan de omringende grachten.

Loop verder over de Hooglandse Kerkgracht, die uitkomt op de Oude Rijn.

Hooglandse Kerkgracht C2

Aan deze gedempte gracht staat het voormalige **Weeshuis,** met boven de poort een bas-reliëf met twee weeskinderen.

Volg links de kade genaamd Oude Rijn en aan het einde links de Hoogstraat, dan rechts de Aalmarkt.

Waag B2

Dit gebouw is in 1657-1659 gebouwd door Pieter Post. De gevel is versierd met beeldhouwwerk dat verwijst naar de functie van het bouwwerk.

Bezichtigen

PLATTEGROND BLZ. 286-287

★★ Rijksmuseum van Oudheden (blz. 290)

★★★ Museum Volkenkunde A2

Steenstraat 1 - ✆ (088) 004 28 00 - www.volkenkunde.nl - ♿ - 10.00-17.00 u - gesl. ma beh. schoolvak. - € 15 (4-18 jaar € 6).

Het museum presenteert in een opmerkelijke opstelling beelden en andere voorwerpen, vooral verzameld op initiatief van koning Willem I, die deskundigen de hele wereld over stuurde. Het Museum Volkenkunde beschikt nu over stukken uit alle

Schildering op textiel, afkomstig uit het huidige Indonesië, Museum Volkenkunde
DEA/G DAGLI ORTI/De Agostini Editore/age fotostock

windhoeken: Afrika (bronzen voorwerpen, maskers, beelden), Noordpoolgebied (ivoren voorwerpen), China (keramiek, beelden), Indische archipel (gamelans, wajangpoppen, beeldjes, stoffen), Japan en Korea (boeddha's, lakwerk, kalligrafeerwerk, schilderijen), Midden- en Zuid-Amerika (mummies, keramiek, tooien), Noord-Amerika (knotsen, maskers), Oceanië (tapa-stoffen, beeldjes, voorouderlijke altaren, korvars), Zuid- en Zuidoost-Azië (religieuze beelden) en Zuidwest- en Centraal-Azië (ceremoniële voorwerpen, schilderijen).
Het museum organiseert ook wisseltentoonstellingen, en in de omliggende tuin staan hedendaagse beelden vervaardigd door niet-westerse kunstenaars.

Stedelijk Molenmuseum De Valk B1

2e Binnenvestgracht 1 - ℘ (071) 516 53 53 - www.molenmuseumdevalk.nl - di-za 10.00-17.00, zo en schoolvak. 13.00-17.00 u - € 5 (6-15 jaar € 2,50).
Deze stellingkorenmolen uit 1743 is de enige overgebleven in zijn soort in Leiden. De molen heeft zeven verdiepingen, waarvan de onderste als woning dienden. Tien generaties molenaars hebben hier tot 1964 gewoond. U vindt er de reparatiewerkplaats, de smidse, de erekamer (Zondagskamer) en een expositieruimte over de geschiedenis van de Nederlandse molens.

★★ Museum De Lakenhal B2

Oude Singel 28-32 - ℘ (071) 516 53 60 - www.lakenhal.nl - ♿ - di-zo 10.00-17.00 u - € 12,50 (tot 18 jaar gratis).
Het museum is sinds 1874 gevestigd in de monumentale Halle Laecken, de lakenhal die in 1640 werd gebouwd. Compleet gerestaureerd en 2500 m² tentoonstellingsruimte groter opende het in 2019 opnieuw zijn deuren. De collectie (23.000 oude en hedendaagse kunstwerken) bevat een groot aantal meesterwerken, waaronder *Het Laatste Oordeel* (1527) van **Lucas van Leyden** en de *Brillenverkoper* (1624) van **Rembrandt**. Bekende 17de-eeuwse Leidse schilders zijn Gerrit Dou, Jan Steen en Frans van Mieris. De collectie hedendaagse kunst bevat werk van **Theo van Doesburg**, die van 1916 tot 1921 in Leiden verbleef, waar-

onder *Contra-Composition VII* (1924). Ook de **lakenindustrie**, een activiteit die lange tijd belangrijk was voor Leiden, wordt niet vergeten. U kunt de verschillende productiestadia van de wol volgen aan de hand van de 16de-eeuwse schilderijen van Isaac van Swanenburg. Ook wordt de **geschiedenis van Leiden** verteld, met veel aandacht voor het beleg en het ontzet van 3 oktober 1574.

★ Rijksmuseum Boerhaave B2

Lange St. Agnietenstraat 10 - ☏ (071) 751 99 99 - www.rijksmuseumboerhaave. nl - ♿ - 10.00-17.00 u - gesl. ma beh. schoolvak. - € 13 (4-17 jaar € 5,50).

Dit volledig gerenoveerde museum is gevestigd in het oude Caeciliagasthuis uit 1596, waar de beroemde hoogleraar Herman Boerhaave naast de bedden van de zieken geneeskunde onderwees. De grote verzamelingen hier geven een indruk van vijf eeuwen natuurwetenschappelijk en geneeskundig onderzoek. Opmerkelijke voorwerpen in dit museum, dat een van de belangrijkste op zijn gebied ter wereld is: de collectie van **Christiaan Huygens**, astronomisch en chirurgisch gereedschap, en de microscopen van Van Leeuwenhoek. In de reconstructie van het anatomisch theater uit 1596 zijn de geraamtes van mensen en dieren te zien.

★★ Naturalis A1

Volg de Plesmanlaan richting Den Haag; sla na het universitair ziekenhuis rechtsaf naar de Darwinweg. Darwinweg 2 - ☏ (071) 751 96 00 - www.naturalis.nl - ♿ - 10.00-17.00 u - € 16 (tot 3 jaar gratis).

👪 Naturalis, dat zowel een museum als een centrum voor wetenschappelijk onderzoek is, herbergt nu een van de grootste collecties ter wereld op het gebied van biodiversiteit: meer dan 40 miljoen planten, dieren, fossielen en gesteenten. Alleen al het gebouw waarin het museum na twee jaar bouwwerkzaamheden sinds 2019 huist, is de reis naar Leiden waard. Naturalis nodigt bezoekers uit om de natuur van gisteren en van nu te ontdekken op een reis door negen zalen, aan de hand van diverse experimenten en activiteiten voor jong en oud.

In de omgeving

REGIOKAART BLZ. 218

Alphen aan den Rijn B1

▶ *17 km oostwaarts over de Hoge Rijndijk. Ook bereikbaar per boot.*
Deze bescheiden industriestad ligt aan weerszijden van de Oude Rijn.

★ **Archeon** – *Archeonlaan 1 - ☏ (0172) 44 77 44 - www.archeon.nl - di-zo 10.00-17.00 u - € 24,50 (4-9 jaar € 21,50).*

👪 Dit archeologisch museumpark aan de zuidkant van Alphen toont het leven in Nederland tijdens de prehistorie, de Romeinse tijd en de middeleeuwen. Verklede werknemers, de zogenaamde archeotolken, en de voor de periode kenmerkende begroeiing doen oude tijden herleven. Op de verschillende afdelingen worden verschillende levenswijzen neergezet.

★ Katwijk aan Zee B1

▶ *13 km naar het noordwesten. Verlaat Leiden via de Oegstgeesterweg.*
Deze drukbezochte badplaats nabij de bloembollenvelden heeft een lang **strand** en een achterland met wilde duinen.

😊 Huur in Leiden een fiets, dan bent u in minder dan een uur in Katwijk.

ZUID-HOLLAND

🛈 Praktisch

Inlichtingen

Toeristenbureau – *Stationsweg 26 - ☏ 071 516 60 00 - www.visitleiden.nl*. Het toeristenbureau organiseert rondleidingen in de voetsporen van de jonge Rembrandt. Ga naar de website en download de app met de route.

Parkeren

Het centrum van de stad is deels afgesloten voor autoverkeer en betaald parkeren is alleen mogelijk met de *OV-chipcard* (rechtstreeks in de automaat of bij het toeristenbureau). Veel parkeerterreinen rond het historische centrum – parkeren tegen een lager tarief is mogelijk door van tevoren te reserveren via *parkeren.reserveren.leiden.nl*. Aan de rand van het centrum is parking Haagweg. *€ 21/dag, incl. shuttle naar het centrum - parkingleiden.com*.

Vervoer

Fietsverhuur

Easy – *Haagweg 8 - ☏ (071) 750 24 50 - easyfiets.nl - dag. beh. zo vanaf € 12/dag*. Ook rondleidingen.

Evenementen

Lakenfeesten – *Eind juni*. Versierde boten door de Leidse grachten.
Festiviteiten voor Rembrandts verjaardag – *14-15 juli*. In Leiden.
Flower Parade – *2de za van aug. - www.rijnsburgscorso.nl*. In Rijnsburg (deelgemeente van Katwijk).
Leidens Ontzet – *2 en 3 okt*. Elk jaar wordt het Leidens ontzet gevierd met onder meer historische spelen en een optocht. De inwoners eten haring en wittebrood en er worden hutspotmaaltijden uitgedeeld ter herinnering aan de wortel met uienprak die de Spanjaarden hadden achtergelaten.
Leids Filmfestival – *Begin nov. - liff.nl*.

📍 Adresboekje

PLATTEGROND BLZ. 286-287

Uit eten

Goedkoop

(12) Vishandel Atlantic Leiden – C3 - *Levendaal 118 - ☏ 071 513 73 31 - 9.00-19.30 u - € 3/10*. Haast u als in juni het *maatjes*-seizoen begint naar deze viswinkel (of liever nog naar de viskraam op de zaterdagse markt), om er net als de Nederlanders de nieuwe haring in uw keel te laten glijden. Hollands glorie!

(19) Stadscafé Van der Werff – B2 - *Steenstraat 2 - ☏ 071 513 03 35 - www.stadscafevanderwerff.nl - 9.00-0.00, vr-zo 10.00-0.00 u - hoofdgerecht € 18,50/24,50*. Vlak bij het station en de enige twee molens die Leiden nog heeft, voor een glas of een hapje voor of na het bezoek aan een van de musea die in de buurt liggen.

Doorsneeprijzen

(11) De Klok – B3 - *Kloksteeg 3 - ☏ 071 512 30 53 - www.restaurantdeklok.nl - dag. beh. ma-di 18.00-22.00 u - menu € 43/55*. Hier op het plein van de Pieterskerk eet u in een van de mooie eetzalen.

(10) Waag – B2 - *Aalmarkt 21 - ☏ 071 740 03 00 - www.waagleiden.nl - 11.00-22.00, do-za 11.00-1.00 u - hoofdgerecht € 17/39*. De stadswaag is nu een aangename, topklasse brasserie en daarmee is het gebouw in ere hersteld.

Binnen is een grote zaal met een hoog plafond met een grote bar. Bij de ingang zijn de klok en de haken bewaard gebleven. Terras aan de Aalmarkt.

15 The Bishop – C3 - *Middelweg 7 - ☎ 071 763 03 70 - www.thebishop.nl - ♿ - wo-zo vanaf 17.30 u - menu € 49/69.* The Bishop is gevestigd in een historisch gebouw. Daarvan getuigen de zuilen en de houten balken; het interieur is daarentegen trendy en de sfeer relaxt. De keuken is eerlijk en internationaal; geen ingewikkelde dingen, maar rechttoe-rechtaan smaken. Een populair adres met een plaatselijke clientèle: reserveren aanbevolen!

Wat meer luxe

9 In den Doofpot – B2 - *Turfmarkt 9 - ☎ 071 512 24 34 - www.indendoofpot.nl - ♿ - 12.30-22.00, za 17.00-22.00 u - gesl. zo-ma - lunchmenu € 55 - menu € 60/85 - op afspraak.* Dit restaurant, gelegen tegenover de haven, heeft een knusse sfeer. Inrichting met passende lambrisering, kristallen kroonluchters en bankjes bekleed met rood fluweel.

Oegstgeest

Wat meer luxe

De Beukenhof – *Terweeweg 2-4 - 3 km ten noorden van Leiden - ☎ 071 720 09 09 - www.villa-beukenhof.nl - 10.00-0.00 u - menu € 28,50/47,50.* Een ruim honderdjarige herberg met elegante terrassen in een mooie tuin en een keuken voor fijnproevers, met gerechten die perfect aansluiten bij de actuele trends. Het etablissement beschikt over vijf luxueuze kamers (€ 154/229) en vier suites.

Een tussendoortje

Visbrasserie De Poort – D2 - *Haven 100 - ☎ 071 524 0933 - www.poort.nl - ♿ - 10.00-23.30 u.* Deze visbrasserie is tegelijkertijd café en restaurant. De Poort is gevestigd in de oude Zijlpoort. U kunt er een broodje uit de hand eten, maar ook een compleet diner nuttigen, of gewoon een glaasje drinken. 's Zomers terras aan het water.

Oudt Leyden 't Pannekoekenhuysje – B2 - *Steenstraat 49 - ☎ 071 513 3144 - oudtleyden.nl - 11.30-22.00 u.* Heerlijke pannenkoeken, geserveerd op borden in de stijl van Delfts blauw. De aankleding in warme kleuren doet denken aan een bistro. Overigens is het eethuis 's avonds een kleine bistro *(www.entrekoos.nl)*.

Winkelen

😊 Het centrum van de stad is een ideale plek om inkopen te doen. Koopavond is donderdag (tot 21.00 u), laatste zondag van de maand is het koopzondag (12.00-17.00 u, sommige winkels zijn de hele zondag open).

Markt – BC2 - *Nieuwe Rijn, Botermarkt en Vismarkt - wo en za 8.00-17.00 u.* Grote markt in het centrum langs het water, een traditie die al negen eeuwen standhoudt. Mis hem niet – vooral de markt op zaterdag niet – mocht u op een van de marktdagen Leiden bezoeken: 'drijvende' aperitieven, kramen met maatjesharing, kaasproeverij enzovoort.

Uitgaan

😊 Leiden is een zeer levendige universiteitsstad. Dat geldt zeker voor de donderdagavond, dan zijn de bistro's en cafés overvol.

Theater en concerten – Vraag ernaar in het toeristenbureau, waar u ook kaartjes kunt reserveren.

Sport en ontspanning

🚣 Rondvaarten

Rederij Rembrandt – B2 -*Blauwpoortshaven 5 - Beestenmarkt, 5 minuten lopen van het station - ☎ 071 513 49 38 - www.rederij*

rembrandt.nl - rondleiding (1 uur) - half maart-half okt., afvaart elk uur van 10.30 tot 16.00 u; nov.- maart alleen op afspraak - € 11,50. Rondvaart door de singels en grachten van het centrum met vertrek vanuit de Blauwpoortshaven aan de Beestenmarkt.

Rederij Van Hulst – *☎ 071 250 1900 - www.rederij vanhulst.nl - diverse afvaartpunten met als belangrijkste in Leiden: Haven (t.o. nr. 14) en Leiderdorp: Zijldijk 30 - € 19,50/99,50.* Minicruises overal in het Groene Hart (in oostelijke richting naar Gouda en Utrecht). Verschillende formules, dagtochten, rondleidingen en bootverhuur, met en zonder catering.

Pretparken en attracties

Corpus – *Willem Einthovenstraat 1 - 2342 BH Oegstgeest - bereikbaar via de A44 (afslag 8) - ☎ 071 751 02 00 - www.corpusexperience.nl - dag. beh. ma 9.30-15.00, za, zo 9.00-17.00 u (verruimde openingstijden in de schoolvak., vraag inl.) - € 21.* Het enorme silhouet langs de snelweg is niet te missen... Corpus is zowel een museum over biologie als een attractie voor de hele familie, een realistische duik in een reusachtig menselijk lichaam om de werking ervan te ontdekken. Niet toegankelijk voor kinderen tot 6 jaar, aangeraden minimumleeftijd 8 jaar.

Overnachten

Doorsneeprijzen

De Gouden Leeuw – BUITEN PLATTEGROND - *Veurseweg 180 - ☎ 071 560 2800 - www.hotel degoudenleeuw.nl - 🅿 ♿ - 104 kamers € 92,50/140 ☕ - 🍴.* Een groot motel ten westen van de stad, onderdeel van de hotelketen Van der Valk, met moderne standaardkamers. Sommige kamers beschikken over een jacuzzi.

10 Nieuw Minerva - B2 - *Boommarkt 23 - ☎ 071 512 63 58 - www.nieuwminerva.nl - 🅿 € 15 - 39 kamers € 157/175 ☕ - 🍴.* Zes naast elkaar gelegen grachtenhuizen vormen samen dit charmante hotel, midden in het oude centrum. Uiteenlopende soorten kamers, van een bescheiden *single* tot de juniorsuite of de bruidssuite met een unieke inrichting. De eetzaal is neorustiek aangekleed, met salon, bar en restaurant.

2 De Doelen - B2 - *Rapenburg 2 - ☎ 071 512 05 27 - www.dedoelen. com - 18 kamers € 115/129 - ☕ ernaast.* Dit hotel, dat verscholen ligt achter een fraaie gevel (1638), biedt een mooi uitzicht op het Rapenburg. De kamers zijn van uiteenlopende afmetingen. Er is een deftige eet- en ontbijtzaal.

Wat meer luxe

3 Ex Libris - B3 - *Kloksteeg 4 - ☎ 071 240 86 36 - www.hotelex libris.com - ♿ - 8 kamers vanaf € 145 - ☕ € 12,50.* Dit charmante boetiekhotel in het hart van de oude stad is elegant, biedt veel comfort, de ontvangst is hartelijk, parket, elektrische haard, rustgevende kleuren... Al het mogelijke is gedaan, met de bedoeling om u hier langer te laten blijven!

Katwijk aan Zee

Doorsneeprijzen

Hotel Van Beelen – *Koningin Wilhelminastraat 10-12 - ☎ 071 407 33 33 - www.hotelvanbeelen.nl - 🅿 € 10 - 19 kamers en studio's € 64/128 ☕ - 🍴.* Dit tot hotel omgebouwde familiepension is een goed vertrekpunt om de omgeving te verkennen. Gezellige ontvangst, eenvoudige maar frisse kamers en in het bijgebouw studio's met kitchenette. En: het strand is vlakbij.

Keukenhof en de Bollenstreek ★★

Tussen Leiden en Haarlem ligt de bekendste streek van Nederland, wereldberoemd vanwege de bloembollenteelt, de langgerekte, veelkleurige bollenvelden en de Keukenhof, de bloementoonstelling die elk voorjaar massa's mensen trekt. Toch is het jammer als u alleen deze kleurige bollenshow bezoekt, want om de Bollenstreek goed te leren kennen moet u de velden in trekken. Maak een tocht door de dorpen en de landgoederen die zich tot aan de duinen uitstrekken.

Ligging
REGIOKAART BLZ. 218 B1 EN DETAILKAART BLZ. 301.
20 km ten noorden van Leiden en 20 km ten zuiden van Haarlem.

Met het gezin
Space Expo Noordwijk, natuurgebied de Amsterdamse Waterleidingduinen, de Keukenhof en Kasteel Keukenhof.

Praktisch blz. 303
Adresboekje blz. 303

Bezichtigen

★★ Keukenhof DETAILKAART BLZ. 301

Stationsweg 166A - ✆ (0252) 46 55 64 - keukenhof.nl - ♿ - eind maart-half mei - vraag inl. over tijden.

Plan een bezoek aan de Keukenhof vanaf half april, want soms komen de bollen laat in bloei. Kom tussen 8.00-10.00 u of 17.00-19.30 u als u de grootste drukte wilt mijden. Ter plaatse: restaurants, foodtrucks, picknicktafels, speelweiden. Verkoop van bloemen in de paviljoen en in de winkel (elke 1ste za en zo van okt. bollenmarkt).

Sinds 1949 vindt in deze 32 ha grote Engelse landschapstuin elk jaar de **Nationale Bloementoonstelling Keukenhof** plaats. De expo was oorspronkelijk bedoeld voor kwekers en hun afnemers, maar groeide uit tot een van de drie grootste bezienswaardigheden van Nederland, met in acht weken tijd een miljoen bezoekers. De Keukenhof, een glooiend bloemenpark met kronkelende sloten, fonteinen, kunstwerken en vijvers waarover zwanen statig glijden, is een droomlocatie waar de mooiste bloemensoorten tot bloei komen. Tulpen, hyacinten en narcissen staan er in geïsoleerde perken, die schitterende kleurvlakken vormen tegen een groene achtergrond van gazons en gebladerte. Het thema en het plantschema zijn elk jaar anders. De kwetsbaarste soorten staan in kassen. In het Koningin Beatrix-paviljoen is een permanente orchideeënexpositie, in het Willem-Alexander-paviljoen staan lelies. De andere paviljoens worden gebruikt voor tijdelijke tentoonstellingen (de 'Parades'), activiteiten, demonstraties en wedstrijden.

Naast de bloementuin zijn in het park een interessante historische tuin, bloeiende heesters, een kleine boerderij en een molen te zien. Vanaf de omloop van de molen, de 'stelling', hebt u mooi **uitzicht**★ over de omringende bollenvelden.

Bollen en bloemen, een wereldwijd succes

Tulpenmanie

De eerste **tulpen** in West-Europa zouden in 1593 vanuit Turkije door Ogier Gisleen van Busbeke (1522-1592), ambassadeur van Oostenrijk, zijn verstuurd aan **Carolus Clusius** (1526-1609), de wetenschapper die aan het hoofd stond van de keizerlijke tuin met geneeskrachtige planten in Wenen. In 1593 werd Clusius hoogleraar aan de universiteit Leiden, waar hij ze in de Hortus plantte. Een aantal ervan werd gestolen en geplant in de droge, zanderige geestgronden achter de duinen tussen Haarlem en Leiden. De tulpenteelt werd hierna een enorme rage.
Er waren inmiddels ook andere bloembollen geïntroduceerd, zoals hyacinten en gladiolen, maar het was met tulpen dat mensen elkaar probeerden te overtroeven. Tussen 1634 en 1636 bereikte het speculeren in tulpen zijn krankzinnige hoogtepunt: een zeldzame tulpenbol bracht wel 6000 gulden op. Historici spreken van een ware 'tulipomania'. Tijdens de tulpenmanie werd één bol geruild voor een koets plus twee paarden, voor hectares grond, voor een huis! In 1637 kwam er een eind aan deze windhandel doordat de markt in één klap volledig instortte. En aan het einde van de 17de eeuw was de hyacint populairder dan de tulp.

De bloemen- en bollenhandel is nog altijd belangrijk voor Nederland. Het bloembollenareaal is tot boven de 20.000 ha gestegen. De bollen worden naar alle hoeken van de wereld geëxporteerd. En al blijven tulpen, narcissen, hyacinten, irissen en krokussen de populairste soorten, er worden ook heel veel andere bloemen gekweekt: gladiolen, lelies, blauwe druifjes, dahlia's, anemonen en fresia's.

De tulpenvaas

De tulpenvaas is een typisch Nederlandse bedenksel uit de 17de eeuw. De vaas heeft vaak de vorm van een bol of waaier, soms van een pagode, met tuitjes waarin één bloem kan worden gestoken. De tulpenvaas werd niet alleen voor tulpen gebruikt. Een boeket van uitsluitend dezelfde bloemen was in die tijd niet in de mode, en bovendien waren tulpen veel te duur voor zoiets. Toen waardeerde men iedere bloem op zich en een gevarieerd boeket was echt een pronkstuk. Tulpenvazen werden vaak als stel geproduceerd om ze net als kandelaars, naast elkaar op tafel te zetten.

Het beste moment

Tegen midden maart krijgen de bollenvelden een beetje kleur als de **krokussen** gaan bloeien in oranje of paars, gevolgd door de witte en

In het voorjaar staan in de Keukenhof de bollen in bloei.
ArisSu/Getty Images Plus

gele **narcissen** (eind maart). Vanaf midden april bloeien de **hyacinten** en de vroegste **tulpen.** En een paar dagen later begint de bloei van de mooiste tulpenvelden. Eind april is de Bollenstreek op haar mooist. De velden, opgedeeld in lange, rechte bedden die van elkaar gescheiden zijn door greppels, vormen samen een prachtig mozaïek van heerlijke kleuren en geuren. Dit is de tijd van het grote bloemencorso, dat van Noordwijk naar Haarlem rijdt *(zie blz. 175)*, maar ook van dat van het Noordoostpolder Tulip Festival (april-mei in Flevoland) en van het bloemenfestival van Aalsmeer (2 dagen in juni).
Op de velden komen daarna de **irissen** in bloei en in augustus de **gladiolen,** die bij het varend corso in het Westland in het middelpunt van de belangstelling staan (eerste weekend van de maand). De met bloemen, groenten en planten versierde boten varen door Naaldwijk, Maassluis, Den Haag en Delft.
In september is het de beurt aan de **dahlia's.** Twee bloemencorso's sluiten het seizoen: een in Zundert (eerste weekend van september in Brabant) en een in Eelde (laatste weekend van september in Drenthe).
Kort nadat ze in bloei hebben gestaan, worden de bloemen mechanisch afgeknipt, 'gekopt', zodat de bol beter groeit. Nadat de bollen zijn gerooid, worden de grote verkocht; de kleine worden in de herfst weer in de grond gestopt.

Voor de liefhebber...

Bloembollen worden nu ook ten noorden van de **Bollenstreek** gekweekt. In het bloembollenseizoen kunt u prachtige bollenvelden vinden in **Noord-Holland** (in de omgeving van Petten, Den Helder, Nieuwe Niedorp en Wieringerwerf, aan de kust rond Enkhuizen, Bovenkarspel en Andijk), maar ook overal in **Flevoland** (in het noordoosten, oosten en zuiden van de polder). En dan zijn er de bollenvelden rond **Aalsmeer,** dat meer gericht is op export en bloemenhandel. Tot besluit het **Westland,** dat vanwege de glastuinbouw wel de 'Glazen Stad' wordt genoemd en ook niet ongenoemd kan blijven.
☺ Voor informatie over waar de bollenvelden zich bevinden, de routes, de pluklocaties en de festiviteitenkalender kunt u bij de toeristenbureaus terecht. Hieronder alvast een paar praktische websites:
tulipfestivalamsterdam.com – nationale info-site over bloemen.
bollenstreek.nl – informatieve website over de Bollenstreek, incl. een 'gps' van de Bollenstreek in real time over de bloei van de velden en de bollenroutes.
Zie ook de info in ons 'Adresboekje', blz. 304.

Rondrit

REGIOKAART HIERNAAST

★★ De Bollenstreek, tussen tulpen en duinen

▶ *Rondrit van 35 km in groen aangegeven op de regiokaart.*
De Bollenstreek strekt zich uit ten oosten van de duinen langs de kust. De combinatie van stranden, bollenvelden en geschiedenis maakt de streek tot een mustsee voor iedereen die Nederland bezoekt. Het beste kunt u de Bollenstreek in het voorjaar bezoeken, wanneer het *corso* (*zie 'Sport en ontspanning' blz. 304*) door de dorpen en bollenvelden trekt.

Lisse

Bezoek in het vredige dorp Lisse, in het voorjaar de 'hoofdstad' van de Bollenstreek, het **Museum de Zwarte Tulp★** - *Grachtweg 2a - ℘ (0252) 41 79 00 - www.museumdezwartetulp.nl - ☼ - maart-aug.: di-zo 10.00-17.00 u; rest v.h. jaar: 13.00-17.00 u - € 8 (tot 14 jaar gratis).* Dit kleine museum, in 1985 door een vereniging van plaatselijke bollenkwekers opgericht, biedt een interessant retrospectief op de ontwikkeling van de technieken en werkwijzen van de bollenteelt in de streek, vanaf de komst van de eerste tulp naar Nederland (1594) tot en met de research van huidige bollenexperts. Daarnaast een paar landschapsschilderijen met bloemen en bollenvelden (18de-20ste eeuw), prenten uit plantenencyclopedieën (19de eeuw) en de collectie glazen vazen van Marianne Wyler-Meyer.
Verlaat Lisse over de Keukenhofdreef. Neem op het verkeersplein de Stationsweg.

★ Kasteel Keukenhof

Keukenhof 1 - ℘ 0252 750 690 - www.kasteelkeukenhof.nl - park: april-sept.: 8.30-19.30 u; okt.-maart: 8.30-17.00 u - gratis.
In de 15de eeuw was het bos het eigendom en het jachtterrein van Jacqueline van Beieren. Alles wat het voortbracht, werd tot voedsel bereid, vandaar de naam 'Keukenhof'. Nu is het bos een 238 ha groot privédomein. In het **Engelse landschapspark** met beelden, een historische tuin en een boerderij, staat het Kasteel, een landhuis (1641) van een VOC-commandant (in de 19de eeuw verbouwd).
Tussen het groen verschijnt de imposante glazen kubus (2018) van het **LAM**. Met een knipoog naar de geschiedenis bevraagt dit museum van de Van den Broek Stichting onze verhouding tot voedsel middels hedendaagse kunst. De collectie schilderijen, beelden, foto's en video's is fascinerend en vaak grappig. Onder de installaties met een 'wow'-effect zijn eyecatchers als *Food Chain Project* (Itamar Gilboa) en *The last Supper* (Yinka Shonibare). *Keukenhof 14 - ℘ 0252 508 800 - www.lamlisse.nl - wo en vr-zo 11.00-17.00 u - € 7,50 (tot 14 jaar gratis).*
Ga linksaf en neem rechts de Loosterweg Noord. De weg loopt langs de bollenvelden tot aan de kruising met de N208. Volg de N208 naar het noorden. Sla in Bennebroek linksaf de Zwarteweg op. Neem na het kanaal links de Leidsevaart.

Vogelenzang

Dit dorp met statige buitenhuizen in een bosrijke omgeving ligt aan de weg naar natuurgebied de **Amsterdamse Waterleidingduinen**. *Ingang: Vogelenzangseduinweg 2 (aan de noordkant via de N206 en de Bekslaan) - www.awd.waternet.nl - € 1,50.* Sinds 1853 voorziet dit 3400 ha grote gebied Amsterdam van drinkwater (70 miljoen m³/jaar voorgezuiverd drinkwater). Het duingebied is de ultieme plek voor mooie wandelingen over gemarkeerde paden, met speelweiden, plekken om dieren te spotten (herten in de herfst, vogels in het voorjaar).
Neem de N206 in zuidelijke richting. Ten zuiden van De Zilk ziet u de duinen liggen. Neem na 3 km de afslag Noordwijkerhout; u rijdt het dorp over de Herenweg binnen.

KEUKENHOF EN DE BOLLENSTREEK

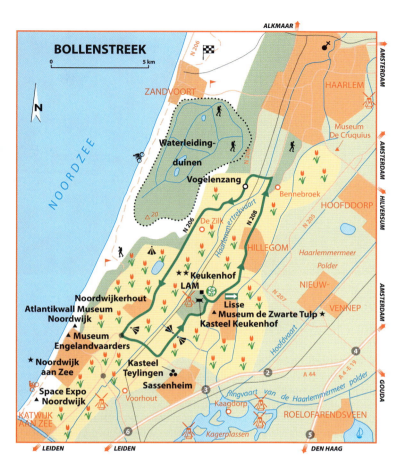

Noordwijkerhout

Het dorp was in de 16de en 17de eeuw een buitenverblijf voor notabelen, maar werd, nadat het in de bollenteelt was gestapt, in de 19de eeuw welvarend. Met De Zilk heeft Noordwijkerhout het grootste bloembollenareaal van de Bollenstreek. *Neem de N206 en geniet van het mooie uitzicht over de bollenvelden. Neem op het knooppunt linksaf de N443 richting Sassenheim.*

Sassenheim

Sassenheim richt zich tegenwoordig op industrie en transport en heeft bijna geen bollenschuren meer. Met **Voorhout** en **Warmond** vormt het de gemeente **Teylingen**, waar Jacqueline van Beieren haar laatste jaren sleet. Van het **kasteel,** nu een ruïne, resten een ringmuur uit de 13de eeuw, een toegangsbrug en een voor de rondleidingen gerestaureerde donjon. *Teylingerlaan 15a - www.kasteel teylingen.nl - april-okt.: za, zo 11.00-17.00 u (wisselende openingstijden, vraag inl.) - € 5 (tot 13 jaar € 3).*

Rijd over de N208 terug naar Lisse, waar nog een donjon staat, **'T Huys Dever,** een leuk gerestaureerd torentje uit de 14de eeuw. *Heereweg 349 - huysdever.nl.*

Het eindeloos lange strand van Noordwijk aan Zee
eyewave/Getty Images Plus

In de omgeving

DETAILKAART BLZ. 301

★ Noordwijk aan Zee

Noordwijk is het vertrekpunt van het jaarlijkse **bloemencorso**. De moderne badplaats met zijn mooie **zandstrand**★★ (13 km lang) met in de zomer zeer drukbezochte strandpaviljoens, ligt aan de voet van hoge duinen.

Op 500 m ten noorden van de vuurtoren ligt het **Atlantikwall Museum Noordwijk**. Buiten zijn bunkers uit de Tweede Wereldoorlog te bezichtigen, binnen een tentoonstelling en reconstructies. *Bosweg - ℘ 071 364 6422 - atlantikwall.nl - openingstijden: vraag inl. - € 9 (4-12 jaar € 6,50) - reserv. verplicht - rondleiding elk uur (de laatste start om 16.15 u).*

Het **Museum Engelandvaarders** iets verderop is een eerbetoon aan de 2000 verzetsstrijders die probeerden per (vissers)boot of kano Engeland te bereiken.
Ten westen van de duinen worden in het technisch en onderzoekscentrum (ESTEC) van het European Space Agency ESA satellieten ontworpen en getest en Europese ruimtevaartprojecten ontwikkeld. *Bosweg 15 - ℘ 071 361 9773 - www.museum engelandvaarders.nl - dag. beh. ma 10.30-16.30 u - € 7 (7-12 jaar € 4).*

De **Space Expo Noordwijk** 300 m daarvandaan vertelt de geschiedenis van de ruimtevaart met echte satellieten, ruimtepakken, maquettes... U kunt er de lancering van een **Ariane-raket** bijwonen en het leven van astronauten in de ruimte ontdekken, een model van een ISS (internationaal ruimtestation) vanbinnen bekijken en aan de hand van een maquette op ware grootte de omstandigheden ontdekken waaronder een maanlanding plaatsvindt. Speciaal ontdekparcours voor kinderen. Met de **Space Train** *(1.15 uur, elke za, zo)* kunt u het testcentrum voor satellieten bezoeken. *Keplerlaan 3 - ℘ (071) 364 64 89 - www.space-expo. nl - 10.00-17.00 u - gesl. ma beh. schoolvak. - € 15 (4-12 jaar € 13,50); suppl. Space train € 8.*

KEUKENHOF EN DE BOLLENSTREEK

🛈 Praktisch

Inlichtingen

Toeristenbureau – *Heereweg 219 in Lisse - ✆ (0252) 41 79 00 - www.visitduinenbollenstreek.nl.*

Toeristenpas

Informeer naar een eventuele verlenging van de **Tulip Festival Card** *(info op bollenstreek.nl/tulipfestivalcard)* met diverse gratis entrees en kortingen tijdens het tulpenseizoen.

📍 Adresboekje

Uit eten

Kasteel Keukenhof

Goedkoop

Hofboerderij – *Keukenhof 1 - ✆ 0252 465 564 - www.kasteelkeukenhof.nl - wo-zo 10.00-17.00 u - hoofdgerecht € 16/22.* Een ideaal familierestaurant met pannenkoeken (hartig en zoet), uitsmijters en poffertjes, binnen onder de houten balken in de eetzaal of buiten op de binnenplaats bij de boerderij en de speeltoestellen.

Lisse

Doorsneeprijzen

Eetcafé Lef – *Heereweg 234 - ✆ 0252 41 16 65 - www.eetcafelef.nl - ♿ - ma en wo-vr 9.00-22.00, za, zo 10.00-22.00 u - hoofdgerecht € 16,50/23.* Hedendaagse gerechten, om van te genieten in de lichte, modernistische eetzaal of op het (verwarmde) terras boven een gezellig pleintje, alleen voor voetgangers. Royale porties.

De Vier Seizoenen – *Heereweg 224 - ✆ 0252 41 80 23 - www.rdvs.nl - lunchmenu € 40 - hoofdgerecht € 23/29 - 4 kamers vanaf € 95* ☕. Een klassieker in Lisse. Hier wordt een seizoensenkeuken geserveerd, onder andere een viergangendiner van gastronomische allure. De typisch Nederlandse lunch is eenvoudiger (sandwiches, salades en soepen). Terras in de zomer.

Noordwijk aan Zee

Wat meer luxe

Breakers Beach House – *Koningin Astrid Boulevard 5 - ✆ 071 365 13 02 - breakersbeachhouse.nl - 12.00-22.00 u - hoofdgerecht € 35/83.* Reserveer een tafel op het terras en geniet van een lichte maaltijd met uw voeten in het zand, of blijf binnen in de trendy eetzaal met propellervormige ventilatoren. De gerechten zijn vers en modern en de menukaart biedt een mooie keus aan zeevruchten.

Sport en ontspanning

Uitjes, pluktuinen en cultuur

Onderstaande adressen werken op dezelfde manier: u kunt vrij rondwandelen, u betaalt het aantal bloemen dat u hebt geplukt of koopt bloembollen in de winkel.

De Tulperij – *Oude Herenweg 16B - ✆ 06 422 33 291 - www.detulperij.nl - eind maart-half mei: 9.00-18.00 u; half aug.-half okt. (dahlia's): dag. beh. ma 9.30-17.00 u - € 5.* Hier komt u alles te weten over een familiebedrijf in tulpen, narcissen en hyacinten. Bloemen en bollen.

🌱 **Anniemiekes Pluktuin** – *Haarlemmerstraat 15a - ✆ 06 538 39 979 - www.annemiekespluktuin.nl - eind maart-begin mei: 9.00-16.00 u; rest v.h. jaar, vraag inl.* Midden in een 3000 m² groot bloembollenveld: bekijk en pluk biologisch gekweekte tulpen. Tevens fiets- en kajakverhuur.

Routes
www.flowertour.nl – *Diverse formules, vraag informatie*. U kunt de wandel- of fietsroute (15 km) downloaden op uw smartphone.
www.toproutenetwerk.nl – *Gratis*. Download de fietsroutes (32/39 km).
www.route.nl – *Gratis*. Download de fietsroute.
www.renzy.nl – *Maart-mei - € 85/97*. Rondrit in een elektrische auto met gps.
www.helivliegen.nl – *Maart-april - vanaf € 105*. Helikoptervlucht boven de bollenvelden! Vanaf 10 min. vliegen.

Het corso in de praktijk
🛈 bloemencorso-bollenstreek.nl. Half april. Het populairste corso van Nederland. Optocht van praalwagens door de dorpen, van Noordwijk naar Haarlem. *Voor data van de andere corso's, zie blz. 43.*
Bloemensteken – *Van wo tot vr, in Sassenheim - betaald*. Kijk hoe vrijwilligers de praalwagens met bloemen versieren.
Eerste optocht – *Vr-avond, in Noordwijkerhout, in het dorp.*
Het officiële corso – *Za-ochtend*. Vertrek vanuit Noordwijk. Aankomst 's avonds in Haarlem. Route van 40 km.
Expo van de praalwagens – *Zo*. De hele dag, in Haarlem.
De dag van het corso – Download de route van de optocht en kies een plek waar u de wagens goed kunt zien. Reis erheen met het openbaar vervoer. Komt u met de auto, vergeet de Keukenhof en Lisse, en parkeer ver van de route!

Overnachten

Noordwijk aan Zee

Doorsneeprijzen
Zonne – *Rembrandtweg 17 - ☏ 071 361 9600 - www.hotelzonne.nl -* 🅿 ♿ *- 30 kamers € 125/150* ☕ *-* ✕. Recent gerenoveerde grote villa in een woonwijk in de duinen niet ver van het strand. Kamers met balkon en een aantal suites.
Hogerhuys – *Emmaweg 25 - ☏ 071 361 73 00 - www.hogerhuys.nl -* ♿ *- 32 kamers € 156/188* ☕ *-* ✕. In dit familiehotel heerst duidelijk de hand van de meester. Het ligt ver van de drukte van het centrum. Smetteloze kamers, design-ingerichte salon, en het ontbijt is ronduit overvloedig.

Wat meer luxe
Alexander Hotel – *Oude Zeeweg 63 - ☏ 071 361 8900 - www.alexanderhotel.nl -* 🅿 ♿ *- 62 kamers € 187/254* ☕ *-* ✕. Zeer gerieflijk hotel op 300 m van de boulevard en twee stappen van het toeristenbureau. De over drie verdiepingen verspreide kamers zijn ruim en hebben een balkon. Een mooi restaurant met een kaart die gebaseerd is op traditie. Fijne veranda met een ronde vorm.

Gouda ★

De toeristen staan elke donderdagmorgen van juni tot september rijen dik te kijken naar het handjeklap van de handelaren op de traditionele kaasmarkt. Maar het oude centrum heeft meer te bieden: grachten, middeleeuws aandoende steegjes, een kerk met prachtige vensters die tot de grootste van Europa behoren. Ook de stroopwafels, de Goudse stenen pijpen en ander aardewerk dragen bij aan de reputatie van deze stad, waar het leven zeker goed is.

Het sierlijke, gotische stadhuis van Gouda (15de eeuw)
klug-photo/Getty Images Plus

▶ Ligging

74.150 inwoners

REGIOKAART BLZ. 218 B1 EN PLATTEGROND BLZ. 307. Gouda ligt 25 km ten noordoosten van Rotterdam en 40 km ten westen van Utrecht. Met de trein bent u in *20 min* van Utrecht in Gouda.

☺ Aanraders

De Sint-Janskerk en het leuke Museum Gouda naast de kerk, gevestigd in een voormalig gasthuis. De Reeuwijkse Plassen voor de rust.

ⓘ Praktisch blz. 311

📍 Adresboekje blz. 311

Wandelen

★ Het centrum van de stad PLATTEGROND (HIERNAAST)

▶ *Wandeling in groen aangegeven op de plattegrond hiernaast.*

Markt A1-2

Midden op dit driehoekige plein staat het stadhuis met zijn geveltorens, die het bouwwerk een feeëriek aanzien geven. In het gerenoveerde 18de-eeuwse gebouw **Arti Legi** op nr. 27 bevindt zich het toeristenbureau. Op het plein worden verschillende markten gehouden, waaronder de **Kaas- en Ambachtenmarkt** *(zie 'Adresboekje' blz. 311).*
Rond het plein staan diverse oude huizen, waaronder een paar bijzondere: op nr. 68 een voormalig hotel voor gemeenteraadsleden, op nr. 71 een voormalig politiebureau uit 1900 in renaissancestijl en op nr. 18 een van de oudste pijpen- en tabakswinkels van de stad.

★ Stadhuis A1-2

Dit mooie, gotische gebouw uit het midden van de 15de eeuw heeft aan de zuidkant een rijkversierde zandstenen gevel met aan weerszijden torentjes en een geveltop met balkon. Het bordes uit 1603 aan de voet is in renaissancestijl. Aan de oostkant bevindt zich een **carillon**, waarbij poppen elk half uur het tafereel weergeven van graaf Floris V van Holland die Gouda in 1272 stadsrechten verleende.

Kaaswaag A1

Dit classicistische gebouw uit 1668 is, net als de Waag in Leiden, ontworpen door Pieter Post. De gevel is versierd met een bas-reliëf waarop kaas wordt gewogen, zoals dat hier in het verleden gebeurde. In de Waag is nu het **Kaas- en ambachtenmuseum** gevestigd. Op de eerste verdieping kunt u zien hoe Goudse pijpen, kaarsen en porseleinverf worden gemaakt. Op de tweede verdieping bevindt zich een kaasmakerij met alle benodigdheden om Goudse kaas te maken, van het melken tot het wegen van de kazen. ✆ *(0182) 52 99 96 - www.goudsewaag. nl - 10.00-17.00 u; nov.-maart: 10.00-16.00 u (wisselende openingstijden, vraag inl.) - € 6,50 (tot 4 jaar gratis).*
Loop een rondje over het plein.
Achter de Waag staat de fraaie **Agnietenkapel**.
Keer terug naar de Markt. Neem de Korte Tiendeweg, ga rechts de Lange Tiendeweg in en loop om de kerk heen.

Textiel en kaas

Ter Gouwe, zoals de stad eerst heette, kwam in de middeleeuwen tot ontwikkeling als een actieve havenstad en textielcentrum aan de rivier de Gouwe, beschermd door een kasteel dat in 1577 door de stad is gesloopt. In de 15de eeuw brachten de brouwerijen en de handel grote welvaart. In de 16de eeuw ging het minder, maar Gouda kwam in de 17de eeuw weer tot leven dankzij de kaas en de vervaardiging van kleien pijpen, van het type dat rond 1620 met Engelse huurlingen was meegekomen. In de 19de eeuw kwam daar nog de productie van kaarsen (Gouda had de grootste fabriek van het land), aardewerk, touw en bakstenen bij.

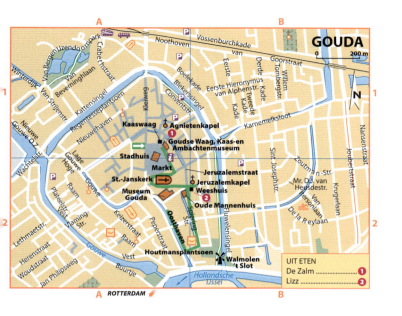

★ Sint-Janskerk A2

✆ (0182) 51 26 84 - www.sintjan.com - nov.-maart: ma-za 9.00-17.00; rest v.h. jaar: ma-za 10.00-16.00 u - € 9,50.

Deze oorspronkelijk 13de-eeuwse kerk is drie keer na brand herbouwd en telkens weer vergroot. Ze is nu 123 m lang en daarmee de langste kerk van het land. Na de klokkentoren met de onderbouw van de oorspronkelijke kerktoren volgen vele puntgevels, die ruimte bieden aan grote vensters. Het is een basiliek met kruisbeuken uit het einde van de gotische periode met houten tongewelven. Het zeer lichte interieur is sober ingericht. De kerkbanken zijn opgesteld in de vorm van een amfitheater.

★★★ **Goudse Glazen** – De reputatie van deze kerk wordt deels bepaald door de prachtige groep van **zeventig gebrandschilderde glas-in-loodramen** of 'glazen'. Veertig overleefden de beeldenstorm, de andere stammen van na de Reformatie. De zevenentwintig grootste ramen zijn geschonken door de koning, prinsen, autoriteiten en rijke burgers. De dertien opvallendste ramen in het middendeel en aan de westkant van de kerk zijn door de gebroeders **Dirck en Wouter Crabeth** vervaardigd tussen 1555 en 1571, toen de kerk nog katholiek was. Het zijn bijbelse taferelen. Het werk van de gebroeders Crabeth draagt de volgende nummers: **5 -** De koningin van Scheba bezoekt Salomo; **6 -** Onthoofding van Holofernus; **7 -** Het Koningsglas (de Inwijding van de tempel door koning Salomo en het Laatste Avondmaal, gift van koning Filips II van Spanje en koningin van Engeland Mary Tudor); **8 -** Bestraffing van de tempelrover Heliodorus; **30 -** Jonah *(hoog raam boven de toegang tot de kooromgang links van het koor)*; **12 -** Geboorte van Jezus; **14 -** Prediking door Johannes (beschermheilige van Gouda; diens kleuren, wit voor reinheid en liefde, rood voor lijden, zitten ook in het stadswapen); **15 -** Het doopsel van Jezus (oudste glas, 1555); **16 -** Eerste prediking van Jezus; **18 -** Johannes in de gevangenis; **22 -** De tempelreiniging (gift van Willem van Oranje en symbool van de strijd van de kerk om zich te reinigen); **23 -** De offerande van Elia (gift van

Margareta van Parma, landvoogdes van de Nederlanden tot de aanvang van de Tachtigjarige Oorlog). De recentste glazen stammen uit de protestantse tijd, ze zijn vooral tussen 1594 en 1603 geplaatst aan de westkant. Het zijn giften van de vrije Hollandse steden met wapenschilden, historische taferelen, allegorieën en enige Bijbelse taferelen. Let bij deze glazen op de volgende nummers: **25** - Het ontzet van Leiden (in 1574 met rondom inundaties, portret van Willem van Oranje, silhouet van Delft); **27** - De farizeeër en de tollenaar; **28** - De overspelige vrouw (met een perspectivische, monumentale achtergrond). Let ook op **28A** *(rechtsonder)* - Het Bevrijdingsglas (van Charles Eyck, 1947). De zeven glazen van de **kapel** *(deur onder glas 14 van het koor)* verbeelden de gevangenneming van Jezus, de bespotting, de geseling, Jezus door Pilatus aan het volk getoond *(Ecce Homo)*, de kruisdraging, de opstanding, de hemelvaart en de uitstorting van de Heilige Geest, afkomstig van een naburig klooster.

Het orgel achter in de kerk stamt uit 1736. Het nieuwe orgel in het koor is uit 1974.
Loop weer naar buiten.

Jeruzalemstraat A2
Op de hoek met de Patersteeg bevindt zich de 16de-eeuwse **Jeruzalemkapel** naar voorbeeld van de Heilig-Grafkerk in Jeruzalem. Op de andere hoek staat het 17de-eeuwse **Weeshuis**. Het gebouw heeft een klokgevel. Aan de zijkant is de toegangspoort met daarboven een bas-reliëf met twee weeskinderen. Aan het trottoir ertegenover, op nr. 2, is het **Oude Mannenhuis** toegankelijk via een uit 1614 daterende en in de 18de eeuw aangepaste poort.
Loop door en volg de Spieringstraat, die naar een park voert.

Houtmansplantsoen B2
Hier verheft zich **Walmolen 't Slot** (stellingmolen) uit 1832, die ooit het graan maalde. De molen staat op de grondvesten van een in 1577 verwoest slot, vandaar de naam. Kijk in het plantsoen naar de Wilhelminaboom, geplant ter gelegenheid van de troonsbestijging door prinses Wilhelmina in 1898.

Oosthaven A2
Aan de gracht, die op de Hollandsche IJssel uitkomt, zijn fraaie gevels te zien en rechts, in de oude haven, heeft u mooi uitzicht op de stad.

Wat is er nog meer te zien?
PLATTEGROND BLZ. 307

★ Museum Gouda A2
Twee ingangen: Achter de Kerk 14 en Oosthaven 9 - ✆ (018) 233 10 00 - www.museumgouda.nl - 10.00-17.00 u - € 19,50 (tot 18 jaar € 15).

U komt het museum, dat in een voormalig gasthuis van Gouda is ondergebracht, aan de tuinkant binnen via een poortje uit 1609 (Lazaruspoortje), dat is versierd met een veelkleurig bas-reliëf van de melaatse Lazarus die bedelt aan de tafel van een rijke. Het is afkomstig van een leprozenhuis. In het oude deel van het gasthuis (van rond 1550), waar zich de ziekenzalen bevonden, is een **stadsapotheek** uit Zierikzee (Zeeland) uit het einde van de 18de eeuw herbouwd.

Verschillende zalen geven een mooie indruk van de kunstnijverheid van de 17de eeuw tot de jaren 1930. Het **Ruim** is gewijd aan schutters: groepsportretten, waaronder een van Ferdinand Bol, een leerling van Rembrandt. Naast het Ruim liggen de regentenkamers, de keuken en de voorraadkelder, maar ook de **Gasthuiskapel**. In deze

> ### Goudse kaas
>
> Samen met de edammer *(zie blz. 153)* is de Goudse kaas de beroemdste Nederlandse kaas. Hij is plat en 35 cm in diameter. Hij kan van gepasteuriseerde melk zijn gemaakt of van rauwe melk; in het laatste geval spreken we van boerenkaas. Vroeger was het de boerin, soms samen met andere vrouwen, die zorgde voor het stremmen, het voorbereiden van de kaasvormen, het vullen ervan en het persen van de kaas. De poreuze beschermlaag om de kaas moet schimmel voorkomen. De kaas kent drie gradaties van hardheid: jong na twee maanden rijpen, belegen na zes maanden rijpen en oud na een jaar of langer rijpen. De vermelding *volvet 48+* duidt op het vetgehalte dat dan gelijk is aan ten minste 48 procent vet van de droge stof van de kaas.

kapel bevinden zich religieuze kunstwerken, zoals 16de- en 17de-eeuwse schilderijen, liturgische gewaden en een verzameling zilverwerk (15de-eeuwse miskelk, waarschijnlijk een gift van Jacoba van Beieren aan de stad Gouda).

In een **kelder** zijn oude martelwerktuigen te bezichtigen. Ga ook kijken naar de gekkenkooi, het enige exemplaar in Nederland. Op de bovenverdieping bevindt zich de gereconstrueerde zaal van het chirurgijnsgilde en schilderijen van de School van Barbizon en de Haagse School (Anton Mauve, Isaac Israëls, Jacob Maris, W.B. Tholen). In het museum bevinden zich ook een verzameling pijpen en een grote collectie **Gouds plateel★**.

Rondrit

REGIOKAART BLZ. 218

Langs de Hollandsche IJssel BC1-2

◐ *Rondrit van 35 km in oranje aangegeven op de regiokaart. Rijd de Karnemelksloot op; neem na de grote gracht de tweede straat links en ga de Platteweg op.*

★ **Reeuwijkse Plassen**

De plassen beslaan een grote oppervlakte. De watervlaktes zijn zeer populair bij watersporters. De weg tussen de plassen door geeft zicht op een mooi landschap met gefilterd licht, een landelijk en soms ook wild karakter en een uitbundige begroeiing.

Keer om, neem de N228 en volg de zeer smalle weg over de dijk (moeilijke kruising). Deze weg langs de Hollandsche IJssel biedt een schilderachtig **uitzicht★** op de rivier met haar drassige oevers en boerderijen onder aan de dijk.

Oudewater

Oudewater is de geboorteplaats van **Jacobus Arminius** (ca. 1560-1609) en van de schilder **Gerard David** (ca. 1460-1523), die in 1483 naar Brugge verhuisde en bekend werd als een van de Vlaamse primitieven. Het is een van de oudste steden van Nederland. Ze dankt haar bekendheid aan de **Heksenwaag** *(Leeuweringerstraat 2 - ℘ (0348) 56 34 00 - www.heksenwaag.nl - april-okt.: dag. beh. ma 11.00-17.00; nov.-maart: za, zo 11.00-17.00 u - € 7, 4-11 jaar € 3,50)*. Deze heksenweegschaal bevindt zich in de Waag, een fraai renaissancistisch gebouwtje met trapgevel dat bij de Markt over een gracht is gebouwd. In de 16de eeuw werden hier van hekserij beschuldigde vrouwen van heinde en ver naartoe gebracht om hen te laten wegen in aanwezigheid van de burgemeester van de stad. Als de vrouwen niet te licht waren voor hun lichaamsbouw, dan waren ze te zwaar om op een bezemsteel te kunnen vliegen en konden ze dus geen heks zijn. Vervolgens kregen ze een certificaat dat hen vrijsprak van hekserij. Geen enkele van de in Oudewater gewogen personen bleek een heks. Het laatst uitgegeven certificaat stamt uit 1729. Op de zolder kunt u prenten, documenten en een audiovisuele voorstelling zien over de geschiedenis van de hekserij.

Ga naast de Waag op nr. 14 kijken naar de renaissancegevel (1601) van het geboortehuis van Arminius. Nog meer fraaie gevels kunt u vinden in de naburige straten, zoals de Wijdstraat. Op nr. 3 van de Donkere Gaard, vlak bij de Markt, staat een huis met fraaie houten lijst.

Het **Stadhuis**, vlak bij de Markt, heeft een bordes onder de trapgevel.

Ga via de N228 in de richting van Gouda, sla af naar Haastrecht en volg verder de rivier de Vlist naar Schoonhoven.

De **route★** is vredig en landelijk: de weg, in de schaduw van wilgen met aan weerszijden fraaie boerderijen met rieten daken, voert over de rivieroever die soms overhuifd wordt door uitbundige begroeiing. In het dorpje **Vlist** staat een fraaie houten wipmolen.

Steek bij de afslag Vlist het riviertje over.

Schoonhoven

Dit aardige stadje op de plaats waar de Vlist in de Lek uitkomt, staat bekend om de siersmeedtraditie, die nog altijd door zilver- en goudsmeden levend wordt gehouden. Van Schoonhoven gaat een veer naar de zuidoever van de Lek; aan die oever staat de Veerpoort uit 1601. Aan het begin van de schilderachtige gracht die door de stad loopt staat het **Edelambachtshuys**, waar u de grote collectie historisch zilverwerk van Schoonhoven kunt zien en een oude werkplaats kunt bezichtigen. *Haven 13 - ℘ (0182) 38 26 51 - www.schoonhovenszilvermuseum. nl - di-vr 10.00-17.30, za 10.00-17.00 u - € 1.*

Even verderop staat het **Stadhuis** uit 1452. Het is een gemoderniseerd, hoog gebouw met een klokkentoren. Links staat de **Grote Kerk**, herkenbaar aan de scheve toren. Op de Dam, aan de centrale gracht, staat de **Waag** uit 1617 met een indrukwekkend tentdak. Even verderop ligt het **Nederlands Zilvermuseum**, met een grote verzameling zilverwerk, een keurkamer met keurmerken voor goud en zilver, en een zilversmederij. Daarnaast is er een fraaie **collectie★** Friese en Zaanse staartklokken, Franse wandklokken, 18de-eeuwse slingeruurwerken en een groot aantal horloges te bewonderen. Ook bezienswaardig zijn een collectie zilverwerk, een ruimte waar goud en zilver gecontroleerd en van een stempel worden voorzien, en een werkplaats van een edelsmid. *Kazerneplein 4 - ℘ (018) 238 56 12 - www. zilvermuseum.com - ♿ - di-zo 11.00-17.00 u - € 12 (tot 17 jaar gratis).* In de mooie neogotische, 50 m hoge **Watertoren** uit 1901 is sinds 1996 **Zilver in Beweging** gevestigd, een stichting gewijd aan de bevordering van groot zilverwerk. In het stadje staan fraaie huizen, bijvoorbeeld op Lopikerstraat 37: de voorzijde uit 1642 heeft een dubbele trapgevel.

Keer terug naar de N228.

GOUDA

ℹ️ Praktisch

Inlichtingen

Toeristenbureau – Markt 35 (in het Kaas- en Ambachtenmuseum) - ☏ (0182) 58 91 10 - www.welkomingouda.nl.

📍 Adresboekje

PLATTEGROND BLZ. 307

Uit eten

Doorsneeprijzen

① De Zalm – A1 - Markt 34 - ☏ 0182 68 69 76 - www.dezalm.com - 10.00-23.00, do 10.00-0.00, vr-za 10.00-1.00 u - hoofdgerecht € 21,50/39. Een grand café-brasserie met een mooi terras tegenover het stadhuis waar u op elk moment terechtkunt voor een snack, een lunch of een diner.

Wat meer luxe

② Lizz – B2 - Spieringstraat 1 - ☏ 0181 23 12 53 - wshs.nl - wo-za 18.00-20.00 u - € 65/95. Het menu van het restaurant van het topklasse hotel **Weeshuis** (kamers vanaf € 200) nodigt u uit voor een fascinerende en soms ludieke gastronomische reis. Een complete culinaire belevenis in het mooiste gebouw van Gouda, met een mix van karaktervolle oude gewelven, een kleurige inrichting en luxueus design.

Een tussendoortje

Banketbakkerij van der Berg – A2 - Lange Groenendaal 32 - ☏ 0182 529 975 - www.vd-berg.nl - ♿ - 8.30-17.30, za 8.00-17.00 u - gesl. zo. Deze tearoom aan het plein heeft in de straat aan de achterkant een rustig klein terras. Verse vruchtensappen en allerlei soorten bagels en gebak.

Winkelen

Kaas- en Ambachtenmarkt – A1-2 - half april-half sept.: do 10.00-12.30 u.

Kaaswinkeltje – A2 - Lange Tiendeweg 30 - ☏ 0182 514 269 - www.kaaswinkeltje.com - ♿ - ma-vr 8.30-18.00, za 8.00-17.00 u. Is er geen markt, dan kunt u hier de lekkerste kaas van de hele stad krijgen.

Sport en ontspanning

Reederij de IJsel – A2 - Oosthaven 12 - ☏ 06 83 70 51 93 - www.reederijdeijsel.nl - ♿ - half april-half okt.: afvaart do-za om 11.00, 12.30, 14.00 en 15.30 u - € 11 (3-12 jaar € 6). Rondvaart (1.30 uur) over de grachten.

Overnachten

👉 *Zie bij* **Weeshuis** *onder 'Uit eten' hiernaast.*

Vlist

Doorsneeprijzen

🌿 **B&B Droomgaerd** – West Vlisterdijk 40 - ☏ 06 50 27 09 63 - www.droomgaerd.nl - 2 kamers € 99 ☕. Een leuke B&B, eenvoudig en comfortabel, in een piepklein dorp. Karakteristiek huis, goede bedden en voedzaam ontbijt met natuurproducten. Vanwege de tuin en de boerderijdieren een ideaal adres voor een verblijf met de hele familie. Tevens fiets- en bootverhuur.

Dordrecht ★

Dordrecht, kortweg Dordt, is een haven- en industriestad, waar in de stadshaven en verder oostwaarts in het Wantij talloze recreatieschepen liggen. In het centrum zijn kleurrijke kades en grachten met oude gevels te vinden, terwijl in de zuidelijke wijken spannende gebouwen staan.

Dordrecht, de gekleurde daken van de oude stad
dropStock/Getty Images Plus

▶ Ligging

119.600 inwoners
REGIOKAART BLZ. 218 B2 EN PLATTEGROND BLZ. 315. 23 km ten zuidoosten van Rotterdam *(20 min. met de trein)*.

☺ Aanraders

Het Museum Simon van Gijn, de Grote kerk, de talloze plaatsen vanwaar u een mooi uitzicht hebt op de Oude Maas, een boottocht door Nationaal Park De Hollandse Biesbosch.

👪 Met het gezin

Nationaal Onderwijsmuseum.

ℹ Praktisch blz. 318

📍 Adresboekje blz. 318

De oudste stad van Holland

Al in 1220 kreeg Dordrecht stadsrechten van graaf Willem I van Holland. Daarom wordt de stad als de oudste van het graafschap Holland beschouwd. In de 14de eeuw kwam de stad tot grote bloei: ze had in 1299 als enige stad het stapelrecht op de Rijnhandel verkregen. De 15de eeuw verliep echter desastreus: in 1418 werd de stad tijdens de Hoekse en Kabeljauwse Twisten tevergeefs belegerd door graaf Jan van Brabant. Na de Elisabethsvloed in 1421 kwam ze op een eiland te liggen, in 1457 woedde er een grote stadsbrand en in 1480 werd ze ingenomen door Jan van Egmont. In de 16de eeuw herstelde de stad zich. Vanaf het begin van de 17de eeuw werd Dordrecht echter ingehaald door Amsterdam en Rotterdam.

De wieg van de onafhankelijkheid

In juli 1572 werd in het Hof van Dordrecht na de **inname van Den Briel** door de watergeuzen in april *(zie blz. 243)* de eerste vrije Statenvergadering van Holland en Zeeland gehouden. In Dordrecht besloten vertegenwoordigers van twaalf verenigde Hollandse steden en de adel het land te bevrijden van de legers van de hertog van Alva. Hierbij werd Willem van Oranje erkend als stadhouder, de officiële vertegenwoordiger van Filips II van Spanje. Daarmee werd het fundament gelegd voor de toekomstige Republiek.

De synode van Dordrecht

In 1618-1619 werd in Dordrecht een kerkvergadering belegd van protestantse theologen om de twisten te beslechten tussen de **remonstranten** en de **gomaristen** (of contraremonstranten). In 1613 was tussen Jacobius Arminius, professor in de theologie aan de universiteit van Leiden, en zijn collega Franciscus Gomarus een conflict over de predestinatieleer ontstaan. De contraremonstranten of gomaristen geloofden dat het lot van de mens al vóór de geboorte door God is voorbeschikt, terwijl de remonstranten van mening waren dat de mens door zijn gedrag invloed had op zijn lot in het hiernamaals. De gomaristen kwamen als winnaars uit de strijd en begonnen hun tegenstanders op bloedige wijze te vervolgen.

De gebroeders De Witt

Dordrecht is ook de geboortestad van twee beroemde staatslieden, de gebroeders De Witt. **Johan de Witt** (1625-1672) was een uitstekend bestuurder, maar niettemin zou zijn buitenlandbeleid mislukken. Hij kon de ondergang van de Hollandse vloot tegen Engeland in 1654 niet voorkomen. Bovendien moest hij het als tegenstander van de overheersing door de Oranjes opnemen tegen het oranjegezinde volk. Nadat hij de Tweede Nederlands-Engelse Oorlog (1655-1667) had gewonnen en zonder schade een oorlog met Lodewijk XIV van Frankrijk (1667-1668) had doorstaan, slaagde hij erin het **Eeuwig Edict** van 1667 door te voeren, waarbij het stadhouderschap werd afgeschaft en daarmee de macht van de Oranjes. In hetzelfde jaar dat Lodewijk XVI tegen de Nederlanden optrok (1672), slaagde het volk erin Willem van Oranje als Willem III tot stadhouder en kapitein-generaal gekozen te krijgen.

Cornelis de Witt, broer van Johan en sinds 1666 burgemeester van Dordrecht, werd onterecht beschuldigd van samenzwering tegen Willem III en gevangengezet in Den Haag. Tijdens een bezoek van Johan aan zijn broer werden beiden door een volksmeute in de buurt van de gevangenis gelyncht.

Wandelen

★ De oude stad PLATTEGROND HIERNAAST
▶ *Wandeling in groen aangegeven op de plattegrond hiernaast.*

★ Grote of Onze-Lieve-Vrouwekerk A1
Lange Geldersekade 2 - ✆ (078) 614 46 60 - www.grotekerk-dordrecht.nl - april-okt.: di-za 10.30-16.30, zo 12.00-16.00 u; nov.-maart: vraag inl. - € 4.
Na een verwoestende brand in 1457 werd de kerk tussen 1460 en 1502 herbouwd in Brabants-gotische stijl. De enorme, onvoltooid gebleven **toren** begon al tijdens de bouw aan de noordkant te verzakken; hij eindigt nu in een plat dak waarop de vier wijzerplaten van het torenuurwerk staan. De kerk wordt gebruikt door de protestantse gemeente. Het enorme interieur (lengte 108 m) is indrukwekkend; de kapitelen van de 56 zuilen zijn op Brabantse wijze gedecoreerd met koolbladeren. Het Mariakoor heeft een stergewelf.
De eikenhouten **koorbanken★** (1538-1546) zijn door de Vlaming Jan Terwen voorzien van renaissancistisch houtsnijwerk en behoren tot de mooiste van het land. Het barokke koorhek uit 1744 is sierlijk. In een kapel aan de kooromgang in het oosten vertellen drie ramen gebeurtenissen uit de geschiedenis van de stad: de overstroming van 1421, de brand van 1457 en de inname van de stad in 1480. De preekstoel in rococostijl uit 1756 is voor een groot deel van marmer. Het **orgel** stamt uit 1671. Op de vloer liggen 17de- en 18de-eeuwse grafstenen. Een expositie is gewijd aan de Synode van Dordrecht (1618-1619) en er zijn aquarellen van de rozetten van de gewelven en een verzameling gouden kelken te zien.
Beklimmen van de toren – *279 treden - ✆ (078) 631 04 13 - www.grotekerk-dordrecht.nl - april-okt.: di-za 10.30-16.30, zo 12.00-15.30; nov.-maart: za 12.00-16.00 u.*
Onderweg naar boven kunt u een uurwerk uit 1626 bezichtigen. Vanaf het terras op de top heeft u mooi **uitzicht★★** op de oude stad, waar de huizen dicht op elkaar aan de grachten en havenkommen staan. Let op de lengte van de daken: aan de gracht was de grond zo duur dat men liever diepe huizen liet bouwen. Ook de rivieren die rond de stad stromen, zijn te zien.
Rechts van de toren kunt u aan de **Leuvebrug** over de Voorstraatshaven vier stenen bas-reliëfs uit 1937 van de hand van **Hildo Krop** (1884-1970) bewonderen: er staan een gevangene, een bakker, een melkmeisje en een chirurgijn-apotheker op afgebeeld.
Loop langs de oude Catharijnepoort, steek de Mazelaarsbrug over en geniet even van het uitzicht op de Oude Maas; loop vervolgens verder naar de Nieuwe Haven.

Blauwpoort A1
Aan het begin van de Nieuwe Haven staan bij deze zeer eenvoudige poort uit 1652 pakhuizen en een fraaie, 18de-eeuwse patriciërswoning met bordes, **Huis Bever-Schaep**. Boven de voordeur zijn een elkaar omarmende meermin en meerman te zien, en op het fronton staan een bever en een schaap aan weerszijden van het wapenschild.

★ Huis Van Gijn A1
Nieuwe Haven 30 - ✆ (078) 770 87 09 - www.huisvangijn.nl - dag. beh. ma 11.00-17.00 u - € 12,50 (tot 18 jaar gratis).
Dit monumentale huis uit 1729, nu onderdeel van het Dordrechts Museum, is

DORDRECHT

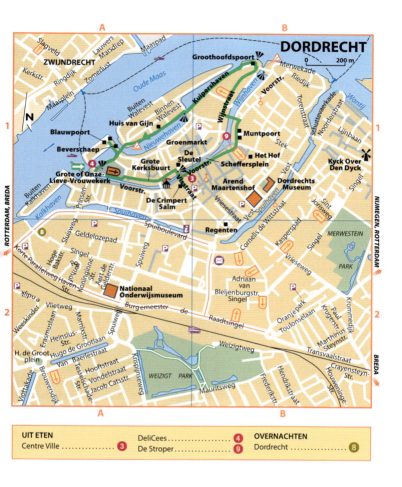

UIT ETEN		DeliCees ... ❹	OVERNACHTEN
Centre Ville ... ❸		De Stroper ... ❾	Dordrecht ... ❽

inclusief de inrichting door de bankier en kunstliefhebber Simon van Gijn (1836-1922) aan de stad nagelaten. In de zaal hangen mooie Vlaamse tapijten (1730). De kamers op de begane grond (de Vriesendorpsalon, de eetkamer en de tuinkamer) zijn in 1886 gerenoveerd en er staat dan ook meubilair uit die tijd. De keuken met koperen potten en pannen en een fraaie, betegelde schouw roept de sfeer op van het begin van de 19de eeuw. Op de eerste verdieping bevinden zich naast een studeerkamer en een bibliotheek in oud-Hollandse stijl ook een slaapkamer en een badkamer. In de gang is een model van een schip uit 1740 te zien. De kamer met goudleer van rond 1686 is heel bijzonder: het is de enige in zijn soort die geheel behouden is gebleven. Op de tweede verdieping zijn tijdelijke tentoonstellingen te zien, evenals een verzameling tekeningen uit de Atlas van Gijn. Op zolder is een tentoonstelling met 19de-eeuws speelgoed ingericht. Hier zijn winkeltjes, poppenhuizen, poppen en kinderserviesjes te bekijken. Vanaf de noordoever van de Nieuwe Haven heeft u een mooi **uitzicht** op deze haven en de Grote Kerk, op de Kuipershaven en op de fraaie, oude pakhuizen.

Steek de brug over naar de Kuipershaven.

Kuipershaven AB1

In de oude haven van de kuipers, de vatenmakers, waar vroeger de wijnhandel plaatsvond, liggen talloze mooie schepen. Op nr. 41-42 is een ton te zien in het ijzeren raamwerk boven de deur van dit huis uit 1700. Op het bovenlicht van nr. 48 staat een mand. De twee prachtige **stoomschepen** van het Havenmuseum zijn hier aan de kade aangemeerd.

Loop over de brug en geniet van het uitzicht aan het uiteinde van de kade, ga dan verder naar het Groothoofd.

Groothoofdspoort B1

Deze poort uit 1618 met koepel was de hoofdpoort van de stad. Vanaf de noordkade heeft u fraai **uitzicht**★ op de plaats waar de Merwede, de Noord en de Oude Maas samenkomen. Vooral tegen de avondschemering is het hier op het water druk. Aan de andere kant van de poort, bij de brug, vormen de **Wijnhaven** met de vele plezierjachten en een hoektorentje een schilderachtig geheel.

Wijnstraat B1

Aan deze met kinderhoofdjes geplaveide straat zijn veel huizen verzakt. Sommige hebben renaissancistische trapgevels *(nr. 73-75, met in het wapen een kip, nr. 85)*, andere zijn rococo *(nr. 87)*. Op nr. 113 staat een gotisch, natuurstenen trapgevelhuis dat beschouwd wordt als een van de oudste woonhuizen van Nederland.
Steek de gracht over.
Aan deze brede gracht staan de oudste huizen van de stad.
Ga, nadat u de gracht bent overgestoken, links de Voorstraat in.

Voorstraat AB1

Deze straat was vroeger een dijk en u winkelt dus 'op' deze winkelstraat met kunstgaleries en antiekwinkels en boeiende gevels. Op nr. 178 is een fraaie rococogevel te zien en op nr. 188 staat de **Muntpoort** uit 1555. Op nr. 120 ziet u de **kerk van Sint-Maria Maior** van de oud-katholieke parochie. Toen in 1572 Dordrecht de kant van de Reformatie koos, ging de katholieke gemeente ondergronds in een schuilkerk. De huidige neoclassicistische kerk uit 1843 staat op de plaats waar de schuilkerk ooit stond. Aan het begin van het voetgangersgebied, op nr. 216, vindt u de hervormde **Augustijnenkerk**, een in 1512 herbouwde kloosterkapel. Links van de kerk, op nr. 214, geeft een portaal toegang tot **Het Hof,** het voormalige gerechtshof uit 1275. Hier vergaderden in 1572 in een zaal de Staten van Holland. Let bij de ingang op de vier jassen en vier zwarte hoeden aan de muur. Deze attributen staan voor de vier gewesten die hier een verbond aangingen tegen de koning van Spanje. Tegenover Het Hof, in een hoek met een straatje dat naar een brug voert, kunt u nog een mooie renaissancistische gevel bewonderen.
Loop verder door de Voorstraat.

Scheffersplein B1

Hier staat een standbeeld van de schilder Ary Scheffer. Het plein wordt voor een groot deel in beslag genomen door de terrassen van de vele cafés.
Vervolg uw weg en sla links de Visstraat in.

Visstraat AB1

Deze straat leidt naar de zeer moderne winkelwijk van Dordrecht. Op nr. 7 staat een prachtig renaissancistisch huisje uit 1608, de **Crimpert Salm**. Het rijkversierde huis heeft een gevelsteen met een zalm, en bovenin is nog een leeuw te zien. Op nr. 25 bevindt zich Veilinghuis A. Mak, sinds 1839 in dit 17de-eeuwse monument gevestigd. Vanaf 2015 vinden er echter geen veilingen meer plaats.
Ga terug naar de Voorstraat, steek de straat over en daarna de Visbrug.

U heeft uitzicht op de smalste gracht in deze buurt en op het art-nouveaugebouw van de bibliotheek, met gouden koeien tegen de gevel. Op de brug staat een monument uit 1922 ter ere van de gebroeders De Witt *(zie blz. 313)*.
Ga rechts naar de Groenmarkt.

Groenmarkt A1
Rechts op nr. 105 van de voormalige groentemarkt staat **Huis De Sleutel**. Op de gevel zijn een sleutel en timpanen met verschillende bogen te zien. Dit huis uit 1550 moet een van de oudste van de stad zijn. Op nr. 53 vindt u een mooie gevel, waarvan de timpanen bogen vormen.
Keer terug via dezelfde straat naar de met twee leeuwen versierde Lombardbrug.

Stadhuisplein A1
Aan dit plein staat het stadhuis. Het was oorspronkelijk een markthal (1383) waar Vlaamse kooplieden lakense stoffen aanboden. In de 16de eeuw nam het stadsbestuur zijn intrek in de hal. Pas in de 19de eeuw werd de middeleeuwse voorgevel vervangen door de huidige witte neoclassicistische gevel. U kunt de Raedtskelder, een restaurant in een jachtvertrek in rococostijl, en de zolder met de oude gevangeniscellen bezoeken.
Ga terug naar de Groenmarkt. Loop verder rechtdoor.

Grote Kerksbuurt A1
Het huis op nr. 56 heeft een fraaie trapgevel.

Wat is er nog meer te zien?
PLATTEGROND BLZ. 315

Dordrechts Museum B1
Museumstraat 40 - ☏ (078) 770 87 08 - www.dordrechtsmuseum.nl - ♿ - dag. beh. ma 11.00-17.00 u - € 15 (tot 18 jaar gratis).
In dit museum is in het bijzonder het werk van uit de stad afkomstige, 17de-eeuwse schilders te zien, zoals Albert Cuyp, en van leerlingen van Rembrandt zoals Nicolaes Maes en Arent de Gelder. U kunt hier ook romantische schilderijen van Nederlandse kunstenaars bewonderen en werken van de Haagse en de Amsterdamse School. Let bij de 18de- en 19de-eeuwse doeken op de Bijbelse taferelen en de portretten van **Ary Scheffer**: het *Zelfportret op 43-jarige leeftijd* (1838) en bovenal het *Portret van Frédéric Chopin* (1847). Hier zijn ook Scheffers illustraties te zien voor de *Histoire de la Révolution Française,* geschreven door Louis Adolphe Thiers. Verder zijn er verschillende 20ste-eeuwse kunststromingen vertegenwoordigd, zoals CoBrA, de Nulbeweging, de Nieuwe Figuratie en het magisch realisme.

Molen Kyck over den Dyck B1
Deze stellingmolen werd in 1713 gebouwd. Hij is nog volledig in bedrijf en wordt gebruikt voor het vermalen van graan.

Hofjes B1-2
Het **Arend Maartenshof** *(Museumstraat 52)* is een voormalig gasthuis uit 1625 en ademt nog altijd de sfeer van die tijd, met zijn lage huisjes en een regentenkamer uit 1700 rond een prachtige binnenhof.
De **Regenten-** of **Lenghenhof** uit 1756 is gebouwd in rococostijl en heeft een mooie regentenkamer. *Bagijnhof - 9.00-18.00 u - gratis.*

ZUID-HOLLAND

Nationaal Onderwijsmuseum A2
Burgemeester de Raadtsingel 97 - ☏ (078) 632 68 20 - www.onderwijsmuseum.nl - di-za 9.00-17.00, zo 11.00-17.00 u - € 10 (4-12 jaar € 4).
In dit kleine museum wordt de ontwikkeling getoond van het onderwijs aan de hand van educatief materiaal en de inrichting van zes klaslokalen, van de kloosterschool in de middeleeuwen tot het lokaal in de jaren 1960.

In de omgeving
REGIOKAART BLZ. 218

De Hollandse Biesbosch B2
▶ *8 km ten oosten van Dordrecht, via de N3, afslag De Hollandse Biesbosch. Baanhoekweg 53 - ☏ (078) 770 53 53 - www.biesboschcentrumdordrecht.nl - 9.00-17.00 u.*
Dit is het zuidelijk deel van Nationaal Park De Biesbosch (*www.np-debiesbosch.nl*). In het **bezoekerscentrum** vertellen een tentoonstelling en een audiovisuele presentatie de geschiedenis van dit natuurgebied en zijn bewoners. Ernaast is een 200 ha groot recreatiegebied aangelegd waar outdooractiviteiten plaatsvinden. Er zijn wandelpaden, fietsroutes, plekken om bevers te spotten (die het hier sinds hun herintroductie in 1988 goed naar hun zin lijken te hebben) en vaartochten door het natuurpark.

ℹ️ Praktisch

Inlichtingen

Toeristenbureau –
*Spuiboulevard 99 -
☏ 708 751 30 00 -
indordrecht.nl*

Vervoer

Waterbus - *www.waterbus.nl*. Het veer voor voetgangers en fietsers tussen Dordrecht en Rotterdam doet ook Alblasserdam aan, niet ver van de molens van Kinderdijk *(zie blz. 242)*. De waterbus brengt u daar ook naartoe, instappen aan het Otto Dickeplein, op het uiteinde van de Merwekade *(fiets toegestaan).*

📍 Adresboekje
PLATTEGROND BLZ. 315

Uit eten

Goedkoop

③ **Centre Ville** - AB1 -
*Voorstraat 345 - ☏ 078 631 15 75 -
www.cvdordrecht.nl - 10.00-19.00 u* - gesl. zo - hoofdgerecht € 15/22.
Deze café-brasserie met terras is al sinds 1902 gevestigd aan de gracht in het centrum, op de hoek van de Groenmarkt: de juiste plek voor een lunchpauze tijdens een stadswandeling, in een typisch Nederlandse sfeer.

Doorsneeprijzen

9 De Stroper – B1 - *Wijnbrug 1 - ☏ 078 613 00 94 - www.destroper.nl - 12.00-14.00, 17.00-22.00, wo 17.00-22.00 u - gesl. ma-di - menu € 37,50/62,50 - op afspraak.* Visrestaurant met drijvend terras voor dagen met mooi en warm weer.

Wat meer luxe

4 DeliCees – A1 - *Lange Geldersekade 8 - ☏ 078 621 37 72 - delicees.nl - wo-zo vanaf 18.00 u - gesl. ma-di - € 48/94 - op afspraak.* In dit stijlvolle restaurant, dat aantrekkelijk is ingericht met een sublieme mix van retro en modern, worden de papillen van de gasten geprikkeld door verfijnde smaken, samengesteld op basis van lokale seizoensingrediënten. Chef Cees streeft overduidelijk naar culinaire verrassingen.

☺ Koopavond is op donderdag, koopzondag is de laatste zondag van de maand. De **markt** wordt gehouden in het centrum op vrijdag (*8.00-16.00 u*) en zaterdag (*8.00-17.00 u*).

Specialiteiten

Hier worden Dordtse likeur en jenever gestookt, waaronder port en moutwijn, de plaatselijke specialiteiten van Dordt. Rondleiding en proeverij op afspraak.

Rutte Distillateurs – B1 - *Vriesestraat 130 - ☏ 078 613 4467 - www.rutte.nl - ma-za 9.30-17.00 u.* Jenevers, gins en eau-de-vies; distilleerderij sinds 1872.

Sport en ontspanning

Fietsverhuur – AB2 - *Stationplein 6 - ☏ 078 635 6830 - dag. beh. zo 8.00-18.00 (za 17.00 u).* Fietsliefhebbers zullen de bos- en waterrijke streek van Elzen, tegenover de Biesbosch ten zuiden van de stad, kunnen waarderen. De routes zijn met genummerde borden aangegeven (waar paden elkaar kruisen) en met richtingaanwijsborden. Bij het toeristenbureau is een routekaart verkrijgbaar.

Overnachten

Goedkoop

Stayokay Dordrecht – BUITEN PLATTEGROND - *Baanhoekweg 25 - ☏ 078 621 2167 - www.stayokay.com - ✗ 🅿 ♿ - 33 kamers € 76/104 ☕.* Deze jeugdherberg ligt midden in de natuur, maar er stopt een lijnbus die naar het centrum gaat *(reisduur: 20 min.).* Gezellige kamers voor 2 tot 4 personen. Fietsverhuur.

Doorsneeprijzen

8 Dordrecht – A2 - *Achterhakkers 72 - ☏ 078 613 60 11 - www.hoteldordrecht.nl - 🅿 ♿ - 21 kamers € 95/120 ☕ - ✗.* Dit gerieflijke hotel ligt tegenover de kades van de Kalkhaven. Er is keuze uit verschillende kamers, sommige zijn heel groot, andere klein en eenvoudig, in een bijgebouw. Terrasje in de tuin.

🌿 **Villa Augustus** – BUITEN PLATTEGROND - *Oranjelaan 7 - ☏ 078 639 31 11 - www.villa-augustus.nl - ♿ - 45 kamers € 135/210 - ☕ € 15 - ✗.* Aan de rand van het centrum, niet ver van de molen, is een oude watertoren omgebouwd tot hotel. Aan de voorkant liggen een siertuin en een prachtige moestuin met uitzicht op het Wantij, die ook verse ingrediënten levert voor het restaurant in het voormalige pompstation van de stad. Seizoenskaart. In het Marktcafé zijn de producten uit de moestuin ook te koop.

Gorinchem

Gorinchem of Gorcum is een belangrijk waterkruispunt waar twee grote rivieren, de Waal en de Maas, samenvloeien, maar ook het Merwedekanaal en het riviertje de Linge. Aan de westzijde van de door wallen omgeven stad ligt een grote jachthaven.

▶ Ligging	Inlichtingen
37.650 inwoners	**Toeristenbureau** – *Groenmarkt 8* -
REGIOKAART BLZ. 218 C2.	℘ *(0183) 63 15 25 -*
	www.mooigorinchem.nl.

Met het gezin
Slot Loevestein.

Wandelen

Om de stad in het water liggen nog oude vestingmuren waarover u een wandeling kunt maken, en door de stad loopt de Linge, die hier de **Lingehaven** vormt.

Grote Markt
In het voormalige neoclassicistische **stadhuis** uit 1860 huizen nu het toeristenbureau en het **Gorcums Museum** (℘ *(0183) 63 28 21 - www.gorcumsmuseum.nl dag. beh. ma-di 13.00-17.00 u - € 5,50, 4-12 jaar € 4,50*) met tentoonstellingen over de geschiedenis van de stad, schilderijen, beeldhouwwerken, maquettes, speelgoed en edelsmeedwerk. Ook presenteert het museum werk van moderne en hedendaagse kunstenaars uit Gorcum.
Op nr. 23 staat het **Hugo de Grootpoortje**, het enige wat nog over is van het huis waar Hugo de Groot zich verborgen hield na zijn ontsnapping uit Slot Loevestein *(zie hiernaast).*

Groenmarkt
Op dit plein staat de **Grote** of **Sint- Maartenskerk** uit de 15de eeuw. Van de kerk is vooral opmerkelijk de hoge gotische Sint-Janstoren uit begin 16de eeuw, die een kleine knik heeft. Al tijdens de bouw ontdekte men dat de toren uit het lood stond; de hoogste verdiepingen werden wel weer loodrecht opgebouwd.
Rondleiding door de toren na reservering bij het toeristenbureau, vraag inl.

Burgerkinderenweeshuis
Tegen de gevel (18de eeuw) van **Huize Matthijs-Marijke** is in de latei een gebeeldhouwde steen aangebracht waarop Christus met enkele kinderen is afgebeeld tussen de wapenschilden van de stichters van het weeshuis.

Dalempoort
Op deze vierkante stadspoort uit 1597 in de vestingwal staat een bouwwerk met een klokkentorentje. Dit is de enige overgebleven poort van de vier stadspoorten. Van hier kunt u korenmolen **De Hoop** uit 1764 op de vestingwal zien.

Buiten de Waterpoort
Deze lange, lommerrijke wandelweg ligt ten zuiden van de Waterpoort, die in 1894 werd afgebroken om de weg te kunnen verbreden. Hier bevindt zich ook de steiger waar de rondvaartboten aanleggen.

Vanaf deze steiger heeft u een mooi **uitzicht** op de Dalempoort, de molen en de rivier. In het zuidoosten, aan de overkant van de Lek, kunt u de kerkspits van Woudrichem en in de verte het roze slot Loevestein zien liggen.

In de omgeving REGIOKAART BLZ. 218

Leerdam C2
◐ *17 km naar het noordoosten. Rijd Gorcum uit over de Spijksedijk en neem de snelweg A15-E31 richting Nijmegen. Neem afslag 29 en ga linksaf naar Leerdam.*
Deze plaats aan de Linge is sinds de stichting van de eerste glasblazerij in 1795 het belangrijkste productiecentrum van glas in Nederland. In het zuidwesten, aan de weg naar Oosterwijk, is het **Nationaal Glasmuseum** (*Lingedijk 28-30 - ℘ (0345) 61 49 60 - www.nationaalglasmuseum.nl - di-zo 10.00-17.00 u - € 10, tot 17 jaar gratis*) in een villa ondergebracht. Het heeft een boeiende collectie glazen voorwerpen afkomstig uit de glasfabriek van Leerdam, maar ook van elders. De bezichtiging kan worden voortgezet in de glasblazerij in het centrum van Leerdam, waar u de glasblazers aan het werk kunt zien: **De Glasblazerij** (*Zuidwal - zelfde openingstijden - € 9, tot 17 jaar gratis; combikaartje € 16, tot 17 jaar gratis*).

Woudrichem C2
◐ *21 km naar het zuidoosten. Rijd Gorinchem uit via de Westwagenstraat.*
Dit vestingplaatsje ligt vlak bij de plaats waar de Waal en de Maas samenkomen. Rond de oude stad liggen nog steeds de wallen en bastions. Door de Vrede van Woudrichem van 1419 verkreeg Jan van Beieren belangrijke rechten op het gebied van zijn nicht Jacoba van Beieren.
In Woudrichem ligt een kleine jachthaven, waar een veerbootje aanmeert dat voetgangers naar slot Loevestein brengt. Vanuit het zuiden gaat u de stad binnen via de **Koepoort**. Rechts staat dan de gedrongen toren van the gotische kerk. De nissen van de toren zijn bezet met medaillons. Nabij de 15de-eeuwse **Gevangenpoort** staat het **Oude Raedtshuys** (*Hoogstraat 47*) met een sierlijke renaissancistische trapgevel.
In dezelfde straat op nr. 37 kunt u een gevelsteen zien met een bijl die hout hakt. Tegenover dit huis staan naast elkaar twee identieke huizen uit 1593 en 1606, met op de ene gevelsteen een vergulde engel en op de andere een salamander.

★ Slot Loevestein C2
◐ *Toegankelijk met de veerboot vanuit Woudrichem (alleen voetgangers en fietsers). Juli-aug.: 10.30-17.30 u; juni en sept.: di-vr 10.30-17.30, za, zo 12.30-17.30 u. Toegankelijk met de auto vanuit Gorinchem via de N322 naar Zaltbommel, afslag Loevestein net voorbij de brug over de Maas. Gratis parkeerterrein (10 min. lopen). ℘ (0183) 44 71 71 - www.slotloevestein.nl - 10.00-17.00 u - € 14,50 (4-12 jaar € 10).*
Dit stevige, bakstenen kasteel met vier vierkante hoektorens wordt omgeven door een vestinggracht en wallen. Het werd tussen 1357 en 1368 gebouwd door Dirc Loef van Horne, in 1385 omwald en in de 15de eeuw tot gevangenis verbouwd. In 1619 werd **Hugo de Groot** hier gevangengezet. In maart 1621 ontsnapte hij in de koffer waarin hem boeken waren gebracht. De zalen en bijgebouwen (wachttoren, keuken, schuur, kapel) van het slot zijn prachtig gerestaureerd. Verder ademt het slot de sfeer en het leven van een militair fort van de Nieuwe Hollandse Waterlinie, een functie die Loevestein officieel tot in 1951 vervulde.

UTRECHT

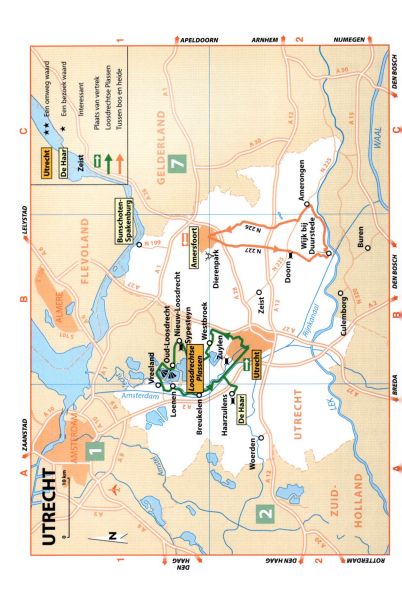

3

Utrecht

UTRECHT – HOOFDSTAD: UTRECHT

Utrecht★★	324
Amersfoort★	343

Utrecht ★★

Deze levendige, leuke en bedrijvige stad is niet alleen gericht op haar indrukwekkende verleden. Utrecht was tot in de Gouden Eeuw de machtigste stad van Nederland en dankt zijn uitzonderlijk goed bewaard gebleven middeleeuwse erfgoed aan een luisterrijk verleden. De huizen met puntgevels langs de romantische kanalen vormen een netwerk van mooie straatjes waarin u zich in de middeleeuwen waant, ware het niet dat de terrassen gevuld zijn met allerlei studenten met laptops. Net als in de 17de eeuw lijkt het alsof de indrukwekkende Domtoren, de toren van de voormalige Sint-Maartenskathedraal, waakt over de stad.

De groene kades van de Oudegracht
Ralf Liebhold/Getty Images Plus

▶ Ligging

362.000 inwoners

REGIOKAART BLZ. 322 B2 EN PLATTEGRONDEN BLZ. 326-327 EN BLZ. 329. 50 km ten zuiden van Amsterdam *(30 min. met de trein)*.

Met het gezin

Het Spoorwegmuseum en het Dick Bruna Huis.

Aanraders

De beklimming van de Domtoren, het Museumkwartier, een wandeling langs de lommerrijke grachten.

ℹ Praktisch blz. 339

◉ Adresboekje blz. 339

Wandelen

PLATTEGROND II BLZ. 329

★★ De oude stad

▶ *Route in groen aangegeven op de plattegrond.*
De oude stad, omringd door de singel die **Stadsbuitengracht** wordt genoemd, ligt rond de Domkerk, de voormalige kathedraal. Er lopen twee grote **grachten**★★ door de stad, de Oudegracht en de Nieuwegracht. De oevers van deze grachten liggen veel lager dan de straat: op deze werven komen de gewelfde kelders onder de grachtenhuizen uit.

Vredenburg A1

Een groot deel van het leven in Utrecht speelt zich af op dit grote plein, dat de verbinding vormt tussen de oude stad en nieuwere wijken. Hier stond vroeger het fort van Karel V, kasteel Vredenburg, waarvan de fundamenten tijdens bouwwerkzaamheden zijn teruggevonden. Er is markt op woensdag, donderdag (biologisch) en zaterdag.

TivoliVredenburg A1

Vredenburgkade 11 - ☏ (030) 231 45 44 - www.tivolivredenburg.nl.
Het is onmogelijk om deze gigantische 43 meter hoge glazen kubus over het hoofd te zien. De nieuwe muziektempel werd in 2014 gebouwd door een team van vijf architecten. Ieder van hen ontwierp een van de vijf concertzalen die het gebouw telt. Het resultaat is een verrassend samenspel van stijlen naast de oude – om zijn akoestiek beroemde – concertzaal, die in 1979 werd gebouwd door architect Herman Hertzberger en dezelfde naam kreeg als het plein.
Ga vanaf het Vredenburg de Lange Viestraat in.
Vanaf de brug over de Oudegracht hebt u mooi **uitzicht** op de gracht. Links kunt u het luchtige torentje van de **Sint-Augustinuskerk** zien, een neoclassicistisch gebouw uit 1839-1840.

★★ Oudegracht AB1-2

Deze redelijk smalle gracht, overspannen door vele bruggen, verbond oorspronkelijk de rivier de Rijn met de Vecht. Dit is een van de drukke centra van de stad, zowel op straatniveau als beneden op waterniveau op de werven, waar winkels en vooral veel restaurants gevestigd zijn. 's Zomers kunt u hier buiten op een van de vele terrassen aan het water zitten. Daar waar de gracht een bocht maakt kunt u op nr. 114 **Drakenburch** zien, een huis dat teruggaat tot de 12de eeuw. Aan de overkant van de gracht, op nr. 99, ligt het begin 14de-eeuwse **Stadskasteel Oudaen** met zijn hoge gevel en twee torentjes aan weerszijden. Er is nu een ambachtelijke brouwerij in gevestigd waar bierliefhebbers een rondleiding kunnen krijgen, maar u kunt ook terecht aan de bar en in het restaurant. Er vinden hier ook toneelvoorstellingen plaats.
Steek de eerste brug over (Jansbrug).
Vanaf de kades aan de overkant hebt u mooi **uitzicht**★ op de hoge klokkentoren van de Domkerk. Recht voor u steekt de **Neudeflat** boven de andere gebouwen uit.
Ga verder naar de overkant.
Op de **Bakkerbrug** en langs de Oudegracht is 's zaterdags een bloemenmarkt. De **Winkel van Sinkel** uit 1839 verderop aan de gracht, ooit een van de oudste warenhuizen van het land, is nu een café-restaurant *(zie 'Adresboekje' blz. 339).* Let op de vier grote kariatiden, gietijzeren vrouwenbeelden, bij de ingang.
U komt vervolgens langs het **stadhuis** met zijn neoclassicistische gevel uit 1826. De oude ingang met bordes werd bij de verbouwing door de Catalaanse architect

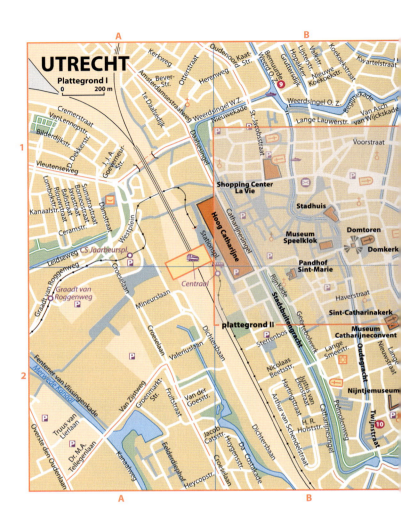

Enric Miralles in 2000 gesloten; het gebouw is alleen via de nieuwe ingang aan de achterkant toegankelijk. De ontvangsthal is ingericht met een eclectische keuze aan materialen – beton, hout, zichtbare goten en stalen regenpijpen – en stijlen: aan een muur hangen schilderijen van de burgemeesters van de stad uit allerlei periodes. Vanaf de oude voorkant van het stadhuis, op de Stadhuisbrug, hebt u mooi **uitzicht**★ op de Oudegracht en de Domtoren.
Volg de route verder via de Stadhuisbrug.

Vismarkt A2

Dit is de voormalige vismarkt. Om de vis enigszins vers te houden, bewaarde men de vissen in grote, in het water van de gracht hangende manden. Aan de Vismarkt bevinden zich vele antiekwinkeltjes.
Sla linksaf de Servetstraat in, naar de Domtoren.

★★ Domtoren B2

Domplein 9 - ☎ (030) 236 00 10 - www.domtoren.nl - openingstijden afh. van het seizoen: vraag inl. - rondleiding (1 uur, op afspraak online) € 12,50 (4-12 jaar

UTRECHT

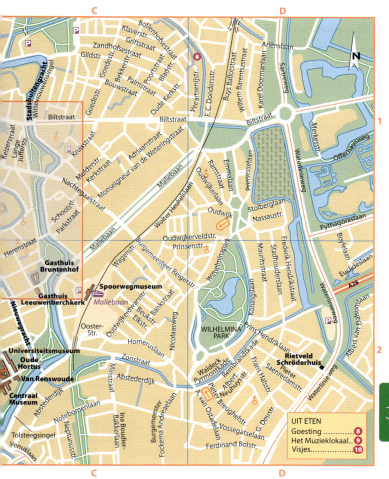

€ 7,50) over de trappen, € 15 (4-12 jaar € 10) met de tijdelijke lift; combiticket met DOMunder € 17,50 tot € 20 - de renovatie duurt tot in 2024 (de toren blijft open). 😊 De toren beklimmen is een sportieve uitdaging *(465 treden)*!

Vroeger werd deze klokkentoren via een boog verbonden met het schip van de kathedraal, dat in 1674 tijdens een orkaan instortte. Deze tussen 1321 en 1382 gebouwde gotische toren, die begin 20ste eeuw werd gerestaureerd, is de hoogste van het land en heeft veel invloed gehad op de ontwerpers van andere klokkentorens. De drie terugwijkende lagen, waarvan de eerste twee vierkant en in baksteen zijn en de derde achthoekig in bewerkte natuursteen is, steken sierlijk tot 112 m in de lucht. De toren heeft een mooi carillon, waarvan het merendeel van de klokken is gegoten door de gebroeders Hemony. Van boven af hebt u een enorm **panoramisch uitzicht**★★ op de stad en de omgeving.

Domplein B2

Dit plein ligt rond en tussen de Domtoren en de overblijfselen van de kathedraal. In het plaveisel kunt u nog de omtrekken van het oude schip zien, dat vernietigd

Het geestelijke hart van Nederland

Een machtige stad in de middeleeuwen

De oorsprong van Utrecht is een Romeins *castellum* dat aan het begin van onze jaartelling verrees op de plaats van de huidige dom. In de 7de eeuw landden Angelsaksische missionarissen in het land van de Friezen om de volken tot het katholicisme te bekeren. Hun leider, Willibrord, wordt in 695 tot aartsbisschop van de Friezen gewijd en vestigt zich vervolgens in Utrecht, dat veiliger wordt geacht dan Friesland. Vervolgens wordt de zelfstandige stad geregeerd door machtige prins-bisschoppen, die hun gezag uitbreiden naar de provincies Utrecht, Overijssel, Drenthe en Groningen. Utrecht doet zich gelden als de machtigste stad van Nederland. Beroemd is het Utrechts velours of trijp, een kostbare stof met een korte pool van mohair die veel als meubelstof werd gebruikt en in de middeleeuwen in de mode was. De stad is eveneens het religieuze centrum van het land. Daarvan getuigt de bouw van de indrukwekkende Sint-Maartenskathedraal en vervolgens, in 1523, de aanstelling van de eerste – en tot op heden enige – Nederlandse paus uit de christelijke geschiedenis, Adriaan VI, afkomstig uit Utrecht en leermeester van Karel V, die hem zeer waardeerde.

Het einde van de voorspoed

Karel de Vijfde verovert de stad in 1528. Het is het begin van de neergang, vooral ook omdat de handel zich heeft verplaatst naar de kuststreek. Rotterdam, Amsterdam en Leiden worden concurrenten. Op politiek vlak neemt de religieuze onrust toe. In 1579 verenigen de zeven noordelijke provincies hun krachten en tekenen ze de Unie van Utrecht, die beschouwd wordt als de eerste aanzet tot het Koninkrijk der Nederlanden. De zetel van de aartsbisschop wordt dan verlaten. In de 17de eeuw is Utrecht niet langer de machtige stad uit het verleden, maar blijft het wel een belangrijke versterkte stad. De ring van kanalen markeert tegenwoordig de plaats van de versterkingen, die overigens niet konden voorkomen dat de legers van Lodewijk XIV van 1672 tot 1674 en in 1712 de stad bezetten. Pas in 1853 wordt de zetel van de Rooms-Katholieke Kerk in Utrecht in ere hersteld.

Het modernisme op de rails

In 1843 wordt de spoorlijn Amsterdam-Utrecht aangelegd, de eerste stap in een lange spoorweggeschiedenis die Utrecht uiteindelijk tot een van de belangrijkste knooppunten van het land maakt. De industriële revolutie geeft een nieuwe impuls aan de stad, die zich dan tot ver buiten de stadswallen uitstrekt. Utrecht wordt uitgebreid met nieuwe wijken en gebouwen. Van de bouwwerken uit de 20ste eeuw noemen we het Rietveld-Schröderhuis (1924), de stadsschouwburg (1941) van architect Dudok en het grote winkelcentrum Hoog Catharijne (1973).

Schaalvergroting

De stad moet tegenwoordig het hoofd bieden aan een enorme bevolkingsaanwas: van 175.000 inwoners in de jaren 1950 tot 360 000 inwoners nu. In het westen worden nieuwe wijken gebouwd, en het stationsgebied wordt tussen nu en 2030 volledig heringericht *(zie kader blz. 334)*. Utrecht geldt als een van de belangrijkste studentensteden van Nederland en de universiteit van Utrecht beschikt in het oosten over een grote campus (De Uithof), waar ook het Educatorium ligt, een onderwijscentrum ontworpen door Rem Koolhaas.

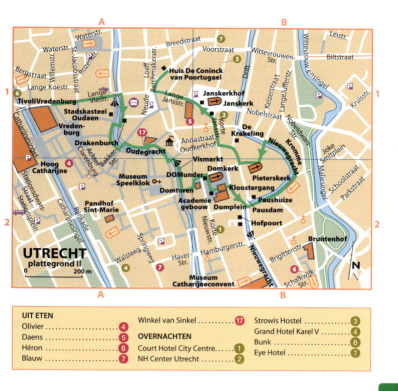

UIT ETEN			
Olivier	4	Winkel van Sinkel	17
Daens	5	**OVERNACHTEN**	
Héron	6	Court Hotel City Centre	1
Blauw	7	NH Center Utrecht	2
		Strowis Hostel	3
		Grand Hotel Karel V	4
		Bunk	6
		Eye Hotel	7

werd tijdens de orkaan van 1674. Een van de andere lichte sporen laat de lijn zien van de voormalige Romeinse vesting.

★ Domkerk B2

📞 (030) 231 04 03 - www.domkerk.nl - mei-sept.: 10.00-17.00, za 10.00-15.30, zo 12.30-16.00 u; okt.-april: 11.00-16.00, za 11.00-15.30, zo 12.30-16.00 u - gratis.
De Domkerk staat symbool voor de macht van het bisdom van Utrecht in de middeleeuwen, toen de voormalige Sint-Maartenskathedraal nog het grootste religieuze gebouw was van de Nederlanden. De kathedraal werd gesticht in de 7de eeuw. Sinds 1580 is de kerk protestants. De kerk werd meermalen vernietigd en weer opgebouwd. De huidige toren in gotische stijl werd gebouwd tussen 1254 en 1517. De echte katholieke kathedraal is nu de Catharijnekerk, die naast museum het Catharijneconvent ligt.

De hoge kruisbeuk met daarachter het koor doorstonden de orkaan van 1674. Het koor met zijn vijf straalkapellen rond een koooromgang is geïnspireerd op die van de kathedraal van Doornik in België. De bronzen **toegangsdeuren** uit 1996 zijn ontworpen door Theo van de Vathorst. Aan de buitenkant staan teksten uit het Evangelie in zeven talen: Nederlands, Fries, Engels, Japans, Grieks, Latijn en Syrisch. Op het reliëf erboven staat een tafereel van de H. Martinus die zijn mantel deelt. Op de binnenzijde staan de Zeven Werken van Barmhartigheid. **Binnen** bevinden zich enige mooie **grafstenen★** en ook verscheidene **grafmonumenten**, in het bijzonder in de tweede kapel rechts van de koooromgang de tombe van bisschop Guy van Avesnes, die in 1317 stierf. Het grafmonument in wit en zwart marmer van admiraal Van Gendt uit 1676 in het koor is gemaakt door de Mechelaar

> ### Een afvallige kerk
>
> In 1702 werd de aartsbisschop van Utrecht, **Petrus Codde**, op beschuldiging van jansenisme door de paus afgezet. In 1723 koos het kapittel van Utrecht een opvolger zonder instemming van de paus. Zo ontstond in Utrecht in 1724 de **Oud-Katholieke Kerk**.
> Van deze onafhankelijke, door het jansenisme beïnvloede kerk werd een groot aantal Franse jansenisten lid; die waren naar Nederland gevlucht nadat in 1713 hun religie door de paus was veroordeeld. In 1870 sloot ook een Duitse groep, die de pauselijke onfeilbaarheid afwees, zich aan bij de Oud-Katholieke Kerk van Utrecht. In 1889 vond in Utrecht een grote bijeenkomst plaats met aanhangers van de Kerk uit verschillende landen. Deze religie is in Nederland nog steeds levend, de kerk telt zevenduizend lidmaten.

Rombout Verhulst. Het neogotische orgel stamt uit 1831. De ramen (1926, 1936) zijn ontworpen door Roland Holst.

DOMunder B2

Domplein 4 - (030) 233 99 99 - www.domunder.nl - rondleiding (1.15 uur) op afspraak: vraag inl. - € 12,50 (6-12 jaar € 10); combikaartje met de Domtoren € 17,50/20,00.
Ga eens kijken onder de funderingen van de kathedraal. De archeologische lagen illustreren op oorspronkelijke wijze de geschiedenis van de stad sinds de oudheid. Grappige interactieve fakkels verlevendigen het ondergrondse avontuur. Er is ook een indrukwekkende film te zien over de zware storm van 1674.
Op afspraak kunt u de restanten bekijken van het **Paleis Lofen** *(www.paleislofen.nl - € 10)*, een keizerlijk paleis uit de 12de eeuw dat in de 13de eeuw door brand werd verwoest, waarna het werd vergeten tot het in de 19de eeuw werd herontdekt. De ruïnes zijn sinds 2022 – toen de stad 900 jaar bestond – toegankelijk voor publiek.

Academiegebouw B2

Dit neorenaissancistische gebouw uit het einde van de 19de eeuw omvat ook het oude **Groot Kapittelhuis** uit 1462-1467 van de Domkerk, nu de **aula** van de universiteit. Hier is in januari 1579 de Unie van Utrecht ondertekend. De zeven wapenschilden in de ramen zijn van de ondertekenende provincies en gewesten. Aan de muren hangen zeven wandtapijten uit 1936 met de symbolen van de toenmalige faculteiten.
Op het plein voor het Academiegebouw staat een beeld uit 1887 van graaf **Jan van Nassau**, de voorzitter van de Unie en broer van Willem van Oranje.

★ Kloostergang B2

Naast de ingang van de 15de-eeuwse kloostergang van de Domkerk bevindt zich een kopie van de Deense Jellingsteen uit de 10de eeuw, die gaat over de Deense bekering tot het christendom. Aan de puntgevels van de kloostergang hangen bas-reliëfs met taferelen uit het leven van de H. Martinus, de beschermheilige van de voormalige kathedraal en de stad. Vanuit de tuin is het **uitzicht** op de Domtoren, de kruisbeuk en het koor zeer mooi. Langs de fontein met een beeldje van een schrijvende kanunnik komt u bij de oostkant van de kloostergang. In het straatje **Achter de Dom** kunt u de achtergevel (trapgevel en hoektorens) zien van de oude kapittelzaal. Het middeleeuwse kasteel ernaast is eigenlijk een 'claustraal huis', het woonhuis van een kanunnik.
Aan het eind van Achter de Dom ligt de Pausdam.

Pausdam B2

Aan het pleintje waar de Nieuwegracht overgaat in de Kromme Nieuwegracht ligt **Paushuize**. Dit mooie huis in natuursteen en baksteen was bestemd voor paus Adrianus VI, maar werd pas in 1523 voltooid, het jaar dat hij overleed. Op de linkergevel is een beeld van Christus te zien. Het binnen rijkelijk versierde Paushuize wordt gebruikt voor privé-evenementen, maar is ook af en toe geopend voor publiek *(laatste zo van de maand om 11.00 u - gratis reserv. op eventbrite.nl).*
Steek de Pausdam over naar de Nieuwegracht.
Op de hoek van de gracht staat een mooi gebouw met art-nouveau-elementen.

★★ Nieuwegracht B2

Net als aan de Oudegracht staan er chique huizen aan de Nieuwegracht. U kunt hier de **Hofpoort** zien, de barokke poort van het 17de-eeuwse gerechtshof, en op nr. 37 een mooi oud huisje. Vanaf de brug hebt u mooi **uitzicht** op de gracht en de Domtoren.
Keer terug naar de Pausdam en sla de schilderachtige Kromme Nieuwegracht in, waarvan de huizen op de linkeroever elk hun eigen bruggetje hebben. Sla linksaf de Pieterstraat in, die uitkomt op het Pieterskerkhof. Ga om de kerk heen.

Pieterskerk B2

☏ (030) 231 14 85 - www.pieterskerk-utrecht.nl - wisselende openingstijden, vraag inl. - gratis.
Deze romaanse kerk werd in 1048 gewijd. Het is een van de vier kerken van het kerkenkruis van bisschop **Bernold** (1027-1054) rond de kathedraal, die destijds Sint-Maartenskerk heette. Twee kerken van het kruis zijn verdwenen: de kerk van het Paulusklooster en de Mariakerk, waarvan alleen nog de kloostergang (pandhof) over is. De twee andere kerken, de Pieterskerk en de Janskerk, zijn de enige resten van het beroemde **kerkenkruis van Bernold**.
De gewelven van de kruisbeuk zijn gotisch, maar het schip is romaans met een houten tongewelf en pilaren van rode zandsteen. In de muur voor het koor zijn vier Maaslandse **bas-reliëfs★** van rond 1170 opgenomen die tijdens een restauratie werden gevonden. Het zijn taferelen van Pilatus' veroordeling van Christus, de kruisiging, de engel voor het lege graf en de drie Maria's die potten balsem dragen. De hoeken van de romaanse doopvont zijn met hoofden versierd. In de linkerkapel zijn sporen van romaanse fresco's te zien: Maria op een maansikkel.

★ **Crypte** – De kruisgewelven steunen op dikke gegroefde zuilen. In de apsis staat de sarcofaag van rode zandsteen met de stoffelijke resten van bisschop Bernold, de stichter van de kerk.
Sla rechtsaf de straat Achter Sint-Pieter in.
Op de hoek van Achter Sint-Pieter en de Keistraat bevindt zich een mooi 17de-eeuws huis, **De Krakeling**. De gevel is versierd met stenen bloemenslingers en de deur met een palmboom.
Ga door naar de Korte Jansstraat.

Janskerkhof B1

Op zaterdag is dit plein met zijn elegante 17de- en 18de-eeuwse huizen de prestigieuze locatie van een prachtige **bloemenmarkt**.
In het midden staat de **Janskerk**, die in opdracht van bisschop Bernold gebouwd is in een overgangsstijl van romaans naar gotisch, als noordpunt van zijn beroemde kerkenkruis.
Tegen de kerk staat een gebouwtje met een wapen waarop 1683 staat. Dit was de **Hoofdwacht** van de Staten van de provincie Utrecht, die in het gebouw schuin

tegenover vergaderden, de Statenkamer. Voor de Janskerk staat een **beeldje van Anne Frank** en verderop, aan de rechterkant, op een zware sokkel een ruiterstandbeeld van de **H. Willibrord**.
In de gerestaureerde **Statenkamer** aan de zuidkant van het plein zit nu de rechtenfaculteit. Het gebouw was oorspronkelijk een franciscaner klooster.
Ga vanaf het plein de Lange Jansstraat in en daarna rechts naar de Voorstraat.

Huis De Coninck van Poortugael A1

Dit huis uit 1619 heeft een fraaie voorkant in maniëristische stijl met een trapgevel. Boven de begane grond zijn de wapens van Nijmegen en Portugal te zien aan weerszijden van een man met een scepter, Filips II, de koning van Spanje.
Het **Grote Vleeshuis** uit 1637 schuin aan de overkant, heeft aan de gevel een ossenkop en twee ramskoppen.

Bezichtigen

De musea PLATTEGROND I BLZ. 326-327 EN PLATTEGROND II BLZ. 329

De wandeling naar de belangrijkste musea ten zuiden van het oude centrum rond de Domkerk, is een aangename bezigheid: u komt langs de Oudegracht en de Nieuwegracht. De meeste musea zijn gehuisvest in oude huizen en monumentale gebouwen.

★ Museum Speelklok PLATTEGROND II A2

Steenweg 6 - ℘ (030) 231 27 89 - www.museumspeelklok.nl - ♿ - 10.00-17.00 u - gesl. ma beh. schoolvak. - € 14 (4-12 jaar € 7,50).
Dit museum is gevestigd in de Buurkerk, een voormalige gotische hallenkerk. Het is een 'klinkend' museum, waarbij de gids tijdens uw bezoek verschillende instrumenten laat spelen. Het heeft een prachtige verzameling **mechanische muziekinstrumenten**★★ uit de 18de-20ste eeuw. U ziet hier oude slingeruurwerken en muziekdozen, waarvan sommige met automaat. Let op de pianola's en de 'orkestrions' (orgel dat een heel orkest imiteert) voor in cafés en danszalen, in het bijzonder op de Steinway-pianola uit 1926 en de automatische viool van Hupveld uit 1910. Het museum bezit fraaie draaiorgels of pierementen: kleine straatorgels en grote kermis- en dansorgels.

★★ Museum Catharijneconvent PLATTEGROND II B2

Lange Nieuwstraat 38 - ℘ (030) 231 38 35 - www.catharijneconvent.nl - ♿ - di-vr 10.00-17.00, za, zo 11.00-17.00 u - € 15 (6-17 jaar € 7).
In een laatgotisch klooster en een aangrenzend 18de-eeuws huis zijn prachtige verzamelingen religieuze kunst ondergebracht. U kunt het christendom in Nederland volgen vanaf het begin tot nu. In de schatkamer in de kelder zijn bijzonder weelderige **liturgische gewaden** uit de 15de-17de eeuw te zien. De collectie **middeleeuwse kunst**★★★ op de begane grond is de belangrijkste van het land: handschriften (11de-12de-eeuwse *Lebuinus Codex*), miniaturen (evangeliarium van de H. Lebuinus), tapijten, beelden (15de-eeuwse, expressieve *Christus op de koude steen*) en altaarstukken, zoals het Middelrijns altaarstuk uit 1410 met zestien panelen (oorspronkelijk achttien). Op de eerste verdieping hangen **schilderijen** van onder anderen Geertgen tot St.-Jans, Jan van Scorel, Rembrandt en Pieter Saenredam. Er is een mooie afdeling gewijd aan Bijbelse vrouwen.
Naast het museum bevindt zich de **Sint-Catharinakerk**, de kathedraal van het aartsbisdom Utrecht.

★ Universiteitsmuseum PLATTEGROND I C2

Lange Nieuwstraat 106 - ℘ (030) 253 80 08 - www.umu.nl - gesl. i.v.m. renovatiewerkzaamheden, verwachte heropening in september 2023.

Dit museum brengt op originele wijze de, sinds de stichting in 1636 aangelegde verzamelingen van de universiteit. De door de moderne museumopstelling afwisselende en levendige rondgang is opgezet rond het thema 'onderzoek'.

Het bezoek begint bij de grote **Bleulandkast★**, een kast uit 1816 met een indrukwekkende collectie anatomische stukken en modellen van was. Het interactieve **Kennislab** geeft een indruk van het universitaire onderwijs sinds de 16de eeuw. Hier bevinden zich ook de meter en de kilogram die de Franse meet- en weegcommissie in 1799 verstrekte voor de invoering van een uniform maatstelsel. Op de afdeling **Open Depot** bevinden zich **tandheelkundige★** en **oogheelkundige collecties**. Er is ook een **Rariteitenkabinet** met opgezette dieren, geraamtes, anatomische preparaten en fossielen. En verder een **Jeugdlab**, bedoeld voor kinderen en jongeren.

Achter het museum ligt de **Oude Hortus**, een botanische tuin uit 1724 met kassen, oranjerieën, medicinale planten en een beroemde ginkgoboom, die met meer dan 250 jaar de oudste van Europa is.

Aan het einde van de Lange Nieuwstraat ligt links een oud gasthuis, **Beyerskameren**, dat werd gesticht in de 16de eeuw. In de Agnietenstraat verrijst de indrukwekkende barokgevel van de **Fundatie van Renswoude**, die in 1756 gebouwd werd als school voor weeskinderen. Kijkt u naar links, dan ziet u een mooie rij huisjes van een ander gasthuis, de **Kameren Maria van Pallaes**, die werd gesticht in 1651.

★★ Centraal Museum PLATTEGROND I C2

Nicolaaskerkhof 10 - ℘ (030) 236 23 62 - www.centraalmuseum.nl - dag. beh. ma 11.00-17.00 u - € 13,50 (tot 12 jaar gratis).

Dit museum in onder andere het voormalige Agnietenklooster heeft rijke verzamelingen, in het bijzonder middeleeuws beeldhouwwerk en Utrechtse schilderkunst en kunstnijverheid.

Op de afdeling **oude kunst** is werk te zien van Jan van Scorel, Pieter Saenredam en de Utrechtse School met Abraham Bloemaert. Eén zaal is gewijd aan het **Utrechts caravaggisme** met schilderijen van Hendrick ter Brugghen, Dirck van Baburen en Gerard van Honthorst. Ga ook kijken naar het mooie 17de-eeuwse **poppenhuis**. In de kelder bevindt zich het **Utrechtse schip** van rond 997, een enorm vrachtschip uit één stuk hout dat ontdekt werd in 1930. De **Van Baarencollectie** omvat voornamelijk schilderijen van eind 19de, begin 20ste eeuw (Breitner, Van Gogh, Courbet, Daubigny, Maris, Mondriaan). De collectie **moderne schilderkunst** bevat veel werk van de uit Utrecht afkomstige surrealist Joop Moesman en de magisch-realisten Pyke Koch en Carel Willink. Maquettes en stoelen (waaronder de beroemde rood met blauwe stoel) geven een goede indruk van het werk van de beroemde architect en ontwerper **Gerrit Rietveld**.

Bekijk ook een vertederende reconstructie van het atelier van de in Utrecht geboren schrijver en tekenaar **Dick Bruna** (1927-2017), de bedenker van Nijntje, een iconisch konijntje dat als ambassadeur van Utrecht in alle hoeken van de wereld bekend is geworden en vooral in Japan, waar het een groot aantal karaktertrekken deelt met het figuurtje Hello Kitty.

Het **Nijntjemuseum** is ondergebracht in een apart gebouw en is geheel gewijd aan Nijntje. Het feit dat kinderen een hogere toegangsprijs betalen dan hun ouders, bewijst dat dit museum speciaal voor kinderen is bedacht! *Agnietenstraat 2 - ℘ (030) 236 23 99 - nijntjemuseum.nl - di-zo 10.00-17.00 u - € 7,50 (2-6 jaar € 11).*

UTRECHT

> ### Let op: werk in uitvoering!
>
> Komt u met de trein? En waar is dan die pittoreske middeleeuwse stad waarin u denkt aan te komen? Tot 2030 ondergaat het immens grote treinstation **Utrecht Centraal** (PLATTEGROND I A1) de ingrijpende verbouwingsoperatie **CU2030**, waarmee enerzijds een opening richting stad en anderzijds een doorgang tussen het historische centrum en West-Utrecht ontstaat. Het resultaat is nu al indrukwekkend: aan de oostkant komt een grote lichte hal uit op een met een 'bollendak' overkapt plein, en een enorm winkelcentrum (Hoog Catharijne); aan de westkant zijn naast het Beatrix Theater en de Jaarbeurs gedurfde gebouwen verschenen en is de grootste fietsenstalling van Nederland (12.500 plaatsen) gebouwd. Wat de enige ontbrekende schakel in de stadsbuitengracht rond het historische centrum betreft, die werd in 2019 hersteld. Toen herkreeg de gracht, die in de jaren 1970 ondergronds was gegaan om plaats de maken voor een ringweg, zijn oude loop en werden zijn oevers opnieuw beplant, tot groot plezier van wandelaars en fietsers!
> **Infocentrum CU2030** – *Stadsplateau 1 - cu2030.nl - ma-vr 8.00-17.00 u.* Schaalmodellen, plattegronden en interactieve borden tonen de nieuwe wijk die uit de grond wordt getoverd.

★★ Spoorwegmuseum PLATTEGROND I C2
Maliebaanstation - ✆ (030) 230 62 06 - www.spoorwegmuseum.nl - 10.00-17.00 u - € 17,50 (tot 3 jaar gratis).

Het voormalige Maliebaanstation uit 1874 werd in 2005 gerestaureerd en is een toepasselijke locatie voor een spoorwegmuseum. In de **Grote Ontdekking** bezoekt u een Engelse mijn uit de tijd van de eerste treinen, in **Droomreizen** ervaart u de luxe van de Oriënt Express en in **Stalen Monsters** stapt u in een treinwagon uit de tijd van de grote stoomlocomotieven. De laatste toevoeging is de **Vuurproef**, een reis waarin u de conducteur bent en door twee eeuwen spoorhistorie gaat. De salons in de ontvangsthal herinneren aan de drie reizigersklassen van vroeger, met een verzameling oude koffers en tassen met daarin hologrammen die verhaaltjes vertellen. Interessant is ook de van het station in Den Haag overgebrachte **koninklijke wachtkamer** (1892), versierd met houtsnijwerk, verguldsels en draperieën. Achteraan in een enorme hal staan meer dan zestig stoomlocomotieven en trams, waaronder een kopie van de locomotief *De Arend*, die in 1839 (samen met *De Snelheid*) de eerste trein in Nederland trok. Maar ga ook kijken naar de indrukwekkende *Jumbo* uit 1911, de grootste Nederlandse stoomlocomotief. Kleine kinderen kunnen buiten een ritje maken met een miniatuur TGV-treintje.

★★ Rietveld Schröderhuis PLATTEGROND I D2
Prins Hendriklaan 50a - ✆ (030) 236 23 10 - www.rietveldschroderhuis.nl - rondleiding (1 uur) met audiogids (reserv. aanbevolen): dag. beh. ma 11.00-16.00 u - € 19 (13-17 jaar € 10,50).

Dit na de dood van eigenares Truus Schröder (1889-1985) gerestaureerde, wereldberoemde huis is in 1924 gebouwd. Het is een goed voorbeeld van de principes van de avant-gardistische beweging **De Stijl**, waartoe de architect en ontwerper **Gerrit Rietveld** (1888-1964) behoorde. Rietveld ontwierp in nauwe samenwerking met mevrouw Schröder, die zeer grote waarde hechtte aan de band met de natuur, een open huis waar allerlei haaks op elkaar gezette elementen de ruimte begrenzen. Hij beperkte voor de grote vlakken zijn palet tot neutrale kleuren, wit en grijs, en gebruikte voor rechte, kleinere onderdelen primaire kleuren (rood, geel, blauw). Bij een bezoek aan het huis kunt u binnen de zowel eenvoudige als handige oorspronkelijkheid van de inrichting bewonderen. Op de begane grond is de ruimte ingedeeld in kamers, maar op de eerste verdieping is een grote, aan te passen ruimte gecreëerd door middel van een systeem van verschuifbare wanden (huiskamer in kamers). U kunt bij uw bezoek aan het Rietveld-Schröderhuis nog een ander werk van Rietveld uit 1931 bekijken op de Erasmuslaan 9. Ook dit gebouw is ontworpen in samenwerking met Truus Schröder volgens modernistische uitgangspunten.

De Bruntenhof B2
Dit schilderachtige rijtje lage huizen was onderdeel van een **gasthuis** uit 1621. De ingang heeft een barokke toegangspoort. Links van de Bruntenhof ligt de **Leeuwenberghkerk** uit 1567, die ooit fungeerde als ziekenhuis.

Pandhof Sint-Marie A2
Van de 11de-eeuwse Mariakerk is alleen nog de romaanse bakstenen kloostergang over. De Mariakerk was de westpunt van het kerkenkruis van Bernold.

In de omgeving
REGIOKAART BLZ. 322

Zeist B2
▶ *10 km ten oosten van Utrecht. Verlaat de stad via de Biltsestraatweg.*
Zeist is een chique en aangename plaats in de bossen. In het centrum leidt een laan naar het **Slot Zeist** (*slotzeist.nl*), tussen 1677 en 1686 gebouwd in opdracht van Willem van Nassau-Odijk. Daniël Marot heeft het interieur ontworpen. In dit slot werd in 1713 de **Vrede van Utrecht** getekend. In de gebouwen is nu een congrescentrum gevestigd, maar er vinden ook tijdelijke tentoonstellingen plaats *(exposities en Orangerie - di-zo 10.00-17.00 u)* en rondleidingen *(op afspraak - € 2,50)*. Aan beide zijden van de laan staan de 18de-eeuwse gebouwen van de **Evangelische Broedergemeente** of Hernhutters, volgelingen van Johannes Hus, de Tsjechische geestelijke die in 1415 op de brandstapel ter dood werd gebracht.

Culemborg B2
▶ *30 km zuidoostwaarts via de A27 en de A2 (afslag 13), daarna de N320.*
Deze oude stad kreeg in 1318 stadsrechten en werd in 1555 de hoofdstad van een graafschap. Er zijn nog resten van de oude stadsmuren te zien. Dit is de geboortestad van **Jan van Riebeeck** (1619-1677), die in 1652 namens de Vereenigde Oostindische Compagnie de Kaapkolonie stichtte als pleisterplaats aan de zeeroute naar Indië.
Op het **Marktplein** staat het gotisch-flamboyante **stadhuis**. De **Binnenpoort** is de enige overgebleven poort van de oude stadsmuren.
In een 16de-eeuws weeshuis bevindt zich het **Museum Elisabeth Weeshuis**, dat gewijd is aan de stadsgeschiedenis en het verleden van het gebouw. Sommige kamers zijn opmerkelijk goed behouden gebleven. In het souterrain is een collectie zilverwerk te zien. *Herenstraat 29 - ☎ (0345) 51 39 12 - www.weeshuismuseum.nl - dag. beh. ma-di 12.00-17.00 u - € 8 (4-12 jaar € 5,50).*

Buren B2
▶ *37 km zuidoostwaarts via de A27 en A2 (afslag 13), neem dan de N320 en ter hoogte van Asch de N834.*
Dit door vestingwallen omsloten, sfeervolle stadje werd in 1492 het centrum van een graafschap dat via de eerste echtgenote van Willem van Oranje, Anne

van Egmont, bij de bezittingen van de Oranjes kwam. Het voormalige **Koninklijk Weeshuis** uit 1613 is een mooi renaissancegebouw met een gebeeldhouwde toegangspoort. Hier is het **Museum der Koninklijke Marechaussee** gevestigd. *Weeshuiswal 9 - ✆ (0344) 57 12 56 - www.marechausseemuseum.nl - di-zo 10.00-17.00 u - € 10.*
Niet ver daarvandaan is op het deel van de wallen aan de rivier een wandelpad aangelegd, vanwaar u mooi **uitzicht** hebt op de rivier de Zeeg en de boomgaarden van de Betuwe. Aan de hoofdstraat, de Voorstraat, staat een **kerk** met een 15de-eeuwse klokkentoren die uitloopt in een achthoekig stuk in renaissancestijl en een lantaarn. Het in de 18de-eeuw herbouwde **stadhuis** heeft een portaal in rococostijl. In de buurt ligt tegen de stadsmuur het kleine **Boerenwagenmuseum** – *Erichemsekade 4a - www.streekmuseumbaronvanbrakell.nl - april-okt.: wo-vr 13.00-17.00, za 11.00-17.00 u; nov.-maart: za 13.00-17.00 u - € 6 (tot 12 jaar € 3).*
Aan het einde van de Voorstraat staan nog een bakstenen **stadspoort** en een **windmolen** op de wallen uit 1716.

Woerden A2
▶ *20 km westwaarts via de A12 (afslag 14).*
ⓘ *www.beleefwoerden.com.*
Deze oude, belangrijke vestingstad aan de Oude Rijn werd lange tijd gezien als de toegang tot Holland. In 1672 trotseerden hier de troepen van Lodewijk XIV onder leiding van de hertog van Mortmorency-Luxembourg de Hollanders. Een 15de-eeuws **kasteel**, dat in 1872 verbouwd is tot militair bevoorradingscentrum, bevindt zich bij de zuidelijke toegang tot de stad. Het **Stadsmuseum** is gevestigd in het voormalige stadhuis. Dit prachtige gebouwtje uit 1501, met een trapgevel en aan weerszijden hoektorentjes, heeft op de eerste verdieping over de gehele breedte ramen. Op de begane grond was in de 17de eeuw het stadsbestuur gevestigd. Aan de rechterkant van de gevel kunt u nog een oude schandpaal ontwaren. *Kerkplein 6 - ✆ (0348) 43 10 08 - www.stadsmuseumwoerden.nl - di-za 11.00-17.00, zo 13.00-17.00 u - € 6.*
In Woerden staat ook een **stellingmolen** uit 1755, De Windhond.

Rondrit
REGIOKAART BLZ. 322

★★ Loosdrechtse Plassen AB1-2
▶ *Rondrit van 70 km in groen aangegeven op de regiokaart. Vertrek vanuit Utrecht in noordwestelijke richting via de Sartreweg. Neem de N417 richting Hilversum en sla linksaf.*
De Loosdrechtse Plassen worden omlijst door stroken groen land en baden in zacht licht. De plassen, met een oppervlakte van bijna 3600 ha, zijn van een rustige en wilde schoonheid; het zijn voormalige veenwinningen. Hoewel de verstedelijking aan sommige randen knaagt, blijft het een idyllisch gebied met villa's en boerderijen met strooien daken. De romantische en rustige weg loopt door een verzorgd en weelderig Hollands landschap, met koeien die frisgroen gras grazen en bruggen over met mos bedekte zijkanalen. Er wordt vooral aan watersport gedaan; rondom liggen vele jachthavens.

Westbroek
De schilderachtige weg wordt omzoomd door sloten waarover bruggetjes liggen die elk naar een door een nette tuin omgeven huis voeren.

Het neogotische kasteel De Haar, het grootste kasteel van Nederland
xenotar/Getty Images Plus

Volg de weg in de richting van de Loosdrechtse Plassen.
Voorbij **Breukeleveen** bereikt u de oever van het meer en hebt u een mooi **uitzicht**.

Kasteel-Museum Sypesteyn
☏ *(035) 582 32 08 - www.sypesteyn.nl - do-zo 11.00-17.00 u - € 12 (6-12 jaar € 6); alleen toegang tot de tuin € 5 (tot 12 jaar gratis).*
Dit kasteel ligt net buiten **Nieuw-Loosdrecht**. Het werd van 1912 tot 1927 gebouwd op oude fundamenten en is later een museum geworden (meubels, portretten, beelden, wapens, klokken en in het bijzonder Loosdrechts porselein). In het park liggen ook een rosarium, een doolhof en boomgaarden.
Ga naar Oud-Loosdrecht via de N403.

Oud-Loosdrecht
Dit is het belangrijkste toeristische centrum van de streek. Hier bevindt zich een belangrijke jachthaven.
Ga naar rechts en vervolgens naar links richting Vreeland.
Spoedig voert de weg weer langs het water en hebt u mooi **uitzicht**.

Vreeland
Via een mooie **brug** kunt u de **Vecht** oversteken, daarna gaat de weg door naar Loenen aan de Vecht. De functie van de Vecht, ooit een rivierarm met veel verkeer, is in 1952 overgenomen door het Amsterdam-Rijnkanaal.
De weg loopt langs deze vredige, slingerende rivier, waar de oevers bezet worden door chique villa's en buitenhuizen omringd met prachtige parken.
Neem in Kerklaan de N402.

Loenen
In dit dorp met aantrekkelijke, van bloemen voorziene huizen staat de stellingmolen De Hoop.
Langs de N402 staan prachtige buitenhuizen.

Breukelen

In de 17de eeuw werd een latere wijk van New York naar deze plaats vernoemd: Breukelen uitgesproken in het Engels werd Brooklyn. De prachtige omgeving van het Nederlandse stadje staat echter in schril contrast met het Amerikaanse stadsdeel. Breukelen bestaat vooral uit grote huizen met weelderige tuinen.
Ten zuiden van Breukelen biedt de aangename **route**★ mooi uitzicht op fraaie buitenhuizen aan de Vecht. Rechts van de weg bevindt zich het 17de-eeuwe **Kasteel Nijenrode**, de vestigingsplaats van de Nijenrode Business Universiteit.

★ Kasteel De Haar

℘ (030) 677 85 15 - www.kasteeldehaar.nl - kasteel: 10.00-17.00 u; park: 9.00-17.00 u - € 18 (4-12 jaar € 12,50); alleen park: € 7 (4-12 jaar € 5).

Het grootste kasteel van Nederland, omringd door een gracht, bevindt zich in een groot park ten westen van **Haarzuilens**. Dit enorme bakstenen complex werd in 1892 in neogotische stijl gebouwd naar een ontwerp van **Pierre Cuypers**, de architect van het Rijksmuseum in Amsterdam. Het kasteel is gegrondvest op de ruïne van een middeleeuws kasteel en een ondergrond van zowel klei als zand, waardoor het gebouw langzaam verzakt en uit elkaar scheurt. Het verval wordt tegengegaan door een ambitieus restauratieproject.
Het hoofdgebouw met op de hoeken torens, wordt omringd door een brede gracht en is via een overdekte brug verbonden met een groot poortgebouw. De neogotische **Grote Zaal**★ in het kasteel bevindt zich op de plaats van de binnenplaats van het oorspronkelijke gebouw. Het is een weelderig ingerichte ruimte: mozaïeken, ramen, beelden van vorouders en minstrelen, en vergulde en ingelegde eiken dakbalken. In de andere ruimtes bevinden zich de **verzamelingen**★ van de baron Van Zuylen van Nijevelt, met vooral mooie meubels, Vlaamse tapijten, Perzische tapijten, schilderijen en porselein. Ook opvallend is de 19de-eeuwse keuken die tot in de jaren zeventig van de vorige eeuw in gebruik is gebleven.
Keer terug naar Haarzuilens, steek de snelweg en het Amsterdam-Rijnkanaal over, sla vervolgens rechtsaf en dan linksaf om in Oud-Zuilen te komen.

Slot Zuylen

℘ (030) 244 02 55 - www.slotzuylen.nl - rondleiding (1 uur) om 11.30, 12.30, 13.30, 14.30 en 15.30 u - kasteel en tuin € 14 (4-16 jaar € 7); alleen tuin € 4.

Dit middeleeuwse kasteel ligt nabij de Vecht in **Oud-Zuilen**, er ligt een gracht omheen en het heeft vier achthoekige torens. In de 18de eeuw werd het slot verbouwd en uitgebreid met twee vleugels. Hier werd in 1740 **Belle van Zuylen** geboren. In het slot bevinden zich talloze oude gebruiksvoorwerpen, die een indruk geven van het leven vroeger; ook zijn er mooie meubels, een grote bibliotheek en verzamelingen Chinees porselein. De Gobelinzaal is versierd met een groot in Delft vervaardigd tapijt uit 1643. In de vertrekken van Belle van Zuylen geven een borstbeeld, enige boeken en prenten een indruk van het leven van deze zeer intelligente schrijfster, die haar tijd ver vooruit was. Ga in de tuin kijken naar de mooie **slangenmuur** uit 1740. In de tegen de wind beschutte bochten groeit fruit uit het Middellandse Zeegebied.
Keer terug naar Utrecht via de Amsterdamsestraatweg.

UTRECHT

🛈 Praktisch

Inlichtingen

Toeristenbureau – *Domplein 9 - ☏ (030) 236 00 04 - www.discover-utrecht.com.*
Bezoek en wandelingen met gids – Het toeristenbureau verzorgt het hele jaar door rondleidingen en verkoopt folders met themaroutes.

Parkeren

Ga niet met de auto naar het historische centrum: parkeerterreinen zijn er bijna niet en ze zijn duur. Wel telt de stad een groot aantal **parkeergarages** *(ca. € 30/dag)*. Aan de oostkant van de stad, bij stadion Galgewaard, is een **P+R-terrein**.
😊 Sommige hotels bieden parkeerplaatsen tegen een gereduceerd tarief in parkeergarages aan.

Vervoer

Met de fiets

Samen met wandelen is dit de beste wijze van vervoer in de stad. Naast de OV-deelfiets *(met OV-kaart € 3,85/dag)* zijn er veel hotels met een fietsverhuurservice.
Bicycle Parking Laag Catharijne – *Catharijnesingel 28 - ☏ (030) 231 67 80 - www.laagcatharijne.nl - ma-vr 9.00-18.30, za 10.00-18.00 u - fiets € 8,50/dag (elektrische fiets € 30/dag).*

Evenementen

Holland Festival Oude Muziek – *Eind aug.-begin sept. - oudemuziek. nl.* Prestigieus festival voor klassieke muziek.
Nederlands Film Festival – *Eind sept. - www.filmfestival.nl.* De Nederlandse Filmdagen met veel premières en (voor)vertoningen.

📍 Adresboekje

PLATTEGROND I BLZ. 326-327 EN
PLATTEGROND II BLZ. 329

Uit eten

Goedkoop

5 Daens – PLATTEGROND II A1 - *Korte Minrebroederstraat 13-17 - ☏ 030 231 38 23 - www.daens.nl - 8.00-20.00 u - hoofdgerecht € 15/20.* Leuk adresje dat zowel modewinkel als modieus restaurant is. Minimalistische inrichting, eenvoudige verse en biologische gerechten: salades, soepen en broodjes.

10 Visjes – PLATTEGROND I B2 - *Twijnstraat 24 - ☏ 06 87 36 92 24 - 10.00-19.00 u (za, zo 18.30 u) - € 5.* Eet aan de bar van deze miniviswinkel *fish & chips*, kroketjes, *maatjes* (in het seizoen) en heerlijke sandwiches met gerookte vis.

9 Het Muzieklokaal – PLATTEGROND I B1 - *Bemuurde Weerd Oostzijde 13 - ☏ 030 72 10 831 - hetmuzieklokaal.nl - dag. beh. di 12.00-23.00 u (zo 22.00 u) - € 5/16.* Gastvrij proeflokaal waar altijd klassieke muziek klinkt, met een grote keus uit snacks, hamburgers, salades, quiches, zoete lekkernijen en heel veel dranken.

Doorsneeprijzen

17 Winkel van Sinkel – PLATTEGROND II A1 - *Oudegracht 158 - ☏ 030 230 30 30 - www.dewinkelvansinkel.nl - ♿ - 10.00-1.00 u (ma-di 0.00 u), zo 11.00-0.00 u - hoofdgerecht € 21/28.* Een voormalig warenhuis uit 1839 met een glazen dak en een galerij met balustrade. Geen bijzondere kaart, maar de plek is een aanrader.

4 Olivier – PLATTEGROND II A1-2 - *Achter Clarenburg 6a - ☏ 030 236 78 76 - www.cafe-olivier.be/nl - 12.00-22.00 u (vr-za 0.00 u) - hoofdgerecht € 18/29,50.* Rond borreltijd zeer druk, Belgisch biercafé in een voormalige katholieke schuilkerk met een onopvallende gevel. Brasserie-achtige keuken met mosselen met friet als specialiteit.

Wat meer luxe

❼ Blauw – PLATTEGROND II A2 - *Springweg 64 - ✆ 030 234 24 63 - www.restaurantblauw.nl - 17.00-22.00 u (vr-za 22.30 u) - hoofdgerecht € 23,50/26,50 - menu € 49,50.* Gedimd licht en met fluweel beklede banken in dit modieuze Indonesische restaurant: menu's met smakelijke en heel gevarieerde gerechten.

❻ Héron – B2 - *Schalkwijkstraat 26 - ✆ 06 450 499 21 - heronrestaurant.nl - di-za vanaf 17.30 u - € 42/54.* Van veehouder en visser tot groenteteler... alle leveranciers van de Héron zijn lokale producenten. De chef gaat voor duurzaam en verrast u met nieuwe bereidingswijzen.

❽ Goesting – PLATTEGROND I D1 - *Veeartsenijpad 150 - ✆ 030 273 33 46 - www.restaurantgoesting.nl - 12.00-0.00 u - lunchmenu € 28 - menu € 42,50.* Voormalige kennel van de veeartsenijschool. Uitstekende Belgische keuken! Eetzaal met parket en arcaden. Mooi terras.

Loenen aan de Vecht

Wat meer luxe

't Amsterdammertje – *Rijksstraatweg 119 - ✆ 0294 23 48 48 - www.restaurantamsterdammertje.nl - 12.00-14.00, 18.00-22.00 u - gesl. ma, di-middag, wo-middag, za-middag en zo-middag - menu € 75/120 - hoofdgerecht € 20,50/42,50 - reserv. aanbevolen.* De jonge, dynamische keukenploeg ontbreekt het niet aan ambitie. Intieme inrichting, mix van oude en nieuwe elementen. Terras met een prachtige eikenboom.

Een tussendoortje

Anyday Coffee – PLATTEGROND II A2 - *Zadelstaat 11 - 8.00-16.00 u.* Een centraal maar onopvallend adres met een minimalistische inrichting om optimaal te genieten van de heerlijke koffie die de gepassioneerde eigenaar bereidt.

Cafca – PLATTEGROND II B2 - *Oudegracht 302 - ✆ 06 44 70 41 51 - dag. beh. di 8.30-18.00 u (zo 10.00 u).* Espresso, design en jazz: de pijlers onder dit innemende café.

Iets drinken

Het gegeven Paard – PLATTEGROND II A1 -*Vredenburgkade 11 - ✆ 030 760 68 28 - www.cafehetgegevenpaard.nl - 9.00-0.00, vr 9.00-1.30, za 10.00-1.30, zo 10.00-0.00 u.* Café-restaurant in de architectonisch gedurfde muziektempel Tivoli Vredenburg: een van de nieuwe chique adressen in de stad. Ook voor wie geen concert gaat bijwonen.

Talud9 – PLATTEGROND II B2 - *Donkere Gaard 9 - www.talud9.nl - 15.00-23.00 u - gesl. ma-di.* Leuke wijnbar en theesalon midden in het historische centrum. Jonge eigenaren; hij is sommelier, zij banketbakker. Mooie selectie wijnen van over de hele wereld, waarvan vijftig per glas verkrijgbaar zijn.

Brothers In Law – PLATTEGROND I B2 - *Ledig Erf 36 - ✆ 030 785 76 32 - brothersinlawtaphouse.nl - do-zo 12.00-1.00 u (vr-za 2.00 u).* Moderne micro-brasserie waar u onder de vaten de lekkerste bieren drinkt. Daarbij hamburgers en snacks. Soms ook livemuziek.

Kafé België – PLATTEGROND II B2 - *Oudegracht 196 - ✆ 030 231 26 66 - kafebelgie.nl - di-zo 13.00-2.00 u (vr-za 3.00 u).* Pretentieloos maar altijd drukbezet café, waar Belgisch en Nederlands bier van de tap of in flesjes wordt verkocht.

Zie ook **Olivier** *(blz. 339).*

Winkelen

Winkels – Leuker dan **Hoog Catharijne** (PLATTEGROND I B1) is het autoloze, schilderachtige centrum van de oude stad. Aan de Oudegracht kunt u antiekwinkels vinden. De **Twijnstraat** (PLATTEGROND I B2) ten zuiden van de gracht is befaamd om zijn voedingswinkels en ateliers.

☺ Op donderdagavond zijn de winkels tot 21.00 u geopend, op zondag van 12.00 tot 17.00 u.

Specialiteiten – De **boterspritsjes** zijn een Utrechtse specialiteit. U kunt deze lekkernij inslaan bij onder anderen **Theo Blom**, *Zadelstraat 23* (PLATTEGROND II A2).

Markten – Woensdag en zaterdag is er markt op het Vredenburg (A1); vrijdag vindt daar een boerenmarkt plaats. Op de Bakkerbrug en daaromheen is er op zaterdag een bloemenmarkt (A1), net als op het chiquere Janskerkhof (B1). Verder is er op zaterdagmorgen een drukbezochte stoffenmarkt in de Breedstraat (AB1).

Uitgaan

☺ Kijk voor het complete uitgaansprogramma op *www.uitagendautrecht.nl*. Voor tickets en reserveringen kunt u terecht bij het toeristenbureau.

Als universiteitsstad telt Utrecht een groot aantal bars, vooral op het Janskerkhof (B1), het Neude (A1) en, natuurlijk, in de vele gewelfde kelders aan de grachtenkades die 's zomers veranderen in één groot langgerekt terras.

Film-theater Café 't Hoogt – PLATTEGROND II A1 - *Hoogt 4 -* ✆ *030 231 22 16 - www.hoogt.nl.* Aangenaam cultuurcafé nabij het Janskerkhof waar u een glas kunt drinken na een bezoek aan de bioscoop (films uit de hele wereld) en ook een hapje kunt eten.

Louis Hartlooper Complex – PLATTEGROND I B2 - *Tolsteegbrug 1 -* ✆ *030 232 04 50 - hartlooper.nl.* Cultureel centrum, bioscoop, café, restaurant, terras, enzovoort. In het LHC, gevestigd in een voormalig politiebureau (een mooi gebouw in de stijl van de Amsterdamse School uit 1927), is het altijd druk!

Tivoli Vredenburg – PLATTEGROND II A1 - *Vredenburgkade 11 -* ✆ *030 231 45 44 - www.tivolivredenburg.nl -* ♿. Nieuwe muziektempel. Klassieke muziek, jazz, pop.

Sport en ontspanning

👥 **Per boot** – U kunt een rondvaart maken op de stadsgrachten en in de omgeving op de rivieren de Vecht en de Kromme Rijn, en op de Loosdrechtse Plassen.

Rederij Schuttevaer – PLATTEGROND II A2 - *Oudegracht a/d Werf 85 -* ✆ *030 272 0111 - www.schuttevaer.com - vraag inl. over tijden - vanaf € 15.* Er zijn verschillende vaarroutes en vooral de langste rondvaart (*1.30 uur*) is aan te bevelen. Die brengt u tot in de meest fotogenieke gracht van Utrecht, de Nieuwegracht. Toelichting op de bezienswaardigheden is in het Engels en het Nederlands.

Overnachten

Het is mogelijk een hotelkamer te reserveren via het toeristenbureau - ✆ *(030) 236 00 25*.

Goedkoop

❸ **Strowis Hostel** – PLATTEGROND II B1 - *Booraat 8 -* 🅿 *-* ✆ *030 238 02 80 - www.strowis.nl - bed in een slaapzaal € 28/36 - kamers € 85/95* ☕. Jeugdherberg in een klein straatje in het historische centrum, vlak bij het station. Goede optie voor reizigers met een kleine portemonnee: gemeenschappelijke keuken, garderobes, fietsverhuur, wasgelegenheid en tuin. En oordopjes voor als het te rumoerig wordt 's nachts!

❻ **Bunk** – PLATTEGROND II A1 - *Catharijnekade 9 -* ✆ *088 69 69 869 - bunkhotels.com/utrecht -*

kamers vanaf € 55 en slaapcabines vanaf € 25/pers. - 🍽 *€ 18 -* ✕
Dit hotel in een voormalige protestantse kerk uit 1893 heeft alles wat u wensen kunt: een historisch gebouw, gastvrij personeel, een goed restaurant, en functionele en stijlvolle kamers. Ook doordacht ontworpen slaapcabines *(1 of 2 pers.).*

Doorsneeprijzen

❼ Eye Hotel – PLATTEGROND I B1 - *Wijde Begijnestraat 1-3 - ☏ 030 30 36 303 - eyehotel.nl -* 🅿 *€ 30/dag -* ♿ *- 36 kamers vanaf € 125 -* 🍽 *€ 15,50.* Dit mooie hotel is gevestigd in een gebouw uit de 17de eeuw waar in de 19de eeuw de eerste oogkliniek van Nederland werd geopend. Vandaar dat het oog het leidende thema is in de sobere maar aangename inrichting. Comfortabele kamers en een goed ontbijt. Met fietsverhuurservice.

❷ NH Center Utrecht – PLATTEGROND II B1 - *Janskerkhof 10 - ☏ 030 231 31 69 - www.nh-hotels.com -* 🅿 *€ 21,50/30/dag -* ♿ *- 47 kamers € 143/228* 🍽. Dit hotel in een gebouw uit 1780 maakt deel uit van een Spaanse keten met veel hotels in Nederland. De meeste kamers kijken uit op het Janskerkhof. Vraag er een aan de achterzijde als u niet van verkeersgeluiden houdt. Fietsverhuur.

Wat meer luxe

❶ Court Hotel City Centre – PLATTEGROND II B2 - *Korte Nieuwstraat 14 - ☏ 030 233 00 33 - www.courthotel.nl -* 🅿 ♿ *- 27 kamers € 190/235 -* 🍽 *-* ✕. Dit hotel met comfortabele kamers is gevestigd in een modern gebouw naast het historische gebouw van het gemeentearchief tussen de Oudegracht en de Nieuwegracht. Er is ook een appartement voor 4 personen naast de gracht. Fietsverhuur.

❹ Grand Hotel Karel V – PLATTEGROND II A2 - *Geertebolwerk 1 - ☏ 030 233 75 55 - www.karelv.nl -* 🅿 ♿ *- 121 kamers € 272/382* 🍽 *-* ✕. Dit voormalige complex van de Duitse Orde ligt in een ommuurd park met eeuwenoude bomen. Mooi ingerichte kamers op korte wandelafstand van de Oudegracht.

Bunnick

Goedkoop

Stayokay Bunnik – *Rhijnauwenselaan 14b - 6 km ten oosten van het centrum van Utrecht, bereikbaar met bus 41 richting Rhijnauwen - ☏ 030 656 12 77 - www.stayokay.com -* 🅿 *- bed in slaapzaal € 26,50/30* 🍽 *- kamers € 152: -* ✕. Goed uitgeruste jeugdherberg op de beboste oever van de Kromme Rijn. Rustig en mooi gelegen. Het oudste van de drie gebouwen stamt uit 1830. De kamers hebben acht groottes, met ruimte voor twee tot negen bedden.

Loosdrecht

Doorsneeprijzen

Loosdrecht-Amsterdam – *Oud Loosdrechtsedijk 253 - ☏ 035 582 49 04 - www.fletcherhotelloosdrecht.nl -* 🅿 ♿ *- 67 kamers € 85,50/165 -* 🍽 *€ 18,50 -* ✕. Een aangenaam hotel aan het water. De kamers zijn ruim en comfortabel. Vanaf het terras en de eetzaal van het restaurant geniet u van een panoramisch uitzicht over de meren.

Zeist

Doorsneeprijzen

Figi – *Het Rond 2 - 10 km ten oosten van het centrum van Utrecht - ☏ 030 692 74 00 - www.figi.nl -* 🅿 *betaald -* ♿ *- 97 kamers € 132/182* 🍽 *-* ✕. Georg Figi begon hier in de 19de eeuw met een banketbakkerij. Inmiddels is het zowel een hotel als een bioscoop (4 zalen). Het in 1988 verbouwde gebouw is ingericht met de glas-in-loodramen van het oude restaurant. Ruime en moderne kamers. De koekjes van het huis zijn te koop in de hal bij de ingang.

Amersfoort ★

Met drukke pleinen, oude winkelstraten en een grote markt is de geboorteplaats van Mondriaan een aantrekkelijke stad. Het oude centrum met middeleeuwse stadspoorten, in het groen verborgen stadsgrachten, gotische kerken en patriciërswoningen is zeker een wandeling waard. Het symbool van de stad, een zwerfkei, getuigt van de nodige zelfspot.

De indrukwekkende middeleeuwse Koppelpoort
miroslav_1/Getty Images Plus

▶ Ligging
158.600 inwoners
REGIOKAART BLZ. 322 B1-2 EN BLZ. 345.
20 km ten noordoosten van Utrecht.

☺ Aanraders
Wandelen in de oude stad, een uitstapje naar Bunschoten-Spakenburg.

⁂ Met het gezin
De vissershuisjes in Museum Spakenburg.

❶ Praktisch blz. 349
⦿ Adresboekje blz. 349

Wandelen

★ De oude stad PLATTEGROND BLZ. 345

▶ *Wandeling in groen aangegeven op de plattegrond, vanaf de Arnhemsestraat.*
De stad ontstond rond een 12de-eeuws, nu verdwenen kasteel. De eerste ommuring uit de 13de eeuw wordt omgeven door een gracht. Amersfoort bereikte in de 15de en 16de eeuw grote welvaart door de handel in textiel en wol, en door de productie van bier. Rond 1400 werd een tweede stadsmuur met gracht aangelegd,

waar nu een deel van de stadsring ligt. Naast de Koppelpoort kunt u boeiende resten zien aan het einde van de Kamp, de hoofdstraat. De wandelroute voert langs de eerste ommuring van de stad, waar in de 15de eeuw de nu beroemde **muurhuizen★** zijn gebouwd. Deze huizen staan tegen en op de fundamenten van de eerste stadsmuur, en vormen één van de belangrijke kenmerken van de stad.

De Amersfoortse Kei A2
Deze enorme, ongeveer acht ton zware zwerfkei is het symbool van Amersfoort. Hij werd in de ijstijd door een gletsjer in het plaatselijke bos achtergelaten en werd in de 17de-eeuw naar de **Varkensmarkt** gebracht. Nu staat hij aan de Stadsring.
Volg de straat verder de stad in.

Varkensmarkt A2
Bij het begin van de Langestraat hebt u links een mooi uitzicht op de schaduwrijke gracht en de Onze-Lieve-Vrouwetoren of Lange Jan. De hijsbalken die u hier ziet, waren bedoeld om lading in en uit boten te hijsen die in de gracht aanlegden.
Ga rechtdoor over de Westsingel.
Aan de Westsingel staat de kapel van het **Sint-Pieters- en Bloklands Gasthuis**, die voor de **Mannenzaal** ligt. In deze zaal uit 1530 werden tot 1907 behoeftigen en zieken uit Amersfoort op kosten van de notabelen van de stad verpleegd in de houten bedsteden die met gordijnen afgeschermd werden *(niet geopend voor publiek).*
Sla linksaf en ga langs de gracht.

★ Koppelpoort A1
Deze mooie dubbele waterpoort uit 1400 bestaat uit een versterkte brug over de Eem, met in het midden een dubbele tredmolen en de feitelijke poort met torentjes aan weerszijden. Vroeger kwam hier het zakkendragersgilde bijeen, mannen die de aangevoerde balen op hun rug naar hun bestemming brachten. Bekijk op het **Grote** en het **Kleine Spui** de huizen met gevelstenen.
Loop langs de gracht en onder de brug door naar de kade van de Kleine Koppel.

Kunsthal KAdE A1
Eemplein 77 - ℘ (033) 422 50 30 - kunsthalkade.nl - di-zo 10.00-17.00 u - € 13.
In dit futuristische, vrij speelse gebouw, vinden belangwekkende tentoonstellingen van hedendaagse kunst en design plaats.
😊 Het gebouw vormt een mooie entree voor deze door stedenbouwkundigen geprezen wijk. De **Nieuwe Stad** *(denieuwestad.nl)*, een 'stad in de stad', is ontstaan rond de bakstenen gebouwen van een voormalige fabriek. Ondernemers, kunstenaars, mensen uit de culturele en sociale sector en anderen hebben inspraak gehad om hier een voor iedereen aangename en vernieuwende plek te creëren.
Loop terug naar de Koppelpoort, steek het water over en loop naar het museum.

Museum Flehite A1
Westsingel 50 - ℘ (033) 247 11 00 - www.museumflehite.nl - dag. beh. ma 10.00-17.00 u - € 16 (tot 18 jaar gratis).
Museum Flehite, gevestigd in drie muurhuizen, heeft collecties die te maken hebben met het verleden van de stad en de *gouw* Flehite (in de tijd van Karel de Grote), het gebied in het oosten van de huidige provincie Utrecht. De nieuwe inrichting van het gerenoveerde museum is lichter en eenvoudiger: archeologie, geschiedenis, toegepaste kunst en voorwerpen die herinneren aan Johan van Oldenbarnevelt.
Ga terug naar de andere oever en loop naar de straat Muurhuizen.

AMERSFOORT

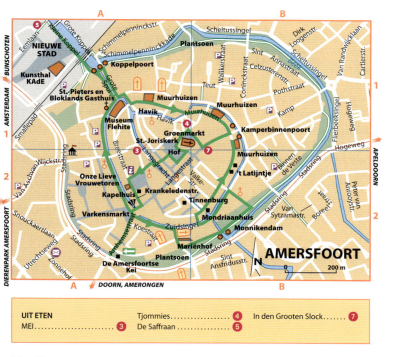

UIT ETEN	Tjommies ... ❹	In den Grooten Slock ... ❼
MEI ... ❸	De Saffraan ... ❺	

Havik A1

Dit is de oude haven van Amersfoort, die nabij de voorde lag (doorwaadbare plaats) in de rivier de Amer, die nu Eem heet, waaraan de stad haar ontstaan dankt.
Ga verder langs de Muurhuizen.
Al spoedig ontdekt u tussen nr. 217 en 243 boeiende **muurhuizen★**. Op deze plaats zijn de huizen indrukwekkend.

Kamperbinnenpoort B1

Deze voormalige bakstenen stadspoort met aan weerszijden achthoekige torentjes, werd in de 13de eeuw enigszins buiten de eerste stadsmuur gebouwd, aan het begin van de weg naar Kampen.
Ga via de Langestraat naar de Groenmarkt.

★ Groenmarkt AB1

Hier bevinden zich verschillende fraaie gerestaureerde huizen, in het bijzonder in de hoek van de Groenmarkt en de naburige Appelmarkt.

Sint-Joriskerk AB1

De kerk werd in 1243 in romaanse stijl gebouwd, ging in 1370 in vlammen op en werd herbouwd en vergroot in 1534. In deze drieschepige hallenkerk zijn in de rechterzijbeuk nog bogen van het romaanse bouwwerk te zien. Het koor wordt van het schip gescheiden door een mooi verfijnd, gotisch **oksaal** van zandsteen uit het einde van de 15de eeuw. Aan de kant van het koor staan tussen de baldakijnen en sokkels menselijke figuren en dieren. In de linkerzijbeuk bevindt zich het grafmonument van **Jacob van Campen** (1595-1657), die bekendheid geniet als bouwer van het Paleis op de Dam in Amsterdam. Let ook op de muurschilderingen, de 14de-eeuwse doopvont nabij de kansel en een jaquemart bij een klok, de Klockman uit 1724. Bij het gotische ingangsportaal bevindt zich een 17de-eeuwse chirurgijnskamer.

Sla vanaf het plein de Windsteeg in.

Hof A1-2
Op dit hoofdplein, waar nog enige oude gevels te zien zijn *(nr. 24)*, wordt elke vrijdagmorgen en zaterdag een grote markt gehouden.

Neem het bruggetje over de Lange Gracht, de centraal gelegen gracht van de stad.

★ Onze Lieve Vrouwetoren A2
☏ (033) 465 94 12 - www.onzelievevrouwetoren.nl - één rondleiding per dag (in het hoogseizioen vaker), op afspraak via internet of bij het toeristenbureau - € 8,50 (kind € 5), avondrondleiding (za) € 10.

De mooie toren aan het rustige Lieve-Vrouwekerkhof is 98,33 m hoog. Het is een 15de-eeuwse gotische toren met een uivormige koepel. De bijbehorende kerk werd in 1787 door een explosie verwoest. Het carillon werd in de 17de eeuw gebouwd door François Hemony, een van de beroemdste klokkengieters uit de Nederlandse geschiedenis, samen met zijn broer Pierre. Beiden kwamen uit Lotharingen.

Krankeledenstraat A2
In deze straat zijn oude gevels te zien, waaronder die van het **Kapelhuis**, een huis in laatgotische stijl op de hoek van de Krankeledenstraat en het plein.

Sla rechtsaf de Langestraat in, ga de gracht over en loop linksaf over de Zuidsingel.

Mariënhof A2
In dit oude, prachtig gerestaureerde klooster uit de 16de eeuw zijn nu twee restaurants gevestigd. Ga ook kijken in de tuin met medicinale planten.

Plantsoen AB2
Via de oude wallen, waarover nu een voetpad en een fietspad lopen, komt u bij de waterpoort Monnikendam.

Monnikendam B2
Deze sierlijke waterpoort over de Heiligenbergerbeek uit 1430 aan de vestinggracht torent uit boven de dichtbegroeide tuinen van herenhuizen.

Ga via de Herenstraat naar de Zuidsingel en sla dan linksaf.

De fraaie, lommerrijke **gracht** van de **Zuidsingel** voorziet de tuinen van de achterliggende **muurhuizen** van water. De brug over de **Kortegracht** is bijzonder schilderachtig met als blikvanger de **Tinnenburg**, een belangrijk 15de-eeuws muurhuis.

Mondriaanhuis A2
Kortegracht 11 - ☏ (033) 460 01 70 - www.mondriaanhuis.nl - ♿ - di-zo 10.00-17.00 u - € 13 (tot 5 jaar gratis).

In het geboortehuis van Piet Mondriaan en de naburige oude school is een vaste tentoonstelling te zien. De belangrijke stadia in de ontwikkeling van het werk van de schilder komen aan bod, vanaf zijn figuratieve periode en landschappen tot zijn neoplastische periode, toen kleuren en lijnen een geheel eigen taal gingen spreken. Hier is ook het Parijse atelier nagebouwd, waar Mondriaan van 1921 tot 1936 werkte: de vijfhoekige ruimte met panelen met primaire kleuren aan de wanden is te beschouwen als de toepassing van de ruimtebeleving van de kunstenaar.

't Latijntje B2
Deze 13de-eeuwse toren rechts, ook wel Dieventoren of Plompetoren genoemd, is een restant van de eerste stadsmuur. Na de toren komt een opmerkelijk rijtje **muurhuizen★**, waarna u weer uitkomt bij de Langestraat.

AMERSFOORT 347

In de omgeving
REGIOKAART BLZ. 322

Dierenpark Amersfoort B1-2
◐ *3 km westwaarts (via de Van Asch van Wijckstraat) - Barchman Wuytierslaan 224 - ℘ (033) 422 71 00 - www.dierenparkamersfoort.nl - april-okt.: 9.00-18.00 u (juli-aug. 20.00 u); rest v.h. jaar: 10.00-17.00 u - € 26 (3-12 jaar € 23).*

Midden in het bos zijn hier dieren uit de hele wereld te ontdekken: u kunt lynxen door ondergrondse glazen buizen zien sluipen, vanaf een brug naar de dieren op de savanne kijken, kraanvogels in de Japanse Tuin zien staan en te midden van de papegaaien koffie drinken. In de Stad der Oudheid, met een Romeinse poort, arena, ziggoerat (Mesopotamische tempeltoren) en Egyptische tempel, leven vooral krokodillen, witte tijgers, leeuwen en bavianen. Verder zijn er ook nog de Speel-O-Droom met hangbruggen, het Honderdduizend DierenHuis en een rariteitenkabinet.

★ Bunschoten-Spakenburg B1
◐ *12 km noordwaarts via de N199. Neem vanuit Amersfoort de Amsterdamseweg.*
Bunschoten vormt één gemeente met **Spakenburg**, een om de palingvangst bekend staand havenplaatsje aan het huidige **Eemmeer**. Vroeger lagen de beide plaatsjes aan de Zuiderzee. De twee dorpen liggen langs een ruim 2 km lange straat, die zich in het noorden splitst in twee kades langs een kanaal dat zich vervolgens verbreedt tot een havenkom waar karakteristieke oude vaartuigen van de Zuiderzee liggen, botters. De **Rode Loods**, een houten gebouw uit 1901 van een voormalige scheepswerf, springt in het oog.

De twee dorpen zijn beroemd om hun klederdracht. Sommige oudere vrouwen dragen nog steeds zeer bijzondere **kleding★**. De zwarte rok is lang en wordt bedekt door een zwart schort. De bijzonderheid van deze klederdracht is de kraplap van gesteven bloemetjesstof, vaak met antieke sitsmotieven, die aan de schouders van een harnas doet denken. In het midden wordt een stuk geruite stof gedragen. Weduwen dragen een zwarte, paarse of donkerblauwe kraplap tot ze eventueel hertrouwen. Eronder dragen de vrouwen een zwarte blouse met korte geruite mouwen. Ze dragen een wit gehaakt kapje op het hoofd. 's Zaterdags op de markt kunt u hen zien, evenals tijdens de **Spakenburgse Dagen**, op de twee laatste woensdagen van juli en de eerste twee woensdagen van augustus, als op het marktplein en rond de haven ambachtelijke producten te zien zijn.

Museum Spakenburg – *Oude Schans 47-63 (nast het toeristenbureau) - ℘ (033) 298 33 19 - www.museumspakenburg.nl - april-okt.: di-za 10.00-17.00, ma 13.30-17.00 u; nov.-maart: wo-za 12.00-16.00 u - € 7 (4-12 jaar € 3,50).* Het museum geeft met zijn oude winkeltjes, haringrokerij, boerderij en vissershuisjes een goede indruk van het dagelijks leven in Bunschoten-Spakenburg in het verleden.

Rondrit
REGIOKAART BLZ. 322

Tussen bos en heide BC2
◐ *Rondrit van 41 km aangegeven in oranje op de regiokaart. Vertrek naar het zuiden via de Arnhemseweg.*
De route voert door het bos en de heide van de Leusderheide, waarvan het zuidelijke stuk een nationaal park is.

Kasteel Huis Doorn
Ten zuiden van Doorn via de N227. Langbroekerweg 10 - ℘ (0343) 42 10 20 - www.huisdoorn.nl - di-zo 13.00-17.00 u - € 12 (7-18 jaar € 6) - online reserveren.
In dit kasteel met zijn slotgracht in een mooi park verbleef van 1920 tot zijn dood in 1941 de voormalige Duitse keizer **Wilhelm II**. Nadat hij in november 1918 geweigerd had af te treden, vluchtte hij naar Nederland en werd hij eerst ondergebracht in kasteel Amerongen. In 1920 kocht hij Huis Doorn. Dit in de 14de eeuw door een bisschop van Utrecht gebouwde kasteel ter verdediging van het gebied, werd in 1780 verbouwd. Er is nu een **museum** in gehuisvest met memorabilia van Wilhelm II, die de **collecties**★ uit de keizerlijke paleizen naar hier had laten overbrengen. Sinds zijn dood is het interieur weinig veranderd. Er is een zaal gewijd aan Frederik de Grote, de beroemdste telg van de Hohenzollerns, die een groot verzamelaar was van schilderijen, pasteltekeningen van de Franse school en snuifdozen. Verder is er een fraaie verzameling zilverwerk te zien en uniformen die toebehoord hebben aan Wilhelm II, wiens grafmonument in het park staat. De voormalige garage van de keizer is verbouwd tot een expositieruimte gewijd aan de Nederlandse neutraliteit tijdens de Eerste Wereldoorlog.
Ga verder over de N227 en sla op de kruising vlak voor Cothen linksaf.

Wijk bij Duurstede
In de buurt van deze stad aan de Lek lag het oude **Dorestad**, een grote handelsplaats die verlaten werd na in 863 door de Noormannen te zijn verwoest. De stad kwam in de 15de eeuw opnieuw tot bloei onder invloed van de bisschop van Utrecht, die hier zijn residentie vestigde. Aan de **Markt** staat de Grote Kerk, een gebouw met een onvoltooide, vierkante toren, en het stadhuis uit 1662. In het in 2023 eveneens naar de Markt verhuisde **Museum Dorestad** (*www.museum dorestad.nl*) kunt u meer te weten komen over de geschiedenis van de stad en vooral ook de opgravingen op de locatie van het oude Dorestad.
Aan de Lek staat de **Molen Rijn en Lek**. Enigszins buiten de stad bevindt zich de ruïne van **Kasteel Duurstede**. Binnen een gracht liggen nog de restanten van een vierkante toren uit 1270 en een ronde uit de 15de eeuw. Het complex dient nu als feestgelegenheid. Het omliggende park staat op de monumentenlijst.
Ga verder over een weggetje rechts en neem daarna de N225.

Amerongen
Aan het plein van dit vredige stadje staan mooie rustieke huizen rond een honderd jaar oude linde, die in 1898 ter ere van koningin Wilhelmina werd geplant. De gotische **kerk** heeft een hoge toren uit de 16de eeuw van afwisselend lagen tuf- en kalksteen. In de regio Nederrijn, waar vroeger tabak werd geteeld, zijn nog een paar tabaksschuren bewaard gebleven. Een ervan staat in het **Amerongs Historisch Museum** (*Burgemeester H. van de Boschstraat 46 - ℘ (0343) 45 65 00 - www.tabaksteeltmuseum.nl - maart-okt.: vraag inl. over tijden - € 3, 5-12 jaar € 1,50*) dat de geschiedenis van de tabaksteelt vertelt.
Even verderop in de Drostestraat ligt **Kasteel Amerongen**. Op de grondvesten van een oude 'voorganger' uit 1286 werd hier de eerste versie van het kasteel gebouwd. Franse troepen verwoestten het in 1673, waarna de eigenaar, Godard van Reede, in 1674-1680 een nieuw bakstenen gebouw met twee vestinggrachten liet creëren. Keizer Wilhelm II van Duitsland woonde hier van 1918 tot 1920 voor hij naar Doorn verhuisde, en tekende er zijn troonsafstand. U kunt hier meubels, tapijten en schilderijen bewonderen. Het **park** is ook een bezoek waard.
Drostestraat 20 - ℘ (0343) 56 37 66 - www.kasteelamerongen.nl - di-zo 11.00-17.00 u - € 15 (4-18 jaar € 7,50), alleen tuin € 5.

AMERSFOORT

ℹ️ Praktisch

Inlichtingen

Toeristenbureau – *Breestraat 1 - ☎ (033) 465 94 44 - www.vvvamersfoort.nl.*

📍 Adresboekje

PLATTEGROND BLZ. 345

Uit eten

Goedkoop

④ Tjommies – A1 - *Lavandelstraat 13 - ☎ 033 202 61 03 - tjommiesmusicbar.com - 10.00-0.00 u - € 5/15.* Café-concert, bar, terras aan de gracht... Van 's morgens tot 's avonds een aangename, levendige plek voor een kop koffie, een tosti, een salade of een biertje.

Doorsneeprijzen

⑦ In den Grooten Slock – B1-2 - *Langestraat 95 - ☎ 033 303 43 57 - www.grootenslock.nl - 11.30-18.00, vr-za 10.30-22.00 u - hoofdgerecht € 17/23,50.* Een origineel, centraal gelegen adres midden in de hoofdstraat. Rustiek interieur, Stevige, smakelijke gerechten.

Wat meer luxe

⑤ De Saffraan – A1 - *Kleine Koppel 3 - ☎ 033 448 17 53 - www.desaffraan.nl - 18.00-22.00, vr-za 12.00-13.30, 18.00-22.00 u - gesl. zo-ma.* Een uiterst originele (op een opgeknapte boot) en verfijnde gelegenheid voor liefhebbers. Subtiele en moderne keuken.

🌿 **③ Mei** – A1-2 - *Krommestraat 49 - ☎ 033 461 02 22 - mei-amersfoort.nl - wo-za 18.00-23.00 u - hoofdgerecht € 59/66.* Een biologisch restaurant. Voor zijn geraffineerde gerechten focust de ervaren chef op groenten in al hun diversiteit.

Bunschoten-Spakenburg

Doorsneeprijzen

De Mandemaaker – *Kerkstraat 103 - ☎ 033 298 02 55 - www.demandemaaker.nl - 12.00-23.00, di 17.00-23.00 u - gesl. zo-ma - menu € 59 - op afspraak.* Prettig restaurant in een oud vissershuis in het centrum van een dorp waar de oudste bewoners nog altijd de voorkeur geven aan hun traditionele klederdracht. 's Zomers ook terras.

Overnachten

Goedkoop

Vita Nova – BUITEN PLATTEGROND BIJ A1 - *Kleine Koppel 11 - ☎ 065 167 25 48 - hotelvitanova.nl - 5 kamers vanaf € 80 - 🍽 € 15 - ✗.* Mooie, knusse, moderne cabines in een aak die bij de Nieuwe Stad ligt afgemeerd.

ZEELAND EN DE DELTA

4

Zeeland en de Delta

HOOFDSTAD: MIDDELBURG

De Delta	352
Zierikzee★	354
Middelburg★	362
Sluis	370

 **De Delta**

Aan de monding van de drie grote rivieren (de Rijn, Waal en Maas) rijgen in de provincies Zuid-Holland en Zeeland verschillende eilanden en zeearmen zich aaneen, die samen de delta van Nederland vormen. De rivieren banen zich een weg tussen de diverse eilanden door, die soms in schiereilanden veranderd zijn. Hier zijn de grote stormvloedkeringen gebouwd, technologische hoogstandjes in de strijd tegen het water. De uitgestrekte natuurgebieden baden in het prachtige licht, met her en der pittoreske dorpen.

Een bedreigd gebied

De laaggelegen eilanden van de delta zijn aan het eind van de middeleeuwen door aanslibbing gewonnen op de zee. Ze liggen grotendeels onder de zeespiegel (NAP) of op minder dan 5 m daarboven. Aan de Noordzeekant worden de eilanden beschermd door hoge duinen, maar langs de overige kusten bieden alleen dijken bescherming tegen het water. Toch is diverse keren gebleken hoe kwetsbaar die dijken zijn als de zee tijdens een stormvloed met kracht de zeearmen binnendringt.

Op 19 november 1421, **Sint-Elisabethsdag**, richtte een enorme overstroming grote schade aan in het gebied. Het water bereikte Dordrecht en de Biesbosch. Wel 65 dorpen kwamen onder water te staan en tienduizend mensen verloren het leven. In de nacht van 31 januari op 1 februari 1953 deed zich opnieuw een ramp voor. Door het samenvallen van springtij en een zware stormvloed braken op verscheidene plaatsen de dijken door en kwamen eilanden onder water te staan. Hierbij kwamen 1835 mensen om, werd een half miljoen mensen dakloos en ging 26.000 ha grondgebied verloren. De gevolgen waren merkbaar tot ver in het binnenland, zelfs tot in de Hollandse IJssel.

Het Deltaplan

Drie jaar na de watersnoodramp van 1953 werden twee voorstellen ingediend om een herhaling van een dergelijke overstroming te voorkomen: de oude dijken ophogen of de zeegaten van de delta afsluiten. Het parlement koos in 1958 voor het laatste: een indrukwekkend, omvangrijk project. Vier **hoofddammen**, waarvan twee met sluizen aan de Noordzee, en verschillende **secundaire dammen** landinwaarts sluiten nu de zeearmen af. De secundaire dammen moesten de al te sterke stroming tegenhouden en waren vooral van belang tijdens de aanleg van de hoofddammen. Nu zijn ze minder belangrijk geworden, maar ze dienen nog wel als verbinding voor het wegverkeer.

Met de voltooiing van de stormvloedkering in de Nieuwe Waterweg, die Rotterdam met de Noordzee verbindt, werd het Deltaplan na bijna veertig jaar afgerond. De Westerschelde geeft toegang tot de haven van Antwerpen en is de enige zeearm die nog volledig open is.

Door al deze dammen is de kust ongeveer 700 km korter geworden. Er zijn zoetwaterreservoirs ontstaan (het Haringvliet ten oosten van de Philips- en de Oesterdam) en de verzilting van de grond is afgenomen. Het overstromingsgevaar is geweken en er is een prachtig watersportgebied ontstaan. De wegverbindingen zijn verbeterd, wat leidde tot economische groei van de regio. Het Deltaplan omvatte tevens het ophogen van de dijken langs de vaarwegen en de inrichting van de Biesbosch.

Ten oosten van de delta ligt sinds 1975 het Schelde-Rijnkanaal, een 37 km lange vaarweg die Antwerpen met het Volkerak verbindt.

Dammen en bruggen

De vroegere Brielse Maas, stroomafwaarts van Rotterdam, werd al in 1950 afgedamd, waardoor het Brielse Meer ontstond. Omdat de Nieuwe Waterweg openbleef voor de scheepvaart, moest in de Hollandse IJssel bij Krimpen aan den IJssel een grote, beweegbare **stormvloedkering** komen (1954-1958). Ernaast werd een sluis van 120 bij 24 m aangelegd voor grote schepen, die ook gebruikt kan worden wanneer de schuiven van de stormvloedkering gesloten zijn. Na de voltooiing van de Maeslantkering (1997) kan ook de Nieuwe Waterweg afgesloten worden.

Het Haringvliet is afgesloten door de enorme **Haringvlietdam**. Meer landinwaarts, in het Hollandsch Diep, ligt de **Volkerakdam (1957-1969)**. Hij vormt de verbinding tussen Overflakkee en de provincie Noord-Brabant en bevat drie grote schutsluizen. De Haringvlietdam en de Haringvlietbrug vormen van boven gezien samen de letter Y.

Meer naar het westen wordt het Brouwershavense Gat afgesloten door de **Brouwersdam**, die wordt ondersteund door de **Grevelingendam**. Voor het sluiten van deze laatste dam, die van 1958 tot 1965 tussen Duiveland en Overflakkee werd aangelegd, voerde men de steenblokken per kabelbaan aan. De Brouwersdam vormt met de **Philipsdam de letter T**. In 1986 werd de **Oosterscheldekering** voltooid. Bij gevaarlijk hoge waterstanden en storm kan deze langste (9 km) en diepste (40 m) kering van de Delta gesloten worden. De verder naar het oosten liggende **Oesterdam** (1986) en de Philipsdam voorkomen getijdenwerking in de Schelde-Rijnverbinding. De oevers van de Oosterschelde zijn met elkaar verbonden door de **Zeelandbrug**. Het Veersemeer ten zuiden van Noord-Beveland is afgesloten door de **Veerse Gatdam**, die wordt ondersteund door de secundaire **Zandkreekdam**. Deze laatste werd tussen 1956 en 1960 aangelegd tussen Noord- en Zuid-Beveland. Hij is 800 m lang en uitgerust met een sluis van 140 bij 20 m. Het wegverkeer maakt gebruik van een ophaalbrug. De Westerscheldetunnel verbindt de beide oevers van de open Westerschelde met elkaar. Tussen 1995 en 2000 zijn nog eens heel wat stukken dijk verzwaard.

Nieuwe ontwikkelingen

De dammen, stranden en duinen worden voortdurend onderhouden, wat veel geld kost. De stijging van de zeespiegel ten gevolge van de opwarming van de aarde verhoogt de onderhoudskosten alleen maar. Bovendien is er steeds meer aandacht voor het milieu en de natuurbescherming.

De Nederlandse kustlijn (350 km in rechte lijn, waarvan meer dan 260 km met duinen en stranden) is voortdurend in beweging. Onder invloed van getijden en wind kalft de kust op sommige plaatsen af, of breidt zich juist uit richting zee. Omdat de algemene balans negatief blijft, moet de overheid de kustlijn wel beschermen, niet met meer dammen en dijken, maar met eenvoudigere methoden die in harmonie zijn met de natuur, zoals pieren die de schadelijke stroming voor de kust breken *(zie blz. 69-70)*.

Zierikzee ★

Door de singel en de dubbele poort in renaissancestijl met twee kleine ophaalbruggen heeft Zierikzee, de hoofdplaats van Schouwen-Duiveland, iets van haar oude aanzien behouden. De mooie 16de- tot 18de-eeuwse huizen dragen bij aan de bekoring van dit havenstadje aan de Gouwe, de zeearm die Schouwen van Duiveland scheidde. De stad dankte haar welvaart aan de banden met de Hanze en was ook de verblijfplaats van de graven van Holland en Zeeland. Vermaard is de houding van de Spanjaarden tijdens de inname van de stad in 1576. Ze waren hartje winter de Zijpe overgestoken die Schouwen-Duiveland van het vasteland scheidde, terwijl het kouce water hen tot de schouders kwam.

▶ Ligging	👥 Met het gezin
11.730 inwoners REGIOKAART BLZ. 350 B1 EN PLATTEGROND HIERNAAST	Het Deltapark Neeltje Jans en de boottochten.

ℹ Praktisch blz. 360

📍 Adresboekje blz. 361

Wandelen

▶ *Wandeling in groen aangegeven op de plattegrond.*

★ Noordhavenpoort B2
Deze dubbele poort heeft aan de stadszijde een 16de-eeuwse dubbele renaissancegevel en aan de buitenzijde een oudere trapgevel.
De **Zuidhavenpoort** is een hoge, vierkante toren uit de 14de eeuw met vier hoektorentjes. De poort is via een ophaalbrug verbonden met de Noordhavenpoort. Aan de kaden van de **Oude Haven** staan elegante huizen uit de 17de en 18de eeuw. Er liggen ook enkele oude schepen afgemeerd.
Loop terug via de Oude Haven en blijf rechtdoor lopen.

Havenpark B2
Ten noorden hiervan ligt **De Witte Swaen**, een huis uit 1658 met barokke topgevel, dat na de watersnoodramp van 1953 is herbouwd.
Tegen de Gasthuiskerk aangebouwd staat de **Beurs** uit 1651, een markthal met galerij in renaissancestijl met Toscaanse zuilen.
Ga via de Mol naar het 's-Gravensteen.

's-Gravensteen B1
Rondleiding wo en za om 14.30 en 15.30 u - € 4,50 (6-18 jaar € 3,50) - aanmelden bij het Stadhuismuseum. Aan de Mol 25 staat een voormalige gevangenis met trapgevel uit 1524, versierd met mooi traliewerk.
Ga linksaf naar de Dam.

Stadhuis - Stadhuismuseum B1
Deze voormalige markthal heeft een schilderachtige houten **toren** met een rijkversierde spits (1550), waarop een beeld van Neptunus prijkt. In de toren

hangt een **carillon**. Het gebouw heeft in de loop van de tijd verscheidene veranderingen ondergaan en bezit nu twee uitgekraagde topgevels. De decoratieve muurankers op de gevel deden vroeger ook dienst als toortshouders. Binnen is het **Stadhuismuseum** gehuisvest. Er is veel informatie te vinden over de geschiedenis van Zierikzee en omgeving; de Schutterszaal heeft een mooie kapconstructie. *Meelstraat 6-8 - ☏ (0111) 45 44 64 - www.stadhuismuseum.nl - di-za 11.00-17.00, zo 13.00-17.00 u - € 9,50 (6-18 jaar € 6).*

Tegenover het stadhuis staat het huis De Haene, vaak het **Tempeliershuis** genoemd. Het stamt uit de 14de eeuw en is het oudste huis van de stad. De accoladevormige omlijsting van de vensters verraadt de invloed van de Brugse stijl.
Ga via de Meelstraat en Kerkhof N. Z. naar de Sint-Lievensmonstertoren.

Sint-Lievensmonstertoren A1

De onvoltooide 'dikke toren' (62 m) was de klokkentoren van de oude Sint-Lievenskerk, waarvan de bouw in 1454 was begonnen naar een ontwerp van een telg uit de architectenfamilie Keldermans, die later aan het Middelburgse stadhuis werkte. De kerk is door brand verwoest en in 1832 afgebroken. Naast de toren staat nu een grote neoclassicistische kerk uit 1848 met zuilenportaal.
Ga terug naar het stadhuis en loop via Schuithaven, de Lange en de Korte Nobelstraat naar de Nobelpoort.

Nobelpoort B1
Even voor de Nobelpoort is de hoge stellingmolen **De Hoop** te zien. De Nobelpoort is een vierkante stadspoort uit de 14de eeuw, aan de buitenzijde geflankeerd door twee hoge, slanke torens (van later datum) met bijzondere spitsen.

Rondritten
REGIOKAART BLZ. 350

Naar het noorden van de Delta AB1
◯ *Rondrit van 100 km, in groen aangegeven op de regiokaart. Rijd Zierikzee uit aan de westkant via de N59.*

Renesse
Deze badplaats op het eiland Schouwen heeft een prachtig zandstrand. Iets verder naar het oosten staat het mooie bakstenen **Slot Moermond**, gebouwd in de 16de -17de eeuw, waarin nu een hotel-restaurant is gevestigd.
Rijd Renesse aan de oostkant uit en ga de N57 op naar links, in de richting van de Oosterscheldekering.

Brouwersdam
Deze grote dam zonder sluizen (1963-1972) verbindt Goeree met Schouwen. Het noordelijke deel werd gedicht met doorlaatcaissons, een techniek die voor het eerst bij de Veerse Gatdam was toegepast. Voor het zuidelijk deel was een kabelbaan met een gondel nodig, die per keer 15 ton beton aanvoerde.
Tussen deze dam en de Grevelingendam is een zoutwatermeer ontstaan waarin geen getijde-invloed merkbaar is. Aan de ene kant van de weg ligt de Noordzee, waarop bij storm kitesurfers de wind trotseren, en aan de andere kant het rustige water vol vissersbootjes en plezierjachten uit de vele jachthavens in deze streek.
Ga verder over de N57.

★★ Haringvlietdam
Deze dam, die tussen 1955 en 1971 werd gebouwd, is een sterk staaltje Nederlandse waterbouwkunde. Voor de aanleg van deze dam is midden in de monding van de zeearm eerst een kunstmatig werkeiland aangelegd. De laatste fase van de bouw is, net als bij de Grevelingendam, uitgevoerd met een kabelbaan. Daarmee kon men de betonblokken laten vallen waarmee het laatste gedeelte afgesloten is.
De Haringvlietdam is 5 km lang en heeft zeventien spuisluizen van 56,5 m breed. Het zijn de grootste ter wereld. De schuiven kunnen in 20 minuten worden neergelaten dankzij een hydraulisch systeem met 68 aandrijfunits in de zestien pilaren en de twee landhoofden. De sluizen zijn onder normale omstandigheden bij eb geopend en bij vloed gesloten, zodat wel water kan worden geloosd, maar geen zout water binnen kan dringen.
Vanaf 2018 zullen de sluizen ook bij vloed gedeeltelijk opengezet worden, zodat trekvissen als zalm en zeeforel de rivier op kunnen zwemmen. Vlak bij de kleine haven, ten zuiden van de dam, is een sluis voor de scheepvaart.
Neem de N57 weer en ga rechtsaf.

Hellevoetsluis
In dit vestingstadje bevond zich het koninklijk wapenarsenaal; stadhouder Willem III vertrok in 1688 dan ook vanuit deze haven om de Engelse troon te bezetten. De nieuwe stad, die landinwaarts werd gebouwd, bestaat uit lange rijen moderne huizen met tuin.
De oude haven met de vuurtoren ligt aan de zoetwaterkant van het Haringvliet en

De Zeelandbrug, de langste brug van Nederland
DenBoma/Getty Images Plus

wordt nu gebruikt door de pleziervaart. Het is heerlijk wandelen over de dijk, met uitzicht over het Haringvliet. Hellevoetsluis is ook de startplaats geworden voor de grotere en kleinere klassieke jachten die aan de tweejaarlijkse 'Dutch classic yacht regatta' *(www.dcyr.nl)* meedoen.
Rijd weer een stukje terug, ga naar Moermond en daar linksaf.

Den Osse
Deze nieuwe jachthaven ligt verscholen achter dijken.

Brouwershaven
Of dit ooit een welvarende overslagplaats van Delfts bier is geweest of dat er een brouwerij gevestigd was, is niet bekend, maar nu is het een leuke jachthaven. Brouwershaven is de geboorteplaats van **Jacob Cats** (1577-1660). Deze staatsman was van 1636 tot 1651 raadspensionaris van Holland en West-Friesland; hij is ook een bekend dichter.
In Brouwershaven staat de mooie, gotische **Sint-Nicolaaskerk**. Binnen zijn de preekstoel en het doophek in rococostijl de moeite waard. Het **stadhuis** uit 1599 heeft een rijkversierde renaissancegevel.
Keer terug naar Zierikzee.

Naar het zuiden van de Delta AB1-2

▶ *Rondrit van 102 km, in paars aangegeven op de regiokaart. Rijd Zierikzee uit aan de zuidkant en neem de N256.*

★ Zeelandbrug
Deze in 1965 voltooide brug verbindt Zierikzee met het voormalige eiland Noord-Beveland. Sinds 1987 kan het verkeer ook over de Oosterscheldekering rijden. Het is een indrukwekkende brug van 5022 m lang met 50 bogen. Bij normale waterstanden is de doorvaarthoogte 17 m. Er is een ophaalbrug voor hogere schepen bij Schouwen-Duiveland.
Rijd verder over de N256.

Een gravin die vier keer trouwde

Goes was de oude zetel van de graven van Zeeland, die hier een kasteel bezaten. De stad koestert de herinnering aan de ondernemende gravin **Jacoba van Beieren** (1401-1436). Van moederskant was ze de kleindochter van Filips de Stoute, hertog van Bourgondië, en de enige dochter van Willem IV, hertog van Beieren en graaf van Henegouwen, Holland en Zeeland. Bij zijn dood in 1417 erfde ze zijn bezittingen en de heerlijkheid Friesland, iets waar velen haar om benijdden. Ze verliet in 1421 haar tweede echtgenoot Jan IV van Brabant, die haar tegen haar zin het graafschap Holland had ontnomen ten gunste van Jan van Beieren, Jacoba's oom en een aanhanger van de Kabeljauwen. Om aan de greep van het huis van Bourgondië te ontkomen, trouwde ze het jaar daarop in Engeland met de hertog van Gloucester. Later week ze uit naar Goes, nadat haar neef Filips de Goede haar grondgebied was binnengevallen. Filips dwong haar in 1428 om het Verdrag van Delft te tekenen, waarmee ze hem als erfgenaam aanwees. Bovendien beloofde ze nooit meer te zullen hertrouwen. Al snel verbrak ze die belofte (1432) en verloor daarmee haar titel als gravin (1433); drie jaar later overleed ze op slot Teylingen bij het Zuid-Hollandse Sassenheim.

Goes

Goes ligt midden tussen de weilanden en de boomgaarden en is via het kanaal de Goese Sas verbonden met de Oosterschelde. De stad dankte haar welvaart aan de zoutwinning en de meekrapindustrie; nu is het de belangrijkste plaats van Zuid-Beveland. Aan de loop van de singels is nog te zien waar de 15de-eeuwse stadswallen ooit lagen. Tijdens de wekelijkse dinsdagmarkt op de Grote Markt zijn soms nog vrouwen in Zeeuwse klederdrachten te zien. Vooral de kanten en tulen mutsen zijn prachtig: trapeziumvormig voor katholieken vrouwen en schelpvormig voor protestantse.

☺ Goes staat bekend om zijn toprestaurants *(zie guide.michelin.com)*.

Grote Markt – Aan de Grote Markt staat het **stadhuis** uit de 15de eeuw, dat in de 18de eeuw in rococostijl is verbouwd. In het linkerdeel van het gebouw zit een lunchcafé.

★ **Grote of Maria Magdalenakerk** – De kerk dateert voor een deel uit de 15de eeuw en is na een brand herbouwd (1619-1621). Het schip is heel hoog. De gevel van het noordtransept is rijk versierd in een uitbundige stijl en heeft een breed venster met een opengewerkte puntgevel erboven. Het **interieur** bevat een prachtig orgel uit de 17de eeuw met een 18de-eeuws baldakijn.

De tegenoverliggende rooms-katholieke, neogotische **Heilige Maria Magdalenakerk** dateert uit 1908.

Historisch Museum De Bevelanden – *Singelstraat 13* - ℘ *(0113) 22 88 83* - *www.hmdb.nl* - ♿ - *ma-za 11.00-17.00 u - € 10 (4-17 jaar € 4)*. Dit voormalige weeshuis heeft een gevarieerde collectie van onder andere Bevelandse klederdrachten en 17de-eeuwse schuttersstukken. Rechts van het gebouw ligt het voormalige **Oude Mannen- en Vrouwenhuis** (1665), zoals te zien is aan de beelden boven het portaal.

Turfkade en Kleine Kade – *Ten noorden van de Grote Markt*. Langs de kaden van deze jachthaven staan enkele mooie huizen.

Stoomtrein – ℘ *(0113) 27 07 05* - *www.destoomtrein.nl*. Tussen Goes, Nisse, Kwadendamme en Hoedekenskerke rijdt van april tot oktober een **stoomtreintje**. *Rijd weer terug en ga linksaf naar Kortgene (N255). Neem vervolgens links de N57.*

Veerse Gatdam

De Veerse Gatdam, die Walcheren verbindt met Noord-Beveland, is in 1958-1961 aangelegd. Ondanks de bescherming van een zandbank heeft deze 2700 m lange dam door de noordwestligging meer dan de andere zeeweringen van stormen te duchten.

Bij de bouw werd voor het eerst gebruikgemaakt van doorlaatcaissons. Ze werden op de bodem van het zeegat geplaatst, waarna alle schuiven tegelijkertijd neergelaten werden om het ontstaan van een verwoestende stroming te voorkomen. Tussen deze dam en de Zandkreekdam ligt een klein zoutwatermeer zonder getijdenbewegingen.

U kunt nu naar Veere (zie blz. 366) en Middelburg (zie blz. 362) rijden. Neem de N57 in tegengestelde richting.

★★★ Stormvloedkering Oosterschelde

De bouw van deze stormvloedkering heeft geduurd van 1976 tot 1986, en in 1987 kon de autoweg over de kering worden opengesteld. Dit indrukwekkende waterbouwkundige hoogstandje is uniek in de wereld. Het heeft een lengte van 3 km en is in drie stroomgeulen van de Oosterschelde gebouwd, waarbij twee kunstmatige eilanden als basis dienden.

Het oorspronkelijke project, dat een totale afsluiting inhield, is gewijzigd. Om een open verbinding met zee te houden, is gekozen voor een stormvloedkering die bestaat uit 65 betonnen pijlers, waartussen 62 stalen schuiven neergelaten kunnen worden. Een pijler is 30 tot 38 m hoog en weegt tot wel 18.000 ton. De schuiven zijn 40 m breed en 6 tot 12 m hoog.

Bij hoogwater en storm kunnen de schuiven, die normaal omhoog staan, in minder dan een uur neergelaten worden. Door deze constructie wordt het getijdenverschil in de Oosterschelde voor 75 procent gehandhaafd. Ook het voortbestaan van het waardevolle milieu is gewaarborgd en de visserij en de oester- en mosselteelt blijven mogelijk.

Deltapark Neeltje Jans – *Faelweg 5 - ✆ (0111) 65 56 55 - www.neeltjejans.nl - ♿ - april-okt.: 10.00-17.00 u; rest v.h. jaar: vraag inl. - 'All in'-kaartje € 26 (3-11 jaar € 16).*
Op het voormalige werkeiland Neeltje Jans is nu een themapark gevestigd. Er zijn watershows en bezoekers kunnen er met diverse soorten zeedieren zwemmen, waaronder zeeleeuwen en haaien (€ 40/55/pers.).

In het ir. J.W. Topshuis, vanwaaruit de stormvloedkering centraal wordt bediend, is de tentoonstelling **Delta-Expo** ondergebracht. Hier komt u alles te weten over de geschiedenis van de Nederlandse waterbouwkunde. Een maquette brengt de watersnoodramp van 1953 en de sindsdien genomen veiligheidsmaatregelen in beeld.

De film *Delta Finale* gaat over de bouw van de stormvloedkering: de vervaardiging van de onderdelen, het nauwkeurig plaatsen van de funderingen en pijlers, het inhangen van de schuiven en de afwerking. Ook de **rondleiding** in een van de pijlers van de dam (te bereiken via de controlekamer) is de moeite waard, zeker bij vloed. Vanaf de bovenbalk is de sterke stroming van het water te zien (in de Oosterschelde verandert per tij achthonderd miljoen kubieke meter water van plaats).

In de zomer kunt u op het eiland ook natuurwandelingen maken, een pijler beklimmen of rondvaren over de Oosterschelde *(inbegrepen bij het 'All in'-ticket).*
In de zomer kunnen de kinderen spelen op de waterspeelplaats **Aquasplash** en assisteren bij een show met zeeleeuwen. Het aquarium is het hele jaar door geopend; een zaal van het complex is gewijd aan walvissen.

De Oosterscheldekering, het grootste en bekendste deltawerk ter wereld
A-Basler/Getty Images Plus

Nationaal Park Oosterschelde
www.np-oosterschelde.nl.
Dit 37.000 ha grote natuurpark bestaat uit een reusachtig zoutwatermeer met *slikken* (gebieden die bij hoogwater onderstromen maar bij laagwater droogvallen) en *schorren* (die alleen bij springtij onderstromen), geulen en zandbanken. Binnen en buiten de dijken liggen diverse natuurgebieden. Op dit natte land komen veel vogelsoorten voor, zoals plevier, stern en kluut. In de modder groeien zoutminnende planten als zeekraal en slijkgroen. Het park vormt een rustplek voor trekvogels, maar ook zeehonden en bruinvissen komen langs. Hier vindt de oester- en mosselteelt plaats; de mosselen van Yerseke komen uit de Waddenzee, voordat ze hier worden uitgezet. Dit gebied is ook ideaal voor de duik- en zeilsport en voor groen toerisme. Door de natuurgebieden lopen goed aangegeven wandelpaden.

Inlichtingen

Toeristische portaal – *www.zeeland.com.* In Zeeland zijn alle VVV-kantoren in 2021 gesloten. Sindsdien vindt u in elk dorp en bij elke bezienswaardigheid een toeristisch infopunt.
Kijk op *www.zeeland.com/en/visit.*
Toeristenbureau Goes – *Singelstraat 13 - ℘ (0113) 28 39 23 - www.zeeland.com.*

Adresboekje

PLATTEGROND BLZ. 355

Uit eten

Doorsneeprijzen

❺ **De Proeverij** – B2 – *Kraanplein 12-14 - ✆ 0111 41 29 31 - www.restaurantdeproeverij.nl - 11.30-21.00 u - hoofdgerecht € 19/29.* In een oud huis (1664), tussen de Oude Haven en het voetgangersgebied in het centrum. Op de kaart staan talloze gerechten met vis-, schaal- en schelpdieren, en in het seizoen zijn er Zeeuwse mosselen als specialiteit. 's Zomers een terras aan een plein met bloemen.

❸ **Brasserie Maritime** – AB2 – *Nieuwe Haven 21 - ✆ 0111 41 21 56 - www.brasseriemaritime.nl - 12.00-22.00 u - hoofdgerecht € 27,50/42,50.* Op het menu schotels met vis, schelp- en schaaldieren. De schelpdieren komen uit de Oosterschelde.

Pure verwennerij

Ⓖ Zie **Cristó** onder 'Overnachten'.

Yerseke

Wat meer luxe

Oesterput 14 – A2 – *Havendijk 21 - ✆ 0113 76 05 00 - www.oesterput14.nl - di-za 12.00-20.30 u - € 30/65.* Kom van de producten uit de Oosterschelde genieten in dit uitgesproken eigentijdse restaurant omringd door oesterparken (door de Michelin Gids geselecteerd). Superverse vis en zeevruchten.

Sport en ontspanning

Boottochten

Rederij Zeeland – *Jachthaven Den Osse - 4318 NA Brouwershaven - ✆ 06 222 076 58 - www.rederij-zeeland.nl - juli-aug. om 13.30 en 15.30 u (soms ook om 10.30 u, vraag inl.) - € 14 (4-11 jaar € 8).* Brouwershaven is het vertrekpunt van boottochten over het Grevelingenmeer, een voormalige zeearm van de Noordzee die in de loop van de 20ste eeuw door dammen van de Noordzee werd afgesloten. Een ideale plek om de dierenwereld te spotten: observeer vogels op de Hompelvoet-eilandjes en wilde paarden op eiland 'Dwars in de weg'. Steiger in de haven.

Overnachten

Wat meer luxe

❶ **Mondragon**– B2 – *Oude Haven 11 - ✆ 0111 23 00 00 - www.mondragon.nl - 41 kamers vanaf € 150.* Een luxueus en romantisch hotel. Uitstekend gastronomisch restaurant **Cristó** *(wo-zo 18.00-22.00 u - € 55/125).* Verhuur van elektrische fietsen.

Kerkwerve

Doorsneeprijzen

De Rietgors – *Slikweg 8 - Kerkwerve (8 km ten noorden van Zierikzee via de N59 richting Burgh-Haamstede; sla rechtsaf na Moriaanshoofd bij de molen, neem vervolgens de eerste weg links) - ✆ 0111 69 55 01 - www.rietgorszeeland.com - 7 kamers € 92.* Een bed & breakfast in een wit huis met rode dakpannen, waarin de ruime kamers van alle gemakken zijn voorzien. Een goede plek voor natuurliefhebbers, midden op het platteland, slechts 15 min. van Zierikzee.

Schuddebeurs

Doorsneeprijzen

Hostellerie Schuddebeurs – *Donkereweg 35 - ✆ 0111 415 651 - www.schuddebeurs.nl - 17 kamers vanaf € 145.* Een heerlijk rustig familiehotel (anders dan de naam misschien zou doen vermoeden). De stille, comfortabele kamers komen uit in een fijne tuin. Bij mooi weer worden de maaltijden geserveerd op het terras; klassieke en eigentijdse gerechten.

Middelburg ★

Het oude Middelburg op het schiereiland Walcheren wordt omgeven door singels die de plaats van de oude verdedigingswerken aangeven. De stad telt tussen de huizen nog talloze steegjes, gangen en binnenpleintjes. Ook twee walmolens uit de 18de eeuw zijn bewaard gebleven. Het stadhuis en de gebouwen van de abdij zijn na de Tweede Wereldoorlog in de oorspronkelijke stijl herbouwd en getuigen van het rijke verleden van de stad. De haven trekt veel plezierjachten aan.

Kloveniersdoelen, het voormalige verenigingsgebouw van de busschutters (17de eeuw)
Roel_Meijer/Getty Images Plus

▶ Ligging
49.250 inwoners
REGIOKAART BLZ. 350 A2 EN PLATTEGROND BLZ. 365.

☺ Aanraders
Het stadhuis, de abdij en het Zeeuws Museum.

👪 Met het gezin
Mini Mundi in Middelburg, de Reptielenzoo Iguana in Vlissingen.

ℹ Praktisch blz. 368

📍 Adresboekje blz. 368

Wandelen

PLATTEGROND BLZ. 365

▶ *Wandeling aangegeven in groen op de plattegrond.*

Kloveniersdoelen A2
Dit oude verenigingsgebouw van de kloveniers (haakbusschutters) is van 1607 tot 1611 in de Vlaamse renaissancestijl gebouwd. Vanaf 1795 diende het als militair hospitaal. De brede bakstenen gevel is versierd met randlijsten en horizontale stroken van zandsteen, en heeft beschilderde luiken. In de topgevel met voluten zit een gebeeldhouwde gevelsteen met haakbussen en kanonskogels, met daarboven een adelaar. De achthoekige toren aan de achterzijde van het gebouw heeft een bolvormige spits met daarop een windwijzer in de vorm van een haakbusschutter.
Loop via de Langeviele en de Pottenmarkt naar het stadhuis.

★ Stadhuis A2
📞 *(0118) 67 43 00 - rondleiding in het hoogseizoen, vraag inl.*
Met de bouw van het indrukwekkende stadhuis op de **Markt** werd begonnen in 1452; ook nu nog wordt hier **de weekmarkt gehouden**. De twee architecten van de familie Keldermans uit Mechelen lieten zich inspireren door het stadhuis van Brussel. Het gebouw werd in mei 1940 vrijwel geheel verwoest, maar is na de oorlog in de oorspronkelijke, laatgotische stijl herbouwd.
De voorgevel met tien gotische ramen op de eerste verdieping is bijzonder mooi. Tussen de ramen bevinden zich dubbele nissen waarin rug-aan-rug beelden van de graven en gravinnen van Zeeland staan; in de 19de eeuw zijn ze vervangen. Het dak telt 24 dakvensters en aan de linkerkant gaat de voorgevel over in een trapgevel met pinakels. Het bordes in het midden is in de 18de eeuw toegevoegd. Het sierlijk bewerkte, achthoekige torentje rechts stamt uit de 17de eeuw. Een 55 m hoge toren met vier hoektorentjes steekt boven het gebouw uit.

Etty Hillesum, het 'denkende hart' van de shoah

Van de 140.000 joden die voor de Tweede Wereldoorlog in Nederland woonden, werden er 105.000 gedeporteerd. Etty Hillesum, in 1914 geboren in Middelburg, was een van hen. Haar dagboek, later uitgegeven als *Het verstoorde leven*, is minder bekend dan dat van Anne Frank, maar net zozeer een emotionele getuigenis van een bijzondere geestelijke ontwikkeling van iemand binnen de joodse gemeenschap.
Hillesum begon met schrijven in 1941 op aanraden van handlijnkundige Julius Spier, die net als zij joods was en al gauw haar minnaar werd. Haar dagboek is een lange introspectie. Geconfronteerd met het kwaad dat voortkomt uit de bezetting door de nazi's, de ontberingen en de toenemende jodenvervolging, ontdekt ze in zichzelf een onvermoede kracht: *'Ik rust in mijzelve. En dat mijzelve, dat allerdiepste en allerrijkste in mij, waarin ik rust, dat noem ik God.'*
Vanaf 1942 verrichtte Etty Hillesum administratief werk in Westerbork, internerings- en doorgangskamp voor joden. Ze ving de mensen op die hier naartoe gezonden werden voordat ze naar een vernietigingskamp werden gedeporteerd. Zelf werd ze uiteindelijk naar Auschwitz gestuurd, waar ze op 3 november 1943, 29 jaar oud, stierf.
Zich volledig bewust van wat er zich afspeelde, schreef ze: *'Ze willen onze totale uitroeiing: die nieuwe zekerheid aanvaard ik... Ik werk en ik leef met dezelfde overtuiging en ik vind het leven nog steeds zinvol, welzeker, zinvol ondanks alles, al durf ik dat in gezelschap nauwelijks te zeggen.'*

Binnen zijn de vertrekken, en vooral de immense **Burgerzaal** (de vroegere lakenhal), met klassieke meubelen ingericht. In het linkerdeel van het gebouw ligt de **Vleeshal**, die nu wordt gebruikt voor tentoonstellingen. Vóór het stadhuis staat een bronzen **fontein** van Ilya en Emilia Kabakov. Wie op een van de stoelen gaat zitten en door het gat in de sokkel kijkt, wacht een leuke verrassing.
Achter het stadhuis staat de **Engelse Kerk**, een mooie gerestaureerde kapel.
Ga vanaf de Markt de Nieuwe Burg in.

★ Abdij A1

Dit uitgebreide kloostercomplex werd in de 12de eeuw gebouwd als abdij van de norbertijnen. Het staat op de plaats van een Karolingische burcht, waarvan de ronde vorm nog in de stadsplattegrond is terug te vinden. Toen de geuzen de stad innamen, verloor de abdij haar religieuze functie; het werd de zetel van de Provinciale Staten van Zeeland.
De **Gistpoort** aan het Damplein heeft een mooie gevel in laatgotische stijl. Het gebouw was een van de toegangspoorten van het abdijterrein.
Loop het plein van de abdij op.
Provinciehuis – Het provinciaal bestuur van Zeeland zetelt in het voormalige gastenverblijf van de abdij.
Kloostergang – Aan de zuidkant van de abdij ligt de kloostergang (Muntplein), met in het midden een kruidentuin. In een hoek van de kloostergang zijn de kolossale beenderen te zien van een mammoet, die 10.000 jaar geleden in Zeeland heeft rondgelopen. De voormalige kapittelzaal naast de kloostergang maakt nu deel uit van het **Roosevelt Studiecentrum**. De beroemde Amerikaanse familie Roosevelt is afkomstig uit Zeeland.
Abdijkerken – Aan de zuidkant van de kloostergang staan drie kerken in elkaars verlengde tegen elkaar aan. Links staat de 14de-eeuwse eenbeukige **Koorkerk** met een orgel uit de 15de eeuw (de orgelkast is in de 16de eeuw vernieuwd). In de **Nieuwe Kerk** (rechts) uit de 16de eeuw worden 's zomers orgelconcerten gegeven. Tussen die twee kerken staat de **Wandelkerk**, met daartegenaan de 14de-eeuwse abdijtoren: de Lange Jan. Wie de achthoekige, zandstenen toren met fraaie bolspits (18de eeuw) beklimt (85 m), wordt beloond met een mooi uitzicht over de abdij, de stad en de singels.

★ Zeeuws Museum A1

Abdijplein - ℘ (0118) 65 30 00 - www.zeeuwsmuseum.nl - di-zo 11.00-17.00 u - € 12,50 (tot 18 jaar gratis).
Het provinciaal museum is gevestigd in de voormalige kanunnikenwoningen en

Geschiedenis

Middelburg was vroeger een welvarende handelsstad, gericht op de lakenhandel en de import van Franse wijnen uit Argenteuil en Suresnes. De wijnen werden in de haven van Rouen geladen en op de Rouaansekaai gelost. In 1574 kwam de stad in handen van de geuzen. In 1595 en in 1692 werden nieuwe bastions gebouwd, die nog in vrijwel ongeschonden staat verkeren. Van de stadspoorten is alleen de **Koepoort** (1735) in het noorden nog over. Middelburg bleef ook in de 17de en 18de eeuw welvarend dankzij de VOC, die hier een 'kamer', een vestiging, had. In 1940 werd de historische binnenstad bij een zwaar Duits bombardement verwoest. Na de oorlog zijn veel monumenten weer opgebouwd. Middelburg is nog steeds de belangrijkste winkel-, woon- en werkstad van Walcheren.

MIDDELBURG

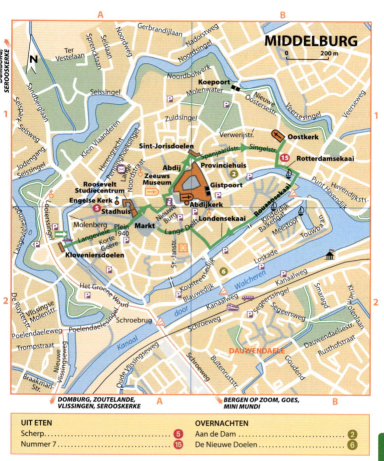

UIT ETEN		OVERNACHTEN	
Scherp	⑤	Aan de Dam	②
Nummer 7	⑮	De Nieuwe Doelen	⑥

het Gravenhof. Het bevat een zeer uiteenlopende collectie die betrekking heeft op Zeeland. Er is met name aandacht voor de Keltische godin **Nehalennia**, van wie in Domburg en op Noord-Beveland talloze altaren en votiefstenen uit de Romeinse tijd zijn gevonden. Nehalennia wordt vaak zittend afgebeeld, met een lang gewaad, een schoudermanteltje en een mandje met fruit.

In het 18de-eeuwse rariteitenkabinet is onder andere een planetarium te zien. Op verscheidene mooie, 16de-eeuwse **wandtapijten** zijn zeeslagen afgebeeld waarin de Zeeuwen de Spanjaarden wisten te verslaan. In de zalen met **kunstnijverheid** zijn Zeeuwse meubelen en zilverwerk te bewonderen, naast Chinees porselein en Delfts aardewerk. De uitgebreide verzameling Zeeuwse **klederdrachten** en mutsen is zeer de moeite waard. Behalve oude meesters omvat de schilderijen-collectie ook werken van kunstenaars die inspiratie zochten in Zeeland, zoals Jan en Charley Toorop en Jacoba van Heemskerck. Ook de hedendaagse Zeeuwse kunst is vertegenwoordigd.

Sint-Jorisdoelen AB1
Het oude oefenlokaal van de stadsschutterij dateert uit 1582. In 1970 is het gebouw in oorspronkelijke stijl gerenoveerd. Op de gevel met voluten staat een beeld van Sint Joris.
Loop via de Spanjaardstraat de Singelstraat in en ga aan het eind van die straat het kleine straatje links in.

Oostkerk B1
Dit soort achthoekige koepelkerk is een typisch voorbeeld van protestantse kerkbouw uit de 17de eeuw. Pieter Post was een van de architecten die van 1647 tot 1667 aan de kerk werkten.
Loop weer terug, neem de Schuitvlotstraat en sla linksaf.

De kaaien B1-2
Aan de **Rotterdamsekaai**, de **Rouaansekaai** en de **Londensekaai** staan mooie 18de-eeuwse koopmanshuizen en pakhuizen.

In de omgeving
REGIOKAART BLZ. 350

★ Veere A1
▶ *8,5 km naar het noordoosten over de N663.*
Het sfeervolle Veere met zijn geplaveide straatjes en zijn pittoreske monumenten heeft niets van zijn charme verloren. Het plaatsje ligt aan het Veerse Meer, een voormalige zeearm die door een dam van de Noordzee wordt gescheiden. Na de bouw van de dam (1961), die vissersboten de toegang tot de Noordzee ontnam, is Veere een toeristisch watersportcentrum en een belangrijke jachthaven geworden.
Campveerse Toren – Deze toren uit de 13de-14de eeuw is een overblijfsel van de oudste vestingwerken. Hij werd al eeuwen geleden als stadsherberg ingericht.
Museum Veere – *Kaai 25-27 - ℘ (0118) 50 17 44 - museumveere.nl - april-okt.: 10.00-17.00 u; nov.-maart: za, zo 13.00-17.00 u - € 8 (4-18 jaar € 3).* Dit museum over de geschiedenis van het stadje Veere is ondergebracht op twee schitterende historische locaties: in het oude stadhuis en in de **Schotse Huizen**. Deze twee huizen, die in de 16de eeuw in laatgotische stijl werden gebouwd, deden dienst als kantoor en stapelplaats voor de goederen van de handelaren in Schotse wol die in Veere woonden. In de mooie gotische zaal staan de standbeelden van de heren en dames van Veere die ooit het stadhuis sierden.
De rondgang gaat verder in het **Oude Stadhuis**, een gotisch gebouwtje waarvan de bouw in 1474 begon. Het belfort uit 1599 met de eivormige klokkentoren herbergt een carillon met 48 klokken. Op sommige dagen zijn tussen 12.00 u en 13.00 u de melodietjes te beluisteren.
De Vierschaar, de **rechtszaal**, is een van de oudste van Nederland. Hier wordt de vergulde zilveren beker bewaard die keizer Karel V in 1548 aan graaf Maximiliaan van Buren schonk. Met de beker wilde hij hem bedanken voor zijn militaire interventie tegen de protestanten, die in 1546 tot de overwinning had geleid. In de Raadszaal hangen portretten van de markiezen en markiezinnen van Veere, leden van de familie van Oranje-Nassau.
Grote Kerk – *Oudestraat 26.* Deze massieve kerk (15de eeuw) in Brabants gotische stijl heeft een toren met een portaal dat nooit is afgebouwd. In de 19de eeuw, tijdens de Franse bezetting, werd de kerk als militair hospitaal en kazerne gebruikt. Nu is het een cultureel centrum.

De **Citerne** (1551) tegenover de kerk is een leuk, achthoekig gebouwtje met bogen en kleine zuilen in tudorstijl over een ondergronds waterreservoir van 200 m³. Het regenwater loopt van het dak via loden leidingen onder de straat naar het reservoir.

Rondrit
REGIOKAART BLZ. 350

Walcheren A1-2

▶ *Rondrit van 50 km, aangegeven in oranje op de regiokaart. Rijd Middelburg uit via de Sandberglaan.*

★★ Domburg
Het brede strand van de drukke badplaats Domburg ligt aan de voet van een rij hoge duinen. In het westen biedt het hoogste duin een mooi **uitzicht** op het stadje en de kust. Iets voorbij Domburg *(richting Oostkapelle)* ligt, omringd door een slotgracht, **kasteel Westhove**, waarin een Stayokay-hostel gevestigd is.
Neem de N287.
De weg volgt de duinen die het schiereiland Walcheren tegen de zee beschermen. Hier en daar ligt achter een rij bomen een boerderij verscholen.

Westkapelle
Dit dorp ligt op het uiterst westelijke puntje van het voormalige eiland Walcheren. Omdat de duinen hier niet voldoende bescherming bieden tegen de golven, zijn ze over 4 km versterkt met **dijken**. Het hoogste punt ervan ligt 7 m boven de zeespiegel. Toen de Duitsers in 1944 door de geallieerden werden gebombardeerd met een overstroming als gevolg, moesten ze van Walcheren wegvluchten. Westkapelle is een echte familiebadplaats, met strand op het zuiden. Het licht van de **vuurtoren** is geïnstalleerd in de toren van een gotische kerk, die bij een brand is verwoest.
Neem de N288.

Zoutelande
Kleine, leuke badplaats.

Vlissingen
Vlissingen was dankzij de strategische ligging tussen de Schelde en de Noordzee lange tijd een belangrijke haven. Tegenwoordig is het vooral een industriecentrum. Een veerpont voor voetgangers en fietsers zorgt voor de verbinding met Breskens aan de overkant van de Westerschelde *(zie blz. 371)*.
De zeedijk bestaat uit een lange, brede weg waar een brede wandelpromenade langs loopt. Aan de boulevard staat de **Gevangentoren** uit de 15de eeuw. Aan de voet van de dijk ligt een breed strand. Op een oud bolwerk aan het begin van de boulevard staan een kleine vuurtoren en een standbeeld van admiraal De Ruyter. Het **uitzicht** over de haven en over het Beursgebouw uit 1635, een gebouw met groene luiken en een torentje op het dak, is adembenemend.
Zeeuws Maritiem MuZEEum – *Nieuwendijk 11 - ☏ (0118) 412498 - www.muzeeum.nl - ♿ - di-vr 13.00-17.00, za, zo 10.00-17.00 u - € 12 (4-17 jaar € 6).* Dit gemeentelijk museum geeft een beeld van de zee en van het rijke maritieme leven van de stad. De nadruk ligt op de beroemde admiraal De Ruyter, die in Vlissingen is geboren, en op de Vereenigde Oostindische Compagnie (VOC). Een belangrijk aspect is het loodswezen. Er is ook een expositie van allerlei handelswaren uit het ruim van enkele schepen die op de zandbanken zijn gestrand.

Reptielenzoo Iguana – *Bellamypark 31-37 - ✆ (0118) 41 72 19 - www.iguana. nl - juni-sept.: di-za 10.00-17.00, zo-ma 13.00-17.00; rest v.h. jaar: 13.00-17.00 u - € 9,50 (4-11 jaar € 8).* Deze kleine dierentuin met een kas als middelpunt herbergt zo'n vijfhonderd soorten reptielen, amfibieën en insecten.
Rijd Vlissingen uit via de A58.

Fort Rammekens
Aan de Rammekensweg bij Ritthem. Nieuwendijk 15 - ✆ (0118) 41 24 98 - www. fortrammekens.nl - wisselende openingstijden, vraag inl. - € 6 (4-12 jaar € 4).
Dit zeefort is het oudste in zijn soort van West-Europa. Het werd in 1547 gebouwd om de havens van Middelburg en Antwerpen te beschermen. Napoleon liet er in 1809 kazematten aan toevoegen. Deze plek onder aan de dijk en midden in het bos is een ongerept hoekje gebleven. Vanaf de dijk heeft u een mooi uitzicht over het havengebied en de windmolens.
Keer terug naar Middelburg via de A58 en neem vervolgens de N57.

🛈 Praktisch

Inlichtingen

Toeristisch portaal – *www.zeeland. com.*
Toeristenbureau – *Tourist Shop: Markt 51 - ✆ (0118) 67 43 00 - www.uitinmiddelburg.nl.*
Toeristenbureau Veere – *Markt 5 (Museum Veere) - ✆ (0118) 43 58 58 - visit-veere.nl.*
Infopunt Vlissingen – *Lange Zelke 24 - invlissingen.nl.*

📍 Adresboekje

PLATTEGROND BLZ. 365

Uit eten

Doorsneeprijzen

15 Nummer 7 – B1 - *Rotterdamsekaai 7 - ✆ 0118 62 70 77 - www. restaurantje.nl - 18.00-23.00 u - gesl. zo-ma - menu € 40,50/63.* Sympathiek restaurantje tegenover de jachthaven met een verzorgd interieur en een ontspannen sfeer. Regionale seizoenskeuken, wijn van kleine producenten en redelijke prijzen.

Wat meer luxe

5 Scherp – A1-2 - *Wijngaardstraat 1 - ✆ 0118 634 633 - restaurantscherp.nl - di-za 18.00-21.00 u - menu € 57/83.* Oude huisjes in het historische Middelburg, waar Mart Scherp zijn gasten verwent in een modern interieur 'met scherpte'. Mooie streekproducten.

Veere

Doorsneeprijzen

De Peperboom – *Kapellestraat 11 - ✆ 0118 501 307 - www.peperboom.nl - 12.00-22.00 u - hoofdgerecht € 23,50/29,50.* Het uithangbord van dit sympathieke Hollandse cafeetje verwijst naar een VOC-schip waarvan de kapitein afkomstig was uit Veere. 's Zomers een terras met veel bloemen. Menukaart met eigentijdse gerechten.

In den Struyskelder – *Kaai 25 - ☏ 0118 501 392 - www.struyskelder. nl - 11.00-21.00, za-ma 10.30-21.00 u - hoofdgerecht € 17/29,50.* Leuk taveerne-achtig restaurant in de gewelfde kelder van een van de Schotse Huizen, waarin de Schotse wolhandelaren hun koopwaar opsloegen. Klein, beschaduwd en ommuurd terras.

Winkelen

😊 In het centrum zijn talloze winkels en galeries te vinden, onder andere op de Markt (A2), in de Lange Noordstraat (A1) en de Lange Viele (A2).

Markten

Brocante en boekenmarkt – A2 - *Markt - mei-sept.: ma 11.00-17.00 u.*

Antiekmarkt – A2 - *Vismarkt - maart-dec.: elke eerste za v.d. maand 8.00-16.00 u.*

Weekmarkt – Donderdag op de Markt (150 kramen).

Sport en ontspanning

👥 Boottochten

Rondvaart Middelburg – B2 - *Loskade tegenover nr. 45 - ☏ 0118 419 367 - www.middelburg -rondvaart.nl - ♿ - mei-sept.: afvaart om 14.00 u (en om 10.15 u op afspraak) - € 16.* Rondvaart door de singels van Middelburg (*3 uur*).

👥 Attractiepark

Mini Mundi – *Podium 35, 4 km ten zuidoosten van het centrum - ☏ (0118) 47 10 10 - www.minimundi. nl - juni-aug.: 10.00-18.30 u; rest v.h. jaar: vraag inl. - 's zomers: € 9,50 (3-12 jaar € 13,50); 's winters: € 5,50 (3-12 jaar € 8,50).* Hier zijn in de openlucht op een schaal van 1:20 de dijken, havens en belangrijke gebouwen van het schiereiland Walcheren nagebouwd. Een attractiepark ('kleine' grote achtbaan, schommelschip...) en een overdekte speelplaats maken dit tot een paradijs voor kinderen.

Overnachten

Doorsneeprijzen

② Aan de Dam – B1 - *Dam 31 - ☏ 0118 643 773 - 🅿 ♿ - 13 kamers € 124/141 - 🍽 extra.* Deze B&B is gevestigd in een mooi pand, ontworpen door Jacob van Campen, de architect van het Koninklijk Paleis in Amsterdam. Het hotel biedt fraai uitzicht op de Dam. Ruime kamers in allerlei stijlen (barok, empire, enz.).

⑥ De Nieuwe Doelen – B2 - *Loskade 3 - ☏ 0118 612 121 - www.hoteldenieuwedoelen.nl - 🅿 - 34 kamers € 125/196 🍽.* Oud familiehotel aan het Kanaal door Walcheren, dat langs het station loopt. De klassiek ingerichte kamers verschillen in grootte en inrichting. Achter het hotel ligt een binnentuin. Ruime parkeergelegenheid op de kade en dicht bij het voetgangersgebied van het centrum.

Veere

Doorsneeprijzen

De Campveerse Toren – *Kaai 2 - ☏ 0118 501 291 - www. campveersetoren.nl - 🅿 - 12 kamers € 135/260 🍽 - 🍴.* Aangename, eeuwenoude stadsherberg, verscholen in een bolwerk met uitzicht over het Veerse Meer. De vleugel met de kamers grenst aan de verdedigingstoren met daarin een rustiek restaurant. Trendy keuken en een paar tafels met mooi uitzicht op de zee en de haven. Hier wordt u gegarandeerd gewekt door het gekrijs van de zeemeeuwen.

Sluis

In de 14de eeuw, toen Sluis aan de monding van het nu verzande Zwin lag, was het net als Damme in België een voorhaven van Brugge. Nu is het een gezellig toeristenstadje. In 1340, aan het begin van de Honderdjarige Oorlog, vond hier de Zeeslag bij Sluis plaats, waarin de Engelse vloot van Edward III 190 Franse schepen verjoeg. De groene heuvels buiten de stad zijn de begroeide resten van de oude stadswallen.

Ligging
23.150 inwoners
REGIOKAART BLZ. 350 A2.

Praktisch blz. 373

Adresboekje blz. 373

Wandelen

Belfort
Groote Markt 1 - ☎ (0117) 71 26 04 - www.belfortsluis.nl - di-do en zo 13.00-16.30, vr-za 11.00-16.30 u - € 5,50 (6-12 jaar € 3,50).
Boven het stadhuis steekt een hoog **belfort** (14de eeuw) uit, het enige in Nederland. Deze versterkte toren heeft vier hoektorentjes en een klokkenspel met mechanische figuurtjes. Vanaf de top van het belfort ontvouwt zich een weids **uitzicht** over het vlakke land. In het trappenhuis is een tentoonstelling over de stad ingericht. In de raadszaal staat een smeedijzeren hek uit de 18de eeuw.

Molen De Brak
Deze walmolen werd in 1944 verwoest, maar is in 1951 herbouwd. Bij het beklimmen van de steile trappen naar de drie verdiepingen is het mechanisme goed te zien. Vanaf de stelling heeft u een prachtig **uitzicht** over de omgeving en het Zwin.

In de omgeving

REGIOKAART BLZ. 350

Sint-Anna ter Muiden A2
2 km naar het noordwesten, aan de grens.
Het driehoekige **pleintje** met schilderachtige huisjes en een waterpomp, dat aan de voet van de zware bakstenen toren (14de eeuw) ligt, vormt een aardig dorpsgezicht. Aan het plein staat een rustieke houten schuur met rieten dak.

Aardenburg A2
8 km naar het zuidoosten via de N58 en de N251.
De mooie **Sint-Bavokerk** is een voorbeeld van de Scheldegotiek zoals die zich in de Zuidelijke Nederlanden ontwikkelde. In de kerk zijn 14de- en 15de-eeuwse sarcofagen te zien met interessante schilderingen aan de binnenkant.

In Sluis steekt de belforttoren boven alle gebouwen uit.
D. Maehrmann/Blickwinkel/age fotostock

IJzendijke A2

▶ *22 km naar het oosten via de N58, neem daarna in Oostburg de N676.*
Van de versterkingen van dit oude vestingstadje is alleen een met aarde bedekt en door water omringd ravelijn over, een klein sikkelvormig bastion. Hier vlakbij staat een mooie molen. Midden in het dorp verrijst de oudste protestantse kerk van Zeeland (1612) met een klokkentorentje met een vergulde windhaan.
Op Markt 28 is het **Museum Het Bolwerk** gevestigd. Naast een rustiek interieur uit Cadzand van rond 1850 met een mooie kachel, kunt u hier werktuigen zien die bij de teelt van linnen en meekrap werden gebruikt. Een ander deel van het museum is gewijd aan het Zeeuwse trekpaard. *Markt 28 - ☎ (0117) 30 12 00 - museumhetbolwerk.nl - april-okt.: di-zo 13.00-17.00 u - € 5,50, 6-12 jaar € 2,50.*

Breskens A2

▶ *30 km naar het noorden.*
Vanuit deze vissershaven aan de monding van de Westerschelde vaart een **veerboot voor voetgangers en fietsers** heen en weer naar Vlissingen *(zie blz. 367)*. De stad heeft ook een jachthaven. De promenade op de duinkam, tussen de vissershaven en de Veerhaven in het westen, biedt een mooi **uitzicht** over de stranden aan de Westerschelde. Aan de overkant is de kerktoren van Vlissingen te zien.

Terneuzen A2

▶ *40 km naar het oosten.*
Deze haven aan de monding van de Schelde controleert de ingang van het Kanaal van Gent naar Teneuzen. Daarin zijn drie sluizen gebouwd, waarvan de grootste 290 m lang en 40 m breed is. De nieuwe tunnel onder de Westerschelde, de Westerscheldetunnel, verbindt Zeeuws-Vlaanderen met Zuid-Beveland.

De Keldermanspoort in Hulst
Corinne Poleij/Getty Images Plus

Hulst B2
▶ *60 km naar het oosten.*
De vesting Hulst, gebouwd volgens het oud-Nederlandse stelsel, is een levendig stadje met verzorgde, kleurige huizen. Ooit was het de hoofdstad van de streek die de Vier Ambachten heette, waartoe ook Axel, Assenede en Boekhoute behoorden. De laatste twee plaatsen horen sinds 1830 bij België. De 17de-eeuwse stadswallen, met negen bastions en vijf ravelijnen, zijn nu mooi begroeid met bomen en de vestingsgracht ligt er nog omheen.
Het Stadhuis op de Grote Markt, met een vierkante toren, dateert uit de 16de eeuw. De **Sint-Willibrordusbasiliek** is een mooi voorbeeld van de Brabantse gotiek. In de toren hangt een prachtig carillon. Interessant om te weten: de kerk werd meer dan een eeuw lang (1807-1931) door zowel katholieken als protestanten gebruikt; het koor en de kooromgang waren voor de katholieken gereserveerd, het schip was voor de protestanten.
Keldermanspoort – Tijdens uitgebreide opgravingen in 1952 zijn resten van deze stadspoort uit de 16de eeuw blootgelegd. Ze was naast landpoort ook waterpoort en lag over een bevaarbare tunnel die toegang gaf tot de oorlogshaven. Vanaf de stadswallen ernaast zijn de trapgevel en achthoekige toren te zien van het vroegere **refugiehuis van de Abdij ter Duinen**. De ruïnes van die abdij liggen in België. In het refugiehuis is het **streekmuseum De Vier Ambachten** gevestigd, gewijd aan de stads- en streekgeschiedenis. *Steenstraat 28 - ✆ (0114) 32 06 92 - www.museumhulst.nl - 10.00-17.00, zo 12.00-17.00 u - € 5 (6-17 jaar € 2).*

ⓘ Praktisch

Inlichtingen

Toeristisch portaal – *www.zeeland.com.*

Toeristenbureau – *Groote Markt 1 - ☎ (0117) 46 17 00 - www.sluisonline.nl.*
Infopunt Hulst – *Steenstraat 37 - ☎ (0114) 319 441 - www.inulst.nl.*

📍 Adresboekje

Uit eten

Wat meer luxe

La Trinité – *Kaai 11 - ☎ 0117 46 20 40 - www.latrinite.nl - ♿ - wisselende openingstijden, vraag inl. - menu € 58/69.* Goede ontvangst, gezellige aankleding, mooi terras aan de achterzijde en een restaurant met eigentijdse gerechten dat op lunchtijd druk bezocht wordt.

Hulst

Wat meer luxe

Napoleon – *Stationsplein 10 - ☎ 0114 313 791 - www.restaurantnapoleon.nl - ♿ - 11.30-14.30, 17.30-21.00 u - gesl. di-wo - menu € 45.* Geen Waterloo in zicht voor dit ruim dertig jaar oude etablissement! Traditionele gerechten die worden opgediend in een stijlvol aangeklede eetzaal, overdekt terras aan de voorkant.

Sint-Anna ter Muide

Wat meer luxe

De Vijverhoeve – *Greveningseweg 2 - ☎ 0117 46 13 94 - www.restaurantdevijverhoeve.nl - ♿ - 12.00-14.00, 18.30-21.00 u - gesl. wo-do - lunchmenu € 37,50/49 - menu € 52,50/86,50.* Deze mooie boerderij in het gehucht Sint-Anna ter Muiden ademt charme en gezelligheid. Franse tuin met terras. Klassieke keuken met versproducten in de hoofdrol.

Overnachten

Breskens

Doorsneeprijzen

De Milliano – *Prom. 4 - ☎ 0117 38 18 55 - www.milliano.nl - 🅿 - 24 kamers € 165/220 ⌂ - 🍴.* Familiehotel naast de aanmeerplaats van de veerboot, met mooi uitzicht over de Westerschelde. Inrichting in de stijl van Le Corbusier in de duurste kamers en sommige suites. Adembenemend uitzicht over zee. Traditionele kaart.

Hulst

Doorsneeprijzen

Hotel Hulst – *Van der Maelstedeweg 4a - ☎ 0114 31 98 30 - www.hotelhulst.nl - 🅿 ♿ - 40 kamers € 121 ⌂.* Een familiehotel op enige afstand van de toeristische weg naar de vesting.

374 NOORD-BRABANT

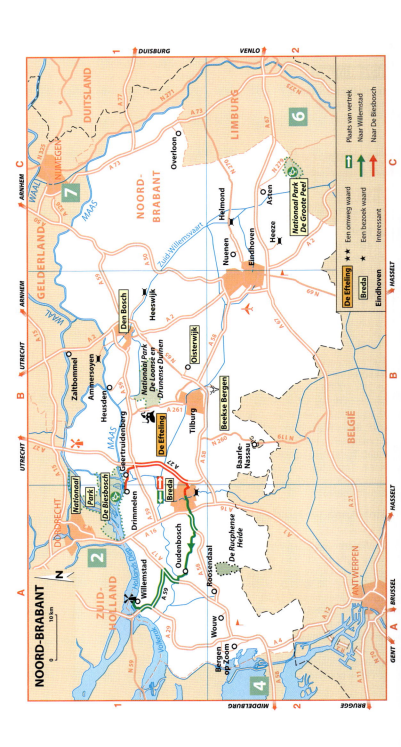

Noord-Brabant

HOOFDSTAD: 'S-HERTOGENBOSCH

's-Hertogenbosch★	376
Breda★	384
Bergen op Zoom	391
Tilburg	394
Eindhoven	398

's-Hertogenbosch ★

Den Bosch

Straten met kinderkopjes, huizen met trap- en klokgevels, groene pleintjes – er waart nog altijd een middeleeuwse geest door 's-Hertogenbosch (meestal kortweg Den Bosch genoemd). Lange tijd was het een van de voornaamste steden van het hertogdom Brabant. Het leven is goed in deze vredige stad onder de toren van haar machtige kathedraal. Het fraaie historische centrum, met de gedeeltelijk overdekte grachtjes (uniek in Nederland), getuigt van een rijk verleden. Den Bosch is de hoofdstad van Noord-Brabant, een overwegend katholieke provincie rijk aan religieuze bouwwerken, waar eens per jaar het carnaval losbarst: drie dagen lang feest waarin iedereen een nieuwe identiteit aanneemt, om te beginnen de stad zelf, die voor de gelegenheid haar naam verandert in Oeteldonk.

De Sint-Janskathedraal, hoogtepunt van Brabantse gotiek
HildaWeges/Getty Images Plus

▶ Ligging
156.600 inwoners
REGIOKAART BLZ. 374 B1 EN PLATTEGROND BLZ. 379.

☺ Aanraders
De Sint-Janskathedraal, het Noordbrabants Museum.

⏱ Planning
Trek een volle dag uit.

👪 Met het gezin
De Efteling en Nationaal Park de Loonse en Drunense Duinen.

ℹ Praktisch blz. 382

📍 Adresboekje blz. 382

'S-HERTOGENBOSCH 377

Wandelen
PLATTEGROND BLZ. 379

De oude stad, met de Markt als middelpunt, wordt omsloten door grachten en is gemakkelijk te voet te verkennen. Boven het netwerk van middeleeuwse straatjes verheft zich de Sint-Janskathedraal, het ideale vertrekpunt voor een wandeling door de stad.

★★ Sint-Janskathedraal B2
(073) 681 49 33 - www.sint-jan.nl - rondleiding dag. beh. ma om 14.30 u (beh. en mei) - € 7,50 (4-12 jaar € 4) - rondleiding door de toren: seizoenstijden (raadpleeg de website) - € 7,50 (4-12 jaar € 4) - reserveer op dagjedenbosch.com.
Van 1629 tot 1810 was het een protestantse kerk, tot Napoleon hem aan de rooms-katholieken toewees. De Sint-Jan werd tussen 1380 en 1530 gebouwd in de Brabants-gotische stijl en heeft nog een 13de-eeuwse klokkentoren met daarin een carillon uit 1925, die beroemd is vanwege de concerten *(wo 11.30-12.30 u)*.
Exterieur – Vanaf de **Parade**, ten zuiden van de kathedraal, is goed te zien hoe imposant en hoe rijk versierd het enorme gebouw is. Het is goed mogelijk dat Jheronimus Bosch *(zie blz. 100)* zich door de groteske fantasiefiguren liet inspireren die schrijlings op de **luchtbogen★** zitten. Ook zitten er grappige figuren op de hoekstukken van de topgevels van de zijkapellen. De apsis met de vele transkapellen rond de kooromgang is magnifiek. Op de kruising van hoofd- en zijbeuken staat een vieringtoren.
Interieur – Het is een heel licht en indrukwekkend gebouw met vijf schepen en 150 slanke pilaren die, in tegenstelling tot wat elders in Brabant de gewoonte was, tegen elkaar aan staan en geen kapiteel hebben. Bij de restauratie van 1961 tot 1985 zijn de vele fresco's opgeknapt. De oudste fresco's, die van het koor, dateren uit de eerste helft van de 15de eeuw. Ook de **preekstoel** met zijn bas-reliëfs uit de renaissance (16de eeuw), de gerestaureerde **koorstoelen** uit de 15de eeuw en de **orgelkast** uit de renaissance (17de eeuw) van Frans Symons uit Leiden en Georg Schissler zijn heel interessant. De koperen **doopvont** (1492) in de kapel, links van het orgel, is een meesterwerk van een koperslager uit Maastricht. De gebrandschilderde ramen zijn van na 1850.
In de Antoniuskapel in de rechterbeuk staat een prachtig **altaarretabel★** van de Antwerpse school (rond 1500), afkomstig uit het Brabantse dorp Sint-Anthonis.

Sint-Jansmuseum De Bouwloods B2
Torenstraat 16 - (073) 612 68 79 - dag. beh. ma 11.00-17.00 u - € 3 (tot 11 jaar gratis).
In Museum **De Bouwloods**, naast de kathedraal, staan originele beelden die tijdens de diverse restauraties vervangen zijn, alsmede gipsen exemplaren, een maquette van de kerk en een model van een luchtboog.
Ga rechts door de winkelstraat, de Hinthamerstraat.

Jheronimus Bosch Art Center B2
Jeroen Boschplein 2 - (073) 612 68 90 - www.jheronimusbosch-artcenter.nl - ♿ - di-zo 11.00-17.30 u (nov.-maart 12.00-17.00 u) - € 10 (6-12 jaar € 5).
Het museum is gevestigd in een kerk uit de 20ste eeuw en schenkt aandacht aan het werk van Jeroen Bosch, de grote 15de-eeuwse schilder *(blz. 100)*. Met uitzondering van enkele tekeningen die hier te zien zijn, is de stad helaas niet meer in het bezit van originele werken van haar beroemdste burger. Het museum presenteert diens hele geschilderde oeuvre daarom aan de hand van replica's. Daarnaast geeft het museum een beeld van 's-Hertogenbosch tijdens het leven

's-Hertogenbosch in vijf jaartallen

1185 – De hertog van Brabant, **Hendrik I**, sticht de stad te midden van uitgestrekte bossen, die nu allemaal verdwenen zijn en waaraan alleen nog de naam van de stad herinnert. De kleine middeleeuwse stad, ideaal gelegen aan de samenvloeiing van de Aa en de Dommel, werd al snel welvarend dankzij de handel in wol en laken.
1450 – Geboorte van Jheronimus Bosch, die een van de grootste schilders van de 15de eeuw zal worden *(zie blz. 100)*. Het is ook een tijd waarin de stad, inmiddels een van de belangrijkste uit de streek, opbloeit op cultureel vlak dankzij het talent van haar componisten, geschoold in de kerken van de stad.
1568 – Begin van de vreselijke **Tachtigjarige Oorlog**, waarin de katholieke Spanjaarden met de protestante Oranjegezinden strijden om zeggenschap in de Nederlandse provincies. 's-Hertogenbosch blijft trouw aan de Spaanse kroon. De stad word verschillende keren belegerd door de legers van de prins van Oranje, maar verwerft de reputatie onneembaar te zijn. De stad zal zich in 1629, na een lang beleg, uiteindelijk overgeven aan de **prinsen van Oranje**.
1815 – 's-Hertogenbosch wordt de hoofdstad van de provincie **Noord-Brabant**. Het oude hertogdom Brabant wordt in tweeën gesplitst. Het zuidelijke deel valt na de Belgische afscheiding in 1830 aan België toe.
1940 – De stad valt in 1940 in handen van het Duitse leger. In de omgeving bevindt zich een van de weinige concentratiekampen die de nazi's buiten Duitsland en Oostenrijk gebouwd hebben, het Kamp Vught *(www.nmkampvught.nl)* met 30.000 geïnterneerden, onder wie 12.000 joden.

---

van de schilder, en er is een atelier zoals Jheronimus Bosch dat had. Verder wordt aandacht geschonken aan de belangrijkste thema's van deze Bossche meester en is er een biografische film te zien.
Loop naar de Markt via de Hinthamerstraat.

Markt A2

Midden in de stad ligt de Markt, een gezellig, driehoekig plein waarop leuke autovrije winkelstraten uitkomen. Woensdag, vrijdag *(biologisch)* en zaterdag wordt er markt gehouden. Voor het stadhuis staat een standbeeld van Jheronimus (of Jeroen) Bosch (1929).
Het **stadhuis** is een gebouw uit de 15de eeuw met een klassieke gevel uit 1670. Het **carillon** is gedeeltelijk van de hand van de gebroeders Hemony. De Trouwzaal op de begane grond heeft prachtig goudleerbehang.

De Moriaan A2

Markt 77-79.
Dit 13de-eeuwse bakstenen gebouw met trapgevel, waarin het toeristenbureau is gehuisvest, ligt aan de noordkant van de Markt.
Loop door de kleine straatjes naar het Noordbrabants Museum.

★ Noordbrabants Museum A2

Verwersstraat 41 - ℘ (073) 687 78 77 - www.hetnoordbrabantsmuseum.nl - ♿ - di-zo 11.00-17.00 u - € 15 (tot 18 jaar gratis); combikaartje met het Design Museum € 22.
Dit interessante museum over de geschiedenis en de kunst van Noord-Brabant is gevestigd in het voormalige paleis van de gouverneur van de stad, en is in 2013 grondig verbouwd. Op de Romeinse afdeling zijn voorwerpen te zien die gevonden

'S-HERTOGENBOSCH

UIT ETEN		Verkade Fabriek	5	Golden Tulip Hotel Central	2
Barkade	2	**OVERNACHTEN**		Best Western Eurohotel	9
Eetbar DIT	3	Maison d'hôtes			
Breton	4	Bossche Suites	1		

zijn tijdens opgravingen, waaronder een barnstenen beeldje van Bacchus (ca. 200 n.C.). In een nieuwe zaal op de tweede verdieping wordt aan de hand van kunstvoorwerpen en multimedia (maquettes, audiovisuele presentaties, filmpjes) aandacht geschonken aan de **geschiedenis van Brabant** van 1400 tot heden. Te zien zijn *Brabantse boerin, zittend* van **Vincent van Gogh** (de schilder is geboren in het Brabantse Zundert), maar ook met zorg gepresenteerde beelden, zilverwerk, sieraden, kostuums enzovoort.

☺ Het Noordbrabants Museum vormt samen met het Design Museum het zogenaamde **Museumkwartier**: de twee musea zijn met elkaar verbonden door een glazen gang langs een binnentuin, waarin de oude stenen mooi samengaan met de moderne architectuur. Een fraaie museumwinkel en een prettig café maken het geheel af.

Design Museum Den Bosch A2

De Mortel 4 - ✆ (073) 627 36 80 - www.sm-s.nl - dag. beh. ma 11.00-17.00 u - € 12 (tot 17 jaar gratis).

In het door Bierman Henket Architects ontworpen gebouw, een bezienswaardigheid op zich, is een bijzonder museum gevestigd dat is gewijd aan design en de vele culturele betekenissen van design door de tijd. Het werk van de broers Campana, Braziliaanse designers die de 'hut' bij de ingang en de spectaculaire trap die aan een plant doet denken ontwierpen, zijn daarvan het eerste bewijs. Het geheel vormt een prachtig onderkomen voor de steeds wisselende, thematische tentoonstellingen: van het Italiaanse radicalisme uit de jaren 1960-1980 via het vrijheidsberovende design van het Derde Rijk tot het extreem liberale design dat drie decennia later in het zonnige Californië opgang deed om vandaar langzaamaan onze Europese verbeelding binnen te dringen.

De Tramkade A1
Net noordelijk van het historische centrum bij de samenvloeiing van de Dommel en de Dieze, tegenover de oude citadel, is een voormalige mengvoederfabriek – herkenbaar aan de nu met muurschilderingen versierde silo's – veranderd in een culturele en creatieve hotspot met de naam De Tramkade. Kom voordat de mogelijke herbestemming van dit terrein een feit is en geniet van de kunstenaarsateliers, concert- en theaterzalen, restaurants, drijvende terrassen en het gevarieerde culturele programma in een kleurrijke, industriële setting.

In de omgeving
REGIOKAART BLZ. 374

Nationaal Park De Loonse en Drunense Duinen B1
▶ *21 km ten zuidwesten van 's-Hertogenbosch via de A59. Neem afslag Drunen of Waalwijk, de twee toegangspoorten tot het park.*
www.np-deloonseendrunenseduinen.nl.

Als een verdwaald stuk woestijn duikt dit verbazingwekkende **stuifzandgebied** van 35 km^2 op in het Brabantse landschap van loofbossen, als een fata morgana bewoond door roofvogels, herten en dassen. Op de paden komt u ook vele wandelaars, fietsers en ruiters tegen. Aan de rand van het park staan eetgelegenheden voor een kleine pauze *(zie 'Adresboekje' blz. 383)*.
Het gebied is van oudsher ook een centrum van de leer- en schoenenindustrie. In **Waalwijk** bevindt zich het **Nederlands Leder- en Schoenenmuseum**, dat een impressie geeft van de ontwikkeling van de schoen in Europa, van de prehistorie tot heden. ℘ *(0416) 33 27 38 - www.schoenenkwartier.nl -* ♿ *- 10.00-17.00, za, zo 12.00-17.00 u - € 12,50.*

Heusden B1
▶ *20 km ten noordwesten via de Vlijmenseweg.*
Dit mooi gerestaureerde plaatsje ligt in een lieflijk landschap langs de Maas en was een van de vele Brabantse vestingstadjes die gebouwd werden in de 16de eeuw, tijdens de oorlog tussen de noordelijke (onder Willem van Oranje) en de zuidelijke gewesten (onder Spaans gezag). Een wandeling langs de oude stadswallen geeft een goed beeld van het functioneren van een vesting, met zijn verdedigingswerken, ravelijnen en vestinggrachten.
Het stadje zelf is heel sfeervol, in het bijzonder de **Vismarkt**. Dankzij de goed bewaard gebleven 17de-eeuwse huizen is het niet moeilijk om zich een voorstelling te vormen van de bedrijvigheid die er geheerst moet hebben in de Gouden Eeuw, toen Heusden een belangrijk handelscentrum was, met vis als voornaamste handelswaar. Op nr. 24 ziet u een trompe-l'oeil-raam *(op de 3de etage)*. In

'S-HERTOGENBOSCH

> ### Geen luchtkastelen
>
> Waarom staan er in het zuiden van Nederland zo veel forten en kastelen? Vanaf de 14de eeuw werd er een bittere strijd geleverd om de zuidelijke provinciën, achtereenvolgens door de Bourgondiërs, de Habsburgers, het koninkrijk Spanje, de prinsen van Oranje en het Napoleontische Rijk. Huwelijken of aankopen, alle strategieën waren geoorloofd om het territorium uit te breiden, ook oorlogen, waarvan de beroemdste, de Tachtigjarige Oorlog, ten einde kwam met de Vrede van Munster (1648). De koning van Spanje erkende hierin de Republiek der Verenigde Provinciën als soevereine staat onder leiding van Willem van Oranje (1533-1584). De kleur oranje staat sindsdien symbool voor de Nederlandse monarchie.

de 17de eeuw pronkten kooplieden graag met hun rijkdom, die uitgedrukt werd door het aantal ramen in een huis, en soms werd daar dus de hand mee gelicht.
De Vismarkt komt uit op de haven, waar aan de kade een **windmolen** staat. U loopt het plaatsje uit via de Hoogstraat, waar op nr. 4 een 17de-eeuws huis met een rijkversierde gevel staat, getuigenis van de voorbije welvaart.

Heeswijk B1
◐ *14 km ten zuidoosten van 's-Hertogenbosch, via de N279.*
Even ten noordoosten van dit dorp is vanaf de weg **Kasteel Heeswijk** te zien, dat omgeven door een slotgracht verscholen in het bos ligt. Het dateert uit de 14de eeuw en is verschillende keren herbouwd. In het kasteel is een verzameling interessante kunstvoorwerpen te zien. ℘ *(0413) 29 20 24 - www.kasteelheeswijk.nl - dag. beh. ma 10.00-17.00 u - € 12 (4-12 jaar € 7).*
In de Meierijsche Museumboerderij wordt het Brabantse boerenleven van rond 1900 belicht. *Meerstraat 28 - ℘ (0413) 29 11 72 - www.museumboerderij.nl - april-okt.: wo 10.00-12.00, za, zo 13.00-16.00 u - € 4,50 (5-11 jaar € 2,50).*

Kasteel Ammersoyen B1
◐ *In Ammerzoden, 11 km naar het noorden via de Orthenseweg. ℘ (073) 594 95 82 - www.glk.nl - april-okt.: wo-zo 11.00-17.00 u; rest v.h. jaar: vraag inl. - € 12 (4-18 jaar € 5).*
Dit indrukwekkende kasteel (14de eeuw) is een vierkante waterburcht met vier sterke hoektorens rond een binnenplaats. Het kasteel was van 1876 tot 1945 een clarissenklooster. Tegenwoordig wordt een deel gebruikt als gemeentehuis. De ridderzaal, de kemenade (appartement alleen voor vrouwen) en de vertrekken in de torens zijn te bezichtigen.

Zaltbommel B1
◐ *15 km naar het noorden, via de Orthenseweg.*
Dit oude vestingstadje ligt aan de Waal. Aan de Markt bevindt zich het **stadhuis** uit 1763. Aan de hoofdstraat, **Boschstraat** 18, staat een renaissancewoning met kariatiden. Deze straat komt uit bij de 14de-eeuwse **Waterpoort**.
In de Nonnenstraat is het Maarten van Rossumhuis ingericht als streekmuseum, het **Stadskasteel Zaltbommel**. Het huis heeft een mooie gevel (ca. 1535) met hoektorentjes en kantelen. Binnen is een collectie historische voorwerpen te zien. *Nonnenstraat 5-7 - ℘ (0418) 51 26 17 - www.stadskasteelzaltbommel.nl - di-zo 13.00-17.00 u - € 7,50 (4-15 jaar € 3,50).*
Aan het einde van de Nieuwstraat staat de **Grote** of **Sint-Maartenskerk** uit de 14de eeuw, met vele middeleeuwse schilderingen, en een indrukwekkende 15de-eeuwse toren van 63 m hoog.

★★ De Efteling B1

▶ *28 km ten westen van 's-Hertogenbosch via de A59 - ✆ (041) 65 37 777 of 0 900 0161 (€ 0,25/min.) - www.efteling.com - ♿ - juli-aug.: 10.00-22.00 u; rest v.h. jaar: vraag inl. - verschillende formules vanaf € 38 (tot 4 jaar gratis).*

👪 Het oudste attractiepark van het land, opgericht in 1952, trekt jaarlijks 4 miljoen bezoekers. In een wereld op basis van tekeningen van Anton Pieck (1895-1987) komen legendes en sprookjes tot leven. De attracties trekken zowel kinderen als volwassen liefhebbers van spanning en sensatie: achtbanen, spookkasteel, piraña, stoomtrein, draaimolen, gondels, theater enzovoort. Het park is in de afgelopen decennia gemoderniseerd en biedt zijn gasten een zeer groot aantal aan het seizoen aangepaste attracties. Overal bepalen verrassing en verwondering de sfeer. Mensen lachen, zijn bang, leren... en blijven hier als het moet gerust meerdere dagen!

🛈 Praktisch

Inlichtingen

Toeristenbureau – *Markt 77 - ✆ (073) 615 50 55 - www.visitdenbosch.nl*. Het toeristenbureau organiseert elke zaterdag om *14.30 u* een stadswandeling.

Parkeren

Volg de aanwijzingen naar de parkeergarages bij het centrum *(ca. € 20/dag)* of ga naar een van de **P+R's** aan de ringweg *(borden 'P+R', € 4,80 parkeren + shuttlebus)*.

Evenementen

Carnaval – *3 dagen in feb., van zo tot Aswoensdag.* Vanaf zondag klokslag 11.11 u heet Den Bosch drie dagen lang **Oeteldonk** voor een van de uitbundigste carnavals van het land. Een rood, geel en wit geklede menigte, de drie kleuren van de stad, viert één groot, wild feest.

📍 Adresboekje

PLATTEGROND BLZ. 379

Uit eten

Midden in de historische binnenstad ligt de **Korte Putstraat**, met veel cafés en restaurants.

Goedkoop

③ **Eetbar DIT** – A2 - *Snellestraat 24-26 - ✆ 073 614 1015 - www.eetbardit.nl - ♿ - 10.00-1.00, za, zo 9.00-1.00 u - hoofdgerecht onder de € 16*. Restaurant-tearoom in een voetgangersgebied in hip-frisse kleuren en altijd vol mensen die komen voor een ontbijt, snack of een van de originele *fusion*-gerechten.

④ **Breton** – B2 - *Korte Putstraat 26 - ✆ 073 513 47 05 - www.brasserijbreton.nl - dag. beh. ma-di 12.00-22.00 u - hoofdgerecht € 15/25*. De Bretonse vlag in de etalage is misleidend: hier is niets Bretons. Wel een creatieve Belgisch-Nederlandse kaart met gastronomische tapashapje.

② **Barkade** – A1 - *Tramkade 26 - ✆ 073 547 85 43 - www.barkade.nl - do-vr 17.00-22.00, za-zo 13.00-22.00 u - hoofdgerecht € 9/18*.

Een bar annex Aziatisch restaurant midden in de hippe wijk De Tramkade, met shared dining onder het spelen in de vintage speelhallen. Groot aanbod aan bieren en cocktails.

Doorsneeprijzen

5 Verkade Fabriek – A1 - *Boschdijkstraat 45 - ✆ 073 681 81 50 - www.verkadefabriek.nl - 11.00-1.00 u - hoofdgerecht € 20/25*. Het café-restaurant in deze voormalige koekjesfabriek even buiten het centrum kan bogen op een ontwikkelde klantenkring met een neus voor lekker eten. Tevens bioscoop, theater en tentoonstellingsruimte.

Een tussendoortje

Jan de Groot – A2 - *Stationsweg 24 - ✆ 073 613 38 30 - www.bosschebollen.nl - ♿ - 8.00-18.00, do 8.00-21.00, za 8.00-17.00 u - gesl. zo.* Volgens de Bosschenaren is dit het beste adres voor de echte Bossche Bol, een grote soes gevuld met slagroom en bedekt met chocolade. Een lekkernij die er 'zwaarder' uitziet dan hij is!

In de omgeving van het Nationaal Park

De Rustende Jager – *Oude Bosschebaan 11, 7 km ten oosten van het centrum van Drunen - ✆ 013 511 12 69 - www.de-rustende-jager.nl - 9.00 u-zonsondergang.* Een zeer ruim terras en een stalling voor fietsen: deze grote herberg ligt vlak bij de Loonse en Drunense Duinen en is een vaste pleisterplaats voor wandelaars. Het hele jaar door geopend.

Sport en ontspanning

Vaartochten over de grachten – A2 - *Reserv. bij het toeristenbureau - Molenstraat 15 - ✆ (073) 614 99 86 - april-okt.- vanaf € 10 - niet geschikt voor mensen met claustrofobie.* Mis hem niet, deze vaartocht op de Binnendieze! Dit deels overdekte grachtennetwerk (onder middeleeuwse huizen door) is uniek in Nederland.

Overnachten

Wat meer luxe

9 Best Western Eurohotel – B2 - *Kerkstraat 56 - ✆ 073 613 77 77 - www.eurohotel-denbosch.com - 🅿 ♿ - 44 kamers € 173/198 ☕.* Dit hotel ligt op een steenworp afstand van de kathedraal. Een gezellig hotel voor een onbekommerd verblijf in een smetteloze kamer. Ondergrondse parkeergarage (€ 18,50/dag).

1 Bossche Suites – A2 - *Verwersstraat 23 - ✆ 06 42 12 75 85 - www.bosschesuites.nl - 🅿 - 10 suites € 175/325.* Deze accommodatie is een van de mooiste van Den Bosch, gevestigd in een oude woning vlak bij de Markt. Het interieur is een smaakvolle combinatie van historische elementen, design en kleur. Deze suites vormen een luxe toevluchtsoord.

2 Golden Tulip Hotel Central – A2 - *Burgemeester Loeffplein 98 - ✆ 073 692 6926 - www.hotel-central.nl - ♿ - 125 kamers € 165/308 - ☕ € 20.* Het grootste hotel van de stad en een instituut dat al sinds 1905 gevestigd is aan de Markt. Prijzig, maar comfortabel.

In het Nationaal Park

Doorsneeprijzen

D'n Dries – *Duinweg 65 - ✆ 0416 757 111 - www.dendries.com - 🅿 - 12 kamers € 100/110 ☕.* Deze manege vlak bij het Nationaal Park De Loonse en Drunense Duinen, midden op het platteland, is tevens een hotel. Met kamers die rechtstreeks toegang bieden tot de paardenboxen is het even comfortabel als origineel! Restaurant met uitzicht op de manege, fietsverhuur en paardrijtochten.

NOORD-BRABANT

Breda ★

Vroeger trok Willem de Zwijger, Vader des Vaderlands, zich hier graag terug. Tegenwoordig is het een dynamische stad met een mooi historisch centrum en veel voetgangersgebieden. Naast de vele parken in Breda zelf is er ook in de omgeving veel groen, zoals de recreatiegebieden de Liesbos (in het westen) en het Mastbos (in het zuiden). Ten oosten van de stad ligt het natuurgebied Surae, een voormalig recreatiegebied en natuurbad.

Ligging
184.750 inwoners
REGIOKAART BLZ. 374 AB1 EN PLATTEGROND HIERNAAST.

Praktisch blz. 390

Adresboekje blz. 390

Aanraders
De Grote Kerk met haar graven.

Wandelen
PLATTEGROND HIERNAAST

Havermarkt A1
Aan dit mooie pleintje aan de voet van de Grote Kerk, waar vroeger haver werd verhandeld, liggen veel drukbezochte eethuizen.

★ Grote of Onze-Lieve-Vrouwekerk A1
 (076) 52182 67 - www.grotekerkbreda.nl - 10.00-17.00, zo 13.00-17.00 u (beh. tijdens diensten en bijeenkomsten) - gratis - toegang tot de klokkentoren: informeer naar de openingstijden - € 7,50.

Het is een imposante gotische kerk met drie beuken in de Brabantse stijl uit de 15de en 16de eeuw. In de 16de eeuw zijn er wat kapelletjes en een kooromgang aan toegevoegd. Het onderste deel van de 97 m hoge **kerktoren**★ is vierkant en het bovenste deel achthoekig, met een uivormige spits. **In de kerk** zijn de typisch Brabantse slanke zuilen te zien met koolbladkapitelen, een triforium en verschillende graftomben. Het belangrijkste graf, het albasten **praalgraf**★ in renaissancestijl van Engelbrecht II van Nassau (1451-1504) en zijn vrouw, bevindt zich in de Prinsenkapel, ten noorden van de kooromgang en is gemaakt door Tommaso Vincidor de Bologna. De liggende beelden van Engelbrecht en zijn vrouw zijn onder een zerk geplaatst, gesteund door vier mooie hoekfiguren die Julius Cesar (militaire durf), Regulus (edelmoedigheid), Hannibal (volharding) en Philippus van Macedonië (bedachtzaamheid) voorstellen. Op de zerk ligt de wapenrusting van Engelbrecht II. In de grafkelder onder het mausoleum liggen **Reynaert van Nassau**, Hendrik III van Nassau en Anna van Buren (eerste vrouw van Willem van Oranje). In de kooromgang staat een graftombe (15de eeuw) van Engelbrecht I en van Jan IV van Nassau. Let op de renaissancegrafschriften en de vele grafzerken. Op de koorbanken (15de eeuw) zijn satirische motieven uitgesneden die allerlei ondeugden en spreekwoorden voorstellen. Na 1945 zijn andere ongebruikelijke afbeeldingen toegevoegd. In de noordbeuk van de kerk hangt een drieluik van Jan van Scorel, met op het middelste paneel de *Vinding van het Heilig Kruis*.

BREDA

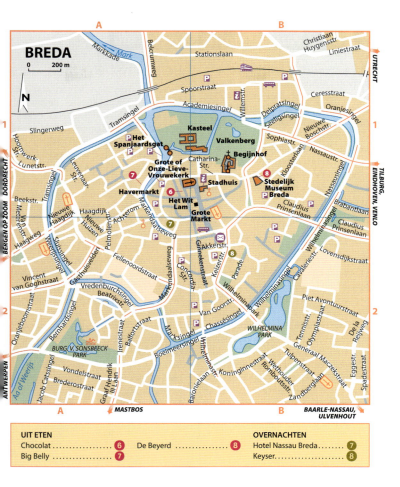

UIT ETEN		OVERNACHTEN	
Chocolat .... ❻	De Beyerd .... ❽	Hotel Nassau Breda ...... ❼	
Big Belly .... ❼		Keyser .... ❽	

Achteraan in de zuidbeuk staat een doopvont die in 1540 in Mechelen (België) gemaakt is, met renaissancemotieven op een gotische vorm. De schilderijen op de orgelluiken (17de eeuw) verbeelden David en Goliath en de terugkeer van de Ark van het Verbond. Er zijn regelmatig **concerten** op dit orgel, waarvan de oudste onderdelen uit de 16de eeuw stammen.
Ga vanaf de Havermarkt de Vismarktstraat in en sla meteen rechtsaf.
Hiervandaan is er een prachtig zicht op de klokkentorens van de Grote Kerk.

Het Spanjaardsgat A1

Dit overblijfsel van de vestingwerken bestaat uit een waterpoort, die diende om het water van de slotgracht af te voeren; aan weerskanten staat een dikke toren met bolspits.

Kasteel AB1

Het enorme kasteel met talloze ramen wordt omringd door een slotgracht. De noordgevel wordt geflankeerd door twee achthoekige torens (zichtbaar vanaf de Academiesingel). Hier huist sinds 1828 de KMA (de Koninklijke Militaire Academie) *(rondleidingen via het toeristenbureau)*.

Bezit van de familie Van Nassau

Breda kreeg in 1252 stadsrechten en behoorde toen tot de baronie van Breda, maar de stad kwam in 1404 in handen van de familie van Nassau, die er ook zijn residentie van maakte. Graaf Hendrik II van Nassau bouwde in 1535 de 13de-eeuwse bolwerken weer op. De grachtengordel geeft nog steeds aan waar de vestingwallen hebben gelegen die kort na 1870 zijn verwoest.

De geuzen en het verbond der edelen

In 1566 werd het Verbond der Edelen (of: van Breda), dat in september in Spa in België werd gesloten, in het kasteel van Breda ondertekend. Het moest een einde maken aan de Inquisitie. Na de ondertekening gingen bijna driehonderd edellieden naar landvoogdes Margareta van Parma in Brussel met het verzoek de Staten-Generaal bij elkaar te roepen om het edict tegen de ketters te wijzigen. De spottende opmerking van Karel van Berlaymont tegen Margaretha van Parma, die in tranen was: '*Comment, Madame, peur de ces gueux*?' ('Och, mevrouw, bang voor die bedelaars?') beviel de calvinisten wel. Voortaan noemden ze zichzelf **gueux (geuzen)** en gebruikten ze de bedelzak als hun symbool voor de strijd tegen de Spanjaarden.
De calvinisten dachten dat nu alles was toegestaan: in augustus begon de **Beeldenstorm**, waarbij ze kerken leegroofden en beelden vernielden, wat in 1567 leidde tot de komst van de gevreesde hertog van Alva.

Een vurig betwiste plaats

De Spanjaarden plunderden de stad in 1581 en kregen het kasteel, dat op dat moment van Willem van Oranje was, in handen. In 1590 heroverde Maurits van Nassau de stad door zeventig soldaten de stad binnen te smokkelen in een turfschip van Adriaan van Bergen. Breda gaf zich in 1625, na een lange wapenstilstand, over aan de Spanjaarden, die onder bevel stonden van de markies van Spinola. Dit werd vereeuwigd door Vélazquez in *De overgave van Breda* (1634-1635). De stad werd in 1637 heroverd door stadhouder prins Frederik Hendrik. Bij de **Vrede van Breda**, in 1667, die het einde betekende van de Tweede Engels-Hollandse Oorlog, ruilden de Hollanders Nieuw-Amsterdam (nu New York) met de Engelsen tegen Guyana (nu Suriname). De onderhandelingen en de ondertekening van het verdrag vonden in het kasteel van Breda plaats.
In 1793 nam de Franse generaal Dumouriez de stad in. Hij moest Breda verlaten na de nederlaag van Neerwinden (België). In 1794 volgde een nieuwe belegering door generaal Pichegru en Breda gaf zich pas over toen heel het land bezet was. Tot 1813 maakte de stad deel uit van het departement Twee Neten (met als hoofdstad Antwerpen); het Franse garnizoen vluchtte toen de Russische voorhoede naderde, maar de bevolking van Breda wist de stad in handen te houden.

Het oude verdedigingswerk, in 1536 deels verbouwd naar ontwerp van Vincidor, was de plaats waar Willem van Oranje zich het liefst terugtrok, totdat hij in 1567 de openlijke opstand ging leiden. Hier werd ook het Verbond der Edelen ondertekend. Het kasteel kreeg zijn huidige aanzien tussen 1686 en 1695, onder stadhouder Willem III, die de oorspronkelijke plannen van Vincidor verder liet uitvoeren.

★ Valkenberg B1

Dit schaduwrijke park met prachtige bomen dat vroeger bij het kasteel hoorde is erg aangenaam. Soms wandelen er allerlei soorten mooie raskippen door het park. Vlakbij ligt het **begijnhof** uit 1535 *(dag. 9.00-17.00 u)*, een hofje van eenvoudige huisjes rond een binnenhof met kruidentuin en een kapel, waar begijntjes, rooms-katholieke vrome vrouwen, woonden. In tegenstelling tot nonnen legden zij geen gelofte af. Naast de ingang van het hofje staat de oude kapel, nu de **Waalse Kerk**. In de kapel trouwde **Peter Stuyvesant** (1592-1672), die van 1647 tot 1664 gouverneur van Nieuw-Amsterdam was (het latere New York).

Stedelijk Museum Breda B1

Boschstraat 22 - ☏ (076) 529 99 00 - www.stedelijkmuseumbreda.nl - ♿ - di-vr 11.00-17.00, za, zo 10.00-17.00 u - € 12,50 (tot 18 jaar gratis).
In dit museum, dat is ontstaan uit de fusie van het Breda's Museum met het MOTI (Museum of the Image), worden zowel het erfgoed als de geschiedenis van de stad en de actuele beeldcultuur getoond. De geschiedenis van het bisdom Breda wordt geïllustreerd met een belangrijke collectie religieuze kunst (onder meer heiligenbeelden, schilderijen, zilverwerk, rijkversierde stoffen). Het oude MOTI, dat oude grafische kunstcollecties beheerde, bestrijkt nu alle beeldculturen: affiches, films, wandtapijten, foto's, muurschilderingen...

Grote Markt A1

Groot plein met mooi **zicht** op de Grote Kerk met een traditionele markt *(di en vr 9.30-13.00 u)* en een vlooienmarkt *(wo 9.30-18.00 u)*.
Het 17de-eeuwse **stadhuis** werd in 1767 verbouwd. In de hal hangt een kopie van *De overgave van Breda* van Vélazquez; het origineel bevindt zich in het Museo del Prado in Madrid. Aan de overkant, op de hoek van de Reigerstraat, staat een mooi huis met trapgevel.
Op de Markt vinden we op nr. 19 **Het Witte Lam**, de oude vleeshal en de vroegere zetel van het gilde van de boogschutters. Op het fronton op de gevel uit 1772 zien we hoe Sint Joris de draak neersteekt.

Ginneken en Mastbos BUITEN PLATTEGROND BIJ AB2

▶ *Ten zuiden van de stad via de Ginnekenweg (uitstekende fietsroute).*
Met kleine straten, overal bomen en bloemen, leuke winkels en her en der gezellige cafés is het goed wonen in deze aantrekkelijke wijk ten zuiden van de stad, een ideale locatie op de overgang van stad naar platteland. Want in Ginneken beginnen aan het eind van elke straat grote grazige weiden en de bospaden van het Mastbos, die zich lenen om uren achtereen te fietsen.

Street art in Breda

Tijdens een wandeling door Breda treft u hier en daar mooie muurschilderingen aan. De stad telt er meer dan honderd, gemaakt door plaatselijke en internationale kunstenaars. Elk werk van wat deze zogeheten **Blind Walls Gallery**★ vormt is gelinkt aan de geschiedenis van de stad en de locatie. Leer meer over de muurschilderingen via de speciale app of tijdens een rondleiding *(info op blindwalls.gallery)*.

In de omgeving

REGIOKAART BLZ. 374

Baarle-Nassau B2

▶ *37 km in zuidoostelijke richting via de Gen. Maczekstraat.*
Baarle-Nassau deelt zijn grondgebied met het Belgische Baarle-Hertog, dat zo'n dertig enclaves in Nederland heeft. Het dorp Baerle werd in de 12de eeuw in tweeën gedeeld. Het zuidelijke deel kwam onder de hertog van Brabant te vallen (Baarle-Hertog). Het noordelijke deel, verbonden aan de baronie van Breda, kreeg de naam Baarle-Nassau toen Breda aan het begin van de 15de eeuw in handen van de familie van Nassau kwam. De gemeentegrenzen lopen heel grillig dwars door de plaats heen. Tegenwoordig hebben beide gemeenten elk hun eigen gemeentehuis, kerk, politiebureau en school. De Nederlandse en Belgische huizen staan door elkaar heen, en alleen aan het nummerbordje bij de voordeur (de vlag en het nummer) is te zien bij welk land ze horen.

Rondritten

REGIOKAART BLZ. 374

Naar Willemstad A1

▶ *Rondrit van 50 km, aangegeven in groen op de regiokaart. Vertrek vanuit Breda via de Haagweg, neem vervolgens de N58 en sla rechtsaf bij Etten-Leur.*

Oudenbosch

Deze plaats wordt ook wel Klein Rome genoemd, vanwege de enorme **basiliek van de Heilige Agatha en Barbara** die in 1867-1880 door P.J.H. Cuypers werd gebouwd als kopie van de Sint-Pieter in Rome. De koepel is 68 m hoog. De voorgevel uit 1892 is een kopie van de Pauselijke Aartsbasiliek van Sint-Jan van Lateranen in Rome. Het interieur is door een Antwerpse beeldhouwer verfraaid.
Nederlands Zouavenmuseum – *Markt 31 - ℘ (0165) 31 34 48 - www.zouavenmuseum.nl - di, wo en za, zo 13.30-16.30 u - € 4 (tot 12 jaar € 2).* Dit museum over de pauselijke zouaven eert de drieduizend Nederlandse vrijwilligers die in de 19de eeuw Vaticaanstad hielpen verdedigen.
Ga naar Standdaarbuiten, dan via de A17-A59 en de A29-A59 naar Willemstad.

Willemstad

Willemstad heeft haar naam te danken aan Willem van Oranje, die er in 1583 een vestingstad in de vorm van een zevenpuntige ster van liet maken. De versterkingen, van architect **Adriaan Anthonisz.**, behoren tot de mooiste voorbeelden van het Oud-Nederlandse Stelsel *(zie blz. 89)*. Tegenwoordig is er een drukke jachthaven. Binnen de vesting, die nog steeds intact is, is in het 17de-eeuwse **Prinsenhof** of **Mauritshuis**, gebouwd door Maurits van Oranje, de VVV gevestigd. Hier is ook een kleine historische tentoonstelling.
De achthoekige **koepelkerk** werd in 1607 voltooid en was een van de eerste protestante kerken van Nederland.
Vlak bij de haven staat het **voormalige raadhuis**.
Iets verderop staat de **Oranjemolen**, uit 1734, voorzien van achthoekige kap.

★ Naar de Biesbosch AB1

▶ *Rondrit aangegeven in rood op de regiokaart. Vertrek vanuit Breda via de St.-Ignatiusstraat, neem vervolgens de A27-E311 richting Utrecht.*

Fietsen door het Nationaal Park De Biesbosch
RuudMorijn/Getty Images Plus

Geertruidenberg
Voormalige vesting langs de Amer. Het stadje is gebouwd rond een driehoekig **plein** dat gedomineerd wordt door de grote Geertruidskerk. Het **raadhuis** op het plein heeft een mooie 18de-eeuwse gevel. Vlakbij staat een fontein in barokstijl.

Drimmelen 1
Een drukbezochte plaats die door de mooie ligging aan de Amer heel geschikt is voor de watersport. In de **jachthaven** is plaats voor 1400 plezierjachtjes. In het **Biesbosch Informatiecentrum** is informatie te verkrijgen over het Nationale Park De Biesbosch *(www.np-debiesbosch.nl)*.

★ Nationaal Park De Biesbosch
De Biesbosch is in 1994 officieel een nationaal park geworden. Het bestaat uit drie afzonderlijke gedeelten en ligt in de provincies Noord-Brabant en Zuid-Holland. De **boottochten★** geven een goed beeld van het landschap. Dit 40.000 ha grote gebied werd overstroomd tijdens de St.-Elisabethsvloed van 1421. Dankzij drooglegginen is nu nog slechts 7100 ha land ondergelopen. De eilandjes bestaan uit riet, biezen en grasland.

Biesbosch Museum – *Hilweg 2, 12 km ten westen van Werkendam - ☏ (0183) 50 40 09 - www.biesboschmuseumeiland.nl - april-okt.: 10.00-17.00, ma en za, zo 11.00-17.00 u; rest v.h. jaar: vraag inl.- € 10 (4-12 jaar € 7); combikaartje met de Whisper Tour € 20 (4-12 jaar € 14).* Hier wordt uitleg gegeven over het ontstaan van het gebied en de waardevolle flora en fauna. Het museum laat ook meer zien over de producten die de Biesbosch vroeger leverde (biezen, riet, wilgenhout) en over de drie spaarbekkens die de regio Rotterdam van drinkwater voorzien.
☺ U kunt er allerlei watersporten beoefenen (roeien, zeilen, kanoën).

🛈 Praktisch

Inlichtingen

Toeristenbureau – *Willemstraat 17-19 (vlak bij het station)* - ☏ *0900 522 24 44* - *www.welkominbreda.nl.*
Tweede infopunt op nr. 38 van de Grote Markt.

Evenementen

Carnaval – *In feb. -www.carnavalbreda.nl.* Befaamd in het hele land.
Internationaal Jazzfestival – *In mei - bredajazzfestival.nl.*

Vervoer

Fietsen – OV-fiets (deelfietshuur met OV-chipcard) op het station.

📍 Adresboekje

PLATTEGROND BLZ. 385

Uit eten

Doorsneeprijzen

❽ De Beyerd – B1 - *Boschstraat 26* - ☏ *076 521 42 65* - *www.beyerd.nl - 10.00-1.00, za 12.00-2.00 u - gesl. wo - hoofdgerecht € 24/28.* In dit leuke café-restaurant staan op de lunchkaart de gebruikelijke gerechten (soep, salades, broodjes); het restaurant biedt zowel 's middags als 's avonds een uitgebreidere keuze. Bieren van het huis.

❼ Big Belly – A1 - *Prinsenkade 3* - ☏ *076 303 87 76* - *www.bigbellybar.nl - wo-vr 17.00-0.00 u (vr 2.00 u), za-zo 12.00-2.00 u - hoofdgerecht € 7/27.* Deze mooie moderne eetzaal, grenzend aan een leuke tuin, trekt veel gasten die afkomen op lekkere hapjes, waaronder kroketten en de beroemde 'popcorn-garnalen', en steviger gerechten (steaks, okonomiyaki). Daarbij bier uit eigen brouwerij.

Wat meer luxe

❻ Chocolat – A1 - *Torenstraat 9 A* - ☏ *076 533 59 75* - *www.restaurantchocolat.nl* - ♿ - *11.00-23.00 u - gesl. zo - lunchmenu € 29 - menu € 50/72.* Sfeervol restaurant met chocoladekleurige muren en foto's van filmsterren uit de jaren 1960. Goede eigentijdse keuken.

Overnachten

Wat meer luxe

❽ Keyser – B2 - *Keizerstraat 5* - ☏ *076 520 5173* - *www.hotel-keyser.nl* - 🅿 - *87 kamers € 189/199* - ✕ *hoofdgerecht € 17,50/27,50.* Tegenover een handige parkeergarage verblijft u hier in een modern gebouw met eigentijds ingerichte kamers in twee formaten. Verzorgd ingerichte ontbijtzaal.

❼ Hotel Nassau Breda – A2 - *Nieuwstraat 23* - ☏ *076 888 49 21* - *www.hotelnassaubreda.nl - 94 kamers vanaf € 170* - ✕. In dit luxueuze en labyrintachtige hotel verdeeld over diverse historische en religieuze gebouwen worden oud en modern design succesvol gecombineerd. Vaak ruime en zeer comfortabele kamers. Duizend-en-een details herinneren aan de functie van het gebouw. Het ontbijt wordt in de kapel geserveerd.

Bergen op Zoom

Bergen op Zoom, bekend om zijn kleurrijke carnavalsfeest, waarbij de Bergenaren met hun excentrieke hoofddeksels zich mengen met de traditionele stadsreuzen, kende al in de middeleeuwen twee belangrijke jaarmarkten. De verdedigingswerken werden rond 1700 aangelegd door Menno van Coehoorn (1641-1704), een ingenieur die diverse plaatsen in het land versterkte. Ze werden in 1868 verwijderd, maar aan het stratenplan is nog wel te zien hoe ze gelegen hebben. De oude haven, tegenwoordig gedeeltelijk gedempt, was met de Westerschelde verbonden.

Het stadhuis op de Grote Markt van Bergen op Zoom
R. van der Meer/Prisma/age fotostock

Ligging
67.900 inwoners
REGIOKAART BLZ. 374 A2. Bergen op Zoom ligt vlak bij de grens met België, op 40 km van Antwerpen.

Aanraders
Het Markiezenhof.

Met het gezin
De tentoonstelling over de jaarmarkten in de Markiezenhof.

Praktisch blz. 393

Adresboekje blz. 393

Wandelen

Grote Markt
Hier vinden we het **stadhuis**, dat in feite uit drie huizen bestaat; het middelste en rechtse hebben sinds 1611 een mooie bakstenen gevel met een bordes **met het stadswapen**: twee wildemannen naast een schild met markiezenkroon, waarop

drie andreaskruisen en een berg met drie toppen staan afgebeeld. In de oude kerk is **stadstheater De Maagd** gevestigd.

Vlak bij de Grote Markt staat een grote **klokkentoren** (14de eeuw) die 'De Peperbus' genoemd wordt vanwege de vorm van het bovenste deel van de toren (18de eeuw). De toren hoort bij de **Sint-Geertrudiskerk**, die in 1747 door de Fransen werd verwoest. Hij werd weer opgebouwd maar brandde in 1972 af. Van het gebouw dat er nu staat, zijn alleen de buitenmuren nog oorspronkelijk (15de-16de eeuw).

Loop de Fortuinstraat in vanaf de Grote Markt, ga vervolgens linksaf de Lieve Vrouwestraat in.

Gevangenpoort of Lievevrouwepoort

Dit is de enige poort (uit de 14de eeuw) die nog over is van de vestingmuren van de middeleeuwse stad, met aan de kant van de stad een stenen gevel met wachttorentjes en aan de buitenkant twee robuuste stenen torens.

★ Markiezenhof

Steenbergsestraat 8 - ☏ (0164) 27 70 77 - www.markiezenhof.nl - ♿ - dag. beh. ma 11.00-17.00 u - € 9,50 (6-18 jaar € 5,50).

Dit voormalige paleis van de markiezen van Bergen op Zoom – tot 1795 door hen bewoond – is in de 15de en 16de eeuw in laatgotische stijl gebouwd. Het is ontworpen door de beroemde Belgische architecten Antoine en Rombout Keldermans. Het uit steen en baksteen opgetrokken gebouw is nu een cultureel centrum met een **museum**, galerie, bibliotheek en restaurant. Er is een pittoreske arcadengalerij. De **Grote Zaal** of Hofzaal is bijzonder, met de gebeeldhouwde Christoffelschouw (1522). De portretten, wandkleden, schilderijen, meubels en het zilverwerk geven de bezoeker een idee van de verfijnde sfeer waarin de markiezen leefden.

In de gang beneden, in 1706 herbouwd in de klassieke stijl, zijn nog stijlkamers met **sier- en gebruiksvoorwerpen** te bezichtigen.

De geschiedenis van de stad wordt ook geïllustreerd met een maquette van de versterkingen en een overzicht van de aardewerkindustrie in de stad. Kinderen zullen vooral genieten van de mooie tentoonstelling over de **kermis**.

Ravelijn 'Op den Zoom'

Ten noordoosten van de stad.

Dit mooie **park** (A. van Duinkerkenpark) rond een vijver is een overblijfsel van de vestingwal met omringende gracht; dit is alles wat nog rest van de vroeg-18de-eeuwse vestingwerken van Van Coehoorn.

In de omgeving   REGIOKAART BLZ. 374

Wouw A2

▶ *5 km naar het noordoosten. Neem vanuit Bergen op Zoom de A58 naar het oosten.*

In de gotische **kerk**, herbouwd na de Tweede Wereldoorlog, staan mooie barokke **beelden** uit de 17de eeuw. Ze hoorden bij koorbanken die tijdens de oorlog verdwenen zijn; de beelden staan nu in het koor (op een console) en in de zijbeuken rond de biechtstoelen. Het glas-in-loodraam van de Wederopstanding, ten westen van de toren, is gemaakt door Joep Nicolas (1937).

Roosendaal A2

▶ *10 km naar het noordoosten. Vanuit Bergen op Zoom via de A58 naar het oosten.*
Museum Tongerlohuys – *Kerkstraat 1 - ℘ (0165) 55 55 55 - www.tongerlohuys.nl - di-zo 13.30-17.00 u - € 6 (tot 18 jaar gratis).* Dit gemeentemuseum is gevestigd in de gelijknamige 18de-eeuwse pastorie. Er is een interessante tentoonstelling over de geschiedenis van de stad en de streek.
In de omgeving vindt u diverse natuurgebieden, waaronder de Rucphense Heide (1200 ha).

❶ Praktisch

Inlichtingen

Toeristenbureau – *Steenbergsestraat 6 - ℘ (0164) 27 74 82 - www.vvvbrabantsewal.nl.*

♀ Adresboekje

Uit eten

Wat meer luxe
't Spuihuis – *Spui 1 - ℘ 0164 23 31 96 - www.spuihuis.nl - ♿ - ma, do en za 17.30-0.00, vr en zo 12.00-0.00 u - gesl. di-wo - menu € 43,50/65.* Een oud gebouw, waar sinds 1839 fier een toren op staat. Met een mooi terras. Gerechten op basis van streekproducten en mooie zeevruchtenplateaus. Wijn per glas verkrijgbaar.

Roosendaal

Doorsneeprijzen
Sistermans – *Stationsplein 9 - ℘ 0165 535 657 - ww.hotelcentral.nl - 12.00-20.00 u - hoofdgerecht € 24/35.* In Hotel Central; warme, moderne inrichting. Maaltijden tegen een redelijke prijs, en een ruime keuze aan wijnen.

Overnachten

Doorsneeprijzen
De Draak – *Grote Markt 36 - ℘ 0164 252 050 - www.hoteldedraak.nl - 🅿 ♿ - 62 kamers € 89/125 - ☕ € 17,50 - ✕.* Een gerenommeerd hotel, dat verspreid is over verschillende statige huizen. Klassieke inrichting en comfortabele kamers.

Roosendaal

Doorsneeprijzen
Tongerlo – *Bloemenmarkt 2 - ℘ 0165 584 888 - www.hoteltongerlo.nl - 🅿 ♿ 📶 - 18 kamers € 87/92 - ☕ € 12,50.* Sfeervol hotel, gevestigd in een gebouw uit 1898. Er is een prachtige trap van hout en smeedijzer naar de verdieping met de hotelkamers.

Tilburg

Tilburg is een moderne industriestad, maar staat tegenwoordig ook bekend om de goede universitaire en hbo-opleidingen, wat de stad de bijbehorende dynamiek verleent. Koning Willem II, die in Tilburg woonde, liet er een paleis bouwen in Engels-neogotische stijl. Een aanwinst voor Tilburg is ook museum De Pont voor hedendaagse kunst, dat gevestigd is in een voormalige wolspinnerij.

▶ Ligging
224.500 inwoners
REGIOKAART BLZ. 374 B1 EN PLATTEGROND HIERNAAST

☺ Aanraders
De Pont Museum.

👥 Met het gezin
Het Natuurmuseum, Safaripark de Beekse Bergen.

ℹ Praktisch blz. 397

📍 Adresboekje blz. 397

Wandelen
PLATTEGROND HIERNAAST

Stadhuisplein B2
Dit is het centrale plein van Tilburg, waar de autovrije winkelstraten op uitkomen. Tegenwoordig staan er om het plein veel moderne gebouwen.

Stadsschouwburg A2
De Stadsschouwburg werd in 1961 gebouwd door de architecten Bijvoet en Holt. Naast de grote blinde muren is er ook een gevel met ramen.

Stadhuis B2
Een gebouw met sobere lijnen en bekleed met zwart graniet, een ontwerp van architect Kraayvanger, dat in 1971 tegen het bijzondere neogotische **paleis** van koning Willem II (1849) aan is gebouwd.

Natuurmuseum Brabant A2
Spoorlaan 434 - ☎ (013) 535 39 35 - www.natuurmuseumbrabant.nl - dag. beh. ma 10.00-17.00 u - € 12 (4-17 jaar € 10).
👥 Dit museum ligt dicht bij het station en heeft wisselende tentoonstellingen over de flora en fauna van de provincie Noord-Brabant en over de relatie tussen mens en natuur.

★★ De Pont Museum A1
Wilhelminapark 1 - ☎ (013) 543 83 00 - www.depont.nl - ♿ - dag. beh. ma 11.00-17.00 u (do 21.00 u) - € 12,50 (tot 18 jaar gratis).
Deze stichting werd opgezet naar de wilsbeschikking van de Tilburgse zakenman Jan de Pont (1915-1987). Een deel van zijn fortuin moest worden gebruikt om zijn hedendaagse kunst onder de aandacht te brengen. In het gebouw was vroeger een wolspinnerij gevestigd. De grote, lichte ruimte van 4200 m² bevat een belangrijke kunstcollectie met onder meer werk van Richard Serra, Marlene Dumas, Thierry De Cordier, Gerhard Merz, Anish Kapoor, James Turrell, Jan Dibbets, Marien Schouten, Rob Birza, Guido Geelen en Richard Long. Langs de wand van

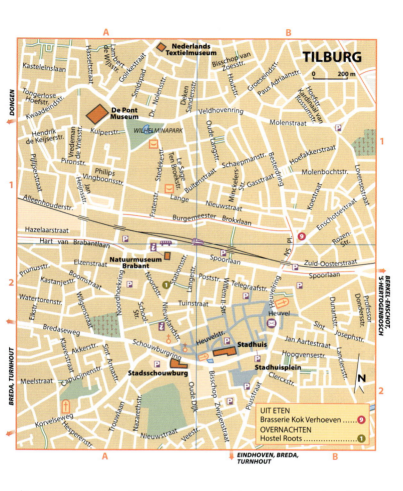

de grote centrale hal bevinden zich kleinere ruimtes, waar vroeger de wol werd opgeslagen. Hier worden werken tentoongesteld die beter tot hun recht komen in een kleinere zaal. Het museum organiseert tijdelijke exposities, en ook de tuin wordt door een kunstenaar ingericht.

★ Nederlands Textielmuseum A1

Goirkestraat 96 - ℘ (013) 536 74 75 - www.textielmuseum.nl - ♿ - di-vr 10.00-17.00, za, zo 12.00-17.00 u - € 12,50 (13-18 jaar € 4).

Dit museum is in een heel toepasselijk gebouw gehuisvest: de voormalige textielfabriek van Mommers & Co, een van de laatste in Tilburg. De hal, gebouwd voor grote machines, heeft een bijzonder houten zaagtanddak dat een maximum aan daglicht binnenlaat.

Het interactieve museum schetst een interessant beeld van de Nederlandse textielindustrie en de technische en sociale veranderingen die het gevolg waren van de uitvinding van de stoommachine. De indrukwekkende stoommachine (nog werkend) stamt uit 1906. Verschillende machines herinneren aan de Tilburgse wolindustrie. De wol werd in grote zakken aangevoerd en vervolgens gewassen,

Een industriestad

De **textielindustrie** voerde jarenlang de boventoon in de economie van Tilburg. In 1871 waren er 125 wolverwerkende bedrijven met in totaal ongeveer 4600 werknemers. Het waren vooral familiebedrijven, weinig gespecialiseerd en niet gemoderniseerd, en een groot deel daarvan kon in de jaren 1960 niet concurreren met de textielindustrie in andere Europese landen. Tegenwoordig zijn vooral de chemische, de fototechnische, de grafische en de papierindustrie belangrijk.

ontward en gekaard om de vezels in dezelfde richting te krijgen. Daarna werd de wol gesponnen.
Er zijn demonstraties met diverse machines om de verschillende technieken van de textielindustrie te laten zien: breien, verven, damastweverij, drukken. In het gebouw waar vroeger de spinnerij was, zit nu een textiellab met machines waarmee ontwerpen in allerlei technieken geproduceerd kunnen worden. Een deel van het gebouw is gewijd aan de beeldende kunst, met werken waarin textiel een belangrijke rol speelt. Daarnaast is er een atelier om tapijten te 'tuften' en een tentoonstelling over 'honderd jaar textiel', die een overzicht geeft van de textielindustrie vanaf 1890.

In de omgeving
REGIOKAART BLZ. 374

★ Safaripark Beekse Bergen B2
4 km ten zuidoosten van Tilburg, iets ten noorden van Hilvarenbeek. Beekse Bergen 1 - ✆ 088 900 03 21 - www.beeksebergen.nl - juli-aug.: 9.30-18.00; maart-juni en sept.-okt.: 9.30-17.30; nov.-feb.: 10.00-16.30 u - € 27 (3-9 jaar € 24).
Een **safaripark** van 110 ha groot met meer dan duizend wilde dieren, waaronder leeuwen, neushoorns, luipaarden, giraffen, antilopen, zebra's en bavianen. De bezoeker kan kiezen tussen een safari per boot, per bus of in de eigen auto. Ook is een **Wandelsafari** (3,5 km) mogelijk in een gebied met pinguïns, flamingo's, doodshoofdaapjes en zeldzame diersoorten. In het park ligt ook een Afrikaans dorp. Leuk voor kinderen is het speel- en avonturenpad **Safari Trail**.
Vlak bij het safaripark ligt **Speelland Beekse Bergen** (kanoën, zwemmen, midgetgolf, trampolines). Via een kabelbaan kun je naar de overkant van het water *(www.speelland.nl - april-okt.: wisselende openingstijden, vraag inl. - € 10).*

★ Oisterwijk B1
10 km ten oosten van Tilburg. Verlaat de stad via de Spoorlaan.
Dit is een leuk, groen dorp, dicht bij duinen, bossen, heidevelden en zo'n zestig vennen. In de Kerkstraat staat op nr. 88-90 een **oud huis** (1633) met een trapgevel. Voor het stadhuis ligt **De Lind,** een gezellig plein met lindebomen die een trouwlaantje vormen.

Praktisch

Inlichtingen

Toeristenbureau – *Spoorlaan 434a - ℘ (013) 532 37 20 - www.vvvtilburg.nl.*

Adresboekje

PLATTEGROND BLZ. 395

Uit eten

Wat meer luxe

● **Brasserie Kok Verhoeven** – B1 - *NS Plein 32 - ℘ 013 545 1088 - www.kokverhoeven.nl - 12.00-0.00 u - menu € 52,50/72,50.* Een mooie, grote en lichte eetzaal, met een prachtig terras. Visgerechten met als specialiteiten bouillabaisse en zeebanket. Attent personeel en onberispelijke bediening.

Goirle

Doorsneeprijzen

De Eetkamer – *Tilburgsweg 34 - 5 km ten zuiden van Tilburg - ℘ 013 534 4900 - www.eetkamergoirle.nl - dag. beh. ma 12.00-0.00 u - menu € 39,50.* Een goed adres in de omgeving van Tilburg. Brasserie met heerlijke gerechten, gemoedelijke sfeer, 's zomers een terras in de tuin.

Iets drinken

La Trappe – BUITEN PLATTEGROND BIJ B2 - *Eindhovenseweg 3, Berkel-Enschot - nl.latrappetrappist.com - 13.00-19.00 u.* La Trappe, een van de twaalf trappistenbieren op de wereld (waarvan er vijf Belgisch zijn) wordt sinds 1884 gebrouwen in de imposante Brouwerij Abdij Koningshoeven, ten zuidoosten van Tilburg. Kom naar La Trappe om de verschillende soorten te proeven – en, waarom niet, op de fiets! Rondleidingen door de brouwerij (€ 15).

Overnachten

Goedkoop

● **Hostel Roots** – A2 - *Stationsstraat 41 - ℘ 052 30 85 18 - hostelroots.nl - bed in een slaapzaal vanaf € 30, kamers met of zonder badkamer vanaf € 75/89 -: € 5/10.* In dit gezellige hostel in een 19de-eeuws gebouw vindt u verschillende accommodaties. Mooie gemeenschappelijke ruimtes. Bar en een stijlvolle salon-biljartzaal.

Wat meer luxe

Auberge du Bonheur – BUITEN PLATTEGROND - *Bredaseweg 441 - ℘ 013 549 9600 - www.bonheurhorecagroep.nl -* 🅿 ♿ 📶 *- 36 kamers € 171/208 - ⌑ € 18 -* ✗. Dit klassieke kleine landhuis met moderne aanbouw ligt in de bossen. Het heeft een modern en licht restaurant, **La Nouvelle Auberge**, in een hedendaagse, klassieke stijl (€ 40/77). Moderne bar.

Eindhoven

Eindhoven, de bakermat van Philips, is volwassen geworden in de schaduw van haar beroemde werkgever. De stad is vanwege het economisch belang tijdens de Tweede Wereldoorlog verschillende keren gebombardeerd, waarbij vrijwel alle historische gebouwen werden verwoest. Niettemin weet de vijfde stad van het land munt te slaan uit haar geschiedenis en erfgoed, door het industrieel toerisme te ontwikkelen en zich tegelijkertijd te profileren als designhoofdstad van Nederland. Doordat veel low-cost maatschappijen op vliegveld Eindhoven vliegen is de stad een interessante bestemming geworden, die gemakkelijk te bereiken is vanuit de grote steden van Europa.

Het Van Abbemuseum van architect Abel Cahen
R. Harding/hemis.fr

Ligging

238.400 inwoners
REGIOKAART BLZ. 374 BC2 EN PLATTEGROND BLZ. 401. Eindhoven ligt 17 km van de grens met België.

Aanraders

Het Van Abbemuseum met zijn prachtige collectie moderne en hedendaagse kunst.

Met het gezin

Het PSV Museum voor voetbalfans, het DAF Museum, het Prehistorisch Dorp.

Praktisch blz. 404

Adresboekje blz. 404

Wandelen

PLATTEGROND BLZ. 401

Het moderne stadshart ligt aan de voet van de twee hoge torens van de Sint-Catharinakerk (1861). Ten zuiden van het Centraal Station voeren de voetgangersstraten naar het **Stadhuis** (1955) en de rivier de Dommel.

★★ Van Abbe Museum A2

Bilderdijklaan 10 - ℘ (040) 238 10 00 - www.vanabbemuseum.nl - ♿ - dag. beh. ma 11.00-17.00 u - € 13 (tot 12 jaar gratis).

Het aan de Dommel gelegen museum is gehuisvest in twee gebouwen: het ene is van architect Kropholler en werd in 1936 door sigarenfabrikant Henri Jacob van Abbe aan de stad nagelaten, en het andere is een geometrisch gebouw uit 2003 van architect Abel Cahen. De expositie geeft een goed beeld van de prachtige schilderijen en beelden van 1900 tot nu, met speciale aandacht voor moderne kunst vanaf 1945. Het museum laat zien hoe de moderne kunst zich heeft ontwikkeld, met achtereenvolgens het kubisme van Picasso, Braque, Juan Gris, Delaunay, Chagall en Fernand Léger; De Stijl met Mondriaan en Van Doesburg; het constructivisme met vele werken van El Lissitzky en L. Moholy-Nagy; het expressionisme van Kokoschka, Kandinsky en Permeke; het surrealisme met Miró, Ernst, Pieter Ouborg en Francis Bacon.

De jonge Parijse School van na de oorlog wordt vertegenwoordigd door abstracte schilders als Bazaine, Sam Francis en Poliakoff. Het werk van Karel Appel, Asger Jorn en Corneille behoort tot CoBrA. Behalve materieschilders zoals Dubuffet en Tàpies, moeten we ook nog anderen noemen zoals Vasarely, Lucio Fontana, Klein, de Nul-groep (Mack, Piene en Uecker) en de Amerikanen van de popart onder wie Morris Louis, Robert Indiana. De conceptuele kunst (Kosuth, Barry, Brouwn, Kawara), het minimalisme (Judd, Andre) en de hedendaagse beeldhouwkunst (Kiefer, Baselitz, Penck, Beuys) zijn ook vertegenwoordigd.

De Bergen A2

Deze gezellige buurt is tijdens de oorlog gespaard gebleven. Er zijn veel mooie restaurants, cafés en galeries te vinden, vooral op de **Kleine Berg** en de **Grote Berg**.

Emmasingel A2

De centraal gelegen Emmasingel, tussen De Bergen en het Centraal Station, staat symbool voor de nauwe, bijna symbiotische band die sinds jaar en dag bestaat tussen het bedrijf Philips en Eindhoven *(zie ook de volgende blz.)*. Op de kruising met de Mathildelaan staat de **Lichttoren** (1921), waar men vroeger de gloeilampen testte. Nu is hij omgebouwd tot hotel-restaurant *(zie 'Adresboekje' blz. 405)*. Op nr. 14 staat nog een verbouwde fabriek, met als bijnaam **De Witte Dame**, vanwege de lichte gevel. Hier is nu de **Design Academy** gevestigd *(niet open voor publiek)*, een instituut met wereldfaam waar enkele van de grootste talenten van het hedendaagse design zijn opgeleid, zoals Marcel Wanders (Moooi), Maarten Baas, Piet Hein Eek en Hella Jongerius.

Philips Museum A2

Emmasingel 31 - ℘ (040) 235 90 30 - www.philips-museum.com - dag. beh. ma 11.00-17.00 u - € 11 (6-17 jaar € 6).

Dit museum in de voormalige gloeilampenfabriek uit 1891 vertelt de geschiedenis van Philips, van gloeilamp tot plasmascherm, via de walkman uit de jaren 1980 en CT-scanners voor de medische wereld. Een film gaat in op de gevoelige relatie tussen het bedrijf en het Duitse bezettingsleger tijdens de Tweede Wereldoorlog.

En er was licht...

Fabrieken die tot appartementenblokken omgetoverd zijn, industrie, bedrijfspanden die een nieuwe *look* hebben gekregen, ateliers die culturele ontmoetingsplaatsen zijn geworden... Bij de eerste blik op Eindhoven wordt al duidelijk wat een belangrijke rol de industrie heeft gespeeld voor het tot een stad uitgegroeide kleine dorp. Dit is voor een heel erg groot deel te danken aan de **gebroeders Philips**, aan wie we nog op elke straathoek worden herinnerd: het Philipsstadion, het Philips Museum, de oude fabrieksterreinen. De belangrijke gebouwen van de stad hebben allemaal iets met die onderneming te maken.

Een schone slaapster

Het verhaal begon ruim een eeuw geleden, toen het slaperige dorp Eindhoven aan de Dommel 'wakker werd gekust'. Gerard Philips begon in 1891 een gloeilampenfabriekje aan de Emmasingel. Zijn broer Anton, wiens beeld bij het station staat, kwam hem na vijf moeilijke jaren helpen, waarna het bedrijf enorm groeide. De onderneming begon ook radiobuizen, röntgenbuizen en medische apparatuur te produceren en exporteert nu wereldwijd.

De lichtstad

Gerard stichtte in 1914 het natuurkundige **Natlab**, waar veel nieuwe technologieën uitgevonden zijn. Philips had in 1929 al 20.000 mensen in dienst, in totaal 70 procent van de beroepsbevolking van Eindhoven en omgeving. Er verschenen fabrieken en kantoren aan de Emmasingel en de Mathildelaan, met namen als **De Witte Dame** en de Lichttoren. Het dorp kon die enorme groei niet aan en Philips bouwde zelf de infrastructuur voor zijn werknemers en hun gezinnen: een theater, een bibliotheek, scholen en vooral huizen, zoals **Philipsdorp** aan de Frederiklaan. Het bedrijf zette ook de Philips Sportvereniging op, waarvan de voetbalclub (PSV) in heel Europa bekend is geworden. Philips zette in 1955, samen met DAF, ook de **Technische Hogeschool** op, de huidige Technische Universiteit Eindhoven (TUE).

Een renaissance

De nauwe band tussen Philips en Eindhoven werd eind 1998 verbroken toen het hoofdkantoor naar Amsterdam verhuisde. Na de eerste shock en woede besloot Eindhoven niet bij de pakken neer te zitten: men bedacht een manier om de stad een nieuw aanzien te geven en verschillende Philipsgebouwen om te bouwen. In de symbolische Witte Dame is nu de Design Academy gevestigd, waar beroemde Nederlandse ontwerpers zijn opgeleid, zoals Hella Jongerius, Piet Hein Eek en Marcel Wanders.

Evoluon

Aan de Noord-Brabantlaan staat het **Evoluon**, daar in 1966 neergezet ter ere van het 75-jarig bestaan van Philips. Het gebouw, ontworpen door Kalff en De Bever, lijkt op een vliegende schotel die op twaalf zuilen in V-vorm rust. Het is nu een conferentiecentrum.

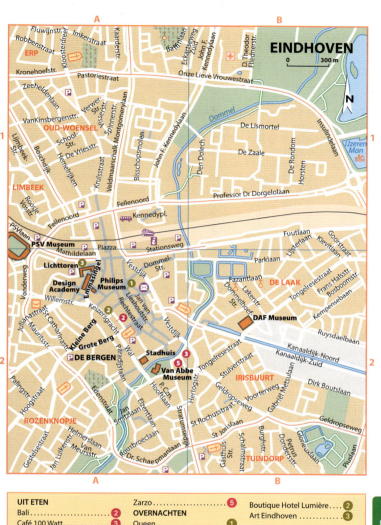

UIT ETEN	Zarzo .... ⑤	Boutique Hotel Lumière .... ②
Bali .... ②	**OVERNACHTEN**	Art Eindhoven .... ③
Café 100 Watt .... ③	Queen .... ①	

Museum PSV Eindhoven A2

Hoofdingang van het Philips Stadion - ℘ (040) 250 53 26 - www.psv.nl - ma 12.00-17.00, di-za 10.00-17.00 u; rondleiding door het stadion (1 uur): wisselende tijden, vraag inl. - € 7,50 (4-12 jaar € 5); bezoek aan het stadion € 14 (4-14 jaar € 12).

Het PSV Museum is een must voor fans van de befaamde Eindhovense voetbalclub. Maak een reis door de clubhistorie en leer de geschiedenis kennen van de rood-witte, in 1913 door Philips opgerichte ploeg die sindsdien 24 keer Nederlands kampioen en twee keer Europees kampioen (in 1978 en in 1988) is geworden. Om zich af te zetten tegen de 'elitaire' supporters van Ajax, de club uit de hoofdstad Amsterdam, noemen PSV-supporters zichzelf graag de *boeren*.

Wat is er nog meer te zien?

DAF Museum B2
Tongelresestraat 27 - ☏ (040) 244 43 64 - www.dafmuseum.nl - ♿ - dag. beh. ma 10.00-17.00 u - € 11 (5-15 jaar € 5).

👪 Hier staan bijna honderd vrachtwagens, bussen en personenauto's die laten zien wat er vanaf 1928 zoal in de DAF-fabrieken is geproduceerd. De werkplaats waar de broers Hub en Wim van Doorne hun eerste vrachtwagens en aanhangwagens produceerden, is ook te bezoeken. Hun onderneming – die vanaf 1932 Van Doornes Aanhangwagen Fabriek (DAF) heette – vormde jarenlang samen met Philips de belangrijkste industrie van Eindhoven. Een permanente expositie is gewijd aan Charles Burki, die dertig jaar lang als reclametekenaar voor DAF werkte.

Strijp-S BUITEN PLATTEGROND BIJ A1
Grenzend aan het centrum, vlak achter het Philips Stadion, is op een voormalig fabrieksterrein van Philips van 27 ha deze nieuwe wijk verrezen. De industriële gebouwen zijn getransformeerd tot broedplaatsen voor design en technologie, met plaats voor beginnende ondernemers, kantoren, appartementen, cafés, restaurants, hippe winkels, een gigantisch overdekt skatepark, Area 51 *(www.area51eindhoven.nl)* en een hotel *(zie 'Adresboekje' blz. 405)*. Het geheel heeft iets van een 'Silicon Valley op z'n Nederlands'. Een inspirerend voorbeeld van post-industriële stadsvernieuwing.

Prehistorisch Dorp BUITEN PLATTEGROND BIJ B2
Boutenslaan 161b - ☏ (040) 252 22 81 - www.prehistorischdorp.nl - april-okt.: di-zo 11.00-17.00 u - € 11,50 (tot 3 jaar gratis).

👪 De geschiedenis op ware grootte: in dit openluchtmuseum aan een meertje in een groen park, zijn met natuurlijke materialen en met behulp van primitief gereedschap huizen uit de ijzertijd en de middeleeuwen nagebouwd. Acteurs en dieren spelen het leven van vroeger na: zo zijn er een smid, een wever en een bakker.
😊 Bezoek het dorp in het weekend, dan zijn er de meeste activiteiten.

In de omgeving   REGIOKAART BLZ. 374

Nuenen C2
▶ *8 km ten noordoosten van Eindhoven.*
De twee jaar dat **Vincent van Gogh** hier woonde (van december 1883 tot november 1885), hebben dit dorpje internationale faam bezorgd. De schilder keerde er terug om zijn vader op te zoeken, die tot aan zijn dood, in maart 1885, in de pastorie woonde. Het gebouw is nog steeds te zien: Hoofdstraat 26. Hier schilderde hij talloze portretten van boeren, die als studie dienden voor zijn indrukwekkende *De aardappeleters*, tegenwoordig te zien in het Van Gogh Museum in Amsterdam. Ter herinnering aan die tijd zijn er in Nuenen twee monumenten en een documentatiecentrum, het **Vincentre**, met een multimediatentoonstelling van de werken die van Gogh in Nuenen maakte. *Berg 29 - ☏ (040) 283 96 15 - www.vangoghvillagenuenen.nl - di-zo (en ma in juli-aug.) 10.00-17.00 u - € 9 (6-17 jaar € 5).*

Helmond C2
▶ *15 km ten noordoosten van Eindhoven. Neem de A270.*
Het **kasteel**★ van Helmond, een middeleeuwse waterburcht, ligt midden in een park. Het is een imposant vierkant gebouw met een binnenplaats. Hierin is het

Gemeentemuseum gevestigd. *Kasteelplein 1 - ☏ (049) 258 77 16 - www.museum helmond.nl - di-zo 10.00-17.00 u - € 12 (4-17 jaar € 6).*

Overloon C1
▶ *45 km ten noordoosten van Eindhoven.*
In de herfst van 1944 leverden de Engelsen en Amerikanen drie weken lang een veldslag met de Duitsers rond dit dorp, als onderdeel van operatie Market Garden. Het was een van de grootste tankslagen van de oorlog, vaak vergeleken met die bij Caen vanwege de vreselijke beschietingen en het aantal betrokken pantservoertuigen.

Nationaal Oorlogs- en Verzetsmuseum – *☏ (047) 864 12 50 - www.oorlogsmuseum. nl - ♿ - 10.00-17.00, za, zo 11.00-17.00 u - € 17,50 (4-12 jaar € 12,50).* Dit museum staat ten oosten van Overloon, in het bos waar de gevechten plaatsvonden. In het park (15 ha) en de tentoonstellingshal staat veel oorlogsmaterieel van de Duitsers en de geallieerden; een deel ervan is na de gevechten op het slagveld achtergebleven: wagens, vliegtuigen, eenmansduikboten, kanonnen, bommen, torpedo's. In één gebouw is een tentoonstelling van handwapens en materiaal dat een beeld geeft van Nederland tijdens de oorlog (foto's, maquettes, kaarten, wapens, uniformen). Het Kampengebouw illustreert het verhaal van de concentratiekampen in Europa en Azië, en schildert in een permanente tentoonstelling van allerlei voorwerpen, documenten, foto's en films het vreselijke lot van de slachtoffers.

Asten C2
▶ *25 km ten zuidoosten van Eindhoven. Neem de Leenderweg naar de A67-E34.*
Asten is internationaal bekend omdat hier de Koninklijke Eijsbouts is gevestigd. In 2012 fabriceerde deze prestigieuze klokkengieterij ter gelegenheid van de 850ste verjaardag van de Notre-Dame in Parijs, de nieuwe bourdon, een 'petit bourdon', die de naam 'Marie' zou dragen, een trouwe replica van een van de grootste klokken van het carillon van de kathedraal.

Museum Klok en Peel – *Ten noordwesten van het dorp - Ostaderstraat 23 - ☏ (049) 369 18 65 - www.museumklokenpeel.nl - ♿ - 9.30-17.00, za, zo en ma 13.00-17.00 u - € 10 (4-18 jaar € 5).* In de afdeling **Carillons★** is te zien hoe klokken worden gemaakt. De collectie bestaat verder uit klokken vanuit de hele wereld, een serie klokken met contragewichten, klokken met hamers of klepels en een groot carillon met een speeltrommel. De afdeling **Natuur** bevat een reeks diorama's van opgezette dieren, vlinders en insecten uit de Groote Peel. Verder zijn er tuinen (een veentuin) en een vleermuizengrot.

Vogels spotten in De Groote Peel

Ten zuidoosten van Asten ligt **De Peel** ('moeras'), een drassig gebied waar vroeger turf werd gestoken. Het **Nationaal Park De Groote Peel★** (1400 ha), opgericht in 1985, is een van de meest vogelrijke gebieden van West-Europa. In de herfst gebruiken duizenden trekvogels het park als tussenstop op hun reis naar het zuiden. In de lente broeden er circa 95 soorten. Bezoekerscentrum **Buitencentrum De Pelen** *(☏ 049 564 14 97 - www. staatsbosbeheer.nl - 10.00-17.00 u)* geeft informatie over de omgeving en de flora en fauna van het gebied.

38 km ten zuidoosten van Eindhoven. Rijd via de Leenderweg naar de A67-E34. Neem dan, ter hoogte van Asten, de N279. Toegang aan de zuidkant via de Moostdijk, bij de Meijelse Dijk. Van zonsop- tot zonsondergang.

❶ Praktisch

Inlichtingen

Toeristenbureau – *A1-2 - Stationsplein 17 - ✆ 0900 11 22 363 - www.thisiseindhoven.com.*

Vervoer

Eindhoven Airport – *www.eindhovenairport.nl.* Vanaf het vliegveld is het een kwartier met bus 400 en 401 naar het treinstation *(elke 10-15 min. - € 4,59 - traject 15 min. - reserv. op www.hermes.nl).*
Er zijn ook busverbindingen met Amsterdam, Utrecht en Den Bosch *(AirExpressBus - www.airexpressbus.com).*
Ter plaatse – De belangrijkste bezienswaardigheden liggen op loopafstand van elkaar. Er zijn ook volop fietspaden.
Fietsverhuur – *OV-fiets, Stationsplein 22 (uitgang aan de zuidzijde, centrum) - www.ns.nl.*

Evenementen

Carnaval – *In feb.* Een van de gezelligste carnavals van Noord-Brabant.
Dutch Design Week – *In okt. - www.ddw.nl.* Die maand is Eindhoven de internationale designhoofdstad. Lezingen, tentoonstellingen en meer.
GLOW – *Half nov. - www.gloweindhoven.nl.* Een week lang zijn in de straten van de stad lichtinstallaties en projecties te zien.

📍 Adresboekje

PLATTEGROND BLZ. 401

Uit eten

Goedkoop

❷ **Bali** – *A2 - Keizersgracht 13 - ✆ 040 244 56 49 - www.bali-eindhoven.nl - 16.30-22.00, za 12.00-22.00, zo 14.00-22.00 u - gesl. ma - lunchmenu € 16.* Al bijna 25 jaar in het centrum van Eindhoven. Uitstekende rijsttafels en warm onthaal.

❸ **Café 100 Watt** – *AB2 - Bleekweg 1 - ✆ 040 842 80 00 - cafe100watt.nl - 15.00-23.00, vr-za 12.00-1.00, zo 12.00-22.00 u - hoofdgerecht € 16/20.* Proef in het moderne café van microbrouwerij 100 Watt de verschillende huisgebrouwen bieren, en vergeet ook de royale en overheerlijke wereldkeuken niet.

Wat meer luxe

❺ **Zarzo** – *A2 - Bleekweg 7 - ✆ 040 211 77 00 - www.zarzo.nl - 13.00-18.30, do 18.00-19.30, vr-za 12.00-14.00, 18.00-19.30 u - gesl. di-wo - menu € 130/170.* In een loungeachtige sfeer en gezeten op een designstoel geniet u hier van verbluffend vernieuwende gerechten! Eenvoudig, rijk aan smaak, op basis van een uitgebalanceerde combinatie van ingrediënten. Voortreffelijke wijnen.

Een tussendoortje

Karel 1 Museumcafe – *A2 - Stratumsedijk 2 - Van Abbe Museum - ✆ 040 238 10 62 - www.karel1.nl - 11.00-17.00 u - gesl. ma.* Een must met zijn terras op palen en fel gekleurde inrichting, die aansluit bij de strakke lijnen van het museum. Kleine kaart voor de lunch en voor hapjes later op de middag.

Iets drinken

😊 De jeugd van Eindhoven begeeft zich elke avond naar het **Stratumseind** (A2), een straatje bij het stadhuis. De **Kleine Berg** (A2) is een rustigere, wat chiquere uitgaansstraat in de wijk De Bergen. Liefhebbers van design komen aan hun trekken in de industriële omgeving van de broedplaatsen op het oude fabrieksterrein **Strijp-S** (BUITEN PLATTEGROND BIJ A1) met zijn trendy cafés.

Winkelen

☺ De meeste winkels zijn maandag open van 11.00-18.00 u, di-do 9.30-18.00 u, vr 9.30-21.00 u, za 9.30-17.00 u en zo 12.00-17.00 u.
In de buurt van het **station** (A1) liggen veel winkelstraten. Ga voor wat luxere winkels in de richting van de **Kleine Berg** (A2).

Design

Yksi Expo – BUITEN PLATTEGROND BIJ A1 - *Torenallee 22 - wijk Strijp-S - ✆ 040 780 5033 - www.yksi.nl - 11.00-17.30 u - gesl. zo-ma.*
In de hoofdstad van het Nederlandse design biedt deze winkel een interessante collectie aan, met name producten van ontwerpers van de beroemde Design Academy.

Piet Hein Eek – BUITEN PLATTEGROND BIJ A1 - *Halvemaanstraat 30 - bus 401 vanaf het Centraal Station - ✆ 040 285 6610 - pietheineek.nl - 10.00-18.00, zo 12.00-18.00 u.*
Ontwerper Piet Hein Eek heeft op een fabrieksterrein naast Strijp-S een restaurant annex galerie annex ontwerpagentschap en atelier gevestigd.

Overnachten

Goedkoop

Blue Collar Hotel – BUITEN PLATTEGROND - *Klokgebouw 10 - wijk Strijp-S - ✆ 040 780 33 34 - www.bluecollarhotel.nl -* 🅿 ♿ *- kamers € 79/136 -* 🍽 ✕. Het eerste hotel dat geopend werd op het oude fabrieksterrein Strijp-S heeft zowel slaapzalen in hostelstijl als vierpersoonskamers. De aankleding is half rock, half industrieel. Uitzicht op de stad vanuit het restaurant op de eerste verdieping.

Doorsneeprijzen

❷ **Boutique Hotel Lumière** – A2 - *Hooghuisstraat 31A - ✆ 040 239 49 50 - www.hotellumiere.nl -* 🅿 ♿ *- 25 kamers € 116/152 -* 🍽 *€ 9,50*. Dit fraai ingerichte hotel heeft ruime, lichte en comfortabele kamers met een vleugje design. Centraal gelegen en sfeervol, gerund door een jong, competent team.

❶ **Queen** – A2 - *Markt 7 - ✆ 040 245 24 80 - www.queeneindhoven.nl - 40 kamers € 129/167* 🍽 *- ✕.* Dit gezellige hotel heeft eenvoudige, keurige kamers en ligt aan een autovrij plein in de binnenstad. De rustigste kamers liggen aan de achterkant.

Wat meer luxe

❸ **Art Eindhoven** – A2 - *Lichttoren 22 - ✆ 040 751 35 00 - www.inntelhotelsarteindhoven.nl -* 🅿 ♿ *- 230 kamers € 173/241* 🍽 *- ✕.* Smaakvol ingericht hotel met industrieel en kunstzinnig karakter, gehuisvest in de Lichttoren, de oude Philipsfabriek uit 1921 *(zie blz. 402)*. Goed uitgeruste en comfortabele kamers, sommige met uitzicht op de stad.

Asten

Doorsneeprijzen

Huys van Heusden – *Vorstermansplein 3 - ✆ 0493 56 54 64 - www.huysvanheusden.nl -* 🅿 *- 10 kamers € 94/124 -* 🍽 *€ 13 - ✕.* Een klein, gezellig hotel met een attente gastvrouw. Eenvoudige en zeer luxe kamers (met jacuzzi, sauna of open haard naar keuze). Mooie ontbijtzaal.

406 LIMBURG

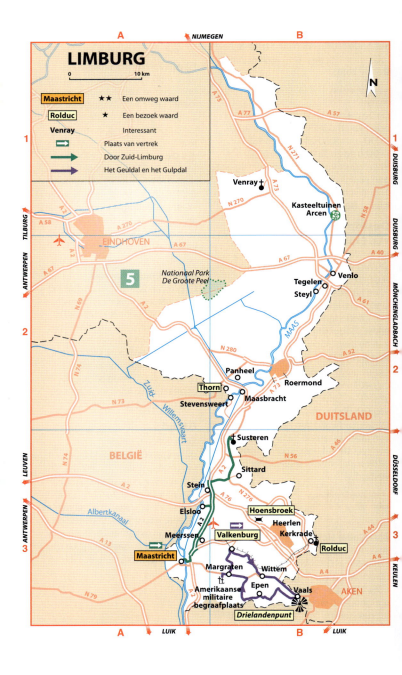

6

Limburg

HOOFDSTAD: MAASTRICHT

Maastricht★★ 408
Valkenburg★ 426
Thorn★ 434
Venlo 438

Maastricht ★★

Maastricht, de levendige hoofdstad van Limburg, ligt aan de voet van de Sint-Pietersberg en aan de oevers van de Maas. De Maaslandse huizen, de middeleeuwse stadsmuren, het voetgangersgebied met zijn winkels en de grote pleinen met de vele terrassen zijn heel gezellig. Maastricht, gelegen bij het Drielandenpunt en een belangrijk Europees symbool, koestert zijn veelzijdige karakter. Het typisch zuidelijke carnaval doet de stad bruisen en levenskunst staat hoog in het vaandel, waarbij men geniet van de regionale producten.

Maastricht, de Sint-Servaasbasiliek en de rode toren van de Sint-Janskerk
MartinM303/Getty Images Plus

▶ Ligging
121.500 inwoners
REGIOKAART BLZ. 406 A3 EN
PLATTEGRONDEN BLZ. 411 EN BLZ. 417.

☺ Aanraders
De Sint-Servaisbasiliek, het Bonnefantenmuseum, een wandeling door de oude stad.

⏲ Planning
Trek op zijn minst een dag uit.

👪 Met het gezin
De grotten van de Sint-Pietersberg en de Zonneberg, de bijzondere fossielen van het Natuurhistorisch Museum.

ℹ Praktisch blz. 421

📍 Adresboekje blz. 422

Wandelen

★ De oude stad PLATTEGROND II BLZ. 411

▶ *Wandeling aangegeven in groen op de plattegrond. Vertrek vanaf het Vrijthof.*
De historische binnenstad van Maastricht, met de smalle straatjes en middeleeuwse huizen, is een van de parels van zuidelijk Nederland. Aan de overkant van de Maas ligt **Wyck** de oude handelswijk vanwaaruit de oude stad aan de overkant mooi te zien is. Liefhebbers van moderne architectuur komen aan hun trekken in de nieuwe wijken **Céramique** en **Belvédère**, waar gedurfde bouwwerken verrijzen en oude fabrieksterreinen opnieuw worden ingericht.

Vrijthof C1
Dit is het grootste plein van de stad, waarop tal van autovrije winkelstraten uitkomen. Behalve een groot aantal cafés en restaurants met gezellige terrasjes, die vol zitten zodra de zon maar even schijnt, liggen er ook twee kerken aan het plein. *Steek het Vrijthof over.*

★★ Sint-Servaasbasiliek C1
Keiser Karelplein 3 - ☎ (043) 321 04 90 - www.sintservaas.nl - 10.00-17.00, zo 12.30-17.00 u - € 5.
Dit indrukwekkende monument, een van de oudste kerken van Nederland, werd rond het jaar 1000 gebouwd op de plaats van een heiligdom uit de 6de eeuw. De kerk bestond toen uit drie beuken, een dwarsschip en een vlak koor. Hij werd in de 12de eeuw uitgebreid met aan de ene kant het huidige koor met apsis, geflankeerd door twee vierkante torens, en aan de andere kant de monumentale **westbouw**, een van de vroegste voorbeelden van de romaanse bouwstijl van het Maasland. De westbouw heeft twee torens en is versierd met boogfriezen, waartussen tweelingvensters zijn aangebracht. Er is ook een prachtig carillon. In de 13de eeuw werd aan de zuidzijde het mooie **Bergportaal★** toegevoegd, dat nu in levendige kleuren is beschilderd. De afbeeldingen op het timpaan stellen de dood, hemelvaart en kroning van de Heilige Maagd voor. De zijkapellen en het noordportaal stammen uit de 15de eeuw. Via het portaal komt men in de eveneens 15de-eeuwse kloostergang en het basiliekcomplex.

★★ **Schatkamer** – De kerkschat bevindt zich in de Stiftskapel en omvat een grote verzameling liturgische voorwerpen, vooral zilverwerk, ivoren voorwerpen, liturgische gewaden, schilderijen, retabels en beelden. Naast het borstbeeld van Sint-Servaas, de symbolische zilveren sleutel met bladvormige versieringen die Petrus de bisschop zou hebben geschonken, en het borstkruis dat van Sint-Servaas zou zijn geweest (eind 10de eeuw), zijn er een collectie oosterse zijden stoffen en veel reliekhouders en schrijnen uit het eind van de 12de eeuw te zien. Het mooist is de eikenhouten **schrijn van Sint-Servaas**, ook wel de Noodkist genoemd, bekleed met verguld koper en versierd met emailwerk en edelstenen. Op de korte zijden zijn Christus en Sint-Servaas afgebeeld, op de lange zijden de apostelen. Het is een belangrijk kunstwerk uit de Maaslandse school (rond 1160).

Interieur – Het **koor★** vormt met zijn hoge pilaren en galerij boven de kooromgang een harmonieus geheel. De gewelven van het koor hebben hun 16de-eeuwse beschildering teruggekregen. Boven in de westbouw bevindt zich de Keizerzaal met koepel. De **kapitelen★** van de westbouw zijn rijkversierd. Bij de westingang van de kerk staat een 15de-eeuws beeld van de apostel Petrus. De laatste kapel van de linkerzijbeuk (bij het dwarsschip) bevat een *Sedes Sapientiae* (zetel der wijsheid); de zittende Madonna met Kind is een Maaslands kunstwerk uit de 13de eeuw. De deur ernaast was vroeger de hoofdingang van de kerk, maar komt nu uit op een kloostergang. Aan de buitenzijde is boven de deur een timpaan te zien met een afbeelding van de verheerlijkte Christus.

In de **crypte** onder het schip bevinden zich het graf van Sint-Servaas (achter het hekwerk) en de sarcofaag van Karel de Eenvoudige (zoon van de Karolingische koning Lodewijk IV, bijgenaamd 'van Overzee'). Op de sarcofaag achter in de crypte staan middeleeuwse schilderingen van de bisschoppen Monulfus en Gondulfus, de stichters van de 6de-eeuwse kerk, en van de bisschoppen Candidus en Valentius. Een deel van hun gebeenten rust in de sarcofaag. De aangrenzende crypte onder het koor met vierkante pilaren behoort tot de oorspronkelijke 6de-eeuwse kerk.

Sla bij het verlaten van de kerk linksaf en loop via de Sint-Servaaskloosterstraat naar de Sint-Janskerk.

Sint-Janskerk C1

Vrijthof 24 - ℘ (043) 321 65 51 - www.stjanskerkmaastricht.nl - Pasen-eind nov.: ma-za 11.00-16.00 u - toegang tot de kerk gratis, bezoek aan de toren € 2,50 (kind € 1,50). Deze gotische kerk, die sinds de verovering van Maastricht door Frederik Hendrik in 1632 protestants is, werd in de 14de eeuw door de kanunniken van Sint-Servaas gebouwd als parochiekerk. In de 15de eeuw volgde een uitbreiding met een koor en een toren (70 m hoog) die deels rood is geschilderd. De eerste omgang op 43 m hoogte, die via 218 treden te bereiken is, biedt een prachtig **uitzicht★** over de stad en het omliggende glooiende landschap.

Ga bij het verlaten van de kerk rechtsaf het Vrijthof op.

Fotomuseum aan het Vrijthof C1

Vrijthof 18 - ℘ (043) 321 13 27 - fotomuseumaanhetvrijthof.nl - di-zo 10.00-17.00 u - € 11 (8-18 jaar € 6).

Het museum is gevestigd in een oud kapittelhuis uit de 16de eeuw, waarin Willem van Oranje door de Spaanse koning Filips II buiten de wet werd gesteld. In dat huis, dat door een mooie overdekte binnenplaats verbonden was met een 18de eeuws pand, waren collecties regionale nijverheidskunst uit de 17de en 18de eeuw (meubels, siersmeedkunst, aardewerk, glaswerk en porselein) ondergebracht. In 2019 is het museum ingrijpend verbouwd en een fotografiemuseum geworden waar onder de schitterende glazen overkapping – naast oude kunststukken – wisselende fotocollecties worden geëxposeerd. Het centrale thema is leven in de stad. Een van de laatste fotografen die hier exposeerde was de Amerikaan Jamel Shabazz, een pionier op het gebied van 'street style'. Er is tevens een winkel en een aangenaam café-restaurant, Soiron *(zie 'Adresboekje' blz. 423).*

Neem bij het verlaten van het museum de Papenstraat tot aan de Ezelmarkt en steek die over. Ga vervolgens rechts de Bonnefantenstraat in.

Vanuit die straat is er een mooi **zicht** op een 17de-eeuws huis met trapgevel en de tuin van het Natuurhistorisch Museum, aan de overkant van de Jeker.

Keer terug en neem de Looiersgracht.

Grote Looiersstraat C2

Op dit mooie, schaduwrijke plein met oude huizen staat een beeldengroep die de populaire Maastrichtse volksdichter Fons Olterdissen (1865-1923) voorstelt, omringd door luisterende kinderen.

★ Natuurhistorisch Museum C2

De Bosquetplein 7 - ℘ (043) 350 54 90 - nhmmaastricht.nl - di-vr 11.00-17.00 u, za, zo 13.00-17.00 u - € 8 (5-11 jaar € 5).

Dit aangenaam ingerichte museum toont de flora en fauna van Zuid-Limburg. Op de afdeling **geologie** wordt de bezoeker 350 miljoen jaar mee terug in de tijd

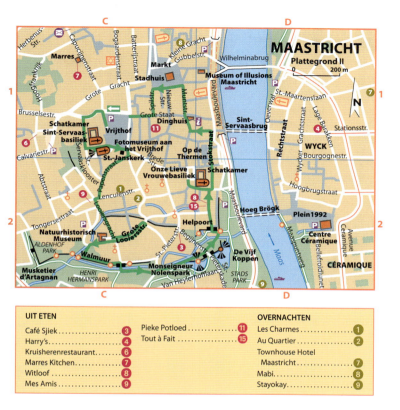

UIT ETEN		OVERNACHTEN
Café Sjiek ③	Pieke Potloed ⑪	Les Charmes ①
Harry's ④	Tout à Fait ⑮	Au Quartier ②
Kruiserenrestaurant ⑥		Townhouse Hotel
Marres Kitchen ⑦		Maastricht ⑦
Witloof ⑧		Mabi ⑧
Mes Amis ⑨		Stayokay ⑨

genomen. De **fossielen** die in de mergelgrotten in de buurt zijn gevonden, worden erg mooi belicht. De resten van de enorme mosasauriërs (maashagedissen) en reuzenschildpadden die in de Sint-Pietersberg zijn ontdekt, zijn hoe dan ook bijzonder. Verder een mooie collectie edelstenen en het 'Kabinet', het topstuk van het museum.

Bekijk in het glazen paviljoentje op de binnenplaats tegenover de ingang **mosasaurus Bèr** die in 1998 in de Sint-Pietersberg werd gevonden. En vergeet de kelder niet, waar een steenmijn en een mergelgroeve deels zijn gereconstrueerd.

Neem de Heksenstraat, die langs het conservatorium (mooi zicht op de Jeker) en een watermolen loopt. Ga de trap op.

★ Walmuur C2

Aan de zuidkant van de oude stad is de indrukwekkende ommuring met vele torens bewaard gebleven, met daarlangs grote bomen en mooie parken. Vanaf het voetpad over de weergang van de twee nog bestaande stukken stadsmuur is er een prachtig uitzicht. Het pad loopt langs het **bronzen standbeeld van d'Artagnan**, in 2003 gemaakt door de Rus Alexander Taratynov naar aanleiding van de 330ste sterfdag van de musketier: hij overleed exact op deze plek op 25 juni 1673 tijdens de succesvolle belegering van de stad door Vauban.

Volg de weergang en ga een trap af, steek via een bruggetje de ringgracht over.

Monseigneur Nolenspark CD2

Dit mooie park met omheinde dierenverblijven (ganzen, geiten en herten) ligt aan de voet van de stadsmuur.

 **Geschiedenis**

Limburg, een aparte provincie

In één oogopslag is duidelijk waarom deze provincie in het zuiden van Nederland zo bijzonder is: de 'laars van Limburg' is heuvelachtig, een unicum in het land van de polders! Hierdoor is de provincie overigens ook onder Nederlanders zelf heel populair. Elke Nederland kent het Drielandenpunt (321 m), het hoogste punt van Nederland. Door het heuvellandschap is Limburg een paradijs voor wandelaars en fietsers, die er massaal naartoe komen om hun kuiten te trainen op de gemarkeerde paden. De provincie onderscheidt zich door haar ligging in Europa (grenzend aan Duitsland en België) geografisch van de rest van Nederland, en daarmee ook cultureel (veel Belgische en Duitse toeristen), economisch (met de oprichting van de Euroregio Maas-Rijn in 1976) en politiek (het beroemde Verdrag van Maastricht in 1992, een intentieverklaring voor de oprichting van de Europese Unie). Wat verder bijdraagt aan het bijzondere karakter van de provincie, is dat Limburgers overwegend katholiek zijn (het noorden van Nederland is in meerderheid protestant) en dat ze Limburgs spreken, een dialect met ontelbaar veel plaatselijke varianten.

Een betwiste provincie

Limburg, dat al Europees was voordat Europa bestond, is in de loop der eeuwen achtereenvolgens bezet geweest door Romeinen, Spanjaarden, Pruisen en daarna Fransen, die allemaal hun stempel op de provincie drukten. De Fransen doopten het gebied zelfs om tot het departement Nedermaas (1794-1815). In 1815, na de napoleontische tijd, werd het gebied onderdeel van het Verenigd Koninkrijk der Nederlanden. Koning Willem I besloot de regio 'Limburg' te noemen, naar de naam van een oud middeleeuws hertogdom in de Belgische Ardennen, een prestigieuze naam waarvan hij niet wilde dat die in vergetelheid zou raken. Toen Nederland in 1839 officieel de onafhankelijkheid van België erkende, werd Limburg in twee delen gesplitst: een Belgisch deel en een Nederlands deel, een verdeling die tot op dit moment in stand is gebleven.

Bakermat van industrie

Dankzij de productie van aardewerk, glas en cement werd Maastricht in de 19de eeuw de belangrijkste industriestad van Nederland. Aan het begin van de 20ste eeuw ontwikkelde de mijnbouw zich in Limburg. Toen de mijnen in de jaren 1970 gesloten werden, was dat een zware klap voor de provincie, die zich vervolgens focuste op de chemische en de auto-industrie en de productie van kantoorapparatuur en -benodigdheden. Nu heeft Limburg de ambitie een Europese hightechregio te worden door samenwerking te stimuleren tussen Limburgse bedrijven en onderzoeksinstellingen en hun Duitse en Belgische collega's. Verder is de Limburgse hoofdstad internationaal bekend als gaststad van de TEFAF, een van de grootste kunst- en antiekbeurzen ter wereld.
(zie 'Evenementen' blz. 421).

Strategische ligging

Het Verdrag van Maastricht heeft de vredige stad aan de Maas internationaal op de kaart gezet, maar over haar lange geschiedenis, die teruggaat tot de oudheid, is minder bekend. Maastricht (*Trajectum ad Mosam* – 'Oversteek over de Maas') ontstond rond de versterkte brug over de Maas in de Romeinse heerbaan van Bavay (Noord-Frankrijk) naar Keulen. De naam is in de loop der tijd vernederlandst: 'Mosam' werd 'Maas' en 'Trajectum' werd 'Tricht'.

De stad begon zich werkelijk te ontwikkelen toen **Sint-Servaas** (300-384) haar in 382 tot zijn bisschopszetel maakte, omdat hij de stad veiliger vond dan Tongeren (België), waar hij tot dan toe gezeteld was. Deze bisschopszetel, de eerste in Nederland, verleende groot aanzien aan de stad, die een snelle bevolkingsgroei doormaakte.

De middeleeuwen, een periode van welvaart

Hoewel de bisschopszetel begin 8ste eeuw naar Luik werd verplaatst, bleef de stad zich ontwikkelen. In 1229 werden de eerste stadsmuren gebouwd en Maastricht groeide uit tot een welvarende stad met de leerlooierij als belangrijkste bedrijfstak. Na in handen te zijn geweest van heel wat uiteenlopende heersers kwam de stad in de 15de eeuw in bezit van het hertogdom Bourgondië en ruim een eeuw later, in 1555, van Filips II van Spanje. Deze bepaalde dat alleen het katholieke geloof nog beleden mocht worden en onderdrukte alle protestantse bewegingen. De kiem voor een langdurige vete was gelegd.

De belegeringen van Maastricht

Toen Maastricht zich in 1579 bij de opstand tegen het Spaanse gezag aansloot, namen de Spanjaarden de stad in, plunderden haar en lieten slechts vierduizend inwoners in leven. De daaropvolgende periode van rust was van korte duur: in 1673 viel Lodewijk XIV de stad aan met 40.000 Franse soldaten en wist de Franse aanvoerder Vauban haar in te nemen. Hierbij kwamen 8000 Fransen om, onder wie kapitein d'Artagnan, een van de musketiers. De Fransen namen Maastricht in 1748 nog eens in. Tijdens het beleg deed de graaf van Anterroches een historische uitspraak. Op de opmerking van een soldaat dat de stad *imprenable* ('onneembaar') was, antwoordde hij: 'Meneer, dat woord staat niet in het Franse woordenboek.' Maastricht werd in 1794, evenals Breda, bij Frankrijk ingelijfd.

Nederlands Maastricht

Vanaf 1814 maakte Maastricht deel uit van het Koninkrijk der Nederlanden. Doordat het garnizoen zich fel tegen de Belgen verzette, bleef de stad in 1830 in Nederlandse handen, maar ze werd pas bij ondertekening van het Verdrag van Londen in 1839 definitief aan Nederland toegewezen. In 1867 werd een deel van de stadswallen afgebroken.
De stad was neutraal tijdens de Eerste Wereldoorlog en werd tijdens de Tweede Wereldoorlog – hoewel Nederland zich opnieuw neutraal had verklaard – ingenomen door de Duitsers. Maastricht werd in september 1944 als een van de eerste steden van Nederland bevrijd. Slechts enkele bruggen waren beschadigd.

Verdrag van Maastricht

Door de val van de Berlijnse Muur en het uiteenvallen van het communistische machtsblok werden in de jaren 1990 vraagtekens gezet bij de noodzaak om de Europese Unie een nieuwe politieke dimensie te geven. Op 9 en 10 december 1991 kwam de Europese Raad in Maastricht bijeen en werden de Twaalf het eens over een verdrag dat de oprichting van de 'Europese Unie' (EU) vastlegde. Op 7 februari 1992 tekenden de twaalf ministers van Buitenlandse Zaken het 'verdrag betreffende de Europese Unie'. Met dit 'Verdrag van Maastricht', dat op 1 november 1993 in werking trad, ontstond een politieke unie tussen de Twaalf: Duitsland, België, Denemarken, Spanje, Frankrijk, Griekenland, Ierland, Italië, Luxemburg, Nederland, Portugal en het Verenigd Koninkrijk. Sinds de uittreding van het VK, de Brexit, op 31 januari 2020, telt de EU 27 leden.

Ga de trap op en volg opnieuw de weergang (bordjes 'Stadsomwalling' en 'Helpoort').
Vanaf de eerste toren is er een mooi uitzicht over de vijvers met eenden en zwanen. Dicht bij de Jeker staat, enigszins verscholen, een oude watermolen. Verderop domineert het rondeel **De Vijf Koppen** een grote vijver.
Verlaat de weergang via de trap.

Helpoort CD2
Sint-Bernardusstraat 24b - mei-nov.: 13.00-16.00 u - gratis (bijdrage welkom).
Deze stadspoort met twee ronde torens is een restant van de 13de-eeuwse ommuring. Het is de oudste stadspoort van Nederland.
Neem de Sint-Bernardusstraat en ga vervolgens linksaf het Onze Lieve Vrouweplein op, dat naar het voorplein van de basiliek voert.

★ Onze Lieve Vrouwebasiliek CD2
✆ (043) 321 32 35 - www.sterre-der-zee.nl - ma 13.00-16.00, di-vr 11.00-16.00, za 11.00-17.00 u - € 5.
Dit is het oudste monument van de stad. De kathedraal is, vermoedelijk op de plaats van een oude Romeinse tempel, gebouwd toen Maastricht een bisschopszetel werd.
Het gebouw bestond al in het jaar 1000. Uit die tijd stamt de zeer hoge **westbouw**, die net als bij de St.-Servaasbasiliek het voorste gedeelte van de kerk vormt en door twee ronde torentjes wordt geflankeerd. De bovenbouw werd rond 1200 toegevoegd en is versierd met romaanse bogenrijen. Het schip en de apsis dateren uit de 12de eeuw.
Tussen het interessante beeldhouwwerk van het linkerportaal van de westbouw is vooral de beeltenis van een bisschop (rond 1200) de moeite waard. Binnen valt het **koor★★** op. Het heeft een kooromgang met erboven een galerij, waardoor er twee zuilenrijen boven elkaar ontstaan, zoals in de St.-Servaasbasiliek. Verder vertonen de rijkversierde kapitelen een grote verscheidenheid. In het schip dragen de afwisselend dikke en dunnere zuilen een gewelf dat in de 18de eeuw werd vernieuwd. Het spitsbooggewelf in de dwarsbeuk dateert uit de 15de eeuw. De orgelkast is van 1652. In de kerk zijn twee romaanse **crypten**: één onder de viering (1018), de andere onder de westbouw. Verder is er een kruisgang uit de 16de eeuw.
Schatkamer – De kerkschat omvat waardevolle reliekhouders en schrijnen, ivoren kunstwerken en liturgische voorwerpen waaronder de dalmatiek of 'levietenrok' van St.-Lambertus (begin 8ste eeuw).
Loop terug en neem de Stokstraat.

Stokstraat D1-2
In deze gezellige straat in het voetgangersgebied staan mooie, gerestaureerde 17de- en 18de-eeuwse huizen, versierd met gevelstenen. Hier zijn de chique mode-

---

Het kleurrijke carnaval

Maastricht kent het beroemdste carnaval van Limburg. Het wordt officieel ingeluid met elf kanonschoten op het Vrijthof, waarna het drie dagen lang feest is in de stad. Massa's bezoekers komen naar de stad voor de optochten en het uitbundige feest, dat dag en nacht doorgaat. De sfeer groeit naar een climax toe op **Vastelaovend**, een immens feest waarbij iedereen zich in de vreemdste vermommingen uitdost. Deelnemers bereiden zich maandenlang voor op dit zeer populaire carnaval.

Boekhandel Dominicanen is gevestigd in een voormalige kerk
H. Lenain/hemis.fr

winkels en kunst- en antiekzaken gevestigd. Het 17de-eeuwse huis op nr. 18 heeft een gevel met gebeeldhouwde friezen.

Aan de westkant is in het plaveisel van het pleintje **Op de Thermen** de plaats aangegeven waar in 1840 de resten van een oud Romeins badhuis werden gevonden.

Neem de Kleine Stokstraat, sla vervolgens linksaf de Maastrichter Brugstraat in en ga daarna rechtsaf de Kleine Straat in.

Dinghuis C1
Een smal, schilderachtig huis in Maaslandse renaissancestijl, waarin het VVV-kantoor is gevestigd.

Loop via de Muntstraat naar de Markt.

Markt C1
Op dit gezellige plein, waar de terrassen bij mooi weer vol zitten, wordt ook de markt gehouden *(wo en vr 9.00-15.00 u)*.

Het **Stadhuis**), tussen 1659 en 1664 gebouwd door Pieter Post, is een imposant, rechthoekig gebouw met een monumentaal bordes en een klokkentoren met **carillon**. Het is niet toegankelijk voor publiek, maar u kunt een blik werpen in de vorstelijke hal door eenvoudigweg aan te bellen tijdens kantooruren.

Vlakbij kunt u, vooral als u met kinderen de stad verkent, een bezoek brengen aan het **Museum van Illusies**, een wereld van illusies die het vertrouwen in uw zintuigen op de proef stellen. *Mosae Forum 12 - maastricht.museumofillusions.nl - 10.00-18.00 u - € 16,50 (kind € 13,50, tot 4 jaar gratis).*

Keer terug naar het Vrijthof via het autovrije voetgangersgebied.

Vergeet niet naar binnen te gaan in de schitterende **Boekhandel Dominicanen** in een voormalige gotische kerk *(zie 'Winkelen' blz. 424)*. Of maak een ommetje via **Marres/Huis voor Hedendaagse Cultuur** (C1), waar liefhebbers van avant-garde kunnen genieten van topklasse hedendaagse kunst in een prachtig pand van een rijke bierbrouwersfamilie. *Capucijnenstraat 98 - (043) 327 02 07 - marres.org - di-zo 12.00-17.00 u - € 10 (tot 18 jaar gratis).*

De rechterrivieroever: Wyck PLATTEGROND II BLZ. 411

De indrukwekkende **Sint-Servaasbrug** (1298), een van de oudste bruggen van Nederland en tegenwoordig alleen toegankelijk voor voetgangers en fietsers, verbindt de beide oevers van de Maas met elkaar. Vroeger vond de handel vooral plaats in de straatjes van het historische **Wyck**, lange tijd het stiefkindje van de stad maar de laatste jaren weer sterk in opkomst: de nieuwe restaurants en cafés worden druk bezocht door jonge Maastrichtenaren.

Rechtstraat B1
In deze mooie straat liggen prachtige patriciërswoningen uit de 17de en 18de eeuw, waarin tegenwoordig vooral gezellige cafés en restaurants gevestigd zijn. Ook zijn hier nu kunst- en antiekwinkels.
Loop de Rechtstraat uit naar Plein 1992, het hart van de moderne wijk Céramique.

De rechteroever: Céramique PLATTEGROND I HIERNAAST EN
PLATTEGROND II BLZ. 411

Op de rechteroever van de Maas, ten zuiden van Wyck, ligt een nieuw stadsdeel op het terrein van de grote aardewerkfabriek Sphinx-Céramique – later bekend als N.V. Sphinx-Céramique en weer later als Koninklijke Sphinx – die daar tot 1987 stond. De wijk is beroemd vanwege de hedendaagse architectuur (o.a. Botta, Rossi, Siza, Galfetti). Behalve het Centre Céramique en het Bonnefantenmuseum liggen in deze wijk ook het **MECC** (Maastrichts Expositie en Congres Centrum) en het **Gouvernement**, het provinciehuis dat deels op een eiland in de Maas ligt. In dit gebouw kwam in december 1991 de Europese Raad bijeen. Deze wijk is dankzij de **Hoeg Brögk** ('Hoge Brug', alleen voor voetgangers en fietsers) rechtstreeks verbonden met het historische centrum.

Centre Céramique PLATTEGROND II D2
Avenue Céramique 50 - ℘ (043) 350 56 00 - www.centreceramique.nl - di-vr 13.00-17.00 u - gratis.
Dit culturele centrum ligt aan de rand van het enorme **Plein 1992** (een verwijzing naar de ondertekening van het beroemde Europese Verdrag) en biedt ruimte aan de stadsbibliotheek, het stadsarchief, het European Journalism Centre en tentoonstellingsruimten. Het gebouw, een ontwerp van de Limburgse architect Jo Coenen, komt transparant over met zijn grote glazen voorgevel aan de kant van het plein.
Binnen zijn wisseltentoonstellingen te zien over fotografie (of moderne schilderkunst) en archeologie, evenals een **aardewerkcollectie** van zo'n 30.000 voorwerpen. In de tussenverdieping van de grote hal staat een **maquette** van Maastricht in 1750. In die periode werd de stad beschermd door een vernuftig verdedigingssysteem met muren, grachten en verdedigingsgordels met stervormige bastions.

★★ Bonnefantenmuseum PLATTEGROND I AB2
Avenue Céramique 250 - ℘ (043) 329 01 90 - www.bonnefanten.nl - dag. beh. ma 11.00-17.00 u - € 15 (tot 18 jaar gratis).
Tegenover de **Wiebengahal** (1912), een overblijfsel van de voormalige fabriek van Céramique, staat een gebouw van natuur- en baksteen, ontworpen door de architect Aldo Rossi (1931-1997). Sinds 1995 zijn hier de collecties van het Bonnefantenmuseum ondergebracht. Het sober uitgevoerde gebouw valt op door de 28 m hoge zinken toren.
Op de eerste verdieping bevindt zich de afdeling **oude kunst** met werken van Vlaamse meesters, onder wie Pieter Bruegel de Jonge *(De volkstelling te*

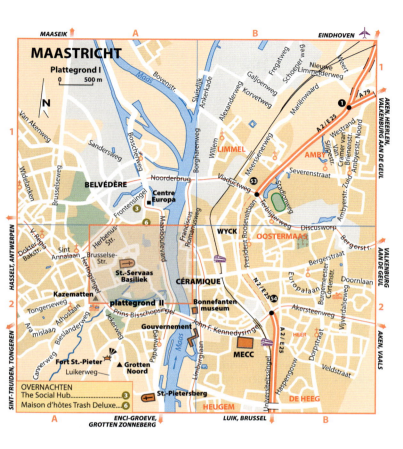

Bethlehem) en Henri met de Bles *(Landschap met de verbanning van Hagar),* en Italiaanse paneelschilderkunst uit de periode 1300-1600. De schitterende **collectie Neutelings**★★★, gewijd aan de middeleeuwse kunst, is van een bijzondere kwaliteit en omvat draagbare altaren, fragmenten van albast en houten altaren, verfijnde tweeluikjes van ivoor, beelden van koper en brons. Verder zijn er de prachtige expressieve albasten 'Johannesschotels' (een verwijzing naar de onthoofding van Johannes de Doper) uit het eind van de 15de eeuw, en de *Tenhemelopneming en kroning van de Heilige Maagd,* met nog sporen van rode en blauwe verf. Het museum bezit ook een collectie Maastrichts zilverwerk (17de-19de eeuw).

Op de tweede verdieping is een wisseltentoonstelling van **hedendaagse kunst** met werken uit de periode 1960-1970 (van Luciano Fabro, Bruce Nauman, Marcel Broodthaers, Robert Mangold, Mario Merz en Sol LeWitt) en moderne kunstenaars (Imi Knoebel, David Lynch, Marc Manders, Jan Dibbets, René Daniëls, Didier Vermeiren, Anselm Kiefer en Marien Schouten).

De derde verdieping is gewijd aan grote tijdelijke tentoonstellingen met afwisselend oude en hedendaagse kunst.

De linkeroever: Belvédère PLATTEGROND I A1 HIERBOVEN

Op de linkeroever van de Maas, ten noordwesten van het centrum, ligt de industriële bakermat van de stad. De industrie kwam tot bloei aan het eind van de 19de eeuw, dankzij **Petrus Regout** (1801-1878), een beroemde Maastrichtse zakenman die de eerste glas- en aardewerkfabriek oprichtte. Daarna volgden nog vele andere, waardoor Maastricht zich ontwikkelde tot een belangrijke industriestad, met name op het gebied van keramiek. Tegenwoordig zoekt de stad andere bestemmingen voor de oude verlaten fabrieksterreinen. Er zijn herstel- en herbestemmingsplannen voor dit deel van Maastricht gestart. Let op het hoge witte silhouet van de oude fabriek van de producent van **keramiek sanitair** Sphinx, met daarin onder meer een groot hotel. (⊙ *The Social Hub, blz. 425*). Wie geïnteresseerd is in moderne architectuur, moet zeker naar het **Bureau Europa**, dat thematentoonstellingen organiseert. *Boschstraat 9 - ℘ (043) 350 30 20 - www.bureau-europa.nl - wo-zo 12.00-17.00 u - € 7 (tot 12 jaar gratis).*

Buiten de muren: naar de Sint-Pietersberg

PLATTEGROND I BLZ. 417 A2

De restanten van de zuidelijke stadsmuur liggen aan de voet van de Sint-Pietersberg, het hart van de verdedigingslinie van de stad.

Kazematten

Bereikbaar via de Tongerseweg - ℘ (043) 325 21 21 (toeristenbureau) - www.maastrichtunderground.nl - rondleiding (1 uur): vraag inl. bij het toeristenbureau - € 8,50 (tot 12 jaar € 6,95).

De kazematten in het Waldeckpark maakten deel uit van de verdedigingswerken die tussen 1575 en 1825 werden aangelegd. Een groot deel van de bovengrondse werken werd in 1867 afgebroken, maar de kazematten, waarvan de gangen 14 km lang zijn, bleven behouden. Een deel ervan is te bezichtigen, waaronder **bastion Waldeck** met zijn koepelgewelven, kruitkamers en luistergangen waarop talrijke gangen en trappen uitkomen.

★ Sint-Pietersberg

▶ *2 km naar het zuiden, via de Sint Hubertuslaan en de Luikerweg.*

👪 Tussen de dalen van de Maas en de Jeker ligt de St-Pietersberg (107 m hoog), vooral bekend om zijn **grotten** die ontstaan zijn door de mergelwinning die al in de Romeinse tijd plaatsvond. Mergel is een soort kalksteen dat relatief zacht is en zich daarom gemakkelijk laat bewerken. Veel gebouwen in Maastricht zijn uit mergel opgetrokken. De huidige gangen zijn samen meer dan 200 km lang. Ze zijn tot 12 m hoog en versierd met houtskooltekeningen. Omdat de mergel naar beneden toe werd uitgegraven, bevinden de oudste tekeningen zich hoog op de wanden, dicht bij het plafond.

Het gesteente, dat door afzetting van zeedierskeletten is ontstaan, bevat talrijke fossielen. In 1780 is daar de kop gevonden van een prehistorisch dier dat mosasaurus werd gedoopt (Mosa = Maas). Sinds de Fransen zich de kop in 1795 toe-eigenden, prijkt hij in het Natuurhistorisch Museum van Parijs. In 1998 werd een tweede kop gevonden, die in het Natuurhistorisch Museum van Maastricht te zien is.

De grotten dienden in moeilijke tijden altijd als schuilplaats voor de inwoners van Maastricht. Er zijn sporen van menselijke bewoning gevonden, wat niet erg gerieflijk moet zijn geweest, aangezien er een constante temperatuur heerst van rond de 10 °C en een luchtvochtigheid van 90 procent.

Fort Sint-Pieter

Luikerweg 80 - ℘ (043) 325 21 21 (toeristenbureau) - www.maastrichtunderground.nl - rondleiding (1 uur): vraag inl. bij het toeristenbureau - € 8,50 (tot 12 jaar € 6,95).

Sittard, in Zuid-Limburg
Borisb17/Getty Images Plus

Het fort St.-Pieter is in 1701 gebouwd op een vijfhoekig grondplan en werd in 1840 versterkt. Het was de strategische, vooruitgeschoven verdedigingspost van de stad op slechts 2,5 km van de Belgische grens. Onder het fort loopt een netwerk van gangen dat in verbinding staat met de grotten van de Sint-Pietersberg. Hier staan nog altijd enkele originele kanonnen.

Grotten Noord

(043) 325 21 21 (toeristenbureau) - www.maastrichtunderground.nl - rondleiding (1 uur): vraag inl. bij het toeristenbureau - € 8,50 (tot 12 jaar € 6,95).

Tijdens de Tweede Wereldoorlog werd hier Rembrandts *De Nachtwacht* bewaard. De wanden van de grotten staan vol tekeningen en grappige bas-reliëfs, onder andere van een mosasaurus.

Grotten Zonneberg

(043) 325 21 21 (toeristenbureau) - www.maastrichtunderground.nl - rondleiding (1 uur): vraag inl. bij het toeristenbureau - € 8,50 (tot 12 jaar € 6,95).

De grotten met 10 tot 12 m hoge, met opschriften en tekeningen bedekte muren hebben een rijke geschiedenis, die tijdens een rondleiding uit de doeken wordt gedaan.

Ten zuidwesten van de grot van Zonneberg ligt het terrein waar de ENCI vroeger de kalksteen (mergel) voor de cementindustrie won. De bekende **ENCI-Groeve**, is een bijzonder wandelgebied geworden met een post-industrieel landschap van natuurlijk ogende groeven in de vorm van bassins met turkooisblauw water in uitsparingen in de witte kalksteen *(info op de website van het toeristenbureau: www.bezoekmaastricht.nl)*.

Rondrit

REGIOKAART BLZ. 406

Door Zuid-Limburg AB3

Rondrit van 35 km, aangegeven in groen op de regiokaart. Vertrek uit Maastricht via de Mariënwaard.

Zuid-Limburg is enerzijds het overgangsgebied tussen het vlakke Nederland en de Ardennen, anderzijds dat tussen België en Duitsland.

Meerssen A3
Meerssen is een voormalige zetel van de Frankische koningen. In 870 werd hier een verdrag getekend waarbij Lotharingen, het gebied van koning Lotharius II (855-869), werd verdeeld tussen Lodewijk de Duitser en Karel de Kale, koning van Frankrijk. In de 13de eeuw kwamen monniken van de St.-Remi-abdij uit Reims naar Meerssen en bouwden er de mooie **basiliek van het H. Sacrament** (13de-14de eeuw). In het koor bevindt zich een rijkversierd stenen tabernakel in flamboyant-gotische stijl (begin 16de eeuw).

Elsloo A3
Dit plaatsje met een rijk verleden van kasteelheren en legendarische figuren heeft veel van zijn charme behouden. In de voormalige schippersbeurs is het kleine **Streekmuseum (Historiehuis van de Maasvallei)** gevestigd. Historische voorwerpen (speelgoed, gereedschap) en klederdrachten geven een inkijkje in het dagelijks leven van de streekbewoners, net als de reconstructie van een dorpswinkel uit de vroege 20ste eeuw. *Op de Berg 4-6 - ℘ (046) 437 60 52 - streekmuseum elsloo.nl - di-do 13.00-16.00, zo 14.00-17.00 u - € 4 (tot 14 jaar gratis).*
De **botanische tuin** van kasteel Elsloo, de oude watermolen (1552) en het **Bunderbos** vormen samen een prachtig wandelgebied.

Stein A3
Stichting Erfgoed Stein (Museum voor Grafcultuur) – *Hoppenkampstraat 14a - ℘ (046) 433 89 19 - stichtingerfgoedstein.nl - ma en vr 13.00-16.00 u - € 4,50 (tot 12 jaar gratis).* Dit kleine museum is gebouwd rondom een megalitisch graf (ca. 2800 v.C.). De tentoongestelde verzameling heeft betrekking op de prehistorie en de Romeinse en de Merovingische tijd in deze regio. Iets verderop staat de **Kasteelruïne Stein** (*€ 4,50; € 7,50 combikaartje met het museum*) met daarboven de **Witte Toren**.

Sittard B3
🛈 *www.vvvsittard-geleen.nl.*
Toen Sittard (inmiddels 91.000 inwoners) in 1243 stadsrechten kreeg, was het een zeer omstreden vesting. Een groot deel van de stad is nog steeds omwald. De drukke handels- en industriestad is bekend vanwege carnaval. Het is ook de geboortestad van de cabaretier Toon Hermans. Aan de **Markt** staan de barokke Sint-Michielskerk uit de 17de eeuw en een pittoresk vakwerkhuis met uitstek uit ongeveer 1500. Het **Kritzraedthuis** in de Rosmolenstraat is een mooi burgerhuis uit 1620. De **Grote of St.-Petruskerk** (14de eeuw) heeft gotische koorbanken met houtsnijwerk. Het zijn de oudste koorbanken van Nederland.
Museum De Domijnen – *Kapittelstraat 6 en Ligne 5 - ℘ (046) 451 34 60 - www. dedomijnen.nl - dag. beh. ma 11.00-17.00 u - € 6,50 (tot 18 jaar gratis); € 9,75 combikaartje voor beide musea.* In dit culturele dorpscentrum zijn twee musea gevestigd: een over de lokale historie en archeologie *(Kapittelstraat 6)* en een gewijd aan hedendaagse kunst *(Ligne 5)*, voornamelijk fotografie en nieuwe media en de manieren waarop jonge kunstenaars die media gebruiken.

Susteren B3
De oude **Sint-Amelbergabasiliek** is in de romaanse stijl gebouwd en dateert waarschijnlijk uit de eerste helft van de 11de eeuw. De eenvoudige hoofdbeuk

heeft een vlak plafond, gedragen door een afwisseling van vierkante pijlers en zware zuilen. De crypte, die voor de apsis ligt, zou naar het voorbeeld zijn van de kathedraal van het Duitse Essen. De basiliek bevat een 8ste-eeuwse sarcofaag en een calvariegroep uit de 13de eeuw.

In de **schatkamer** naast de kerk zijn onder andere een evangelieboek, de schrijn van Amelberga (1100) en zilveren platen te zien.

Praktisch

Inlichtingen

Toeristenbureau – *Het Dinghuis, Kleine Staat 1 - ℘ (043) 325 21 21 - www.bezoekmaastricht.nl of www. visitezmaastricht.fr.*

Stadswandelingen met gids – In de zomer organiseert het toeristenbureau stadswandelingen met gids door het historische centrum *(ca. 1.30 uur - € 8,50).*

Parkeren

Vanwege het eenrichtingsverkeer is het centrum met de auto nagenoeg onbereikbaar en betaald parkeren op de weinige parkeerterreinen is duur. Volg dus de borden naar een van de vele parkeergarages in de buurt van het centrum: raadpleeg voor de locaties en tarieven *(9 tot € 35/dag)* van deze parkings de website **www.maastrichtbereikbaar.nl**.
Sommige hotels in de oude stad bieden een parkeerservice per dag (particuliere of openbare parkeerterreinen tegen gereduceerd tarief).

Vervoer

Fietsen – Een praktische en snelle manier om de stad te verkennen. In Maastricht vertrekken veel fietsroutes door het omringende Heuvelland: routebeschrijvingen en kaarten zijn verkrijgbaar bij het toeristenbureau. Deelfietsverhuur in de stad (ook OV-fietsen) en bij:

Aon de Stasie – *Stationsplein 26 - ℘ (043) 31 010 38 - aondestasie.nl - 9.00-19.00, zo 10.00-17.00 u.* Bij de uitgang van het station, links *(€ 7,50 tot € 27,50/dag).*

Courtens Bike Sports – *Calvariestraat 16 - ℘ (043) 321 38 20 - courtensbikesports.nl - di-vr 9.00-18.00, za 9.00-16.00 u (april-sept. ook op zo: 10.00-12.00, 18.00-18.30 u).* Op 200 m van de Sint-Servaasbasiliek in de historische binnenstad *(vanaf € 12,50/ dag; e-bike € 35).*

Evenementen

Carnaval – *In feb. of maart (3 dagen vóór vastenavond.* Erg gezellig en vrolijk *(zie blz. 414).*

TEFAF – *In maart - Expositie- en congrescentrum MECC - www. tefaf.com.* Een internationaal befaamde kunst- en antiekbeurs. Gespecialiseerd in 16de en 17de eeuwse Hollandse en Vlaamse schilderkunst.

Maastricht City Programm with TEFAF – *In maart - www.bezoek maastricht.nl.* Internationaal theater-, dans-, opera- en muziekfestival in de hele stad.

Amstel Gold Race – *In april - www.amstel.nl/amstelgoldrace.* De beroemdste wielerronde van Nederland, vanuit Maastricht door Limburg.

Sint-Servaasfeest – *In mei.* Het feest van de beschermheilige van Maastricht, met diverse processies en een kermis op het Vrijthof.

André Rieu Concerts – *In juli - op het Vrijthof - www.andrerieu. com.* De beroemde inwoner van Maastricht geeft diverse openluchtconcerten met zijn orkest en zijn beroemde viool.
Preuvenemint – *Eind aug. - preuvenemint.nl.* Culinair festival.

Musica Sacra – *In sept. - www.musicasacramaastricht.nl.* Festival van gewijde muziek.
Kerstmarkt – *In dec.* Op het Vrijthof, met een schaatsbaan en een reuzenrad. Het hele historische centrum is dan in kerstkleuren gehuld.

📍 Adresboekje

PLATTEGRONDEN BLZ. 411 EN BLZ. 417

Uit eten

Maastricht staat bekend om de vele kwalitatief goede restaurants waar u voluit van Limburgse specialiteiten kunt genieten.

Doorsneeprijzen

11 Pieke Potloed – PLATTEGROND II C1 - *Sporenstraat 5 - ☎ 043 321 59 68 - www. piekepotloed.nl - 11.00-22.00, do-za 11.00-0.00 u - hoofdgerecht € 15/22 - menu € 26/34.* Een klassieker onder de plaatselijke restaurants, met op de achtergrond oude traditionele liedjes. Specialiteiten o.a. de typische Maastrichtse keteltjes met gestoofd rundvlees of konijn in het zuur. Bij mooi weer is het heerlijk toeven op het binnenplein.

8 Witloof – PLATTEGROND II D2 - *Sint Bernardusstraat 12 - ☎ 043 323 35 38 - www.witloof.nl - ♿ - wo-do 17.30-21.30, vr-za 17.00-22.00, zo 17.00-21.30 u - hoofdgerecht € 18/26, menu € 30/39.* Onweerstaanbaar restaurant met Belgische specialiteiten, inclusief humor en een goed humeur! Luikse balletjes, stoofvlees, garnalenkroketjes, mosselen met friet, waterzooi en een ruim assortiment bieren, het is er allemaal!

7 Marres Kitchen – PLATTEGROND II C1 - *Capucijnenstraat 98 (begane grond Marres Huis) - ☎ 043 327 02 07 - www.marres.org - ♿ - 12.00-22.00 u - gesl. ma - hoofdgerecht € 18/25.* Een opmerkelijke Maastrichter hotspot, dit restaurant met trendy inrichting (donkere accenten, blankhouten meubels) en veel bloemen. Mediterrane gerechten om van de genieten in genieten, bij mooi weer in de grote tuin.

3 Café Sjiek – PLATTEGROND II C2 - *Sint Pieterstraat 13 - ☎ 043 321 01 58 - www.cafesjiek.nl - 17.00-23.00, vr-zo 12.00-23.00 u - hoofdgerecht € 17/31.* Een gezellig bruin café, een van de eerste eetcafés van Maastricht. De specialiteit? *Maastrichter zoervleis* (paardenragout). Maar ook stoofschoteltjes, kroketten en bier.

L'Auberge – BUITEN PLATTEGROND - *Cannerweg 800 - ☎ 043 325 1359 - www.oostwegelcollection.nl - 's avonds gesl. - hoofdgerecht € 26/31, menu € 41.* Zoek een plaatsje aan tafel onder de gewelven in de voormalige kapel van Château Neercanne: een unieke ervaring in een mooi gerenoveerd pand met een terras waar u vorstelijk zit. De chef kookt klassiek, maar geeft met zijn moestuinproducten elk gerecht een moderne twist.

Wat meer luxe

9 Mes Amis – PLATTEGROND II C2 - *Tongersestraat 5 - ☎ 043 325 78 66 - www.mesamis.nl - ♿ - 17.30-0.00 u - gesl. zo - hoofdgerecht € 29,50, menu € 55/105.* Een sfeervol restaurantje vlak bij de stadsmuren. De eigenaresse is vinologe en biedt een ruim assortiment aan wijnen per glas aan, met onder andere een selectie van de beste Limburgse wijnen. Verzorgde, traditionele keuken met een nadruk op streekgerechten (varkenspaté, kip, kaas).

④ Harry's – D1 - *Wycker Brugstraat 2 -* ☎ *043 328 13 66 - www.harrysmaastricht.com - 8.00-0.00 u - € 36/85.* Het team van deze drukke brasserie kookt de sterren van de hemel en serveert plaatselijke specialiteiten. Fruit en groente uit de moestuin vormen de rode draad van het menu, gepimpt met een creatieve touch en een vleugje globetrotter-inspiratie.

⑥ Kruisherenrestaurant – PLATTEGROND II C1 - *Kruisherengang 19-23 -* ☎ *043 329 20 20 - www.kruisherenhotel.nl - 12.30-22.00 u - hoofdgerecht € 32/39.* Het spectaculairste etablissement van Maastricht huist in een gotische kerk, omgetoverd tot modern hotel. De tafels staan op een tussenverdieping onder de bogen van het schip. Aan het plafond hangen constructies die doen denken aan vliegende schotels, wat het geheel een surrealistisch tintje geeft. Creatieve kookkunsten met versproducten.

⑮ Tout à Fait – PLATTEGROND II D2 - *Sint-Bernardusstraat 16-18 -* ☎ *043 350 04 05 - www.toutafait.nl - 12.00-14.00, 18.00-22.00, za, zo 18.00-22.00 u - gesl. ma-wo - hoofdgerecht € 43/90, menu € 60/135.* Een gastronomische brasserie van drie verdiepingen in het voetgangersgebied van de binnenstad. Er is een hedendaagse kaart, met vooral gerechten van de grill die in een van de zalen te zien is. Heerlijk gebraden lamsvlees.

Een tussendoortje

In den Ouden Vogelstruys – PLATTEGROND II C1 - *Vrijthof 15 -* ☎ *043 321 48 88 - www.vogelstruys.nl - 9.30-2.00, vr-za 9.30-3.00 u.* Dit is een restaurant van naam op het beroemde plein van Maastricht, waar te allen tijde een gevarieerde groep vaste klanten zit. Bestel vooral de zo typisch Limburgse vlaai met koffie.

Grand Café Maastricht Soiron – PLATTEGROND II C1 - *Vrijthof 18, begane grond van Museum Aan Het Vrijthof -* ☎ *043 325 14 96 - www.grandcafemaastricht.nl -* ♿ *- 10.00-17.30 u - gesl. ma.* Café-restaurant op de prachtige 16de-eeuwse binnenplaats van het Museum aan het Vrijthof, met aan het plafond een prachtige kroonluchter met kaarsen. Op de kleine kaart: salades, gebak en *bammekes* (broodjes).

Bisschopsmolen – PLATTEGROND II C2 - *Stenenbrug 3 -* ☎ *043 327 06 13 - www.bisschopsmolen.nl - 8.30-17.00, zo 9.00-17.00 u - gesl. ma.* Midden in de oude binnenstad staat een molen uit de 12de eeuw die nog steeds functioneert, tot grote vreugde van bezoekers. Het meel dat in deze bakkerij wordt gebruikt, omt van buiten de stad, wat niet wegneemt dat het brood er vers en smakelijk is, evenals het gebak, dat ook verkrijgbaar is in de tearoom ernaast.

Coffeelovers Plein 1992 – PLATTEGROND II D2 - *Ruiterij 2 (hoek Plein 1992) -* ☎ *043 356 19 44 - www.coffeelovers.nl - 8.00-18.00 u.* Dit koffiehuis aan Plein 1992 doet zijn naam eer aan. Schuimige cappuccino's en een ruime keuze aan koffie-met-een-smaakje (kaneel, caramel, amaretto).

Café de Bóbbel – PLATTEGROND II C2 - *Wolfstraat 32 -* ☎ *043 321 74 13.* Met zijn historische gevel en zijn oude toog is dit eerbiedwaardige café een begrip in Maastricht. Voor de lekkere trek is er een kleine kaart met streekspecialiteiten.

Petit Café Moriaan – PLATTEGROND II C1 -*Stokstraat 12 -* ☎ *043 852 0011 - www.petitcafemoriaan.nl - 11.00-22.00 u.* Dit zou het kleinste café van Nederland zijn. Waar of niet, de sfeer in dit middeleeuwse cafeetje is goed.

Winkelen

In de winkelstraten van de oude stad vindt u in een middeleeuwse omgeving een ruime keuze aan winkels (met name modezaken). De meeste winkels zijn op donderdag geopend tot 21.00 u en op zondag van 12.00 tot 17.00 u en gesloten op maandagochtend. De bekendste (en duurste) winkelstraat van Maastricht is de pittoreske **Stokstraat** (D1-2). Aan de oever van de Maas is een nieuw winkelcentrum geopend: **Mosae Forum** (D1 - *Mosae Forum 163*). Voor leuke en opmerkelijke adresjes kijkt u in de *Maastricht Funshopping Gids*, verkrijgbaar bij het toeristenbureau (*www.funshopgids.nl*).

Gastronomie
Tot de bekendste zoete Limburgse lekkernijen behoren Limburgse vlaai, peperkoek, appelbol en *steerkes*, sterretjes van chocolade. Wat alcoholische dranken betreft zijn er Maastrichts bier (Wieckse Witte), wijn uit Maastricht en els, een uit Zuid-Limburg afkomstig kruidenbitter.

Boeken
Boekhandel Dominicanen – PLATTEGROND II C1 - *Dominikanerkerkstraat 1* - ☏ *043 410 00 10* - *www.libris.nl/dominicanen* - ♿ - *9.00-18.00, do 10.00-21.00, zo 12.00-18.00 u*. Spectaculair, deze boekhandel die is gevestigd in een eeuwenoude dominicanenkerk. De boeken staan midden in het schip uitgestald op de begane grond en op een metalen brug erboven, die een verdieping vormt. In het koor is, rond een tafel in de vorm van een kruis, een koffiehoek gevestigd.

Markten
Warenmarkt– PLATTEGROND II C1 - *Op de Markt*. Elke woensdag is er een kleine warenmarkt en op vrijdag een grote.
Vlooienmarkt – PLATTEGROND II C1 - *Markt/Boschstraat*. Elke zaterdag (*10.00-16.00 u*).

Mega Vlooienmarkt MECC– PLATTEGROND I D2 - Gigantische vlooienmarkt in het congrescentrum MECC: half januari, half april, half oktober en half november. Vraag bij het toeristenbureau naar de exacte data.

Uitgaan
's Avonds heeft elke wijk zijn eigen sfeer. In de **Rechtstraat** (PLATTEGROND II D1), op de rechter Maasoever, zijn talrijke restaurantjes; het **Jekerkwartier** (PLATTEGROND I C2), langs de Jeker (een zijriviertje van de Maas), wordt ook wel het 'Quartier Latin' genoemd vanwege zijn studentensfeer, kunstenaars, theaters, kunstgaleries en gezellige cafés; in de **historische binnenstad**, tussen de Markt, het Vrijthof en het O.-L.-Vrouweplein, zijn ook veel gezellige en goede restaurants.
☺ Bekijk de volledige agenda op: *bezoekmaastricht.nl/uitagenda*. Kaartverkoop: toeristenbureau.

Muziek
Mastreechter Staar – *www.mastreechterstaar.nl*. Het bekendste mannenkoor van Maastricht.
Theater aan het Vrijthof – PLATTEGROND II C1 - *Vrijthof 47* - ☏ *043 350 55 55* - *www.theateraanhetvrijthof.nl*. Dit centraal gelegen theater is de thuisbasis van de philarmonie zuidnederland.

Sport en ontspanning

👥 Boottochten
Rederij Stiphout – PLATTEGROND II D1 - *Maaspromenade 58, bij de Sint-Servaasbrug* - ☏ *043 351 53 00* - *www.stiphout.nl*. Van maart tot december zijn er boottochtjes op de Maas mogelijk: een eenvoudige boottocht (eventueel gecombineerd met een bezoek aan de Zonneberggrotten), een dagtocht naar Luik, of een avondtocht inclusief buffet en muziek (*alleen za*).

Overnachten

Maastricht heeft een ruime keuze aan hotels in allerlei prijsklassen. Kijk ook in de wijk **Wyck**, gunstig gelegen tussen het station en het centrum, en in **Belvédère**, dat eveneens dicht bij de oude binnenstad ligt. Kamers zijn te reserveren via het toeristenbureau (interessante aanbiedingen).

Goedkoop

9 Stayokay – PLATTEGROND II D2 - *Maasboulevard 101 - ℘ 043 750 17 90 - www.stayokay.com - ♿ - slaapzalen 4-9 bedden € 32/35/ pers., kamers € 52/115 - 🛏 € 9 - ✗.* Dit eenvoudige, functionele hotel is ideaal gelegen aan de Maas. Met snackbar, internet en een terras met uitzicht op de andere rivieroever. De tweepersoonskamers zien uit op de Maas. Reserv. aanbevolen.

The Social Hub – PLATTEGROND I A1 - *Sphinxcour 9A - ℘ 043 711 22 35 - www.thesocialhub.co - ♿ - 140 kamers vanaf € 80 - ✗.* Dit moderne en kleurige hotel in een voormalige keramiekfabriek biedt naast kamers ook heel veel activiteiten en evenementen om hotelgasten, studenten en anderen in deze bruisende wijk met elkaar in contact te brengen.

Doorsneeprijzen

6 Maison d'Hôtes Trash Deluxe – PLATTEGROND I A1 - *Boschstraat 55 - ℘ 043 852 55 00 - www. trashdeluxe.nl - ♿ - 8 kamers € 114/145 - 🛏 € 11,75.* Dit luxe boetiekhotel staat in een opkomende wijk vlak bij het centrum. Het heeft zeer comfortabele kamers en een goede prijs-kwaliteitverhouding. De acht kamers hebben elk hun eigen stijl qua inrichting.

8 Mabi – PLATTEGROND II C1 - *Kleine Gracht 24 - ℘ 043 351 44 44 - www.hotelmabi.nl - ♿ - 55 kamers € 134/171 🛏 - ✗.* Deze voormalige bioscoop vlak bij de Markt is in 1997 tot een comfortabel hotel omgebouwd, met een restaurant in de vroegere bioscoopzaal. Heel ruime kamers, sommige vijfpersoons. Plus een kleine, zeer comfortabele filmzaal (13 pers.).

7 Townhouse Hotel Maastricht – PLATTEGROND II D1 - *Sint Maartenslaan 5 - ℘ 043 321 1111 - www.townhousehotels.nl - 🅿 € 15,50 - 69 kamers € 153/185 - 🛏 € 18,50 - ✗.* Dit hotel in diverse herenhuizen naast elkaar, met een grote gemeenschappelijke ruimte als ontvangsthal, heeft veel sfeer en biedt grote, comfortabele kamers. Het ratjetoe aan servies made in Maastricht, de Limburgse specialiteiten bij het ontbijt en het vintage meubilair maken dat deze plek een ziel heeft.

1 Les Charmes – PLATTEGROND II C2 - *Lenculenstraat 18 - ℘ 043 321 2521 - www. charmes.nl - ♿ 🛜 - 15 kamers € 125/185 - 🛏 € 16,50.* Klein, sfeervol hotel in de studentenwijk, dat ondanks een vleugje design hier en daar zijn retro-uitstraling heeft weten te behouden. Lichte, ruime kamers.

2 Au Quartier – PLATTEGROND II C2 - *Kapoenstraat 32 - ℘ 043 325 80 88 - www.auquartier.nl - ♿ - 14 kamers € 120/160 - 🛏 € 15,75 - ✗.* Een klein, stijlvol hotel in een rustig straatje dicht bij het Vrijthof. De ruime kamers, waarvan er enkele op de zolderverdieping liggen, zijn te bereiken via een oude trap (er is ook een lift). Bij het ontbijt klinken op de achtergrond klassieke Franse chansons.

Valkenburg ★

Valkenburg is een middeleeuws stadje in het Geuldal. Het wordt bewaakt door twee toegangspoorten met een ophaalbrug, een restant van de vroegere versterkte omwalling, en door de overblijfselen van het kasteel. De kleine stad ligt in het hart van een prachtig heuvellandschap en trekt al jarenlang zomergasten aan die het casino en het kuuroord bezoeken. De heuvels eromheen bevatten steenkool en mergel, dat al in de Romeinse tijd werd geëxploiteerd. Er is alle gelegenheid om een deel van de 70 km lange ondergrondse gangen te bezoeken en om rond te dwalen langs schilderachtige, idyllische landweggetjes.

Kasteel Valkenburg, de enige burcht in Nederland die op een heuvel is gebouwd.
SteveAllen/Fotosearch LBRF/age fotostock

▶ Ligging

16.200 inwoners
REGIOKAAR BLZ. 406 B3 EN PLATTEGROND BLZ. 428. 10 km ten oosten van Maastricht.

😊 Aanraders

De Gemeentegrot, het Geuldal.

👥 Met het gezin

De Cave Experience, het Thermenmuseum in Heerlen, de oude stoomtrein in de zomer, het Discovery Center Continium in Kerkrade.

ℹ️ Praktisch blz. 432

📍 Adresboekje blz. 432

Wandelen

Kasteelruïne B2
Daalhemerweg 27 - ℘ (043) 820 00 40 - www.kasteelvalkenburg.nl - juli-sept.: 10.00-17.30 u; okt.-juni: vraag inl. - € 15 (4-12 jaar € 12), combikaartje met de Fluweelengrot.
De ruïnes van het kasteel van de heren van Valkenbrug domineren de stad. Deze vesting, gebouwd rond 1115, heeft heel wat aanvallen doorstaan, maar er is niet veel meer over dan enkele muren en spitsbogen. In 1672 werd het kasteel met de grond gelijkgemaakt op bevel van koning-stadhouder Willem III. Het terras biedt een schitterend **uitzicht** over de stad en het groene Geuldal.

Fluweelengrot B2
Daalhemerweg 27 - ℘ (043) 820 00 40 - www.kasteelvalkenburg.nl - rondleiding (50 min.) - juli-aug.: 11.00-16.00 u (elke 30 min.); rest v.h. jaar: vraag inl. - € 15 (4-12 jaar € 12), combikaartje met de kasteelruïne.
Deze grotten aan de voet van het kasteel, waarmee ze via een gangenstelsel in verbinding staan. Ze danken hun naam aan hun vroegere eigenaar, Fluwijn. Net als de Gemeentegrot dienden de oude gangen van de mergelmijn soms als schuilplaats. Dat is nog te zien aan de tekeningen en bas-reliëfs. Het is er constant 12 °C.

★ Gemeentegrot A2
Cauberg 4 - ℘ (043) 601 22 71 - cave-experience.nl - rondleiding te voet (1 uur) of met een treintje (30 min.) - juli-aug.: 11.00-16.00 u; rest v.h. jaar: vraag inl. - € 7,50 (4-11 jaar € 5).
Deze oude mergelgroeven met een constante temperatuur van 14 °C waren al bekend in de Romeinse tijd. In het Romeinse deel kunnen bezoekers een licht-en-geluidshow bijwonen. Tijdens de Franse Revolutie schuilden priesters in de grotten en tijdens oorlogen waren het burgers, met name in 1944 bij de bevrijding van de stad. De wanden zijn bedekt met houtskooltekeningen en bas-reliefs, onder meer van de dieren waarvan fossielen werden gevonden in het afzettingsgesteente, zoals de mosasaurus. In andere gevallen gaat het om artistieke (*De Mona Lisa*) of religieuze onderwerpen. Omdat mergelwinning dagmijnbouw was, vindt men sommige tekeningen op een bijzonder hoge plaats op de wand.

Streekmuseum B2
Grotestraat 31 - ℘ (043) 601 63 94 - www.museumlandvanvalkenburg.nl - dag. beh. ma 13.00-16.30 u - € 8 (tot 12 jaar gratis).
Het voormalige stadhuis (1900) herbergt een museum met een heel uiteenlopende collectie: vondsten gedaan tijdens opgravingen in het kasteel, een afdeling Geologie, een mooie apotheek uit de 19de eeuw en werken van de expressionistische schilder Charles Eyck (1897-1983), die afkomstig was uit de naburige plaats Meerssen. Bij de ingang hangt een schilderij van het kasteel van Valkenburg uit 1670, net voor de verwoesting ervan. 's Zomers zijn er tentoonstellingen van hedendaagse kunst.

Wilhelminatoren B2
Bereikbaar per auto via de Daalhemerweg, of per kabelbaan.
Vanaf de top van de 30 m hoge toren *(160 treden)* is er een prachtig **uitzicht** over de groene omgeving van de stad. Hier zijn ook een restaurant en een **park met outdooractiviteiten** lasergamen, midgetgolf, tokkelen en een rodelbaan in de zomer *(www.agogovalkenburg.nl)*.

LIMBURG

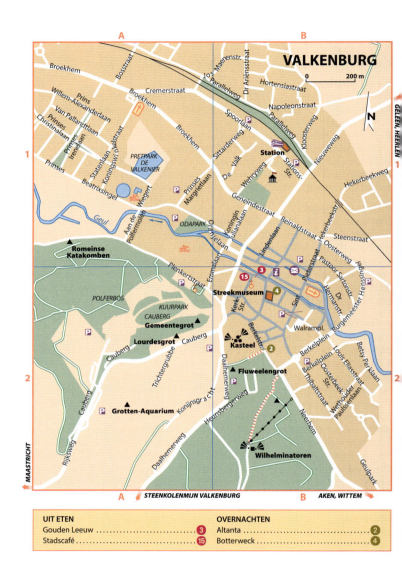

UIT ETEN		OVERNACHTEN	
Gouden Leeuw	3	Altanta	2
Stadscafé	15	Botterweck	4

★ Steenkolenmijn Valkenburg BUITEN PLATTEGROND BIJ A2

Daalhemerweg 31 (richting Margraten) - ☎ (043) 601 24 91 - www.steenkolenmijn. nl - rondleiding (75 min.) - april-okt.: 10.00-17.00 u; rest v.h. jaar: vraag inl. - € 12 (5-12 jaar € 9).

In de onderaardse gangen van een voormalige steengroeve is een reconstructie van een kolenmijn te zien, die uitlegt hoe steenkool in Limburg werd gewonnen, totdat de mijnen in de jaren 1960-1970 geleidelijk werden gesloten. Een film uit 1966 geeft een goed beeld van de steenkoolwinning. Daarna volgt een wandeling door de gangen, langs de wagens voor het vervoer van de mijnwerkers, de waterpompen, de balken waarmee de gangen werden gestut, de afvoerroute van de kolen, de veiligheidssystemen en een paar mergelfossielen.

Romeinse Katakomben A1
Plenkerstraat 55 - ℘ (043) 601 25 54 - www.romeinsekatakomben.nl - rondleiding (1 uur) - di-zo om 11.00, 13.00 en 15.00 u - € 16 (4-11 jaar € 10).
De architect van het Rijksmuseum in Amsterdam, Pierre Cuypers, heeft in oude mijngangen veertien Romeinse catacomben nagemaakt naar het ontwerp van verschillende archeologen.

Station B1
Dit kleine treinstation, stammend uit 1853, is het oudste nog in gebruik zijnde station van Nederland. Het is gebouwd in neogotische stijl.

In de omgeving
REGIOKAART BLZ. 406

Heerlen B3
◐ *15 km naar het oosten aan de A79.*
Heerlen, een voormalige mijnstad, ligt in het hart van het grootste steenkoolbekken van Nederland, vlak bij de Duitse grens.
Glaspaleis – *Bongerd 18 - ℘ (045) 577 22 00 - www.schunck.nl - 9.00-20.00, zo 11.00-17.00 u (Stadsgalerij: di-zo 11.00-17.00 u) - € 7 (tot 18 jaar gratis).* Het Glaspaleis ligt op de grote, groene, verkeersvrije Promenade en is een van de oudste warenhuizen van Europa. Het werd in 1935 gebouwd door Frits P.J. Peutz in opdracht van het Modehuis Schunck. In 2003 is het gerenoveerd door Jo Coenen en Wiel Arets. Van het interieur is niet meer over dan de binnenconstructie met de elegante, bovenaan breder wordende zuilen. Bij de renovatie werd de gevel van metaal bekleed met platen van glas.
Het Glaspaleis biedt nu onderdak aan, onder meer, een multidisciplinaire culturele instelling en de Stadsgalerij Heerlen, een museum voor moderne en hedendaagse kunst. Bij het verlaten van het gebouw valt de **Sint-Pancratiuskerk** op. De vierkante **klokkentoren** is de voormalige slottoren van een kasteel dat hier in 1389 is gebouwd door de hertog van Bourgondië, Filips de Stoute.
Thermenmuseum – *Coriovallumstraat 9 - ℘ (045) 560 51 00 - www.thermenmuseum.nl - ♿ - di-vr 10.00-17.00, za, zo 12.00-17.00 u - € 11 (tot 18 jaar gratis).* De ruïnes van de Romeinse termen van Coriovallum (2de-4de eeuw) zijn vanaf een loopbrug te zien. Tijdens een lichtshow doet een denkbeeldige jonge Romeinse burger zijn verhaal.
★ **Nederlands Mijnmuseum** – *Mijnmuseumpad 2 (in het CBS-complex, 300 m ten westen van het station) - ℘ (045) 571 37 07 - www.nederlandsmijnmuseum.com - di-vr 10.30-16.00, za, zo 10.30-14.00 u - € 10 (4-12 jaar € 7).* De twee bakstenen gebouwen zijn de laatste overblijfselen van het mijncomplex Oranje Nassau 1 (een van de vier die Heerlen rijk was), waar 3500 mensen werkten. De mijnen werden sinds 1898 geëxploiteerd en gingen, net als de andere in de streek, in 1975 definitief dicht. In het museum, dat door oud-mijnwerkers wordt beheerd, is een tentoonstelling van foto's uit die periode, een verzameling lampen, helmen en zuurstofmachines.
☺ Heerlen stelt sinds een jaar of tien zijn muren beschikbaar aan **street art-kunstenaars** van overal ter wereld. Raadpleeg voor een idee van de route (en de rondleidingen) de interactieve plattegrond op *streetartheerlen.nl*.

★ Kasteel Hoensbroek B3
◐ *10,5 km in noordoostelijke richting. Klinkertstraat 118 - ℘ (045) 522 72 72 - www.kasteelhoensbroek.nl - 10.00-17.30 u - € 13,50 (4-12 jaar € 9,95).*
Het indrukwekkende kasteel met slotgracht, gebouwd in de Maaslandse renaissancestijl, bestaat uit een 14de-eeuwse ronde toren en 17de- en 18de-eeuwse

woongedeelten rond drie binnenpleinen. Binnen kunt u de kamers in Franse stijl, de keuken en de kelders bezoeken. De middeleeuwse toren met zijn kerker biedt een mooi uitzicht over de omgeving.

Kerkrade B3
▶ *22 km ten oosten van Heerlen via de A79 en de N281.*
Deze grensstad, waar al vanaf de middeleeuwen sprake was van mijnbouw, trekt veel nieuwe industrieën aan sinds de sluiting van de mijnen. Verder wordt hier om de vier jaar het **Wereld Muziek Concours** gehouden, waaraan veel amateur-muziekkorpsen deelnemen (volgende editie in 2026).

👥 **Discovery Center Continium** – *Museumplein 2 - ☏ (045) 567 08 09 - www.continium.nl - dag. beh. ma 11.00-17.00 u - € 16,50 (tot 5 jaar gratis).* Het museum, dat onlangs ingrijpend gerenoveerd is, laat op een speelse manier de industriële ontwikkeling van de regio zien, met name die van de mijnbouw. Daarnaast worden bezoekers tijdens leuke workshops en door middel van sensationele filmpjes geconfronteerd met mogelijke wetenschappelijke oplossingen voor de toekomst.
Ga richting Herzogenrath en sla voor de spoorbaan linksaf.

★ **Abdij Rolduc** – *☏ (045) 546 68 88 - www.rolduc.com - gratis, op aanvraag bij de hotelreceptie.* De voormalige abdij ligt ten oosten van Kerkrade, boven het Wormdal, dat de grens met Duitsland vormt. De abdij is nu een hotel en conferentieoord, en een onderwijsinstelling. De abdijkerk dateert uit de 12de eeuw en wordt omringd door 17de- en 18de-eeuwse gebouwen. De kerk is verschillende keren gerestaureerd, met name in de 19de eeuw door Cuypers, die het gotische koor door een romaans koor verving. Het westgevel bestaat uit een zware middentoren met portaal, geflankeerd door twee vierkante torens. Binnen zit ter hoogte van de eerste en derde travee van het schip in de zijbeuken een pseudo-transept. De **kapitelen**★ in het schip zijn zeer divers. Ook de bases van sommige halfzuilen in de zijbeuken zijn interessant. De verhoogde apsis heeft de vorm van een klaverblad en is boven een romaanse crypte gebouwd (prachtige kapitelen).

Rondrit
REGIOKAART HIERNAAST

★ Het Geuldal en het Gulpdal
▶ *Rondrit van 58 km, in paars aangegeven op de regiokaart.*
Dit landelijke gebied heeft niet geleden onder de exploitatie van de naburige kolenmijnen. De vruchtbare hooggelegen gebieden, de vochtige dalen, de fris-groene weilanden waar appelbomen voor schaduw zorgen en de heuveltoppen die uitzicht bieden zover het oog reikt, vormen prachtige landschappen. Let ook op de mooie landhuizen en de vele witgekalkte vakwerkboerderijen die het landschap sieren.
Vertrek uit Valkenburg in oostelijke richting via Neerhem (Limburgs: De Nerem), in de richting van Gulpen.
De N595 loopt door het groene Geuldal.

Oud-Valkenburg
Aan de linkerkant ligt **Kasteel Schaloen**, een mooi 17de-eeuws gebouw dat in de 19de eeuw door Cuypers werd gerestaureerd. Het park ligt aan een zijarm van de Geul. Even verderop, voorbij de kapel, ligt **Kasteel Genhoes** uit de 16de en 18de eeuw, met daaromheen een slotgracht.
Voorbij Wijlre ligt aan de linkerkant het **Huis Cartils** midden in een mooi park.
Rijd verder en blijf de N595 volgen.

VALKENBURG 431

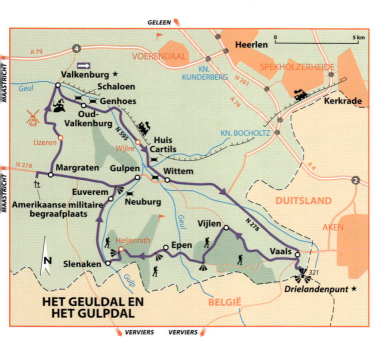

Wittem

Het 15de-eeuwse **Kasteel Wittem** aan de rechterkant werd in de 19de eeuw in neogotische stijl gerestaureerd. Het is nu een hotel-restaurant.
Volg de hooggelegen N278 naar Vaals.

Vaals

Een drukbezochte plaats omdat zij dicht bij het **Drielandenpunt** ligt. Een bochtige weg voert naar dit punt. 500 m voor het einde van de weg is er een mooi **uitzicht**★ over Aken.

★ Drielandenpunt

Op dit punt raken Duitsland, België en Nederland elkaar. Het is met zijn 321 m ook het hoogste punt van Nederland. Vanaf de top van de metalen **Boudewijntoren** (Belgische kant) hebt u een prachtig **uitzicht**★ over het nabijgelegen Aken, de Duitse bossen van de Eifel en, in de verte in het westen, Maastricht. Een van de bezienswaardigheden op deze plaats is het **labyrint**. ℘ *(043) 306 52 00 - www.drielandenpunt.nl - april-okt.: 10.00-18.00 u - € 6 (tot 12 jaar € 5).*

Vijlen

In dit dorpje zijn nog meer vakwerkhuizen. Een weg door het bos voert naar de weg van Vaals naar Epen. Mooi **uitzicht** over de heuvels in het zuiden.

Epen

Een vakantieoord waar nog enkele huizen met vakwerkmuren zijn, zoals de mooie boerderij aan de rand van het dorp *(sla voor de kerk linksaf)*. Tijdens de beklimming die daarop volgt heeft u fraaie **uitzichten**★ over de grensheuvels in het zuiden. Voorbij Heijenrath is er een mooi **uitzicht** rechts over het Gulpdal dat overgestoken wordt bij **Slenaken**, een klein grensdorp.

Volg daarna de rivier in de richting van Gulpen, een aangename route door een landschap van natte graslanden.

Euverem
In de bekkens dicht bij Gulp zijn forelkwekerijen. Een deel hiervan is bestemd voor de visvijvers in de buurt. Bij het kruispunt met de N278 is rechts **Kasteel Neuburg** te zien. Het ligt diep in het dal en is nu een hotel.

Gulpen
Vakantieoord op het punt waar de Gulp en de Geul samenvloeien.
Neem de N278 richting Margraten.

Margraten
Westelijk van dit dorp ligt de **Amerikaanse Militaire Begraafplaats**. Hier liggen 8301 soldaten begraven. Op de muren staan de namen van 1722 vermisten.
Rijd terug naar Valkenburg, 6 km ten noorden van Margraten, over de Eijkerweg en daarna de Daalhemerweg.

Praktisch

Inlichtingen

Toeristenbureau –
Dr. Erensstraat 46 - ℘ (043) 609 85 00 of 0900 555 97 98 - www.vvvzuidlimburg.nl.
Toeristenbureau Heerlen –
Spoorplein 40 - ℘ 0900 555 97 98 - www.vvvheerlen.nl.

Parkeren

In het centrum zijn veel parkeerplaatsen, maar allemaal met parkeermeters of parkeerautomaten. Er zijn twee parkeerterreinen waar u op betere voorwaarden kunt parkeren: een bij het station en een aan de zuidelijke toegangsweg tot de stad.

Adresboekje

PLATTEGROND BLZ. 428

Uit eten

Goedkoop

15 Stadscafé – B2 - *Grotestraat 21 - ℘ 043 203 19 75 - stadscafe valkenburg.nl - ⚤ - 11.00-23.00 u - hoofdgerecht € 13/34.* Dit pretentieloze café heeft een terras aan de achterkant en biedt een groot assortiment aan pannenkoeken, salades en broodjes. Een klassieke maaltijd is hier echter ook mogelijk.

Doorsneeprijzen

3 Gouden Leeuw – B2 - *Grotestraat Centrum 49 - ℘ 043 601 25 79 - www.restaurant goudenleeuw.nl - 17.00-22.00, za, zo 13.00-22.00 u - menu € 35.* Het restaurant heeft een terras aan de Grotestraat en serveert stevige, smakelijke maaltijden, met een ruime keus aan gegrild vlees. Een eetzaal met balken en donkere bakstenen wanden.

Wat meer luxe
Les Salons – BUITEN PLATTEGROND - *Joseph Corneli Allée 1 - ℘ 043 608 88 88 - www.oostwegelcollection.nl/ chateau-st-gerlach/restaurants/ les-salons - 18.00-21.00 u (za-zo ook lunch) - € 53/88.* Aan u de keus: neem plaats aan een tafel binnen, in een schitterend kasteel met modern meubilair, of buiten op het terras met uitzicht op de zorgvuldig gesnoeide tuinen. De gastronomische keuken is Frans en eigentijds. Hier kent men het belang van correcte bereidingswijzen en sauzen. Een aanrader, volgens de Michelin Gids.

Een tussendoortje

Aan de Linde - B1 - *Jan Deckerstraat 1 B - ℘ 043 601 05 77 - aandelinde.eu - ♿ - 10.00-22.00 u - hoofdgerecht € 25/28.* Ideaal voor een drankje, dit aangename café-restaurant. Groot terras aan het kanaal, met uitzicht op delen van de oude stadsmuren.

Ontspanning

's Zomers rijdt tussen Simpelveld en Kerkrade *(zie blz. 430)* een stoomtrein door de idyllische dalen van Zuid-Limburg. In de rest van het jaar een gewone trein. *℘ (045) 544 00 18 - www.zlsm.nl.*

Overnachten

Doorsneeprijzen
❹ **Botterweck** - B2 - *Bogaardlaan 4 - ℘ 043 601 47 50 - hotel botterweck.nl - 🅿 - 22 kamers € 134/174 ☕ - ✗.* Dit frisse familiehotel ligt vlak bij het Streekmuseum en het voetgangersgebied, langs een zijarm van de Geul, die door het centrum loopt. De kamers zijn licht en modern en beschikken over veel voorzieningen.

❷ **Atlanta** – B2 - *Neerhem 20 - ℘ 043 601 21 93 - www.hotel atlanta.nl - 🅿 - 34 kamers € 140/ 203 ☕ - ✗.* Goede uitvalsbasis voor een verblijf in Valkenburg. Het ligt vlak bij de overblijfselen van het kasteel, verschillende grotten en de Wilhelminatoren. Het beginpunt van de kabelbaan ligt 200 m verderop. Panoramisch terras op het dak.

Heerlen

Goedkoop

Stadshotel Botterweck – *Geleenstraat 1 - ℘ 045 204 50 83 - stadshotelbotterweck.nl - 20 kamers € 75/85 - ☕ € 10,50 - ✗.* In dit hotel, dat bijna onzichtbaar is gehuisvest in een winkel uit het Interbellum boven een wandelpromenade, vindt u kamers die van alle gemakken zijn voorzien.

Margraten

Doorsneeprijzen
Groot Welsden – *Groot Welsden 27 - ca. 5 km ten zuiden van Valkenburg - ℘ 043 458 13 94 - hotel grootwelsden.nl - 🅿 - 14 kamers € 130/155 ☕ - ✗.* Een klein hotel dat afgelegen op het Limburgse platteland ligt. Het is in Engelse stijl ingericht, met mooi aardewerk dat uitgestald is in de eetzaal. Behaaglijke kamers met grote bedden en bloemmotieven. Er is een heerlijke tuin aan de achterzijde waar 's zomers ontbeten kan worden. Uitstekende bediening.

Thorn ★

Thorn, met zijn witte huizen, indrukwekkende abdijkerk en straatjes geplaveid met Maaskeien, is een bijzonder sfeervol stadje met een opmerkelijke geschiedenis: het werd in de 10de eeuw gesticht rond een klooster voor vrouwen en groeide uit tot een wereldlijk stift (een klooster voor adellijke dames) en een miniatuurvorstendom; hieraan dankt Thorn het grote aantal monumenten. Het 'witte stadje' is ook een goede uitvalsbasis voor tochtjes naar plaatsen in de omgeving, over fietspaden of kleine wandelpaadjes langs de armen van de Maas.

Ligging	Praktisch blz. 436
2480 inwoners REGIOKAART BLZ. 406 B2. Het dorp ligt bij de Belgisch-Nederlandse grens.	Adresboekje blz. 437

Wandelen

In het oude centrum van dit plaatsje liggen enkele smetteloos witte straatjes rond de oude abdijkerk. Lopend of met de fiets bereikt u de mooie Kapel onder de Linden *(2 km, ca. 20 min. lopen)*.

Abdijkerk

☏ (0475) 56 13 80 *(museum)* - www.abdijkerkthorn.nl - *april-okt.: 10.00-17.00 u; nov.-maart: za, zo 11.00-16.00 u - € 3,50 (13-17 jaar € 1,50), combikaartje met het Gemeentemuseum.*

Deze kerk maakte vroeger deel uit van een abdij voor vrouwen en is aan het eind van de 10de eeuw gesticht door Ansfried en zijn vrouw Hilsondis *(zie kader hieronder)*. Eind 13de eeuw werd de kerk, met een hoge toren van baksteen afgewisseld met banden van witte stenen, in gotische stijl verbouwd, maar daarbij bleven twee

> **Vorstinnen en abdissen**
>
> Eén echtpaar staat aan de wieg van Thorn: Ansfried en zijn vrouw Hilsondis, twee jonge edellieden. Het vrome paar vond hier rond 975 de ideale plek voor de bouw van twee kloosters: één voor mannen, een ander voor vrouwen. Het eerste werd tegen 1300 opgeheven, maar het tweede bleef tot eind 18de eeuw bestaan. Het plaatsje Thorn ontwikkelde zich rond deze geloofsgemeenschap, die geleid werd door een abdis, tevens prelaat van het Heilige Roomse Rijk. De geloofsgemeenschap bestond uit een twintigtal kanunnikessen uit hoogadellijke families, die beschikten over een eigen huis en daar een luxueus leven leidden. Ze waren vrij om te gaan en te staan waar ze wilden, konden zelfs het klooster verlaten om te trouwen. De gemeenschap werd opgeheven met de komst van de Fransen, die het klooster en het paleis van de abdis verwoestten (1810). De dorpelingen zagen hun kans schoon om de huizen van de kloosterlingen te betrekken, maar hun welstand was van korte duur: de Franse bezetter hief belasting gebaseerd op de omvang van de ramen. Omdat de dorpelingen die niet konden opbrengen, metselden ze de ramen dicht en kalkten ze de muren wit om sporen daarvan te verdoezelen. Het 'witte stadje' was geboren.

Thorn, de abdijkerk tussen rijen witte huizen
Rini Kools/Getty Images Plus

traptorentjes en een crypte (westzijde) bewaard. De kerk is in de 15de eeuw uitgebreid en aan het eind van de 18de eeuw in barokstijl verbouwd. Cuypers heeft het gebouw vervolgens gerestaureerd aan het eind van de 19de eeuw. Het interieur is opvallend wit. Het verhoogde oostkoor, versierd met een barok altaarstuk, staat boven een gotische crypte waarin de kerkschat wordt bewaard (reliekhouders, kronen). In de kapellen van de zijbeuken zijn interessante bas-reliëfs te zien, en in de rechterzijbeuk staan prachtige heiligenbeelden in de stijl van de volkskunst uit de 17de en 18de eeuw. Achter in het schip leidt een dubbele trap naar het dameskoor, waar de weelde waarin zij leefden nog voelbaar is.

De Wijngaard
Bij het verlaten van de kerk komt u op De Wijngaard, een plein geplaveid met keien die een prachtig tapijt met figuren vormen. Een daarvan verbeeldt een adelaar, wat aantoont dat Thorn ooit tot het Duitse Rijk heeft behoord, waar de vorstin-abdis alle rechten had van een Duitse vorst.

Gemeentemuseum
☏ (0475) 56 13 80 - www.museumhetlandvanthorn.nl - april-okt.: 10.30-16.30, ma 12.00-16.30; nov.-maart: za, zo 12.00-16.00 u - € 6 (13-18 jaar € 3), combikaartje met de abdijkerk. Dit kleine museum vertelt de geschiedenis van Thorn, in het bijzonder die van de abdissen.

Kapel onder de Linden
2 km van het centrum, aangegeven met borden - van zonsop- tot zonsondergang. Aan een schaduwrijk pleintje staat de **Kapel onder de Linden**, gebouwd in 1673 en uitgebreid in 1811. Binnen is het oudste gedeelte, aan de oostzijde, rijkelijk in barokke stijl versierd (stucwerk en schilderingen), terwijl de versieringen van het 19de-eeuwse deel in empirestijl zijn.

In de omgeving

REGIOKAART BLZ. 406

Panheel B2
▶ *4 km ten noordoosten van Thorn.*
Het dorp ligt aan drie, in de zomer drukbezochte meertjes, ontstaan door grindafgravingen in de Maas. Met een restaurant in een oude molen *(open op za en zo)*.

Maasbracht B2
▶ *8 km ten zuidoosten van Thorn via de A2.*
Maasbracht, 'centrum van de binnenvaart', bezit een van de grootste binnenhavens van het land. De voornaamste bezienswaardigheid: de **drielingsluizen**, met een verval van 11,85 meter, het grootste in Nederland.

Stevensweert B2
▶ *12 km ten zuiden van Thorn via de A2.*
De zevenhoekige vestingwallen van Stevensweert, gelegen op een eilandje in de Maas, vormen een overblijfsel uit de Tachtigjarige Oorlog en zijn grotendeels gerenoveerd in 2010. Dat maakt een wandeling door de oude straatjes en over het voetpad langs de Maas des te aangenamer: u heeft er uitzicht op de omliggende eilandjes, ingeklemd tussen de armen van de rivier.

Roermond B2
▶ *25 km ten noordoosten van Thorn via de N273 en dan de N280.*
Roermond heeft het tijdens de Tweede Wereldoorlog zwaar te verduren gehad en is gedeeltelijk herbouwd. De stad ligt tussen de Maas en een zijkanaal en bezit twee jachthavens en een uitgebreid plassengebied, waar het bij mooi weer goed toeven is. In het weekend komen veel koopjesjagers af op de Designer Outlet Roermond, aan de rand van de stad.
In de binnenstad vindt u de **Onze Lieve Vrouwe Munsterkerk**, ooit de kloosterkerk van een cisterciënzer abdij. Deze kerk in Rijnlandse stijl werd vanaf 1218 in een overgangsvorm tussen de romaanse en gotische bouwstijl opgetrokken, en is eind 19de eeuw door de in Roermond geboren architect Pierre Cuypers gerestaureerd (bekend van het Rijksmuseum in Amsterdam, maar ook bijzonder actief in zijn geboortestreek). De oostelijke beuk met drie apsissen, de zijbeuken met halfronde uiteinden, de galerijen van de apsis, de puntdaken van de grote en kleine torens en de versieringen met lisenen, zijn kenmerkend voor de Rijnlandse stijl.
Dicht bij de kerk, op de hoek van de Pollartstraat, staat het **Prinsenhof** (1670), het paleis van de stadhouders van Opper-Gelre ten tijde van de Spaanse overheersing. Bij de Markt staat de **Sint-Christoffelkathedraal**, een uit 1410 daterende kerk in regionale gotische stijl. Ze raakte tijdens de oorlog zwaar beschadigd, maar is daarna gerestaureerd. Tegenover de kathedraal staat een klein **huis in barokstijl** uit 1764.

Praktisch

Inlichtingen

Toeristenbureau – *Wijngaard 14 - ☏ (0475) 56 10 85 - www.hartvanlimburg.nl.*

Toeristenbureau Roermond – *Markt 17 - ☏ (0475) 33 58 47 - www.hartvanlimburg.nl.*

Adresboekje

Uit eten

Goedkoop

Pannekoekenbakker – *Bogenstraat 2 - ☎ 0475 563 327 - www.pannekoekenbakker.nl - ♿ - 10.00-20.00 u - hoofdgerecht € 15/20.* Dit grote pannenkoekenhuis met uitzicht op de abdijkerk wordt regelmatig zo ongeveer onder de voet gelopen door enthousiaste gezinnen. Met 250 soorten pannenkoeken op de kaart zullen maar weinig mensen niet aan hun trekken komen.

Pure verwennerij

One – *6041 MA Roermond - ☎ 0475 60 02 62 - www.restaurantone.nl - di-do 17.30-20.30, vr-za 12.30-14.00, 18.00-20.30 u - menu € 90/130.* Dit moderne restaurant met één Michelinster (2022) wordt geleid door een paar wereldreizigers. U wordt vriendelijk ontvangen door de Canadese eigenares, in een stijlvol, licht en luchtig, modern interieur, waar creatieve, van natuur doortrokken gerechten worden geserveerd.

Panheel

Wat meer luxe

Boschmolenplas – *Bosmolenweg 16 - 4 km ten noordoosten van Thorn - ☎ 0475 573 233 - www.restaurantboschmolenplas.nl - 12.00-21.00 u - gesl. ma-di - menu € 50/70.* Smaakvol restaurant gevestigd in een modern gebouw aan de jachthaven in de Maas. Panoramaterras, verzorgde kaart.

Sport en ontspanning

Boottocht – *Havenstraat 22 - Rederij Cascade - ☎ 0475 46 15 74 - www.rederijcascade.nl - ♿ - vanaf 14,50.* Boottochten over de Maas, vanuit Thorn, Stevensweert, Wessem, Maasbracht en Roermond.

Fun Beach – *Velkenskamp 1 - Panheel - Fun Beach - ☎ 0475 57 90 85 - www.funbeach.nl - ♿.* Bij mooi weer drukbezochte hotspot: strand, trampolines, beachvolleybalveld en watersportcentrum.

Overnachten

Goedkoop

Bed and Botram Bie Os – *Hoogstraat 42 - ☎ 0475 56 13 45 - www.bedenbotram-bieos.nl - 🅿 - 4 kamers € 84.* Een grote B&B gevestigd in een oude smidse. De ontvangst is warm, de kamers zijn comfortabel en smaakvol ingericht met brocante meubilair en voorwerpen. De eigenaars zijn bijzonder attent en weten bijna alles over het dorp.

Doorsneeprijzen

Crasborn – *Hoogstraat 6 - ☎ 0475 56 12 81 - www.hotelcrasborn.nl - 11 kamers € 103/148 - ✕.* Klein familiehotel in de hoofdstraat, in een oude Limburgse boerderij (18de eeuw), wat nog te zien is aan de grote wagenpoort aan de voorkant van het gebouw. Nette kamers, restaurant en pannenkoeken.

Roermond

Doorsneeprijzen

Theaterhotel De Oranjerie – *Kloosterwandplein 12-16 - ☎ 0475 39 14 91 - www.theaterhotelroermond.nl - 🅿 ♿ - 102 kamers € 125/150 - ✕ hoofdgerecht € 18/31.* Dit hotel in het hart van de stad is een van de mooiste van de Van der Valkketen: grote gemeenschappelijke ruimten en een prachtige theaterzaal, een schoonheidssalon en fitnessruimte, goede kamers en een modern café-restaurant.

Venlo

Venlo is een kleine industriestad aan de oever van de Maas. Tegenwoordig ligt het in een belangrijk tuinbouwgebied (asperges, champignons, bloemen, tomaten, augurken). Volgens een legende uit de middeleeuwen werd Venlo in het jaar 90 gesticht door Valuas, hoofdman van de Bructeren, een Germaanse stam. De herinnering aan Valuas wordt levend gehouden tijdens alle feesten, optochten en processies, met twee reuzenpoppen die Valuas en zijn vrouw Guntrud voorstellen. Deze oude Hanzestad is ook bekend om het uitbundige carnaval.

Het stadhuis aan de Markt
H.-D. Falkenstein/imageBROKER/age fotostock

Ligging

102.150 inwoners

REGIOKAART BLZ. 406 B2 EN PLATTEGROND BLZ. 440. Venlo ligt dicht bij de Duitse grens.

Praktisch blz. 441

Adresboekje blz. 441

Wandelen

PLATTEGROND BLZ. 440

★ Stadhuis B1

Het stadhuis, midden op de Markt, is een mooi vierhoekig renaissancegebouw van rond 1600. De gevel is versierd met een dubbel bordes.

Bekijk in de Grote Kerkstraat op nr. 19-21 de interessante renaissancegevel van **Huize Schreurs** (1588) met een gegolfde puntgevel en op de eerste verdieping blinde bogen die op twee leeuwenkoppen steunen.

Sint-Martinuskerk B1
(077) 351 24 39 - www.rkvenlo.nl - di-vr 9.00-12.00 u.

De toren van deze kerk (begin 15de eeuw) heeft een carillon met 48 klokken. Het **kerkmeubilair★** binnen is heel interessant, maar daarnaast zijn er in de Sint-Martinuskerk mooie kunstvoorwerpen te zien.

De gotische **koorbanken** uit de 15de eeuw zijn versierd met een twintigtal taferelen uit het Oude en het Nieuwe Testament. De misericorden zijn verfraaid met hoofden, symbolen van evangelisten, lofwerk, spreuken en fabels. Links van de triomfboog staat een Madonna met Kind (16de eeuw), rechts een Christusbeeld uit de 17de eeuw.

In het sacramentskoor, links van het hoofdaltaar, staat een eikenhouten bank met fraai houtsnijwerk. In het Onze-Lieve-Vrouwekoor, rechts van het hoofdaltaar, is een kalkstenen piëta te bewonderen (15de eeuw). Het schilderij in de zuidelijke kruisbeuk is de *Ecce Homo* van de in Venlo geboren kunstenaar Jan van Cleef (1646-1716). Achter in de rechterzijbeuk staan mooie koperen **doopvonten** uit 1621.

Museum Van Bommel-Van Dam B2
Keulsepoort 1 - (077) 351 34 57 - www.vanbommelvandam.nl - dag. beh. ma 11.00-17.00 u - € 16,50 (8-17 jaar € 8,50, tot 7 jaar gratis).

Dit museum, dat sinds 2021 in het voormalige hoofdpostkantoor van de stad gevestigd is (op het pand staat tegenwoordig een fotogenieke uitbouw), is gewijd aan voornamelijk Nederlandse hedendaagse kunst.

Naast de vaste collectie, die in wisseltentoonstellingen wordt gepresenteerd, vinden in het museum tijdelijke tentoonstellingen plaats. Zowel de schitterend ontworpen ruimte als de programmering laten de verschillende disciplines en generaties op een speelse en leerzame manier met elkaar de dialoog aangaan.

Limburgs Museum B2
Keulsepoort 5 - (077) 352 21 12 - www.limburgsmuseum.nl - ♿ - dag. beh. ma 11.00-17.00 u - € 15 (4-17 jaar € 8).

Dit moderne museum van glas, hout, beton, staal en baksteen is een ontwerp van Jeanne Dekkers. Het bestaat uit een glazen kantoorgedeelte en een lange, drie verdiepingen tellende gang die toegang geeft tot de verschillende zalen. De meer dan 100 m lange stenen muur van het museum verwijst naar de vestingmuur die hier tot in de 19de eeuw stond. Het museum schenkt op een originele en aantrekkelijke wijze aandacht aan de geschiedenis, tradities en ontwikkelingen van de provincie Limburg. Het bezoek begint in de theaterachtige **Historoscope** met een multimediavoorstelling waarin de Maas de hoofdrol speelt. De volgende zalen vormen een historische ontdekkingstocht, die begint met de prehistorische vuursteenmijnen en doorloopt tot de huidige maatschappij vol technologische ontwikkelingen. Er zijn decors waarin levensechte poppen, geluids- en geureffecten, skeletten en maquettes de geschiedenis tot leven brengen. Computerprogramma's geven aanvullende informatie. In het museum zijn ook tijdelijke tentoonstellingen te zien. Het **informatiecentrum** is in een nabijgelegen voormalig tankstation uit 1933 gehuisvest.

Romerthuis A1
Dit gebouw met een trapgevel met pinakels stamt uit de 16de eeuw.

UIT ETEN	OVERNACHTEN
Chez l'Hêtre.. 6	Puur.. 9

In de omgeving

REGIOKAART BLZ. 406

Tegelen B2

▶ *4 km in zuidwestelijke richting, via de Prof. Gelissensingel.*
Tegelen is beroemd om de **Passiespelen** die elke vijf jaar in het openluchttheater De Doolhof worden opgevoerd. In de Tiendschuur zit een **Pottenbakkersmuseum**. *Kasteellaan 8 - ℘ (077) 326 02 13 - www.tiendschuur.net - dag. beh. ma 11.00-17.00 u - € 7,50 (tot 12 jaar gratis), inclusief drankje in het museumcafé.*

Steyl B2

▶ *6 km in zuidwestelijke richting via de Prof. Gelissensingel.*
Missiemuseum Steyl – *℘ (077) 326 14 99 - missiemuseumsteyl.nl - ♿ - 's zomers: dag. beh. ma 11.00-17.00 u; rest v.h. jaar: di-zo en schoolvak. 13.00-17.00 u - € 9 (4-17 jaar € 5).* Dit museum in het kloosterdorp Steyl toont kunst- en gebruiksvoorwerpen uit de hele wereld die door Nederlandse missionarissen zijn meegebracht. Het museum bezit ook een grote collectie opgezette vlinders en dieren. Niet ver van het museum ligt de **botanische tuin Jochum-Hof**. *℘ (077) 321 00 12 - www.jochumhof.nl - 11.00-17.00 u - € 3.*

Kasteeltuinen Arcen B1

▶ *9 km ten noorden van Venlo via de N271. Lingsforterweg 26 - ℘ (077) 473 60 20 - www.kasteeltuinen.nl - april-okt.: 10.00-18.00 u - € 18,50 (4-17 jaar € 9,25).*
Kasteel Arcen (1653) ligt in een prachtig park van 32 ha groot, met daarin een rosarium met barokke vijvers, het Sparrenbos met herten, en een grote tropische kas (Casa Verde).

Venray B1

> 22 km in noordwestelijke richting via de Eindhovenseweg, daarna over de A73.

De **Sint-Petrus' Bandenkerk** is een groot, gotisch gebouw met interessant kerkmeubilair. Behalve een barokke preekstoel en een mooie koperen lessenaar (eind 15de eeuw) herbergt de kerk ook een opmerkelijke reeks houten **beelden**; alleen het beeld van Paulus is van steen. Het beeld van de heilige Jakobus (15de eeuw) is het oudst. De apostelen, met hun attributen, staan tegen de zuilen van het middenschip. In de zijbeuken is een reeks heiligen te zien (een mooi beeld van de heilige Lucia), afkomstig van niet meer bestaande altaren. Bij de ingang staat een barok beeld van de apostel Petrus als paus.

Praktisch

Inlichtingen

Toeristenbureau – Klaasstraat 17 - ℘ (077) 354 38 00 - www.liefdevoorlimburg.nl of www.visitvenlo.nl of www.venloverwelkomt.nl

Evenementen

Carnaval – In feb. of maart (drie dagen voorafgaand aan Aswoensdag). Heel druk en gezellig.

Adresboekje

PLATTEGROND HIERNAAST

Uit eten

Doorsneeprijzen

 **Chez l'Hêtre** – B1-2 - Parade 61 - ℘ 077 354 89 01 - www.chezlhetre.nl - 18.00-0.00 u - gesl. zo-ma - menu € 41/76. Centraal gelegen, met een ontspannen sfeer. Ingericht met allerlei voorwerpen die naar kermis verwijzen. Open keuken, traditionele gerechten en heerlijke kreeft.

Overnachten

Goedkoop

9 Puur – B1 - Parade 7a - ℘ 077 351 5790 - hotelpuur.nl - 🅿 - 30 kamers € 90 ⌦. Een rood herenhuis in het voetgangersgebied. Knusse, trendy of maritiem ingericht kamers. In de zomer is het ontbijt op het binnenplein. Dicht bij een parkeergarage.

GELDERLAND

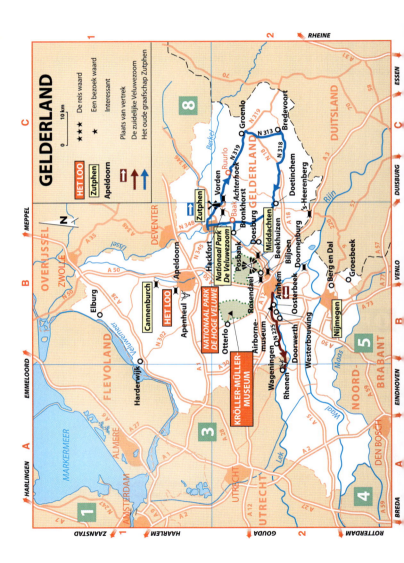

7

Gelderland

HOOFDSTAD: ARNHEM

Arnhem	444
Nationaal Park De Hoge Veluwe★★★	452
Zutphen★	459
Nationaal Museum Paleis Het Loo★★★	464
Harderwijk	471
Nijmegen★	474

Arnhem

Arnhem ligt te midden van de Veluwse stuwwallen en is de hoofdstad van de provincie Gelderland, een voormalig hertogdom. Het voetgangersgebied in de binnenstad, de aantrekkelijke musea, de hier en daar gedurfde architectuur en de vele parken (Sonsbeek, Zypendaal en Gulden Bodem), waaraan de stad haar naam 'Parkenstad' dankt, nodigen bewoners en bezoekers uit tot het maken van wandelingen.

Ligging
163.900 inwoners
REGIOKAART BLZ. 442 B2 EN PLATTEGRONDEN HIERNAAST EN BLZ. 446.

Met het gezin
De gereconstrueerde gebouwtjes in het Nederlands Openluchtmuseum.

Praktisch blz. 451
Adresboekje blz. 451

Wandelen
PLATTEGROND II HIERNAAST

Markt D2
Langs dit langgerekte plein staat het **Paleis van Justitie** en, aan de kopse kant, het Gelderse **Provinciehuis**. Dit laatste werd tijdens de Tweede Wereldoorlog verwoest en in 1954 weer opgebouwd onder leiding van architect J.J.M. Vegter. Het Provinciehuis is vastgebouwd aan de **Sabelspoort**, een verdedigingswerk uit de 14de eeuw dat in 1645 verbouwd werd. De poort is het enige bewaard gebleven onderdeel van de vestingwerken van de stad.

Grote of Eusebiuskerk D2
(026) 443 50 68 - www.eusebius.nl - 10.00-17.00 u (nov.-maart 11.00-16.00 u) - € 11 (6-16 jaar € 9).

Vlak bij de Markt werd in de 15de eeuw deze kerk gebouwd. Tijdens de Slag om Arnhem *(zie kader blz. 449)* werd hij bijna volledig verwoest. Daarna werd de kerk in neogotische stijl herbouwd. Ze wordt vooral gebruikt voor tentoonstellingen, waaronder de permanente tentoonstelling 'Glorie van Gelre', en bevat het rijke mausoleum (1538) van Karel van Egmond, de laatste hertog van Gelre (1467-1538). Daarnaast, tegen een pilaar, staat *De man in het kastje*, een vroeg-15de-eeuws harnas dat toebehoorde aan de hertog van Gelre.

★ **Beklimming van de toren** - De 93 m hoge toren heeft een bijzonder, eigentijds ontwerp (de kenmerken van sommige waterspuwers zijn ontleend aan Disneyfiguren). Op 60 m hoogte is er een prachtig **panoramisch uitzicht ★** over de stad en de omgeving. Een bijzondere glazen lift dwars door de kerktoren brengt u naar eveneens transparante balkons die u de indruk geven in het luchtledige te hangen.

Duivelshuis D2
Dit renaissancebouwwerk (1545), grondig gerestaureerd in 1829, is tijdens de oorlog gespaard gebleven. Het dankt zijn bijnaam aan de merkwaardige beelden en koppen op de buitenmuren. Het was het laatste woonhuis van de bloeddorstige veldheer **Maarten van Rossum**, aanvoerder van het leger van de hertog van

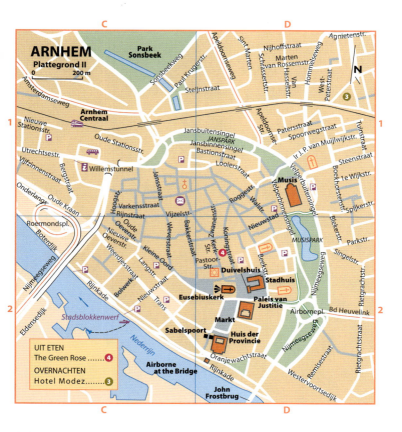

Gelre. Het voormalige stadhuis wordt nog steeds gebruikt als onderkomen voor een aantal gemeentelijke diensten.

Erachter bevindt zich het nieuwe **stadhuis**, in 1964 gebouwd naar een ontwerp van architect J.J. Konijnenburg. In de verte doemt de **Sint-Walburgiskerk** op (14de eeuw) met twee verschillende torens.

Als u langs de oevers van de Rijn naar het zuiden gaat, komt u de John Frostbrug tegen, een symbool van de Slag om Arnhem (zie kader blz. 449). Vlakbij staat het paviljoen **Airborne at the Bridge** (airbornemuseum.nl - 10.00-17.00 u - gratis), vanwaar u een prachtig uitzicht op de brug hebt en ondertussen veel te weten komt over de geschiedenis van deze plek. Ook een bezoek aan het Airborne Museum Hartenstein (zie blz. 449) is de moeite waard.

★ Station Arnhem Centraal C1
1 km ten noordwesten van de Markt.

Het in 1856 in gebruik genomen en in 1954 verbouwde station is in 2015 volledig getransformeerd door de Nederlandse architect Ben van Berkel (die ook de Erasmusbrug in Rotterdam heeft ontworpen). Het gebouw is de moeite waard vanwege het spectaculaire gedraaide dak, dat is uitgegroeid tot het futuristische symbool van de stad.

☺ Liefhebbers van 21ste-eeuwse architectuur zullen ook de uitbreiding van het Museum Arnhem (zie hieronder) en het verbazingwekkend abstracte concertgebouw **Musis** waarderen (D1 - Velperbinnensingel - musisenstadstheater.nl).

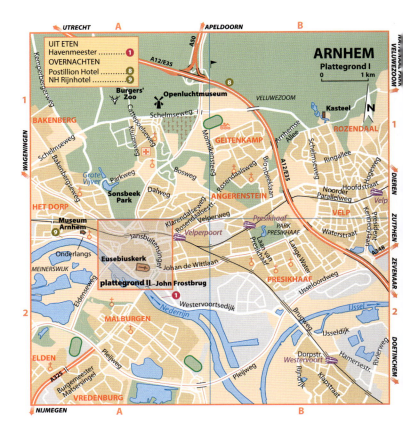

Wat is er nog meer te zien?
PLATTEGROND I HIERBOVEN

★ Museum Arnhem PLATTEGROND I A2
Utrechtseweg 87 - ☏ (026) 303 14 00 - www.museumarnhem.nl - dag. beh. ma 11.00-17.00 u - € 15 (13-17 jaar € 5) - gratis toegang tot het park en de tuinen.
Dit museum op een stuwwal met uitzicht op de Rijn, is gevestigd in een voormalige 19de-eeuwse herensociëteit die in 2022 is uitgebreid met een gedurfd betegeld parallellepipedum. Interessante collectie moderne en hedendaagse kunst, voornamelijk van Nederlandse kunstenaars.
Een deel van de permanente collectie is gewijd aan het **magisch realisme** (Carel Willink, Raoul Hynckes, Pyke Koch) en tijdgenoten (Dick Ket, Wim Schumacher, Charley Toorop). Ook zijn er schilderijen te zien van Jan Mankes (1889-1920), werk dat behoort tot de moderne figuratieve schilderkunst (Roger Raveel, Reinier Lucassen, Alphons Freymuth) en ook recenter werk. De tuinzaal is gewijd aan toegepaste kunst en naoorlogs design. Behalve een verzameling keramiek en glazen objecten heeft het museum ook een bijzondere collectie **hedendaagse sieraden**. In de **tuin**, die een schitterend uitzicht biedt over de Rijn, staan moderne beelden.

★ Park Sonsbeek A1

Dit 75 ha grote park, dat in 1963 de status kreeg van rijksmonument, vormt samen met de aangrenzende parken Zypendaal en Gulden Bodem een van de mooiste stadsparken van Nederland. Het glooiende park in Engelse landschapsstijl heeft beekjes, vijvers, watervallen en fonteinen, die een prachtig geheel vormen waarin het goed wandelen is. Er staat een **kasteel**, en vlak bij een grote boerderij bevindt zich een **watermolen** (De Witte Molen) uit de 16de eeuw. In de schuur ernaast is het bezoekerscentrum gevestigd. Rond het park staan elegante woonhuizen van kort na 1900.

★★ Burgers' Zoo A1

Antoon van Hooffplein 1 - ℘ (026) 442 45 34 - www.burgerszoo.nl - ♿ - april-okt.: 9.00-18.00 u; nov.-maart: 9.00-17.00 u - € 25,50 (4-9 jaar € 23).

👥 Dankzij de verschillende kunstmatige ecosystemen in dit bijzondere dierenpark kan de bezoeker de dieren van nabij in hun natuurlijke omgeving observeren. In **Burgers' Desert** is een Noord-Amerikaanse woestijn nagebouwd, **Burgers' Bush** herbergt een tropisch regenwoud, en in **Burgers' Ocean** ligt een baai van 20 bij 6 m. In **Burgers' Safari** wandelen giraffen, zebra's, struisvogels, neushoorns, antilopen en kraanvogels rond. **Burgers' Mangrove** is met zijn chimpansees, roofvogels en nachtdieren ook een omweg waard.

★★ Het Nederlands Openluchtmuseum A1

Hoeferlaan 4 - ℘ (026) 357 61 11 - www.openluchtmuseum.nl - ♿ - maart-okt.: 10.00-17.00 u - € 19,50 (4-12 jaar € 16,50); nov.-maart: wisselende openingtijden en sommige gebouwen zijn gesloten (vraag inl.) - € 9,50.

👥 Dit museum ligt in een mooi bosrijk park van 44 ha. Ongeveer tachtig authentieke boerderijen, molens, werkplaatsen, huizen, een school, schuren, een kerk en talrijke multimedia-elementen geven een beeld van de architectuur en het leven van de Nederlandse provincies in het verleden. In elk gebouw (kaasmakerij, bakkerij, smederij, brouwerij enzovoort) staan authentieke meubels en worden demonstraties gegeven door gekostumeerde acteurs en ambachtslieden, wat het bezoek bijzonder interessant maakt. Het echte pronkstuk is de **Zaanse buurt**, met de groene houten huizen en versierde topgevels. Ze staan aan een water dat de Zaan voorstelt, met daaroverheen een houten ophaalbrug; twee molens, waarvan de ene graan maalt en de andere een zagerij herbergt, worden erin weerspiegeld. Er is ook een prachtige tuin, een trammuseum en 'De Canon van Nederland', een interactieve attractie die de geschiedenis en het dagelijks leven van Nederland tot leven brengt. Er zijn ook programma's met activiteiten rond een bepaald thema, en tentoonstellingen.

Een felbegeerde plaats

Arnhem was in de middeleeuwen een welvarende stad dankzij de koopwaar die werd aangevoerd over de Rijn en de IJssel. De stad werd in 1473 ingenomen door Karel de Stoute en vervolgens, in 1505, door keizer Maximiliaan. Toen de zelfstandigheid van Gelre bedreigd werd door keizer Karel V, werd het hertogdom verdedigd door **Karel van Egmond**, die in 1538 de dood vond op het slagveld. Bij het **Verdrag van Venlo** (1543) kreeg Karel V alsnog de zeggenschap over Arnhem. Onder het bewind van Filips II, in 1585, kwam de stad onder Spaans bestuur en tijdens de Hollandse Oorlog (1672-1674) viel de stad in Franse handen, net als in de periode 1795-1813, waarna ze door het Pruisische leger werd ontzet.

In de omgeving

REGIOKAART BLZ. 442

's-Heerenberg B2

▶ *25 km in zuidoostelijke richting via de A12 (afrit 3).*
Deze plaats bij de Duitse grens wordt gedomineerd door de imposante gestalte van zijn kasteel.
Kasteel Huis Bergh – Hof van Bergh 8 - ℘ (031) 466 12 81 - www.huisbergh.nl - *april-okt.: dag. beh. ma 12.30-16.30 u; rest v.h. jaar: alleen za, zo (wisselende openingstijden, vraag inl.) - € 13,50 (4-12 jaar € 8,50), incl. audiogids.* De waterburcht, die tot de grootste van Nederland behoort, werd in de 13de eeuw gebouwd. Het slot heeft, vooral in de 17de eeuw, veranderingen ondergaan en werd later tweemaal door brand verwoest. In 1946 droeg de laatste eigenaar, een verwoed verzamelaar, het Huis Bergh met inventaris over aan een stichting. Het interieur omvat een waardevolle **collectie**★★ antieke meubelen, oud-Hollandse en Vlaamse schilderijen, verluchte handschriften en houten en ivoren sculpturen. Heel bijzonder is ook de **verzameling vroeggotische Italiaanse schilderkunst** met onder andere een werk van Duccio. Ook het muntenkabinet en de wapenkamer kunnen bezichtigd worden. Het dak van de toren geeft een mooi uitzicht op de voorburcht en de rentmeesterswoning (nu een theeschenkerij), het 15de-eeuwse **Muntgebouw** en de middeleeuwse parochiekerk.

★ Nationaal Park De Veluwezoom B2

▶ *20 km naar het noordoosten. Vertrek vanuit Arnhem in noordoostelijke richting via de Beekhuizenseweg.*
Ten noorden van Arnhem strekt zich over bijna 5000 ha een heuvelachtig bos- en heidelandschap uit: de Veluwezoom. Dankzij de vele parkeerterreinen, wandel- en fietspaden is het gebied uitstekend toegankelijk voor wandelaars en fietsers. In het hart van een groot park ligt het kleine, 18de-eeuwse **Kasteel Rosendael** met een middeleeuwse toren die zich in een vijver weerspiegelt. Binnen zijn enkele fraai ingerichte vertrekken te bezichtigen. ℘ *(026) 364 46 45 - www.glk.nl - april-okt.: rondleiding di-zo 11.00-17.00 u - € 12 (kind € 5).*
Vervolg uw weg.
De weg loopt door een bos en dan door het kleine, in een dal gelegen **Beekhuizen**, en komt op een hoogte van 100 m uit bij de **Posbank**. Hier kan men genieten van uitgestrekte **panorama's**★ over de heuvelachtige heidevelden.
Daal af richting Rheden.
In een oude boerderij aan de Heuvenseweg is het **Bezoekerscentrum Veluwezoom** gevestigd. Hier kunnen wandelaars gedetailleerde kaarten verkrijgen en zijn fietsen te huur. In de tentoonstelling maakt men door de ogen van een das, een zwarte specht en een edelhert kennis met dit fraaie natuurgebied. ℘ *(026) 497 91 00 - www.natuurmonumenten.nl - di-zo 10.00-17.00 u - gratis.*
Ga rechtsaf de N348 op, richting Dieren.
Ten oosten van De Steeg, midden in de bossen, verrijst het indrukwekkende 17de-eeuwse **Kasteel Middachten**★, dat omringd wordt door een dubbele slotgracht. Vanuit de grote tuin hebt u een mooi uitzicht. Binnen is de oorspronkelijke inboedel bewaard gebleven en zijn portretten, een bibliotheek en miniaturen te zien. ℘ *(026) 495 21 86 - ℘ (026) 495 21 86 - www.middachten.nl - tuin geopend juni-sept.: wo-zo 12.30-16.30 u; rondleiding door het kasteel in juli-aug.: zo om 13.30 en 15.00 u - € 14,50, alleen tuin € 8 (4-12 jaar gratis) - drie kamers in het hotel zijn te huur.*

Market Garden, de verschikkelijke Slag om Arnhem

Aan het einde van de zomer van 1944 was de situatie aan het westelijk front aanzienlijk veranderd. De geallieerden rukten op naar de grenzen van het Derde Rijk. Er waren twee opties: de Amerikanen (Bradley, Patton) wilden de verdedigingslinie vanuit het zuiden aanvallen. De Britten (Montgomery) gaven er de voorkeur aan deze via het nog bezette Nederland in het noorden te omzeilen. Het plan heette **Operatie Market Garden** en voorzag in een gelijktijdige opmars van lucht- en grondtroepen: 'Market' betrof de inzet van parachutisten, 'Garden' die van grondtroepen. Tijdens het luchtoffensief moesten 35.000 parachutisten landen om de vijf strategische bruggen over de Maas, de Waal en de Rijn tussen Eindhoven en Arnhem te veroveren, zodat het Ruhrgebied, het industriële hart van het Derde Rijk, met pantservoertuigen en 50.000 manschappen kon worden binnengevallen. De operatie, gelanceerd bij zonsopgang op 17 september 1944, werd een bittere mislukking. Het Duitse verzet was veel sterker dan verwacht en wist, aldus de Britse historicus Antony Beevor *(De slag om Arnhem)*, Montgomery's 'slecht doordachte, slecht voorbereide' plan te verijdelen. Van belegeraars werden de geallieerden belegerd, waarbij het pantseroffensief, vertraagd door de veelvuldige Duitse aanvallen, traag op gang kwam. De bruggen van Eindhoven en Nijmegen werden weliswaar heroverd, maar ondanks hun uitzonderlijke moed wisten de Britse en Poolse parachutisten die van Arnhem niet in te nemen. Dit was, zoals generaal Browning zei, de fameuze 'brug te ver' (tevens de titel van de film van Richard Attenborough uit 1977, *A Bridge Too Far*). Slechts 2163 van de 10.000 ingezette mannen werden uit Arnhem geëvacueerd. In totaal sneuvelden aan het noordelijke en zuidelijke front 17.000 soldaten. De in 1977 herbouwde **John Frostbrug** (D2) blijft een symbool van de stad.

Op de terugweg naar Arnhem via de N348 staat links, vlak voordat u Velp bereikt, **Kasteel Biljoen** met zijn slotgracht.

Rondrit

REGIOKAART BLZ. 442

De zuidelijke Veluwezoom AB2

▶ *Rondrit van 25 km, in rood aangegeven op de regiokaart. Vertrek vanuit Arnhem via de Utrechtseweg.*
Deze route volgt de rechteroever van de Nederrijn, over de laatste heuvels van de Veluwe en langs vele dorpen.

Oosterbeek

Ten noorden van deze plaats bevindt zich, langs de weg naar Warnsborn, even voorbij de spoorwegovergang, het **Airborne Kerkhof**, met meer dan 1700 graven van geallieerden die omkwamen bij de Slag om Arnhem *(zie kader blz. 449)*. **Airborne Museum Hartenstein** – *Utrechtseweg 232 - ☎ (026) 333 77 10 - www.airbornemuseum.nl - ♿ - 10.00-17.00 u - € 15 (8-17 jaar € 10)*. **Huize Hartenstein** was in september 1944 het hoofdkwartier van de Britse generaal Roy Urquhart, verantwoordelijk voor de 1ste Luchtlandingsdivisie, die als missie had op 17 september 1944 de brug bij Arnhem te veroveren. In de kelder is de commandopost gereconstrueerd en is een museum gewijd aan Operatie Market-Garden *(zie kader hierboven)*.

Kasteel Doorwerth
Lya_Cattel/Getty Images Plus

De terrassen van de **Westerbouwing** (restaurant in het gebouw) langs de Rijn bieden een mooi **uitzicht** op de rivier en de boomgaarden van de Betuwe.

Doorwerth

Dit plaatsje heeft zwaar geleden tijdens de Slag om Arnhem in 1944. Vlak bij de Rijn staat **Kasteel Doorwerth**, dat van 1260 dateert en omstreeks 1600 werd uitgebreid. Het bestaat uit een hoog, vierkant gebouw met bijgebouwen en wordt omringd door een slotgracht. Er zijn enkele gemeubileerde vertrekken te bezichtigen en het kasteel herbergt ook het **Museum Veluwezoom**, gewijd aan twee groepen kunstenaars die zich door het landschap in de omgeving hebben laten inspireren. *(026) 339 74 06 - www.museumveluwezoom.nl - di-zo 11.00-17.00 u - € 12 (4-18 jaar € 5).*
Rijd richting Renkum en onder de autosnelweg door richting Wageningen.

Wageningen

Deze plaats staat bekend om de **Landbouwuniversiteit**, een van de grootste agrarisch-wetenschappelijke centra van Europa.
Op de Grebbeberg, 5 km ten westen van Wageningen, tegenover een Nederlandse militaire begraafplaats, leidt een weg naar de **Koningstafel**, met mooi zicht op de Rijn en de Betuwe. Frederik V (1596-1632), koning van Bohemen, wandelde hier graag toen hij na zijn nederlaag tegen de Oostenrijkers in 1620 naar Rhenen was uitgeweken. *Vervolg de weg via de N225.*

Rhenen

Ouwehands Zoo biedt plaats aan bijna 1600 dieren. De voornaamste attracties van het park zijn een volière met exotische vogels, het mensapenhuis, de zeeleeuwen en het aquarium. Ouwehand heeft ook attracties voor kinderen, onder meer trampolines en een kinderboerderij. *(031) 765 02 00 - www.ouwehand.nl - 10.00-17.00 u - € 27 (3-9 jaar € 24).* De mooie klokkentoren van de **Cunerakerk**, die in 1945 door een bombardement werd getroffen, is gerestaureerd.

🛈 Praktisch

Inlichtingen

Toeristenbureau – *Stationsplein 158C - ☏ (0900) 112 23 44 - www.visitarnhem.com.*

📍 Adresboekje

PLATTEGROND II BLZ. 445 EN
PLATTEGROND I BLZ. 446

Uit eten

😊 De specialiteit van de stad zijn de *Arnhemse meisjes*, koekjes van bladerdeeg.

Goedkoop

❶ Havenmeester – PLATTEGROND I A2 - *Nieuwe Kade 25 - ☏ 026 702 41 73 - havenmeester.club - di-vr 10.00-14.30 u - € 6/10.* Een kleine zaak aan de Rijn met de lekkerste belegde broodjes, voornamelijk om af te halen. Geen toilet, maar wel uitzicht op de rivierschepen en de John Frostbrug.

Wat meer luxe

❹ The Green Rose – PLATTEGROND II D2 - *Koningstraat 50 - ☏ 026 351 89 27 - thegreenrose.nl - ma-za 18.00-22.00 u - € 25/55.* Chef Jin Hu loopt over van creativiteit. Geef hem lokale producten en hij combineert ze tot een smakelijk Aziatisch-Frans fusiongerecht. Zijn kookkunst is heel persoonlijk en puur. Mooi aanbod van natuurlijke wijnen en speciale bieren. Aanbevolen door de Michelingids.

Rhenen

Pure verwennerij

't Kalkoentje – *Utrechtsestraatweg 143 - ☏ 0317 61 23 44 - www.kalkoentje.nl - 12-14.00, 18.00-21.00 u - gesl. za-middag en zo - menu € 75/95.* Een gezellig en intiem restaurant gevestigd in een oude boerderij, waar men bij kaarslicht kan genieten van klassieke gerechten. In de zomer staan er tafels in de boomgaard, die afloopt naar de rivier.

Overnachten

Doorsneeprijzen

❸ Hotel Modez – PLATTEGROND II D1 - *Elly Lamakerplantsoen 4 - ☏ 026 442 09 93 - hotelmodez.nl - 68 kamers vanaf € 125 - 🍽 € 17,50 - 🍴.* Met zijn volledige naam Mode Design Hotel Modez (dat zegt genoeg) is dit etablissement een weerspiegeling van de stad: modern, creatief, kleurrijk. En comfortabel! Het ligt bovendien op een zeer aangename plek. Het restaurant (**Caspar**) is een aanrader.

❾ NH Rijnhotel – PLATTEGROND I A2 - *Onderlangs 10 - ☏ 026 443 46 42 - www.nh-hotels.com - 🅿 - 68 kamers € 102/170 - 🍽 - 🍴.* In dit gebouw uit de jaren 1930 met een moderne vleugel aan de oever van de Rijn, kijken de meeste kamers uit over de rivier. Het restaurant is minimalistisch ingericht, de keuken is modern.

❽ Postillion Hotel – PLATTEGROND I B1 - *Europaweg 25 - richting Zwolle - ☏ 026 357 3333 - www.postillionhotels.com - 🅿 ♿ - 83 kamers € 107/134 🍽 - 🍴.* Een functioneel hotel met goed uitgeruste kamers vlak bij het Nederlands Openluchtmuseum. Het restaurant kijkt uit over de omgeving.

Nationaal Park De Hoge Veluwe ★★★

Nationaal Park De Hoge Veluwe is met een oppervlakte van 5500 ha het grootste natuurreservaat van Nederland. In het prachtige gebied staan het beroemde Kröller-Müller Museum, het jachthuis Sint-Hubertus, het ondergrondse Museonder en talloze beelden en monumenten. Zo vormt het park een unieke combinatie van natuur en cultuur.

▶ Ligging

REGIOKAART BLZ. 442 B2 EN PLATTEGROND HIERNAAST. Het park strekt zich uit tussen Apeldoorn en Arnhem.

ⓘ Praktisch blz. 457

📍 Adresboekje blz. 458

Bezichtigen

PLATTEGROND BLZ. 455

★★★ Het park

Het park heeft drie ingangen: bij Otterlo, bij Hoenderloo en bij Schaarsbergen. Maximumsnelheid: 40 km/uur - juni-juli: 8.00-22.00 u; mei en aug.: 8.00-21.00 u; rest v.h. jaar: vraag inl. - toegang tot 1 uur voor sluitingstijd - www.hogeveluwe.nl - € 13 (6-13 jaar € 6,50), toegang met auto € 8,50 (parkeerterrein buiten het hek € 5), toegang met de fiets gratis (genoeg fietsen te huur bij de ingangen, zie 'Praktisch' blz. 457).
Het entreebewijs voor het park geeft toegang tot alle bezienswaardigheden behalve het Kröller-Müller Museum en jachtslot Sint-Hubertus (aparte kaartverkoop).
☺ Loop eerst binnen bij het **bezoekerscentrum** voordat u het park bezoekt. Honden zijn niet toegestaan in de musea en het bezoekerscentrum; in het park dienen ze aan de lijn gehouden te worden.
Eind 1914 werd dit terrein gekocht door het koopmansechtpaar Kröller-Müller. Meneer Kröller wilde graag een jachtterrein, zijn vrouw een cultuurpark. Het jachthuis Sint-Hubertus werd tussen 1914 en 1920 gebouwd naar een ontwerp van architect H.P. Berlage, die voor het echtpaar eerder al kantoorpanden had gerealiseerd.
Op wens van mevrouw Kröller-Müller werd het noordelijke gedeelte van het park verrijkt met beelden en monumenten. In 1938 besloot het echtpaar het gebied en hun rijke kunstverzameling over te dragen aan de staat, op voorwaarde dat er een museum zou komen: het Kröller-Müller Museum was geboren. De twee mecenassen brachten hun laatste levensjaren door op het jachtslot Sint-Hubertus. Zij zijn begraven op de Franse Berg, de hoge stuifduingordel achter het museum.

De landschappen

Het park kent vele gezichten: hoge beuken- en eikenbossen, onderbroken door open plekken, dennen- en berkenbossen, met daartussen heidevelden, grasvlakten, zandverstuivingen en vennen. Het park is in alle seizoenen een bezoek waard. In mei en juni bloeien de rododendrons, in augustus kleuren de heidevelden paars, in de herfst zijn de loofbomen prachtig verkleurd en ook ondergesneeuwd is het landschap betoverend.

Heideveleden in het Nationaal Park De Hoge Veluwe
Sjo/Getty Images Plus

De fauna
In het park leven tal van dieren, waaronder edelherten, moeflons, reeën en talrijke vogels. Vooral tijdens de **bronsttijd** (half september-half oktober) is het observeren van de edelherten spectaculair. De beste perioden voor observatie zijn de winter en het voorjaar (tot eind mei) aan het eind van de middag, wanneer de dieren op zoek gaan naar voedsel.

Park Paviljoen (bezoekerscentrum)
Houtkampweg 9B - Otterlo - 9.30-17.30 u.
Het nieuwe bezoekerscentrum (2019) is een opvallend gebouw van natuurlijke materialen. U kunt er terecht voor documentatie over het park (flora, fauna) en de recreatiemogelijkheden. Er zijn tevens een restaurant en een winkel (*9.30-17.30 u/20.30 u afhankelijk van het seizoen*).

★ Museonder
Naast het bezoekerscentrum - ☎ (055) 378 81 16 - ♿ - 9.30-17.30 u.
Dit ondergrondse museum laat op een originele manier zien wat zich allemaal onder de grond afspeelt. Aan bod komen onder andere het ondergrondse leven van planten en dieren, het grondwater, invloeden van de klimaatverandering op de bodem en de geschiedenis van het Veluwse landschap. Alles wordt op een boeiende manier behandeld, met kijkpijpen, sprekende stenen, diorama's, uitschuifbare laden en schaalmodellen.

Beeldenbos
Zie plattegrond blz. 455. Verspreid tussen de bomen staan hier werken van hedendaagse kunstenaars, zoals *Plate-Bande* van F. Morellet (1987), de verbazingwekkende *Otterlose beuk* (*Faggio di Otterlo*, 1988) van Penone, het vierdelige beeldhouwerk *1 : 4 = 1 x 4* van André Volten (1986) en *One*, een in brons vervaardigd werk van Richard Serra (1988).

Landschappentuin

Zie plattegrond hiernaast. De tuin is een miniatuurversie van het park. Een korte wandeling is voldoende om de landschappen van de Hoge Veluwe te ontdekken.

★ Jachthuis Sint-Hubertus

☏ (055) 378 81 16 - www.hogeveluwe.nl - ♿ - jan.-maart: 9.00-18.00 u; juni-juli: 8.00-22.00 u - rest v.h. jaar: vraag inl. - rondleiding (45 min., kaartverkoop bij het bezoekerscentrum) - € 11,30 (6-13 jaar € 5,65), audiogids op aanvraag.

Het grote slot is in 1914-1920 gebouwd naar een ontwerp van **Berlage** en wordt beschouwd als een van zijn meesterwerken. Zowel het gebouw met zijn 31 m hoge toren, als de vijvers en tuinen eromheen hebben geometrische vormen. Ook het interieur en meubilair zijn door Berlage ontworpen. Net als in de rest van het gebouw hebben ook hier alle vormen, kleuren en details een symbolische betekenis die verwijst naar de legende van Sint-Hubertus, schutspatroon van de jagers. Dit ingenieuze aspect van het gebouw wordt uitvoerig toegelicht door de gidsen. Mevrouw Kröller overleed hier in 1939, haar man twee jaar later. Het jachtslot doet nu soms dienst als gastenverblijf voor leden van de regering.

★★★ Kröller-Müller Museum

Zie plattegrond hiernaast. Reken op 3 uur. ☏ (0318) 59 12 41 - www.krollermuller.nl - dag. beh. ma 10.00-17.00 u; tuin en beeldenpark: 10.00-16.30 u - € 12 (6-12 jaar € 6), exclusief parkeren en toegang tot het park (zie blz. 457).

Het museum, gebouwd naar een ontwerp van Henry van de Velde en vernoemd naar de oprichtster, werd in 1938 geopend. In 1961 werd het uitgebreid met een beeldentuin en in 1977 met een nieuwe vleugel, ontworpen door architect **Wim Quist**. De belangrijke collectie bestaat uit schilderijen, sculpturen en tekeningen (ongeveer 22.000 werken die per toerbeurt tentoongesteld worden), waaronder de op een na grootste Van Goghverzameling ter wereld, te weten 90 schilderijen en meer dan 180 tekeningen.

Rechts van de hoofdingang bevindt zich de **Beeldenzaal** met *Ruiter te paard* van Marini (1952) en werken van Zadkine. De zes daaropvolgende zalen tonen schilderijen uit het begin van de 20ste eeuw. Er hangen tal van werken van **Mondriaan** en **Van der Leck**. Ook representanten van het **constructivisme** (Strzeminski, Schlemmer) en **futurisme** (Ballà, Severini, Boccioni) zijn hier aanwezig. Het **kubisme** wordt vertegenwoordigd door Picasso, Braque, Juan Gris en Fernand Léger (*Kaartspelende soldaten*, 1917). Een aparte zaal is gewijd aan **Charley Toorop**. Een van de topstukken van deze afdeling is *Het begin van de wereld* (1924), een bronzen sculptuur van Brancusi, die het begin van de moderne beeldhouwkunst markeert.

Verderop zijn werken te zien van James Ensor en een paar pointillistische doeken van Seurat *(Het lawaai)*, Van Rijsselberghe en Signac.

Rond de patio hangt in wisselende tentoonstellingen een veertigtal werken van **Van Gogh**, in chronologische volgorde. Door deze representatievorm wordt het contrast tussen de vroege, sombere werken *(De aardappeleters, Weversinterieur met wever)* en de latere, felgekleurde en dynamische schilderijen nog groter. Tot deze laatste categorie behoren onder andere *De olijfgaard, De weg met cypres en ster, Caféterras bij avond, De brug te Arles, De treurende man, De goede Samaritaan* (naar E. Delacroix) en prachtige portretten als *Postbode Roulin, L'Arlésienne* (naar een tekening van zijn vriend Gauguin) en het *Zelfportret*. Prachtig zijn ook de werken uit 1887, zoals *Uitgebloeide zonnebloemen*, de eerste aankoop van mevrouw Kröller, en *Stilleven met gipsbeeldje*.

In de kamers achter de patio zijn behalve **Franse impressionisten** als Cézanne,

NATIONAAL PARK DE HOGE VELUWE 455

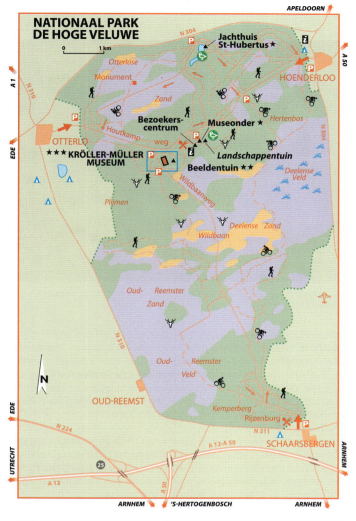

De Lucht van Aristide Maillol in de beeldentuin van het Kröller-Müller Museum (1938)
J. Larrea/easyFotostock/age fotostock

Renoir en Monet ook landschappen van Jongkind, Millet en Corot te zien. Het **symbolisme** is vertegenwoordigd met werken van Jan Toorop en Johannes Thorn Prikker. Andere 19de-eeuwse schilderijen zijn onder meer van Israëls en Breitner. In de volgende zalen hangen **Hollandse meesters uit de Gouden Eeuw** (Avercamp, Van Goyen, Van de Velde de Jonge), 16de-eeuwse meesters als Bruyn de Oude *(Vrouwenportret met anjer*, met op de achterzijde een vanitas), Hans Baldung Grien *(Venus met Amor*, 1525), naast werken van Cranach en Italiaanse en Franse werken uit de 15de eeuw.

Het museum bezit verder Grieks aardewerk, Chinees en Japans porselein, Mexicaanse en Afrikaanse sculpturen en 20ste eeuws aardewerk (Csàsky).

De zalen van de **nieuwe vleugel** zijn gewijd aan de collectie **eigentijdse sculptuur** en illustreren met wisseltentoonstellingen stromingen als minimal art, arte povera en de Nul-groep. In de gang naar een van de expositiezalen staat de *Schrijdende man* van Giacometti (1960).

★★ Beeldentuin en -park

Toegang via het Kröller-Müller Museum (zie blz. 454).

Naast het museum ligt de **Beeldentuin**, een van de grootste van Europa, met ongeveer 160 beelden van hedendaagse kunstenaars. Zodra u het museum verlaat, komt u het polyester beeld van Marta Pan (1961 – **B**) tegen, en *Niobe, snikkend op de grond* van Constant Permeke (1951 - **C**), beter bekend om zijn picturale werk, de denkende *Pénélope* van Émile-Antoine Bourdelle (1912 – **D**) en *De lucht* van Aristide Maillol (1939 – **E**). Verderop ligt het **paviljoen** dat in 1953 door Rietveld is ontworpen.

Het park bevat nog een groot aantal andere kunstwerken, zoals de gebarsten *Vijf bollen* van Lucio Fontana (1965 – **F**), de gigantische *Troffel* van Claes Oldenburg (1971), de *Stenen iglo* van Mario Merz en *56 vaten* van Christo. Verder de witte constructie *Jardin d'émail* van Jean Dubuffet (1975), een grote constructie met zwart omlijnde witte vlakken, en een werk van Richard Serra **(G)**, *Spin out*, dat bestaat uit drie stalen platen die kunstig zijn gerangschikt in een duinkom.

In het **Beeldenpark**, dat tegen de steile helling van de Franse Berg ligt, staat nog een diverse andere kunstwerken.

In de omgeving
REGIOKAART BLZ. 442

Otterlo B2
▶ *1 km vanaf de westelijke ingang van het park.*
Nederlands Tegelmuseum – *Eikenzoom 12 - ℘ (0318) 59 15 19 - www.nederlandstegelmuseum.nl - ♿ - di-zo 13.00-17.00 u - € 7,50 (tot 12 jaar € 3,50).* Dit museum geeft een overzicht van de geschiedenis van de Nederlandse tegel van 1510 tot heden. De tegelproductie onderging aanvankelijk invloed van het Italiaanse aardewerk en het Chinese porselein. Pas omstreeks 1620 werd de veelkleurigheid van de tegels vervangen door het typische blauw. In de 18de eeuw kwam daar het Rotterdamse paars bij.
Hollandse tegels waren in die tijd zeer populair en werden over de hele wereld geëxporteerd. Geliefde onderwerpen waren landschappen, kinderspelen, beroepen, bloemen, dieren en Bijbelse taferelen. De laatste werden vaak op schouwen aangebracht en dienden als illustraties bij de Bijbelverhalen die in gezinsverband werden verteld. Na een sterke terugval van de tegelproductie in de 19de eeuw volgde rond 1900 een nieuwe opleving tijdens de jugendstil.

ⓘ Praktisch

Inlichtingen

Bezoekerscentrum –
℘ 055 833 08 33 -
www.hogeveluwe.nl.

Parkeren

Er is voldoende parkeergelegenheid bij de drie ingangen van het park, bij het Kröller-Müller Museum, het jachtslot Sint-Hubertus en het bezoekerscentrum. Binnen het park is de maximumsnelheid 40 km/u. Alleen de verharde wegen (in het wit op de kaart) zijn toegankelijk voor auto's.

Vervoer

Openbaar vervoer – Het park is met het openbaar vervoer te bereiken vanuit Arnhem, Ede en Apeldoorn.
Fietsen – De witte fietsen (voor volwassenen en kinderen) bij de drie ingangen en het Kröller-Müller Museum staan gratis ter beschikking van de bezoekers. Er mag vrij mee rondgereden worden op de (on)verharde paden. Aan het eind van de dag moeten ze op bij het afhaalpunt worden teruggebracht. Andere fietsen, blauwe (tandem, elektrisch enzovoort.) kunnen worden gehuurd en gereserveerd via de website: *hogeveluwe.nl/nl/verhuur.*

📍 Adresboekje

Uit eten

Bij het bezoekerscentrum, het Kröller-Müller Museum en de ingangen van het park vindt u verschillende restaurants. Picknicken is overal toegestaan en bij het bezoekerscentrum is een picknickweide. Maar koken of een vuurtje stoken is strikt verboden.

Otterlo

Doorsneeprijzen

Kruller – Dorpsstraat 19 - ☎ 0318 59 12 31 - www.kruller.nl - hoofdgerecht € 19/31 - 30 kamers € 125/195. Eigentijds café-restaurant dat van 's morgens tot 's avonds geopend is. Zomerterras. Aangename, functionele kamers. Voor de gasten staan fietsen klaar.

Wat meer luxe

Cèpes – Houtkampweg 1 - ☎ 0318 59 12 28 - cepes.nl - ma-za 12.00-15.00, 17.30-19.30 u - € 45/65. Dit uitstekende restaurant (aanbevolen door de Michelingids) zet in op 'puur natuur'. De chef geeft de voorkeur aan lokale leveranciers die garant staan voor kwaliteit, en combineert Franse en mediterrane invloeden.

Sport en ontspanning

Bij het bezoekerscentrum vindt u een kaart van het park *(€ 2,50)* met bewegwijzerde routes voor voetgangers, fietsers en automobilisten.
Fietsroutes – Het park beschikt over 42 km bewegwijzerde fietspaden *(routes van 10, 17 en 20 km)*. In het bezoekerscentrum zijn brochures te koop zoals *Beelden in het landschap*, met een route langs de meeste monumenten en kunstwerken in het park.
Wandelroutes – In het hele park mag vrij gewandeld worden, behalve in de rustgebieden voor het grote wild. Wandelaars kunnen zelf hun weg zoeken, of een van de gemarkeerde wandelingen volgen (verschillende afstanden, met verschillende kleuren aangegeven op houten paaltjes).
Uitkijkposten – Er zijn vijf wildobservatieplaatsen in het park. De makkelijkst bereikbare zijn De Klep en de Vogelvijvers. Voor meer informatie over waar en wanneer bepaalde dieren te zien zijn (vooral tijdens de bronsttijd van de herten in sept.-okt.) kunt u contact opnemen met het bezoekerscentrum.

Overnachten

Kamperen *(april-okt.)* in het park is alleen toegestaan op het terrein bij de ingang te Hoenderloo.

Hoenderloo

Doorsneeprijzen

Buitenlust – Apeldoornseweg 30 - ☎ 055 378 13 62 - www.hotelbuitenlust.nl - 14 kamers € 100/115 - hoofdgerecht € 20/25. Dit familiehotel in het groen is een ideale uitvalsbasis voor bezoekers die door het park De Hoge Veluwe willen dwalen. De kamers bieden een verkwikkende nachtrust; het restaurant heeft een veranda en er kan in de tuin gegeten worden... als de zon meewerkt.

Otterlo

Goedkoop

't Witte Hoes – Dorpsstraat 35 - ☎ 0318 59 13 92 - www.wittehoes.nl - 13 kamers € 80/110. Vriendelijke ontvangst en service, frisse salon met bibliotheek, goed ingerichte kamers, restaurant in Engelse cottagesfeer, met schaduwrijk zomerterras: dat zijn de kenmerken van dit intieme hotelletje waar u met plezier aan terug zult denken. Er zijn hier ook fietsen te huur.

Zutphen ★

Zutphen, hoofdplaats van de bosrijke Achterhoek en dicht bij de groene Veluwe gelegen, is een aantrekkelijke oude stad aan de samenvloeiing van de Berkel, de IJssel en het Twentekanaal. Op marktdagen zijn de straten van het voetgangersgebied in dit belangrijke streekcentrum gezellig druk.

Ligging
48.350 inwoners
REGIOKAART BLZ. 442 B1-2 EN
PLATTEGROND BLZ. 460.
40 km ten noordoosten van Arnhem.

Praktisch blz. 463

Adresboekje blz. 463

Wandelen
PLATTEGROND BLZ. 460

★ De oude stad
Wandeling in groen aangegeven op de plattegrond.

's-Gravenhof AB2
Aan dit plein staan de Sint-Walburgiskerk en het stadhuis. In 1946 zijn hier de restanten van het kasteel van de graven van Zutphen ('s-Gravenhof) teruggevonden. In het plaveisel zijn de omtrekken ervan aangegeven.

Oude Stadhuis AB2
Dit 15de-eeuwse gebouw is tussen 1716 en 1729 ingrijpend verbouwd. Het grenst aan de vroegere **Vleeshal**. In de **Burgerzaal**, de grote zaal van de voormalige Vleeshal, is het mooie houten plafond bewaard gebleven.

Musea Zutphen A2
's-Gravenhof 4 - ℘ (057) 551 68 78 - www.museazutphen.nl - di-zo 11.00-17.00 u - € 7,75 entree één museum (tot 12 jaar gratis); € 15 entree beide musea.
In dit nieuwe museumcentrum, dat in het gerenoveerde voormalige gerechtsgebouw is ondergebracht, zijn de collecties van twee Zutphense musea samengebracht: het Stedelijk Museum Zutphen, gewijd aan de geschiedenis van de stad (glaswerk, edelsmeedkunst, kostuums en munten), en die van het Museum Henriette Polak (schilderijen, beelden en grafisch werk van hedendaagse Nederlandse kunstenaars).
Ga verder via de Zaadmarkt.

Sint-Walburgiskerk AB2
℘ (057) 551 41 78 - www.walburgiskerk.nl - di-za 11.00-17.00, zo (alleen kerk) 12.00-16.00 u; toren geopend in juni-aug.: rondleiding do-za om 13.00, 14.00 en 15.00 u - kerk € 5; toren € 11 (tot 12 jaar gratis).
Deze 13de-eeuwse romaanse kerk werd tot in de 16de eeuw steeds verder uitgebouwd in gotische stijl. In 1945 leed de kerk schade en bij een brand in 1948 raakte hij het bovenstuk van zijn toren kwijt. De rest van de toren, oorspronkelijk met tufsteen bekleed, werd met kalksteen gerestaureerd. Het **Mariaportaal** (noordzijde) stamt uit de 15de eeuw.

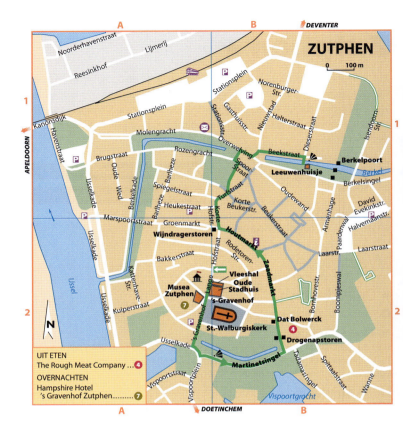

Binnen heeft de kerk gewelfschilderingen uit de 14de en 15de eeuw. In het koor hangt een mooie, smeedijzeren **kroonluchter**★ uit de 15de eeuw. De sobere preekstoel dateert uit de 17de eeuw. De orgelkast uit dezelfde periode is echter rijkversierd. Opmerkelijk is de koperen **doopvont** (1527), versierd met tal van afbeeldingen van Bijbelse figuren en heiligen. Erbovenop staat een pelikaan. De **Librije**★ (bibliotheek) die zich sinds 1564 zuidelijk van de kooromgang bevindt, heeft met lage gewelven en talrijke zuilen een authentiek aanzien behouden. Van de ongeveer 750 titels, waaronder acht handschriften en tachtig incunabelen, is een honderdtal (verluchte missalen, uitgaven van teksten van Thomas van Aquino en Luther) te zien op houten lessenaars. De Librije is een van de weinige bibliotheken in Europa waar de boeken nog op de oorspronkelijke wijze worden gepresenteerd. Interessant zijn de gebeeldhouwde kraagstenen onder de gewelfbogen en de vele figuurtjes op de zuilen.
Neem bij het verlaten van de kerk de Lange Hofstraat en sla linksaf.

Martinetsingel B2

Dit punt biedt mooi **uitzicht**★ op de zuidkant van de stadsmuur, de St.-Walburgiskerk met zijn toren en de Drogenapstoren. Aan de voet van de muur liggen groene tuinen, gevoed door een gracht.
Sla nogmaals linksaf.

★ Drogenapstoren B2
Deze mooie stadspoort (1444-1446) heeft een vierkante basis, kantelen, wachttorentjes op de hoeken en een achthoekige toren.

Dat Bolwerck B2
Mooi gotisch huis uit 1549, versierd met pinakels. De vroegere **wachtpost van de cavalerie** ernaast, Ruiter Kortegaard (1639), heeft een topgevel met voluten.

Zaadmarkt B2
Rechts op deze oude graanmarkt, op nr. 101, is de toegangspoort van een **hofje** uit 1723 te zien.

Houtmarkt B2
Aan de Houtmarkt staat de mooie, renaissancistische **Wijndragerstoren** uit de 17de eeuw, met een gerestaureerd **carillon** van de gebroeders Hemony. Elke donderdag wordt hier markt gehouden.

Berkelpoort B1
De bogen van deze 14de-eeuwse waterpoort, met aan weerszijden wachttorentjes, overspannen de Berkel. Het bruggetje aan de westkant biedt het mooiste **uitzicht** op de poort. Dichtbij staat het **Leeuwenhuisje**, met een boven het water uitstekende erker die door gebeeldhouwde leeuwen wordt gedragen.

In de omgeving
REGIOKAART BLZ. 442

Doesburg B2
▶ *20 km naar het zuiden via de N348 en dan de N317.*
Het oude vestingstadje in het graafschap Zutphen was in de middeleeuwen een welvarend handelscentrum; vanaf 1447 was Doesburg lid van de Hanze.
Grote of Martinikerk – Deze 15de-eeuwse gotische kerk heeft hoge vensters in flamboyante stijl. De hoge **toren** werd na de verwoesting in 1944 herbouwd en draagt een carillon in zijn binnenste. In de zomer zijn er orgelconcerten in de kerk.
Waag – Dit sierlijke gebouw uit 1478, nu een café-restaurant, heeft een trapgevel met pinakels en hoge vensters met beschilderde luiken onder korfboognissen. In het karakteristieke interieur is nog de weegschaal van de oude Waag te bewonderen.
In dezelfde straat zijn nog enkele interessante huizen te zien, vooral de **Baerkenhuizen** (nr. 29-31), twee renaissancebouwwerken uit 1649. Het **stadhuis** bevindt zich tegenover de Waag. Het dateert uit de 15de eeuw en heeft een prachtige gevel.
Museum Hoeksche Waard – *Dorpsstraat 13 - ℘ (0186) 60 15 35 - www.museum hw.nl - wo-vr en zo 13.00-17.00, za 10.00-17.00 u - € 5,25 (4-12 jaar € 3,25).* In dit kleine gemeentemuseum zijn reconstructies te zien van een tabakskerverij en een ouderwetse kruidenierswinkel.
Doesburgsch Mosterd en Azijnmuseum – *Boekholtstraat 22 - ℘ (0313) 47 22 30 - www.doesburgschemosterd.nl - ♿ - dag. beh. ma 11.00-16.00 u - € 3 (4-12 jaar € 1,50).* In deze fabriek uit 1457 wordt met behulp van oude technieken en houten molens mosterd gemaakt.

Rondrit

REGIOKAART BLZ. 442

Het oude graafschap Zutphen BC1-2

▶ *Rondrit van 60 km, in blauw aangegeven op de regiokaart.*
Tussen Zutphen en de grens ligt het oude graafschap Zutphen, ook bekend als de **Achterhoek★**, een gebied met veel bossen (naaldbomen, eiken, beuken) en weilanden, doorsneden met rustige weggetjes en mooie boslanen.

Vorden
Dit dorp heeft twee **stellingmolens** uit de 19de eeuw. In de omgeving van Vorden staan in de bossen **acht kastelen** verscholen: Vorden, Hackfort, Kiefskamp, Wildenborch, Bramel, Onstein, Medler en Wiersse. Eigenlijk telt de streek wel een dozijn van dergelijke oude, bakstenen kastelen, maar het merendeel is in de 18de eeuw in tamelijk eenvoudige stijl herbouwd. Ze getuigen van de belangstelling die de grote heren hadden voor deze bosrijke streek, waar veel wild te vinden was. Meestal is de directe omgeving van de huizen voor autoverkeer verboden, maar via sommige voet- of fietspaden kunnen nieuwsgierigen toch dicht in de buurt komen. **Kasteel Vorden** heeft twee vleugels aan weerszijden van een achtkantige toren. Het doet dienst als gemeentehuis.
Het meest indrukwekkend is **Kasteel Hackfort** met twee massieve, ronde torens, ten westen van Vorden. Ernaast ligt een **watermolen** van rond 1700.
Rijd verder over de N319.

Groenlo
Dit oude, aan de Slinge gelegen stadje is nog omringd door de restanten van vroegere vestingwerken. Het **Stadsmuseum**, een klein streekmuseum, is ondergebracht in een boerderij uit 1623. ℘ *(0544) 46 26 68 - www.stadsmuseumgroenlo. nl - ma-za 12.00-16.30 u - € 6 (tot 12 jaar € 3).*
Verlaat Groenlo in het zuiden via de N313.

Bredevoort
Dit historische plaatsje is sinds 1993 een **boekenstad**. Het telt meer dan twintig antiquariaten en tweedehandsboekenwinkels en organiseert geregeld boekenmarkten. Bredevoort is ook de geboorteplaats van **Hendrikje Stoffels**, de tweede vrouw van Rembrandt.
Rijd verder in westelijke richting over de N318.

Doetinchem
Deze stad in het hart van de Achterhoek behoorde vroeger tot het graafschap Zutphen. Een bombardement richtte in 1945 grote schade aan. Tegenwoordig is Doetinchem een moderne industrie- en handelsstad.
Rijd verder naar het noorden over de N314.

Bronkhorst
Het schilderachtige Bronkhorst kreeg in 1482 stadsrechten en is de kleinste stad van Nederland. Aan het kruispunt van de twee hoofdwegen staan een kapel (14de eeuw), twee herbergen en een oude, Saksische boerderij.

De watermolen van Kasteel Hackfort
DutchScenery/Getty Images Plus

🛈 Praktisch

Inlichtingen

Toeristenbureau – *Houtmarkt 75 - ℘ (0575) 84 45 38 - www.inzutphen.nl - ma 11.00-17.00, di-za 10.00-17.00, zo 12.00-16.00 u.*
Toeristenbureau Doesburg – *Kloosterstraat 15 - ℘ (0313) 47 90 88 - www.visitdoesburg.com.*

📍 Adresboekje

PLATTEGROND BLZ. 460

Uit eten

Doorsneeprijzen

❹ **The Rough Meat Company** – B2 - *Pelikaanstraat 6 - ℘ 0575 51 70 35 - www.roughmeat.nl - ♿ - 16.00-21.30 u - gesl. ma - hoofdgerecht € 24/42.* Dit eerbiedwaardige oude huis was beurtelings eethuis, postkoetshalte, herberg en café, en heeft op de binnenplaats achter het huis een prachtig terras in de schaduw van de Drogenapstoren. Goede, klassieke Nederlandse keuken met als specialiteit asperges in het seizoen. Gezellige bistrosfeer.

Overnachten

Doorsneeprijzen

❼ **Hampshire Hotel 's Gravenhof Zutphen** – A2 - *'s Gravenhof 6 - ℘ 0575 59 68 68 - hotelsgravenhof.nl -* 🅿 *- 58 kamers € 112/130 -* ☕ *€ 18,50 -* 🍴 *menu € 35,50/55.* Hotel aan een charmant pleintje in de oude stad, gevestigd in een 16de-eeuws weeshuis. De inrichting is een combinatie van historische elementen en hedendaagse invloeden. Een labyrint van gangen leidt naar de kamers. Designbrasserie.

Nationaal Museum Paleis Het Loo ★★★

Het voormalige Paleis Het Loo, dat een paar eeuwen lang het zomerverblijf van de koninklijke familie was, is omgeven door prachtige tuinen en een uitgestrekt bospark en is een fraai voorbeeld van de 17de-eeuwse barokstijl in Nederland. Het ietwat strenge paleis is een majestueus gebouw met harmonieuze verhoudingen. Meer dan dertig jaar nadat het voor het publiek werd opengesteld, heeft het kasteel een facelift gekregen en is nu een lust voor het oog.

▶ Ligging

REGIOKAART BLZ. 442 B1. Het paleis ligt dicht bij Apeldoorn. Bereikbaar via de N344, die Apeldoorn met Amersfoort verbindt.

◯ Planning

Reken op ongeveer 3 uur voor het bezoek aan het paleis en de hele dag om ook van de tuin en het park te genieten.

ⓘ Praktisch blz. 470

◯ Adresboekje blz. 470

Bezichtigen

Koninklijk Park 1 - ☏ (055) 577 24 00 - www.paleishetloo.nl - ♿ - 10.00-17.00 u - gesl. ma in het laagseizoen - € 19,50 (4-12 jaar € 9,50) voor het hele terrein; tuinen en stallen € 10 (4-12 jaar € 5) - online reserveren is raadzaam in het hoogseizoen en op za, zo - audiogids ter plaatse te downloaden - 🅿 € 7,50.

☺ Het paleis werd in 2022 heropend na enkele jaren van opmerkelijke restauratie. De ontwikkeling van een souterrain (onder het voorplein) gaat door tot 2023: er komen nieuwe ontvangstruimten, tentoonstellingsruimten, een winkel en een museum (porselein, schilderijen en prenten enz.). De beschrijving hierna is dus van algemene aard, aangezien het museumparcours in de loop van de tijd nog zal veranderen.

Voorbij de **koninklijke stallen** (mooie verzameling rijtuigen en sleden uit eind 19de-begin 20ste eeuw) en een voormalige balzaal waarin nu een mooi café is gevestigd, bereikt u een brede laan waar de bomen een prachtig gewelf vormen. Hierna komt u bij het grote, bakstenen gebouw, dat geflankeerd wordt door vleugels die om een voorhof liggen. Een blauw- en goudgekleurd hek sluit de hof af, waar een fontein versierd met dolfijnen diende als dorstlesser voor de paarden. Het gebouw heeft een noord-zuidoriëntatie en maakt indruk door zijn sobere, ietwat strenge vorm. De enige sierelementen zijn de zandstenen timpanen met jachttaferelen en de vensterbanken onder de ramen. De oostelijke paviljoens waren bestemd voor koningin Mary II, terwijl koning-stadhouder Willem III de westelijke in gebruik had. De schuiframen in het hoofdgebouw en de paviljoenen waren een noviteit in die periode.

De tuinen van Paleis Het Loo, te midden van de bossen
Alamy/hemis.fr

★★★ De appartementen

Vanuit het overwelfde onderhuis leidt een trap naar de grote **vestibule**, waar twee door Daniël Marot ontworpen tuinvazen staan (17de eeuw).

Oude Eetzaal

In de oude eetzaal, die van 1686 tot 1692 in gebruik was, hangen Antwerpse wandtapijten (17de eeuw). Interessant is het eveneens uit Antwerpen afkomstige kunstkabinet (1630), met bijbelse taferelen van de hand van Frans Francken de Jonge.

★ Nieuwe Eetzaal

De prachtige nieuwe eetzaal (ca. 1692) is een mooi voorbeeld van de bijdrage die Daniël Marot leverde aan de inrichting van het paleis. De met vergulde banden versierde witte zuilen en pilasters en de plafonds met reliëf geven de zaal, die nauwelijks groter is dan de oude eetzaal, een majestueuze aanblik.
Aan de wanden hangen Brusselse tapijten (ca. 1690) met de familiewapens van Willem III en zijn gade en een spiegel (ca. 1680) met een fraai bewerkte, vergulde houten lijst. De laatste is afkomstig uit het verdwenen kasteel Honselaersdijk, dat ten zuiden van Den Haag lag. Net als in andere vertrekken zijn hier Hollandse stoelen (eind 17de eeuw) met fraai bewerkte hoge rugleuningen te zien.

Kapel

Achter in de **witte gang**, waar portretten van de Friese Nassaus hangen, voert een trap naar de **kapel,** waar orgelconcerten worden gegeven. Het rijkversierde stucplafond is van Marot.
De Watersnoodbijbel die hier te zien is, werd in 1862 door het Nederlandse volk aan koning Willem III geschonken als dank voor zijn betrokken houding tijdens de watersnood van 1861.
Veel Nederlanders hebben in 1962 in deze kapel afscheid genomen van koningin Wilhelmina, die hier opgebaard lag voordat zij in Delft werd begraven.

Van prinselijk paleis tot koninklijk museum

Wanneer **Willem III** (1650-1702), prins van Oranje en stadhouder van de Verenigde Provinciën, in 1684 Paleis Het Oude Loo (14de-15de eeuw) koopt, gaat er een droom in vervulling voor de verwoede jager. In 1685 legt prinses **Mary II Stuart**, zijn echtgenote, 300 m verderop de eerste steen voor het nieuwe Paleis Het Loo. Dat is bestemd voor het prinselijke paar, hun hofhouding en gasten, en moet een uitgebreid jachtgezelschap kunnen herbergen. De Parijse Koninklijke Academie voor Architectuur levert de ontwerpen voor het paleis; **Jacob Roman** (1640-1716), leerling van Pieter Post, kan worden beschouwd als de hoofdarchitect.

De aankleding van het paleis en het tuinontwerp worden toevertrouwd aan **Daniël Marot** (1661-1752), een hugenoot uit Parijs die waarschijnlijk kort na de herroeping van het Edict van Nantes (1685) naar Holland uitweek.

In 1689, nadat hij zijn schoonvader Jacobus II van de troon heeft verjaagd, wordt Willem III koning van Engeland. Het Loo, nu een koninklijk paleis, moet worden uitgebreid: de colonnades die het hoofdgebouw met de vleugels verbinden, worden in de tuin geplaatst en vervangen door vier paviljoenen.

Wanneer de Fransen het paleis in 1795 in handen krijgen, ontkomt het niet aan de vernielzucht van de soldaten. De nieuwe koning, Lodewijk Napoleon (1806-1810), laat de gevel pleisteren en een Engelse tuin aanleggen. In oktober 1811 verblijft Napoleon Bonaparte in paleis Het Loo.

In 1815 komt het complex in handen van de Nederlandse staat en wordt het als zomerverblijf ter beschikking gesteld aan koning Willem I. Die treedt hier in 1840 af ten gunste van zijn zoon Willem II. Na de regering van Willem III en het regentschap van koningin Emma bestijgt Wilhelmina in 1898 de troon. Een paar jaar later besluit de staat het paleis ingrijpend te renoveren en uit te breiden. Na haar troonsafstand in 1948 trekt Wilhelmina zich op Het Loo terug. Haar kleindochter prinses Margriet en haar gezin zijn de laatste leden van de koninklijke familie die op Het Loo wonen. In 1969 ziet koningin Juliana (1909-2004) van verder gebruik van het paleis af en valt het besluit er een museum van te maken.

Het paleis opende zijn deuren voor het publiek in juni 1984 en werd al snel een van de populairste monumenten van het land. De tol van het succes was dat het paleis vanaf 2018 grootschalig gerenoveerd moest worden. De werkzaamheden werden uitgevoerd onder leiding van het Rotterdamse architectenbureau KAAN. Sinds april 2022 is het paleis weer toegankelijk voor bezoekers.

Vertrek van prins Willem IV

Dit vertrek doet dankzij de gele, zijden damastbekleding licht aan. Er zijn portretten van de stadhouder en zijn echtgenote Anna van Engeland te zien, evenals een kristallen kroonluchter (ca. 1747) en een plafond met Chinese motieven. De muren van het **Friese kabinet** ertegenover hebben goudleren behang (18de eeuw).

Galerij

Via de **bibliotheek★ (9)** op de eerste verdieping, ingericht naar ontwerp van Marot en voorzien van een stucplafond met spiegels, komt u bij de **galerij**. In de fraai gelambriseerde kamer met groen damasten behang en schitterende kroonluchters is een mooie schilderijencollectie te zien.

Kamer van koning Willem I
Via het **vertrek van stadhouder Willem V** komt de bezoeker in de **kamer van koning Willem I**, de eerste koning der Nederlanden. Lodewijk Napoleon liet de met blauwe en goudkleurige stof overtrokken empirestoelen voor Het Loo vervaardigen door de Nederlander A. Eeltjes (1751-1836). Aan de wanden hangen portretten van de koning en zijn dochter, prinses Marianne. De appartementen die nu volgen, van koningin Mary II en koning-stadhouder Willem III, zijn op hun oorspronkelijke, 17de-eeuwse plaats gereconstrueerd.

Mary's slaapkamer
Het weelderige staatsiebed met baldakijn (ca. 1685) is overdekt met Genuees fluweel. Het is afkomstig uit Kensington Palace (Londen), waar de prinses woonde. De tafel, de twee gueridons en de zilveren en vergulde spiegels (ca. 1700) zijn het werk van de Augsburgse edelsmid J. Barterman. Waarschijnlijk heeft Gerard de Lairesse (1641-1721) de vier elementen en vier kardinale deugden geschilderd die op het plafond te zien zijn.

★★ Kabinet
Achter de **kleerkamer van Mary II**, waarvan de muren met Noord-Nederlandse gobelins (17de eeuw) zijn behangen, ligt het **kabinet van de koningin**, waar de kleuren groen en rood overheersen. Het mooie kamertje, vanwaar Mary II een prachtig zicht had op de tuinen, bevat een Engels lakkabinet (1690) en het Delftse en Chinese porselein waar de koningin zo van hield.
Het door Marot ontworpen **trappenhuis** werd op verzoek van koningin Wilhelmina gereconstrueerd door W. Fabri.

★ Grote of Audiëntiezaal
De landschappen aan de wanden van deze zaal zijn geschilderd door J. Glauber (1646-1726); in deze zaal, met mooie grisailles op een goudkleurige ondergrond, deed koning Willem I afstand van de troon.

Kabinet van Willem III
Een met goudleer behangen **passage** leidt naar het **kabinet van Willem III**. Het inlegwerk van de Noord-Nederlandse secretaire (eind 17de eeuw) bestaat uit notenhout, palissander, olijfhout, palmhout, eikenhout en ivoor.
De wanden van de **slaapkamer van Willem III★** zijn behangen met karmijnrood damast.

★ Kamer van koning Willem III
Het meubilair in deze kamer is van ebbenhout, ingelegd met ivoor, messing, paarlemoer en halfedelstenen.
De drie volgende kleine zalen bevatten respectievelijk voorwerpen die betrekking hebben op **prins Hendrik**, de broer van koning Willem III, een **verzameling aquarellen**, waaronder het portret van koningin Wilhelmina door Mondriaan, en speelgoed en meubeltjes uit de kindertijd van **koningin Wilhelmina**.

★ Zitkamer en Werkkamer van koningin Wilhelmina
Ten slotte komt u in deze kamers van koningin Wilhelmina, die nog ingericht zijn zoals tijdens het leven van de vorstin. Op de schoorsteen van de werkkamer staat een beeldje van Gaspard de Coligny, een voorouder die in de 16de eeuw een hugenotenleger aanvoerde.

Keukenkeldertje

Vergeet niet in de gang een blik te werpen op het aardige keukenkeldertje, waarvan de muren met Delftse tegels zijn bekleed. Koningin Mary II maakte hier jam van de vruchten uit haar tuin. De kleine **Schelpengrot** is versierd met schelpen, halfedelstenen en marmer.

😊 Het **dak** van het paleis is meestal toegankelijk voor publiek *(volg de borden 'Paleisdak')*. Vanaf het dak heeft u een schitterend **uitzicht** op de tuinen.

★★ De tuinen

Vroeger gaf het schitterende **hek**★★★ van verguld smeedijzer toegang tot het terras. Een Nederlandse smid is een jaar lang aan het werk geweest om het meesterwerk van Marot met louter 17de-eeuwse technieken te reconstrueren. Onder de kroon zijn de initialen van Willem III en Mary II aangebracht (W en M). Het onderste gedeelte is versierd met oranjeboompjes en acanthusbladeren.
Het terras, waarop twee zandstenen beelden zijn geplaatst die de grensrivieren van de Veluwe (Rijn en IJssel) symboliseren, biedt een mooi **uitzicht**★ op de tuinen (6,5 ha). Aan de hand van historische documenten en de overblijfselen die onder de zandlaag van de 19de-eeuwse Engelse tuin werden gevonden, konden de oorspronkelijke 17de-eeuwse tuinen worden gereconstrueerd. Voor de beplanting van de borders zijn uitsluitend planten gebruikt die in die tijd al bekend waren in Nederland.

Benedentuin

De door taluds omgeven benedentuin bestaat uit vier broderieparterres en vier Engelse parterres waarin beelden zijn geplaatst van Flora en Bacchus *(oostzijde)* en van Apollo en Venus, die de appel krijgt aangeboden door Paris *(westzijde)*. Het Venusbeeld van de middelste fontein is een afgietsel van een beeld van Gaspar Marsy (1625-1681) dat zich in Versailles bevindt. Interessant zijn ook de aardbol *(links)* en de hemelglobe *(rechts)*. De eerste toont de wereld zoals die aan het eind van de 17de eeuw bekend was; de tweede geeft de stand van de hemellichamen boven Het Loo aan op de dag dat Mary II werd geboren.
Bij de waterval in het midden van het rechtertalud staat een gracieus beeld van Narcissus die zichzelf in het water bewondert. Het is een kopie van een werk van de Belgische beeldhouwer Gabriel de Grupello (1644-1730).

Boventuin

Achter de dubbele rij eiken langs de vroegere oprijlaan naar Paleis het Oude Loo, waarvan een paar torentjes te zien zijn, ligt de boventuin, begrensd door colonnades (loop de trap op voor een fraai uitzicht). De grote bomen zijn een overblijfsel van de Engelse tuin. Opmerkelijk is de tulpenboom, herkenbaar aan zijn bladeren met ronde uiteinden. De koningsfontein is een symbool van de macht van Willem III, die wilde dat de fontein hoger zou spuiten dan die van zijn rivaal Lodewijk XIV. Beroemde gasten konden getuigen van de bijzondere kwaliteit van het water: het was helder en reukloos, en dat kon van het water in Versailles niet gezegd worden.

Koningstuin

Ten westen van het paleis.
Hier overheersen de kleuren blauw en oranje, en is de klosbaan veranderd in een grasperk. De Canadese esdoorn bij de hoek van het veld, een geschenk van koningin Juliana aan haar moeder, is blijven staan.

NATIONAAL MUSEUM PALEIS HET LOO

Wandelen door het park

Het paleis en zijn tuinen zijn onderdeel van een enorm landgoed (**Paleispark Kroondomein Het Loo**) van 10.400 ha, bestaande uit bos, vijvers, heidevelden enzovoort. Talrijke wandelroutes (van 2 tot 14 km), sommige toegankelijk voor rolstoelgebruikers, bieden de mogelijkheid om een frisse neus te halen, herten of eekhoorns te zien en tegelijkertijd te genieten van de natuurlijke en historische bezienswaardigheden. Naast verschillende romantische koninklijke paviljoens kunt u enkele opmerkelijke bomen bewonderen, waaronder reusachtige sequoia's en de grootste boom van het land, een 50 m hoge douglasspar. Ook bezienswaardig is kasteel **Het Oude Loo**, een elegant, gedeeltelijk door water omgeven jachtpaviljoen uit de 15de eeuw (gerenoveerd in het begin de van de 20ste eeuw).
ⓘ *www.kroondomeinhetloo.nl (download de plattegrond van het domein) - 's zomers: 8.00-19.00 u, 's winters: 9.00-17.15 u - € 2.*

Koninginnentuin
Ten oosten van het paleis.
Deze tuin is met zijn begroeide en overwoekerde wandelpaden, zijn bloemen met pasteltinten en fruitbomen (waaronder oranjepeer en abrikoos) intiemer van aard.

In de omgeving   REGIOKAART BLZ. 442

Apeldoorn B1
▶ *4 km ten zuiden van het paleis.*
Als ware tuinstad wordt Apeldoorn doorsneden door brede lanen met hoge bomen en een groot aantal parken.
CODA Museum (Cultuur Onder Dak Apeldoorn) – *Vosselmanstraat 299 - ☏ (055) 526 84 00 - www.coda-apeldoorn.nl - di-vr 10.00-17.30, za 10.00-17.00, zo 11.00-17.00 u - € 10,50 (tot 15 jaar gratis)*. Dit museum voor moderne en hedendaagse kunst richt zich voornamelijk op Nederlandse kunststromingen vanaf 1960 en op niet-Europese kunstenaars. Het centrum beschikt ook over een grote collectie moderne sieraden. Jaarlijks worden er een tiental tentoonstellingen georganiseerd.

Apenheul in Berg en Bos B1
▶ *2,5 km naar het zuidwesten - ☏ (055) 357 57 57 - www.apenheul.com - ♿ - half mei-begin okt.: 9.30-17.00 (9.00-18.00 u in juli-aug.) - € 25 (3-12 jaar € 22).*
👥 In de bossen van dit tralieloze dierenpark leven dertig verschillende soorten apen, die vrijwel allemaal vrij rondlopen. Zeldzame wolapen, ruim 120 doodshoofdaapjes, berberapen en halfapen uit Madagaskar slingeren door de bomen of kruipen op en om de bezoekers heen. Omdat sommige aapjes geraffineerde zakkenrollers zijn, krijgen alle bezoekers bij de ingang een speciale apentas. De grotere dieren, zoals de **gorilla's**, orang-oetangs en bonobo's, leven op aparte eilandjes. Vooral tijdens het voederen kan men de dieren goed gadeslaan. Voor kinderen is er de tropische kinderboerderij **Dajak Farm**.
In het natuurpark **Berg en Bos** zijn mooie wandelingen te maken.

★ Kasteel Cannenburch B1

◉ *In Vaassen; 7,5 km naar het noorden via de weg naar Zwolle richting Epe. Maarten van Rossumplein 4 - ℘ (0578) 57 12 92 - cannenburch.glk.nl - juni-okt.: vr-zo 12.00-17.00 u - € 12 (4-18 jaar € 5) - brochure.*

Dit waterslot werd in 1543 in renaissancestijl opgetrokken door Maarten van Rossum, de bloeddorstige veldheer van het leger van Karel van Gelder. Na zijn dood kwam het in handen van de familie Isendoorn, die het in de 17de en 18de eeuw uitbreidde en verfraaide. Het interieur, dat is teruggebracht in de 18de-eeuwse staat, geeft een goed beeld van een adellijke woning die eeuwenlang door dezelfde familie bewoond is geweest.

ℹ️ Praktisch

Inlichtingen

Toeristenbureau Apeldoorn – *Vosselmanstraat 299 (CODA Museum) - apeldoorn-binnenstad.nl en uitinapeldoorn.nl.*

📍 Adresboekje

Uit eten

Onderbreek uw bezoek aan het paleis door iets te eten of drinken in de elegante balzaal (restaurant).

Apeldoorn

Doorsneeprijzen

Poppe – *Paslaan 7 - ℘ 055 522 32 86 - www.poppe-apeldoorn.nl - 🅿 - 12.00-23.00 u - gesl. zo - hoofdgerecht € 23/29, menu € 35.* Sympathiek restaurant in het centrum van de stad, dat schuilgaat achter de gevel van een oud herenhuis. Hier kunt u lekker eten in een hedendaags decor. De lunch streelt de tong, zonder een al te grote hap uit het vakantiebudget te nemen.

Ontspanning

Stoomtrein – *℘ (055) 506 19 89 - www.stoomtrein.org - juli-aug. - € 17,50 (4-11 jaar € 8,50).* Een andere manier om het Veluwse landschap te ontdekken is per Veluwsche Stoomtrein, die tussen Apeldoorn en Dieren (23 km naar het zuidoosten) rijdt.

Harderwijk

Met twee jachthavens en een strand lokt Harderwijk flink wat toeristen. Uit de tijd dat Harderwijk een Hanzestad aan de Zuiderzee was, resten nog een paar schilderachtige steegjes, delen van de oude stadsmuur en de haven, waar heerlijke gerookte paling te koop is. Ook de herinnering aan de beroemde Zweedse botanicus Carolus Linnaeus (1707-1778) wordt hier gekoesterd. Hij promoveerde aan de universiteit van Harderwijk.

Ligging
48.900 inwoners
REGIOKAART BLZ. 442 B1.

Praktisch blz. 473
Adresboekje blz. 473

Met het gezin
De zeedieren in het Dolfinarium.

De oude haven van Harderwijk
DutchScenery/Getty Images Plus

Wandelen

In de **oude stad** van Harderwijk staan veel gerestaureerde huizen in renaissancestijl en patriciërswoningen uit de 18de eeuw, die getuigen van een rijk verleden. Ga te voet de **Vischpoort** binnen, een mooie stadspoort (14de-16de eeuw) bij de Strandboulevard die toegang geeft tot de Vischmarkt.
Via de Kleine Marktstraat, rechts, en de Hondegatstraat komt u bij de **Markt.** Hier staat het oude stadhuis (1837), dat een arcade heeft en een wit klokkentorentje.

Volg de **Donkerstraat** (voetgangersgebied), waar u een paar grote, 18de-eeuwse herenhuizen met rococoportalen ziet. In een steegje links *(Academiestraat)* is het **Linnaeustorentje** (16de eeuw) te zien, waarachter de hortus botanicus van de universiteit lag.

Veluws Museum

Donkerstraat 4 - ℘ (0341) 41 44 68 - www.stadsmuseum-harderwijk.nl - di-za 10.30-17.00, zo 12.00-17.00 u - € 10 (13-18 jaar € 5).
Dit stadsmuseum is gevestigd in een 18de-eeuws pand en gewijd aan de geschiedenis van de Veluwe (munten, klederdrachten, scheepsmodellen) en aan de oude universiteit van Harderwijk. De katheder van het voormalige gymnasium illustreert het belang van het onderwijs voor Harderwijks verleden; de lage zetel was bestemd voor de examenkandidaat, de hoge voor de rector.
Behalve Linnaeus zijn ook Herman Boerhaave en Constantijn Huygens in Harderwijk gepromoveerd. Als u rechts de Smeepoortstraat in loopt, komt u langs de **Grote Kerk** uit de 14de eeuw. Aan het eind van de straat leidt de **Bruggestraat** terug naar de Markt.

★ Dolfinarium

℘ (0341) 46 74 67 - www.dolfinarium.nl - ♿ - half feb-okt.: 10.00-17.00 u - € 29,50.
In dit grote zeedierenpark zijn verschillende shows met dolfijnen, zeeleeuwen en andere waterdieren te zien. Verder zijn er het Roggenrif, waar de bezoekers roggen kunnen aaien, en de Lagune, waar het leven boven en onder de zeespiegel te bewonderen is. In Fort Heerewich worden gestrande dolfijnen verzorgd.

In de omgeving   REGIOKAART BLZ. 442

Elburg B1

▶ *20 km in noordoostelijke richting, via de N310.*
Dit stadje was in de 14de eeuw lid van de Hanze en een levendige Zuiderzeehaven. Met de 14de-eeuwse, vierkante stadswallen en grachten heeft Elburg een middeleeuws karakter behouden. Aan het raster van rechte straten, en vooral aan de Beekstraat die langs de smalle gracht loopt, staan mooie huizen. De **Vischpoort**, een 14de-eeuwse toren aan de noordzijde, vormde vroeger de verbinding met de Zuiderzee. Het is de enige stadspoort die Elburg nog telt. In de poort, die deel uitmaakt van het museum *(zie hierna)*, is sinds 2021 een *escape game* te spelen dat verband houdt met de geschiedenis van Elburg *(informatie: hanze-escaperoom.com).*
Aan het andere einde van de straat staat het voormalige **Agnietenconvent** uit 1418. In de oude gotische kapel en een deel van de kloostergebouwen is het Gemeentemuseum ondergebracht, **Museum Melburg**, gewijd aan de geschiedenis van de stad. *Jufferenstraat 6 - ℘ (0525) 68 13 41 - www.museummelburg.nl - di-za 11.00-17.00 u (en ma 13.00-17.00 u alleen in juli-aug.) - € 7 (4-12 jaar gratis).*
In het museum kunt u ook **rondleidingen** door de stad boeken *(€ 1,75).*
De 14de-eeuwse **St.-Nicolaaskerk** wordt gedomineerd door een massieve vierkante toren. In de naburige Van Kinsbergenstraat zijn interessante huizen te zien, zoals het 15de-eeuwse Arent thoe Boecophuis.

HARDERWIJK

🛈 Praktisch

Inlichtingen

Toeristische website –
www.visitharderwijk.com.

📍 Adresboekje

Uit eten

Wat meer luxe
Basiliek – *Vischmarkt 57L -
☏ 0341 41 52 90 - www.restaurant
basiliek.nl - ♿ - dag. beh. zo-ma
18.00-23.00 u - hoofdgerecht
€ 30/40 - menu € 75/90.* Een oude
kapel gecombineerd met design-
elementen, muren van rode baksteen naast turquoise en zwarte
stoffen: hier komt de inrichting
werkelijk overeen met de keuken:
heerlijk en creatief.

Elburg

Doorsneeprijzen
Achter de Poorte –
*Noorderwalstraat 21 - ☏ 0525 68
12 92 - restaurantachterdepoorte.nl -
17.30-23.00 u - gesl. ma-di beh.
in juli-aug. - menu € 45.* Een verleidelijk restaurant vlak
bij de enige nog overgebleven
stadspoort (14de eeuw) van dit
mooie vestingstadje. Achter de
Poorte biedt een hedendaagse
keuken. Het proeverijmenu is van
constante kwaliteit.

Overnachten

Doorsneeprijzen
Marktzicht – *Markt 6-10 - ☏ 0341 41
30 32 - hotelmarktzicht.nl - 🅿 ♿ -
34 kamers € 95/120.* Dit vriendelijk geprijsde hotel, gelegen
tussen de Markt en het stadspark,
is gevestigd in een historisch pand.
Het ontbijt wordt geserveerd in het
modern opgeknapte souterrain. Het
kan lastig zijn om het hotel te vinden: aarzel niet de weg te vragen!

Nijmegen ★

Nijmegen is de enige stad in Nederland die op meerdere heuvels is gebouwd. De stad vormt de toegangspoort tot het rivierengebied, dankzij de ligging aan de Waal, de hoofdtak van de Rijn, en vlak bij het Maas-Waalkanaal. Het is aangenaam slenteren langs de Waalkade, waar de rondvaartboten vertrekken, en door de levendige straten van de binnenstad.

De Grote Markt met de Waag
jan van der Wolf/Getty Images Plus

Ligging
179.000 inwoners
REGIOKAART BLZ. 442 B2 EN
PLATTEGROND BLZ. 476.

Praktisch blz. 478

Adresboekje blz. 479

Wandelen

PLATTEGROND BLZ. 476

Grote Markt AB1

Midden op de Grote Markt staat de **Waag★**, die in 1612 in renaissancestijl is gebouwd met een bordes en een fraaie gevel. Op de benedenverdieping is een café-restaurant gevestigd.

Het bronzen beeldje op de Grote Markt stelt **Mariken van Nieumeghen** voor. De legende wil dat zij zich in de 15de eeuw door de duivel liet verleiden, maar na zeven jaar berouw kreeg. De drie ijzeren banden die zij in de hand houdt, moest ze

van de paus om haar nek en armen dragen. Ze zouden vanzelf afvallen als haar zonden vergeven waren.
Dicht bij de Waag staat een rij van vier **17de-eeuwse huizen**, waarvan er één een gewelfde doorgang heeft, met daarboven een sierlijke topgevel (1605). Via deze **Kerkboog** is de St.-Stevenskerk te bereiken. Niet ver van het koor van deze kerk staat de mooie **Latijnse School** uit 1545. De beelden tussen de vensters van de eerste verdieping stellen de twaalf apostelen voor.

Sint-Stevenskerk A1

Deze grote gotische kerk uit de 13de eeuw werd vanaf de 14de eeuw uitgebreid en heeft een massieve, vierkante toren, waarop een klokkentoren met bolspits (1604) en **carillon** zijn gebouwd. Het schip en de toren werden in februari 1944 verwoest en moesten na de Tweede Wereldoorlog opnieuw worden opgebouwd. Het mooie **meubilair** in de kerk is in renaissancestijl: het tochtportaal in het rechterdwarsschip (1632) is van de Nijmegenaar Cornelis Schaeff, het herengestoelte en de preekstoel van Joost Jacobs. Ook de prinsenbank (18de eeuw) met het wapen van de stad (adelaars) en de provincie (leeuwen), het 18de-eeuwse **orgel** van König en de koperen lessenaars zijn de moeite waard. De **toren** *(ingang in de westelijke gevel, 183 treden)* biedt een panoramisch uitzicht over de stad en de Waal. De directe omgeving van de kerk is gerestaureerd. Op maandagmorgen wordt hier een grote markt gehouden. De **kanunnikenhuizen** ten noorden van de kerk hebben mooie gevels.

Daal de trap (Noorderkerktrappen) af en ga rechtsaf de Ganzenheuvel in, die uitkomt op een pleintje. Neem aan de overkant de Nonnenstraat. Via een trap (rechts) en een hellend steegje komt u bij de Commanderie van Sint-Jan.

Commanderie van Sint-Jan AB1

Het bakstenen gebouw (15de en 16de eeuw) aan dit mooie pleintje is een voormalig hospitaal. Het werd in de 12de eeuw gesticht om onderdak te bieden aan pelgrims op doortocht naar het Heilige Land en kwam in de 13de eeuw in bezit van de hospitaalridders van de Orde der Johannieters. Tegenwoordig is **Stadsbrouwerij De Hemel** erin ondergebracht. Tijdens de rondleiding kan de bezoeker de geheimen van het brouwen en distilleren ontdekken, maar hij of zij komt ook alles te weten over de azijn- en mosterdproductie. *Franseplaats 1 - ☏ (024) 360 61 67 - www.brouwerijdehemel.nl - za, zo 13.00-17.00 u - € 12 (incl. bierproeverij).*
Loop terug en neem de Grotestraat, ga vervolgens linksaf de Burchtstraat in.

Stadhuis B1

Het mooie stadhuis (16de-17de eeuw), dat door bombardementen gedeeltelijk werd verwoest, is in 1953 gerestaureerd. Het wordt geflankeerd door een torentje met bolspits. Op de binnenplaats zijn diverse gevelstenen te zien en resten van de oude stadswallen. Het stadhuis heeft een aantal mooie, antiek ingerichte zalen.
Loop verder en steek het plein over.

Valkhof B1

Dit park is aangelegd op de plaats waar keizer Karel de Grote omstreeks het jaar 777 een palts liet bouwen. Deze werd het Valkhof genoemd, omdat Lodewijk de Vrome, de zoon van Karel, hier jachtvalken kweekte en africhtte. De palts werd in de 12de eeuw door keizer Frederik Barbarossa herbouwd, maar in de 18de eeuw opnieuw verwoest.
Midden in het park liggen de restanten van de **Sint-Maartenskapel**, de romaanse kapel die bij de palts van Frederik Barbarossa hoorde. De mooie apsis is nog te zien, met twee zuilen voorzien van bladwerkkapitelen bij de ingang van het koor en blinde bogen aan de buitenzijde.

GELDERLAND

UIT ETEN		Bistro Flores .... ❺	OVERNACHTEN
Claudius .... ❸		Witlof .... ❻	Hotel Credible .... ❷
Café Wunderkammer .... ❹		Zeezicht .... ❼	

Dicht bij een terras met een mooi zicht op de Waal, ligt de **Sint-Nicolaaskapel★** tussen de bomen verscholen. Ze werd waarschijnlijk rond het jaar 1000 gebouwd. In navolging van de kapel van de Karelpalts in Aken, is ze zestienhoekig en wordt ze bekroond met een achthoekig torentje. Binnen wordt de achtzijdige middenruimte door zuilen begrensd.

Opmerkelijk zijn ook de **Stratemakerstoren** (16de eeuw) met zijn ondergrondse gangen, en de **Belvédère**, een wachttoren (1646) in de oude stadsmuur, die later als kruitmagazijn werd gebruikt en nu een restaurant herbergt met een terras dat prachtig **uitzicht** biedt op de Waal.

De Bastei B1

Waalkade 83-84 - ℘ (024) 329 70 70 - www.debastei.nl - 10.00-17.00 u - € 10 (4-15 jaar € 7,50). De stad gezien vanaf de Waal: dat is de invalshoek van dit nieuwe museum, waarin de collecties zijn samengebracht van het voormalige museum De Stratemakerstoren (die gebouwd is op 14de-eeuwse vestingwerken die werden ontdekt tijdens de bouw van een fabriek) en die van het Natuurmuseum, gewijd aan de geologische en natuurhistorische bijzonderheden van Nijmegen en omgeving.

★ Nationaal Fietsmuseum Velorama B1

Waalkade 107 - ℘ (024) 322 58 51 - www.velorama.nl - ♿ (beh. 3de verdieping) - 10.00-17.00 u - € 6 (tot 13 jaar € 4).
Meer dan 250 fietsen uit Engeland, Frankrijk, Italië en de Verenigde Staten illustreren de geschiedenis van dit vervoermiddel, vanaf de eerste loopfiets zonder pedalen (een uitvinding van de Duitser Karl Drais) tot de mountainbike. Neem vooral ook een kijkje op de tweede verdieping, waar oude en moderne Nederlandse fietsen tentoongesteld zijn.

★★ Museum Het Valkhof B1-2

Kelfkensbos 59 - ℘ (024) 360 88 05 - www.museumhetvalkhof.nl - gesl. wegens werkzaamheden tot in 2025. De collectie is tijdelijk te zien op diverse locaties in de stad, raadpleeg de website.

Dit zeer interessante museum, gewijd aan de geschiedenis, kunst en cultuur van de stad Nijmegen en de provincie Gelderland, is ondergebracht in een mooi gebouw van architect Ben van Berkel. Behalve een van de grootste collecties Romeinse gebruiks- en kunstvoorwerpen van het land, bevat het een verzameling voorwerpen uit de prehistorie en vroege middeleeuwen.

Verder zijn er mooie verzamelingen Nijmeegs zilverwerk (16de-19de eeuw) te zien, gravures, tekeningen en schilderijen die de stadshistorie in beeld brengen, en een mooie collectie moderne en hedendaagse kunst (popart, expressionisme).

Kronenburgerpark A1-2

Een in Engelse stijl aangelegd park waar een 15de-eeuwse **Kruittoren**, overblijfsel van de stadsmuur, en de 16de-eeuwse toren **Het Rondeel** te zien zijn.

★ Waalkade AB1 EN BUITEN PLATTEGROND

Waar de benedenstad en de Waal samenkomen, zijn de **kades**, die tot in de jaren 1980 in gebruik waren door het havenbedrijf, ontwikkeld tot een aangename promenade. Voetgangers en fietsers hebben hier voorrang, en in de zomer zijn er talrijke terrassen omdat rondvaart- en plezierboten hier aanmeren. Langs de kade staan diverse beelden en installaties (Het Labyrint, Waterwolf en Aquanaut…) en er worden regelmatig evenementen georganiseerd. In welke richting u ook loopt, u hebt altijd een van de twee zeer fotogenieke **ijzeren bruggen** van de stad in het vizier.

Nijmegens lange geschiedenis

Nijmegen was oorspronkelijk een versterkte nederzetting van de Bataven en werd later een welvarende Romeinse stad. Het was een favoriete verblijfplaats van Karel de Grote, die hier een palts (een paleis, bestaande uit verschillende gebouwen en een kerk) liet bouwen, op de plaats van het huidige Valkhof. In de 14de eeuw sloot de stad zich aan bij de Hanze. In 1585 nam Alexander Farnese, hertog van Parma, de stad in, maar Maurits van Nassau heroverde haar in 1591.

Nadat de Fransen, onder leiding van **Turenne**, Nijmegen in 1672 zonder slag of stoot hadden ingenomen, gaf de stad haar naam aan drie vredesverdragen die binnen haar muren werden getekend door Frankrijk, de Republiek der Verenigde Nederlanden, Spanje (1678) en het Duitse keizerrijk (1679). Lodewijk XIV, die in 1672 de strijd met de Republiek had aangebonden, bereikte hiermee het toppunt van zijn macht: de hele Franche-Comté en een deel van Vlaanderen vielen in Franse handen. De republiek bleef echter intact. Tijdens de onderhandelingen over de verdragen begon het Frans in zwang te raken als diplomatieke taal, hoewel de verdragen zelf, zoals gebruikelijk, nog in het Latijn waren opgesteld. Het eerste in het Frans opgestelde verdrag was dat van Rastatt, in 1714.

In februari 1944 werd de stad per ongeluk door de Amerikanen gebombardeerd en ook tijdens de Slag om Arnhem, in september van dat jaar, was Nijmegen het toneel van zware gevechten. De in 1936 gebouwde Waalbrug dreigde door de Duitsers vernietigd te worden, maar de jonge Nijmegenaar Jan van Hoof wist dat te voorkomen. Aan de zuidkant van de brug staat een bevrijdingsmonument.

In het oosten ligt de Waalburg (1936), waarna u verder kunt lopen door de lieflijke weilanden met strandjes die leiden naar het **natuurgebied de Ooijpolder**. In het westen ligt een spoorbrug met een voetgangers- en fietsbrug; als u die oversteekt, kunt u genieten van prachtige uitzichten over de stad en, alweer, van een strand! Daarachter, rond de voormalige Honigfabriek *(honigcomplex.nl)*, ligt een zich snel ontwikkelende woon- en cultuurwijk.

In de omgeving

REGIOKAART BLZ. 442

Berg en Dal B2
◐ *6 km in oostelijke richting via de Berg en Dalseweg.*
Dit dorp ligt in een mooi, bosrijk heuvellandschap. Over de **Duivelsberg** (76 m) lopen tal van wandelpaden. Wie de bordjes 'Pannenkoeken' volgt, komt op een parkeerterrein waar een bewegwijzerde wandelroute naar een uitkijkpunt begint: **uitzicht** op het Duitse laagland en het Wijlermeer.
Afrika Museum – *Postweg 6 (bus 3 vanaf het station stopt tegenover het museum) - ℘ (088) 00 42 800 - www.afrikamuseum.nl - 10.00-17.00, za, zo 11.00-15.00 u - gesl. ma - € 15 (4-18 jaar € 6).* Ten zuiden van Berg en Dal ligt het Afrika Museum, een modern gebouw dat een verzameling sculpturen (maskers en gebruiksvoorwerpen) herbergt. In het buitenmuseum staan reconstructies van dorpen uit Ghana en Mali, en paalwoningen.

Groesbeek B2
◐ *9 km in zuidoostelijke richting.*
Vrijheidsmuseum – *Wylerbaan 4 - ℘ (024) 397 44 04 - vrijheidsmuseum.nl - 10.00-17.00, zo 12.00-17.00 u - € 15 (7-17 jaar € 7).* Dit staat op de plaats waar generaal-majoor **James M. Gavin** op 17 september 1944 met zijn 82 parachutisten is geland. Authentieke filmbeelden, diorama's, foto's en interactieve installaties confronteren de bezoeker met talrijke oorlogsgetuigenissen van burgers en soldaten.
Op de 'Roll of Honor' staan de namen van de 1800 Amerikaanse soldaten die bij Nijmegen zijn gesneuveld.

Doornenburg B2
◐ *18 km naar het noordoosten. Neem de Waalbrug richting Bemmel en Gendt.*
Kasteel – *℘ (085) 48 75 959 - www.kasteeldoornenburg.nl - wisselende openingstijden: vraag inl. - € 11 (4-12 jaar € 6,50).* Dit 14de-eeuwse **kasteel** is na de Tweede Wereldoorlog weer opgebouwd. Het bestaat uit een hoge, vierkante hoofdburcht, omsloten door een gracht en via een loopbrug verbonden met een versterkte binnenplaats, waar een kapel en een boerderij staan.

ⓘ Praktisch

Inlichtingen

Toeristenbureau –
Keizer Karelplein 32.00 u (Stadsschouwburg) - ℘ 0900 11 22 344 - www.visitnijmegen.com.

Evenementen

Internationale Wandelvierdaagse –
In juli - www.4daagse.nl.
Dit vierdaagse wandelevenement trekt tienduizenden deelnemers.

NIJMEGEN

📍 Adresboekje

PLATTEGROND BLZ. 476

Uit eten

😊 Denk aan de **Commanderie van Sint-Jan** *(zie blz. 475)*, waar u een brouwerij, cafés en restaurants vindt *(commanderie-nijmegen.nl)*.

Goedkoop

④ Café Wunderkammer – A1 - *Houtstraat 47 - ☏ 024 845 03 61 - cafewunderkammer.nl - dag. beh. ma 12.00-2.00 u - € 4/10*. Dit 'rariteitenkabinet' doet zijn naam eer aan. Rond borreltijd komt de plaatselijke bevolking hier massaal naartoe. Tot 20.00 uur worden er gerechten en hapjes uit de hele wereld geserveerd, vergezeld van een indrukwekkende selectie drankjes.

Zeezicht – B2 - *Marikenstraat 42 - ☏ 024 679 19 97 - zeezicht -nijmegen.nl - wo-vr 11.00-17.00, za 10.00-17.00, zo 12.00-17.00 u - € 6/18*. Bij gebrek aan zeezicht kunt u in deze gezellige zaak genieten van internationaal streetfood en een kleurrijk interieur.

Doorsneeprijzen

③ Claudius – A2 - *Bisschop Hamerstraat 12 - ☏ 024 322 1456 - restaurantclaudius.nl - 17.30- 21.30 u - gesl. ma-di - hoofdgerecht € 27/59*. Leuk grillrestaurant waar de gerechten op de haard in de eetzaal worden bereid. Een goede plek voor echte vleesliefhebbers. Terras in de tuin.

Wat meer luxe

⑤ Bistro Flores – B2 - *Kelfkensbos 43 - ☏ 024 322 10 37 - bistroflores. nl - gesl. 's middags, zo en ma - hoofdgerecht € 37/49*. Bakstenen muren en oude tegels geven deze trendy zaak een enigszins rauwe uitstraling, maar het uitstekende eten verzacht het effect. De chef tovert heerlijke smaken te voorschijn uit kwaliteitsingrediënten.

⑥ Witlof – A1 - *Lage Markt 79 - ☏ 024 322 40 60 - restaurant witlof.nl - gesl. 's middags en wo - hoofdgerecht € 39/65*. Met zijn gezellige eetzaal en gastvrije chef voelt u zich hier meteen thuis. Het klassieke menu kent verrassende accenten. Elk gerecht is er in kleine of grote porties.

Overnachten

Goedkoop

② Hotel Credible – B1 - *Hertogstraat 1 - ☏ 024 322 04 98 - www.in-credible.nl - 19 kamers vanaf € 75 - ✗ hoofdgerecht (lunch) € 6/13*. Design, kleurrijk, en heel hip. U kunt er logeren in aantrekkelijke kamers, eten, dansen, een divers publiek ontmoeten, een fiets huren…

Doorsneeprijzen

Van der Valk Nijmegen-Lent – BUITEN PLATTEGROND BIJ B1 - *Hertog Eduardplein 4 (vlak bij station Nijmegen-Lent) - ☏ 024 792 02 00 - valknijmegen.nl - 🅿 - 116 kamers vanaf € 125 - 🍽 € 16,50 - ✗ hoofdgerecht (lunch) € 6/13*. Modern ketenhotel met alle comfort in het noorden van de stad, ideaal als u over een auto beschikt (gratis parkeren). U kunt het centrum bereiken met de trein *(8 min.)* of met een huurfiets *(€ 10/dag)*. Mooi uitzicht vanaf de bovenste verdiepingen.

Ooij

Goedkoop

De Gelderse Poort – *Koningin Julianalaan 32 - 7 km ten oosten van het centrum - ☏ 024 663 82 13 - www.hoteldegeldersepoort.nl - 🅿 ♿ - 43 kamers € 65/119 🍽 - ✗*. Dit leuke hotel-restaurant in een rustig dorp op 10 min. van Nijmegen heeft grote kamers die voorbeeldig zijn onderhouden en allemaal beschikken over een goede badkamer en een terras of balkon. Goed adres voor wie de oevers van de Waal wil gaan verkennen.

OVERIJSSEL

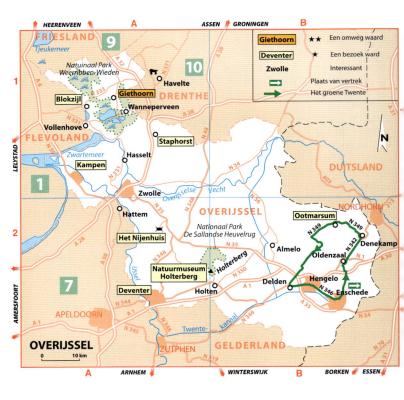

8

Overijssel

HOOFDSTAD: ZWOLLE

Zwolle	482
Kampen★	487
Giethoorn★★	490
Deventer★	493
Enschede	497

Zwolle

Zwolle wordt nog altijd doorkruist door grachten en heeft aan de zuid- en noordzijde aangename parken, op de plaats waar vroeger de stadswallen en bastions stonden. De stad was de geboorteplaats van de schilder Gerard ter Borch (1617-1681), meester van het verfijnde en verstilde interieur, maar ook de maker van uitstekende portretten en miniaturen van notabelen.

Een vredige gracht in Zwolle
bbsferrari/Getty Images Plus

Ligging
130.670 inwoners
REGIOKAART BLZ. 480 A1 EN
PLATTEGROND BLZ. 485.

Aanraders
De markt op vrijdag, de Sassenpoort en Museum de Fundatie.

Praktisch blz. 486

Adresboekje blz. 486

Wandelen
PLATTEGROND BLZ. 485

Grote of Sint-Michaelskerk A1
Deze hallenkerk werd gebouwd tussen 1406 en 1446. In tegenstelling tot de nabijgelegen Onze Lieve Vrouwekerk met zijn karakteristieke 'Peperbustoren' heeft de Grote Kerk geen traditionele klokkentoren. Deze heeft de rampen die de stad in het verleden teisterden, niet overleefd. In 1690 werd op de plaats van

de toren een achthoekige **consistoriekamer** gebouwd. Binnen vallen vooral de fraai bewerkte preekstoel uit het begin van de 17de eeuw en de orgelkast uit 1721 op. Het door de gebroeders **Schnitger** vervaardigde **orgel** telt maar liefst vierduizend pijpen.

In de kerk is ook een 17de-eeuws uurwerkje te zien, met een beeldje van de heilige Michaël dat ieder half uur in beweging komt. Naast het koor staat een afgescheiden leprozenkapel, en naast het 16de-eeuwse noordportaal ziet links u de schilderachtige Hoofdwacht uit 1614 met zijn versierd fronton.

> ### Achter de IJssel
> Zwolle is de hoofdstad van Overijssel, de provincie 'achter de IJssel', de rivier die grotendeels de natuurlijke grens vormt met de provincie Gelderland in het westen.

Steek de straat over.

Stadhuis A1-2
Omdat het oude gebouw (15de en 19de eeuw) te klein geworden was, werd in 1976 een nieuw stadhuis toegevoegd, ontworpen door architect Johannes Jacobus Konijnenburg.

In het oude gedeelte, aan de linkerkant, dat geel gepleisterd is, bevindt zich de **Schepenzaal** uit 1448. De balkenzoldering in deze vroegere rechtszaal steunt op veertien balkendragers met **beeldhouwwerken★** van groteske figuren. Volgens de legende wilden de Zwolse ambachtslieden hiermee de bestuurders van de rivaliserende stad Kampen belachelijk maken. Interessant is ook het schilderstuk van het Laatste Oordeel, dat naar de oorspronkelijke bestemming van de zaal verwijst. Op het Grote Kerkplein, voor het stadhuis, staat een door Rodin vervaardigd beeld van Adam.

Onze Lieve Vrouwebasiliek A1
Ossenmarkt 10 - www.peperbus-zwolle.nl - toren: april-okt. di 13.30-16.30 u (11.00 u en mei en schoolvak. in de zomer en de herfst), wo-za 11.00-16.30 u (13.30-16.30 u ma in mei en schoolvak. in de zomer en de herfst); nov.-maart ma-vr 13.30-15.30, za 13.00-16.00 u - gesl. zo - € 3,50 (4-12 jaar € 2).

De imposante basiliek is gebouwd tussen 1394 en 1452 en heeft een 75 m hoge **toren★**, bekend als de **Peperbus**, die altijd het symbool van de stad is geweest. Het **uitzicht** vanaf de top is adembenemend.

☺ Op vrijdag wordt rond de basiliek een grote **markt** gehouden. Drommen mensen komen hier inkopen doen en iets drinken bij de klanken van het carillon.

Volg de Melkmarkt.

Anno A1
Melkmarkt 41 - ✆ 038 3030 269 - anno.nl - di-zo 10.00-17.00 u - € 7,50.

Het in 2022 geopende museum richt zich zowel op de inwoners van Zwolle als op toeristen. Het vertelt het verhaal van de stad aan de hand van het werk van een archeoloog, archieven, lokale persoonlijkheden, enzovoort. Dit alles wordt ondersteund door een dynamische en interactieve museografie. Een interessante kennismaking met de stad.

Keer terug naar de basiliek en wandel door de Sassenstraat.

Karel V-huis A2
Dit huis uit 1571 dankt zijn naam aan het medaillon met het hoofd van Karel V op de fraai versierde renaissancegevel. Naast het huis ziet u de Bethlehemskerk (1309). Vanaf het plein is het refectorium te zien.

★ Museum de Fundatie A2
Blijmarkt 20 - ☎ (057) 238 81 88 - www.museumdefundatie.nl - ♿ - dag. beh. ma 11.00-17.00 u - € 14 (tot 18 jaar gratis).
Dit mooie museum in een neoklassiek gebouw met op het dak een spectaculaire, reusachtige witte bol die doet denken aan een ruimteschip (of is het een dinosaurusei?) herbergt een deel van de kunstverzameling van de **Hannema-de Stuers Fundatie**. Het overige deel van de collectie wordt tentoongesteld in Kasteel het Nijenhuis *(zie hierna)*. De werken dateren uit de periode vanaf de 17de eeuw tot aan de huidige tijd; het gaat om stukken van onder anderen Bernini, Turner en Mondriaan.

★ Sassenpoort B2
Sassenstraat 53 - ☎ (06) 1712 67 34 - www.sassenpoortzwolle.nl - april-sept.: wo en vr 13.00-17.00 (en ma-di en do tijdens schoolvak.), za, zo. 11.00-17.00 u; okt.-maart: vraag inl. - € 5 (tot 12 jaar € 2,50).
Deze 'Saksenpoort' is de enige overgebleven poort van de vestingwerken. Hij werd in 1409 gebouwd en heeft een loggia en vier achthoekige hoektorens. De puntige daken dateren uit de 19de eeuw. De poort heeft lange tijd dienstgedaan als gevangenis; tegenwoordig is er een **bezoekerscentrum** met informatie over de geschiedenis van de stad.
Loop zigzaggend door het doolhof van kleine straatjes terug naar het centrum.

In de omgeving
REGIOKAART BLZ. 480

Hasselt A1
▶ *11 km ten noorden van Zwolle via de N331.*
Deze kleine Hanzestad is met name interessant door zijn gotische Stefanuskerk, zijn mooie, oude stadhuis en de twee nog in werking zijnde kalkovens.

Hattem A2
▶ *7 km ten zuidwesten van Zwolle.*
Dit gezellige Hanzestadje bewaart nog enkele overblijfselen uit zijn roemruchte verleden; de middeleeuwse Dijkpoort, molen De Fortuin en de Grote of Sint-Andreaskerk.
Voerman Museum Hattem – *Achterstraat 46-48 - ☎ (038) 444 28 97 - www.voermanmuseumhattem.nl - di-za 10.00-17.00, zo 13.00-17.00 u - € 9,50 (4-12 jaar € 3,25).* In dit museum ziet u werk van Anton Pieck en Jan Voerman (vader en zoon).

★ Kasteel Het Nijenhuis (Heino) A2
▶ *15 km ten zuidoosten van Zwolle, afslag Heino, richting Wijhe.*
't Nijenhuis 10 - ☎ (0572) 38 81 88 - www.museumdefundatie.nl - dag. beh. ma 11.00-17.00 u - € 14 (tot 18 jaar gratis).
Op dit middeleeuwse landgoed is een deel van de kunstverzameling van de **Hannema-de Stuers Fundatie** ondergebracht. Met name oude kunstwerken worden geëxposeerd in het kasteel. Andere werken kunt u zien in Museum de Fundatie in Zwolle. In het park is een **beeldentuin** aangelegd.

★ Staphorst A1
▶ *17 km in noordelijke richting via A28-E232 (afslag 23).*
De twee buurgemeenten Staphorst en Rouveen vormen een afzonderlijk wereldje binnen Nederland. Het leven hier wordt beheerst door streng protestant-

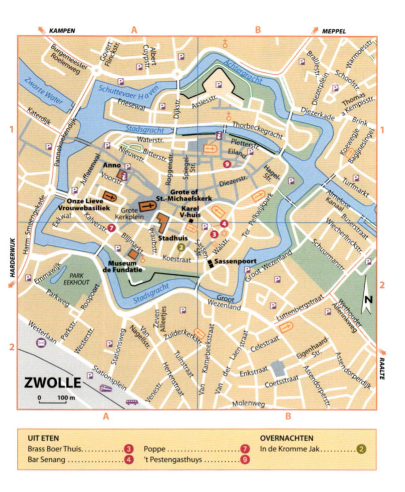

UIT ETEN			
Brass Boer Thuis	③	Poppe	⑦
Bar Senang	④	't Pestengasthuys	⑨

OVERNACHTEN	
In de Kromme Jak	②

se principes, die een ware wal opwerpen tegen het moderne leven. Zo weigeren de inwoners zich sinds 1971 te laten vaccineren en is het nog altijd verboden om wanneer een kerkdienst gaande is auto te rijden. Sommige vrouwen dragen nog de Staphorster klederdracht, maar ze weigeren categorisch zich te laten fotograferen.

★ **De boerderijen** – De twee dorpen liggen aan een lange weg. Over een afstand van meer dan acht kilometer staan aan weerszijden van de weg fraaie boerderijen met rieten daken. Hun identieke vorm doet niets af aan de charme. De rij deuren in de zijgevel is een belangrijk kenmerk van deze keurig onderhouden hallenboerderijen, met in groen (deuren en kozijnen) of in blauw (vensterbanken en levensboom boven de deur) geschilderd houtwerk. De rekken voor de lege melkbussen, rechts van de boerderijen, zijn ook voorzien van mooi houtsnijwerk. Eén boerderij is omgebouwd tot **museum**, met een authentiek Staphorster woonkamer. In de oude stallen zijn tijdelijke tentoonstellingen te zien over de lokale tradities. *Gemeenteweg 67 - ✆ (0522) 46 25 26 - www.museumstaphorst.nl - di-za 10.00-17.00 u; nov.-maart: wo 13.00-16.00 en za 11.00-16.00 u - € 6 (6-12 jaar € 3,50).*

ⓘ Praktisch

Inlichtingen

Toeristenbureau – *Achter de Broeren 1 - ℘ (038) 421 53 92 - www.visitzwolle.com.*

📍 Adresboekje

PLATTEGROND BLZ. 485

Uit eten

Doorsneeprijzen

❼ Poppe – A2 - *Luttekestraat 66 - ℘ 038 421 30 50 - www.poppe zwolle.nl - ♿ - dag. vanaf 17.00 u, za, zo 12.00-16.00 en vanaf 17.00 u - hoofdgerecht € 23/39.* Bij het begin van het voetgangersgebied en niet ver van het Grote Kerkplein. Een leuk restaurantje dat gevestigd is binnen de muren van een voormalige hoefsmederij, waarvan de smid Poppe heette. Het stenen paardenhoofd aan de voorgevel herinnert hieraan. Het menu beweegt mee met de tijd.

❹ Bar Senang – B2 - *Samuël Hirschstraat 1 - ℘ 038 792 01 92 - barsenang.com - ♿ - wo-do 17.30-23.00, vr-zo 12.00-16.00 u - € 12/35.* Voor een kleurrijke culinaire reis door heel Azië.

Wat meer luxe

❸ Brass Boer Thuis – B2 - *Nieuwe Markt 21 - ℘ 038 792 01 10 - brassboer.com - ♿ - lunch vr-zo, diner dag. beh. di - € 65/75.* In de brasserie van sterrenchef Jonnie Boer worden producten uit de streek omgetoverd tot smaakvolle, subtiele en originele gerechten.

❾ 't Pestengasthuys – B1 - *Weversgildeplein 1 - ℘ 038 423 39 86 - www.pestengasthuys.nl - vanaf 17.30 u - gesl. ma - menu € 49/90.* Vers klaargemaakte gerechten, bereid met de beste ingrediënten. Dit alles geserveerd onder de hoge plafonds van een voormalig ziekenhuis uit de 15de eeuw.

Pauzeren

Maling – A1 - *Luttekestraat 28 - ℘ 06 15 67 04 63 - malingzwolle.nl - ♿ - 9.00-17.00 u (zo 10.00 u).* Espresso, cappuccino, macchiato en alle versnaperingen die daar goed mee samengaan. De beste van de stad.

Winkelen

Het Zwolse Balletjeshuis – A2 - *Grote Kerkplein 13 - ℘ 038 421 88 15 - www.zwolseballetjes.nl - ma 13.00-17.00, di-vr 10.00-17.00 u (en za tijdens schoolvak., vraag inl.).* Hier kunt u terecht voor *Zwolse balletjes*: snoepjes in de vorm van een kussentje met de meest uiteenlopende smaken. Het betreft een lokale specialiteit.

Overnachten

Doorsneeprijzen

❷ In de Kromme Jak – A2 - *Koestraat 11 - ℘ 06 37 45 73 84 - bed-and-breakfast-zwolle.nl - 3 kamers € 120 🍽.* Een moderne en zeer centraal gelegen B&B.

Fidder – BUITEN PLATTEGROND - *Koningin Wilhelminastraat 6 - ℘ 038 421 83 95 - www.hotel fidder.nl - 🅿 - 21 kamers € 126/146 🍽 - 🍴.* Er heerst een nostalgische sfeer in dit door een broer en zus gerunde hotel, gevestigd in drie art-nouveaupanden. De bar, de salon-leeszaal en de kamers zijn alle met antiek ingericht.

Kampen ★

In de middeleeuwen was de Hanzestad Kampen dankzij de haringhandel een zeer welvarende havenstad. Maar sinds de afsluiting van de Zuiderzee in 1932 is de rol van de stad teruggebracht tot die van eenvoudige rivierhavenstad. Uit zijn rijke glorietijd bewaart Kampen niettemin nog ongeveer vijfhonderd schitterende beschermde monumenten, die verspreid staan over het historische centrum.

Een driemaster op de IJssel tijdens Sail Kampen, een evenement met oude zeilschepen
Sjo/Getty Images Plus

⏵ **Ligging**	ℹ **Praktisch blz. 489**
55.000 inwoners	📍 **Adresboekje blz. 489**
REGIOKAART BLZ. 480 A1.	

Wandelen

Kampen ligt op de linkeroever van de IJssel, dicht bij waar deze uitmondt in het IJsselmeer. Vanaf de rechteroever heeft u, met name bij zonsondergang, een prachtig **uitzicht**★ over de stad, met name bij zonsondergang. In het midden tekenen zich de silhouetten van twee torens af: de (van boven) bolvormige van het oude stadhuis, en de Nieuwe Toren van de Buitenkerk. Meer naar links wordt de skyline bepaald door de Bovenkerk en de torens van de Koornmarktspoort.

Kampen en de tabaksindustrie

In 1813 werden de eerste twee tabaksfabriekjes in Kampen opgericht. Rond 1880 werkte bijna 40 procent van de bevolking van Kampen in de sigarenindustrie. De economische crisis van de jaren 1930, de Tweede Wereldoorlog en de groeiende populariteit van de sigaret maakten een einde aan de bloei. Een paar gebouwen herinneren nog aan het tabaksverleden: de **Tabaksfabriek** (*Voorstraat 102-106*) en het **Sigarenmagazijn** (*Oudestraat 101*). Beide gebouwen zijn tegenwoordig in bezit van sigarenfabriek 'De Olifant'.

★ Oude Raadhuis

Een klein, bakstenen gebouw uit 1543 dat door de bouw van het nieuwe stadhuis in de 18de eeuw een beetje 'in de verdrukking' is geraakt. Het heeft balustraden en aan de achterzijde een enigszins scheefstaande toren met opengewerkte bolspits. Aan weerszijden van de gevel met schroeflijnvormige schoorsteen zijn uitkijktorentjes geplaatst. Aan de voorgevel ziet u de schandkooien waarin vroeger misdadigers aan het volk werden getoond. De **Schepenzaal**★ met donkere, eikenhouten betimmering bevat een schepengestoelte met rijk snijwerk in renaissancestijl. De monumentale schouw is van Colijn de Nole (1545).

Oude Vleeshuys

Oudestraat 119. Op de stenen renaissancegevel uit 1596 is het stadswapen van Kampen te zien. Het stelt een versterkte poort voor, geflankeerd door twee leeuwen.

Nieuwe Toren

De hoge vierkante toren uit de 17de eeuw draagt een achthoekige klokkentoren. U kunt hem in de zomer beklimmen *(juli-aug.: do 10.00-17.00 u - € 3)* en genieten van een mooi uitzicht. Het carillon van de toren is gegoten door François Hemony *(zie blz. 84)* – het is te horen op maandag van 11.00 tot 12.00 u, zaterdag van 15.00 tot 16.00 u, en in de zomer op de vrijdagavonden. Naast de toren staat een fraaie bakkerij in jugendstil.

Stedelijk Museum

Oudestraat 133 (rechts van de Nieuwe Toren) - ☏ (038) 331 73 61 - stedelijkmuseum kampen.nl - di-za 11.00-17.00, zo 13.00-17.00 u - € 10 (tot 18 jaar gratis).
Dit museum is gevestigd in het **Gotische huis**, een ingrijpend gerestaureerde woning met talrijke hoge vensters in een hoge gevel, bekroond met smalle gotische torentjes. Er is een fraaie collectie zilver te zien van het gilde van binnenschippers, met een **drinknap**★ uit 1369. Verder ziet u voorwerpen die betrekking hebben op de tabaksindustrie, die een belangrijke rol speelt in de geschiedenis van de stad *(zie kader hierboven).*
Ga onder de toren door en volg de Nieuwe Markt tot aan de Burgwal, de kade die langs de Burgel leidt, de gracht die door de stad loopt. Sla linksaf.

Broederkerk

Deze kerk uit de 15e eeuw is de oude kerk van de minderbroeders (franciscanen).

Broederweg

Aan de rechterkant van de straat staat een gotische kapel die vroeger tot de Waalse gemeenschap behoorde, maar sinds 1823 een doopsgezinde kerk is.

KAMPEN

Broederpoort
De mooie stadspoort uit 1465 heeft een gevel met voluten, met aan weerszijden sierlijke torentjes.
Sla voorbij de poort linksaf.

Plantsoen
Dit mooie park volgt de buitenlijn van de oude stadswallen. De grachten vormen de waterpartij van het plantsoen: de Singelgracht.

★ Cellebroederspoort
De twee torens van deze mooie poort, die onderdeel was van de 15de-eeuwse stadsmuren, hebben hoge puntdaken. In 1617 is de poort in renaissancestijl verbouwd.
Loop onder de poort door en volg de Cellebroedersweg en daarna de Geerstraat. Ga via de Boven Nieuwstraat rechtsaf naar het Muntplein.

Sint-Nicolaas- of Bovenkerk
Een indrukwekkend gebouw in gotische stijl uit de 14de eeuw, gedomineerd door een 70 meter hoge toren. Let u vooral op het 16de-eeuwse hekwerk rond het koor en de laatgotische kalkstenen preekstoel. Het **orgel** telt 3200 pijpen en is in 1741 vervaardigd door Albertus Antoni Hinsz (1704-1785).

Koornmarktspoort
De oudste stadspoort, gelegen aan de oude Koornmarkt, vlak bij de Bovenkerk. De massieve donjon met de twee forse torens die er aan het eind van de 14de eeuw aan toegevoegd zijn, heeft zijn defensieve uitstraling behouden.

🛈 Praktisch

Inlichtingen

Toeristenbureau – *Oudestraat 216 - ☏ (038) 202 23 66 - visitkampen.nl.*

📍 Adresboekje

Uit eten

Doorsneeprijzen
De Bottermarck – *Broederstraat 23 - ☏ 038 331 95 42 - www.debottermarck.nl -* ♿ *- 12.00-21.00 u - gesl. zo (beh. feestd.) en ma - lunchmenu € 27,50, menu € 39,50/75.* Menu op het krijtbord, prettige inrichting en een aangename sfeer.

Overnachten

Doorsneeprijzen
Van Dijk – *IJsselkade 30 - ☏ 038 331 4925 - www.hotelvandijk.nl -* 🅿 ♿ *- 18 kamers € 105/120* 🍽. Klein familiehotel aan de IJssel en dicht bij de winkelstraatjes in het voetgangersgebied. Een prima startpunt om Kampen te bezichtigen. De kamers zijn netjes. Ook fietsverhuur.

Giethoorn ★★

Hier geen straten maar waterwegen. Wat een genot is het om zelf met een bootje door het mooie Giethoorn te varen, midden in het Nationaal Park Weerribben-Wieden, het grootste veengebied van Noordwest-Europa. Door de grootschalige turfwinning is een veelheid aan meren, kanalen en sloten ontstaan, die zijn gegraven om de turf te vervoeren en waarlangs prachtig onderhouden met riet gedekte huisjes staan.

Bootjes in Giethoorn
fokkebok/Getty Images Plus

▶ Ligging

2885 inwoners

REGIOKAART BLZ. 480 A1. Giethoorn strekt zich uit aan weerszijden van de bijna zeven km lange Dorpsgracht. Het dorp is verboden voor auto's.

U kunt het wandelend of fietsend verkennen (er loopt een pad langs het belangrijkste kanaal) of met een boot.

❶ Praktisch blz. 492

❾ Adresboekje blz. 492

Wandelen

☺ Het meest toeristische gedeelte van het dorp ligt tussen de afslagen Centrum-Dorp en Zuid. Wie de grote toeristische drukte (vooral in de zomer) liever mijdt, kan beter voor een bezoek aan het kleine dorpje Dwarsgracht of het gehucht Jonen kiezen, aan de andere kant van het kanaal.

De charmante rietgedekte woningen en turfgravershuisjes in Giethoorn zijn omringd door het water en alleen bereikbaar via hoge bruggetjes of eenvoudige loopplanken. Ze kijken uit over bloemrijke tuinen aan de oever van het kanaal.

Hoewel de fiets er het favoriete vervoermiddel is, gaat een deel van het vervoer over het water, vaak in platbodems die punters worden genoemd. In het oosten en zuiden liggen meren, gescheiden door kleine rieteilandjes waar veel vogels leven.

Museum Giethoorn 't Olde Maat Uus
Binnenpad 52 - ℘ (0521) 36 22 44 - www.museumgiethoorn.nl - april-okt.: dag. 11.00-17.00 u; nov.-feb.: za-ma 11.00-16.00 u; maart: vr-ma 11.00-16.00 u (dag. tijdens schoolvak.) - € 6,50 (kind € 2).
Deze tot museum getransformeerde, gerestaureerde boerderij geeft een beeld van Giethoorn in de vorige eeuw.

In de omgeving
REGIOKAART BLZ. 480

Havelte A1
▶ *17 km ten noordoosten van Giethoorn.*
Dicht bij dit dorp met karakteristiek rietgedekte boerderijen bevinden zich twee **hunebedden★** *(in noordelijke richting de weg naar Frederiksoord volgen en tegenover een café rechtsaf slaan).*
Deze twee prehistorische grafmonumenten (D53 en D54) staan in een met hei begroeide open plek in het bos.

Wanneperveen A1
▶ *7 km ten zuiden van Giethoorn over de N334.*
In dit dorp, dat net als vele andere in de regio een naam heeft die eindigt op 'veen', staan de met rieten daken bedekte boerderijen langs de kilometers lange straat. Niet ver van de westelijke toegang tot het dorp ziet u de begraafplaats met zijn vrijstaande klokkenstoel. Deze eenvoudige, uit slechts enkele balken bestaande constructie, is karakteristiek voor Zuid-Friesland. In de hoofdstraat ziet u op nr. 83 een mooi huis met trapgevel: het **oude raadhuis** (1612).

Vollenhove A1
▶ *16 km ten zuidwesten van Giethoorn over de N334 en de N331.*
Vóór het ontstaan van de Noordoostpolder was Vollenhove een havenstadje aan de Zuiderzee. Aan het **kerkplein** staan een paar fraaie gebouwen: de laatgotische **Grote** of **Sint-Nicolaaskerk** met twee beuken en een oude, losstaande klokkentoren die vroeger een gevangenis was, en het vroegere raadhuis (1621), dat is vastgebouwd aan de achterzijde van de klokkentoren. Het zand- en bakstenen gebouw heeft een open zuilengang en is tegenwoordig een restaurant. Het **Huis Lemker** (1627), ten slotte, heeft een mooie trapgevel en twee bewerkte gedenkstenen bij de ingang.
Het raadhuis is in de havezate **Oldruitenborgh** (18de eeuw) ondergebracht, ge-

> ### Varen door het laagveengebied
> Het **Nationaal Park Weerribben-Wieden** (opgericht in 1992) bestaat uit een uniek landschap van meren, waterwegen, riet, moerasbossen en laagveen. Boottochten vanuit Sint Jansklooster (Bezoekerscentrum Natuurmonumenten) en Ossenzijl (Outdoor Center Staatsbosbeheer) leiden naar de mooiste plekjes. Voor een onvergetelijke ervaring in deze unieke omgeving stapt u op de fluisterstille ecowaterbus. De fiets kan mee aan boord, zodat u tussendoor kunt fietsen of wandelen.
> ℹ *visitweerribbenwieden.com. In Sint Jansklooster: Beulakerpad 1 -* ℘ *(0527) 20 56 60. In Ossenzijl: Hoogeweg 27 -* ℘ *(0561) 47 72 72.*

Kameeldaken

De **hallenboerderijen** in Giethoorn hebben vaak een opvallende knik in het rieten dak. Door landwinning werden de oogsten steeds groter en moesten de inwoners van Giethoorn hun boerderijen uitbreiden. Bij gebrek aan grondoppervlak werd een oplossing in de hoogte gezocht, waardoor de schuren boven het woongedeelte gingen uitsteken en het dak van de boerderij een knik ging vertonen. Dergelijke daken worden 'kameeldaken' genoemd.

legen in een park met dezelfde naam. Dicht bij het raadhuis staat, in het midden van de historische tuin **Marxveld**, de **Kleine** of **Mariakerk**.

★ Blokzijl A1

▶ *17 km ten westen van Giethoorn over de N333.*

Vroeger was dit een welvarend handelsstadje aan de Zuiderzee. Bij zwaar weer diende het als vluchthaven voor schepen van de VOC. Tegenwoordig varen de pleziervaartuigen langs de kaden met fraaie 17de-eeuwse huizen naar de sluis. **Museum Het Gildenhuys** geeft een overzicht van de oude ambachten uit de stad. *Kerkstraat 7 - ☎ (0527) 29 13 81 - gildenhuysblokzijl.nl - mei-okt.: ma-za 13.30-17.00 u; rest v.h. jaar: vraag inl. - € 4 (6-12 jaar € 1).*

Vlakbij staat de 17de-eeuwse **Grote Kerk**, een van de eerste plekken in het land waar de protestantse eredienst werd beleden. Binnen valt niet alleen het houten plafond op, maar ook de zandloper op de preekstoel: die moet de predikant eraan herinneren dat het geduld van zijn toehoorders grenzen kent.

ⓘ Praktisch

Inlichtingen

Toeristenbureau –
Hylkemaweg 1a - ☎ (0521) 36 01 12 - touristinformationgiethoorn.nl.
Toeristenbureau Vollenhove –
Kerkstraat 88 - ☎ (0527) 24 49 00 - www.vollenhove.nu.

📍 Adresboekje

Overnachten

Goedkoop

The Black Ship Hostel – *Zuiderpad 19 - ☎ 068 009 06 14 - giethoorn.com - 🅿 - vanaf € 30/bed 🍴.* Een prachtig rietgedekt huis aan een kanaal, met een tuin, een keuken, moderne slaapzalen en kamers, een warm welkom voor fietsers en bootverhuur op een steenworp afstand. Een ideale jeugdherberg.

Doorsneeprijzen

De Pergola – *Ds. T.O. Hylkemaweg 7 - ☎ 0521 36 13 21 - www.depergola.nl - 🅿 - 20 kamers vanaf € 114 🍴 - ✕.* Een klein hotel aan een kanaal, iets buiten het centrum. Moderne brasserie, aanlegsteiger en verhuur van fluisterboten.

De Kruumte – *Kerkweg 48a - 1,5 km ten oosten van het centrum - ☎ 0521 36 15 17 - www.dekruumte.com - 🅿 ♿ - 7 kamers € 175 halfpension - ✕.* Een rustige B&B met keurig verzorgde kamers. Rondvaarten en verhuur van fluisterbootjes om een tocht door de grachtjes te maken.

Deventer ★

Dankzij de studenten en de winkelstraten is Deventer een levendige stad met een historisch aanzien dat getuigt van een rijk verleden. Dwaal er door de kleurrijke dorpse straatjes die uitkomen op grote pleinen of kleine steegjes. Eind 16de eeuw werd hier de door Caravaggio beïnvloede schilder Hendrick ter Brugghen geboren, en aan het eind van de 17de eeuw kwam de Zwolse kunstenaar Gerard ter Borch er werken.

Ligging
101.400 inwoners
REGIOKAART BLZ. 480 A2 EN
PLATTEGROND BLZ. 495.

Praktisch blz. 496
Adresboekje blz. 496

Met het gezin
Het Speelgoedmuseum.

Wandelen
PLATTEGROND BLZ. 495

Wandeling aangegeven in groen op de plattegrond. Vertrek vanaf de Brink.

Brink B2
Het belangrijkste stadsplein van Deventer heet de Brink, net als in andere plaatsen van Saksische origine. Hier wordt de markt gehouden (vrijdagochtend en zaterdag) en staan talloze cafés en restaurants met terrassen. De huizen op nr. 11 en 12 hebben een met schelpmotieven versierde voorgevel uit het begin van de 17de eeuw. Het rijkversierde **Penninckhuis** *(nr. 89)* dateert uit 1600. Op nr. 84 staat de authentieke **Bussink's Koekwinkel**, waar nog altijd de smakelijke Deventer koek wordt verkocht.

★ Waag B2
Een groot, enigszins scheef gebouw. Het is in 1528 in laatgotische stijl gebouwd en in 1643 voorzien van een bordes met drie zuilen. Het dak telt vier hoektorentjes en heeft een houten klokkentoren. Aan de gevel aan de noordzijde is een immense ketel bevestigd, waarin vroeger valsemunters met hun hoofd in kokende olie werden gedompeld. Het gebouw herbergt het interessante **Museum de Waag**, waar thematische tentoonstellingen over de geschiedenis van de stad worden georganiseerd. *Brink 56 - museumdewaag.nl - ☎ (0570) 64 05 90 - dag. beh. ma 11.00-17.00 u - € 9 (13-18 jaar € 2,50).*

★ De Drie Haringen B2
De fraaie renaissancegevel van dit koopmanshuis uit 1575 is versierd met een steen waarop drie haringen zijn afgebeeld.

Speelgoedmuseum B2
Brink 47 - ☎ (0570) 61 11 53 - www.speelgoedmuseumdeventer.nl - dag. beh. ma 11.00-17.00 u - € 7,50 (4-18 jaar € 4).
Twee middeleeuwse huizen bieden onderdak aan de grootste openbare speelgoedverzameling van het land. Het merendeel van de stukken dateert van ná 1860. U vindt hier treintjes, mechanisch speelgoed, poppen, constructiespeelgoed enz.

> **Moderne Devotie**
>
> Doordat de bisschoppen van Utrecht eind 9de eeuw wegens de dreiging van de Noormannen uitweken naar Deventer, ging de stad op religieus gebied een rol van betekenis spelen. De Deventer theoloog **Geert Grote** (1340-1384) startte er een spirituele beweging, de Moderne Devotie, en rond 1384 stichtte een van zijn leerlingen het eerste klooster van de **Broeders van het Gemene Leven**, dat een grote invloed had in Europa. Tot de volgelingen behoorden Thomas à Kempis, paus Adrianus VI, Erasmus in 1475-1476 en Descartes in 1632-1633.

Er is ook een afdeling met in Nederland vervaardigde voorraadblikken uit de periode 1800-1980. *Loop terug en ga rechtsaf de Bergstraat in.*

★ Bergstraat B2
In deze straat, in het middeleeuwse **Bergkwartier★★**, kunt u enkele prachtige oude gevels bewonderen uit de overgangsperiode van gotiek naar renaissance.

Sint-Nicolaas of Bergkerk B2
☏ (0570) 618518 - dag. beh. ma 11.00-17.00 u - gratis.
De bouw van de kerk begon rond 1200 in romaanse stijl. Uit die tijd zijn de twee vierkante torens aan de gevel. De rest van de kerk werd in de 15de eeuw in gotische stijl verbouwd. Het zeer fraaie kerkinterieur met **13de-eeuwse muurschilderingen ★** dient als expositieruimte voor hedendaagse kunst.
Ga via de Kerksteeg en de Menstraat terug naar de Brink, en dan door de Polstraat naar het Grote Kerkhof.

Stadhuis A2
Het stadhuis op het Grote Kerkhof bestaat uit drie panden: het eigenlijke Raadhuis, het Wanthuis en het **Landshuis**, waarvan de voorgevel uit 1632 met pinakels is versierd. De gemeenschappelijke voorgevel van het Raadhuis en het Wanthuis dateert uit 1693. In de hal hangen enkele 17de-18de-eeuwse gildeborden. In de Koffiekamer van het Raadhuis (eerste etage) is een mooi schilderij van Ter Borch te bewonderen: *De Stadsraad of Magistraat van Deventer* (1657).

Grote of Sint-Lebuïnuskerk A2
De kerk draagt de naam van Lebuïnus, apostel der Saksen, die hier in de 8ste eeuw een kerk bouwde. De romaanse kerk is vanaf 1235 enkele keren verbouwd, in de 15de eeuw in gotische stijl. De toren heeft een lantaarn, ontworpen door Hendrick de Keyser. Vanaf de toren *(219 treden - april-okt.: za 13.00-16.00 u, en dag. beh. zo tijdens schoolvak. - € 2,50)* hebt u een prachtig uitzicht over de stad. Rond de sluitstenen van de stergewelven in het **interieur** van deze hallenkerk zijn schilderingen aangebracht (16de eeuw). Let op de schilderingen in het portaal bij de toren: een *Kruisgang van Christus* (16de eeuw). Het grote **orgel** dateert uit de 19de eeuw. Onder het koor bevindt zich een romaanse crypte uit 1040.
Loop via de Noordenbergstraat naar het Buyskensklooster.

Buyskensklooster (VOORMALIG SINT-AGNESKLOOSTER) A2
Binnen de bakstenen muren uit het begin van de 15de eeuw zijn leefden de Zusters van het Gemene Leven volgens de regels van Geert Groote. Nu zijn er de **Gemeentelijke Archiefdienst** *(nr. 3)* en de **Athenaeumbibliotheek** gehuisvest.

Westelijke oever van de IJssel A2
Steek de IJssel over met de pont *(dienstregeling en tarieven op pontjedeventer. nl)* om te genieten van het uitzicht op Deventer, en vervolg uw reis per fiets.

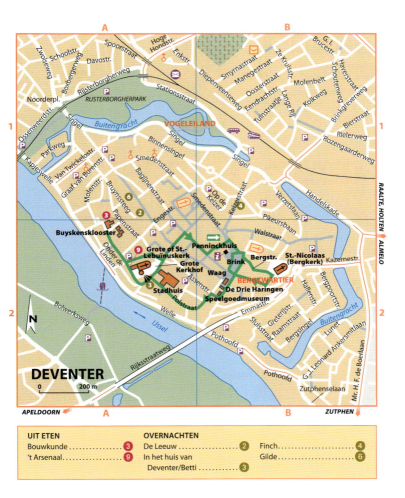

UIT ETEN	OVERNACHTEN	
Bouwkunde .... ③	De Leeuw .... ②	Finch .... ④
't Arsenaal .... ⑨	In het huis van Deventer/Betti .... ③	Gilde .... ⑥

In de omgeving

REGIOKAART BLZ. 480

Holten B2

▶ *Verlaat Deventer en rijd naar het oosten over de N344.*

Dit Sallandse dorp is geliefd vanwege de beboste heuvels en zandverstuivingen van de **Holterberg** (60 m), die de rand van een oude gletsjer markeren.

★ **Natuurmuseum Holterberg** – *Holterbergweg 12 - ☏ (0548) 36 19 79 - www.museumholterberg.nl - 10.00-17.00, zo 11.00-17.00 u; nov.-maart: wo-zo 11.00-17.00 u; Paas- en Kerstvak.11.00-17.00 u - € 9,25 (3-12 jaar € 6,75).* Het museum heeft een tiental diorama's van verschillende dieren in hun natuurlijke leefomgeving.

In het bos ernaast ligt de **Canadese Militaire Begraafplaats**, met 1394 graven van tijdens de Tweede Wereldoorlog gesneuvelde Canadese soldaten. *Eekhoornweg 10 - www.canadesebegraafplaatsholten.nl.*

ⓘ Praktisch

Inlichtingen

Toeristenbureau – *Brink 89 (Penninckshuis) - ℘ (0570) 71 01 20 - www.deventer.info.*

📍 Adresboekje

PLATTEGROND BLZ. 495

Uit eten

😊 Probeer de Deventer koek, een kruidkoek met honing en peper.

Doorsneeprijzen

⑨ 't Arsenaal – A2 - *Nieuwe Markt 33-34 - ℘ 0570 61 64 95 - www.restaurantarsenaal.nl - ♿ - di-zo vanaf 17.30 u; lunch op afspraak - hoofdgerecht ca. € 21.* Dit oude huis, dicht bij de kerk, is getransformeerd tot een modern en licht restaurant met strakke inrichting. De bar, het terras op de binnenplaats en de menu's zijn allemaal even aantrekkelijk.

Wat meer luxe

③ Bouwkunde – A1 - *Klooster 2-4 - ℘ 0570 61 40 75 - restaurant bouwkunde.nl - wo-za 17.30-22.00, zo 13.00-22.00 u - menu € 35/40 - reserv. aanbevolen.* Multifunctioneel centrum: eetcafé, restaurant en theaterzaal ineen. Veelzijdig met een eigentijds culinair repertoire op basis van uitgelezen producten. Ontspannen sfeer.

Iets drinken

Davo – B1-2 - *Sluisstraat 6 - ℘ 0570 86 64 31- davobieren.nl - 🅿 - ma-di 12.00-23.00, wo-za 12.00-1.00, zo 12.00-0.00 u.* De in 2012 opgerichte brouwerij Davo was meteen een succes. Kom hun bieren proeven tussen de ketels of in de tuin, vergezeld van hamburgers of heerlijke bitterballen.

Overnachten

Doorsneeprijzen

③ In het huis van Deventer/Betti – A2- *Grote Kerkhof 5 - ℘06 38 37 37 73 - hotelinhet huisvandeventer.nl - 8 kamers vanaf € 130 🍽 - ✗.* Een uniek hotel-restaurant met door verschillende kunstenaars ingerichte kamers, in een oud herenhuis. Gezond en kleurrijk ontbijt en brunch, geweldige locatie en een vriendelijke ontvangst.

⑥ Gilde – A1 - *Nieuwstraat 41 - ℘ 0570 64 18 46 - www.hotelgilde.nl - 🅿 - 37 kamers € 104/170 🍽.* De cellen van dit voormalige klooster aan de rand van het voetgangersgebied zijn vervangen door goede kamers met modern comfort. In de hal ziet u nog de glas-in-loodramen met afbeeldingen van heiligen.

② De Leeuw – A1 - *Nieuwstraat 25 - ℘ 0570 610 290 - www.hoteldeleeuw.nl - 🅿 - 10 kamers € 105/190 🍽 (minimaal twee nachten).* Mooi 17de-eeuws gebouw met een trapgevel. De meeste kamers zijn uitgerust met een kitchenette en sommige hebben een eigen badkamer buiten de kamer.

Wat meer luxe

④ Finch – B1 - *Keizerstraat 20 - ℘0570 23 60 00 - hotelfinch.nl - 24 kamers vanaf € 150 🍽 - ✗.* Een stijlvol en elegant boetiekhotel in een eeuwenoud gebouw. De kamers zijn van alle gemakken voorzien en in het café is het goed toeven.

Enschede

Deze moderne stad, van oudsher een belangrijk industrieel centrum gespecialiseerd in textiel en bier (het beroemde Grolsch-bier komt ervandaan), is in 1862 afgebrand en in 1944 gebombardeerd, en werd in 2000 opnieuw door een ramp getroffen toen een vuurwerkfabriek ontplofte. Maar de stad heeft zich weten te herstellen en richt zich nu op studenten (26.000 op de grote campus ten noordwesten van het centrum) en op toeristen die afkomen op de musea en het glooiende landschap.

 Ligging

167.700 inwoners

REGIOKAART BLZ. 480 B2.

 Aanraders

Rijksmuseum Twenthe.

Praktisch blz. 501

Adresboekje blz. 501

Bezichtigen

★ Rijksmuseum Twenthe
Lasondersingel 129-131 - ℘ (053) 20 12 000 - www.rijksmuseumtwenthe.nl - & - dag. beh. ma 11.00-17.00 u - € 15 (tot 17 jaar gratis).

Het gebouw, dat in 1930 werd neergezet door de architecten Karel Muller en Anton Beudt, is niet lang geleden uitgebreid. De collectie is uitzonderlijk rijk.

★ **Oude kunst en kunstnijverheid** – *Rechtervleugel*. De collectie is sfeervol ondergebracht in een reeks gekleurde zalen. Uit de middeleeuwen zijn prachtige **handschriften**, incunabelen, edelsmeedwerk en **sculpturen** te zien. De verzameling **laat-middeleeuwse schilderijen** omvat altaarstukken en portretten van onder anderen Van Cleve, Cranach en Holbein de Jongere. Daarnaast zijn er **16de- en 17de-eeuwse landschappen** te zien van Brueghel de Jonge, Van Goyen, Ruysdael en Avercamp. Voorts zijn er fraaie werken van Jan Steen, Teniers, Terborgh en Rembrandt (etsen) te bewonderen. De **18de eeuw,** waarop het museum zich vooral wil toeleggen, is vertegenwoordigd met werken van Jacob de Wit en Cornelis Troost. Uit die periode stamt ook de verzameling glaswerk, zilverwerk en meubilair.

Tot de **romantiek** behoren werken van Koekkoek, Schelfhout en Leickert. De **School van Barbizon** (Daubigny, Troyon) heeft een eigen zaal, net als de **Haagse** en de **Amsterdamse School,** (de gebroeders Maris, Mauve, Israëls, Breitner). Het laatste deel van deze afdeling is aan het **impressionisme** gewijd (Jongkind, Monet, Sisley) en heeft een vroege Mondriaan.

Loop via de gang langs de binnentuin (Delfts aardewerk en staande klokken) terug naar de ingang.

Moderne en hedendaagse kunst – *Linkervleugel*. In deze afdeling ligt de nadruk op de ontwikkeling van de Nederlandse kunst. Er hangen werken van Jan Toorop, Odilon Redon, de vooroorlogse expressionisten (Sluijters, Gestel) en **CoBrA** (**Appel, Constant, Corneille, Lucebert**). Dan volgen de **Haagse experimentelen** en de **informelen**, zoals Ouborg en Wagemakers. Uit de jaren 1960 en 1970 is **systematische**, **seriële** en **fundamentele kunst** bijeengebracht. Sjoerd Buisman, Marlene Dumas, Cornelis Rogge en Henk Visch vertegenwoordigen ten slotte de hedendaagse Nederlandse kunst.

De Museum Fabriek
Het Rozendaal 11 - ☏ (053) 20 12 099 - www.demuseumfabriek.nl - dag. beh. ma 11.00-17.00 u - € 12,50 (3-17 jaar € 10).
Dit museum, gelieerd aan het Rijksmuseum Twenthe *(zie boven)*, is gevestigd in een voormalige textielfabriek uit 1900, waarin tot 1964 liefst 30.000 spinspoelen draaiden. In de naastgelegen werkplaats, die inmiddels verdwenen is, stonden 567 weefgetouwen. Tegenwoordig verkent dit educatieve museum de geschiedenis van de stad, via een originele aanpak aan de hand van natuurwetenschappen, technologie, astronomie, maar ook kunst. Hier geen onnodige nostalgie.

Volkspark
In het zuidoosten van dit park, een van de vele in Enschede, staat een monument voor de slachtoffers van de Tweede Wereldoorlog: een groep bronzen beelden, ontworpen door beeldhouwer **Mari Andriessen**.

Stadhuis
Het in 1933 door Gijsbert Friedhoff gebouwde stadhuis is geïnspireerd op het stadhuis van Stockholm. Het wat sobere, bakstenen gebouw heeft een hoge, vierkante toren met gewelfde muren.

Hervormde Kerk
Deze zandstenen kerk staat op de Oude Markt, het centrale plein van de stad. Met de bouw ervan is begonnen in 1200, en in de 15de eeuw is hij verder uitgebreid. Uit de 13de eeuw is nog een toren met tweelichtvensters bewaard gebleven. De torenspits dateert van het begin van de 20ste eeuw. Interessant is de zonnewijzer uit 1836 aan de rechterbuitenmuur van de kerk *(tegenover het toeristenbureau)*.

Grolsch Brouwerij
Brouwerslaan 1 (in Boekelo, ten westen van Enschede) - ☏ 053 483 32 90 - grolsch.nl en royalgrolsch.com - bezoek (duur 2.30 uur): wo-vr op afspraak - € 17,50.
Grolsch, in 1615 opgericht in Groenlo, produceert een van de bekendste bieren van Nederland. De groene beugelfles (en het geluid dat gepaard gaat met het openen ervan) is uitgegroeid tot het handelsmerk van het bedrijf. Tijdens een rondleiding door de ultramoderne brouwerij komen alle facetten aan bod: geschiedenis, productieproces, bottelen, proeverij enzovoort.

Rondrit
REGIOKAART BLZ. 480

Het groene Twente B2
▶ *Rondrit van 80 km, in groen aangegeven op de regiokaart. Vertrek vanuit Enschede in noordelijke richting.*
De tocht voert door het noordelijke deel van Twente. Deze streek staat bekend om zijn industrie, maar het is ook een groen gebied met weideland en prachtige bossen waar talloze beekjes doorheen stromen. Hier en daar treft u grote boerderijen aan met houten topgevels en soms nog vakwerkmuren.

Oldenzaal
Dit kleine industriestadje bij de Duitse grens was vroeger een vestingstad, wat nog te zien is aan de concentrische ligging van de straten rondom de mooie romaanse **Sint-Plechelmusbasiliek**. De kerk is aan een Ierse heilige gewijd en dateert uit het begin van de 12de eeuw. De 13de-eeuwse vierkante toren is bijzonder massief, zoals gebruikelijk in deze streek. Het **interieur** heeft een robuuste uitstraling. De kruisgewelven steunen op dikke, vierkante pilaren. Het koor en de

Het leuke dorpje Ootmarsum
R. van der Meer/Prisma/age fotostock

rechterzijbeuk zijn in de 15de eeuw in gotische stijl verbouwd. In de rechterdwarsbeuk hangt een triptiek *(Aanbidding van de Drie Koningen)* toegeschreven aan de Vlaming Pieter Coecke van Aalst. Even verderop staat museum **Het Palthe Huis**. Dit 17de-eeuwse barokke huis toont een aantal stijlkamers met traditionele voorwerpen. Aardig zijn een gereconstrueerde apotheek, en op zolder een 18de-eeuwse zogenaamde dwangstoel, waarop ooit een moordenaar 110 dagen heeft vastgezeten! *Marktstraat 13 - ℘ (0541) 51 34 82 - www.palthehuis.nl - dag. beh. ma 12.00-17.00 u - € 6 (tot 18 jaar € 3).*
Verlaat Oldenzaal via de N342.

Denekamp

Dit kleine plaatsje ligt in een van de mooiste delen van Twente. Het **midwinterhoornblazen** wordt hier nog in ere gehouden. De grote, houten instrumenten worden bij het naderen van Kerstmis in de dorpen in de omgeving bespeeld; de oorsprong van het gebruik is nog steeds raadselachtig. Niet ver van Denekamp staat het **Kasteel Singraven**.

Een mooie weg voert langs de Dinkel, een schaduwrijk, kalm beekje dat naar de fraaie 15de-eeuwse watermolen van Singraven leidt. Hier wordt nog graan gemalen en hout gezaagd. In het gebouw links is een restaurant gevestigd. Het 17de-eeuwse kasteel met vierkante toren spiegelt zich in het water van de Dinkel, waarvan een zijtak door het prachtige park loopt. Meubelen, Franse wandtapijten, de porseleincollectie en de schilderijen roepen de verfijnde sfeer van een 18de-eeuws interieur op.
Rijd via de N349 naar Ootmarsum.

★ Ootmarsum

Dit mooie dorp met zijn concentrische straten is gebouwd op een heuvel, rond een gotische kerk. In de straten ziet men fraai bewerkte renaissancegevels en houten topgevels. Op het Kerkplein staat de **Kerk van de H.H. Simon en Judas,** in romaans-gotische stijl, die door het gebruik van zandsteen en de (deels afgebroken) zware vierkante toren aan de westzijde, aan Westfaalse kerken doet

Twente en de textielindustrie

Omdat Twente rijk is aan waterlopen om vezels in te wassen, was de streek vroeger gespecialiseerd in de verwerking van vlas, dat hier werd verbouwd en geweven. **Almelo** was het centrum. Het linnen werd geëxporteerd tot in Noorwegen en Rusland, waar kooplieden uit Vriezenveen *(7 km ten noorden van Almelo)* bij Sint-Petersburg een nederzetting hadden gesticht. In de 18de eeuw werd het linnen door het minder kostbare katoen vervangen en werden grote hoeveelheden gekeperde stof van linnen en katoen gemaakt, die *bombazijn* heette. Begin 19de eeuw werd de productie dankzij de komst van stoommachines geïndustrialiseerd. Ook de metaalindustrie kwam tot bloei, vooral in **Hengelo**; de metaalindustrie en de textielnijverheid maakten in 1960 liefst 86 procent van de industriële activiteit in Twente uit. Sindsdien hebben de opkomst van kunstvezels en buitenlandse concurrentie de textielsector aanzienlijk beïnvloed. Tegenwoordig ontwikkelen zich naast de metaalindustrie ook de bouwsector, de dienstensector en de technologie.

denken. De apsis en de vierde travee zijn gotisch. Binnen komen de lijnen van de spitsbogen en de ribben goed tot hun recht door de polychrome beschildering. Het houten Mariabeeld (ca. 1500), achter in de linkerzijbeuk, en de moderne glas-in-loodramen zijn de moeite waard. In vitrines zijn enkele vergulde liturgische voorwerpen en een prachtig kazuifel uit 1749 met daarop een geborduurde beeltenis van de beide heiligen van de kerk uitgestald. In de rechterzijbeuk dient een voormalige grafkelder als bewaarplaats voor urnen.

Openluchtmuseum Ootmarsum – *Commanderieplein 2 - ℘ (0541) 29 30 99 - openluchtmuseumootmarsum.nl - feb.-okt.: 10.00-17.00 u; nov.: 10.00-16.00 u; dec.-jan.: za, zo 10.00-16.00 u - € 7 (11-16 jaar € 6).* Rond een oude boerderij van het type *los hoes*, zijn hier enkele schuren en de werkplaats van een wagenmaker te bezichtigen. Ze geven een goed beeld van het leven en het werk van de Twentse boeren rond 1900. Ook is er een tentoonstelling over de rijke geschiedenis van Ootmarsum. *Rijd via Almelo en Borne naar Delden.*

Delden

Delden is een belangrijk agrarisch streekcentrum.

Kasteel Twickel – *Twickerlaan 7 (informatiepaviljoen) - ℘ (074) 376 10 20 - twickel.nl - wo-zo 10.00-17.00 u; nov.-maart: vr-zo 11.00-16.00 u - rondleiding 10.30, 12.00, 13.30 en 15.00 u (niet geschikt voor kinderen beneden de 10 jaar) - € 15 (incl. tuin en park, kaartverkoop alleen online).* Het kasteel, dat ooit de residentie van de graven van Wassenaar was, ligt in het noordelijke deel van de stad op een groot landgoed. Het werd gebouwd in de 14de eeuw en gewijzigd in de 16de eeuw (hoofdpoort) en de 17de eeuw. Het wordt omgeven door een slotgracht en prachtige tuinen.

De **Grote of Sint-Blasiuskerk** is een gotische hallenkerk, met een zware vierkante toren. In het voormalige stadhuis *(Langestraat 30)* vindt u het bescheiden **Zoutmuseum**. Niet ver hiervandaan bevinden zich de belangrijkste zoutlagen van Nederland. Het museum vertelt over het ontstaan, de winning en het gebruik van zout. *℘ (074) 376 45 46 - www.zoutmuseum.nl - ♿ - 11.00-17.00, za, zo 14.00-17.00 u (nov.-april alleen za, zo) - € 5,50 (6-12 jaar € 2,50).*

Hengelo

Deze handels- en industriestad heeft moderne gebouwen. Het **Stadhuis**, ontworpen door J.F. Berghoef (1963) is daar een mooi voorbeeld van. In het oosten van de stad ligt een nieuwe experimentele woonwijk gebouwd door architect Piet Blom.

Praktisch

Inlichtingen

Toeristenbureau – Marktstraat 12 (Boekhandel Broekhuis) - ☎ (0534) 80 19 70 - www.uitinenschede.nl.

Adresboekje

Uit eten

Enschede

Goedkoop

Twentsche Foodhal – Hoge Bothofstraat 39a - ☎ 053 203 23 12 - www.carelshaven.nl - ♿ - ma-wo 9.00-17.00, do-vr 9.00-22.00, za-zo 16.00-22.00 u - € 6/18. Een grote, moderne en aangename ruimte waar u diverse stands met de heerlijkste gerechten uit de wereldkeuken vindt, in streetfoodstijl.

Wat meer luxe

Verso – Deurningerstraat 11 - ☎ 053 727 10 23 - restaurantverso.nl - ♿ - di-zo 17.00-22.00 u - € 40/70. Italiaanse charme! Het interieur is heel elegant, met verschillende tinten goud, terwijl u onder de wijnranken op het terras aan de achterkant tot rust kunt komen. Authentieke Italiaanse keuken, heerlijk en perfect gekruid.

Delden

Pure verwennerij

Carelshaven – Hengelosestraat 30 - ☎ 074 376 13 05 - www.carelshaven.nl - ♿ - 12.00-15.30 (beh. ma) en vanaf 17.30 u - menu € 105/165. Smakelijke seizoensgerechten geserveerd in de serre of 's zomers in de tuin. Gezellige sfeer. Zie ook 'overnachten'.

Overnachten

Enschede

Doorsneeprijzen

De Broeierd – Hengelosestraat 725 - ☎ 053 850 65 00 - www.fletcherhotelenschede.nl - ♿ - 61 kamers € 85/160 - ☕ € 18,50 - 🍴 hoofdgerecht € 20,50/26,50, menu € 40/51. Dit hotel is gevestigd in een groot 19de-eeuws gebouw en heeft drie soorten kamers, waarvan de mooiste met tuinzicht. De brasserie heeft een nostalgische sfeer; het restaurant is in een voormalig postkoetsstation.

Delden

Doorsneeprijzen

Carelshaven – Hengelosestraat 30 - ☎ 074 376 13 05 - www.carelshaven.nl - 🅿 ♿ - 20 kamers € 109/350 - ☕ € 17,50 - 🍴. Dit hotel uit 1772 wordt al sinds 1837 uitgebaat door dezelfde familie. De kamers bevinden zich in het hoofdgebouw en in de vleugels, aan de tuinzijde.

Ootmarsum

Doorsneeprijzen

Van der Maas – Grotestraat 7 - ☎ 0541 29 12 81 - vandermaas.nl - 🅿 ♿ - 20 kamers vanaf € 90 ☕ - 🍴. Familiehotel in een leuk winkelstraatje. De kamers zijn allemaal anders ingericht. Er zijn een bar en een terras; dagelijks wisselend menu in het restaurant.

FRIESLAND

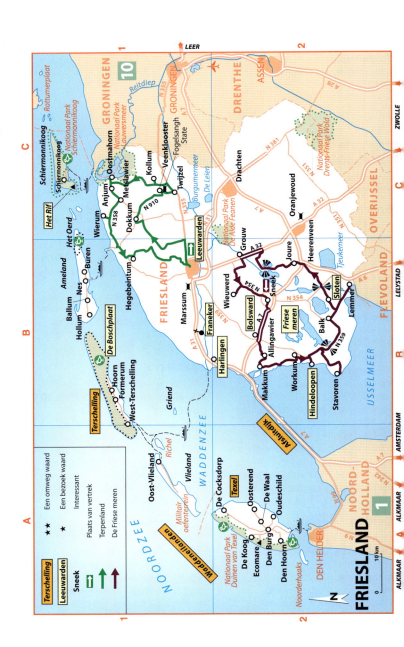

9

Friesland

FRYSLÂN - HOOFDSTAD: LEEUWARDEN

Leeuwarden★	504
Franeker★	518
Sneek	521
Waddeneilanden★★	528

Leeuwarden/ Ljouwert ★

Toeristen laten Leeuwarden, hoofdstad van Friesland en de historische vertegenwoordiger van een bijzondere provincie, nogal eens links liggen als ze op weg zijn naar de noordelijker gelegen Waddeneilanden. Geheel ten onrechte! Leeuwarden, in 2018 Culturele Hoofdstad van Europa, verdient het om ontdekt te worden: de mooie oude binnenstad, de scheve toren, straatjes die 's avonds bruisen van het leven en het rijke erfgoed dat de stad te danken heeft aan de Friese stadhouders. Leeuwarden biedt een uitstekende eerste kennismaking met de regio.

De grachten van Leeuwarden
SAKhanPhotography/Getty Images Plus

Ligging
125.500 inwoners
REGIOKAART BLZ. 502 B1, PLATTEGROND BLZ. 507 EN DETAILKAART BLZ. 513.

Met het gezin
Natuurmuseum Fryslân.

Praktisch blz. 515
Adresboekje blz. 515

Wandelen

PLATTEGROND BLZ. 507

◐ *Wandeling in groen aangegeven op de plattegrond.*
Via de straatjes van de oude stad wandelt u door de geschiedenis van de Friese hoofdstad, van de modernste ontwikkelingen tot de allereerste terp waar de stad ontstond.

★★ Fries Museum-Verzetsmuseum A2

Wilhelminaplein 92 - ☏ (058) 255 55 00 - www.friesmuseum.nl - dag. beh. ma 11.00-17.00 u - € 15 (4-17 jaar gratis); € 22, combikaartje met het Keramiekmuseum.
Het museum bevindt zich op drie verdiepingen van een glazen gebouw (2012), waarvan het dak over een deel van het plein steekt. Op de eerste verdieping zijn het Verzetsmuseum en het Fries Museum te vinden; op de tweede en derde verdieping worden tijdelijke tentoonstellingen gehouden.

Fries Museum – Een aanrader voor wie zich wil verdiepen in de geschiedenis van Friesland en de Friese identiteit beter wil begrijpen. Het museum beschikt over een uitgebreide regionale collectie van 170.000 kunstzinnige en cultuur(historische) voorwerpen vanaf de steentijd tot heden. Er is een belangrijke collectie **zilverwerk★★★**: drinkhoorns uit Reduzum (16de eeuw), de Popta-schat (17de eeuw), Brandewijnkommen (17de eeuw) en kelken uit de Sint Vituskerk (16de eeuw). Verder **meubels en klederdrachten★★**, en **Friese schilderkunst★** van de 17de tot de 20ste eeuw: *Willem Lodewijk van Nassau* van M.J. van Mierevelt (1616), *Saskia van Uylenburgh* van G. Flinck (1636), *Portret van de officieren van het Regiment Infanterie Oranje-Friesland* van B. Accama (1732), *Entrance of the Theatre* van L. Alma-Tadema (1866), *Dag en Nacht* van M.C. Escher (1938) en *Jildert Sudema* van B. van der Sloot (1940).

Omdat de collectie zo omvangrijk is, worden de werken per toerbeurt getoond tijdens thematische exposities. Ter introductie ziet u een grote digitale animatie die de ontwikkeling van het Friese landschap en de nederzettingen in de afgelopen 10.000 jaar laat zien, gevolgd door een fototentoonstelling waarin Friese steden in de 21ste eeuw worden vergeleken met 18de-eeuwse gravures.

Verzetsmuseum – Dit museum geeft een andere, persoonlijker kijk op Friesland in de jaren 1940-1945, door de ogen van degenen die de oorlog, de razzia's, de bedreigingen en de Duitse bezetting zelf hebben meegemaakt. In de educatieve en chronologisch opgezette vaste tentoonstelling wordt aan de hand van 45.000 documenten (kranten, films en foto's) het dagelijks leven tijdens de bezetting getoond. Tot de meest aangrijpende objecten behoren een **muur** met 400 persoonsbewijzen die in 1940 door de bezetter verplicht werden gesteld,

Mata Hari

Margaretha Geertruida Zelle werd in 1876 in Leeuwarden geboren. Nadat ze tijdens een verblijf in Nederlands-Indië had leren dansen, ging ze in 1903 naar Parijs. Daar werd ze een bekende danseres onder de naam **Mata Hari** (Maleis: 'Oog van de dag'). Op 15 oktober 1917 werd ze gefusilleerd wegens spionage voor de Duitsers. In 1976 werd een klein bronzen beeldje (gemaakt door Suus Boschma-Berkhout) ter nagedachtenis aan Mata Hari onthuld, tegenover haar geboortehuis aan Kelders 33.

kindertekeningen en een replica van een gevangenis die op 8 december 1944 door Friese commando's werd ontzet, een symbool van het lokale verzet.
Het museum ligt tegenover het **Paleis van Justitie**, gebouwd in 1851.
Verlaat het plein via het Ruiterskwartier en ga linksaf de Oude Lombardsteeg in.
De **Oude Lombardsteeg** wordt ook wel de 'Walvispassage' genoemd vanwege het kunstwerk dat de steeg overkluist: een langgerekt skelet van een walvis gemaakt van aluminium. Het door Giny Vos gemaakte beeld is een referentie aan de rijke wateren van de Middelzee, een voormalige zeearm.

Waag A2

Dit gebouw van rode baksteen uit 1598 staat op het Waagplein, het centrum van de stad. Op de hoeken staan de leeuwen uit het officiële wapen van Friesland, met daarboven een gebeeldhouwde fries. Tot 1880 werden hier boter en kaas gewogen. Het grote afdak beschermde de producten tegen regen en zon. Tegenwoordig vinden cafébezoekers er beschutting met zicht op de winkeltjes langs de kade van de Nieuwestad.
Steek het Waagplein over en sla de Weerdstraat in. Deze leidt naar de oude binnenstad. U komt uit op het Raadhuisplein en vervolgens het Hofplein.

Hofplein AB1

Hier bevond zich vroeger het hof van de Friese stadhouders. Een prominent gebouw aan het plein is het **stadhuis**, een sober classicistisch gebouw (1715), met een 17de-eeuws carillon. Om de hoek ziet u de in rococostijl versierde zijgevel van de raadzaal, met daarop de leeuw uit het stadswapen. Ertegenover staat het standbeeld van de eerste stadhouder, Willem Lodewijk van Nassau-Dillenburg (1560-1620), door de Friezen **Us Heit** ('Onze Vader') genoemd. Het imposante

Friesland, trots en onafhankelijk

De Friezen, een Germaans volk van trotse strijders, werden door de uitdijende, woeste Noordzee geleidelijk teruggedreven naar arme veengronden. Delen van het gebied waren in handen gekomen van de graven van Holland en de hertogen van Saksen, die trouw waren aan de Duitse keizer. Hierop werd **Friesland** (*Fryslân* in het Fries) in 1498 overgedragen aan hertog Albert van Saksen, die zich vestigde in Leeuwarden, dat de hoofdstad werd. Toen de Zeven Provinciën hun onafhankelijkheid hadden uitgeroepen, werd Leeuwarden in 1584 de residentie van de **stadhouders** van Friesland en Groningen. In 1675 wordt het Friese stadhouderschap erfelijk. **Johan Willem Friso** (1684-1711) erft van Willem III, stadhouder van Holland, de titel prins van Oranje. Zijn zoon **Willem IV** (1711-1751), stadhouder van Friesland, wordt in 1747 gekozen tot eerste erfstadhouder van alle Nederlanden. Hij is de stamvader van het huidige Nederlandse vorstenhuis: de eerste koning, Willem I, was zijn kleinzoon.
De regio heeft een eigen taal die een officiële status heeft naast het Nederlands: het Westerlauwers Fries, een taal uit de West-Germaanse taalgroep. Uit Friesland stammen veel tamme dierenrassen die zich hebben aangepast aan de natte, veenachtige grond en de moerassige delen van de provincie, bijvoorbeeld het Friese paard, de Friese koe en de nu bijna uitgestorven Friese geit. Lange tijd was deze streek een woest en onafhankelijk gebied met vrije dorpen en steden. Toen Leeuwarden in 2018 Culturele Hoofdstad van Europa was, kwam Friesland in een nieuw daglicht te staan. De provincie heeft ecologie, cultuur en creativiteit hoog in het vaandel. Er is nog steeds een sterke regionale identiteit, maar het Friesland van de 21ste eeuw is gastvrij en staat open tegenover Europa.

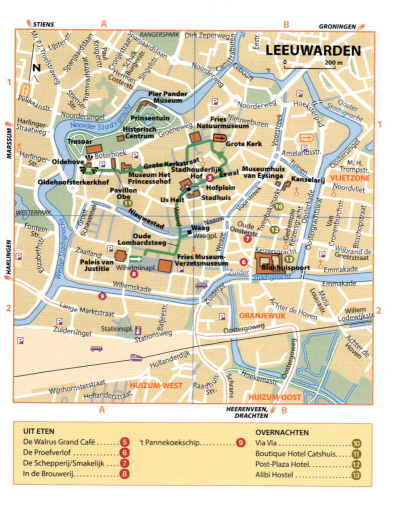

UIT ETEN		OVERNACHTEN	
De Walrus Grand Café	❺	Via Via	❿
De Proefverlof	❻	Boutique Hotel Catshuis	⓫
De Schepperij/Smakelijk	❼	Post-Plaza Hotel	⓬
In de Brouwerij	❽	Alibi Hostel	⓭
't Pannekoekschip	❾		

witte gebouw, achter het standbeeld, nu een groot hotel, was ooit het **stadhouderlijk hof**, het voormalige woonpaleis van de stadhouders. Het paleis is diverse malen verbouwd voordat het in 1881 zijn huidige uiterlijk kreeg.
Ga verder over het Gouverneursplein, loop door naar de Eewal.

Eewal B1

Aan weerszijden van deze brede hoofdstraat staan fraaie, 18de-eeuwse woonhuizen, waarvan enkele *(nr. 52 en 58)* met mooie gevelstenen.
Neem eerst linksaf de Huygenstraat, daarna rechtsaf de Speelmansstraat, dan de eerste straat links de Krommejat. Deze komt uit op het Jacobijnerkerkhof.

Grote Kerk of Jacobijnerkerk B1

De Grote Kerk werd in de 13de eeuw gesticht door dominicaanse monniken en in de 15de eeuw vergroot. De kerk is overgegaan op de protestantse eredienst. Leden van de Friese tak van de familie Nassau werden sinds 1588 onder het koor begraven. Aan de zuidkant van de kerk bevindt zich een oranje poortje met daar-

> ### De mooiste collecties van het Princessehof
>
> **Chinees porselein:** Ming, Kraak, Zhangzhou en Chine de commande.
> **Fries aardewerk:** decoratief aardewerk, serviesgoed, tegels van de 17de tot de 20ste eeuw.
> **Europees keramiek:** Italiaanse majolica uit de 16de eeuw, Delfts aardewerk, Spaanse, Franse en Portugese tegels uit de 16de tot 18de eeuw.
> **Nederlands keramiek, art deco en art nouveau:** decoratief aardewerk, serviesgoed, beelden, tegels uit de periode 1880 tot 1930.
> **Modern en hedendaags keramiek:** serviesgoed, vazen, kunst en designobjecten van 1950 tot 2000 (Picasso, Appel, Lucebert, Jongerius...).

boven een koperen sinaasappelboom: de privé-ingang van de stadhouder en zijn familie. De kerk bezit een groot orgel van Christian Müller (1727). Tegenover de hoofdingang is een pleintje met bomen. Rechts ziet u een poortje naar een voormalig hofje (1652) voor arme vrouwen.

Volg de A.S. Levissonstraat langs het Fries Natuurmuseum en sla rechtsaf om het museum binnen te gaan.

Fries Natuurmuseum / Natuurmuseum Fryslân AB1
Schoenmakersperk 2 - ☎ (058) 233 22 44 - www.natuurmuseumfryslan.nl - di-zo 10.00-17.00 u - € 13 (4-18 jaar € 6,50).

👪 Een klein museum, gevestigd in een voormalig weeshuis uit de 17de eeuw (als weeshuis in gebruik tot 1953). De tentoonstelling met als thema natuur en biodiversiteit is zeer geschikt voor kinderen: een gereconstrueerd rariteitenkabinet, het skelet van een **potvis** die in 1994 aanspoelde bij Ameland en een educatieve rondleiding onder de Waddenzee.

Neem vanaf het plein voor het museum de Pijlsteegstraat, en loop door naar de Grote Kerkstraat.

Grote Kerkstraat A1
U bent hier in een van de oudste straten van de stad. Op nr. 212 staat een indrukwekkend middeleeuws huis, ook bekend omdat Mata Hari hier tussen 1883 tot 1889 woonde. Verderop ziet u op nr. 43 een prachtige gevelsteen (1373) met een afbeelding van een leeuw en een burcht, en op nr. 17 een fraai barok portaal versierd met guirlandes in Friese stijl.

★★ Keramiekmuseum Het Princessehof A1
Grote Kerkstraat 9 - ☎ (058) 294 89 58 - www.princessehof.nl - ♿ - dag. beh. ma 11.00-17.00 u - € 12,50 (tot 18 jaar gratis).

Dit elegante 17de-eeuwse paleis was in de 18de eeuw de residentie van **prinses Maria Louise (Marijke Meu)**, weduwe van Johan Willem Friso, prins van Oranje. Sinds 1917 is het de thuisbasis van Rijksmuseum Princessehof, opgericht door Nanne Ottema (1874-1955), een Leeuwarder notaris en verwoed verzamelaar van Aziatisch aardewerk, keramiek en Chinees porselein. De fraaie collectie van het museum is in de loop van de 20ste eeuw uitgebreid.

Op de begane grond bevinden zich de rijk gedecoreerde **eetkamer★** van de prinses, die hier dertig jaar woonde, een reconstructie van het atelier van de Rotterdamse keramist **Jan van der Vaart** (1931-2000), een tegelkabinet van **Maurits Cornelis Escher**, die in dit huis werd geboren, en een zaal gewijd aan **Friese keramiek★**. Hoewel niet zo bekend als de Hollandse keramisten, was Friesland vanaf de 17de eeuw niettemin een belangrijke aardewerkproducent (Harlingen,

Makkum, Lemmer). Op de eerste verdieping maakt u een avontuurlijke reis langs stijlen, technieken en de geschiedenis van de keramiek. Van de bakermat van de kunst in Azië tot de hedendaagse Europese fabricage.
Verlaat het museum en ga terug naar het Oldehoofsterkerkhof.

Oldehoofsterkerkhof A1
Dit bekende plein ligt op een van de drie oorspronkelijke terpen van de stad. In het midden worden met 24 stenen de contouren aangegeven van de 9de-eeuwse Sint-Vituskerk, die in 1595 werd verwoest. Het was de bedoeling om het kerkgebouw weer op te bouwen, maar van het oorspronkelijke gebouw staat tegenwoordig alleen nog een scheve toren overeind.

Oldehove A1
(058) 233 23 50 - www.oldehove.eu - april-okt.: 13.00-17.00 u - € 3,50 (12-18 jaar € 2,50, tot 12 jaar € 1,50).
In 1529 kreeg architect Jacob van Aaken de opdracht een kerk te ontwerpen die recht deed aan de welvaart van de stad. Hij begon met de bouw van een hoge bakstenen toren, maar het bouwwerk stortte al snel in omdat de grond instabiel was. De bouw werd meermaals hervat, maar het mocht niet baten. Toen de toren 40 m hoog was, werd de bouw gestaakt. Hierna werd het scheve en kromme bouwwerk een icoon! De top is bereikbaar via een lift en daarna een trap. U heeft hier een mooi **uitzicht** over de stad.

Obe Paviljoen A1
Dit prachtige houten paviljoen (ontworpen door het Rotterdamse architectenbureau Powerhouse Company) is gebouwd in het kader van Leeuwarden als Europese Culturele Hoofdstad in 2018 en het programma *Lân Fan Taal*, over de meertaligheid die de Friezen zo na aan het hart ligt. Vanaf de tribune zijn evenementen op het plein goed te zien.

Tresoar A1
Het moderne complex achter de Boterhoek is deels gewijd aan de Friese cultuur. Hier bevindt zich het regionale archief, een bibliotheek en een kleine ruimte voor tijdelijke tentoonstellingen. Het nabijgelegen **Historisch Centrum Leeuwarden** geeft een beeld van de geschiedenis van de stad. *Groeneweg 1 - historischcentrum leeuwarden.nl - di-vr 11.00-17.00, za-zo 13.00-17.00 u - gratis.*

Wat is er nog meer te zien?
PLATTEGROND BLZ. 507

Prinsentuin A1
De oude beboste stadswallen werden vanaf 1648 omgevormd tot een lusthof. U kunt er een aangename wandeling maken langs de brede stadsgracht. In de omringende steegjes vindt u een **museum** en een tempel gewijd aan het werk van de Friese beeldhouwer Pier Pander (1864-1919), beroemd om het portret van koningin Wilhelmina (1880-1962) dat tussen 1897 en 1909 werd afgebeeld op de Nederlandse munten. *Prinsentuin 1B - 058 233 23 50 - historischcentrumleeu warden.nl/pier-pander - begin juni-eind okt.: za, zo 13.00-17.00 u - € 2 (7-16 jaar € 1).*

Kanselarij B1
De opvallende **gevel★** aan de Turfmarktstraat *(nr. 11)* is voorzien van bewerkte zandstenen decoraties en een trapvormige fronton met negen **allegorische beelden**. De kanselarij, tussen 1566 en 1571 gebouwd door Bartholomeus Jansz., de bouwmeester van koning Filips II van Spanje, vormde de zetel van het Friese

> ### Een monumentale erfenis
>
> Aan 2018, toen Leeuwarden Culturele Hoofdstad van Europa was, heeft de provincie twee monumentale projecten overgehouden. Ten eerste de **elf fonteinen** in de steden van de Elfstedentocht, ontworpen door kunstenaars uit de hele wereld (o.a. J.M. Othoniel in Franeker, Shen Yuan in Hindeloopen, Jaume Plensa in Leeuwarden). Daarnaast het gigantische landschapsproject **'Sense of Place'**, een 'lint' van 25 kunstwerken en landschapsarchitectonische projecten die via een speciale route langs de Waddenzeekust tussen Den Helder tot aan de Dollard zijn te bezichtigen.
> *11fountains.nl en www.sense-of-place.eu*

Hof, het hoogste gezag in de regio, dat in 1811 werd opgeheven. Na onderdak te hebben geboden aan een ziekenhuis, een kazerne en het Fries Museum, wordt het nu gebruikt als ontmoetingsplek voor ondernemers. Op het dak van de prachtige moderne uitbreiding staat een opvallend standbeeld van een steenbok.

Museumhuis van Eysinga B1
Koningsstraat 25 - 020 521 06 30 - hendrickdekeyser.nl - wo-zo 11.00-17.00 u - € 8.
Dit 18de-eeuwse herenhuis is schitterend gerestaureerd. Ontvangstkamer, badkamer, keukens, trappen met weelderig houtsnijwerk, slaapkamers van eigenaren en personeel… In alle ruimtes ontdekt u talloze details die het dagelijks leven van de familie Eysinga, die er tijdens de wintermaanden verbleef, tot leven wekken.

Blokhuispoort B2
Blokhuisplein 40 - blokhuispoort.nl - vrije toegang (rondleiding op afspraak za 14.00 en 16.00, zo 11.00 u - € 10).
Op de hoek van Zuider Stadsgracht en de Ooster Stadsgracht, staat een groot bakstenen gevangenisgebouw (tot 2007 in gebruik als huis van bewaring). De plek is herontwikkeld tot een dynamisch cultureel centrum. Rondom binnenplaatsen zijn tientallen kunstenaars, handwerkers en ondernemers actief. Er worden rondleidingen georganiseerd over de architectuur en de geschiedenis van de plek. U kunt hier ook eten en overnachten *(zie 'Adresboekje', blz. 515)*.

In de omgeving
REGIOKAART BLZ. 502

Marssum B1
5 km naar het westen via de Harlingerstraatweg.
Het **Poptaslot** of Heringastate is een van de weinige volledig bewaard gebleven *stinzen* – versterkte herenhuizen – in Friesland. De familie Heringa liet het rond 1500 bouwen. In 1687 werd het huis verkocht aan de gefortuneerde en invloedrijke advocaat dr. Henricus Popta uit Leeuwarden, die het inrichtte als zomerresidentie. In de buurt van het slot stichtte hij ook een **gasthuis** (Poptagasthuis). Bij zijn overlijden in 1712 bepaalde hij in zijn testament dat het huis in zijn oorspronkelijke staat moest blijven en driehonderd jaar lang niet bewoond mocht worden. Het intacte 17de- en 18de-eeuwse **interieur** is te bezichtigen. *Slotleane 1 - (058) 254 12 31 - www.poptaslot.nl - tuin: april-sept. 9.00-16.00 u; gratis - kasteel: vraag inl.*

Drachten C2
27 km naar het zuidoosten over de Oostergoweg.
Drachten is een handels- en industriestad die in de jaren 1920 bekend werd vanwege de kunstbewegingen De Stijl en Dada. Dit was te danken aan de **gebroeders**

Rinsema: schilder Thijs (1877-1947), een exponent van het Nederlandse **dadaïsme**, en dichter Evert (1880-1958). De twee broers waren bevriend met **Theo van Doesburg**, grondlegger van De Stijl, die via hen zijn stempel op de stad heeft gedrukt. Van Doesburg schilderde de huizen in de **Papegaaienbuurt** rond de Torenstraat in primaire kleuren.

In het nabijgelegen museum **Dr8888** wordt beeldende kunst van het begin van de 20ste eeuw getoond, met onder meer een interessante reproductie van een kamer in De-Stijl-vormgeving. De collectie bestaat uit werken van onder anderen Rinsema, Van Doesburg, Schwitters, Wiersma, Bendien, Dijkstra en Koopmans, die in wisselende tentoonstellingen worden gepresenteerd. *Museumplein 2 - ℘ (0512) 51 56 47 - www.museumdrachten.nl - di-zo 11.00-17.00 u - € 10 (13-17 jaar € 5).*

Rondrit

DETAILKAART BLZ. 513

Terpenland BC1

▶ *Rondrit van 118 km in groen aangegeven op de regiokaart.*
Friesland is plat, heel plat, maar overal in het landschap zijn kleine heuvels te zien met daarop een kerk met een zadeldaktoren, een begraafplaats en een groepje bomen. Dit zijn de aarden **terpen** die de Friezen tot in de 12de eeuw hebben opgeworpen om te kunnen vluchten voor de talrijke overstromingen in deze streek. Er zijn er nu nog bijna duizend over. Op deze route door het Friese platteland valt veel te genieten: terpdorpen, boerderijen met prachtig versierde gevels, verspreid liggende molens en zwarte paarden. *Verlaat Leeuwarden vanuit het oosten via de N355 en neem daarna de N361 naar Dokkum.*
De eerste met kerken getooide terpen duiken direct al op langs de route via de dorpen Oentsjerk, **Aldtsjerk** en **Rinsumageest**.

Dokkum

Dokkum is een kleine rustige stad, oorspronkelijk op een terp gebouwd. De schaatsers van de Elfstedentocht *(zie hieronder)* kennen Dokkum als het 'keer-

> ### De Elfstedentocht
>
> Elk jaar, als de Friese wateren dichtvriezen, maakt een koorts zich meester van elke Nederlander. De grote vraag: komt er dit jaar eindelijk weer een **Friese Elfstedentocht**, de droom van elke schaatser? Zodra het ijs minstens 15 cm dik is, wordt groen licht gegeven. De organisatoren hebben 48 uur om de route (200 km) voor te bereiden en de meer dan 15.000 deelnemers (de koning heeft ooit incognito meegedaan) en tienduizenden toeschouwers te verwelkomen. Dit is hét nationale evenement waar iedereen naar uitkijkt! De laatste Elfstedentocht vons plaats op 4 januari 1997. Sinds de officiële start in 1909 zijn er vijftien tochten georganiseerd, maar de traditie gaat terug tot de 18de eeuw. Even mythisch als veeleisend zijn de gebruiken: vertrek uit Leeuwarden vanaf 5.30 uur, vervolgens een lus door de elf Friese steden: Sneek, IJlst, Sloten, Stavoren, Hindeloopen, Workum, Bolsward, Harlingen, Franeker en Dokkum en terug naar Leeuwarden. Iedere schaatser die de finish bereikt binnen een vastgestelde tijd, krijgt een zilveren kruis. Het laatste record dateert van 1985: 6 uur en 47 minuten. Bezoek het Schaatsmuseum in Hindeloopen om meer te weten te komen over de Elfstedentocht in woord en beeld *(zie blz. 525)*. ▶ *Zie ook: elfstedentocht.frl.*

punt' voorafgaand aan de finish van de wedstrijd in Leeuwarden. Het is ook een bedevaartsoord voor christenen die de moord op Bonifatius in 754 herdenken. Als handelshaven en sinds 1597 zetel van de admiraliteit maakte de stad tot in de 17de eeuw een bloeitijd door: de vestingwerken en het stratenplan van de oude binnenstad zijn sinds 1649 niet veranderd. Dokkum heeft zijn charme behouden.

Zijl – Vanaf deze brede brug heeft u een prachtig **uitzicht** op het Klein Diep, de molen ernaast en het Groot Diep. Bewonder het 17de-eeuwse **stadhuis**, waarvan de gevel in de 19de eeuw is herbouwd.

Museum Dokkum – ✆ *(0519) 29 31 34 - www.museumdokkum.nl - ma-za 10.00-17.00 u - € 6,50 (7-15 jaar € 3,50)*. Dit streekmuseum is gevestigd in het **Admiraliteitshuis** (1618), het enige admiraliteitsgebouw in Nederland. De collecties zijn gevarieerd: zilverwerk, een Friese slee met houtsnijwerk, schilderijen, kasten, voorwerpen gevonden bij opgravingen in terpen, Friese volkskunst, 19de eeuws speelgoed en klederdrachten. Er is ook een tentoonstelling over Bonifatius.

Waag – Op een van de twee versierde frontons van dit gebouw uit 1752 is het gemeentewapen afgebeeld: een maansikkel boven drie sterren.

Grote of **Sint-Martinuskerk** – Het gotische gebouw dateert uit de 15de eeuw. Opvallend in de kerk zijn de zeer hoge galerij die later boven de zijbeuk is gebouwd, de talrijke grafzerken op de kerkvloer en de Friese preekstoel met fraai gesneden panelen (leeuw, pelikaan, valk).

Sint-Bonifatiuskerk – Een neogotische kerk van P.J.H. Cuypers (1872) gewijd aan de heilige die, samen met 52 gezellen, in 754 in Dokkum werd vermoord. De **Bonifatiuskapel** (1934) is eveneens gebouwd ter nagedachtenis aan Bonifatius. Er is jaarlijks een bedevaart naar deze kapel in een park met een enorm heiligenbeeld (1962) en een heilige geneeskrachtige bron. *Bronlaan 12 - www.bonifatiuskapel.nl*.

Volg de N910 langs het kanaal naar het zuidoosten.

De weg loopt vrij snel wat omhoog waarna het met bomen omzoomde kanaal er mooi bij komt te liggen.

Ga rechtsaf richting Kollumerzwaag.

Veenklooster

Charmant dorp met rietgedekte boerderijtjes rond een brink. Een prachtige oprijlaan leidt naar **Fogelsangh State**, een kasteel dat in 1725 werd gebouwd op de plaats van een 12de-eeuwse abdij. Het werd in de 18de en 19e eeuw verbouwd. Naast portretten van de familie Fogelsangh ziet u er antiek meubilair (17de-18e eeuw) en de collectie van de familie Van Iddekinge uit Groningen, die vooral uit **Amstelporselein** (1810) bestaat. Naast het kasteel ligt het mooie Veenkloosterbos, dat in 1840 in Engelse stijl werd aangelegd. ✆ *(051) 144 19 70 - www.fogelsangh-state.nl - kasteel geopend in mei-sept.: di-zo 13.00-17.00 u; bos geopend half juni-half maart - kasteel € 5 (6-12 jaar € 2,50), bos € 1.*

Rijd richting Twijzel.

Twijzel/Twizel

Langs de provinciale weg N355 staan kilometers lang prachtige **boerderijen★**. Achter de fraaie voorgevels, die eerder stads dan landelijk aandoen, gaan grote schuren schuil die vaak een rieten dak hebben.

Volg de N355 naar Buitenpost en ga dan links de N358 op.

Kollum

De 15de-eeuwse gotische **kerk** van dit dorp heeft een toren uit de 13de eeuw. Korte, dikke zuilen vormen de scheiding tussen het schip en de zijbeuken. Tussen

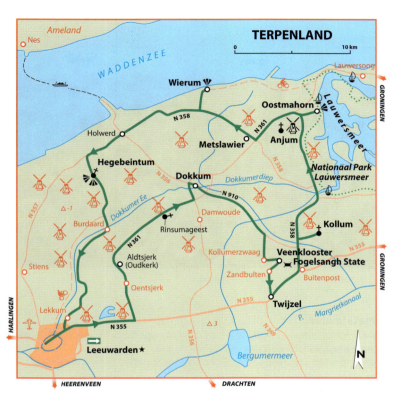

de beschilderde ribben zijn op de gewelven primitieve muurschilderingen te zien, op de noordmuur is een H. Christoffel te herkennen.

Keer terug naar de N358, die u in noordelijke richting volgt. Vlak na het oversteken van het Dokkumerdiep verlaat u de N358 en gaat u rechtdoor de kleine Saatsenwei op. Volg deze weg gedurende 9 km tot aan het plaatsje Jewier. Bij de afslag Skânserwei gaat u rechtsaf het dorp Oostmahorn in.

Oostmahorn

Het dorpje Oostmahorn ligt aan het **Lauwersmeer**, een voormalige baai aan de Waddenzee die na de afdamming in 1969 veranderde in een geliefd recreatiemeer. Het dorp, van waaruit u een mooi uitzicht op het meer heeft, is het vertrekpunt van veel excursies in en rond het **Nationaal Park Lauwersmeer**, bekend om de vele trekvogels. Het is ook een plek om de hemel te bewonderen ('s nachts is het er volkomen donker). ☎ (0519) 345 145 - www.np-lauwersmeer.nl.
Ga naar Anjum via de Skânserwei.

Anjum

Behalve mooie boerderijen en charmante huizen heeft dit dorp een molen uit 1889. Op een kleine terp staat een romaanse kerk, waar in gotische stijl een stuk is aangebouwd.
Neem de N361 richting Dokkum, en sla dan rechtsaf de N358 naar Metslawier.

Oostmahorn, een dorpje aan het Lauwersmeer
Nisangha/Getty Images Plus

Metslawier
De prachtig gerestaureerde lage huisjes en de oude gotische kerk waar ze omheen staan, vormen de fraaie kern van dit dorpje.
Volg de N358 gedurende 5 km. Bij het kruispunt met de Ternaarderwei slaat u rechtsaf en rijdt u door tot aan de kust.

Wierum
De huizen in deze kleine havenplaats zijn bescheiden. De kerk is op een ovale terp gebouwd en wordt omgeven door een kerkhof. Vanaf de kop van de dijk ontvouwt zich een mooi **uitzicht** op de Waddenzee, die er hier bij laagwater uitziet als een enorme zandbank. Aan de horizon tekenen zich de eilanden Ameland en Schiermonnikoog af.
Keer terug naar de N358 en ga verder naar Holwerd, vertrekhaven van de boten naar Ameland. Neem vervolgens de N357 naar Ferwert, vanwaar u in Hegebeintum kunt komen.

Hegebeintum
Op de hoogste terp van Friesland (bijna 9 m boven de zeespiegel) staat in dit dorp een **kerk** met een zadeldaktoren, omgeven door een kerkhof. Het interieur van de kerk is interessant vanwege de zestien **rouwborden**★ (17de-begin 20ste eeuw). Het naïeve, eenvoudige houtsnijwerk toont familiewapens, versierd met barokke motieven, symbolen van de dood (zeis, zandloper, doodshoofd en beenderen) en engelenhoofdjes.
Rijd in zuidelijke richting naar Burdaard, volg de weg langs de Dokkumer Ee in zuidelijke richting tot aan het dorp Lekkum en rijd vervolgens via de Lekkumerweg naar Leeuwarden.

LEEUWARDEN

🛈 Praktisch

Inlichtingen

Toeristische website – *www.friesland.nl.*
Toeristenbureau – *Heer Ivostraatje 1 (Obe Paviljoen) - visitleeuwarden.co.*
Toeristenbureau Dokkum – *Diepswal 27 (Museum Dokkum) - ☏ 0519 29 31 34 - www.dokkum.nl.*
Toeristenbureau Hegebeintum – *Pypkedyk 4 - ☏ (0518) 411783 - www.hegebeintum.info.*

Parkeren

Parkeergarages De Klanderij, Zaailand, Hoeksterend, Oosterstraat, Oldehove. De **P+R** bij het station is ook zeer praktisch (Wijnhornsterstraat).

Evenementen

Elfstedentocht – *www.elfstedentocht.frl.* De populairste schaatswedstrijd van het land *(zie kader blz. 511).* Maar het ijs op de meren is zelden dik genoeg om de tocht door te laten gaan. In afwachting van de terugkeer van een strenge winter zijn er zomerse varianten in overvloed: te voet, per fiets, per motor, per auto of oldtimer.

Noordelijk Filmfestival – *In nov. - noordelijkfilmfestival.nl.* Een filmfestival met een uitgebreid programma. Er worden gedurende een week 150 films vertoond in de hele provincie.

Explore the North – *In nov. - www.explore-the-north.nl.* Leeuwarden verandert in een podium voor artiesten uit de hele wereld.

📍 Adresboekje

PLATTEGROND BLZ. 507

Uit eten

Goedkoop

9 't Pannekoekschip – A2 - *Willemskade 69 - ☏ 058 212 09 03 - www.pannekoekschipleeuwarden.nl - juli-aug.: 12.00-20.30 u; rest v.h. jaar: vraag inl. - hoofdgerecht € 10/15.* Een pannenkoekenrestaurant in een mooi schip in het water van de Willemskade, tussen het station en het centrum. Op de kaart staan negentig soorten pannenkoeken!

7 De Schepperij/Smakelijk – B2 - *Oude Oosterstraat 14 - ☏ 058 844 86 48 - www.smakelijk-kookservice.nl - ma-vr 12.00-19.30 u - € 7/15.* Een sympathiek en laagdrempelig lunchcafé annex kunstenaarsatelier waar u voordelig kunt eten. De versgemaakte broodjes en wekelijkse hapjes kunt u ter plaatse eten (mooi terrasje) of meenemen.

8 In de Brouwerij – A2 - *Zaailand 94 (Wilhelminaplein) - ☏ 058 845 95 80 - bijonsinde brouwerij.nl - 11.00-0.00 u - lunch € 9/15, diner € 19/25.* Hoewel het menu niet echt verrassend is (salades, hamburgers, spareribs en kipsaté), is het uitstekende zelfgebrouwen bier beslist de moeite waard. Grote, gezellige eetzaal en terras. Mooie hotelkamers op de bovenverdieping. *(vanaf € 90).*

Doorsneeprijzen

5 De Walrus Grand Café – B1 - *Gouverneursplein 37 - ☏ 058 213 77 40 - www.dewalrus.nl - 10.00-1.00 u - hoofdgerecht € 20/25.* Dit is een van de populaire terrassen bij het Hofplein. Het menu is kenmerkend voor een eetcafé: kroketten, saté, broodjes, hamburgers... Vooral leuk vanwege de sfeer.

6 Proefverlof – B2 - *Blokhuisplein 40 - ☎ 058 302 00 30 - www.proefverlof.frl - 11.00-0.00 u - gesl. ma - hoofdgerecht € 18,50/29,50, menu € 39,50/65.* De 18de-eeuwse gevangenis Blokhuispoort aan de rand van de binnenstad is nu een cultuurcentrum. Er is onder andere een drink- en eetlokaal met een rustig terras aan de gracht.

In de omgeving

Doorsneeprijzen

WeidumerHout Hotel & Restaurant – *Dekemawei 9 - Weidum, 10 km ten zuidwesten van Leeuwarden - ☎ 058 252 98 88 - www.weidumerhout.nl - wo-za 18.00-23.00, zo-di 18.00-22.00 u (ma-di voordeelmenu) - hoofdgerecht € 20/24, menu € 39/49 - 10 kamers en 10 hotel-kubussen.* Een adres dat meteen in de smaak valt. Opvallend mooi ingericht, en op de menukaart staan zo'n twintig zeer interessante gerechten. Moderne smaakcombinaties met veel gebruik van regionale producten. Het hotel is gevestigd in een Friese boerderij uit 1867 en biedt eenvoudige, functionele kamers en tien geweldige vrijstaande glazen kubussen in het weiland voor een intiem en ontspannen verblijf.

Beetsterzwaag

Doorsneeprijzen

Bistro Nijeholt – *Hotel Landgoed Lauswolt - Van Harinxmaweg 10 - ☎ 0512 381 245 - www.lauswolt.nl - 17.00-22.00 u - menu € 41.* Of u nu op zoek bent naar een klassieke, moderne of internationale keuken, de chef van deze trendy bistro past op briljante wijze verschillende kooktechnieken toe om zijn gerechten optimaal tot hun recht te laten komen. De informele sfeer draagt bij aan de plezierige ervaring. In het landhuis in het prachtige bos van Beetsterzwaag bevinden zich de luxe kamers van het hotel.

Dokkum

Doorsneeprijzen

Grand Café de Waegh – *Grote Breedstraat 1 - ☎ 0519 22 04 52 - www.dewaeghdokkum.nl - 10.00-22.00, zo-ma 11.30-22.00 u - hoofdgerecht € 20/29.* Heeft u de waag (1752) bekeken in Dokkum? Geniet dan van een ontspannen bistromaaltijd in de beschutting van de oude spanten.

Stadscafé Artisante – *Diepswal 1 - ☎ 0519 74 00 05 - www.stadscafe-artisante.nl - wo-do 10.00-22.00, vr-za 10.00-2.00, zo 12.00-22.00 u - pasta buffet € 17,50, menu shared-dining € 42,50.* Mooie lichte eetkamer en uitzicht op de gracht met terras in de zomer.

Een tussendoortje

De Koperen Tuin – A1 - *Prinsentuin 1 - ☎ 058 213 11 00 - www.dekoperentuin.nl - ♿ - 10.00-22.00 u (20.00 u ma-di) - hoofdgerecht € 20/24.* Een grand café midden in de Prinsentuin, waar u kunt genieten van zoete lekkernijen met zicht op de aanmerende bootjes.

MIN 12 – B1 - *Kelders 1 - ☎ 058 751 81 51 - www.min12.nl - 12.00-22.00 u.* Deze ijssalon, met een zestal vestigingen in heel Friesland, verkoopt ijs in veel verschillende smaken en kleuren. Een ware magneet voor kinderen. De futuristische draaiende vitrine draagt bij aan de beleving.

Iets drinken

De terrassen langs de Nieuwestad, bierbrouwerij **In de Brouwerij** *(zie 'Uit eten')* en Café De Markies *(Groot Schavernek 19)*, bekend om zijn uitgebreide bierkeuze, zijn de perfecte plek om de avond te beginnen. De avond kan worden voortgezet in poppodium **Neushoorn**, dat een afwisselend programma biedt *(neushoorn.nl)*.

Winkelen

😊 Op vrijdagochtend verandert het Wihelminaplein (A2) in een markt. Hier vindt u specialiteiten als kruidkoek en *dúmkes*. Ga naar de Kleine Kerkstraat, Bagijnestraat, Sint Jacobsstraat en Nieuwesteeg voor leuke winkeltjes.

De Gruttersvinkel – A1 - *Nieuwesteeg 5 - ☎ 058 215 34 27 - grutterswinkel-leeuwarden.nl - 10.00-17.00 u - gesl. zo-ma - bezoek: € 2.* Ooit was dit de kruideniersvinkel van de familie Feenstra, nu een charmant winkeltje, museum en theesalon (lekkere sinaas-appeltaart).

Afûk – A1 - *Boterhoek 3 - ☎ 058 234 30 70 - afuk.frl - ma 13.00-17.30, di-vr 10.00-17.30, za 10.30-17.00 u.* Boekhandel gespecialiseerd in Friese literatuur. Ansichtkaarten, mooie boeken en souvenirs in de kleuren van Friesland.

Sport en ontspanning

Aqua Zoo Friesland – *De Groene Ster 2, 7 km ten oosten van het centrum - ☎ 0511 43 12 14 - www.aquazoo.nl - wisselende openingstijden: vraag inl. - € 18,95 (tot 3 jaar gratis).* Een grote dierentuin met vooral waterdieren: dwergotters, pelsrobben, pinguïns, wallaby's, flamingo's, ocelotten, bevers en pelikanen.

Overnachten

Goedkoop

13 Alibi Hostel – B2 - *Blokhuisplein 40 - ☎ 056 120 774 49 - alibihostel.nl - ♿ - bed op een slaapzaal € 25, kamers € 55/75 met of zonder badkamer - 🛏 € 8,50.* In de voormalige gevangenis Blokhuispoort, herontwikkeld tot cultuurcentrum, bevindt zich deze prachtige jeugdherberg met goed ingerichte 'cellen' voor 2 tot 18 personen. Keuken, gemeenschappelijke ruimte, fietsverhuur (€ 5/dag).

Doorsneeprijzen

10 Via Via – B1 - *Tweebaksmarkt 23 - ☎ 058 203 71 33 - www.hotelviavia.nl - ♿ - 74 kamers vanaf € 120.* Centraal gelegen, grootstedelijk en kleurrijk. Via Via heeft verschillende soorten comfortabele en functionele kamers. Het ontbijt stelt u zelf samen bij de winkel, waarna u het in een mooie ruimte kunt opeten.

Notiz Hotel – BUITEN PLATTEGROND - *Rengerslaan 8 - ☎ 058 303 08 00 - notizhotel.com - 🅿 ♿ - 28 kamers € 116/172 🛏 - 🍴 menu € 30/37,50.* Een modern hotelconcept ten noorden van de stad in een pas gerenoveerd gebouw met een gedurfd design. U kunt er ook lunchen en dineren ('nieuwe Nederlandse keuken').

11 Boutique Hotel Catshuis – A1 - *Nieuwestad 49 - ☎ 058 215 87 15 - catshuisleeuwarden.nl - 🅿 ♿ - 5 kamers € 144/164 🛏.* Boutiquehotel, mooi aan het water gelegen in een prachtig 19de-eeuws huis. Comfortabele bedden, designinrichting.

Wat meer luxe

12 Post-Plaza Hotel – B1-2 - *Tweebaksmarkt 25-27 - ☎ 058 215 93 17 - www.post-plaza.nl - 🅿 - 82 kamers € 151/328 🛏.* Het voormalige hoofdpostkantoor, nu een prachtig hotel met alles erop en eraan: kamers van verschillende afmetingen, goede service, vintage inrichting, fitnessruimte... U kunt heerlijk loungen in het grand café. De imposante bar past uitstekend in de monumentale zaal.

👉 *Zie ook 'Uit eten':* **In de Brouwerij** en **WeidumerHout Hotel & Restaurant**.

Franeker ★

Een klein historisch centrum met grachten en prachtige gebouwen uit de 16de eeuw. Dit is het charmante Franeker, ooit beroemd om zijn universiteit. En er is iets bijzonders te vinden: een planetarium, gemaakt door een 18de-eeuwse wolkammer. Afgezien van de (steeds zeldzamer) schaatsers in de winter en het unieke kaatsspel waar men 's zomers op afkomt, lijkt niets de rust van de plaats te verstoren. Maar toch is de frisse zeewind niet ver weg, bij Harlingen, de poort tot de Friese Waddenzee.

> **Ligging**
> 12.780 inwoners
> REGIOKAART BLZ. 502 B1

> **Praktisch blz. 520**
>
> **Adresboekje blz. 520**

Wandelen

★ Stadhuis
Dit prachtige gebouw (1591) in Hollands-maniëristische stijl heeft een dubbele trapgevel en een elegante, achtkantige toren. De muren van de raadzaal en de trouwzaal zijn bekleed met kleurrijk leerbehang uit de 18de eeuw.

★ Eise Eisinga Planetarium
Eise Eisingastraat 3 - ☏ (0517) 39 30 70 - www.planetarium-friesland.nl - di-za 10.00-17.00, zo 11.00-17.00 u (en ma 11.00-17.00 u in april-okt.) - € 6 (4-13 jaar € 5); € 8,50 combikaartje met Museum Martena.
De aanleiding is wonderlijk en het resultaat indrukwekkend. Astrologen dachten in de 18de eeuw dat het einde van de wereld nabij was. **Eise Eisinga** (1744-1828), een eenvoudige Friese wolkammer met een passie voor astronomie, besloot hun ongelijk te bewijzen. Van 1774 tot 1781 bouwde hij aan het **plafond★** van zijn woonkamer een ingenieus apparaat dat de beweging van de sterren aan de hemel toonde. Vandaag functioneert zijn prachtige planetarium, een van de oudste ter wereld, nog steeds. U vindt het fascinerende **mechaniek★★** op de eerste verdieping van het museum. Verder te zien: manuscripten van Eisinga, een verzameling 18de- en 19de-eeuwse **astronomische instrumenten★** geïnspireerd op Eisinga's werk, waaronder zakplanetaria en astronomische klokken, een eerbetoon aan andere autodidacte Friezen uit de 18de eeuw (Arjen Roelofs, Riense Beerts Gelder, klokkenmaker) en interessante educatieve tentoonstellingen over het zonnestelsel en sterrenkunde.

Museum Martena
Voorstraat 35 - ☏ (0517) 39 21 92 - www.museummartena.nl - di-zo 11.00-17.00 u - € 6 (kind € 3), incl. audiogids; € 8,50 combikaartje met het Planetarium.
In het kasteel van Martena (1506) bevindt zich een museum over de geschiedenis van Franeker. U ziet er prachtige verzamelingen goud- en zilverwerk, 18de-eeuwse schilderijen, porselein en glaswerk. Ook is er aandacht voor entomologe en kunstenares **Anna Maria van Schurman** (1606-1678), de eerste vrouwelijke universitaire student in Nederland. De bijzondere **xylotheek**, een verzameling van diverse houtsoorten in de vorm van boeken, is ook de moeite waard. Neem op weg naar buiten een kijkje in de kleine historische tuin achter het kasteel.

Martinikerk
Deze gotische kerk heeft een verrassend licht interieur met prachtige vergulde kroonluchters en zuilen met 15de-eeuwse **schilderingen**★ (heiligenfiguren). Op de vloer liggen rijk bewerkte grafstenen in Friese stijl. Tegenover de kerk staat een van de elf fonteinen die zijn gebouwd in het kader van Leeuwarden als Europese Culturele Hoofdstad 2018 *(zie kader blz. 510)*: de Oortwolk van Jean-Michel Othoniel.

Sjûkelân
Dit is de Friese naam (Sternse Slotland in het Nederlands) van het grote grasveld waar het *keatsen* (kaatsen in het Nederlands), een soort handbal, plaatsvindt. Naast de ingang staan twee hoge bakstenen torens (2003). Hier wordt sinds 1856 elke zomer de **PC**, de belangrijkste kaatswedstrijd, gehouden. Op de dag van het toernooi verzamelen duizenden bezoekers zich op de speciaal opgerichte tribunes, waar een feestelijke sfeer heerst. In het nabijgelegen **Keatsmuseum** leert u over de geschiedenis van het spel, de clubs en de wedstrijden. *Voorstraat 76 - www.keatsmuseum.frl - half april-okt.: di-za 13.00-17.00 u; nov.-maart: vr-za 13.00-17.00 u - € 4,50 (6-18 jaar € 3).*

In de omgeving
REGIOKAART BLZ. 502

★ Harlingen/Harns B1-2
▶ *8 km naar het westen.*
Harlingen, gelegen aan de monding van het Van Harinxmakanaal was tot 1850 de belangrijkste haven voor de Groenlandse walvisjacht. Tegenwoordig worden er zuivelproducten verscheept naar Engeland en is het een belangrijk centrum voor de garnalenvisserij. Elk jaar worden de Visserijdagen gehouden, met ringsteekwedstrijden en een vlootschouw.

★ **Noorderhaven** – Om de jachthaven staan pittoreske (pak)huizen met aan de noordzijde enkele mooie gevelstenen. Aan de zuidzijde staat het 18de-eeuwse **stadhuis** met tegen de voorgevel een bas-reliëf van de aartsengel Michaël.
Hannemahuis – *Voorstraat 56 - ✆ (0517) 41 36 58 - www.hannemahuis.nl - di-za 10.00-17.00, zo 12.00-17.00 u - € 5 (4-18 jaar € 2,50).* Een museum in een 18de-eeuws pand over de geschiedenis van Harlingen en zijn maritieme verleden. Er is ook een zaal gewijd aan **Simon Vestdijk** *(kader hieronder)*, de beroemde schrijver uit Harlingen. Aan het eind van de straat, bij het kanaal, staat een standbeeld van Anton Wachter, de held uit zijn autobiografische romancyclus.
Op de zuidelijke dijk van de haven is in 1774 een monument opgericht ter nagedachtenis aan gouverneur Caspar de Robles. Maak een wandeling over de kades, waar mooie oude schepen langs liggen, en over de dijk langs het Harlinger strand.

Simon Vestdijk
De in Harlingen geboren Simon Vestdijk (1898-1971) is een van de belangrijkste Nederlandse schrijvers. De veelzijdige intellectueel Vestdijk won alle Nederlandse literatuurprijzen en was zeer productief: hij schreef ongeveer 200 boeken, waarvan sommige in meerdere talen werden vertaald *(Rumeiland, De koperen tuin, De redding van Fré Bolderhey)*. Veel van zijn romans spelen zich af in Lahrigen (anagram van Harlingen) en Leeuwarden. Naar zijn beroemdste held, **Anton Wachter**, werd in 1977 een literaire prijs vernoemd. Deze prijs voor beste literaire debuut wordt om de twee jaar in Harlingen uitgereikt aan de voet van het standbeeld van Anton Wachter.

🛈 Praktisch

Inlichtingen

Toeristische websites – www.franeker.frl - www.friesland.nl.

Toeristenbureau Harlingen – *Grote Bredeplaats 12 - ℰ (0517) 43 02 07 - www.harlingen-friesland.nl.*

📍 Adresboekje

Restaurant

Goedkoop

Brasserie de Stadstuin – *Eise Eisingastraat 2 - ℰ 0517 38 21 06 - www.brasseriedestadstuin.nl - di-za 10.00-17.30, zo (en ma april-okt.) 11.00-17.30 u - hoofdgerecht € 8/12,50.* Uitstekende kleine kaart (pannenkoeken, uitsmijters). In de museumtuin of in de oude koffiebranderij in art-nouveaustijl (1881) kunt u genieten van een high tea.

Doorsneeprijzen

Hotel Restaurant De Stadsherberg – *Oud Kaatsveld 8 - ℰ 0517 39 26 86 - www.stadsherbergfraneker.nl - vanaf 12.00 u - hoofdgerecht € 21/38,50.* Deze oude herberg aan de rustige Oosterpoort biedt kwaliteit. De gerechten zijn bereid met zorgvuldig geselecteerde streekproducten. Uitzicht op het water vanuit de eetzaal en mooie hotelkamers met balkon (€ 99,50/135).

Harlingen

Doorsneeprijzen

Nooitgedagt – *Grote Bredeplaats 35 - ℰ 0517 43 42 11 - www.eetcafenooitgedagt.nl - dag. beh. ma vanaf 10.30 u (11.30 u zo) - hoofdgerecht € 22,50/24,50.* Dit eetcafé is gevestigd in een oud wijnpakhuis uit 1647, een van de mooiste gebouwen aan de haven. Typische eetcafékaart (spareribs, vis, gefrituurde hapjes).

Iets drinken

Harlingen

Het Brouwdok – *Nieuwe Willemskade 8 - ℰ 0517 23 53 63 - hetbrouwdok.nl - dag. beh. di 11.00-22.00 u.* Microbrouwerij met uitstekende bieren. In het gerenoveerde pakhuis aan de haven eet u ook snacks (bitterballen, hotdogs, dips) die goed samengaan met een biertje. 's Zomers terras aan het water.

Winkelen

Harlingen

Harlinger Aardewerk & Tegelfabriek – *Voorstraat 84 - ℰ 0517 41 53 62 - www.harlinger.nl - 8.00-18.00, za 9.00-17.00 u - gesl. zo.* In de 17de eeuw was Harlingen het centrum van de Friese aardewerkproductie. Tegenwoordig zijn er amper ambachtelijke keramisten over, behalve bij deze manufactuur, waar serviesgoed en tegels met de hand worden gemaakt. Om te bekijken, te bewonderen... en te bezitten?

Overnachten

Harlingen

Doorsneeprijzen

Anna Casparii – *Noorderhaven 67-71 - ℰ 0517 41 20 65 - www.annacasparii.nl - 🅿 ♿ - 16 kamers € 100/135 🛏 - ✕.* Dit gezellige hotel is gevestigd in drie pittoreske huizen, waarvan een met een klokgevel. De ruime kamers kijken uit over de haven. Traditionele keuken. Het restaurant beschikt over een terras aan de achterzijde.

Sneek/Snits

Sneek en omgeving kunnen bij uitstek figureren op een ansichtkaart van landelijk Friesland. Sneek was ooit een havenstad aan de Middelzee, een voormalige zeearm. Nu is het een gezellige stad met veel watersportactiviteiten. In het omringende groene landschap zijn boerderijen, molens, koeien en paarden te vinden. Overal in het landschap steken tegen de horizon de masten af van schepen die vanuit het IJsselmeer of de zeehavens Friesland binnen zijn gevaren.

De Waterpoort van Sneek
EKH-Pictures/Getty Images Plus

Ligging
34.500 inwoners
REGIOKAART BLZ. 502 B2 EN DETAILKAART VAN DE FRIESE MEREN BLZ. 523. 27 km ten zuidwesten van Leeuwarden.

Met het gezin
Fries Scheepvaartmuseum, Museum Joure, museumdorp Allingawier.

Praktisch blz. 527

Adresboekje blz. 527

Wandelen

★ Waterpoort
Vroeger bewaakte dit sierlijke gebouw uit 1613 de ingang van de haven, die binnen de stadswallen lag. Het is opgetrokken uit baksteen met sierelementen van zandsteen. Het middendeel vormt een brug over de Geeuw en heeft twee open bogen. De torens aan weerszijden hebben hoge spitsdaken.

Stadhuis
Het 16de-eeuwse stadhuis werd in de 18de eeuw verbouwd. Het heeft een mooie rococogevel, hoge vensters en groene luiken. Op het rijk gebeeldhouwde bordes prijken twee levensgrote leeuwen met wapenschilden.

Fries Scheepvaartmuseum
Kleinzand 16 - ℘ (0515) 41 40 57 - www.friesscheepvaartmuseum.nl - ♿ - 10.00-17.00, zo 12.00-17.00 u - € 9,50 (6-18 jaar € 4,50).

Het museum is gewijd aan de Friese zee- en binnenvaart en bevat een grote verzameling **modellen van schepen** die in de 18de en 19de eeuw werden gebruikt, waaronder de traditionele Friese *skûtsjes*. Ook zijn er gereconstrueerde bootinterieurs, schilderijen, foto's van mast- en zeilmakerijen en navigatie-instrumenten te bekijken. Een afdeling is gewijd aan de geschiedenis van Sneek, bezien vanuit zeil- en schaatssport. Sneek is een van de elf steden van de beroemde schaatstocht, de **Elfstedentocht**. *(zie blz. 511).*

In de omgeving   REGIOKAART BLZ. 502

Heerenveen C2
▶ *23 km naar het zuidoosten via de A7-E22.*
De stad werd in de 16de eeuw gesticht door Friese heren (vandaar de naam Heerenveen). Tegenwoordig staat de stad vooral bekend om haar voetbalclub *(www.sc-heerenveen.nl)*, die de Friese vlag voert in binnen- en buitenland. Aan de zuidoostkant van Heerenveen liggen de huizen van **Oranjewoud** (17de eeuw) verscholen tussen de honderd jaar oude bomen van een voormalig landgoed van de Oranjes. In het prachtige landschap liggen twee landhuizen, **Oranjewoud** en **Oranjestein** *(toegang via de Prins Bernhardlaan)*. U kunt heerlijk wandelen in park Overtuin, waar ook een mooi museum is en 's zomers een festival klassieke muziek wordt gehouden.

Museum Belvedere –*Oranje Nassaulaan 12 - ℘ 0513 644 999 - www.museum belvedere.nl - di-zo 11.00-17.00 u (16.00 u 's winters) - € 12 (tot 12 jaar gratis).* In een mooi gebouw dat over het kanaal **Prinsenwijk** heen is gebouwd, is het belangrijkste museum voor moderne en hedendaagse kunst van Friesland gevestigd. Het werd in 2004 door koningin Beatrix geopend en biedt een prachtig uitzicht op landgoed Oranjewoud. De collectie, die bij toerbeurt wordt tentoongesteld, laat u kennismaken met hedendaagse Friese kunst (Sjoerd de Vries, Boele Bregman, Jan Mankes, Jentsje van der Sloot, Gerrit Benner enzovoort).

Rondrit   REGIOKAART HIERNAAST

★ De Friese meren B2
▶ *Rondrit van 135 km aangegeven in paars op de regiokaart. Vertrek uit Sneek richting Bolsward.*
De route slingert door een merengebied, langs typische dorpjes aan de oude Zuiderzee en langs het beroemde circuit van de elf Friese steden.

★ Bolsward/Boalsert
ℹ *Wipstraat 6 - ℘ (0515) 57 77 01 - www.bolsward.nl.* Bolsward is een van de elf Friese steden. De naam zou een samentrekking zijn van 'Bodele's terp' (een ward

SNEEK 523

is een terp). De stad had vroeger een open verbinding met de Zuiderzee en was in die tijd rijk en machtig. Reeds in de 11de eeuw werd er een munt geslagen en het plaatsje was een van de Hanzesteden. Tegenwoordig is het een rustig plattelandsstadje midden in een welvarend weidegebied. Om de drie jaar wordt in Bolsward de Friese literatuurprijs uitgereikt, vernoemd naar **Gysbert Japicx** (1603-1666). Nadat het Fries als geschreven taal lange tijd in onbruik was geweest, was Japicx de eerste die de taal op literaire wijze ging gebruiken. In het gebouw van het toeristenbureau is een klein museum over hem ingericht.

★ **Stadhuis** – Dit sierlijke renaissancegebouw uit 1614-1617 heeft een voorgevel met een verhoogde halsgevel en een mooi 18de-eeuws bordes. Daarop staan twee leeuwen met het stadswapen. Boven het stadhuis verrijst een hoge, achthoekige klokkentoren met **carillon**. De **raadzaal** heeft een schitterende deur die is vervaardigd door Japick Gijsberts, net als de houten schouw met aan elke kant een stenen atlant. Een zaal op de eerste verdieping, waar zware balken het gewicht van de toren dragen, is ingericht als **oudheidskamer** met Fries aardewerk, klederdrachten, Bolswarder zilver en bodemvondsten.

Broerekerk – *Broereplein 10 - 10.00-18.00 u.* De oudste kerk van de stad (13de eeuw), gedeeltelijk verwoest door de zoveelste brand in 1980, is sindsdien overdekt met een sierlijk glazen dak. Er worden bruiloften, tentoonstellingen en rommelmarkten gehouden. Let op de mooie en imposante vleermuisfontein op het plein, een overblijfsel van Leeuwarden 2018 (Culturele Hoofdstad van Europa, *zie kader blz. 510*).

Martinikerk – *℘ (050) 31 11 277 - martinikerk.nl - di-za 11.00-17.00 u - € 2.* Deze grote gotische kerk is gebouwd in het midden van de 15de eeuw en heeft, zoals de meeste Friese kerken, een zadeldaktoren. **Binnen** steunen de gewelven van de

drie beuken op ronde zuilen. De **koorbanken**★ (eind 15de eeuw) zijn interessant om het houtsnijwerk. De **preekstoel**★ (17de eeuw) met een klankbord met bekroning, is versierd met mooie motieven. Het orgel is in 1775 vervaardigd door de Groningse orgelbouwer Albertus Hinsz. De kerk heeft een uitstekende akoestiek.
Neem voor het kruispunt in Workum de kleine weg naar Exmorra en Allingawier.

Allingawier
Een deel van dit Friese dorp is nu omgedoopt tot **museumdorp**, met demonstraties van ambachten en diverse activiteiten (waaronder boottochten). Bekijk de terp, de kerk met zadeldaktoren, de brandweerkazerne, de bakkerij, de smederij en de schilderswerkplaats. U kunt ook een karakteristieke 19de-eeuwse **boerderij** bezoeken: de schuur en de stal liggen in het grotere bouwwerk en het naastgelegen woongedeelte is verhoogd met daaronder de melkkelder. U kunt er ook wat eten. **Het Friese Museum Dorp** – *Kanaalweg 4 - ℘ (0515) 23 16 31 - www.hetfriesemuseumdorp.nl - ♿ - do-zo 11.00-17.00 u - € 2,50 (tot 4 jaar gratis).*

Makkum
Makkum is een populaire bestemming voor zeilers, heeft een mooie vissershaven aan het IJsselmeer en een bijzondere 17de-eeuwse Waag. De stad floreerde dankzij de productie van tingeglazuurd aardewerk en tegels in Delftse stijl. Sinds 1594 is hier de **Koninklijke Tichelaar Makkum** gevestigd, een van de oudste plateelfabrieken van het land.
Via een smalle weg tussen een dijk en een kanaal (soms ziet u er reigers) bereikt u Workum.

Workum/Warkum
Het stadje Workum was ooit een welvarende haven met een bloeiende palinghandel en ook een belangrijke fabrikant van geglazuurd aardewerk. Nu is het een centrum voor (water)toerisme, maar u vindt er nog steeds mooi erfgoed en enkele interessante huizen.
Merk – Het **stadhuis** op de Grote Markt heeft een hoge, 18de-eeuwse gevel. Het voormalige stadhuis links daarvan is een klein renaissancegebouw met een gebeeldhouwde gevelsteen. De grote gotische **St.-Gertrudiskerk** uit de 16de-17de eeuw heeft een imposante, losstaande **toren** met een kleine bolspits. Binnen zijn een fraaie 18de-eeuwse preekstoel te zien en negen **gildebaren**, waarop de werkzaamheden van de gilden zijn geschilderd. Ze werden gebruikt als draagbaar om overleden gildeleden naar het kerkhof te brengen.
In de **Waag**, een mooi 17de-eeuws gebouw met dakkapellen als pseudotrapgevels, is het **Warkums Erfskip** gevestigd, een museum dat de stadshistorie belicht, met het accent op de scheepvaart en de karakteristieke Workumer gebruiksceramiek. *Merk 4 - ℘ (0515) 54 12 31 - www.warkumserfskip.nl - di-zo 13.00-17.00 u, vraag inl. - € 9,50, 13-18 jaar € 5.*

★ **Jopie Huisman Museum** – *Noard 6 - ℘ (0515) 54 31 31 - www.jopiehuismanmuseum. nl - 11.00-17.00 u - € 9,50 (4-12 jaar € 5,50).* Dit kleine, mooie museum herbergt schilderijen en tekeningen van de autodidactische kunstenaar Jopie Huisman (1922-2000). Deze Friese lompen- en oudijzerhandelaar werd in Workum geboren. Hij had een voorkeur voor Friese landschappen en karikaturale dorpsscènes.

★ Hindeloopen/Hylpen
🛈 *Dijkweg 1 - ℘ (0514) 521 420 - www.touristinfohindeloopen.nl.*
Hindeloopen is de kleinste van de elf Friese steden en een van de charmantste. Het was lid van de Hanze en maakte in de 17de en 18e eeuw een bloeitijd door dankzij de handel met de Oostzee. Sindsdien is het beroemd geworden om de **schilderkunst** *(zie kader hierboven)*. Ver van de hoofdweg kunt u hier genieten

> ### Kleurrijke meubelen
> Sinds de 18de eeuw wordt in Hindeloopen meubilair beschilderd met veel gebruik van donkerrood en donkergroen. Kleuren, vormen en motieven werden ontleend aan de Scandinavische volkskunst, die de zeelieden daar hadden leren kennen. In de gesloten gemeenschap die Hindeloopen lange tijd was, had ieder ontwerp een symbolische betekenis. In 1878 werd op de Parijse wereldtentoonstelling een gereconstrueerd interieur getoond, waarna de 'Hindelooper stijl' in heel Europa een groot succes werd.

van de rust tussen de bochtige steegjes, grachtjes, tuinen en bruggetjes. In de zomer is het rondom de haven een levendige boel.

★ **Museum Hindeloopen** – *Dijkweg 1 - ☏ (0514) 52 14 20 - www.museumhindeloopen.nl - april-okt.: ma-za 11.00-17.00, zo 13.30-17.00 u - € 6 (6-16 jaar € 4).* In dit museum, dat dicht bij de kerk gevestigd is in het voormalige stadhuis uit 1683, is een groot aantal traditionele Hindelooper interieurs nagebouwd, met beschilderde meubels en gebruiksvoorwerpen, een rijke collectie traditionele klederdrachten, tegels en tegeltableaus en afbeeldingen van schepen.

Het Eerste Friese Schaatsmuseum – *Kleine Weide 1-3 - ☏ (0514) 52 16 83 - www.schaatsmuseum.nl - 10.00-18.00, zo 13.00-17.00 u - € 5 (6-14 jaar € 4).* Schaatsliefhebbers kunnen hier hun hart ophalen aan de schaatsen, sleeën, medailles, foto's, trofeeën en natuurlijk alles over de beroemde Elfstedentocht *(zie blz. 511)*.

Voorbij **Koudum** heeft u vanaf de mobiele brug een mooi **uitzicht** op de twee meren vanaf beide zijden van de weg.

Stavoren/Starum

Het vissersplaatsje Stavoren heeft twee jachthavens. Een bootdienst verbindt de stad met West-Friese (Noord-Hollandse) Enkhuizen. Ooit was dit de residentie van de Friese koningen, en een Hanzestad. Stavoren werd in de 9de eeuw gekerstend door St.-Odulphus; in de 11de eeuw brak haar bloeitijd aan.

In de 14de eeuw was Stavoren een belangrijke havenstad, maar later verzandde de haven. Volgens de legende was een rijke weduwe uit de stad daar verantwoordelijk voor. Dit 'Vrouwtje van Stavoren' gaf een kapitein van een van haar schepen opdracht uit te varen om kostbare waren te verzamelen. Toen hij terugkwam met een schip vol tarwe, was zij zo boos dat ze de hele lading in de haven liet gooien.

Ga terug naar de N359 via Warns en Bakhuizen.

U rijdt door het bosrijke landschap van **Gaasterland**, ten zuidwesten van Balk.

Balk

Door het dorp loopt de Luts, het water dat het Slotermeer verbindt met de Fluessen. Hieraan staan in Balk enkele mooie, 18de-eeuwse huizen. Ze herinneren aan de bloeitijd van de boterhandel, waarvan Balk het centrum was.

Neem de afslag via de N297 en sla rechtsaf naar de N359 richting Lemmer.

Lemmer

De kleine haven van Lemmer in het zuiden van Friesland is vooral een bezoek waard vanwege het stoomgemaal Wouda (vernoemd naar de ontwerper), aan het IJsselmeer.

★ **Ir. D.F. Woudagemaal** – *Gemaalweg 1 - ☏ (0514) 561814 - www.woudagemaal.nl - ♿ - wo-za rondleiding 10.00-17.00 u (di-za juli-aug.) - gesl. jan. - € 9,50 (6-17 jaar € 6).* Het Ir. D.F. Woudagemaal, het oudste nog werkende **stoomgemaal** ter wereld, werd in 1920 door koningin Wilhelmina in gebruik genomen om de regio te beschermen tegen overstromingen en bij hoogwater overtollig water uit de Friese meren te pompen. Tegenwoordig wordt het nog maar zelden gebruikt en dient

het bij zware regenval als achtervang voor de omliggende gemalen. Maar het blijft een bijzonder **complex★**. Het staat sinds 1998 op de Unesco-werelderfgoedlijst vanwege zijn bijdrage aan het waterbeheer in de provincie, het gebruik van stoom en de bijzondere architectuur. Het rode bakstenen complex bestaat uit twee gebouwen en een hoge **schoorsteen★** (60 m). De **machinekamer★★** (62 bij 15 m) is indrukwekkend vanwege de hoogte, de stalen constructie, de vier, in perfecte staat verkerende, stoommachines (1918) en de acht waterpompen.
Vanaf het gemaal heeft u een aardig **uitzicht★** op de baai van Lemmer en het IJsselmeer. *Neem de N359 en sla vervolgens af naar de N927 richting Sloten.*

★ Sloten/Sleat

Sloten ligt dicht bij het Slotermeer aan de rand van het bosrijke Gaasterland. Alles lijkt in het plaatsje kleiner te zijn dan elders, wat het zo charmant maakt: smalle steegjes, kleine, oude huisjes (17de-18de eeuw) die aan een smalle gracht met lindebomen liggen. De kade langs de gracht leidt naar de **Lemsterpoort**, een oude waterpoort, en een **windmolen** uit 1755. Hier hebt u een mooi uitzicht op de gracht en de meren, die in de zomer wit zien van de zeilen.
Museum Sloten – *Heerenwal 48 - www.museumsloten.nl - ℘ (0514) 53 15 41 - april-sept.: di-vr 11.00-17.00, za, zo 13.00-17.00 u - € 3,50 (6-12 jaar € 2,50).* Het museum over de geschiedenis van deze uivormige vestingstad *(Sipelstêd* in het Fries) bevindt zich in het voormalige stadhuis.
Rijd door over de N927 richting Joure.
Vanaf de ophaalbrug bij Spannenburg heeft u een mooi **uitzicht** op het kanaal.

Joure

Al vanaf de 17de eeuw worden hier Friese stoeltjesklokken en staartklokken vervaardigd.
Museum Joure – *Geelgietersstraat 1 - ℘ (0513) 41 22 83 - www.museumjoure.nl - di-za 10.00-17.00, zo 13.00-17.00 u (en ma mei-okt.: 13.00-17.00 u) - € 8,50 (4-16 jaar € 4).* Dit museum is gevestigd in de eerste branderij van het bekende koffiemerk Douwe Egberts (opgericht door een inwoner van Joure). Het museum richt zich op de bedrijvigheid in het vroegere Joure *(demonstraties 's zomers: do en za, zo)*: koffie, thee, tabak, klokkenmakers, goudsmeden, koperbewerkers enzovoort. Het geboortehuis van Egbert Douwes is herbouwd in de tuin van het museum en doet dienst als museumcafé. Verderop kunt u een ouderwets winkeltje bezoeken. *(De Witte Os Midstraat 97 - ℘ (0513) 41 01 17 - zelfde openingstijden als het museum).* Een paar kilometer ten noorden van Joure loopt de weg over een smalle landtong tussen twee meren door, wat prachtige **vergezichten** oplevert. Links ligt het **Sneekermeer**, een van de drukstbevaren Friese wateren.
Neem de A32 en vervolgens afslag 14 richting Jirnsum. Neem dan de N354 en in Dearsum de N384.

Wieuwerd

De 14de-eeuwse **kerk** van dit plaatsje heeft een crypte met zeer bijzondere eigenschappen. In de crypte zijn in de 17de en 18de eeuw elf mensen bijgezet, maar hun lichamen zijn niet vergaan, wellicht vanwege een antimoonachtig gas dat uit de bodem vrijkomt. Vier van de verdroogde mummies zijn onder een glasplaat te zien. Ter illustratie van het fenomeen is er in 1897 een papegaai aan het gewelf opgehangen.
Neem de N384 en keer terug naar Sneek via de N354.

ℹ Praktisch

Inlichtingen

Toeristenbureau – Kleinzand 16 - ℘ (0515) 75 06 78 - www.water landvanfriesland.nl.

Evenementen

Skûtsjesilen – *Twee weken in de zomer* - www.skutsjesilen.nl. Wedstrijden met *skûtsjes* op het IJsselmeer en andere meren.
Sneekweek – www.sneekweek.nl. Een week lang zeilwedstijden.
Oranjewoud Festival – *In juni* - www.oranjewoudfestival.nl. Festival klassieke muziek en jazz in de Overtuin.

📍 Adresboekje

Uit eten

Doorsneeprijzen
Onder de Linden – Marktstraat 30 - ℘ 0515 41 26 54 - www.restaurant onderdelinden.nl - vanaf 10.00 (12.00 u zo) - gesl. ma - hoofdgerecht € 21/29. Deze herberg uit 1775 is nu half kroeg, half restaurant. 's Zomers is er een mooi terras onder de lindenbomen aan de markt.

Hindeloopen

Doorsneeprijzen
De Hinde – 't Oost 4 - ℘ 0514 52 38 68 - www.dehinde.nl - vanaf 11.00 u - gesl. wo-do - menu € 41,50. Een heel leuk restaurant aan de oude haven. U kunt er ook overnachten.

Sloten

Doorsneeprijzen
De Mallemok – Baanweg 96 - ℘ 0514 53 13 00 - www.mallemok.nl - dag. 11.00-21.00 u - hoofdgerecht € 17,50/21,50. Brasserie met lokale keuken in een gezellige oude 19de-eeuwse boerderij.

Winkelen

Proef de Beerenburger uit Bolsward en de drabbelkoeken uit Sneek!
Roosje Hindeloopen – Nieuwstad 44 - ℘ (0514) 52 12 51 - www.roosjehindeloopen.com - di-vr 8.30-12.30 en 13.30-17.00, za 10.30-12.30 en 13.30-16.30 u - gesl. zo-ma. Een van de laatste Hindelooper schilders en meubelmakers.

Overnachten

Doorsneeprijzen
Hotel Café Stadsherberg – Lemmerweg 8 - ℘ 0515 85 58 44 - www.stadsherbergsneek.nl - 🅿 ♿ - 9 kamers € 119/144 ☕ - 🍴. Een familiehotel uit de jaren 1960 met een mooi oud café-interieur maar met het comfort van nu.

Bolsward

Doorsneeprijzen
De Wijnberg – Marktplein 5 - ℘ 0515 57 22 20 - www.wijnberg bolsward.nl - 🅿 ♿ - 26 kamers € 119/159 - ☕ € 15 - 🍴 menu € 21/24. Aan een schaduwrijk plein ligt dit oude etablissement met pas gerenoveerde kamers. Het restaurant biedt een verfijnde Friese keuken.

Makkum

Doorsneeprijzen
Villamar Hotel – Ds. L. Touwenlaan 5 - ℘ 0515 23 24 68 - 🅿 ♿ - www.villa-mar.com - 8 kamers € 100/120 ☕. Een klein pension in een karakteristieke villa (1882) op 300 m van de haven met minimalistisch luxueus ingerichte kamers, gezellige lounge en charmante Engelse tuin.

Waddeneilanden ★★

Fijne zandstranden zover het oog reikt, hoge duinen begroeid met helmgras, goed beschermde natuurgebieden waar talrijke vogels nestelen, schilderachtige dorpjes, woeste landschappen, uitgestrekte polders en eenzame vuurtorens: dat zijn de Waddeneilanden. Om de betoverende schoonheid van deze eilanden te kunnen ondergaan, is het beter het drukke zomerseizoen te mijden en er in voor- of najaar naartoe te gaan.

De vuurtoren van Terschelling
sara_winter/Getty Images Plus

▶ Ligging

REGIOKAART BLZ. 502

☺ Aanraders

Fietsen over Terschelling. Urenlange wandelingen over de eindeloze stranden van Texel in het laagseizoen.

ⓘ Praktisch blz. 538

◉ Adresboekje blz. 539

Bezichtigen

REGIOKAART BLZ. 502

De Waddeneilanden in het noorden van het land vormen de grens tussen Noordzee en Waddenzee. Vijf ervan zijn bewoond. Texel, het grootste eiland, hoort bij de provincie Noord-Holland, terwijl Vlieland, Terschelling, Ameland en Schiermonnikoog Fries grondgebied zijn. Ook kleinere eilanden en zandbanken, zoals het vogeleiland Griend en de eilanden Rottumeroog en Rottumerplaat (die beide bij de provincie Groningen horen) zijn waddeneilanden. De eilandengordel loopt verder noordwaarts langs de kust van Duitsland en Denemarken.

Ameland BC1

3750 INWONERS

Dit langgerekte eiland van ongeveer 5800 ha met uitgestrekte duingebieden, bossen en prachtige zandstranden aan de Noordzee is in de zomer zeer in trek bij toeristen, vooral Duitsers. Zoals alle Waddeneilanden heeft Ameland natuurreservaten waar veel vogels verblijven, zoals **Het Oerd** in het uiterste oosten. In de 17de en 18de eeuw legden de Amelanders zich vooral toe op de walvisvaart, maar daar is in het midden van de 19de eeuw een einde aan gekomen. De huizen van de scheepskapiteins (de commandeurs), die hier en daar nog te zien zijn, herinneren aan die welvarende tijd. Sommige hebben nog erfafscheidingen van walviskaken. De vier schilderachtige dorpjes op het eiland zijn alle beschermd dorpsgezicht.

Nes B1

Dit gezellige dorp is de hoofdplaats van het eiland. Boven het dorp steekt een vrijstaande **toren** (1664) met zadeldak uit. De meeste winkels en restaurants van Ameland liggen rondom het kruispunt midden in het dorp. Niet ver van de toren, die ook dienstdeed als lichtbaken, staan in de Rixt en Doniastraat enkele mooie, oude **commandeurshuizen**. Deze woningen hebben een bovenverdieping met aan de zijkant een kleine bergruimte. De deur is iets uit het midden geplaatst. Rijen uitstekende bakstenen, soms zelfs een geometrisch gevormde fries, accentueren de verdiepingen van de gevels, waarop met ijzeren muurankers het bouwjaar aangegeven is.

Aan de oostkant, richting Buren, voorbij het nieuwe katholieke kerkhof, voert een klein weggetje links naar het **oude kerkhof**. Op sommige oude grafzerken is een treurwilg afgebeeld. Andere zijn heel smal en wel twee meter hoog. Op het kerkhof rusten enkele Britse piloten die tijdens de Tweede Wereldoorlog zijn gesneuveld.

Natuurcentrum Ameland – *Strandweg 38 - ℘ (0519) 54 27 37 - www.amelander musea.nl - begin april-eind okt.: 10.00-17.00, za, zo 11.00-17.00 u; rest v.h. jaar: vraag inl. - € 8,50 (5-12 jaar € 6,50).* Om ten volle van de Amelandse natuur te kunnen genieten, is het raadzaam het Natuurcentrum Ameland te bezoeken alvorens het eiland te gaan verkennen. Diorama's, foto's en maquettes geven een overzicht van de verschillende landschappen: wadden, kwelders, polders, bos, duinen en stranden. In de aquaria zwemmen vissen uit de Noordzee. Het pronkstuk van het natuurcentrum is het skelet van een van de vier potvissen die hier in november 1997 zijn aangespoeld. Ongeveer 600 m verder, voorbij het Nesserbos, beginnen de duinen en het aaneengesloten strand van de noordkust.

Buren B1

Buren is het meest oostelijk gelegen dorpje van het eiland.

Landbouw en Juttersmuseum 'Swartwoude' – *www.amelandermusea.nl - begin april-eind okt.: 11.00-17.00, za, zo 13.00-17.00 u; rest v.h. jaar: vraag inl. - € 5,75 (5-12 jaar € 4,25).* In dit museum illustreren foto's en verschillende voorwerpen het zware leven van de Amelanders rond het jaar 1900. Om te overleven moesten de eilandbewoners niet alleen boeren, maar ook vissen, stropen en strandjutten. Vooral die laatste bezigheid, die al sinds 1529 officieel is verboden maar door de arme kustbewoners nog tot het eind van de 18de eeuw werd uitgevoerd, kon veel opbrengen. Alles hing af van de lading van de gestrande schepen: brandhout, kisten met geconserveerd voedsel, alcohol, wat dan ook.

Een uitstapje naar Ameland

Er ligt bijna 100 km aan gladde, vlakke fietspaden op het eiland. U vindt de fietsverhuurbedrijven – elk model fiets is er te krijgen (€ 9/25/dag) – in Nes zodra u van de veerboot stapt. Na een bezoekje in het dorpscentrum aan de bakker of de viswinkel (bestellen via aanraakschermen), kunt u op pad voor een dagje uitwaaien tussen dijken en weilanden, duinen en stranden. Charmante huisjes, vogels, een picknick aan zee… Het zal nog moeilijk zijn om terug te moeten keren naar het vasteland (en de auto's).

Ballum B1

De **toren** midden in het dorpje is gebouwd voor het ophangen van een luidklok. Daarmee werd de tijd aangegeven, maar er werd ook gewaarschuwd voor gevaar en bij voor- of tegenspoed van de dorpsbewoners.

Op het **kerkhof** aan de Smitteweg, naast het nieuwe stadhuis, zijn mooie oude grafstenen te zien, waarin schepen of treurwilgen zijn uitgehouwen. Tot 1828 stond hier het slot van de heren van Ameland, de familie Cammingha.

Hollum B1

Aan de zuidkant van het dorpje staat een aardig, karakteristiek kerkje, waarvan de toren een zadeldak heeft. Op het **kerkhof** eromheen zijn een paar zerken uit de 18de eeuw te zien, versierd met schepen. Voor de kerk vond vroeger de visafslag plaats. Hollum bezit bijzonder mooie commandeurshuizen.

Cultuur-Historisch museum Sorgdrager – *amelandermusea.nl - begin april-eind okt.: 11.00-17.00, za, zo 13.00-17.00 u; rest v.h. jaar: vraag inl. - € 5,75 (5-12 jaar € 4,25).* In dit vroegere woonhuis van een kapitein op de walvisvaart staan meubels die kenmerkend zijn voor Noord-Friesland. In de mooi betegelde kamers zijn aardewerk, klederdracht en volkskunst te bekijken. In de schuur rechts geven voorwerpen en foto's een beeld van de walvisvaart, de gewone scheepvaart, de visserij en de (nu verdwenen) zuivelindustrie.

Maritiem Centrum 'Abraham Fock' – *amelandermusea.nl - begin april-eind okt.: 10.00-17.00, za, zo 13.00-17.00 u; rest v.h. jaar: vraag inl. - € 5,75 (5-12 jaar € 4,25).* Aan de Oranjeweg staat de loods van het museum, met daarin de bekende reddingsboot die in geval van nood met paarden over het strand naar zee werd gesleept. Het museum is gewijd aan de geschiedenis van de jutters, die reddingswerkers zijn geworden. Een video geeft een overzicht van oude en nieuwe reddingstechnieken.

De Amelander vuurtoren – *Oranjeweg 57 - amelandermusea.nl - april-half sept.: 10.00-20.00 u; half sept.-okt.: 10.00-17.00, za, zo 20.00 u; 's winters: wo, za en zo 13.00-17.00 u - € 5,75.* De rood-witte **vuurtoren** van Ameland is de enige vuurtoren op de Friese eilanden die kan worden bezocht. Veel fietsers en wandelaars trekken naar het noordwesten voor een bezoekje aan de toren. Via 236 traptreden bereikt u de top op 55 m. Onderweg is er uitleg over de geschiedenis van de vuurtorens in de regio. Het uitzicht vanaf de top is uiteraard prachtig.

Schiermonnikoog C1

935 INWONERS

Schiermonnikoog is het kleinste van de bewoonde Waddeneilanden. Het heeft een oppervlakte van 4000 ha, is 16 km lang en op het breedste stuk 4 km breed. Sinds 1989 heeft bijna het hele eiland de status van nationaal park. Vanuit het enige dorp, Schiermonnikoog, zijn twee stranden te bereiken en een klein recreatiemeer, de Westerplas. Ten oosten van het dorp liggen de Kobbeduinen en de Oosterkwelder, een groot natuurreservaat van 2400 ha. Met zijn rust en ongerepte landschap van duinen, bossen en stranden is Schiermonnikoog een van de mooiste Waddeneilanden. In 1580 werd het eiland eigendom van Friesland. Tussen 1639 en 1945 was het particulier bezit van verschillende families. De laatste familie was Duits, reden voor de Nederlandse staat om het eiland eind 1945 als 'vijandelijk vermogen' te confisqueren.

Schiermonnikoog

In de schaduw van de bomen liggen de huizen van het dorpje van het eiland, dat ontstond toen zich rond 1400 cisterciënzer monniken in Friesland vestigden. Het eiland dankt zijn naam aan deze monniken, die een grijze (*schier*) pij droegen terwijl *oog* eiland betekent.

Ter herinnering aan het grijze verleden staat sinds 1961 in het dorp het beeld *De schiere monnik* van Martin van Waning. De reusachtige kaken van een blauwe vinvis die iets verderop een poort vormen, herinneren aan de walvisvaart die vroeger vanaf het eiland werd beoefend. Het grootste deel van het eiland is nu tot nationaal park verklaard.

Nationaal Park Schiermonnikoog-Bezoekerscentrum – *Torenstreek 20 - ℘ (0519) 53 16 41 - www.np-schiermonnikoog.nl - ma-za 9.00-17.00, zo 10.00-14.00 u.* Een voormalige elektriciteitscentrale biedt nu onderdak aan het Bezoekerscentrum, waar een tentoonstelling de verschillende landschappen van het eiland belicht. Interessant zijn ook de botten van een van de vier potvissen, die in 1997 op Ameland zijn aangespoeld. Verder is er nog een kleine cultuurhistorische afdeling. In de Middenstreek en de Langestreek, de twee straten in het centrum die parallel aan elkaar van oost naar west lopen, staan interessante **oude huizen** met asymmetrische daken.

★ Het Rif

Het Rif is een uitgestrekte, verblindend witte zandvlakte van maximaal 1,5 km breed voorbij de Westerplas op de zuidwestpunt van het eiland. Vanaf de Westerburenweg, die in de duinen eindigt, is het **uitzicht**★ bijzonder mooi.

★★ Terschelling AB1

4960 INWONERS

Dit 28 km lange eiland is met 11.000 ha het op één na grootste Waddeneiland; alleen Texel is groter. Terschelling is een eiland met veel gezichten: brede zandstranden, hoge duinen, kwelders en wadden met duizenden vogels, dichte naaldbossen, polders en een paar kleine dorpen. De talrijke fietspaden die het eiland rijk is, stellen de bezoeker in staat om alles rustig te bekijken.

Hoewel Terschelling vanwege zijn grote stranden zeer in trek is bij zomergasten, heeft het eiland hier en daar zijn ongerepte karakter kunnen behouden. In het uitgestrekte duinlandschap groeit een overvloed aan lage heesters, mossen en bloemplanten. Er zijn verscheidene natuurreservaten, waarvan vooral De Boschplaat interessant is.

In Formerum, een gehucht op Terschelling, is **Willem Barentsz** (ca. 1555-1597) geboren, een zeevaarder en ontdekkingsreiziger die bij zijn poging om Indië via de noordroute te bereiken, in 1594 Nova Zembla ontdekte en in 1596 Spitsbergen. Het deel van de Noordelijke IJszee dat tussen die twee eilanden ligt, is naar hem vernoemd: de Barentsz-zee.

Tijdens Barentsz' derde ontdekkingsreis (1596-1597) kwam zijn schip vast te zitten in het ijs. Hij bracht de winter door op Nova Zembla in een hut, 't Behouden Huys, die gemaakt was van de planken van zijn schip. Hij stierf tijdens een poging de bewoonde wereld weer te bereiken. In 1876 is zijn scheepsjournaal teruggevonden.

Eilanden in beweging

De Nederlandse, Duitse en Deense Waddeneilanden zijn de resten van een lange duinenrij, waarvan het zand na de laatste ijstijd door het stijgende zeewater werd opgestuwd. Al vanaf de Romeinse tijd heeft de zee deze duinenrij op veel plaatsen doorbroken om tot diep in het vlakke achterland door te dringen. Zo werd ook de **Waddenzee** gevormd. In de 13de eeuw ontstond er een verbinding met de Zuiderzee *(zie blz. 192)*, die in dezelfde tijd ontstond doordat kleinere meren samen een groot meer waren gaan vormen. In 2014 zijn de Waddeneilanden toegevoegd aan de Werelderfgoedlijst van Unesco.

Stromingen en getijden

De Waddeneilanden worden nog steeds geteisterd door sterke zeestromingen. Aan de **west- en noordkant** haalt de Noordzee zand weg van de eilanden. De kilometerpalen op de stranden worden gebruikt deze zandverplaatsingen te markeren. Met de loodrecht op de kust aangelegde **golfbrekers** wordt getracht die veranderingen zo klein mogelijk te houden. Het meegenomen zand wordt aan de **oostkant** van de eilanden weer afgezet. Daardoor veranderen de vaargeulen tussen de eilanden en in de Waddenzee daarachter constant. Bij laagwater vallen grote slik- en zandplaten droog. Die **wadden** zijn bij de vogels zeer in trek, maar schepen moeten eromheen varen. In bepaalde periodes van het jaar en als de weersomstandigheden goed zijn, kan de Waddenzee te voet worden overgestoken (**wadlopen**). De laaggelegen eilanden zijn al vaak door stormen getroffen, waartegen duinen en dijken onvoldoende bescherming boden. Zo is het eilandje **Griend**, tussen Vlieland en Harlingen, volledig door de zee heroverd. In de 13de eeuw was het nog een welvarend eiland, maar als gevolg van de langzame afkalving tijdens stormen en hoogwater moest het in de 18de eeuw worden verlaten. De overgebleven zandplaat is tegenwoordig een belangrijke vogelbroedplaats. Een ander voorbeeld is de dijk die in 1871 tussen Ameland en de Friese kust werd aangelegd en die elf jaar later alweer door stormen werd verwoest. Tot aan 1950 kwam ook Rottumerplaat regelmatig onder water te staan.

Wind

De wind is altijd vriend én vijand van het Waddengebied geweest. Door de sterke, niet-aflatende westenwind schuiven de eilanden in de loop der tijd langzaam naar het oosten op. Dorpen die aan de westkant lagen, zoals Westerburen op Schiermonnikoog en Westervlieland op Vlieland, werden door de zee verzwolgen. Ook nu nog ontstaan aan de zuidwestzijde van de eilanden enorme zandvlakten, zoals de Vliehors op Vlieland en het Rif op Schiermonnikoog. Om die enorme zandverplaatsingen enigszins tegen te gaan, werden de eilanden vanaf 1900 massaal met naaldbomen beplant. Dankzij die bossen, de golfbrekers, de dijken en het onderhoud aan de duinen zijn de grote eilanden nu min of meer gestabiliseerd. Sommige zandbanken, zoals de Noorderhaaks (beter bekend onder de naam 'Razende Bol'), blijven zich daarentegen verplaatsen.
Maar de sterke westenwind heeft ook een voordeel: doordat de wolken hier sneller overdrijven, regent het op de Waddeneilanden minder dan in de rest van het land.

De landschappen

Aan de noord- en de westkant van de eilanden liggen prachtige **zandstranden** achter een rij hoge duinen. Het helmgras dat op de duinen is geplant, moet voorkomen dat het zand door de wind wegwaait. Vooral op Texel is het duingebied hoog en breed, maar de hoogste duinen liggen op Ameland en

Schiermonnikoog, een van de kleinste Waddeneilanden
CreativeNature_nl/Getty Images Plus

Terschelling, waar ze meer dan 30 m hoog kunnen zijn. De **naaldboombossen** in het binnenland zijn in het begin van de 20ste eeuw aangeplant. Zij hebben het karakter van de oorspronkelijk vrijwel boomloze eilanden ingrijpend veranderd. De dijken beschermen de lage zuidkust van de eilanden. In de **polders** achter de kustlijn, die met lage dijkjes van elkaar zijn gescheiden, grazen grote kuddes koeien en paarden. Op Texel zijn het vooral schapen; de Texelse wol en zuivelproducten zijn in heel Nederland bekend.

Aan de Waddenzee liggen tal van kleine **havens**. Vroeger lagen hier de schepen van vissers en walvisvaarders, maar nu zijn het voornamelijk jachthavens.

Paradijs voor vogels

De Waddeneilanden vormen samen een groot natuurreservaat voor **zeevogels**. Sommige soorten komen hier broeden, zoals de zilvermeeuw, de kokmeeuw, de lepelaar en de eidereend. In de herfst trekt de grote en gevarieerde voedselrijkdom van de Waddenzee (vis, schelpdieren) enorme zwermen **trekvogels** aan die vanuit het noorden van Europa (Scandinavië, IJsland) en Siberië op doortocht zijn naar de warmere streken in Frankrijk, Spanje en Noord-Afrika. Een goed voorbeeld daarvan is de kluut. Andere vogels kiezen voor de Waddenzee zelf om te overwinteren. Dat doen onder andere talrijke steltlopers, zoals de bonte strandloper en de scholekster.

Op alle eilanden zijn **natuurreservaten** aangewezen, waarvan sommige alleen onder begeleiding van een gids bezocht mogen worden. De belangrijkste worden beheerd door Staatsbosbeheer *(www.staatsbosbeheer.nl)*. In het broedseizoen (half maart-half augustus) zijn veel gebieden afgesloten voor het publiek.

De **zeehonden**, die de zandbanken aan de noordkant van de eilanden in grote aantallen bevolkten, werden in 1988 en 2002 het slachtoffer van een virusepidemie. Na de laatste uitbraak was hun aantal afgenomen tot circa 200, maar in 2011 was de populatie alweer gegroeid tot 8000 exemplaren van de gewone zeehond. Ook de populatie grijze zeehonden neemt snel toe. Wie geluk heeft, kan de dieren tijdens de veerboottocht in de zon zien genieten op de vele zandbanken.

↻ Zie ook het Afsluitdijk Wadden Center in Kornwerderzand (blz. 194).

West-Terschelling/West-Skylge AB1

De hoofdplaats van het eiland is een kleine, levendige havenstad aan een grote baai, waar de vierkante toren van de **Brandaris** (54 m) bovenuit steekt. De vuurtoren (1594) verving de klokkentoren annex lichtbaken van de St.-Brandariuskapel, die op de zuidwestpunt van het eiland door de zee was verzwolgen. Aan de voet van de Brandaris ligt een groot **kerkhof**, dat met zijn grafzerken uit de 19de en begin 20ste eeuw, versierd met naïef vormgegeven schepen, een treffende herinnering is aan het zeemansverleden van de bevolking. Midden op het kerkhof ligt het graf van de vijf redders van Terschelling die op 3 januari 1880 omkwamen bij een poging de schipbreukelingen van de gestrande *Queen of Mistley* te redden.

Museum 't Behouden Huys – *Commandeurstraat 30-32 - ☎ (0562) 44 23 89 - www.behouden-huys.nl - april-okt.: 11.00-17.00, za, zo 13.00-17.00 u; nov.-maart: wo en za, zo 13.00-17.00 u - € 7,50 (4-18 jaar € 3).* Dit aardige streekmuseum is gevestigd in twee woningen van kapiteins op de walvisvaart (commandeurshuizen) uit 1668. De naam is ontleend aan het huis dat Willem Barentsz op Nova Zembla liet bouwen van het scheepswrak als onderkomen voor de winter. Bij de ingang van het museum staan twee fraai gebeeldhouwde stoepstenen. In het linkerhuis is een tentoonstelling over de geschiedenis van Terschelling ingericht, in de kamers beneden staan 19de-eeuwse meubelen. In het nieuwe museumgedeelte is de brug van het schip van Willem Barentsz nagebouwd. Met voorwerpen en een panorama wordt een overzicht gegeven van zijn poolreizen. De eerste verdieping is gewijd aan het loodswezen en de walvisvaart. In het tweede huis zijn scheepsmodellen en attributen verzameld. Ook is er een collectie strandvondsten te bezichtigen.

Centrum voor natuur en landschap – *Burg. Reedekkerstraat 11 - ☎ (0562) 44 23 90 - www.natuurmuseumterschelling.nl - april-nov.: ma-vr 11.00-17.00, za, zo 13.00-17.00 u; nov.-maart: schoolvak. 11.00-17.00, za, zo 13.00-17.00 u - reserv. verplicht - € 7 (4-12 jaar € 5,50).* Dit centrum is gewijd aan de plaatselijke natuur en illustreert de rijkdom van de flora en fauna op het eiland. Ook de duinvorming, de aanleg van dijken en de waterhuishouding worden belicht. Bijzondere aandacht krijgt natuurreservaat De Boschplaat *(zie hierna)*. In grote aquaria zijn tal van vissen, krabben en schelpdieren te zien. Er is ook een bassin waar de bezoeker roggen kan 'aaien'.

Bunker Museum Terschelling – *Tigerpad 5 - bunkersterschelling.nl - di-za 12.00-16.00, zo 11.30-15.30 u - € 8,50.* Het bezoekerscentrum aan de rand van het dorp ligt midden in een radarstelling met ongeveer honderd bunkers die tijdens de Tweede Wereldoorlog door het Duitse leger is gebouwd. Een kleine tentoonstel-

De cranberry's van Terschelling

Wijn, sap, jam en talloze andere producten gemaakt van cranberry's zijn een specialiteit van Terschelling. Deze van oorsprong Amerikaanse veenbes, die officieel 'lepeltjesheide' heet, is in Europa bijna uitsluitend te vinden in de vochtige duinvalleien van Terschelling. Volgens de overlevering is dit te danken aan strandjutter Pieter Sipkes Cupido, die omstreeks 1840 in de duinen een aangespoeld vat vond, openmaakte en teleurgesteld achterliet toen bleek dat de inhoud bestond uit rode, zure bessen: cranberry's. Zo kwam Terschelling aan een heel bijzondere plant! Zowel in Formerum, waar het Terschellingse cranberrybedrijf is gevestigd, als elders op het eiland zijn taart, ijs, jam, azijn, likeur, wijn en vleesgerechten te proeven die met plaatselijke cranberry's zijn bereid. Recepten zijn te vinden op *terschellinger cranberries.nl*.

ling geeft uitleg over de bouw van het complex en het dagelijks leven van de soldaten. U kunt ook een rondleiding krijgen over het hele terrein *(op afspraak - € 6)*.

Formerum B1
In dit dorp staat een kleine, met riet gedekte windmolen uit 1876, **De Koffiemolen**, waarmee graan werd gemalen.

Hoorn/Hoarne B1
In Hoorn staat een 13de-eeuwse bakstenen kerk van het Friese type. Er omheen liggen grafstenen, waarvan de oudste, uit de 19de eeuw, versierd zijn met schepen in bas-reliëf.

★ De Boschplaat B1
Verboden voor auto's, fietsen toegestaan. Deels niet toegankelijk tijdens de broedtijd (half maart-half aug.). Het reservaat van 4400 ha beslaat het onbewoonde, oostelijke deel van het eiland en is het enige **Europese natuurreservaat** van Nederland. Het is een waar paradijs voor natuurliefhebbers. In de duinen en bij de inhammen komen talloze vogels nestelen. Het bijzondere van De Boschplaat is het grote aantal overgangsvormen tussen verschillende milieus: zout en zoet, droog en nat, wind en luwte, kalkrijke en kalkarme bodem enzovoort. Kenmerkend is ook de zeer bijzondere flora met onder andere orchideeën en halofyten (planten die op zouthoudende grond gedijen). Tijdens de broedperiode is een groot deel van het reservaat gesloten voor het publiek.

Vlieland A1

1195 INWONERS

Duinen en bossen bepalen het landschap op dit eiland van 5100 ha, dat ruim 20 km lang is en maximaal 2,5 km breed. Het enige dorp op Vlieland is Oost-Vlieland. Daarbuiten loopt er op het eiland, van oost naar west, slechts één verharde weg. De rust van de ongerepte en woeste gronden die in het westen de Vliehorst vormen, wordt alleen verstoord door de militairen die er soms oefenen en tijdens het zomerseizoen, door toeristen. Er heerst een weldadige rust op Vlieland, doordat alleen de bewoners er met een auto mogen rijden.

Oost-Vlieland
In de belangrijkste straat, de Dorpsstraat, staan enkele oude huizen.
Tromps'Huys – *(0562) 45 16 00 - www.trompshuys.nl - schoolvak.: di-vr 10.00-13.00 en 14.00-17.00, za 14.00-17.00, zo 13.00-16.00 u; rest v.h. jaar: di-do 14.00-17.00, vr 10.00-13.00, za 14.00-17.00 u - € 6 (kind € 3).* Het museum is gevestigd in een huis aan de zuidkant van de straat, dat kenmerkend is voor Vlieland, met een blauw geschilderde betimmering in sommige van de kamers. Er zijn mooie meubels en verzamelingen antiek en schilderijen ondergebracht. Ook hangen er een paar doeken van de Noorse schilderes Betzy Berg, die hier aan het begin van de 20ste eeuw heeft gewoond.
De Noordwester – *Dorpsstraat 150 - (0562) 45 17 00 - www.denoordwester.nl - ma-vr 10.00-17.00, zo 12.00-16.00 u - gesl. za - € 6,50 (4-12 jaar € 3,50).* Dit bezoekerscentrum bevindt zich vlak bij de kerk. Aan de hand van foto's wordt uitleg gegeven over flora en fauna van de Waddeneilanden. Ook zijn er aquaria en is er een juttersolder.
Aan de overkant liggen in het kleine, 17de-eeuwse **kerkje** een paar walvisbeenderen. Ze deden dienst als grafstenen op het nabijgelegen **kerkhof**, waar interessante, gebeeldhouwde zerken te zien zijn met afbeeldingen van zandlopers, ankers en schepen. Er liggen ook een paar soldaten uit de Tweede Wereldoorlog begraven.

Links van de kerk staat het mooie **armenhuis** of **diaconiehuis**, een gebouw uit de 17de eeuw waar ouderen, weduwen en wezen werden opgevangen. Hun aantal was, ondanks de kleine bevolking op het eiland, tamelijk groot, omdat de zee veel mannenlevens opeiste.

Iets verderop staat de **vuurtoren**. Wie tot aan de voet van de toren klimt, wordt beloond met een mooi **uitzicht★** op Oost-Vlieland, de bossen, de duinen en de Waddenzee. Wanneer bij eb de uitgestrekte wadden droogvallen, strijken er duizenden vogels op neer.

Noordelijk van de jachthaven, op weg naar het mooie paviljoen Oost aan het strand *(zie 'Adresboekje' blz. 539)*, kunt u bij **microbrouwerij Fortuna Vlieland** *(Fortweg - fortunavlieland.nl)* even stoppen voor een van hun vele biertjes.

★★ Texel A2

13.700 INWONERS

Texel (door bijna iedereen uitgesproken als 'Tessel') hoort bij de provincie Noord-Holland en is, met een lengte van 24 km en een maximale breedte van 9 km, het grootste van de Nederlandse Waddeneilanden. Daardoor heeft het, vergeleken met de andere, een minder uitgesproken 'eiland'-karakter. Toch heeft dit 'Nederland in het klein' veel bezienswaardigheden te bieden. De hoofdplaats, **Den Burg**, ligt midden op het eiland. **De Koog**, de moderne badplaats in het westen, ligt dicht bij het grote strand. **Oudeschild** is een kleine vissers- en jachthaven. **Oosterend**, **De Waal** en **Den Hoorn** zijn kleine, schilderachtige dorpen. **De Cocksdorp** is het noordelijkst gelegen plaatsje. Vanaf de vuurtoren die daar staat, is bij goed weer Vlieland te zien.

Natuurreservaten

Vogels vormen een van de grote attracties van Texel. Er zijn wel driehonderd soorten waargenomen, waarvan er vele op het strand, in de duinen en langs de zoetwatermeertjes broeden. Texel heeft verscheidene **staatsnatuurreservaten★**. Hier hebben wandelaars alleen toegang op de met borden aangegeven paden.

De Eijerlandse duinen – *npduinenvantexel.nl*. Deze duinen maakten deel uit van een eiland dat sinds 1629 door een zanddijk met Texel is verbonden. Tussen eind maart en eind juli nestelen hier talloze vogels, waaronder veel eidereenden, die de veertjes leveren die bekendstaan als eiderdons.

De Slufter – Dit grote, laaggelegen gebied, omringd door duinen, staat via een geul in verbinding met de zee. De planten die hier groeien, zijn doordrenkt van het zout. Op de Slufter broeden zo'n veertig soorten vogels. Aan het eind van de Slufterweg voert een trap naar de top van de duinen, waar u een mooi **uitzicht★** heeft op het ongerepte landschap, dat in juli en augustus lichtpaars kleurt van de lamsoor.

De Muy – Het deels moerassige natuurgebied is vernoemd naar een duinmeer en ligt tussen de duintoppen. Er broeden bijna vijftig vogelsoorten, waaronder de lepelaar met zijn typische snavel en de aalscholver. De moerasflora is met onder andere orchideeën, pirola en parnassia erg interessant.

De Westerduinen – In deze bij het strand gelegen duinen nestelen vooral zilver- en mantelmeeuwen.

De Geul – Het reservaat draagt de naam van een duinmeer dat eind 19de eeuw is ontstaan. Nadien hebben zich in de omgeving verscheidene nieuwe plassen gevormd. In het riet zitten onder andere lepelaars, blauwe reigers en pijlstaarteenden. Sinds enkele jaren broeden hier en elders op Texel grote aantallen grauwe ganzen. Rondom het meer is een boeiende duin- en moerasvegetatie te zien. Een uitkijkpost aan de **Mokweg** biedt een mooi uitzicht op het reservaat.

De texelaar

Na het toerisme is de veeteelt, en dan vooral de schapenhouderij, de belangrijkste bron van inkomsten van het eiland. Texel telt ongeveer 16.000 'texelaars', die samen jaarlijks 20.000 lammeren werpen. Vooral rond de Hoge Berg (een heuvel van 15 m hoog) midden op het eiland zijn tal van *schapenboeten* te zien, kleine schuren met een rieten dak waarin hooi en voer worden opgeslagen. In de schuren en achter de wallen rond de stolpboerderijen kunnen de schapen schuilen tegen de westenwind en de sneeuw: de texelaars blijven het hele jaar door buiten. Behalve het overheerlijke lamsvlees met zijn van nature licht zoutige smaak (veroorzaakt doordat de dieren het zilte gras eten) leveren de schapen van Texel ook uitstekende wol en melk. Gezegd wordt dat de wol een heilzame werking heeft bij spierpijn en reuma. Van de schapenmelk worden kaas en zeep geproduceerd.

Ecomare
Ruijslaan 92, bereikbaar via de weg naar De Koog en route nr. 13 - ☏ (0222) 31 77 41 - www.ecomare.nl - ♿ - 9.30-17.00 u - € 14,50 (4-13 jaar € 10,50) - audiogids.
Dit centrum in het noordwesten van Den Burg herbergt een natuurhistorisch museum met collecties die op Texel betrekking hebben: van de laatste ijstijd tot de jaren waarin de polders werden aangelegd, en van de bewoningsgeschiedenis van de prehistorische bevolking tot het huidige massatoerisme. Er zijn tevens diverse ondergrondse aquaria, met een bassin waarin roggen kunnen worden geaaid. Ecomare is ook opvangcentrum voor zeehonden. Buiten staan zoutwaterbassins waarin de jonge opgeknapte **zeehonden** stoeien en waar gewonde en zieke dieren herstellen. Ook worden hier met olie vervuilde zeevogels opgevangen en schoongemaakt. In het **Duinpark** zijn drie wandelingen uitgezet.

Kaap Skil Museum van Jutters en Zeelui
In **Oudeschild**, *ten zuidoosten van Den Burg: Heemskerckstraat 9 - ☏ (0222) 31 49 56 - www.kaapskil.nl - 10.00-17.00 u (gesl. ma sept.-eind juli) - € 9,75 (4-13 jaar € 7).* Dit museum met bijzondere houten voorgevel is volledig bij de tijd. De collecties van het voormalige Maritiem en Jutters Museum worden interactief getoond. Er zijn honderden vaak bizarre strandvondsten en objecten die op de bodem van de Waddenzee zijn gevonden. Daarnaast wordt een beeld geschetst van de geschiedenis van de Rede van Texel. Het eiland kende in de 17de en 18de eeuw een periode van grote bloei, omdat de VOC-schepen hier op de rede voor anker gingen tot de wind gunstig was om de Zuiderzee op te varen. De interieurs van de vissershuisjes (1930-1950) buiten het museum zijn met zorg gereconstrueerd. Bezoek ook de windmolen en de onderzeeër met duiksimulator.

Agrarisch en Wagenmuseum
In **De Waal**, *ten noorden van Den Burg. Hogereind 6 - ☏ (0222) 31 29 51 - www.cultuurmuseumtexel.nl - van de 1ste di van maart tot de herfstvak.: di-za 10.00-17.00, zo 13.30-17.00 u - € 7 (4-12 jaar € 4).*
De collectie bestaat uit wagens en rijtuigen die op het eiland in gebruik zijn geweest. Op de zolder wordt uitvoerig ingegaan op de agrarische geschiedenis van Texel. In de smidse worden demonstraties gegeven.

Oosterend
Dit schilderachtige dorpje met groen en wit geverfde huizen heeft vier kerkjes, waaronder de oudste van het eiland, die uit de 11de eeuw dateert. Het dorp is een beschermde plaats.

ℹ Praktisch

Inlichtingen

Toeristische websites – www.wadden.nl. en www.visitwadden.nl.
Toeristenbureau Ameland – Bureweg 2 - Nes - ℘ (0519) 54 65 46 - www.vvvameland.nl.
Toeristenbureau Schiermonnikoog – Reeweg 9 - Schiermonnikoog - ℘ (0519) 53 12 33 - www.vvvschiermonnikoog.nl.
Toeristenbureau Terschelling – Willem Barentszkade 19a - West-Terschelling - ℘ (0562) 44 30 00 - www.vvvterschelling.nl.
Toeristenbureau Texel – Emmalaan 66 - Den Burg - ℘ (0222) 31 47 41 - www.texel.net.
Toeristenbureau Vlieland – Havenweg 10 - Oost-Vlieland - ℘ (0562) 45 11 11 - vlieland.net.

Vervoer

Bereikbaarheid (boot) – Welke boten er varen, verschilt van eiland tot eiland (snelboot of klassieke veerboot, mogelijkheid om fiets of auto mee te nemen, alleen na reservering en tegen hoge kosten, behalve voor Texel. In het hoogseizoen zijn er veel afvaarten, maar in het laagseizoen soms maar één per dag en kan het gebeuren dat die door slecht weer uitvalt. Het is raadzaam vóór vertrek het informatienummer (dag en nacht bereikbaar) van de betreffende veerdienst te bellen. U kunt uw auto achterlaten op grote parkeerplaatsen bij de havens (ca. € 6,50/dag).
Naar **Ameland** – Vertrek vanuit Holwerd - duur 20-50 min.: Wagenborg Passagiersdiensten - ℘ 0900 92 38 - www.wpd.nl.
Naar **Schiermonnikoog** – Vertrek vanuit Lauwersoog - duur 20-45 min.: Wagenborg Passagiersdiensten - ℘ 0900 92 38 - www.wpd.nl.
Naar **Terschelling** – Vertrek vanuit Harlingen - duur 45 min.-2 uur: Rederij Doeksen - ℘ (088) 9000 888 - www.rederij-doeksen.nl.
Naar **Texel** – Vertrek vanuit Den Helder: Teso - ℘ (0222) 36 96 00 - www.teso.nl.
Naar **Vlieland** – Vertrek vanuit Harlingen of Terschelling: Rederij Doeksen - ℘ (088) 9000 888 - www.rederij-doeksen.nl. 's Zomers ook recreatieve tochten naar Texel (zie: www.waddenveer.nl).

Bezichtigen

Fietsen of wandelen – Om de eilanden te bekijken, is de fiets het aangewezen vervoermiddel. Op Vlieland en Schiermonnikoog is het zelfs het enige vervoermiddel: daar zijn auto's verboden. Ook op de andere eilanden zijn natuurreservaten en duingebieden alleen per fiets of te voet toegankelijk.
Wie de Waddeneilanden dus echt wil verkennen, zal zich enige moeite moeten getroosten. Op elk eiland en in de meeste dorpen zijn wel fietsen te huur, maar in het hoogseizoen kan het gebeuren dat ze allemaal verhuurd zijn. Het is dus aan te bevelen uw eigen fiets mee te nemen; ze mogen op elke boot mee. Kaarten met fiets- en wandelpaden zijn verkrijgbaar in de VVV-kantoren.
Met de bus of per taxi – Op de meeste eilanden rijden lijnbussen. De taxi is een gerieflijke en interessante manier om de Waddeneilanden te verkennen. De chauffeur kan u veel vertellen over het eiland en zijn bewoners. Alleen op het grote Texel kan een eigen auto handig zijn.
Rondleidingen – Inl. bij de lokale VVV-kantoren. Voor tochten door natuurreservaten of op het wad, het observeren van vogels of zeehonden en bezoek aan een eendenkooi of aan wrakken op het strand.

Evenementen

Oerol-festival – *In juni - Terschelling - www.oerol.nl.* Gedurende tien dagen in juni worden voorstellingen en concerten gegeven: op het strand en in de duinen, maar ook in grote boerenschuren.

Ronde van Texel – *In juni - roundtexel.com.* De belangrijkste regatta (vaarwedstrijd) voor catamarans in de hele wereld.

Adresboekje

Uit eten

Ameland

Doorsneeprijzen

De Klimop – *Johan Hofkerweg 2 - 0519 54 22 96 - deklimopameland.nl - - dag. beh. di 16.00-22.00 u - hoofdgerecht € 18/32.* Het café-restaurant, vernoemd naar de klimop die een van de gevels bedekt, is gevestigd in twee oude commandeurshuizen. De balken, de bakstenen muren en het aardewerk scheppen in de eetzaal een rustieke sfeer. Aantrekkelijk terras.

The Sunset – *Oranjeweg 61 - 0519 554 280 - thesunset.nl - 10.00-23.00 u hoogseizoen - hoofdgerecht € 12/28.* Deze beachclub ligt prachtig op een steenworp afstand van de vuurtoren van Hollum. Geniet van de golven en, zoals de naam al doet vermoeden, van de zonsondergang. Op de kaart staan cocktails, het lokale biertje Amelands Beetje Blond, snacks en goed bereide (maar wel wat prijzige) gerechten.

Schiermonnikoog

Doorsneeprijzen

Ambrosijn – *Dorpsstraat 61 - 0519 72 02 61 - ambrosijn.nl - - 12.00-20.00 u - lunch ca. € 15, hoofdgerecht 's avonds € 25, menu € 34/72.* In dit restaurant annex hotel en ijssalon combineert de chef de beste lokale producten om gerechten met klassieke en eigentijdse technieken te bereiden.

Vlieland

Doorsneeprijzen

De Wadden – *Dorpsstraat 61 - 0562 452 626 - www.westcordculinair.nl - - hoofdgerecht € 18/34,50 - menu € 34,50/49,50 - 22 kamers € 174/230 .* Hotel-restaurant in de voormalige zeevaartschool. Eetzaal in de sfeer van een grand café; goede, traditionele kaart (visspecialiteiten). Uitnodigende kamers (vraag naar een kamer met zeezicht).

Oost – *Fortweg 20 - Oost Vlieland - 06 10 07 85 85 - oostvlie.nl - april-sept.: 10.00-22.00 u (openingstijden, zie de website) - hoofdgerecht € 15 - verrassingsdiner € 69,50.* Deze houten strandtent aan de oostkant van het eiland zult u niet snel vergeten! Een prachtige plek om met de voeten in het zand zeebanket te eten.

Terschelling

Doorsneeprijzen

Paviljoen West Aan Zee – *Badweg 7 - 0562 44 83 83 - www.westaanzee.nl - 10.00-21.00 u - hoofdgerecht € 17/25,50.* Een leuke houten strandtent, achteraf gelegen 'aan het einde van de wereld' met een typisch strandtentmenu (patat, salades, visburgers). Kleurrijke kussens, tafels waar je samen aanschuift. Relaxt Nederlands strandsfeertje.

De Heeren van der Schelling – *Oosterend 43 - 0562 44 87 80 - deheerenvanderschelling.nl - juli-aug.: wo-zo 10.30-22.30 u; rest v.h. jaar: vraag inl. - gesl. ma-di - hoofdgerecht € 25/28 - menu*

€ 37/44,50. Gezellige oude boerderij aan de uiterste westkant van het eiland, net voor De Boschplaat. Goede traditionele lokale keuken met een heerlijk seizoensgebonden menu. Het lamsvlees is hier natuurlijk een echte aanrader.

Wat meer luxe
't Golfje – Heereweg 22a, Midsland - ☏ 056 244 81 05 - restaurant-tgolfje.nl - wo-zo 18.00-21.00 u - ♿ - € 53/83. U zult zich onmiddellijk thuis voelen in deze charmante boerderij. De gerechten, bereid met lokale producten, zijn spannend vanwege de subtiele mediterrane invloeden.

Texel

Wat meer luxe
't Pakhuus – Haven 8 - ☏ 0222 31 35 81 - www.pakhuus.com - wo-zo vanaf 12.00 u - ♿ - lunchmenu € 49,50/79,50, hoofdgerecht € 25/65, menu € 69,50/79,50 - reserv. aanbevolen voor het diner. Dit café-restaurant aan de haven, gevestigd in een monumentaal pakhuis dat bijna 250 jaar als graanopslag heeft gediend, is prachtig gerenoveerd. Mooi terras. De jonge, veelbelovende chef is gespecialiseerd in visbereidingen.
Eilandkeuken – Gravenstraat 7, Den Burg - ☏ 022 232 20 84 - deeilandkeuken.nl - ♿ - di-za vanaf 18.00 u - menu € 53/83 - reserv. aanbevolen. Dit voormalige pakhuis is volledig gerenoveerd met als resultaat een gezellige ruimte (met boven twee mooie hotelkamers). De chef hoeft niet ver te zoeken naar ingrediënten van topkwaliteit: of het nu gaat om vis, lamsvlees of verse kruiden, Texel heeft het te bieden. Het is te zien en te proeven hoe vers de producten zijn!

Sport en ontspanning

⊘ **Wadlopen** – Haven 20 - ☏ 0595 528 300 - www.wadlopen.com - mei-okt.: duur 3 uur (als het weer het toelaat) - alleen toegestaan met gids. De meeste van deze uiterst boeiende tochten vertrekken vanuit Wierum (provincie Friesland) en vanuit Pieterburen (provincie Groningen). Plaatselijke VVV-kantoren organiseren kleine wadlooptochten.

Sport

Voor alle mogelijke informatie over sporten als zeilen, surfen, hengelen, parachutespringen, paardrijden, golfen, schaatsen, langlaufen enzovoorts kunt u bij het VVV-kantoor op het desbetreffende eiland terecht.

Overnachten

☺ Behalve op Texel en Ameland, is het aantal hotels op de eilanden beperkt. In het hoogseizoen is het aan te raden uw kamer tijdig te reserveren, online of via het VVV-kantoor van het betreffende eiland. Zij kunnen u doorverwijzen naar particulieren, campings en vakantiehuizen.

Ameland

Goedkoop
Nes – Strandweg 39 - ☏ 0519 54 21 83 - www.hotelnes-ameland.nl - 🅿 ♿ - 42 kamers € 70/190 🖵. Ietwat afgelegen familiehotel op 1 km van Nes, in de richting van het strand. De functionele kamers zijn verdeeld over de verdieping van het hoofdgebouw en een bijgebouw. De kamers in het bijgebouw zijn iets ruimer en hebben bovendien een balkon.

Doorsneeprijzen
De Klok – Hoofdweg 11 - ☏ 0519 54 21 81 - www.hoteldeklok.nl - 🅿 ♿ - 25 kamers € 104/140 🖵 - ✘ hoofdgerecht € 18,50/23,50, menu € 32. Al vier generaties lang ontvangt dezelfde eilandfamilie haar gasten uitermate vriendelijk. Aanbevelenswaardig hotel, prima kamers, restaurant met traditionele Nederlandse kaart en een

karakteristiek café met kleedjes op de tafels.

Schiermonnikoog

Wat meer luxe

Duinzicht – Badweg 17 - ℘ 0519 53 12 18 - www.hotelduinzicht.nl - 🅿 ♿ - 40 kamers € 148/160 ☕ - ✖. In dit chique hotel onder aan de vuurtoren lijkt de tijd te hebben stilgestaan. De kamers, waarvan sommige met terras, liggen rond een binnenplaats met grasveld. Klassieke keuken en een rustieke inrichting. De eettafels staan rond een open haard, waarboven Friese tegels zijn ingemetseld.

Terschelling

Doorsneeprijzen

Oepkes – De Ruyterstraat 3 - West-Terschelling - ℘ 0562 44 20 05 - www.oepkes.nl - 🅿 ♿ - 19 kamers € 140/150 ☕ - ✖ hoofdgerecht € 5/9 (kleine hapjes - 's avonds gesl.). Dit kleinere hotel richt zich vooral op de toeristen die bang zijn dat ze 's morgens te laat zouden kunnen komen voor de veerboot naar het vasteland. De aanlegsteiger ligt op nog geen vijf minuten lopen van het hotel. Leuke en praktische kamers, de keuken is traditioneel. U kunt er fietsen huren.

De Walvisvaarder – Lies 23 - ℘ 0562 44 90 00 - www.walvisvaarder.nl - 🅿 ♿ - 69 kamers € 115/220 ☕ - ✖ hoofdgerecht € 21,50/25, menu € 37,50 (alleen voor gasten). Deze boerderij uit 1760 midden op het eiland was eigendom van een kapitein van een walvisvaarder, maar nu is het complex omgebouwd tot hotel. Er zijn verschillende soorten kamers; de suites liggen aan de tuin.

Texel

Goedkoop

Stayokay Texel – Haffelderweg 29, Den Burg - ℘ 0222 31 54 41 - www.stayokay.com - 🅿 ♿ - bed op een slaapzaal € 35, kamers vanaf € 80 ☕ - ✖. Moderne comfortabele jeugdherberg. Fietsverhuur.

Doorsneeprijzen

Zeerust – Boodtlaan 5 - ℘ 0222 31 72 61 - www.hotelzeerust.nl - 🅿 ♿ - gesl. dec.-jan., vraag inl. - 24 kamers vanaf € 130 ☕ - ✖. Dit familiehotel is in een oude villa gevestigd, op slechts 200 m van het centrum van de kleine badplaats, dicht bij een uitgestrekt, bosrijk duingebied. De eenvoudige kamers bieden alle nodige comfort. Op de menukaart van het restaurant staan lamsgerechten van de befaamde Texelaar. Fietsverhuur.

De Smulpot – Binnenburg 5 - ℘ 0222 31 27 56 - www.smulpot.nl - 🅿 ♿ - 7 kamers € 140/160 ☕ - ✖. Dit kleine hotel in het centrum van Den Burg biedt een aantal zeer ruime en keurig ingerichte kamers, een gezellige bar waar de lampen pas laat uitgaan en een restaurant met donkere betimmering. Op de kaart staan klassieke gerechten.

Vlieland

Pure verwennerij

Zeezicht – Havenweg 1 - ℘ 0562 45 13 24 - www.zeezichtvlieland.nl - ♿ - 41 kamers € 135/300 - ☕ € 16,50 - ✖ hoofdgerecht € 22,50/40. Vriendelijk hotel met uitzicht op zee op een steenworp van de aanlegsteigers. Uitstekende uitvalsbasis. Frisse, goed uitgeruste kamers en drie kleine suites. Café-restaurant dat is aangekleed met voorwerpen die verband houden met de zee en de visserij. Traditionele menukaart. Fietsverhuur.

542 HET NOORDOOSTEN: GRONINGEN EN DRENTHE

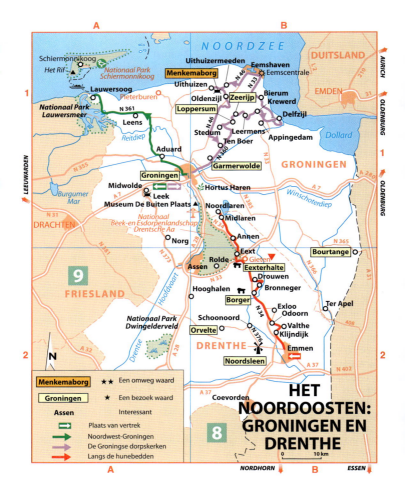

10
Het noordoosten: Groningen en Drenthe

GRONINGEN – HOOFDSTAD: GRONINGEN
DRENTHE - HOOFDSTAD: ASSEN

Groningen★	544
Assen	556
Emmen en de hunebedden	559

Groningen ★

De dynamische provinciehoofdstad Groningen telt twee jachthavens. Dankzij de aanwezigheid van een rijksuniversiteit en verschillende hogescholen is het een jeugdige stad: meer dan 50 procent van de inwoners is jonger dan 35 jaar. De stad, waar voetgangers en fietsers de dienst uitmaken, is zeer levendig dankzij de grote studentenpopulatie, die in de zomer graag op de vele terrassen in de binnenstad neerstrijkt.

Groningen bij nacht
sara_winter/Getty Images Plus

Ligging
232.735 inwoners
REGIOKAART BLZ. 542 AB1 EN
PLATTEGROND BLZ. 546.

Praktisch blz. 553

Adresboekje blz. 553

Wandelen

PLATTEGROND BLZ. 546

Grote Markt B1-2
Aan dit grote en drukke plein, dat in verbinding staat met de Vismarkt, staan de belangrijkste monumenten van de stad. De straten van de voetgangerszone, waarvan de Herestraat de belangrijkste is, komen uit op de Grote Markt, het hart van het Groningse stadsleven. Het **Stadhuis** in neoclassicistische stijl dateert uit 1810.

★ Goudkantoor B2

Dit elegante renaissancegebouw uit 1635 heeft sierlijke puntgevels. Boven de ramen zijn schelpmotieven te zien. Een glazen gang vormt de verbinding met een modern bijgebouw. Het voormalige provinciale belastingkantoor diende in de 19de eeuw als keurkamer voor edelmetalen. Nu is er een café-restaurant in gevestigd. *Steek de Grote Markt over.*

Het oostelijke deel van de Grote Markt werd tijdens de Tweede Wereldoorlog verwoest. Verschillende wederopbouw- en herontwikkelingsprojecten volgden, waaronder het onlangs voltooide bouwproject van cultuurcentrum Forum Groningen en een hotel, dat overigens niet zonder slag of stoot tot stand kwam. *Sla rechtsaf bij The Market Hotel in de Naberstraat.*

★ Forum Groningen B2

Nieuwe Markt 1 - forum.nl - 9.00-0.00 u (zo 10.00-23.00 u).

Sinds 2019 steekt het Forum als een afgeschuinde monoliet boven de daken van de stad uit. In dit spectaculaire cultuurcentrum, ontworpen rondom een licht atrium, bevinden zich een bibliotheek, een bioscoop, tentoonstellingsruimten *(di-zo 10.00-18.00 u)*, een café-restaurant en een winkel met Groningse producten. U vindt er ook het eigentijdse museum **Storyworld** *(storyworld.nl)*, dat gewijd is aan strips, animatie en videogames. Neem de tijd om het Forum van onder tot boven te verkennen: in het midden van de ondergrondse parkeergarage staat een indrukwekkende 20 m lange ledsculptuur getiteld Wervel, en vanaf het dak *(open tot 21.00 u)* heeft u – op 45 m hoogte – een spectaculair uitzicht over de hele stad.

Martinikerk B1

Deze in de 15de eeuw verbouwde kerk is beroemd om de **Martinitoren★**, de trots van de Groningers. De toren heeft zes geledingen en is 97 m hoog. Bovenop prijkt een windwijzer die het paard van de H. Martinus voorstelt. In de toren hangt een carillon van de gebroeders Hemony. Wie naar boven klimt, heeft een mooi **uitzicht** op de grachten, de Grote Markt, de daken van de kerk en het Prinsenhof met de bijbehorende tuin. In het koor zijn 16de-eeuwse muurschilderingen te zien met voorstellingen uit het leven van Christus.

Martinikerkhof B1

Rondom dit mooie plein, op de plek van een voormalig kerkhof (19de eeuw), staan gerestaureerde huizen.

Aan de noordoostkant staat het in 1916 in neorenaissancestijl herbouwde **Provinciehuis**, geflankeerd door een torentje met bolspits. Het **Huis Cardinaal**, links ernaast, heeft een kleine renaissancegevel uit 1559, waarvan de puntgevel met drie koppen is versierd: Alexander de Grote, koning David en Karel de Grote. Het is de herbouwde gevel van een eerder gesloopt Gronings huis.

Het **Prinsenhof**, aan de noordzijde van het plein, was van oorsprong het huis voor de Broeders des Gemenen Levens, maar het werd in 1568 de residentie van de bisschop van Groningen. Van 1594 tot 1795 was het de zetel van de stadhouder. Het complex heeft een voorplein met een 17de-eeuwse toegangspoort en grenst aan de kleine Garde (1639). Achter het Prinsenhof ligt de kleine 18de-eeuwse **Prinsenhoftuin**, met twee hagen, een rozengaard en een kruidentuin. De Zonnewijzerpoort, met aan de tuinzijde een 18de-eeuwse **zonnewijzer★**, komt uit op de Turfsingel, de gracht waarover turf werd vervoerd.

Op de hoek van Spilsluizen en de Nieuwe Ebbingestraat staan twee 17de-eeuwse huizen, waarvan het linker karakteristiek is voor de Groningse bouwstijl.

HET NOORDOOSTEN: GRONINGEN EN DRENTHE

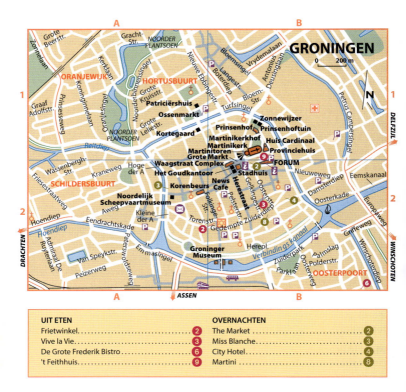

UIT ETEN		OVERNACHTEN	
Frietwinkel	❷	The Market	❷
Vive la Vie	❸	Miss Blanche	❸
De Grote Frederik Bistro	❻	City Hotel	❹
't Feithhuis	❾	Martini	❽

Ossenmarkt A1

Op nr. 5 aan de Ossenmarkt staat een mooi 18de-eeuws **patriciërshuis**. Het heeft een brede voorgevel met rijen smalle vensters en is weer een goed voorbeeld van de Groningse bouwstijl.
Een huis aan de overkant van het water heeft een mooie, vooruitspringende gevelsteen waarop een hert is afgebeeld. Op de hoek van Spilsluizen en de Oude Boteringestraat bevindt zich het vroegere **corps de garde** of Kortegaard, een overdekte wachtpost uit 1634, waar ooit kanonnen stonden.

★ Noordelijk Scheepvaartmuseum A2

Brugstraat 24 - ☏ (050) 312 22 02 - www.noordelijkscheepvaartmuseum.nl - ♿ di-za 11.00-16.00, zo 13.00-15.00 u - € 8 (7-21 jaar € 4,50).
In dit museum, gevestigd in twee prachtige middeleeuwse koopmanshuizen, komt u meer te weten over de binnenvaart en de kustvaart. Modelschepen, navigatie-instrumenten, kaarten, schilderijen en keramiek zijn bijzonder goed tentoongesteld. De bloeiperiode van de Hanze, de Oost- en West-Indische Compagnie, de rol van de scheepvaart bij de turfwinning en de kustvaart waarbij brikken en schoeners de traditionele galjoenen vervingen. Alles komt aan bod.

☺ Vanaf het Scheepvaartmuseum kunt u het noordwestelijke deel van de binnenstad verkennen langs de A (via de Hoger der A) richting de **Noorderhaven**, waar veel van de prachtige schepen aan de kade zijn omgebouwd tot woonschepen. Ga via de levendige **studentenbuurt** (Oude Kijk in 't Jatstraat en Stoeldraaierstraat),

GRONINGEN 547

Een 'energieke' stad

Groningen wordt voor het eerst genoemd in het jaar 1000. De stad wordt in 1251 aangewezen als de enige graanmarkt van de Ommelanden. Deze overeenkomst leverde zes eeuwen welvaart op.
De **universiteit**, die in 1614 wordt gesticht, geniet al snel grote bekendheid en trekt studenten uit heel Europa aan. In 1645 wees de Franse filosoof René Descartes de universiteit aan als bemiddelaar in zijn conflict met Nederlandse theologen. Ook in de huidige tijd is de Groninger universiteit van groot belang.
Groningen is Nederlands belangrijkste energieleverancier. In 1960 werden er in de provincie Groningen grote aardgasvoorraden ontdekt. De omvang wordt geschat op 2800 miljard m^3, waarmee de Groningse gasbel de grootste van Europa is en tot de grootste ter wereld behoort. In **Slochteren**, in Oost-Groningen, bevindt zich een van de 29 puttengroepen waarmee het Groningenveld geëxploiteerd wordt. Bijna de helft van het aardgas wordt via pijpleidingen geëxporteerd naar België, Frankrijk, Duitsland en Italië. In 2020 werd besloten om vanaf 2022 te stoppen met de gaswinning, enerzijds vanwege de energietransitie maar ook omdat de gaswinning steeds meer aardbevingen veroorzaakte.

---

vol cafés, restaurants en leuke winkeltjes, terug naar het centrum. Bezoek op weg naar het Groninger Museum op Folkingestraat nr. 60 de prachtige **synagoge** (B2) uit 1905, waar tegenwoordig tijdelijke tentoonstellingen worden gehouden. *(synagogegroningen.nl)*.

★ Groninger Museum B2
Museumeiland 1 - ℘ (050) 366 65 55 - www.groningermuseum.nl - 10.00-17.00 u - gesl. ma (beh. schoolvak.) - € 15 (tot 18 jaar gratis).
Tegenover het station ligt op een eilandje in het Verbindingskanaal het **veelvormige gebouw★★** (1992-1994) van het Groninger Museum. In verband met de zeer diverse collecties, werd aan verschillende architecten en designers gevraagd het gebouw te ontwerpen. De drie delen onderscheiden zich van elkaar door materiaalgebruik en kleurstelling. De ingang van het museum wordt gevormd door de goudkleurige toren van Alessandro Mendini, die tevens als depot wordt gebruikt. De met rode baksteen beklede onderkant van het westelijke paviljoen, een ontwerp van Michele De Lucchi, bevat werken van de expressionistische beweging De Ploeg. De grote, ronde zaal erboven, een creatie van Philippe Starck, toont tussen een doolhof van witte gordijnen de collectie kunstnijverheid. De verzameling **Chinese en Japanse keramiek★** (onder andere VOC-porselein, blanc de Chine en Chine de commande) is bijzonder mooi. Aan de oostzijde liggen twee paviljoenen boven elkaar. In het onderste, een ontwerp van Mendini, worden wisselende tentoonstellingen gehouden van hedendaagse kunst en selecties uit de permanente collectie (archeologie, geschiedenis, fotografie, mode). Het bovenste paviljoen is een fraai voorbeeld van deconstructivisme, ontworpen door Coop Himmelb(l)au. Ook hier worden wisselende tentoonstellingen gehouden.
☺ Een bezoek aan Groningen is niet compleet zonder een kijkje te hebben genomen in het prachtige treinstation. Steek voor het museum de gracht over en bewonder het stucwerk, glas-in-lood en smeedwerk in de **stationshal** (1896).

In de omgeving

REGIOKAART BLZ. 542

Hortus Haren B1

▶ *6 km in zuidelijke richting. Verlaat Groningen via de Hereweg. Het park ligt ten zuiden van Haren. Kerklaan 34 - ℘ (050) 537 00 53 - www.hortusharen.nl - 10.00-17.00 u; nov.-feb.: 11.00-16.00 u - half maart-okt.: € 9 (8-15 jaar € 4,50); rest v.h. jaar: € 5 (4-15 jaar € 2).*

In dit park met een oppervlakte van 21 ha zijn verschillende **thematuinen** (beeldentuin, rozengaard) en **landschapstuinen** (onder andere Engelse, Franse en Bengaalse) aangelegd. In de kassen zijn exotische bomen en planten en een vivarium met indrukwekkende vogelspinnen te zien. Naast de Hortus ligt **Het Verborgen Rijk van Ming**, dat de tijd van de Mingdynastie (1368-1644) tot leven brengt. De rotsen, bruggetjes, honderden rode karpers en talrijke bloemen zijn rechtstreeks uit China overgebracht. Er worden ook demonstraties kalligrafie, tai chi en zijdeschilderen gegeven. In het theehuis hebben bezoekers de gelegenheid om een traditionele theeceremonie bij te wonen.

Museum De Buitenplaats B1

▶ *7 km ten zuiden van Groningen. Hoofdweg 76, Eelde - ℘ (050) 309 58 18 - museumdebuitenplaats.nl - di-zo 11.00-17.00 u - € 15.*

Een prachtige tuin, een statig 17de-eeuws landhuis (Nijsinghhuis) en een verrassend, organisch vormgegeven gebouw in baksteen. Een kunstminnend echtpaar heeft hier hun verzameling Nederlandse en Europese figuratieve kunst van de 20ste eeuw tentoongesteld. Er zijn wisselende exposities en kunstenaars mogen hier hun fantasie de vrije loop laten. Een boeiende plek!

★ Bourtange B2

▶ *57 km ten zuidoosten van Groningen.*

Bourtange werd gebouwd tijdens de Tachtigjarige Oorlog en is een van de best bewaard gebleven **vestingen** in Nederland. De vestingstad bevindt zich in een uitgestrekte moerasvlakte in Oost-Groningen en werd gesticht op initiatief van Willem van Oranje, die op die manier hoopte het door de Spanjaarden bezette Groningen te bevrijden. Door gebrek aan geld werd de vesting, een ontwerp van **Adriaan Anthonisz**, pas in 1583 voltooid onder auspiciën van de stadhouder van Friesland, Willem Lodewijk. Toen Groningen zich een jaar later overgaf, ging Bourtange deel uitmaken van de grensverdedigingslijn. Dankzij het strategische belang van het fort volgden de uitbreidings- en verstevigingswerken elkaar in versneld tempo op.

Tot 1851 bleef Bourtange een **militaire vesting**, waar steeds een garnizoen van ongeveer driehonderd soldaten met hun gezin verbleef. Later werd het aan de burgerlijke autoriteiten overgedragen en raakte het fort in verval. Sinds 1967 wordt Bourtange als historisch monument beschermd. Een omvangrijk restauratieprogramma brengt vooral hulde aan de meest indrukwekkende periode van de vesting, het jaar 1742.

Bourtange is een typisch voorbeeld van een fort dat volgens het **Oud-Nederlandse Stelsel** werd gebouwd *(zie blz. 89)*. In het midden bevindt zich een vijfhoekig bastion, omringd door twee slotgrachten. Het fort is alleen bereikbaar via twee smalle wegen die via een doolhof van bruggen en ravelijnen naar het marktplein leiden. Vanaf het plein lopen tien straten naar de verschillende bastions en de omwalling. Dankzij deze waaiervormige architectuur is het mogelijk om de troepen snel te verplaatsen en tegelijk een goed overzicht over het geheel te bewaren.

Het **Museum De Baracquen** is een nagebouwde kazerne waar objecten worden tentoongesteld die bij vroegere opgravingen ontdekt zijn. *☏ (059) 935 46 00 - www.bourtange.nl - raadpleeg internet voor de openingstijden. - € 9 (6-12 jaar € 5).* Er kan ook een bezoek worden gebracht aan het protestantse kerkje, de oude synagoge, een officierswoning en de molens van het fort *(hetzelfde toegangskaartje en dezelfde bezoektijden en tarieven als het Museum De Baracquen).*

Ter Apel B2

▶ *65 km ten zuidoosten van Groningen.*
In Ter Apel bevindt zich midden in een park met grote beuken het **Museum Klooster Ter Apel**, een voormalig klooster waarvan alleen de kerk en twee vleugels zijn overgebleven. Te bezichtigen zijn de kloostergang, de refter en de kelder, waar een rij van sarcofagen staat die in de voormalige kloosterhof werden ontdekt. Op het binnenplein werd een geurige plantentuin aangelegd. De **kerk** bezit een gotisch oksaal met fraai houtsnijwerk (1501). De koorstoelen uit dezelfde tijd zijn sober, maar de misericordes zijn versierd met pittoreske figuren. *☏ (059) 958 13 70 - www.kloosterterapel.nl - di-za (en ma in juli-aug.) 11.00-17.00, zo en feestd. 13.00-17.00 u - € 8,50 (4-12 jaar € 4).*

Rondritten
REGIOKAART BLZ. 542

Noordwest-Groningen A1

▶ *Rondrit van 27 km, in groen aangegeven op de regiokaart. Vertrek vanuit Groningen via de A-weg en de N355.*

Aduard
Van de in 1192 gestichte cisterciënzerabdij bestaat alleen de ziekenzaal nog, die later in gebruik is genomen als **Nederlands Hervormde Kerk**. De gevel is sober, maar het interieur vertoont interessante details: gotische vensters die afgewisseld worden door blinde nissen met geometrische motieven; de omlijsting van de ramen op de benedenverdieping met geglazuurde, spiraalvormige staven. Het 18de-eeuwse meubilair is heel sierlijk en omvat een preekstoel met blazoenen, banken met houtsnijwerk, een herenbank met baldakijn en heraldieke motieven en koperen lessenaars.
Verlaat Aduard via een kleine weg naar het noorden.

Leens
De **Petruskerk** (12de-13de eeuw) bezit een mooi **barokorgel★**, dat in 1733 door Albertus Anthoni Hinsz (1704-1785) is gebouwd.
Neem de N361.

Lauwersoog en Nationaal Park Lauwersmeer
Hier vertrekken de boten naar Schiermonnikoog. Lauwersoog ligt niet ver van het Lauwersmeer, dat in 1969 ontstond nadat de Lauwerszee met een dijk was afgesloten.
Doordat er geen zout water meer binnenstroomde, ontstond er een meer waar honderden vogelsoorten zich vestigden of tijdelijk verblijven. Soms verzamelen zich wel duizenden rotganzen. Lauwersmeer heeft sinds 2003 de status van **nationaal park** *(np-lauwersmeer.nl)*. U kunt er vogels observeren, sterren bekijken, wandelen, fietsen, paardrijden en nog veel meer. In de haven bij **Het Informatie Paviljoen (HIP)** *(april-sept.: wo-zo 11.00-17.00 u; rest v.h. jaar: za, zo 11.00-16.00 u)* krijgt u meer informatie over de bijzondere ecologie en wat er te doen is in het gebied. Ten

zuiden van Lauwersoog kunt u bij **Activiteitencentrum Lauwersnest** *(De Rug 1, Lauwersoog - staatsbosbeheer.nl/activiteiten/lauwersmeer/activiteitencentrum-lauwersnest)* terecht voor allerlei activiteiten in en rond het Lauwersmeer.

★ De Groningse dorpskerken B1

◐ *Rondrit van 118 km ten noordoosten van Groningen, aangegeven in rose op de regiokaart.*

Elk dorp in de provincie Groningen heeft wel een bakstenen kerk. Deze werden in de 12de of 13de eeuw gebouwd in romaans-gotische stijl. Het zijn eenvoudige bouwwerken, die echter zowel aan de binnen- als aan de buitenkant vaak harmonieus siermetselwerk te zien geven. Soms staan ze op terpen, in Groningen 'wierden' genoemd, en meestal hebben ze een kerkhof. Ze liggen verscholen achter grote bomen, waar alleen de klokkentoren en het zadeldak bovenuit steken. Binnen zijn vaak muurschilderingen, meubilair met fraai houtsnijwerk en rouwborden met wapenschilden te zien. In het landschap vallen verder de Groningse boerderijen op door hun imposante formaat.

★ Garmerwolde

De 13de-eeuwse **kerk** van dit dorp, waarvan het schip in de 19de eeuw is ingestort, staat op een mooi omheind terrein naast een losse klokkentoren. De vensters in de rechte koorsluiting zijn in nissen geplaatst en de gevel draagt een rij blinde bogen. Binnen zijn gewelfschilderingen uit de 15de eeuw te zien en een preekstoel met houtsnijwerk uit de 18de eeuw.
Blijf de N360 volgen.

Ten Boer

Op een terp staat een 13de-eeuwse kerk die niet meer wordt gebruikt. Het godshuis heeft een klokkentoren en is vooral aan de noordzijde fraai versierd met ramen die in nissen geplaatst zijn, met medaillons, blinde driepasbogen met geometrisch metselwerk en een geveltop met blind maaswerk.
Blijf de weg volgen en sla dan linksaf een kleine weg in.

Stedum

De karakteristieke kerk van Stedum staat op een met greppels omgeven terp en vormt samen met de hoge klokkentoren met zadeldak een schilderachtig geheel. Langs de gebeeldhouwde kraagstenen met figuren en dierenkoppen loopt een fries.
Neem de N996.

★ Loppersum

De grote gotische kerk van dit dorp heeft twee dwarsschepen waarvan de puntgevels boognissen hebben. Het interieur is interessant vanwege de **schilderingen** op de gewelven in het koor en de Mariakapel. In de kapel rechts van het koor bevindt zich een groot aantal grafzerken.

> ### Een uitstapje op het wad
>
> Bij laagwater valt de Waddenzee droog en komt de zeebodem tevoorschijn. Dit levert altijd een indrukwekkend landschap op, ongeacht of het een grijze dag is, of dat de zon blinkt op het drooggevallen wad. De Nederlanders deinzen er niet voor terug om over de zeebodem te wandelen: wadlopen. In **Pieterburen** (A1), 25 km ten noorden van Groningen, starten de meeste wadlooptochten. Onder leiding van gidsen kunt u veilig dit bijzondere en gevarieerde landschap verkennen (fauna, flora, de heilzame werking van modder...).
> ⓘ *Wadloopcentrum (wadlopen.com) en Wadlopers (wadlopers.nl).*

Een gracht in Appingedam
venemama/Getty Images Plus

★ Zeerijp

De kerk met losstaande toren dateert uit de 14de eeuw en heeft twee geveltoppen met boognissen en een baksteenmozaïek. Het interieur is bezienswaardig vanwege de **koepelgewelven** met bakstenen siermetselwerk, dat in iedere travee weer anders is. Het schip is langs de onderkant met boognissen versierd. Ook het orgel, de renaissancistische preekstoel en de rouwborden met wapenschilden zijn de moeite waard.

Leermens

De rechte koorsluiting van de 13de-eeuwse kerk is versierd met boognissen die opvallen door hun siermetselwerk. Bij het verderop gelegen Oosterwijtwerd staat een grote boerderij met vier daken.

Krewerd

De dorpskerk op een terp heeft gewelven met decoratieve motieven van baksteen en een orgel uit 1531. *Neem de N33.*

Appingedam

Dit gastvrije plaatsje, bekend om twee landbouwmarkten (april en oktober), wordt doorsneden door het Damsterdiep. De Vrouwenbrug biedt een mooi **uitzicht★** op de de klokkentoren van het gemeentehuis en de beroemde 'hangende keukens'. De vaak middeleeuwse panden zijn van oorsprong pakhuizen uit de tijd dat Appingedam een belangrijke haven was. Toen de zeehandel verdween, werden de panden verbouwd tot woonhuizen, waarbij de keuken in een uitbouw boven het water werd gebouwd. De jachthaven ligt in het centrum. Het oude **raadhuis**, geflankeerd door een 19de-eeuwse klokkentoren, dateert van 1630. De voorgevel is versierd met schelpen, een pelikaan, een beeld van Vrouwe Justitia en een fronton met voluten. De 13de-eeuwse **Nicolaikerk** bezit nog fraaie muurschilderingen. *Neem de N360.*

Delfzijl

Deze drukke zeehaven ligt aan de Dollard en is via het Eemskanaal met de stad Groningen verbonden. De voornaamste activiteiten van de industriestad Delfzijl zijn de petrochemie en sodaproductie. Er is ook een grote jachthaven en er worden **boottochten** georganiseerd. De dijk langs de Dollard biedt een mooi uitzicht op de haven, de stad en de **walmolen Adam** (1875). Op het plein bij het station herinnert het **verzetsmonument** Het Zwaantje aan de gelijknamige verzetsgroep. In het plantsoen langs het Damsterdiep *(op 600 m van het gemaal, westelijk van het Eemskanaal, tegenover de RWR-opslagplaatsen)* staat een klein **standbeeld van Maigret**, dat herinnert aan het feit dat schrijver Georges Simenon tijdens zijn verblijf in Delfzijl in 1929 het personage inspecteur Jules Maigret zou hebben bedacht.
Rijd Delfzijl uit via de N997. Sla ter hoogte van Losdorp een kleine weg naar rechts in richting Bierum.

Bierum

Op een terp staat een 13de-eeuws kerkje waarvan de klokkentoren met een steunboog is versterkt. Het koor met apsis dateert uit de 14de eeuw. Het interieur heeft koepelgewelven waarvan de ribben met geometrische figuren zijn versierd en waarop nog sporen van schilderingen zichtbaar zijn. Het orgel dateert van 1793, de doopvont is vroegmiddeleeuws. Het kerkhof heeft interessante 19de-eeuwse grafzerken, waarop symbolen van het leven (bomen) en de tijd (zandlopers) zijn afgebeeld.
Rijd Bierum in noordwestelijke richting uit en neem in Spijk de N33.

Eemshaven

Deze in 1973 geopende haven is uitgegraven in de Emmapolder en de Oostpolder en sluit aan op het industriegebied. Aan de oostkant staat de **Eemscentrale**, die sinds 1976 op aardgas werkt. Er zijn plannen om via de Eemshaven vloeibaar gas te importeren, om de eigen voorraden van Nederland te sparen.
Rijd via de N46 en N363 naar Uithuizermeeden.

Uithuizermeeden

Het schip van de kerk is 13de eeuws, het dwarsschip is van 1705. De witte toren werd in 1896-1897 herbouwd. De gebeeldhouwde preekstoel is 18de-eeuws.
Volg vanaf Uithuizermeeden de N363.

Uithuizen

De Hervormde kerk heeft een fraai orgel dat in 1700 door Arp Schnitger (1648-1719) werd gebouwd, en een herenbank uit dezelfde tijd.

★★ **Menkemaborg** – ☏ *(059) 543 19 70 - www.menkemaborg.nl - juni-sept.: di-zo 10.00-17.00 u; okt.-dec.: di-zo 10.00-16.00 u - € 9 (6-12 jaar € 2,50).* Dit kasteel ten oosten van Uithuizen wordt omringd door een slotgracht. Aan het oudste gedeelte van het gebouw (14de eeuw), met minder en kleinere ramen, zijn in de 17de en 18de eeuw twee delen toegevoegd. Het interieur is smaakvol ingericht en ademt de sfeer van het adellijke leven in de provincie in de 17de en 18de eeuw. Interessant zijn het kabinetorgel (1777), de verzamelingen Chinees porselein (17de eeuw), het hemelbed naar een ontwerp van Daniël Marot en de familieportretten van vroegere bewoners. De Hollandse renaissance- en baroktuin omvat een doolhof, een boomgaard en een moestuin.

Oldenzijl

Het op een terp gebouwde romaanse kerkje gaat deels schuil achter de bomen van het kerkhof. De bakstenen muren hebben kleine ronde vensters met rondstaafversieringen, en het koor is verfraaid met blinde bogen.
Keer via Garsthuizen, de N46, Ten Boer en de N360 terug naar Groningen.

GRONINGEN

🛈 Praktisch

Inlichtingen

Toeristenbureau – *Groningen Store, Forum, Nieuwe Markt 1 -* 📞 *(050) 313 97 41 - www.visitgroningen.nl.*
Toeristenbureau Bourtange – *W. Lodewijkstraat 33 -* 📞 *(059) 935 46 00 - www.bourtange.nl.*

Parkeren

Er zijn diverse parkeergarages in de stad. Het is ook een optie om de auto te laten staan op een van de **P+R**-terreinen en verder te reizen met de bus (Q-link) of de fiets.

Vervoer

Openbaar vervoer – Verzorgd door busmaatschappij Qbuzz. Reisplanner op: *qbuzz.nl/GD.*
Fietsen – De fiets is een ideaal vervoermiddel in Groningen. De stad beschikt over een uitgebreid fietspadennet. Een van de fietsverhuurders is: **Fiets & Service Groningen** – *Stationsweg 13.*

Evenementen

Bevrijdingsfestival Groningen – *5 mei - bevrijdingsfestival groningen.nl.* Muziek- en dansfestival.
Swingin'Groningen – *In juni - swingingroningen.nl.* Tijdens dit festival wordt op de verschillende podia in de binnenstad tot in de kleine uurtjes geswingd.
Noorderzon – *In aug. - www.noorderzon.nl.* Een bruisend festival in het Noorderplantsoen, met talrijke theater- en muziekoptredens voor jong en oud.
Groningens Ontzet – *28 aug.* Herdacht wordt dat Groningen in het rampjaar 1672 het beleg door bisschop Bernhard von Galen ('Bommen Berend') wist te doorstaan.

📍 Adresboekje

PLATTEGROND BLZ. 546

Uit eten

Goedkoop

❾ 't Feithhuis – B1 - *Martinikerkhof 10 -* 📞 *050 313 53 35 - www.restaurant-feithhuis.nl -* ♿ *- 10.30-23.00 u - hoofdgerecht lunch € 7/17,50.* In dit trendy stadscafé zijn ontbijten, lunches, salades, *high teas* en diners te krijgen. Een leuk adres om op elk moment van de dag een glaasje te drinken of een hapje te eten.
❷ Frietwinkel – B2 - *Folkingestraat 69 -* 📞 *050 230 11 72 - frietwinkelgroningen.nl -* ♿ *- 12.00-20.30 u - € 3/10.* Ambachtelijke friet gebakken in zonnebloemolie. Om ter plaatse te eten of mee te nemen. Bestel een 'patatje oorlog' (met pindasaus, mayo en uitjes), of neem er een 'eierbal' (gepaneerde, gefrituurde eieren in ragout) bij.

Doorsneeprijzen

❻ De Grote Frederik Bistro – B2 - *Frederiksplein 7 -* 📞 *050 311 00 79 - degrotefrederik.nl - dag. beh. ma 17.30-22.00 u - menu € 43/59.* In deze gezellige bistro krijgt u wijnadvies van Marjon om uit de uitstekende wijnkaart een passende keuze te maken bij de verrassende en speelse gerechten van chef Arnejan.

Wat meer luxe

❸ Vive la Vie – B2 - *Oosterstraat 39 -* 📞 *050 850 39 70 - vivelaviegroningen.nl -* ♿ *- wo-za vanaf 18.00 u - € 65/83.* In het sfeervolle interieur van dit gezellige restaurantje kunt uitstekend het leven vieren. Chef Sportel houdt van uitdagende combinaties, laat zijn creativiteit graag spreken en haalt daarvoor regelmatig inspiratie in Azië. Hij werkt enkel met een verrassingsmenu om de seizoenen echt te laten spreken.

Winkelen

De belangrijkste winkelstraat van Groningen is de **Herestraat** (B2). Bijzondere winkelcentra zijn daarnaast de historische **Korenbeurs** (A1 - *A-Kerkhof 1*), en het moderne **Waagstraatcomplex** bij de Grote Markt (B2 -*Guldenstraat 11*).

Markten

Tijdens de **Bloemenjaarmarkt** (Goede Vrijdag) verandert de Vismarkt (A2) in een enorme bloemenzee *(www.bloemenjaarmarkt.nl)*. De **weekmarkten** worden op dinsdag, vrijdag en zaterdag gehouden op de Grote Markt en de Vismarkt *(9.00-17.00 u)*.

Een tussendoortje

Bij Roel – A1 - *Oude kijk in 't Jatstraat 27* - ♿ - *7.30-17.00 (zo 10.30 u)*. Typisch café in de studentenwijk, een beetje alternatief, losse sfeer, perfect voor een cappuccino met een stuk appeltaart.

Black & Bloom – A1 - *Oude Kijk in 't Jatstraat 32* - ✆ *06 13 16 57 29 - blackandbloom.nl* - ♿ - *9.30-17.00 u (zo 10.00 u)*. Een van de eerste espressobars van de stad (2012). De schare vaste klanten komt graag langs voor de goede koffie en het huisgemaakte gebak.

Uitgaan

Op de site van het toeristenbureau *(visitgroningen.nl/nl/doen/uitgaan)* vindt u informatie over concerten, festivals en exposities in de stad. Bij de fysieke vestiging ook kaartverkoop. Het bruisende Groningse nachtleven manifesteert zich op verschillende plekken: rond de Grote Markt (B2), het Gedempte Zuiderdiep (AB2) en de Grote Kromme Elleboog en Kleine Kromme Elleboog (A1). In de Poelestraat (B2) en Peperstraat (B2) zijn de meeste discotheken te vinden.

Het Goudkantoor – B2 - *Waagplein 1* - ✆ *050 589 18 88 - www.goudkantoor.nl - 10.00-21.00, ma 12.00-21.00, zo 12.00-18.00 u*. In dit prachtige historische pand is nu een van de drukstbezochte café-restaurants van de stad gevestigd.

Martinus – B2 - *Kostersgang 32-34* - ✆ *050 318 33 07 - brouwerijmartinus.nl* - ♿ - *vr 15.30-22.30, za 13.00-23.00 u*. De biertjes van microbrouwerij Martinus zijn inmiddels in veel Groningse cafés verkrijgbaar, maar het blijft leuk om ze bij de 'bron' te nuttigen. Een glas *Nuchter* gaat uitstekend samen met een plateau met regionale kazen!

Het Pomphuis – A2 - *Kleine der A 7* - ✆ *050 321 57 88 - hetpomphuis.nl* - ♿ - *11.00-1.00 u*. In dit mooie en trendy café is het goed toeven. Zowel 's zomers, met een groot terras aan de waterkant, als 's winters, wanneer het moderne en gezellige interieur behaaglijk voelt.

De Sleutel – A1 - *Noorderhaven 72* - ✆ *050 318 14 54 - cafedesleutel.nl - wo-vr 16.30-22.00 u*. Onder het genot van een biertje, een glas wijn of een hapje wordt u in dit gezellige bruine café jaren teruggeworpen in de tijd. U kunt ook leuk buiten zitten op het zonnige terras aan het water.

Sport en ontspanning

Boottochten Rondvaartbedrijf Kool – B2 - *Stationsweg 1012* - ✆ *050 312 83 79 - www.rondvaartbedrijfkool.nl - afvaart tegenover het centraal station - € 15 (4-11 jaar € 9)*. Rondvaarten door de stad (*1 uur*).

Overnachten

Doorsneeprijzen

The Social Hub Groningen –
BUITEN PLATTEGROND BIJ B1 -
*Boterdiep 9 - ℘ 050 206 91 61 -
www.thesocialhub.co - 🔑🛜 -
360 kamers vanaf € 80 - 🛏 € 15
- ✗*. Deze plek nodigt uit om elkaar
te ontmoeten: aan de bar, in het
restaurant, op het dakterras, samen
aan een spelletje. De kleurrijke,
moderne inrichting geeft het hotel
een vrolijke uitstraling. Eenvoudige,
functionele maar sfeervolle kamers.

❽ **Martini** – B2 - *Gedempte
Zuiderdiep 8 - ℘ 050 312 99 19 -
martinihotel.nl - 🅿 - 116 kamers
115/130 🛏 - ✗*. Dit eerbiedwaardige
etablissement ligt in het hart van de
stad en heeft een eigen parkeergarage. De kleine kamers zijn mooi
ingericht met klassiek meubilair.

❸ **Miss Blanche** – A2 - *Hoge
der A 4 - ℘ 050 820 09 66 -
hotelmissblanche.nl - 🔑 🅿
(20 plaatsen, € 20) - 45 kamers en
suites vanaf € 129*. Een charmant
hotel, anders dan anders. De ruime
kamers en suites liggen verspreid
over acht gebouwen, allemaal perfect gelegen aan de prachtige A.
Een goed adres.

❹ **City Hotel** – B2 - *Gedempte
Kattendiep 25 - ℘ 050 588 65 65 -
www.cityhotelgroningen.com -
🅿 🔑 - 93 kamers € 136/176 - 🛏
€ 16*. Dit hotel met een eigentijdse
architectuur ligt vlak bij het centrum, tussen het casino en de jachthaven. Moderne kamers; met een
ontbijtbuffet onder het glazen dak.

Leonardo – BUITEN PLATTEGROND -
*Laan van de Vrijheid 91 (ten zuid-
westen van de stad) - ℘ 050 763
00 70 - leonardo-hotels.fr/
groningen - 🔑 🅿 (gratis boven-
gronds, € 9,50 in de garage) -
105 kamers vanaf € 90 - 🛏 € 17 -
✗*. Een hotel met moderne en
onberispelijke kamers in twee hoge
gebouwen. Gunstig gelegen voor
automobilisten: veel parkeergelegenheid en de ringweg en de
snelweg zijn vlakbij. Voor vervoer
naar de binnenstad zijn er fietsen
te huur.

Wat meer luxe

❷ **The Market** – B2 - *Grote
Markt 31 - ℘ 050 207 46 00 -
themarkethotel.nl - 🔑 🅿 (Forum,
€ 24) - 123 kamers vanaf € 180 🛏*.
De oostkant van de Grote Markt
wordt sinds 2020 gedomineerd
door de sobere en smaakvolle gevel van dit luxueuze hotel. De designkamers zijn tot in perfectie uitgevoerd. Alle horecagelegenheden
(bars, cafés, restaurants, dakterras)
zijn aanbevelenswaardig.

Aduard

Doorsneeprijzen

Best Western Plus Aduard –
*Friesestraatweg 13 - 6 km ten
noordwesten van Groningen -
℘ 050 403 14 00 - www.hotel
aduard.nl - 🅿 - 24 kamers € 97/125
🛏 - ✗ hoofdgerecht € 21/25*.
Dit kleine hotel-restaurant ligt
aan de N355, een paar kilometer
van het centrum van Groningen.
Gemoedelijke sfeer en goed verzorgd. De kamers liggen allemaal
aan de achterzijde van het gebouw
en kijken uit op het platteland.

Assen

Assen ligt aan de rand van het Asserbos; de moderne en ruim opgezette hoofdstad van de provincie Drenthe dankt zijn aanzien aan Lodewijk Napoleon, die de stad in 1809 als zomerresidentie koos. Drenthe, dat rijk is aan hunebedden, heeft zijn pittoreske karakter behouden, met zijn vele boerderijen met rieten daken.

Oude pandjes in het centrum van Assen
vipera58/Getty Images Plus

Ligging
65.000 inwoners
REGIOKAART BLZ. 542 A1-2.

Praktisch blz. 558
Adresboekje blz. 558

Bezichtigen

★★ Drents Museum
Brink 1 - ℘ (0592) 37 77 73 - www.drentsmuseum.nl - ♿ - 10.00-17.00 u - gesl. ma beh. schoolvak. - € 15 (tot 17 jaar gratis).
De uiteenlopende collecties, alle streekgebonden, zijn ondergebracht in een schitterend complex van historische gebouwen. De afdeling archeologie laat de vondsten zien die gedaan zijn bij de befaamde hunebedden *(zie blz. 560)*, maar ook in grafheuvels, urnenvelden en in het veen, waarin voorwerpen vaak goed bewaard zijn gebleven. Daaronder een uit één stuk hout vervaardigde kano uit de periode 8040 -7517 v.C., en verder veenlijken, waaronder het uit de ijzertijd stammende, gewurgde meisje van Yde. Er is een aanzienlijke collectie decoratie-

ve kunst (meubels, zilverwerk en aardewerk) en **schilderkunst**. De prikkelende tijdelijke exposities maken uw bezoek nog meer de moeite waard.

In de omgeving
REGIOKAART BLZ. 542

Rolde B2
◗ *6 km ten oosten van Assen via de N376.*
In een bos ten westen van Rolde vindt u de **Balloërkuil**, een stuifzandlaagte waar in de Germaanse tijd rechtspraak plaatsvond in de openlucht. Neem voorbij de kerk een geplaveide weg naar links, gemarkeerd: 'Hunebedden'. In het bos bevinden zich twee **hunebedden** (D17/18), waarvan er één afgedekt wordt door zeven dekstenen.

Hooghalen AB2
◗ *9 km ten zuiden van Assen. Ga in Hooghalen linkaf richting Amen.*
Herinneringscentrum Kamp Westerbork – *Oosthalen 8 - ℘ (0593) 59 26 00 - www.kampwesterbork.nl - 10.00-17.00, za, zo 11.00-17.00 u - € 10,50 (6-18 jaar € 5,25).* In dit centrum in Kamp Westerbork wordt de herinnering aan de oorlog en de jodenvervolging in Nederland levend gehouden door middel van foto's, films, tekeningen, voorwerpen en gebouwen. Vanuit Westerbork werd **Anne Frank** op transport gezet naar Auschwitz.

Nationaal Park Dwingelderveld A2
◗ *32 km ten zuiden van Assen via de A28, afslag 29.*
In het zuidwesten van de provincie ligt een van de grootste **natte heidegebieden** van West-Europa. Sinds 1991 is het een beschermd **nationaal park** van 37 km² met heidevelden, stuifduinen, lage begroeiing (met jeneverbesstruiken), dennen- en loofbossen enzovoort. Door de prachtige landschappen lopen goed gemarkeerde wandel- en fietspaden. Op 500 m van Uitgang 29 (noordelijk deel van het park) bevindt zich een **informatiepunt**, waar u meer over het gebied te weten kunt komen. Vanaf hier kunt u teruggaan naar parkeerterrein Achter 't Zaand *(4 km verderop)* en het **Familiepad Noordenveld** volgen, een rondwandeling van 3 km met prachtig uitzicht over de hei. Stop even bij de schaapskooi (met café, winkel en informatie over de schapenfokkerij), waar de schapen verblijven die dit kwetsbare milieu in stand houden.
Het **Bezoekerscentrum Dwingelderveld** (ook tentoonstellingsruimte) in het zuiden van het nationaal park is eveneens een goede uitvalsbasis voor uitstapjes. *Benderse 22, Ruinen - ℘ 052 247 29 51 - nationaalpark-dwingelderveld.nl - di-zo 10.00-17.00 u (dec.-maart: alleen schoolvak.).*

> ### Drenthe
> Drenthe was lange tijd een achtergestelde provincie en is nu een van de dunstbevolkte gebieden van het land. Drenthe is ook lang de belangrijkste leverancier geweest van gedroogd veen, **turf**, dat vroeger als brandstof werd gebruikt. De ontginning ervan heeft sporen nagelaten; er ligt een netwerk van vaarten, gegraven voor het vervoer van de turf. De afgegraven veengrond is productief gemaakt. Door de bovenste turflaag te vermengen met zand en kunstmest, is landbouwgrond van goede kwaliteit ontstaan, waar zich de zogenoemde veenkoloniën hebben gevestigd. Op enige industrie in Assen en Emmen na is Drenthe voornamelijk agrarisch gebleven. De schilderachtige boerderijen, met hun rieten daken, die bijna doorlopen tot op de grond, behoren vrijwel alle tot het Hallenhuistype *(zie blz. 90).*

Norg A1
▶ *15 km ten noordwesten van Assen via de N372.*
Dit schattige Drentse dorpje is gelegen rondom een *brink,* een groot schaduwrijk plein waar een kleine gotische kerk staat met een klokkentoren met zadeldak.

Leek A1
▶ *28 km ten noordwesten van Assen via de N372.*
In een groot, door grachten omzoomd park ten noorden van het plaatsje bevindt zich het in 1887 gerenoveerde **Borg Nienoord** met daarin **Museum Nienoord** en 's werelds grootste verzameling rijtuigen. Onder de 250 exemplaren ziet u bokkenwagens, sleden uit de 17de tot de 20ste eeuw enzovoort. Verderop in het park staat in een modern gebouw een verzameling diligences. ✆ *(0594) 512260 - www.museumnienoord.nl - ♿ - april-okt.: di-zo 11.00-17.00 u; nov.-maart: vr-zo 12.00-16.30 u - € 6,50 (8-14 jaar € 3,50).*

Midwolde A1
▶ *32 km ten noordwesten van Assen via de N372.*
In de bakstenen **kerk** met de klokkentoren met zadeldak, vindt u het marmeren **grafmonument★** dat Rombout Verhulst in 1669 vervaardigde op verzoek van Anna van Ewsum. De witmarmeren engeltjes verbeelden de kinderen van het echtpaar. Sinds 1714 staat links achter op het monument een beeld van de tweede echtgenoot van Anna van Ewsum, gemaakt door Bartholomeus Eggers.

ⓘ Praktisch

Inlichtingen

Toeristenbureau – *Marktstraat 8 -* ✆ *(0592) 24 37 88 - www.ditisassen.nl.*

Evenementen

Grand Prix Motoren Nederland – *Eind juni - www.ttcircuitassen.com.* op het circuit van Assen (T.T. Circuit Assen).

📍 Adresboekje

Overnachten

Doorsneeprijzen

Norg
Hotel Norg – *Westeind 7 -* ✆ *0592 42 19 17 - www.hotelnorg.nl -* 🅿 *- 11 kamers vanaf € 90* 🍽 *-* ✕. Dit hotel dateert uit 1938 en staat in het centrum van Norg dicht bij één van de twee molens. De kamers zijn modern ingericht en de prijs-kwaliteitverhouding is prima. Maaltijden worden geserveerd in de serre of bij mooi weer op de binnenplaats.

Roden
Langewold – *Ceintuurbaan Noord 1 -* ✆ *050 501 38 50 - www.hotellangewold.nl -* 🅿 ♿ *- 40 kamers € 80/140* 🍽 *-* ✕ *hoofdgerecht € 20,50/22.* De kamers in de nieuwe vleugel hebben betere voorzieningen. Gasten kunnen gebruikmaken van de bar, sauna, hamam, fitnessruimte, solarium, biljarttafel en de inpandige kegelbaan. Het restaurant serveert traditionele maaltijden in een modern decor.

Emmen en de hunebedden

Met mooie bossen ten noorden en ten oosten is Emmen een leuke stad en uitermate geschikt als uitvalsbasis voor een ontdekkingstocht naar de mysterieuze hunebedden, indrukwekkende megalithische monumenten uit de nieuwe steentijd.

Ligging
108.000 inwoners
REGIOKAART BLZ. 542 B2.

Praktisch blz. 563

Met het gezin
Het museumdorp Orvelte;
Het Hunebedcentrum Borger, fietstocht langs de hunebedden.

Adresboekje blz. 563

Bezichtigen

★ Wildlands – Adventure Zoo Emmen
Raadhuisplein 99 - ☎ (0591) 85 08 55 - www.wildlands.nl - ♿ - juli-aug.: 10.00-18.00; sept.-juni: 10.00-17.00 u (18.00 u za, zo mei-juni) - € 25 (3-9 jaar € 22).
In Wildlands reist u de wereld over via gebieden genaamd Nortica, Serenga, Jungola. Hier valt van alles te leren over de oorsprong van het leven op aarde. U ziet er vogels uit de tropische wouden van Zuid-Amerika, 1500 vlinders maar ook giraffen, zebra's, antilopen, neushoorns, kraanvogels, impala's...

★ Hunebed D45
1,8 km ten noorden van het centrum van Emmen. Volg de Boslaan richting Emmer Compascuum. Dicht bij een groot kruispunt wordt het hunebed aangegeven.
Dit bijzondere hunebed met zijn zes enorme dekstenen, wordt omgeven door een cirkel van 13 rechtopstaande kransstenen. Het is gebouwd op een heuveltje midden in het bos.

★ Hunebed D43
2 km ten noorden van het centrum van Emmen. Aanrijden via de Odoornweg, ga linksaf na de laatste boerderij over het pad gemarkeerd 'hunebed'.
U vindt dit hunebed tussen de bomen. Het 'verbergt' twee overdekte gangen en wordt omcirkeld door rechtopstaande stenen. Een paar honderd meter verder naar het noorden ligt links van de weg een klein, met dekstenen afgedekt hunebed (D41). Bij het verlaten van Emmen leidt rechts een weg gemarkeerd als 'hunebedden' naar een grote, met heide begroeide open plek in het bos. Een betoverende plek waar drie hunebedden staan (D38-40).

In de omgeving   REGIOKAART BLZ. 542

Coevorden B2
20 km ten zuidwesten van Emmen via de N34.
De vestingwerken in deze stad komen voor het grootste deel voor rekening van de 17de-eeuwse architect **Menno van Coehoorn**. Een aantal interessante monu-

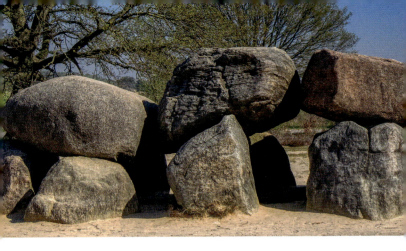

menten is bewaard gebleven. Het **kasteel**, dat deels wordt gebruikt als stadhuis, is een stijlvol gebouw, geflankeerd door een hoektoren. De muren zijn roze gepleisterd, met smalle, hoge ramen in het linkerdeel van de 15de-eeuwse gevel. Op de Grote Markt, tegenover de haven, ziet u de daken van het gerestaureerde 17de-eeuwse arsenaal, de vroegere wapenopslagplaats, waarin tegenwoordig het **Stedelijk Museum Coevorden** is gehuisvest. De collecties hiervan geven een overzicht van de geschiedenis van de stad, het kasteel en de vesting. *Haven 4 - ☏ (0880) 12 83 15 - www.museumcoevorden.nl - di-za 9.30-17.00, zo 12.00-17.00 u - € 6 (13-18 jaar € 5).* Circa 6 km naar het oosten, voorbij Weyerswold, staan de typisch Drentse boerderijen met hun rieten daken zij aan zij met talloze kleine aardolieputten.

★ Noordsleen

▶ *10 km ten westen van Emmen via de N381.*

Dit leuke Drentse dorpje met zijn gerestaureerde molen bezit twee hunebedden. *Aanrijden via het weggetje uit Zweeloo, dan een gemarkeerde weg naar rechts.* **Hunebed D51**, aan de linkerkant is een kleine 'overdekte gang' afgedekt met drie dekstenen (vier zijn er verdwenen).

Hunebedden: geheimzinnige overdekte gangen

Een **hunebed** is een prehistorisch grafmonument. Het bestaat uit een soort overdekte gang, gevormd door rijen grote stenen. De ingang bevindt zich doorgaans aan de zuidzijde. De kleinste hunebedden zijn nog altijd ongeveer 7 m lang, terwijl voor andere een lengte van 25 m heel normaal is. De grootste 'overdekte gang' bevindt zich bij Borger. De stenen waaruit hij bestaat, wegen meer dan 20 ton. Tegenwoordig hebben de hunebedden niet meer hun oorspronkelijke uiterlijk. Vroeger waren ze verborgen onder een kleine grafheuvel. De grond werd tegengehouden door een cirkel van rechtopstaande stenen, en de ruimte daartussen werd weer opgevuld met kleinere keien. In Emmen, en vooral ten zuiden van Schoonoord, staan hunebedden die in de oorspronkelijke staat zijn teruggebracht.

De hunebedden in Drenthe wijzen op prehistorische bewoning vanaf 3000 of 2000 v.C. Ze dienden om – in groepen – doden te begraven. Aardewerk, gereedschap en zelfs sieraden werden naast het lichaam geplaatst. De opgravingen bij de hunebedden hebben dan ook veel opgeleverd. Op basis van de gevonden voorwerpen, met name het aardewerk, worden deze monumenten toegeschreven aan de zogeheten 'trechterbekercultuur'.

Een hunebed in de buurt van Emmen
Sonja Ooms/Getty Images Plus

In de schaduw van een grote eik staat ietsje verderop rechts het beter bewaard gebleven **hunebed D50**. Er liggen nog vijf dekstenen op hun plaats boven de ovale grafkamer die door de rechtop gezette kransstenen wordt gevormd.
Neem de N376 richting Schoonoord.

Schoonoord

▶ *18 km ten noordwesten van Emmen via de N376.*
In een bos 3,5 km ten zuiden van het plaatsje en dicht bij een manege, ligt het deels gerestaureerde **hunebed D49**. Tussen de verticale stenen zijn kleinere stenen geplaatst. De grote dekstenen die het hunebed afdekken, gaan schuil onder een met heide begroeid heuveltje. Dit hunebed wordt de **Papeloze Kerk** genoemd, omdat hier in de begintijd van de Reformatie hagenpreken zonder paap (priester) werden gehouden.

★ Orvelte

▶ *22 km ten noordwesten van Emmen via de N381.*
In dit autovrije dorp in het midden van Drenthe treft u boerderijen en schuren met rieten daken aan die, dankzij restauratie, hun streekkarakter hebben behouden. Naast de traditionele boerenbedrijvigheid zoals rundvee- en schapenhouderijen en het verbouwen van maïs, worden er veel oude ambachten uitgeoefend, zoals dat van de hoefsmid, pottenbakker en kaasmaker. Een wandeling door het levendige **museumdorp** is zeer de moeite waard. *Flintenweg 4 - ☎ (0593) 32 23 32 - orvelte.net - ♿ - te bezoeken het hele jaar door vanaf 10.00 u.*

Rondrit

REGIOKAART BLZ. 542

★ Route langs de hunebedden B1-2

▶ *Rondrit van 50 km, aangegeven in rood op de regiokaart.*

Klijndijk B2

Neem bij het verlaten van het dorp een zandweg naar rechts en vervolgens naar links. Wanneer u langs het bos blijft lopen, komt u uit bij een lang hunebed waarvan nog twee dekstenen over zijn.
Neem het weggetje rechts richting Valthe.

Valthe B2

Bij het uitrijden van het dorp naar het noordoosten, ziet u rechts een benzinestation. Hier wordt een weggetje aangegeven. Volg deze ongeveer 400 m.

Hunebed D37 wordt omringd door eiken en bestaat uit twee overdekte gangen, waarvan een door de wortels van drie grote eiken uit elkaar is gedrukt.
Rijd richting Odoorn en u ziet links na een bos een weggetje dat u naar hunebed D34 brengt.
Te midden van heide is een kleine 'gang' overdekt met twee half ingestorte stenen.

Odoorn B2
In Odoorn, het centrum van de schapenteelt, wordt jaarlijks een belangrijke schapenmarkt gehouden. In **Exloo** *(4 km ten noorden van Odoorn)* vindt elk jaar het Schaapscheerdersfeest plaats, en een festival voor oude ambachten. Aan de rand van Odoorn ligt achter een rij bomen hunebed D32, voorzien van vier dekstenen.
Rijd over de N34 naar Borger. In de hoofdstraat ziet u de zijweg naar Bronneger.

★ Borger B2
👥 Bij de wegsplitsing Hunebedstraat-Bronnegerstraat staat het **Hunebed Centrum**; hier vindt u allerlei informatie over de hunebedden en over het leven tijdens de prehistorie. In het **Geopark** ziet u de reconstructie van twee boerderijen uit de ijzer- en de bronstijd. *Hunebedstraat 27 - ℘ (0599) 23 63 74 - www.hunebedcentrum.eu - 10.00-17.00, za, zo 11.00-17.00 u - € 12,50 (4-11 jaar € 6,50).*
Een stukje verderop staat tussen de bomen het **hunebed van Borge**r (D27), het grootste hunebed van allemaal, dat nog negen enorme dekstenen heeft.
Neem in het dorp Borger een weg gemarkeerd 'Hunebed'. Deze leidt naar een eikenbosje.

Bronneger B2
U vindt hier vijf kleine hunebedden (D23-25 en D21-22).

Drouwen B2
De hunebedden (D19 en D20) staan op een enigszins beboste verhoging en zijn zichtbaar vanaf de nabijgelegen hoofdweg. Een van de twee is omcirkeld door stenen.
6 km ten noorden van Drouwen gaat u linksaf richting Assen en vervolgens rechtsaf richting Eext.

★ Eexterhalte B2
Even voorbij de splitsing staat aan de rechterkant een hunebed (D14) met zes dekstenen. Enkele van de zogenaamde cirkelstenen zijn nog zichtbaar.

Eext B1
Hunebed D13 in een uitgegraven deel boven op een heuveltje, en bestaat uit een vierkant van dicht tegen elkaar staande stenen. Van de dekstenen rest er nog één.

Annen B1
Klein hunebed (D9) links van de weg.

Midlaren B1
In dit dorp zijn twee hunebedden (D3-4) achter twee boerderijtjes in de schaduw van grote eiken. Beide zijn voorzien van enorme dekstenen.

Noordlaren B1
Ga voordat u bij de molen bent, linksaf een gemarkeerd weggetje in, dat naar een bosje leidt. Hier vindt u hunebed G1, waarvan nog twee dekstenen, steunend op vijf verticale stenen, zijn overgebleven. Het is één van de twee overgebleven hunebedden in Groningen.